U0451246

2016年度国家社科基金一般项目"孔颖达《礼记正义》文献考察与研究"
（16BZX038）

陶广学 著

孔颖达《礼记正义》文献考察与研究

中国社会科学出版社

图书在版编目（CIP）数据

孔颖达《礼记正义》文献考察与研究／陶广学著． —北京：中国社会科学出版社，2023.8
ISBN 978-7-5227-2212-2

Ⅰ.①孔… Ⅱ.①陶… Ⅲ.①礼仪—中国—古代②《礼记》—研究 Ⅳ.①K892.9

中国国家版本馆 CIP 数据核字（2023）第 123983 号

出 版 人	赵剑英
责任编辑	刘　艳
责任校对	陈　晨
责任印制	戴　宽

出　　版	中国社会科学出版社
社　　址	北京鼓楼西大街甲 158 号
邮　　编	100720
网　　址	http://www.csspw.cn
发 行 部	010-84083685
门 市 部	010-84029450
经　　销	新华书店及其他书店
印　　刷	北京明恒达印务有限公司
装　　订	廊坊市广阳区广增装订厂
版　　次	2023 年 8 月第 1 版
印　　次	2023 年 8 月第 1 次印刷
开　　本	710×1000　1/16
印　　张	40.5
插　　页	2
字　　数	751 千字
定　　价	219.00 元

凡购买中国社会科学出版社图书，如有质量问题请与本社营销中心联系调换
电话：010-84083683
版权所有　侵权必究

试论《礼记》对中华民族的贡献（代序）

吕友仁

《周易·系辞上》："形而上者谓之道，形而下者谓之器。"[①] 窃以为，"三礼"之中，总体而论，《礼记》是"道"，《周礼》《仪礼》则是"器"。"道"之用广，"器"之用狭。《礼记》之所以从"小字辈"中脱颖而出，日益走红，红得发紫，而《周礼》《仪礼》之所以相形见绌，每况愈下，其质的区别，即在于此。

《礼记》对中华民族的贡献有哪些呢？管见认为：

第一，《礼记·礼运》描述了让国人无限向往的两种社会模式：大同社会和小康社会。大同社会的要点是"天下为公"，传贤不传子。而小康社会的运行，则是"礼义以为纪"。习近平说："中国人民正在为实现'两个一百年'奋斗目标而努力，其中全面建成小康社会中的'小康'这个概念，就出自《礼记·礼运》，是中华民族自古以来追求的理想社会状态。使用'小康'这个概念来确立中国的发展目标，既符合中国发展实际，也容易得到最广大人民理解和支持。"[②]

第二，《礼记·大学》："汤之盘铭曰：'苟（音jī，自我勉励的意思）日新，日日新，又日新。'"这句话反映了中华民族坚持不懈的创新精神。习近平认为，"创新是民族进步的灵魂，是一个国家兴旺发达的不竭源泉，也是中华民族最深沉的民族禀赋"（《在同各界优秀青年代表座谈时的讲话》）。习近平2013年5月4日《在同各界优秀青年代表座谈时的讲话》、2013年12月31日《在全国政协新年茶话会上的讲话》、2014年9月24日《在纪念孔子诞辰2565周年国际学术研讨会上的讲话》、2014年6月9日《在中国科学院第十七次院士大会、中国工程院第十二次院士大会上的讲话》、2014年4月1日《在布鲁

[①] （魏）王弼、韩康伯注，（唐）孔颖达正义：《周易正义》，北京大学出版社2000年版，第344页。

[②] 《在纪念孔子诞辰2565周年国际学术研讨会暨国际儒学联合会第五届会员大会开幕会上的讲话》。

日欧洲学院的演讲》等，都引用了《大学》中的这几句话。

第三，《礼记》对中华民族凝聚力的形成发挥了十分重要的作用。儒家的宗法观念，扩而大之，就是四海一家，就是中华民族是一个大家庭。而作为大家庭，它必须有家长，有始祖。我们中华民族这个大家庭的始祖就是炎帝和黄帝，我们自称炎黄子孙。这样的话，在抵御外侮的时候，就会万众一心，同仇敌忾，战胜敌人。而我们把炎帝、黄帝作为祖先来祭祀的记载，就来自《礼记·祭法》："夫圣王之制祭祀也，法施于民则祀之，以死勤事则祀之，以劳定国则祀之，能御大灾则祀之，能捍大患则祀之。是故厉山氏之有天下也，其子曰农，能殖百谷。黄帝正名百物，以明民共财。此皆有功烈于民者也。"郑玄注："厉山氏，炎帝也。"[1]

第四，《礼记》率先提出了礼乐并重的治国方略。《礼记》中有《乐记》篇，它除了在音乐史上具有无可替代的地位，在行文上基本是礼乐并举。例如："王者功成作乐，治定制礼。"[2] 又说："乐者，天地之和也；礼者，天地之序也。"[3] 之所以礼乐并举，是因为《乐记》的作者认识到，治理国家，仅仅有礼是不够的。《礼记·经解》引孔子曰："安上治民，莫善于礼。"[4] 但移风易俗，莫善于乐，故《乐记》："乐也者，圣人之所乐也，而可以善民心。其感人深，其移风易俗，故先王著其教焉。"[5] 我们从"二十四史"中的《乐志》，可以看到《乐记》的影响。

第五，《礼记》对形成中华民族根深蒂固的重视教育的优良传统起着无可代替的主导作用。《礼记》中有《学记》篇，是我国有关教育的最早的经典文献。其开头就说："玉不琢，不成器；人不学，不知道。是故古之王者，建国君民，教学为先。"[6] 董仲舒对策："古之王者明于此，是故南面而治天下，莫不以教化为大务。立太学以教于国，设庠序以化于邑。"[7] 《汉书》

---

[1] （汉）郑玄注，（唐）孔颖达正义，吕友仁整理：《礼记正义》，上海古籍出版社2008年版，第1802页。

[2] （汉）郑玄注，（唐）孔颖达正义，吕友仁整理：《礼记正义》，上海古籍出版社2008年版，第1479页。

[3] （汉）郑玄注，（唐）孔颖达正义，吕友仁整理：《礼记正义》，上海古籍出版社2008年版，第1477页。

[4] （汉）郑玄注，（唐）孔颖达正义，吕友仁整理：《礼记正义》，上海古籍出版社2008年版，第1907页。

[5] （汉）郑玄注，（唐）孔颖达正义，吕友仁整理：《礼记正义》，上海古籍出版社2008年版，第1498页。

[6] （汉）郑玄注，（唐）孔颖达正义，吕友仁整理：《礼记正义》，上海古籍出版社2008年版，第1424页。

[7] （汉）班固撰，（唐）颜师古注：《汉书·董仲舒传》，中华书局1962年版，第2503页。

《资治通鉴》都有这几句话，颜师古和胡三省在作注时，不约而同地认为，董仲舒是以《学记》为根据。汉武帝采纳了董仲舒的建议。此后历朝历代，继承了这个传统。《国家中长期教育改革和发展规划纲要》中提出"把教育摆在优先发展的战略地位"，更是注入了时代的新精神。

第六，《礼记》对几千年的尊师优良传统的形成起着无可替代的作用。《礼记·学记》说："凡学之道，严（严，尊也）师为难。师严然后道尊。"①《礼记·曾子问》："凡始立学者，必释奠于先圣。"② 郑玄注："先圣，周公若孔子。"《曾子问》又说："凡学，春官释奠于其先师，秋冬亦如之。"③ 由于师生关系密切，情同父子，老师去世，学生对老师有"心丧三年"之礼。《礼记·檀弓上》："事师无犯无隐，左右就养无方，服勤至死，心丧三年。"郑玄注："心丧，戚容如父而无服也。"④

第七，"天地君亲师"五字出自《礼记·礼运》。鲁迅《我的第一个师父》："我家的正屋的中央，供着一块牌位，用金字写着必须绝对尊敬和服从的五位：'天地君亲师。'"⑤ 郭沫若《洪波曲》："中国社会是尊师重道的，每家的祖先堂上都供有'天地君亲师'的香位牌。"⑥ 张舜徽《讱庵学术讲论集》："真正彻底了解'天地君亲师'五个大字的来源和作用，对整个中国封建社会的内幕，可算是了解了一大半。"⑦ 而"天地君亲师"五字就是源出《礼记·礼运》："故天生时而地生财，人，其父生而师教之，四者，君以正用之。"⑧ 第一次将"天地君亲（父）师"五字放在一起。⑨

---

① （汉）郑玄注，（唐）孔颖达正义，吕友仁整理：《礼记正义》，上海古籍出版社2008年版，第1443页。

② （汉）郑玄注，（唐）孔颖达正义，吕友仁整理：《礼记正义》，上海古籍出版社2008年版，第837页。

③ （汉）郑玄注，（唐）孔颖达正义，吕友仁整理：《礼记正义》，上海古籍出版社2008年版，第836页。

④ （汉）郑玄注，（唐）孔颖达正义，吕友仁整理：《礼记正义》，上海古籍出版社2008年版，第225页。

⑤ 鲁迅：《且介亭杂文末编》，人民文学出版社1973年版，第89页。

⑥ 郭沫若：《郭沫若全集》（文学编第十四卷），人民文学出版社1992年版，第169页。

⑦ 张舜徽：《再与友人论今后历史考证工作所应走的路》，《讱庵学术讲论集》，岳麓书社1992年版，第587页。

⑧ （汉）郑玄注，（唐）孔颖达正义，吕友仁整理：《礼记正义》，上海古籍出版社2008年版，第911页。

⑨ 有不少学者认为"天地君亲师"五字出自《荀子·礼论》，但《荀子·礼论》有"先祖"而无"亲"，此其一；《郭店楚墓竹简》问世后，《荀子》成书在《礼记》之后，已成共识，此其二。详见吕友仁、吕梁《"天地君亲师"溯源考——兼论〈礼记〉的成书时代》，《河南师范大学学报》（哲学社会科学版）2015年第3期。

第八，《论语·雍也》谈到了中庸，但仅仅一句话："子曰：中庸之为德也，其至矣乎，民鲜久矣。"① 而《礼记·中庸》篇则将孔子的中庸思想发挥得淋漓尽致。朱熹将《中庸》从《礼记》中摘出，构成"四书"之一。毛泽东说："'中庸'是孔子的一大发现，一大功绩，是哲学的重要范畴，值得很好地解释一番。"② 当代学者庞朴说："中庸：古代中国人的核心价值观。"③ 中国人（尤其是古人）的名字中含有中庸意味的有很多。唐代的韩愈，史称"文起八代之衰"，字退之。"愈"是超过之义，违背中庸之道，就用字"退之"来中和一下。南宋的理学家朱熹，字符晦。"熹"是炽盛、光亮之义，未免太出风头，于是就字"元晦"，"晦"是昏暗，名字相抵，正合乎中庸之道。翻检臧励和等编撰的《中国人名大辞典》，可以看到取名"居中""执中""秉中""师中""安中""建中"的人有很多，双名中都含有一个"中"字，这个"中"字是"中庸之道"之中，千万不要误会为"中国"之中。

第九，《礼记》是培育士大夫精神（今日所谓"社会精英"）的最好的教材。今日的大学校训，很多是出自《礼记》（知网上多有论及之文）。据《宋史》记载，北宋从宋太宗开始，朝廷刻印《礼记·儒行》篇赐予每科进士及文职官员。从宋真宗开始，又扩大赐予范围，将《儒行》篇赐予地方官。《儒行》是一篇记载儒者应该具备十五种优良品格的文章。林则徐《云左山房诗钞》卷六《赴戍登程口占示家人》有一联云："苟利国家生死以，岂因祸福避趋之?"④ 其中的"苟利国家"四字就出自《儒行》："苟利国家，不求富贵。"⑤ 其中的"岂因祸福避趋之"即脱胎于《礼记·曲礼上》的"临难毋苟免"。⑥

第十，《礼记》在培育根深蒂固的中国孝文化上，可以说是《孝经》的另一更实际切用的版本。《孝经·三才章》："子曰：'夫孝，天之经也，地之义也，民之行也。'"⑦《说文》："孝，善事父母者。"⑧《十三经》中有

---

① （魏）何晏等注，（宋）邢昺疏：《论语注疏》，北京大学出版社2000年版，第91页。
② 毛泽东：《毛泽东书信选集》，中央文献出版社2003年版，第132页。
③ http://www.aisixiang.com/data/97472-2.html.
④ 邱远猷编译：《林则徐、邓廷桢、黄爵滋诗文选译》，巴蜀书社1997年版，第149页。
⑤ （汉）郑玄注，（唐）孔颖达正义，吕友仁整理：《礼记正义》，上海古籍出版社2008年版，第2227页。
⑥ （汉）郑玄注，（唐）孔颖达正义，吕友仁整理：《礼记正义》，上海古籍出版社2008年版，第8页。
⑦ （唐）李隆基注，（宋）邢昺疏：《孝经注疏》，北京大学出版社2000年版，第22页。
⑧ （汉）许慎撰：《说文解字》，中华书局1963年版，第173页。

《孝经》，但内容比较空泛。而《礼记》中的《内则》篇，所讲孝道，具体而微。清人姚际恒认为："此真《孝经》也。世传《孝经》，率肤语耳。即是以为《孝经》，亦奚不可者！"①

第十一，《礼记》教育人们要树立储粮备荒的战略思想。《礼记·王制》："国无九年之蓄曰不足，无六年之蓄曰急，无三年之蓄曰国非其国也。三年耕必有一年之食，九年耕必有三年之食。以三十年之通，虽有凶旱水溢，民无菜色。"②毛泽东在抗日战争时写出的《切实执行十大政策》："五、发展生产。要做到农业生产'耕三余一'，备战，备荒。"③"耕三余一"就出自《礼记·王制》。

第十二，《礼记》的《郊特牲》和《杂记上》记载了我国的也是世界上最早的狂欢节——蜡（音 zhà）祭。所谓"蜡祭"，是先秦时期人们在秋季丰收之后，怀着报答神灵保佑的虔诚之心，将所有对丰收做出贡献的诸神都千方百计地请出来予以祭祀，并借此机会彻底放松、自我犒劳的活动。蜡祭时，既有化妆表演，又有不醉不休的宴饮，即子贡所谓的"一国之人皆若狂"④。文献证明，先秦时期的蜡祭，就是中华民族的狂欢节，就是世界上最早的狂欢节。令人遗憾的是，这个狂欢节仅仅存在于先秦。秦汉以后，由于阴差阳错的原因，蜡祭就名存实亡了。

今天看来，《礼记》也有糟粕，"三从四德"，这个清代以前用于约束妇女的行为准则与道德规范也完整地出自《礼记》。《礼记·郊特牲》："妇人，从人者也。幼从父兄，嫁从夫，夫死从子。"⑤《礼记·昏义》："古者妇人先嫁三月，教以妇德、妇言、妇容、妇功。"郑玄注："妇德，贞顺也。妇言，辞令也。妇容，婉娩也。妇功，丝麻也。"⑥说到这里，按捺不住就想谈一个与"三从四德"有联系的具体问题。《孔雀东南飞》这篇长诗，中学课本有，大学中文系的学生也要学。无论是教师还是学生，都对刘兰芝的被驱遣

---

① （清）杭世骏撰：《续礼记集说》卷五十一征引，《续修四库全书》编纂委员会编：《续修四库全书》第102册，上海古籍出版社2002年版，第1—2页。
② （汉）郑玄注，（唐）孔颖达正义，吕友仁整理：《礼记正义》，上海古籍出版社2008年版，第510页。
③ 中共中央文献研究室编：《毛泽东文集》第三卷，人民出版社1996年版，第70页。
④ （汉）郑玄注，（唐）孔颖达正义，吕友仁整理：《礼记正义》，上海古籍出版社2008年版，第1675页。
⑤ （汉）郑玄注，（唐）孔颖达正义，吕友仁整理：《礼记正义》，上海古籍出版社2008年版，第1092页。
⑥ （汉）郑玄注，（唐）孔颖达正义，吕友仁整理：《礼记正义》，上海古籍出版社2008年版，第2280页。

回娘家表示不解,这可是一个"妇德、妇言、妇容、妇功"无可挑剔的好媳妇啊!据笔者所见,人们对刘兰芝被驱遣回娘家的原因做了种种解释,但都没有说到点子上。他们没有想到,答案就在《礼记·内则》:"子甚宜其妻,父母不说(悦),出。子不宜其妻,父母曰:'是善事我。'子行夫妇之礼焉,没身不衰。"[①] 一句话,媳妇好不好,是留还是出,都是父母说了算。切莫以今天的眼光去衡量古代。

陶广学博士毕业于扬州大学(2013年),其博士学位论文题目是《孔颖达〈礼记正义〉研究》。以此为开端,他的《礼记》研究开始为学术界所关注。中国知网刊载了他的十五篇研究《礼记》的论文,其中一篇是《上海古籍出版社〈礼记正义〉标点商榷》。上海古籍出版社《礼记正义》是鄙人标点的,上海古籍出版社准备出版《礼记正义》修订本,他的这篇论文说的都对,真是帮了大忙了!借此机会,表示衷心感谢。

---

① (汉)郑玄注,(唐)孔颖达正义,吕友仁整理:《礼记正义》,上海古籍出版社2008年版,第1127页。

目　　录

绪　论 ·· (1)
　一　《礼记》研究的学术意义 ·· (1)
　二　《礼记正义》研究的学术意义 ·· (6)
　三　《礼记》研究文献综述 ·· (11)
　四　《礼记正义》研究文献综述 ·· (14)
　五　本书的研究难点与主要框架 ·· (17)

第一章　《礼记》成书考释 ·· (21)
　第一节　《礼记》称名考释 ·· (22)
　第二节　《礼记》成书考释（一）
　　　　——论《礼记》具体篇目的作者及年代 ····················· (29)
　第三节　《礼记》成书考释（二）
　　　　——论《礼记》一书的编者及年代 ····························· (42)

第二章　唐前《礼记》学概述 ·· (56)
　第一节　唐前《礼记》学简论 ·· (56)
　第二节　唐前思想家、政治家对《礼记》的推崇
　　　　——论《礼记》学术地位的提升（一） ····················· (72)
　第三节　唐前文学、玄学与《礼记》的互动
　　　　——论《礼记》学术地位的提升（二） ····················· (89)

第三章　《礼记正义》修撰考述 ··· (98)
　第一节　孔颖达的生平事迹与学术活动 ································ (98)
　第二节　唐太宗与《五经正义》的修撰 ······························ (116)
　第三节　唐太宗与《礼记》的入列《五经》 ······················· (133)

第四节　《五经正义》的修撰历程 …………………………（140）
　　第五节　《礼记正义》的修撰、审定与修定学者 ……………（150）

第四章　《礼记正义》版本简述 ……………………………（158）
　　第一节　《礼记正义》版本研究的文献梳理 …………………（158）
　　第二节　《礼记正义》唐代初本、定本与写本 ………………（163）
　　第三节　《礼记正义》两宋单疏本 ……………………………（167）
　　第四节　《礼记正义》南宋以降合刻本 ………………………（170）
　　第五节　《礼记正义》清末以来影印本 ………………………（181）
　　第六节　《礼记正义》当代点校整理本 ………………………（184）

第五章　《礼记正义》校勘考释 ……………………………（188）
　　第一节　《礼记正义》的校勘版本 ……………………………（189）
　　第二节　《礼记正义》的校勘方法 ……………………………（199）
　　第三节　《礼记正义》的校勘内容 ……………………………（210）
　　第四节　《礼记正义》的校勘特点 ……………………………（249）
　　第五节　《礼记正义》校勘商榷 ………………………………（259）

第六章　《礼记正义》文本考释 ……………………………（277）
　　第一节　论《礼记》的作者与成书 ……………………………（277）
　　第二节　论《礼记》各篇的题旨与要义 ………………………（307）
　　第三节　论具体《记》文或章节的结构 ………………………（328）
　　第四节　论《礼记》的文法 ……………………………………（339）

第七章　《礼记正义》训诂思想与方法考论 ………………（350）
　　第一节　孔颖达的训诂思想 ……………………………………（351）
　　第二节　《礼记正义》训诂方法论（一）
　　　　　　——释词之义训法 ……………………………………（361）
　　第三节　《礼记正义》训诂方法论（二）
　　　　　　——释词之声训法与形训法 …………………………（412）
　　第四节　《礼记正义》训诂方法论（三）
　　　　　　——释句与释节 ………………………………………（425）
　　第五节　《礼记正义》训诂商榷 ………………………………（453）

第八章 《礼记正义》考据刍论 (472)
 第一节 《礼记正义》人物考据 (473)
 第二节 《礼记正义》名物考据 (485)
 第三节 《礼记正义》礼制考据 (510)
 第四节 《礼记正义》考据商榷 (542)

第九章 《礼记正义》思想考论 (550)
 第一节 "攘斥佛老"与援道入儒
   ——兼论《礼记正义》纯化儒学的学术努力 (550)
 第二节 《礼记正义》的礼学思想 (568)
 第三节 《礼记正义》的政治思想 (593)

结 语 (617)
 一 《礼记正义》的学术意义 (617)
 二 《礼记正义》的著述之优 (619)
 三 《礼记正义》的政治实践 (625)

参考文献 (628)

后 记 (633)

绪 论

儒家基本典籍"十三经",在中国封建社会被奉为"圣经",地位之尊崇,影响之深广,是其他典籍所无法比拟的。《礼记》为其中之一,凡四十九篇,是从春秋末年至秦汉之际关于"礼"的解说、补记的一部文献汇编。《礼记》又名《小戴礼记》《小戴记》《小戴礼》等,与《周礼》《仪礼》并称"三礼"。

一 《礼记》研究的学术意义

皮锡瑞曰:"孔子所定谓之经;弟子所释谓之传,或谓之记。"[1] 较之《周礼》《仪礼》,《礼记》是"记",地位远逊于"经",所谓"此记二《礼》之遗阙,故名《礼记》"[2] 也。随着时代的发展,其价值逐渐得到认可,学术地位不断提升。汉末郑玄遍注《周礼》《仪礼》《礼记》,《礼记》与二者并列"三礼"。其后研治者日众,《礼记》学蔚为大观。唐初孔颖达等修撰《五经正义》,《礼记》又与《周易》《古文尚书》《毛诗》《左氏春秋》合称《五经》。

唐代名相张说曰:"《礼记》汉朝所编,遂为历代不刊之典。"[3]《礼记》入列《五经》,遂取代《周礼》《仪礼》在儒经之地位。唐代科举明经科虽增设《仪礼》《周礼》,后世仍以二者为"经"、以《礼记》为"记",但《礼记》一直名列儒经。宋代王安石科考改革,废《仪礼》而存《礼记》,后者进一步压倒前者。清康熙年间《御纂七经》(《周易》《诗》《书》《春秋》《周礼》《仪礼》《礼记》),舍弃东汉"七经"中的《论语》《孝经》,舍弃唐代"九经"以降"十一经""十二经""十三经"皆有的《春秋三传》,仍保留《礼记》。

---

[1] (清)皮锡瑞著,周予同注释:《经学历史》,中华书局1959年版,第67页。
[2] (唐)陆德明撰,黄焯断句:《经典释文》,中华书局1983年版,第162页上栏。
[3] (后晋)刘昫等:《旧唐书》,中华书局1975年版,第818页。

明清以来，学人推崇《礼记》甚高。明郝敬《读礼记》曰："《周礼》尤多揣摩，杂以乱世阴谋富强之术；《仪礼》枝叶繁琐，未甚切日用。惟此多名理微言，天命人性易简之旨，圣贤仁义中正之道，往往而在。如《大学》《中庸》两篇，岂《周官》《仪礼》所有？故'三礼'以《记》为正。"① 王夫之《礼记章句序》曰："《记》之与《礼》相倚以显天下之仁，其于人之所以为人，中国之所以为中国，君子之所以为君子，盖将舍是而无以为立人之本，是《易》《诗》《书》《春秋》之实蕴也。"② 清焦循《礼记补疏叙》曰："《周官》《仪礼》，一代之书也。《礼记》，万世之书也。必先明乎《礼记》，而后可学《周官》《仪礼》。《记》之言曰：'礼以时为大。'此一言也，以蔽千万世制礼之法可矣。"③ 皮锡瑞曰："窃谓《周礼》是一代之制，犹不如《礼记》可以通行，学术治术无所不包。《王制》一篇，体大物博，与《孟子》《公羊》多合。用其书，可以治天下。比之《周礼》，尤为简明。治注疏者，当从此始。"④ 诸说皆精辟地揭示出《礼记》的重要价值。

《礼记》地位日益上升的另一重要因素是《大学》《中庸》学术价值的彰显。韩愈为构建儒家道统，将二者与《孟子》《周易》同等视之。其《原道》直接采用《大学》诚意、正心、修身、齐家、治国、平天下思想原文以宣扬儒家道统，《省试颜子不贰过论》又突出发挥《中庸》"自诚明谓之性，自明诚谓之教"思想，曰"夫圣人抱诚明之正性，根中庸之至德，苟发诸中形诸外者，不由思虑，莫匪规矩"⑤，为宋人发掘《大学》《中庸》思想奠定基础。司马光以"《学记》《大学》《中庸》《乐记》为《礼记》精要"⑥，并著有《中庸大学广义》。朱熹选取《大学》《中庸》《论语》《孟子》，撰《四书章句集注》。陈澔《礼记集说序》曰："《戴记》四十九篇，先儒表彰《学》《庸》，遂为千万世道学之渊源。"⑦ 元皇

---

① （明）郝敬：《礼记通解》，《续修四库全书》第 97 册，上海古籍出版社 2002 年版，第 71 页。

② （明）王夫之：《礼记章句》，岳麓书社 2010 年版，第 9 页。

③ （清）焦循撰：《礼记补疏》，（清）阮元编：《清经解》第 6 册，上海书店出版社 1988 年版，第 652 页中栏。

④ （清）皮锡瑞著，周予同注释：《经学历史》，中华书局 1959 年版，第 203—204 页。

⑤ （唐）韩愈撰，马其昶校注：《韩昌黎文集校注》，上海古籍出版社 1986 年版，第 124—125 页。

⑥ （清）皮锡瑞：《经学通论·三礼》，中华书局 1954 年版，第 79 页。按（宋）司马光撰，汪郊校：《司马氏书仪》，江苏书局 1868 年初印本。卷四《昏礼下》："十岁，男子出就外傅，居宿于外。读《诗》《礼》《传》，为之讲解，使知仁、义、礼、智、信。自是以往，可以读《孟》《荀》《扬子》，博观群书。凡所读书必择其精要者而诵之（如《礼记·学记》《大学》《中庸》《乐记》之类，他书仿此）。"

⑦ （元）陈澔：《礼记集说》，上海古籍出版社 1987 年版。

庆二年（1313）定"四书"为考试课目，明清沿袭不改，《礼记》影响越发深广。

《礼记》的思想内容有远胜于《周礼》《仪礼》之处。《周礼》记述三百余职官之职掌，设计"理想"的政治制度。虽有古文学家刘歆、贾逵、马融、郑玄等，认为"其名《周礼》，为《尚书》'周官'者，周天子之官也""乃周公致太平之迹"，但也有临硕、何休等今文学家认为其系"末世渎乱不验之书""六国阴谋之书"（《序周礼废兴》）①，或曰"真伪亦纷如聚讼，不可缕举"（《周礼注疏》四十二卷条）②，有伪书之嫌。特别是新莽、北周依之建设制度，实践表明难以操行，"刘歆、苏绰托之以左王氏、宇文氏之篡，而卒以踣其祚"，唐宋以来，"李林甫托之以修《六典》而唐乱，王安石托之以行新法而宋亦乱"（《序》）③。《周礼》遂负"乱世"之名。马端临曰："《周礼》一书，先儒信者半，疑者半。其所以疑之者，特不过病其官冗事多，琐碎而烦扰耳。……而以《周礼》之法行之，必至于厉民而阶乱。王莽之王田、市易，介甫之青苗、均输是也。后之儒者见其效验如此，于是疑其为歆、莽之伪书而不可行。"（《周礼》十二卷条）④《周礼》对封建制度的设计过于理想化，缺乏与现实融合的张力。

《仪礼》记述冠、昏、丧、祭、射、燕、聘、觐等礼的具体仪式，繁琐且多雷同。《乐记》曰"铺筵席，陈尊俎，列笾豆，以升降为礼者，礼之末节也"⑤，一语道出《仪礼》因注重形式而僵化不变的特点，难以与时俱进。韩愈《读仪礼》曰："余尝苦《仪礼》难读，又其行于今者盖寡，沿袭不同，复之无由。考于今，诚无所用之。"⑥ 杜佑亦论其繁琐而不能从宜："《礼经》章句，名数尤繁，诸家解释，注疏庞杂。方今不行之典，于时无用之仪，空事钻研，竞为封执，与夫从宜之旨，不亦异乎！"⑦《郊特牲》曰："礼之所尊，尊其义也。失其义，陈其数，祝、史之事也。故其数可陈也，其义难知也。知其义而敬守之，天子之所以治天下也。"郑注曰，"言礼

---

① （清）阮元校刻：《十三经注疏·周礼注疏》（附校勘记），中华书局1980年版，第636页。
② （清）永瑢等：《四库全书总目》，中华书局1965年版，第149页上栏。
③ （清）孙诒让：《周礼正义》，中华书局2015年版，第3—4页。
④ （元）马端临：《文献通考》，中华书局1986年版，第1554页上栏。
⑤ （汉）郑玄注，（唐）孔颖达正义，吕友仁整理：《礼记正义》，上海古籍出版社2008年版。本书征引《礼记》、郑玄《礼记注》与孔颖达《礼记正义》内容，除特殊说明外，皆引自此版本。为便于检阅与节省篇幅，下文征引经文将不再加注，而于郑注、孔疏凡独立成段者，一般于文后直接标明页码，若非独立成段则另加注释。
⑥ （唐）韩愈撰，马其昶校注：《韩昌黎文集校注》，上海古籍出版社1986年版，第39页。
⑦ （唐）杜佑撰，王文锦点校：《通典》，中华书局1988年版，第2015页。

所以尊，尊其有义也""言政之要，尽于礼之义"①。皮锡瑞比勘《仪礼》《礼记》，认为"《礼记》所说之义古今可以通行"："圣人所定之礼，非有记者发明其义，则精意闷旨，未必人人能解。且节文时有变通，而义理古今不易，十七篇虽圣人所定，后世不尽可行。得其义而通之，酌古准今，期不失乎礼意，则古礼犹可以稍复。"②《仪礼》内容过于渺远，时过境迁，后世无法切身实地回归到遵循周礼的社会环境中。

《礼记》重在阐释礼之义，故"古今通行"。郝懿行比勘"三礼"，以《礼记》为优："如《深衣》《奔丧》《投壶》，盖古经之逸简、昔贤之记录也。《中庸》《大学》，义理精深。《曲礼》《少仪》《内则》，实小学之支流、圣经之余裔也。其余大抵汉儒编缀。大而朝、祭、军、宾、冠、昏、乡射，细而日用饮食，缛节繁文，靡不兼收并采、巨细无遗。学者以其选言宏富，便于诵习。视《仪礼》难读、《周官》不全，相去固有间矣。此《礼记》所以得与四经并垂也。"③李学颖认为，《礼记》从《仪礼》的繁文缛节中提炼出的核心精神就是"基于宗族伦理的'亲亲、尊尊、长长、男女有别'四条总纲"，并论其"愈益受到历代王朝的重视"之因曰：

> 《礼记》从《仪礼》的无数繁节缛文之中提炼出来的核心精神，这就是基于宗族伦理的"亲亲、尊尊、长长、男女有别"四条总纲，由此派生出各种亲疏尊卑贵贱的人际关系和相应的道德标准，应用在直系血亲间是"父慈子孝"，在旁系血亲间是"兄良弟弟"，在婚姻上是"夫义妇听"，在政治上是"君仁臣忠"，在社会上是"长惠幼顺"，并据以决定每个人的社会地位和行为规范。这些关系与规范调节到最适宜的程度就是中庸。人人不违反自己应具有的道德标准，不逾越自己应遵循的行为规范，就可以从修身齐家到治国平天下，维系住"贵贱有等，衣服有别，朝廷有位"的等级制度，符合统治阶层的长远利益。不论社会发展到什么阶段，统治者都可以依据这个总纲来修改旧规范使之适合自己的需要。④

---

① （汉）郑玄注，（唐）孔颖达正义，吕友仁整理：《礼记正义》，上海古籍出版社2008年版，第1087页。
② （清）皮锡瑞：《经学通论·三礼》，中华书局1954年版，第70页。
③ （清）郝懿行：《礼记笺·序》，《续修四库全书》第104册，上海古籍出版社2002年版，第425页。
④ 李学颖：《仪礼、礼记：人生的法度·前言》，上海古籍出版社1997年版。

《礼记》不仅记载了古人日常生活真实而细微的礼之仪节，还阐释了礼之内涵、意义，依时制礼作乐的发展观念与以礼治国的政治思想等。王锷认为，《礼记》"为封建统治者提了极富弹性的礼治理论，这种理论正好满足了统治者'安上治民'的需要。历史和现实的经验使封建统治阶级深切地认识到，在强化封建专制的同时，利用'礼治'为中心的儒家思想，吸引广大知识阶层，规范世人的思想和行为，是维护封建统治秩序并获得长治久安的大政方针，故《礼记》赢得了历代统治者的青睐"①。故《礼记》学自汉末以来堪称显学，齐召南《礼记注疏考证跋语》：

> 《礼记》之列学官也，自郑康成《注》行，遂配《仪礼》《周官》，称"三礼"，自孔颖达《正义》行，遂配《周易》《尚书》《毛诗》《左氏春秋》，称《五经》。汉时称"五经"者，《礼》惟高堂生所传，即《周官》不得比并，唐以后《小戴》学盛，二礼、古经之学反俱不及，其故何耶？《记》本丛书也，撰录非一人，荟萃非一说，自孔门弟子下逮秦汉诸儒所记，并采兼收，故虽不能有存无杂，然其大者如《大学》《中庸》，广博精深，为圣贤传道之经训；《曲礼》《少仪》《内则》，实小学之支流流余裔；《玉藻》《郊特牲》《文王世子》，实朝庙之文物典章也；《冠》《昏》《乡饮酒》《射》《聘》《燕》诸义，《丧服》小大②、《杂记》《服问》《间传》《曾子问》《三年问》诸篇，既皆《仪礼》之正解余论；而《深衣》《奔丧》《投壶》，则又古经之剩简佚篇，可以补《仪礼》所不及者。《记》以兼收并采而纯杂相半，亦以兼收并采而巨细不遗，选言宏富便于诵习。视《仪礼》难读，《周官》不全，相去故有间也，此《记》之以丛书得称为经也。③

二十世纪以来，学界多从史学或思想史角度研究礼学，仍积极肯定《礼记》的学术价值。梁启超曰："礼学的价值到底怎样呢？……我们若用新史家的眼光去整理他，可利用的地方多着哩。"④ 又曰："欲知儒家根本思想及

---

① 王锷：《〈礼记〉成书考》，中华书局2007年版，第5页。
② 此"《丧服》小大"四字，当指《丧服小记》《大传》。
③ （汉）郑玄注，（唐）孔颖达疏，（唐）陆德明音义，（清）齐召南等考证：《礼记注疏》，文渊阁《四库全书》第116册，台湾商务印书馆2008年版，第534页下栏。
④ 梁启超：《中国近三百年学术史》，东方出版社2004年版，第215页。

其蜕变之迹，则除《论语》《孟子》《荀子》外，最要者实为两《礼记》。"①还曰："《礼记》之最大价值，在于能供给以研究战国、秦、汉间儒家者流——尤其是荀子一派——学术思想史之极丰富之资料。盖孔氏之学，在此期间始确立，亦在此期间而渐失其真。其蜕变之迹与其几，读此两《戴记》八十余篇最能明了也。"② 吕思勉曰："《礼记》为七十子后学之书，又多存礼家旧籍。读之，既可知孔门之经义，又可考古代之典章，实为可贵。"③ 陈克明亦曰："'三礼'中，思想内容丰富、影响后世深远的，当首推《礼记》。《礼记》是儒家叙述礼论形成和礼制变迁、既有理论、又有史实的一部综合性著作。"④ 赵逵夫认为，《礼记》是"一部积累起来的学术史"，也是"秦汉以前的一部社会生活史"(《序》)⑤。《礼记》不仅是我们研究先秦学术、认识先秦社会的一部重要文献，而且其丰富的政治、哲学、教育、文艺思想，对当下中国政治、经济、文化等方面有着积极的影响。曾被视为理想社会的"大同""小康"，皆出自《礼运》。康有为的《大同书》、孙中山"天下为公"的口号、邓小平关于"小康"思想的阐释，皆源于此。《檀弓》《王制》《礼运》等对社会弱势群体的关爱与尊重，是先秦儒学仁爱思想的体现，也是社会文明发展的重要标志，值得今天构建和谐社会学习借鉴。《中庸》"允执厥中"的中庸思想，"诚，天之道也；诚之者，人之道也"的诚信思想，渗透在国人的灵魂深处；《学记》是中国教育史上第一篇教育学著作；《乐记》是中国文艺学史上一篇具有里程碑意义的乐论；《檀弓》是杰出的叙事散文，《儒行》《坊记》是优秀的论说散文。

若就个人品质修养而言，《礼记》也是必读之书。其关于礼之意义的论述，社会交往的讲解，个人修行的强调，于今天法治时代仍有着积极的教育意义。

二 《礼记正义》研究的学术意义

阮元认为"士人读书，当从读经始，读经当从读注疏始"，指出古人读

---

① 梁启超：《梁启超国学讲录二种·要籍解题及其读法》，中国社会科学出版社1997年版，第93—94页。
② 梁启超：《梁启超国学讲录二种·要籍解题及其读法》，中国社会科学出版社1997年版，第92—93页。梁氏将大、小《戴记》并称为"礼记"。
③ 吕思勉：《经子解题》，华东师范大学出版社1995年版，第52页。
④ 陈克明：《中国的经学》，山东教育出版社1991年版，第38页。
⑤ 王锷著，赵逵夫序：《〈礼记〉成书考》，中华书局2007年版。赵逵夫：《〈礼记〉的当代价值与文献学研究——兼序王锷〈《礼记》成书考〉》，《南京师范大学文学院学报》2006年第4期。

书治学之门径；又批评"空疏之士""高明之徒"曰："读注疏不终卷而思卧者，是不能潜心研索终身，不知有圣贤诸儒经传之学矣。"① 皮锡瑞曰："今之治经者，欲求简易，惟有人治一经，经主一家；其余各家，皆可姑置；其它各经，更可从缓。"② 又曰："治经必宗汉学。"③ 中国学术，汉学宋学双峰并峙，其桥梁乃六朝隋唐之义疏学，而六朝以来儒学又汇聚于《五经正义》。潘重规曰："余尝以为六朝义疏之学，百川并流，而以唐人《正义》为壑谷。盖六朝义疏之制，实汉学之津梁；而唐人经疏，又六朝经说之总汇。唐疏之底蕴明，而后六朝之经说出。"④ 道出研治《正义》的重要学术史意义。本书以孔颖达《礼记正义》为研究对象，借助郑注、孔疏读通《礼记》，然后研读《周礼》《仪礼》，打通"三礼"学。

（一）《礼记正义》集唐前《礼记》学之大成

唐太宗"又以儒学多门，章句繁杂，诏国子祭酒孔颖达与诸儒撰定《五经义疏》，凡一百七十卷，名曰《五经正义》，令天下传习"⑤。后世虽有仿效者，如王安石等修《三经新义》、胡广等修《四书五经大全》、康乾时代钦定《七经义疏》等，成就较之《五经正义》皆大为逊色。《礼记》由"记"而跻身"经"，尤赖郑、孔之功。

《礼记正义》面世以来，学界虽偶有贬低之词，但赞誉之声不绝于耳，尤以清儒推崇备至。李光坡曰"诸经注疏，共最《礼记》"⑥，齐召南曰"郑注既精，孔氏与贾公彦等又承南北诸儒后，斟酌于皇熊二家，讨论修饰，委曲详明，宜其书之垂世而行远也"⑦，李调元曰"盖说《礼记》者，汉唐莫善于郑孔，而郑注简奥，孔疏典赡"⑧。郑注、孔疏，珠联璧合，迄今仍堪称《礼记》学最杰出之著述。《四库全书总目》曰："采撷旧文，词富理博，说礼之家，钻研莫尽。譬诸依山铸铜，煮海为盐。"（《礼记正义》六十三卷

---

① （清）阮元校刻：《十三经注疏》（附校勘记），中华书局1980年版，第2页。
② （清）皮锡瑞著，周予同注释：《经学历史》，中华书局1959年版，第344页。
③ （清）皮锡瑞著，周予同注释：《经学历史》，中华书局1959年版，第89页。
④ 潘重规：《五经正义探源》，《华冈学报》（台北"中国文化学院"出版）1965年第1期。
⑤ （后晋）刘昫等撰：《旧唐书》，中华书局1975年版，第4941页。
⑥ （清）李光坡：《礼记述注·自序》，文渊阁《四库全书》第127册，台湾商务印书馆2008年版，第280页。
⑦ （汉）郑玄注，（唐）孔颖达疏，（唐）陆德明音义，（清）齐召南等考证：《礼记注疏》，文渊阁《四库全书》第116册，台湾商务印书馆2008年版，第535页上栏。
⑧ （清）李调元：《礼记补注·序》，《续修四库全书》第103册，上海古籍出版社2002年版，第739页。

条)① 清代学术繁荣，礼学尤盛，清儒新疏《十三经》，而《礼记》《穀梁传》无新疏。《礼记》学著述，尤以孙希旦《礼记集解》、朱彬《礼记训纂》最为杰出，然而整体成就皆不及孔氏《正义》。章太炎曰"至清世为疏者，……惟《礼记》《穀梁传》独阙。将孔疏翔实，后儒弗能加"(《清儒》)②，又曰"'三礼'郑注之后，孔、贾之疏，已为尽善。清人以贾疏尚有未尽，胡培翚作《仪礼正义》，孙诒让作《周礼正义》。由今观之，新疏自比贾疏更精。《礼记》孔疏，理晰而词富，清儒无以复加，朱彬作《训纂》，不过比于补注而已"(《国学略说》)③。黄侃曰："孔疏虽依傍皇疏，然亦时用弹正，采撷旧文，词富理博，说礼之家，钻研莫尽。故清世诸经悉有新疏，独《礼记》阙如者，亦以襄驾其上之难也。"④ 所论甚是。

孔氏《礼记正义序》曰"据皇氏以为本，其有不备，以熊氏补焉"⑤，实则博采两汉以降《礼记》学以及当世陆德明《经典释文》、颜师古《五经定本》成果，体现出海纳百川的襟怀。马宗霍曰："《礼记》郑注已详实，疏复广援古《左氏》说、《公羊》说、《周礼》说、《五经异义》及郑氏、张逸、赵商答问，一一疏通而证明之。而卢植之《礼记解诂》、郑氏之《丧服变除》、阮谌之《三礼图》、射氏之《音义隐》，亦复触类引入。故能词富理博，使说《礼》之家钻研莫尽。又如疏《缁衣》而疑《孝经序》非郑氏作，足为陆氏《经典释文·叙录》言《孝经注》与郑注《五经》不同之证；疏《乐记》而谓《乐记》入《礼记》在刘向前，足见《隋书·经籍志》言马融增益三篇之误。斯又因事而陈，堪资考旁证者已。"⑥ 孔疏主要做了以下工作。

1. 对《礼记》及具体篇目文本内容发凡起例：考据《礼记》作者和成书以及具体篇目的作者和成篇问题；就《礼记》一书的性质、主要内容以及具体各篇的题旨、要义展开论述或归纳；对《礼记》部分篇目进行结构分析，总结文法义例。

2. 对《礼记》及其郑注精心校勘，包括文献讹误、脱文、衍文、倒文、不同句读、异文以及多重讹误等众多问题一一校勘；不仅校正其误，还分析其因，总结方法，考稽文献依据。

---

① (清)永瑢等：《四库全书总目》，中华书局1965年版，第169页上栏。
② 章太炎：《訄书》，《章太炎全集》第3册，上海人民出版社1984年版，第159—160页。
③ 章太炎：《国学讲义》，海潮出版社2007年版，第133—134页。
④ 黄侃：《礼学略说》，《黄侃论学杂著》，中华书局上海编辑所1964年版，第450页。
⑤ (汉)郑玄注，(唐)孔颖达正义，吕友仁整理：《礼记正义》，上海古籍出版社2008年版，第2页。
⑥ 马宗霍：《中国经学史》，上海书店出版社1984年版，第99页。

3. 对《礼记》及其郑注进行详赡训诂，从释词、释句、释段和释篇四个层面对《礼记》进行详尽训诂；其释词以义训为主而辅以声训和形训。孔疏解经疏注方法灵活，体式多样，且从侧面、反面力补经、注阙遗。

4. 对"三礼"名物与礼制进行详尽考据，于礼之起源、名物、礼制、历史（传说）人物等，皆有考证发明。所考名物，范围极广，涵盖天文、地理、人事三大类；所考礼制，涵盖吉、凶、宾、军、嘉五礼。孔疏考据，贯通"三礼"，出入经、史、子、集，比勘诸家，择善而从。

5. 在净化儒学、宣扬儒家伦理道德、强调以礼治国等多方面，提出深刻见解与宝贵思想，自觉服务于"大一统"的时代政治需求。孔疏善于阐发义理，积极宣扬"大一统"思想，"非但详于考典制，其说性理亦甚精"①，尤其于《中庸》《大学》《乐记》《礼运》《学记》等篇，阐发义理精深透辟。

6. 孔疏解经疏注，"实贯串'三礼'及诸经"②，以"三礼"互证，触类旁通，举一反三。疏通郑玄《礼记注》，同时辨正、疏解《周礼注》《仪礼注》，意欲由"一记"而通"二经"，借一经而通诸经。

在《礼记》学史上，《礼记正义》有着承前启后的重要意义。郑注简奥，孔疏典赡，彼此互补。孔疏辨章学术，考镜源流，有利于把握郑氏礼学渊源与汉以来礼学发展情形。研究《礼记》由孔氏《正义》入手，是一种正确的选择。

（二）《礼记正义》"学术缺陷"之辨析

《五经正义》诞生之初即有批评之声，时太学博士马嘉运以"《正义》颇多繁杂，每掎摭之，诸儒亦称为允当"③。概言之，古人指责其有"彼此互异""曲徇注文""杂引谶纬"之失④，今人则责其束缚了学术的发展自由。

皮锡瑞辩曰："案著书之例，注不驳经，疏不驳注；不取异义，专宗一家；曲徇注文，未足为病。谶纬多存古义，原本今文；杂引释经，亦非巨谬。惟彼此互异，学者莫知所从；既失刊定之规，殊乖统一之义。……官修之书不满人意，以其杂出众手，未能自成一家。……《正义》奉敕监修，正中此弊。颖达入唐，年已耄老；岂尽逐条亲阅，不过总揽大纲。诸儒分治一经；各取一书以为底本，名为创定，实属因仍。书成而颖达居其功，论定而

---

① （清）陈澧撰，杨志刚编校：《东塾读书记》（外一种），中西书局2012年版，第142页。
② （清）陈澧撰，杨志刚编校：《东塾读书记》（外一种），中西书局2012年版，第142页。
③ （后晋）刘昫等撰：《旧唐书》，中华书局1975年版，第2603页。
④ （清）皮锡瑞著，周予同注释：《经学历史》，中华书局1959年版，第201页。

颖达尸其过。究之功过非一人所独擅，义疏并非诸儒所能为也。"① 日人本田成之亦为孔氏开脱曰："手续既繁，一书分任，其'彼此互异'是势所必然的。""疏主要是把注疏通，而注，近处即南学、北学，远处即今文、古文的师法乃至家法，所以比较本文利害观念强，虽是无理不能不曲循了。又疏有一种彻底说明的必要，为了说明，自然谶纬之说也不能不引入。注中既有谶纬，经文也是有的，所以这是不足咎的。"② 所论皆未中肯綮。吕友仁悉心考察《五经正义》文本，指出其"在处理谶纬问题上有'各从其家而为之说'之例"③，而且，孔氏本人对于谶纬诸说基本持质疑甚而否定态度，并借助王肃之义批驳郑玄所引谶纬④。前人不识，故有诸多非议。

陈寅恪尝云："唐太宗崇尚儒学，以统治华夏，然其所谓儒学，亦不过承继南北朝以来正义义疏繁琐之章句学耳。又高宗、武则天以后，偏重进士词科之选，明经一目仅为中材以下进取之途径。盖其所谓明经者，止限于记诵章句，绝无意义之发明。故明经之科在退之时代，已全失去政治社会上之地位矣。"⑤ 或认为《正义》奉行"疏不破注"，"末流所及，以致'讳言服、郑非'的情境。不仅以'疑经'为背道，而且以'破注'为非法，严重桎梏、束缚了学术界的思想，使以经学为载体的儒学陷入烦琐和僵化"⑥。所论有合理之处，然亦失之偏颇。吕友仁指出："既有'疏不破注'，又有'疏可破注'，二者兼备，这才合乎孔颖达编撰《五经正义》时的原始设计。"⑦ 而且，因为"疏不破注"，故有保存文献之功。皮锡瑞认为清儒"有功于后学者有三事"，第一即辑佚书⑧。清代辑佚学成就前无古人，《五经正义》为辑佚的重要资源，唐前经学著作因《正义》出而有所散佚，又因《正义》得以保存而凤毛麟角。

至于《礼记正义》，其鲜明的学术特点是标举郑氏礼学，最大缺陷也在于遵从郑氏以《周礼》解说《礼记》。朱熹曰："看汉儒注书，于不通处，即说道这是夏、商之制，大抵且要赖将去。"⑨ 杨天宇指出："郑注'三礼'

---

① （清）皮锡瑞著，周予同注释：《经学历史》，中华书局1959年版，第201—202页。
② ［日］本田成之：《中国经学史》，孙俍工译，上海书店出版社2001年版，第211页。
③ 吕友仁：《孔颖达〈五经正义〉义例研究》，上海古籍出版社2019年版，第118页。
④ 吕友仁：《孔颖达〈五经正义〉义例研究》，上海古籍出版社2019年版，第120—122页。
⑤ 陈寅恪：《论韩愈》，《金明馆丛稿初编》，生活·读书·新知三联书店2001年版，第321页。
⑥ 张立文、祁润兴：《中国学术通史》（宋元明卷），人民出版社2004年版，第9页。
⑦ 吕友仁：《〈礼记〉研究四题》，中华书局2014年版，第198页。
⑧ （清）皮锡瑞著，周予同注释：《经学历史》，中华书局1959年版，第330页。
⑨ （宋）朱熹撰，朱杰人等主编：《朱子语类》，《朱子全书》第17册，上海古籍出版社2002年版，第2881页。

的最大错误,就在于笃信《周礼》为周公所作,从而笃信《周礼》为周制,而以他经如《礼记·王制》等不与《周礼》同者,为殷制或夏制。实际上,这是党于古文家立场之毫无根据的臆说。……更有甚者,郑玄因确认《周礼》为周制,反把他经中确为周制之遗迹者,指为殷制或夏制。"① 孔疏以郑君为准绳,所谓"礼是郑学"②,难免以讹传讹。陈澔批评曰:"郑氏祖谶纬,孔疏惟郑之从,虽有他说,不复收载,固为可恨。"③ 故研治《礼记正义》,当博览群言,悉心辨析,不可轻易蹈袭。

三 《礼记》研究文献综述

自西汉戴圣编纂成书,其后刘向《别录》的分类,东汉马融《礼记注》、卢植《礼记解诂》、郑玄《礼记注》《礼记目录》的撰述与传授,《礼记》学逐渐走向繁荣。直至满清,《礼记》学著述汗牛充栋。

进入二十世纪,儒学尤其是礼学作为封建礼教的代名词,成为新文化运动的讨伐对象,《礼记》学遭受前所未有的挫折与挑战。不过,仍有一批著述值得关注,如钱基博《礼记约纂》、叶圣陶选注《礼记》、刘咸炘《礼记温知录》、蔡介民《礼记通论》、任铭善《礼记目录后案》等。至五十年代,出于政治、学术等原因,礼学遭大陆学术界冷落,几乎无人问津。所幸改革开放以来,学术事业繁荣发展,礼学日益受到重视,产生了一批高质量的成果,如沈文倬《略论礼典的实行和〈仪礼〉书本的撰作》(1979),杨向奎《宗周社会与礼乐文明》(1992),钱玄《三礼通论》(1996),钱玄、钱兴奇《三礼辞典》(1998),沈文倬《宗周礼乐文明考论》(1999)等。新中国成立之前的礼学著作也得以整理出版,如顾颉刚《周公制礼的传说和〈周官〉一书的出现》(1979)、任铭善《礼记目录后案》(1982)、洪业等《礼记引得》(1983)。二十世纪九十年代的一批研究生,以"三礼"为学位论文选题发表或出版了系列成果④。进入二十一世纪,以"三礼"为选题的学位论文大量涌现,以《礼记》为例,有龚建平《意义的生成与实现:〈礼记〉

---

① 杨天宇:《郑玄三礼注研究》,中国社会科学出版社2008年版,第173—174页。
② "郑学"一词见于《礼记正义》凡10次,其中3次直言"礼是郑学",见于《月令》《明堂位》《杂记上》三篇疏文。相关讨论参见第九章第二节"《礼记正义》的礼学思想"。
③ (元)陈澔:《礼记集说序》,上海古籍出版社1987年版。
④ 主要有陈戍国《先秦礼制研究》(1991)、彭林《〈周礼〉主体思想与成书年代研究》(1991)、苏志宏《秦汉礼乐教化论》(1990)、邹昌林《中国古礼研究》(1993)、常金仓《周代礼俗研究》(1993)、张鹤泉《周代祭祀研究》(1993)、谢谦《中国古代宗教与礼乐文化》(1996)、杨华《先秦礼乐文化》(1997)等。

哲学思想》(2005)、王锷《〈礼记〉成书考》(2007)、曾军《义理与考据——清中期〈礼记〉诠释的两种策略》(2009)等。

据统计，由汉至二十一世纪初，古今中外学者研究《礼记》及其具体篇章的专著有八百余部，论文近千篇①，近二十年来，《礼记》研究愈加得到重视并取得丰硕成果。可从六个方面简要梳理《礼记》学成果。

1. 对《礼记》诸篇的分类

《四库全书总目》曰："案《礼记》诸篇之分类，自刘向《别录》首肇其端，……其后魏有孙炎，复改易旧本，以类相从。而唐魏徵亦以《戴记》综汇不伦，更作《类礼》二十篇，……至宋朱子尝与吕祖谦商订'三礼'编次，欲取《戴记》中有关于《仪礼》者附之经，其不系于《仪礼》者仍别为记。其大纲存于文集。而晚年编次《仪礼经传通解》，则其条例与前所订又有不同。元吴澄作《三礼叙录》，别《投壶》《奔丧》补《仪礼》之经，《冠》《婚》《乡饮》《燕》《射》《聘义》为《仪礼》之传。其余三十六篇为通礼者九，为丧礼者十有一，为祭礼者四，为通论者十二。"（《礼记章句》十卷条）② 大致梳理了清前《礼记》分类情形。明末清初，重编《礼记》的重要著作有刘宗周《礼经考次》、李光地《礼记纂编》。现代有梁启超将大、小《戴记》合并分类，还有王文锦《经书浅谈》、高明《礼学新探》、夏传才《十三级概论》的分类，对今日研究均有启发。

2. 对《礼记》经文的注解，包括校勘、训诂、注音等

此为"《礼记》学研究的主流，成绩最为突出"③。代表性著述有卢植《礼记解诂》、郑玄《礼记注》、王肃《礼记注》、皇侃《礼记义疏》、熊安生《礼记义疏》、陆德明《礼记音义》、孔颖达《礼记正义》、卫湜《礼记集说》、陈澔《礼记集说》、王夫之《礼记章句》、阮元《礼记校勘记》、王引之《经义述闻·礼记》、孙希旦《礼记集解》、朱彬《礼记训纂》等。今人王梦鸥有《礼记要籍斠订》《礼记斠订》、杨天宇有《郑玄〈三礼注〉研究》等。

3. 对《礼记》思想文化价值的研究

时至两宋，探讨《礼记》思想的论文、论著逐渐增多，如论《大学》《中庸》《礼运》的政治思想、《学记》的教育思想、《乐记》的音乐思想等。朱熹《大学章句》《中庸章句》、康有为《礼运注》等为此类翘楚。当代学

---

① 王锷：《三礼研究论著提要》，甘肃教育出版社2001年版。
② （清）永瑢等：《四库全书总目》，中华书局1965年版，第198页下栏。
③ 王锷：《〈礼记〉成书考》，中华书局2007年版，第8页。

界主要从哲学、文化思想层面研究《礼记》者，如邹昌林《中国礼文化》（2000）、勾承益《先秦礼学》（2002）、龚建平《意义的生成与实现：〈礼记〉哲学思想》（2005）等。

4. 对《礼记》成书的考证

《礼记》成书问题一直是关注的焦点。章太炎《经学略说》曰："《礼记》最难辨别，其中所记，是否为古代典章制度，乃成疑窦。"① 两汉以来，学界主要有戴圣编纂说、叔孙通编纂说、成于六国说、汉人伪托戴圣说、马融和卢植删定说、汉儒编辑说、河间献王之徒编纂说等。戴圣编纂说始于郑玄②，学界以此说为主流。杨天宇《论〈礼记〉四十九篇的初本确为戴圣所编纂》考据严密，力证戴圣编纂说③。关于大、小《戴记》之关系，则围绕戴圣有无删《大戴礼记》成《礼记》而众说纷纭。王锷《〈礼记〉成书考》结合新出土文献考稽传世典籍，将《礼记》成书与其单篇成篇分开讨论，认为分别作于春秋末至战国前、作于战国中期与作于战国中晚期和晚期，后由戴圣编纂成书。吕友仁《〈礼记〉成书管窥》（《〈礼记〉研究四题》）调查汉宣帝以前十部典籍征引《记》文情况以考辨《礼记》成书。

5. 今人对《礼记》的校注、译注

二十世纪以来，对《礼记》的整理译注取得较大成就。杰作主要有叶圣陶选注《礼记》（1938），王梦鸥《礼记选注》（1968）、《礼记今注今译》（1978 初版，1984 修订），王文锦《礼记译解》（2001），钱玄等注译的《礼记》（2001），杨天宇《礼记译注》（2004），陈戍国《礼记校注》（2004），吕友仁《礼记全译》（2009 修订）、《礼记讲读》（2009），丁鼎《礼记解读》（2010）等，有利于《礼记》的普及与研究。

6. 关于《礼记》学史的研究

此类研究也推出了一批重要成果：高明《礼学新探》（1984）、杨天宇《经学探研录》（2004）、濮传真《北朝〈二戴礼记〉学》（2002）、李云光《三礼郑氏学发凡》（2012）、吕友仁《〈礼记〉研究四题》（2014）、潘斌《宋代〈礼记〉学研究》（2010）、《20 世纪中国三礼学史》（2016）、瞿林江《〈钦定礼记义疏〉研究》（2017）、华喆《礼是郑学：汉唐间经典诠释变迁

---

① 章太炎讲演，诸祖耿、王謇、王乘六等记录：《章太炎国学演讲录》，中华书局 2013 年版，第 152 页。

② （汉）郑玄注，（唐）孔颖达正义，吕友仁整理：《礼记正义》，上海古籍出版社 2008 年版，第 4 页。

③ 杨天宇：《论〈礼记〉四十九篇的初本确为戴圣所编纂》，《经学探研录》，上海古籍出版社 2004 年版，第 252—267 页。杨天宇：《礼记译注·前言》，上海古籍出版社 2004 年版。

史论稿》（2018）、朗文行《民国时期〈礼记〉研究考论》（2019）等。

近年来关于《礼记》学资料整理出现了一批重要成果，如王锷《三礼研究论著提要》（2001 初版，2007 增订）、《礼记郑注汇校》（2020），林庆彰《民国时期经学丛书》（2008—2009），耿素丽、胡月平《民国期刊资料分类汇编·三礼研究》（2009），为研究工作提供了便利。此外，还有学者从文学、语言学、文化人类学、伦理学等角度进行《礼记》研究，也取得一批重要成果。

四　《礼记正义》研究文献综述

关于《礼记正义》研究，可分为两大阶段：从唐至清的传统经学研究与二十世纪初以来的文献整理与哲学、史学研究，研究角度由对官方意识形态的阐释与建构，转入对民族优秀文化的传承与弘扬。

（一）清儒《礼记》学及相关著述，堪为今人研究《礼记正义》之门户

《礼记正义》面世后，出现褒扬与批评两派，多是外围的零星讨论，散见于唐以后尤其是清代《礼记》学著作。乾嘉以降，孙希旦《礼记集解》、朱彬《礼记训纂》沿袭郑注、孔疏外，博采宋元以来诸说以及清儒新见，考辨异说并加以裁断。孙氏、朱氏释经较孔疏更重实证，但不及孔疏博赡。王引之《经义述闻》、黄以周《礼书通故》、孙诒让《十三经注疏校记》与俞樾《群经平议》长于考证，辨正注疏得失，裨补缺漏。陈澧《东塾读书记》总结孔疏训诂成就，发凡起例，所论能发前人所未发，皮锡瑞《三礼通论》、黄侃《礼学略说》、马宗霍《中国经学史》皆有征引。

（二）改革开放以来，对《礼记》的译注与研究日趋繁荣

二十世纪初期，章太炎、梁启超、刘师培、黄侃、马宗霍等，讨论《五经正义》而兼及《礼记正义》，多提纲挈领性之论。自改革开放以来，传统文化学术得到重视，《礼记正义》研究逐渐兴起，近年来成果显著：一是文献整理成绩显著；二是专题论文已有六十余篇；三是相关高质量论著相继推出。

1. 文献整理

长期以来，精良版本的阙失是《礼记正义》研究的一大软肋。近年来，经过中国及海外众多学者的努力，此题已经得到了较好的解决。迄今，已有五种《礼记正义》点校本先后出版：龚抗云整理本（北京大学出版社 1999 年简体本，2000 年繁体本），吕友仁整理本（上海古籍出版社 2008 年版），田博元整理本（台湾新文丰出版公司 2001 年版），吕友仁整理"儒藏"精华编本（北京大学出版社 2016 年版），郜同麟整理"中华礼藏丛书本"（浙江大学出版社 2019 年版）。前两种点校本采用十行本系列六十三卷为底本，后三种以八行本系列七十卷为底本。另有乔秀岩、叶纯芳将足利本与宝礼堂潘本对照影印为"影印南宋越刊八行本《礼记正义》"三册（北京大学出版社 2014 年版）。

2. 专题论文

首先，校勘与版本研究成绩突出。吕友仁的《〈礼记注疏〉整理本平议》（《中国经学》第 1 辑）、《校点本〈礼记正义〉诸多失误的自我批评》（《儒家典籍与思想研究》第 6 辑），分别对龚本、吕本的讹误予以指正，是两篇重要的校勘成果。王锷撰有《八行本〈礼记正义〉传本考》（《古籍整理研究学刊》2001 年第 6 期）、《字大如钱，墨光似漆：八行本〈礼记正义〉的刊刻、流传与价值》（《图书与情报》2006 年第 5 期）、《李元阳本〈十三经注疏〉考略：以〈礼记注疏〉〈仪礼注疏〉为例》（《中国典籍与文化》2018 年第 4 期）等文，结集为《〈礼记〉版本研究》（中华书局 2018 年版），厘清了《礼记正义》版本的流变及其优劣。乔秀岩《〈礼记〉版本杂识》（《北京大学学报》2006 年第 5 期）比较《礼记正义》"八行本""十行本"两系统优劣，其《影印南宋越刊八行本〈礼记正义〉编后记》论述越州八行本之优及其影印情况。

在探讨《礼记正义》的学术渊源与影响方面，有张帅、丁鼎的《〈礼记正义〉二次征引〈礼记〉旧疏探析》（《古籍整理研究学刊》2012 年第 3 期）、《〈礼记正义〉据皇侃〈礼记义疏〉删理成书考》（《古典文献研究》第 15 辑），认为孔疏是皇疏的发展。乐爱国将《礼记正义》与朱熹《中庸章句》进行比较研究，考察孔疏在义理阐释上对后者的影响[①]。彭林的《孔颖达、贾公彦门阄制度异说辨正》（《中国经学》第 26 辑）深入考辨孔、贾关于一阄、二阄之争，对讨论孔疏的名物与礼制考据具有指导意义。

[①] 乐爱国撰有系列论文：《朱熹〈中庸章句〉对"诚者，天之道也"的诠释——兼与〈礼记义疏·中庸〉比较》，《中共宁波市委党校学报》2011 年第 5 期；《朱熹〈中庸章句〉对"致中和"的注释及其蕴含的生态思想——兼与〈礼记义疏·中庸〉比较》《江南大学学报》2012 年第 1 期；《朱熹〈中庸章句〉"诚"论——与郑玄、孔颖达〈礼记义疏〉之比较》，《西南民族大学学报》2012 年第 12 期；《朱熹〈中庸章句·哀公问政〉的为政以诚思想——兼与〈礼记义疏·中庸〉比较》，《厦门大学学报》2012 年第 1 期；《朱熹〈中庸章句〉对"慎独"的诠释——兼与〈礼记义疏·中庸〉比较》，《中国哲学史》2012 年第 4 期。

3. 相关论著

焦桂美《南北朝经学史》（上海古籍出版社 2009 年版），细致梳理南北朝礼学的发展，有助于了解孔疏对唐前礼学的取舍背景。吕友仁《〈礼记〉研究四题》中《"刑不上大夫"旧解发覆》《"礼不下庶人"旧解发覆》《"疏不破注"——一个亟待重新认识的问题》，排比旧说，追本溯源，考论孔疏得失。吕友仁《孔颖达〈五经正义〉义例研究》（上海古籍出版社 2019 年版），被誉为"是一部真正读懂、科学评价孔颖达《五经正义》的优秀之作，对孔颖达《五经正义》十二条义例的揭示是'通贯全书''籀绎遗编'的结果"①。其"《礼记正义》注疏关系研究"一章，重点考察孔疏包括"直言破注""微言破注""不露声色破注"三种破注情形与孔氏关于"（皇侃）既尊郑氏乃时乖郑义""礼是郑学"两个命题，发千年之覆，令人耳目一新。

关于孔颖达研究，陈冠明据《两唐书》本传及于志宁《孔公碑铭》撰有《孔颖达世系及入唐前行实考》（《阴山学刊》2003 年第 5 期），后扩充为《孔颖达年谱》②，详尽梳理了孔颖达身世、求学、仕宦、著述等事迹。申屠炉明《孔颖达　颜师古评传》（南京大学出版社 2006 年版）以《五经正义》修撰为中心，重点评介孔颖达学术思想。安敏《孔颖达〈春秋左传正义〉研究》（岳麓书社 2009 年版）对孔氏生平、姓字有所考证。

（三）中国台湾学者的研究起步较早，并取得了一批高质量成果

台湾大学张宝三的博士学位论文《五经正义研究》（1992）③，体系完备，内容丰富，论证翔实，对一些陈陈相因的观点详加考辨，堪称一部力作。因为侧重《五经正义》的整体研究，故难以充分论述《礼记正义》成就。何希淳《礼记正义引佚书考》（台湾嘉新水泥公司文化基金会，1966）、叶程义《礼记正义引书考》（台湾义声出版社 1981 年版），注重文献梳理与材料辑佚。

此外，日人乔秀岩《义疏学衰亡史论》（万卷楼，2013）第三章"《礼记正义》简论"，专论其性质、皇疏的影响、孔疏的取舍等，揭示孔疏创新不足的内在原因。乔秀岩《义疏学衰亡史论》与吕友仁《孔颖达〈五经正

---

① 汪少华：《真正读懂、科学评价孔颖达〈五经正义〉的力作——吕友仁〈孔颖达《五经正义》义例研究〉读后》，《儒家典籍与思想研究》（第 12 辑），北京大学出版社 2020 年版，第 379—391 页。

② 陈冠明撰：《孔颖达年谱》，周延良主编：《中国古典文献学丛刊》（第五卷），香港国际炎黄文化出版社 2006 年版，第 115—170 页。

③ 该书 2010 年由华东师范大学出版社在中国大陆出版。

义〉义例研究》，标志着《礼记正义》研究进入新的阶段。总之，《礼记正义》研究已从基础的文献整理、文字校勘、版本考据，深入学术源流、著述体例与思想内涵等层面。

五 本书的研究难点与主要框架

礼学自古难治。春秋末年，齐相晏婴尝批评儒学"累世不能殚其学，当年不能究其礼"[1]，司马谈《论六家要旨》亦批评儒学"博而寡要，劳而少功"[2]。黄侃《礼学略说》曰："礼学所以难治，其故可约说也。一曰，古书残缺；一曰，古制茫昧；一曰，古文简奥；一曰，异说纷纭。"[3] 又曰："'三礼'中，《周礼》广大，《仪礼》繁密，《礼记》纷错，等之未有易治者。"[4] 诚哉斯言！

（一）《礼记》及其《正义》的难治

江藩《经解入门》曰："《礼记》难于《仪礼》，《仪礼》止十七件事，《礼记》之事多矣，特其文条达耳。"[5] 陈澧指出："《礼记》似易读而实难读。"[6] 任铭善亦曰："昔韩文公谓《仪礼》难读，而不知《礼记》尤为难读，甚于《仪礼》也。……其文奥而仪繁与《仪礼》若，而名物制度之琐碎纷若而不一致，其难穷则已过之。至其撷拾缀缉，既非一本，文异而义乖者，百虑殊途，错出间见，虽有郑、孔之学之精，而徇文以汩经，执矛以攻盾者往往不免。后人发明之者，视《仪礼》尤少，盖舍经以治记，塞本源，乱家法，则《礼记》之难读甚于《仪礼》远矣。"（《序》）[7]《礼记》难治，主要有三。

---

[1] （汉）司马迁撰，（宋）裴骃集解，（唐）司马贞索隐，张守节正义：《史记》，中华书局1959年版，第1911页。
[2] （汉）司马迁撰，（宋）裴骃集解，（唐）司马贞索隐，张守节正义：《史记》，中华书局1959年版，第3290页。
[3] 黄侃：《礼学略说》，《黄侃论学杂著》，中华书局上海编辑所1964年版，第444页。
[4] 黄侃：《礼学略说》，《黄侃论学杂著》，中华书局上海编辑所1964年版，第454页。
[5] （清）江藩撰，周春健校注：《经解入门》，华东师范大学出版社2010年版，第142页。按：司马朝军等认为《经解入门》并非出自江藩之手，甚至曰"《经解入门》并非什么专著，而是一部资料汇编，准确地说，它没有真正作者，只有编者"。参看司马朝军《〈经解入门〉整理与研究·前言》，武汉大学出版社2017年版。为避免节外生枝，本书对《经解入门》的成书问题暂不作讨论。
[6] （清）陈澧撰，杨志刚编校：《东塾读书记》（外一种），中西书局2012年版，第141页。
[7] 任铭善：《礼记目录后案》，齐鲁书社1982年版，第1—2页。

其一，众手杂出。《礼记》的具体作者、写作年代以及编纂者等，皆一时难明。前贤论其作者，涉及周公、孔子、子思、公孙尼子、子游、曾子、荀子等，还有笼统曰"汉文帝博士""六国时人""周末儒者""瞽史之语""鲁人"等说，不同"作者"年代相差长达千年。彭林认为"三礼"中，"《礼记》的年代问题最为含混"："大家都从《汉书·艺文志》之说，以此书为'七十子后学所记者也'。但是，'七十子后学'是一个非常模糊的概念，可以指子夏、言偃等孔子的及门弟子，也可以指孟子、荀子等孔门后学，还可以指汉初的儒生。"① 依据《汉志》，《礼记》诸篇作者所处年代涵盖春秋末至汉初三百多年历史，这期间正是中国历史上学术思想极富创造力的百家争鸣时代。

其二，内容丰富而庞杂。《礼记》广涉先秦及汉初政治、经济、文化和社会生活诸方面。所记历史人物多达 138 人，其中孔门弟子 19 人②。"三礼"含有名物词凡 4595 个（去其重复者），其中《周礼》2121 个，《仪礼》1216 个，《礼记》居首，多达 2473 个③。所涉及礼制，亦绝非《仪礼》十七篇所能涵盖。《礼记》极其庞杂，杨天宇曰：其"内容的驳杂，不仅表现在篇次的不伦上，更主要的还是表现在各篇所记内容的杂乱上。四十九篇中，除少数外，大部分很少有突出的中心内容，而且同一篇的前后节之间也很少有逻辑联系，往往自成段落，表达一个与上下文皆不相关的意思"④。彭林曰："《礼记》观点散漫，论题众多，牵涉面广，不易把握，故孔颖达疏之后，鲜有佳作出现。"⑤

其三，异说纷纭。《礼记》诸篇之间，甚而一篇之内，异说纷纭或自相矛盾。郑注随文释义，或以《周礼》为准绳，孔疏则多弥缝之词，仅据郑注、孔疏，实难裁断孰是孰非。例如《曲礼上》曰："父之雠，弗与共戴天。兄弟之雠，不反兵。交游之雠，不同国。"《檀弓上》曰："子夏问于孔子曰：'居父母之仇，如之何？'夫子曰：'寝苫枕干，不仕，弗与共天下也。遇诸市朝，不反兵而斗。'曰：'请问居昆弟之仇如之何？'曰：'仕弗与共国，衔君命而使，虽遇之不斗。'曰：'请问居从父昆弟之仇如之何？'曰：'不为魁，主人能，则执兵而陪其后。'"二者皆论为父母、兄弟复仇，

---

① 彭林：《郭店楚简与〈礼记〉的年代》，《中国哲学》编委会编：《中国哲学》第 21 辑《郭店简与儒学研究》，辽宁教育出版社 2000 年版，第 41—59 页。
② 卢静：《〈礼记〉文学研究》，西安交通大学出版社 2013 年版，第 60 页。
③ 刘兴均等：《"三礼"名物词研究》，商务印书馆 2016 年版，第 9 页。
④ 杨天宇：《礼记译注·前言》，上海古籍出版社 2004 年版，第 19 页。
⑤ 彭林：《三礼研究入门》，复旦大学出版社 2012 年版，第 20 页。

其异有二：前者曰"兄弟之雠，不反兵"，后者言父母之仇"不反兵而斗"；前者曰"交游之雠，不同国"，后者言昆弟之仇"仕弗与共国"。孔疏调和二者，曰"二文相互乃足"①。

又《曲礼》曰："国君春田不围泽，大夫不掩群，士不取麛卵。"《王制》曰："天子、诸侯无事，则岁三田，一为干豆，二为宾客，三为充君之庖。……天子不合围，诸侯不掩群。"《月令》曰：季春之月，"田猎罝罘、罗网、毕翳、倭兽之药，毋出九门"；孟夏之月，"是月也，驱兽毋害五谷，毋大田猎"；季秋之月，"是月也，天子乃教于田猎，以习五戎，班马政"；仲冬之月，"山林薮泽，有能取蔬食、田猎禽兽者，野虞教道之"。三者言天子、诸侯、大夫等田猎，相异者二：《曲礼》曰"国君春田不围泽，大夫不掩群"，《王制》曰"天子不合围，诸侯不掩群"；《王制》曰"岁三田"，《月令》认为孟夏之月，"驱兽毋害五谷，毋大田猎"，田猎规模有限，实则岁"四田"。"三田""四田"聚讼不休，郑注《王制》曰："三田者，夏不田，盖夏时也。《周礼》：'春曰蒐，夏曰苗，秋曰狝，冬曰狩。'"孔疏曰："'夏不田，盖夏时也'者，以夏是生养之时，夏禹以仁让得天下，又触其夏名，故夏不田。郑之此注，取《春秋纬·运斗枢》之文，故以为夏不田。"② 郑、孔以纬书为据，以"夏不田"是夏礼，"以夏是生养之时，夏禹以仁让得天下，又触其夏名"，实附会之说。

而《礼记正义》内容繁博，卷帙浩繁，葛兆光论《五经正义》曰："经典之研读，对于文化人来说，已经不仅是一种抽象意义上的思想洗礼，而且还是一种实用意义上的知识学习，……特别是当这些经典的注释和解说层出不穷地给这些经典增加了更多的内容之后，它就成了知识与思想的渊薮。"③ 孔疏由疏解《礼记》而"贯串'三礼'及诸经"④ 的体例，无疑给研究者带来较大的挑战。

（二）本书的研究思路和主要框架

针对《礼记正义》的修撰特点与繁博内容，本书在中国经学史、思想史的宏观视野下，通过扎实的文献整理与材料收集，运用哲学、语言学、历史

---

① （汉）郑玄注，（唐）孔颖达正义，吕友仁整理：《礼记正义》，上海古籍出版社2008年版，第288页。
② （汉）郑玄注，（唐）孔颖达正义，吕友仁整理：《礼记正义》，上海古籍出版社2008年版，第505—506页。
③ 葛兆光：《中国思想史》（第一卷），复旦大学出版社2000年版，第460页。
④ （清）陈澧撰，杨志刚编校：《东塾读书记》（外一种），中西书局2012年版，第142页。

学等方法，以《正义》为中心，从文本解读出发，以《礼记》学的发展脉络为纵线，以其发展的政治、历史、文化为背景，以孔疏在文字校勘、词句训诂、文本解读、名物与礼制考证、礼学思想与政治思想阐发、礼学的建构等层面的学术成就为重点，客观深入地系统论述《礼记正义》的学术价值。本书实事求是，由点及面，微观解读与宏观把握紧密结合，礼制考证与礼学思想、政治思想的阐释形成互动。

　　本书凡九章：第一章《礼记》成书考释，第二章唐前《礼记》学概述，第三章《礼记正义》修撰考述，第四章《礼记正义》版本简述，第五章《礼记正义》校勘考释，第六章《礼记正义》文本考释，第七章《礼记正义》训诂思想与方法考论，第八章《礼记正义》考据刍议，第九章《礼记正义》思想考论。本书力求通过文献梳理与材料考辨，紧密围绕《礼记正义》文本，结合其修撰背景、修撰学者、修撰过程与版本流传，对其进行深入研究，客观总结其在校勘与训诂，文本解读与礼器、礼制考据，礼学建构、礼学思想与政治思想阐发等方面的成就。

第一章 《礼记》成书考释

由于司马迁、班固皆未言及《礼记》的成书，遂给后世留下一个千年公案。自汉末郑玄《六艺论》提出戴圣编纂《礼记》以来，学界从其说者甚众。孔颖达《正义》卷首解题曰："《六艺论》云：'今礼行于世者，戴德、戴圣之学也。'又云'戴德传《记》八十五篇'，则《大戴礼》是也；'戴圣传《礼》四十九篇'，则此《礼记》是也。"① 所谓"传《礼》四十九篇""传《记》八十五篇"，其中"礼""记"互文相足，分别指《小戴礼记》《大戴礼记》。吕友仁认为，"郑玄的这个说法便是最早最权威的了"②。郑君将《大戴礼记》《小戴礼记》并提，但未言及二者有何关系。

晋人陈邵认为《小戴记》由《大戴记》删成："陈邵《周礼论序》云，戴德删古《礼》二百四篇为八十五篇，谓之《大戴礼》；戴圣删《大戴礼》为四十九篇，是为《小戴礼》。后汉马融、卢植考诸家同异，附戴圣篇章，去其繁重及所叙略而行于世，即今之《礼记》是也。"③ 其后，《隋志》敷衍其说："汉初，河间献王又得仲尼弟子及后学者所记一百三十一篇献之，时亦无传者。至刘向考校经籍，检得一百三十篇，向因第而叙之。而又得《明堂阴阳记》三十三篇、《孔子三朝记》七篇、《王史氏记》二十一篇、《乐记》二十三篇，凡五种，合二百十四篇。戴德删其烦重，合而记之，为八十五篇，谓之《大戴记》。而戴圣又删大戴之书，为四十六篇，谓之《小戴记》。汉末马融，遂传小戴之学。融又定《月令》一篇、《明堂位》一篇、《乐记》一篇，合四十九篇。"④ 因不明四十六篇中有三篇分上、下而成四十九篇，遂生发马融补充三篇之论，致使《礼记》成书问题愈加复杂。

---

① （汉）郑玄注，（唐）孔颖达正义，吕友仁整理：《礼记正义》，上海古籍出版社2008年版，第4页。
② 吕友仁、吕咏梅：《礼记全译·前言》，贵州人民出版社1998年版，第8—9页。
③ （唐）陆德明撰，黄焯断句：《经典释文·序录》，中华书局1983年版，第11页下栏。
④ （唐）魏徵等：《隋书》，中华书局1973年版，第925页。

第一节 《礼记》称名考释

《礼记》成书，长期诸说纷纭。"礼记"一词，汉时所指内涵亦混淆不清。《后汉书·祭祀志》"古者师行平有载社主，不载稷也"，刘昭注曰："《周礼》为礼之经，而《礼记》为礼之传。"① 陆德明亦曰："此记二《礼》之遗阙，故名《礼记》。"② 《礼记》其书其名，实与《周礼》无甚关联，《礼记》得名由来，实须辨之。

王锷认为，汉时"礼记"一词涵义有五：《史记·孔子世家》所言"礼记"，实即《仪礼》；《汉书·景十三王传》所言"礼记"，是"诸儒记礼之说"，即《汉志》所载"《记》百三十一篇"一类的文献；《汉书·艺文志》和《说文解字序》所载出于孔壁中的"礼记"，就是《礼古经》五十六篇；《汉书·韦贤传》中所提《礼记》，即今《礼记》四十九篇；张揖《上广雅表》所言叔孙通撰《礼记》，实即《汉仪》③。如下文所论，《大戴礼记》亦曾称名"礼记"。梳理两汉魏晋相关文献可知，"礼记"一词，尝为《仪礼》《大戴礼记》《小戴礼记》等之共名，而最终成为《小戴礼记》之专名，不仅体现出《小戴记》与二者有着密切联系，还体现其学术地位不断提升的历程。

一 "礼记"：《仪礼》之别名

最早明言"礼记"一词者为《史记·孔子世家》："孔子之时，周室微而礼乐废，《诗》《书》缺。追迹三代之礼，序《书传》，上纪唐虞之际，下至秦缪，编次其事。……故《书传》《礼记》自孔氏。"④ 此"《礼记》"实指《仪礼》。又《儒林传》曰："诸学者多言《礼》，而鲁高堂生最本。《礼》固自孔子时而其经不具，及至秦焚书，书散亡益多，于今独有《士礼》，高堂生能言之。"⑤ 此"《士礼》"，即《孔子世家》所言"《礼记》"之残本。杨天宇认为此"《礼记》"为"《仪礼》的初本"，是孔子所

---

① （晋）司马彪撰，（梁）刘昭注补：《后汉书志》，（宋）范晔撰，（唐）李贤等注：《后汉书》，中华书局1965年版，第3200、3203页。
② （唐）陆德明撰，黄焯断句：《经典释文》，中华书局1983年版，第162页上栏。
③ 王锷：《〈礼记〉成书考》，中华书局2007年版，第318页。
④ （汉）司马迁撰，（宋）裴骃集解，（唐）司马贞索隐，张守节正义：《史记》，中华书局1959年版，第1935—1936页。
⑤ （汉）司马迁撰，（宋）裴骃集解，（唐）司马贞索隐，张守节正义：《史记》，中华书局1959年版，第3126页。

编订用作教材的:"至于当初孔子究竟选定了哪些礼来用作教材,今已不可得详。但可以肯定,它必包括今本《仪礼》而又远不止今本《仪礼》的十七篇。"①吕友仁认为,《礼记》有些篇与《仪礼》无关,即在于"《记》所要解释或补充的对应的《礼》没有流传下来"(《〈礼记〉五讲》)②。二家推断颇为合理。

其后《汉书·河间献王传》亦明言"礼记"一词:"河间献王德以孝景前二年立,修学好古,实事求是。从民得善书,必为好写与之,留其真,……献王所得书皆古文先秦旧书,《周官》《尚书》《礼》《礼记》《孟子》《老子》之属,皆经传说记,七十子之徒所论。"③颜注曰:"《礼》者,礼经也;《礼记》者,诸儒记礼之说也。"④因此,"河间献王所得古文《礼记》,盖指有关礼的《记》文,非指专书"⑤。此说与《汉志》合:"武帝末,鲁共王坏孔子宅,……而得《古文尚书》及《礼记》《论语》《孝经》凡数十篇,皆古字也。"⑥云"凡数十篇",自非成书,仅系"诸儒记礼之说"。

故《史记》《汉书》言"礼记",皆不可轻视为今《礼记》一书。时至汉末、魏晋,"礼记"一词仍不乏指代《仪礼》者。有趣的是,作《三礼解诂》的卢植、遍注"三礼"的郑玄,于《仪礼》《礼记》二者之名,时有混用。《后汉书》卢植本传载其上书谏言刻石经事:"臣少从通儒故南郡太守马融受古学,颇知今之《礼记》时多回冗。……合《上书》章句,考《礼记》失得,庶裁定圣典,刊正碑文。"⑦熹平石经于"三礼"仅选刻《仪礼》,此称"礼记"。郑玄《毛诗笺》引《仪礼》亦曰"礼记":

《诗·召南·采蘩》:"被之僮僮,夙夜在公。"笺云:"《礼记》:'主妇髲鬄。'"

孔疏:笺引《少牢》之文,云"主妇髲鬄",与此被一也。案《少牢》作"被锡",注云:"被锡读为髲鬄。古者或剔贱者、刑者之发,

---

① 杨天宇:《〈仪礼〉的来源、编纂及其在汉代的流传》,《经学探研录》,上海古籍出版社2004年版,第236页。
② 吕友仁:《读经识小录》(下),上海古籍出版社2017年版,第485页。
③ (汉)班固撰,(唐)颜师古注:《汉书》,中华书局1962年版,第2410页。
④ (汉)班固撰,(唐)颜师古注:《汉书》,中华书局1962年版,第2410页。
⑤ 杨天宇:《〈仪礼〉的来源、编纂及其在汉代的流传》,《经学探研录》,上海古籍出版社2004年版,第264页。
⑥ (汉)班固撰,(唐)颜师古注:《汉书》,中华书局1962年版,第1706页。
⑦ (宋)范晔撰,(唐)李贤等注:《后汉书》,中华书局1965年版,第2116页。

以被妇人之紒为饰，因名髲鬄焉。"①

晋人言《仪礼》曰"礼记"者，如《后汉书·蔡邕传》李贤注引陆机《洛阳记》："太学在洛城南开阳门外。讲堂长十丈，广二丈。堂前《石经》四部，本碑四十六枚。西行，《尚书》《周易》《公羊传》十六碑存，十二碑毁。南行，《礼记》十五碑悉崩坏。东行，《论语》三碑，二碑毁。《礼记》碑上有谏议大夫马日磾、议郎蔡邕名。"② 郭璞《尔雅注》引《仪礼》亦称"礼记"③，表明"礼记"在东晋仍可指代《仪礼》。皮锡瑞曰："'三礼'之名，起于汉末。汉初但曰'礼'而已。汉所谓'礼'，即今十七篇之《仪礼》，而汉不名《仪礼》。专主经言，则曰《礼经》，合《记》而言，则曰《礼记》。许慎、卢植所称《礼记》，皆即《仪礼》与篇中之《记》，非今四十九篇之《礼记》也。"④ 《仪礼》十七篇中，有十一篇经后有《记》，是对经的补充说解或阐发，《仪礼》又名《礼记》，是合《记》而言⑤。

二　"礼记"：《大戴礼记》《小戴礼记》之共名

"礼记"一词，两汉时可指《仪礼》，还可指大、小戴《礼记》。范文澜曰：

> 两汉称《礼记》之文，不一而足。《汉书·郊祀志》王商、师丹、翟方进等引《礼记》曰"燔柴于大坛，瘗薶于大折"，为《祭法》文。王莽引《礼记》"天子祭天地"及"山川岁遍"，为《曲礼》文；又引《礼记》曰"天子藉田千亩，以事天地"，为《祭义》文；又引《礼记》曰"王者唯祭宗庙社稷，为越绋而行事"，则《王制》文。《韦玄成传》

---

① （清）阮元校刻：《十三经注疏·毛诗正义》（附校勘记），中华书局 1980 年版，第 284 页中栏。

② （宋）范晔撰，（唐）李贤等注：《后汉书》，中华书局 1965 年版，第 1990 页。

③ （清）阮元校刻：《十三经注疏·尔雅注疏》，中华书局 1980 年版，第 2581 页中栏：《释言》"扉、陋，隐也"，郭注："《礼记》曰：'扉用席。'"邢疏："案《有司彻》云：'有司官彻馈，馔于室中西北隅，南面，如馈之设，右几，扉用席。'是也。云《礼记》者，误也。"实则郭注以"礼记"名《仪礼》，承袭前人旧例而已，并非讹误。又，第 2628 页上栏：《释草》"虇，萑实"，郭注："《礼记》曰：'苴麻之有蕡。'"邢疏："《仪礼·丧服传》文也。传所以解经，故亦谓之《礼记》也。案《丧服》经云'苴经'，传曰'苴经者，麻之有蕡者'是也。"

④ （清）皮锡瑞：《经学通论·三礼》，中华书局 1954 年版，第 1 页。

⑤ 钱玄：《三礼通论》，南京师范大学出版社 1996 年版，第 5 页："《仪礼》亦称《礼记》，因为《仪礼》一书中既有经，又有记，故有此名。"

又明引《祭义》曰"王者禘其祖自出，以其祖配之，而立四庙"，今为《丧服小记》及《大传》文。刘歆引《礼记·王制》"天子七庙"，又引《礼记》"祀典曰'圣王制祀'"，今亦为《王制》《祭法》文。《梅福传》引《礼记》曰"孔子曰丘殷人也"，为《檀弓》文。《后汉书·桓郁传》窦宪引《礼记》曰："天下之命悬于天子，天子之善，成乎所习，习与知长，则切而不勤，化与心成，则中道若性。昔成王幼小，越在襁保，周公在前，史佚在后，太公在左，召公在右，中立听朝，四圣维之，是以虑无遗计，举无过事。"注云："皆《大戴礼》之文。"今《保傅》篇详之。《曹褒传》"褒传《礼记》四十九篇"，《桥玄传》"玄七世祖仁著《礼记章句》"。然则大、小《戴记》之号，并不始于魏晋。[①]

可见，"礼记"于西汉时已指今《礼记》，也指《大戴礼记》。吕友仁《〈礼记〉成书管窥》进一步指出，刘歆引《礼记》书名篇名并称凡六次："《礼记》书名篇名并称，始于刘歆。然则，在刘歆笔下出现的这六次《礼记》书名篇名并称，意义就非同小可，它意味着在刘向《别录》和刘歆《七略》中都著录了小戴《礼记》一书。……从目录学的角度来说，《礼记》一书之得名，始于向歆父子的《录》《略》。"[②] 所论具有一定合理性。

三 "礼记"：《小戴礼记》之专名

故知"礼记"一词，汉时乃《仪礼》与大、小《戴记》三者共名。黄以周曰："自魏晋号四十九篇为《礼记》，亦谓之《小戴礼》，而东汉十七篇之名《礼记》、名《小戴礼》者，又为四十九篇《戴记》所夺，于是别号之为《仪礼》。"[③] 所论符合史实。吕友仁论述其因曰："从内因上讲，主要是由于《仪礼》和《礼记》二书的内容紧密相关。论其本源，《礼》《礼记》《小戴礼》之称，本属于十七篇之《仪礼》，后来渐次为四十九篇之《礼记》所夺。"[④]

这里还涉及大、小《戴记》成书问题。可从汉帝国大一统的政治背景，以及《礼记》《大戴礼记》的编纂者与《仪礼》之关系寻找其共名的答案。

---

① 范文澜：《群经概论》，《范文澜全集》（第一卷），河北教育出版社2002年版，第204—205页。

② 吕友仁：《〈礼记〉研究四题》，中华书局2014年版，第35页。

③ （清）黄以周撰，王文锦点校：《礼书通故》，中华书局2007年版，第5页。

④ 吕友仁、吕咏梅：《礼记全译·前言》，贵州人民出版社1998年版，第8页。

《仪礼》残存十七篇，内容大多为《士礼》，仅有《觐礼》记载了诸侯朝觐天子、天子接见诸侯的礼仪。郑玄《仪礼目录·觐礼》："觐，见也，诸侯秋见天子之礼。"① 杨天宇曰：

> 这对于已经实现了天下大一统的西汉王朝来说，欲建立一整套朝廷礼制，显然是不够用的。所以当时礼学家便采取了三个办法来加以弥补。其一是"推《士礼》而致于天子"（《汉书·艺文志》），即从十七篇《仪礼》所记诸士礼以推导出朝廷天子之礼。其二是经师自撰礼文或礼说。……叔孙通曾撰《汉仪十二篇》（见《后汉书·曹褒传》），魏张揖在其《上广雅表》中还称他"撰置礼《记》，文不违古"。而后仓撰《曲台记》（《汉志》载有"《曲台后仓》九篇"）亦其显例。其三是杂采当时所可能见到的各种《记》文，以备朝廷议礼或制礼所用。如汉宣帝甘露三年（前51）诏诸儒讲五经同异于石渠阁，后仓弟子闻人通汉、戴圣等皆与其议。……这些《记》文当为礼家所习见，而且具有实际上不亚于经的权威性，故在石渠这种最高级别的议论经义的场合，能为礼家所公开引用以为议论的依据。今所见《礼记》四十九篇的初本，很可能就是在这个时期由戴圣抄辑而成的。②

此论令人信服。孔颖达《礼记正义序》："博物通人，知今温古，考前代之宪章，参当时之得失，俱以所见，各记旧闻。错总鸠聚，以类相附，《礼记》之目，于是乎在。"③《正义》卷首解题又曰："或录旧礼之义，或录变礼所由，或兼记体履，或杂序得失，故编而录之，以为《记》也。"④《丧服四制》孔疏："郑云'旧说'，案《别录》无《丧服四制》之文，唯旧说称此丧服之篇属《丧服》。然以上诸篇，每篇言'义'，此不云'丧义'而云'丧服四制'者，但以上诸篇皆记《仪礼》当篇之义，故每篇言'义'也。此则记者别记丧服之四制，非记《仪礼·丧服》之篇，故不云'丧服

---

① （清）阮元校刻：《十三经注疏·仪礼注疏》（附校勘记），中华书局1980年版，第1087页下栏。
② 杨天宇：《论〈礼记〉四十九篇的初本确为戴圣所编纂》，《经学探研录》，上海古籍出版社2004年版，第253—254页。杨天宇：《礼记译注·前言》，上海古籍出版社2004年版。
③ （汉）郑玄注，（唐）孔颖达正义，吕友仁整理：《礼记正义》，上海古籍出版社2008年版，第2页。
④ （汉）郑玄注，（唐）孔颖达正义，吕友仁整理：《礼记正义》，上海古籍出版社2008年版，第4页。

之义'也。"① 所谓"以上诸篇",指《冠义》《昏义》《乡饮酒义》《射义》《燕义》《聘义》六篇。可证杨先生所归纳的第一、第二种办法。郑玄《礼记目录·奔丧》:"名曰《奔丧》者,以其居他国,闻丧奔归之礼。此于《别录》属《丧服》之礼矣,实逸《曲礼》之正篇也。汉兴后得古文,而礼家又贪其说,因合于《礼记》耳。"② 此系第三种办法。

汉时大、小《戴记》最初是采自众多的关于礼的《记》文,一般称《记》或《礼》,而且又与《仪礼》有着或多或少的联系。另一方面,二戴本问学《仪礼》,《汉志》:"汉兴,鲁高堂生传《士礼》十七篇。讫孝宣世,后仓最明。戴德、戴圣、庆普皆其弟子,三家立于学官。"③ 戴德、戴圣起初皆以《仪礼》学名世,并称"二戴"。据"《礼》有大戴、小戴、庆氏之学",可知汉代本以"大戴""小戴"指二人所传之《仪礼》学。此与郑玄《仪礼目录·士冠礼》合:"士冠礼于五礼属嘉礼,大、小《戴》及《别录》,此皆第一。"④ 又《乡饮酒礼目录》:"《大戴》此乃第十,《小戴》及《别录》此皆第四。"⑤ 郭嵩焘曰:"郑君本习《小戴》,后以古经校之,取其义长者为郑氏学。又注《小戴礼记》四十九篇,是郑君于三家之书会通抉择,始注而传之。于礼为颛门之学,而用心尤勤。"⑥ 此《小戴》(《仪礼》)与《小戴礼记》并举。杨天宇曰:"戴圣之《礼》学既以'小戴'名家,故其所抄辑之《记》,后人称之为《小戴礼记》。同样道理,戴德所抄辑之《记》,后人称之为《大戴礼记》。"⑦ 此论极是。

不过,后世又以"大、小《戴礼》"混称其编纂的《大戴礼记》《小戴礼记》了。陈振孙《直斋书录解题》"《大戴礼》十三卷"条:"汉信都王太傅梁戴德延君、九江太守圣次君皆受《礼》后仓,所谓大、小《戴礼》者也。……诸家所记,殆数百篇。戴德删其繁重,为八十五篇。圣又删为四十

---

① (汉)郑玄注,(唐)孔颖达正义,吕友仁整理:《礼记正义》,上海古籍出版社2008年版,第2349—2350页。

② (汉)郑玄注,(唐)孔颖达正义,吕友仁整理:《礼记正义》,上海古籍出版社2008年版,第2131页。

③ (汉)班固撰,(唐)颜师古注:《汉书》,中华书局1962年版,第1710页。

④ (清)阮元校刻:《十三经注疏·仪礼注疏》(附校勘记),中华书局1980年版,第945页上栏。

⑤ (清)阮元校刻:《十三经注疏·仪礼注疏》(附校勘记),中华书局1980年版,第980页上栏。

⑥ (清)郭嵩焘撰:《礼记质疑·序》,《续修四库全书》第106册,上海古籍出版社2002年版,第212页。

⑦ 杨天宇:《论〈礼记〉四十九篇的初本确为戴圣所编纂》,《经学探研录》,上海古籍出版社2004年版,第255页。又见杨天宇:《礼记译注·前言》。

九篇。……今《小戴》四十九篇行于世，而《大戴》之书所存止此。"① 显然将大、小戴《仪礼》学误作大、小戴《礼记》学。故《礼记》之名，实为大、小《戴记》借《仪礼》之名而用之。郑玄《六艺论》曰"戴德传《记》八十五篇"，则《大戴礼》是也；"戴圣传《礼》四十九篇"，则此《礼记》是也。《记》《礼》互文，当指《大戴礼记》《小戴礼记》，已非《仪礼目录》所云《大戴》《小戴》。《毛诗·出车》笺曰："遣将率及戍役，同歌同时，欲其同心也。反而劳之，异歌异日，殊尊卑也。《礼记》曰：'赐君子小人不同日。'此其义也。"孔疏曰："《玉藻》云：'赐君子与小人不同日。'"② 郑氏引《玉藻》云"《礼记》"，亦明确称《小戴礼记》为《礼记》。

称《小戴礼记》为《礼记》并非始于郑玄，然其遍注"三礼"的重大成就与影响，是《礼记》成为《小戴礼记》专名的重要原因之一。皮锡瑞曰："其后《礼记》之名，为四十九篇之《记》所夺，乃以十七篇之《礼经》，别称《仪礼》，又以《周官经》为《周礼》，合称'三礼'。盖以郑君并注三书，后世盛行郑注，于是三书有'三礼'之名。非汉初之所有也。"③ 范文澜曰："自郑玄注《小戴》，与《周礼》《仪礼》合称'三礼'，于是《礼记》为《小戴记》专名，而《大戴记》则渐至亡佚。"④《小戴礼记》专名《礼记》被学界普遍接受，本附属于《礼经》的《记》，随着后世地位的不断提高，喧宾夺主，夺得《仪礼》正经之名。《礼记》曾为《仪礼》之名号，则逐渐被淡忘，而《大戴礼记》后世问津者无几，散佚过半，已无资格号称《礼记》。

四　《礼记》之别名：《小戴记》《小戴礼》《礼》《记》《戴礼》《戴记》等

还要指出的是，《小戴礼记》除称名《礼记》外，又有《小戴记》《小戴礼》《礼》《记》《戴礼》《戴记》等名。而且，《礼》《记》《戴礼》《戴记》四者亦称呼《大戴礼记》。至于《小戴礼》，上文已指出，原指小戴《仪礼》学，其指《礼记》，自在《礼记》成书并广泛传播之后。此外，《礼记》还尝称之曰"《传》"：董仲舒《春秋繁露·为人者天》引《礼记·表

---

① （宋）陈振孙撰：《直斋书目解题》，上海古籍出版社1987年版，第46页。
② （清）阮元校刻：《十三经注疏·毛诗正义》（附校勘记），中华书局1980年版，第415页下栏。
③ （清）皮锡瑞：《经学通论·三礼》，中华书局1954年版，第1页。
④ 范文澜：《群经概论》，《范文澜全集》（第一卷），河北教育出版社2002年版，第205页。

记》言:"《传》曰:'唯天子受命于天,天下受命于天子,一国则受命于君。君命顺,则民有顺命;君命逆,则民有逆命。'"① 司马迁《报任安书》引《曲礼上》云,"《传》曰'刑不上大夫'"②,以《传》名之者,盖"传""记"皆系解经之体。

总之,"这些名称,或同一时间而单行,或同一时间而共行"③。加之《仪礼》及其大、小戴《仪礼》学与《大戴礼记》的混称,可谓乱如丝麻。《礼记》称名的演变,体现其学术地位不断提高的进程。东汉后,《小戴礼记》学者渐众并逐渐成为显学,不仅压倒了《大戴礼记》,而且以记之身份夺取《仪礼》经之地位。

第二节 《礼记》成书考释(一)
——论《礼记》具体篇目的作者及年代

成书问题,是《礼记》学首先要面对的,也最难解决的问题。蔡介民指出:"《礼记》一书成于鸠集,非出于一手,非出于一时,执其一篇而推论其全体,是犹生而瞽者之论日,宜其说之捍格不能通也。是以考究《礼记》成书之时代者,乃考其最后编定之人,最后编定之时,非考每篇之作于何人何时也。"④ 因此,《礼记》成书理应包括两方面:《礼记》具体篇章的作者及其年代与《礼记》其书的编者及其年代。先有其具体篇的生成、传播,然后才有其书的整理与编纂。东汉学者已对其部分篇目的作者有所讨论,然而时至今日仍众说纷纭。今罗列古今之说并辨析一二。

1. 贾逵、马融等:周公作《月令》。

郑玄《礼记目录·月令》:"名曰'月令'者……言周公所作,其中官名、时、事多不合周法。"⑤《月令》"命太尉赞桀俊,遂贤良,举长大",郑注曰:"三王之官,有司马,无大尉。秦官则有大尉。今俗人皆云周公作《月令》,未通于古。"孔疏曰:"俗人,谓贾逵、马融之徒,皆云《月令》周公所作,故王肃用焉。此等未通识于古,古谓秦以前,不知三王无大尉,

---

① (汉)董仲舒撰,曾振宇、傅永聚注:《春秋繁露新注》,商务印书馆2010年版,第224页。
② (汉)班固撰,(唐)颜师古注:《汉书》,中华书局1962年版,第2732页。
③ 吕友仁:《读经识小录》(下),上海古籍出版社2017年版,第485—486页。
④ 蔡介民:《〈礼记〉成书时代再考》,陈其泰等编:《二十世纪中国礼学研究论集》,学苑出版社1998年版,第154—172页。
⑤ (汉)郑玄注,(唐)孔颖达正义,吕友仁整理:《礼记正义》,上海古籍出版社2008年版,第591页。

是未通于古。"① 汉以来，蔡邕、王肃，至清戴震、孙星衍、黄以周亦持此说。

2. 卢植：《王制》是汉文帝时博士所作。

《礼记正义·王制》解题：卢植云："汉孝文皇帝令博士诸生作此《王制》之书。"②其说源自《史记·封禅书》：文帝十六年（前164），"夏四月，文帝亲拜霸渭之会，以郊见渭阳五帝。……而使博士诸生刺六经中作《王制》，谋议巡狩封禅事"③。后学遂多持此论。汉博士诸生所作《王制》与《礼记·王制》未必乃同一种文献，因为"同名之作古今多有，不经过比较，就无法鉴定它们的关系"④。

3. 郑玄：《月令》抄自《吕氏春秋·十二纪》，《中庸》系子思所作，《儒行》为孔子作。

郑玄《礼记目录》："名曰'月令'者，以其记十二月政之所行也。本《吕氏春秋》十二月纪之首章也。"又曰："名曰'中庸'者，以其记中和之为用也。……孔子之孙子思伋作之，以昭明圣祖之德。"又曰："《儒行》之作，盖孔子自卫初反鲁时也。孔子归至其舍，哀公就而礼馆之，问儒服，而遂问儒行，乃始觉焉。"又论《王制》成书，曰"孟子当赧王之际，《王制》之作，复在其后"⑤。

4. 沈约：《月令》取自《吕氏春秋》，《中庸》《表记》《坊记》《缁衣》取自《子思子》，《乐记》取自《公孙尼子》。《隋书·音乐志》：

> 沈约奏答曰："窃以秦代灭学，《乐经》残亡。至于汉武帝时，河间献王与毛生等，共采《周官》及诸子言乐事者，以作《乐记》。其内史丞王定，传授常山王禹。刘向校书，得《乐记》二十三篇，与禹不同。……案汉初典章灭绝，诸儒捃拾沟渠墙壁之间，得片简遗文，与礼事相关者，即编次以为礼，皆非圣人之言。《月令》取《吕氏春秋》，《中庸》《表记》《防（坊）记》《缁衣》，皆取《子思子》，《乐记》取

---

① （汉）郑玄注，（唐）孔颖达正义，吕友仁整理：《礼记正义》，上海古籍出版社2008年版，第659—660页。
② （汉）郑玄注，（唐）孔颖达正义，吕友仁整理：《礼记正义》，上海古籍出版社2008年版，第449页。
③ （汉）司马迁撰，（宋）裴骃集解，（唐）司马贞索隐，张守节正义：《史记》，中华书局1959年版，第1382页。
④ 陈戍国：《礼记校注》，岳麓书社2004年版，第88页。
⑤ （汉）郑玄注，（唐）孔颖达正义，吕友仁整理：《礼记正义》，上海古籍出版社2008年版，第591、1987、2235、449页。

《公孙尼子》,《檀弓》残杂,又非方幅典诰之书也。"①

5. 刘瓛:《缁衣》,《经典释文》引曰:"刘瓛云,公孙尼子所作也。"②

6. 陆德明:《释文序录》承卢植、郑玄、刘瓛等说曰:"《礼记》者,本孔子门徒共撰所闻,以为此《记》,后人通儒各有损益。故《中庸》是子思伋所作,《缁衣》是公孙尼子所制。郑玄云,《月令》是吕不韦所撰。卢植云,《王制》是汉时博士所为。"③

7. 孔颖达:关于《中庸》《缁衣》《月令》《王制》四篇的成书,又承陆说。

孔氏对《礼记》成书的具体考释,本书《文本考释章》有专节讨论。

8. 魏徵:"吕不韦止是修古《月令》。"

贞观十年(636),魏徵答唐太宗如何践行《月令》:"太宗曰:'但为政专依《月令》,善恶复皆如所记不?'魏徵又曰:'秦汉以来,圣王依《月令》事多。若一依《月令》者,亦未有善。……'太宗又曰:'《月令》既起秦时,三皇、五帝并是圣主,何因不行《月令》?'徵曰:'计《月令》起于上古,是以《尚书》云"敬授民时"。吕不韦止是修古《月令》,未必始起于秦代。'"④ 即认为《月令》起于远古,吕不韦只是整理者。

9. 张守节《史记正义》承袭沈约说:"其《乐记》者,公孙尼子次撰也。为《乐记》通天地,贯人情,辩政治,故细解之。以前刘向《别录》篇次与郑《目录》同,而《乐记》篇次又不依《郑目》。今此文篇次颠倒者,以褚先生升降,故今乱也。"⑤

10. 徐坚《初学记》承袭卢植、郑玄、刘瓛、孔颖达等说:"《礼记》者,本孔子门徒共撰所闻也,后通儒各有损益。子思乃作《中庸》,公孙尼子作《缁衣》。汉文时,博士作《王制》,其余众篇,皆如此例。"⑥

11. 朱熹:《檀弓》恐是子游门人作;又将《大学》分为经、传,经是"孔子之言,曾子述之",传是"曾子之意而门人记之";《中庸》是子思所作。

---

① (唐)魏徵等:《隋书》,中华书局1973年版,第288页。
② (唐)陆德明撰,黄焯断句:《经典释文》,中华书局1983年版,第211页上栏。
③ (唐)陆德明撰,黄焯断句:《经典释文》,中华书局1983年版,第11页下栏。
④ (唐)吴兢撰,谢保成集校:《贞观政要集校》,中华书局2003年版,第46—47页。
⑤ (汉)司马迁撰,(宋)裴骃集解,(唐)司马贞索隐,张守节正义:《史记》,中华书局1959年版,第1234页。
⑥ (唐)徐坚等:《初学记》,中华书局1962年版,第498—499页。

《朱子语类》:《檀弓》恐是子游门人作,其间多推尊子游。①

　　《大学章句集注》:右经一章,盖孔子之言,而曾子述之。(按:由"大学之道"至"未之有也")其传十章,则曾子之意而门人记之也。②

　　《中庸章句集注》:右第一章(按:由"天命之谓性"至"万物育焉")。子思述所传之意以立言……其下十章,盖子思引孔子之言,以终此章之义。③

12. 顾炎武:《大学》成于曾氏门人。

　　《日知录》:《论语》之言"斯"者七十,而不言"此";《檀弓》之言"斯"者五十有三,而言"此"者一而已。《大学》成于曾氏之门人,而一卷之中言"此"者十有九。语音轻重之间,而世代之别从可知已。(《尔雅》曰:"兹、斯,此也。"今考《尚书》多言"兹",《论语》多言"斯",《大学》以后之书多"此"。)④

　　顾氏认为《檀弓》成篇在《论语》后,然不会间隔太久,或早于《大学》。顾氏以语言学方法推断古籍成书时代,提供了一种考证古籍时代的有效途径,具有方法论意义。不过,先秦典籍流传至后世,由成篇至成书往往是漫长的过程,且经过多次的传抄、改写、润色,若仅依此法又远远不够。

13. 孙希旦《礼记集解》共讨论其中23篇的作者,可分为六类。

(1) 周末儒者所记6篇:《曲礼》《少仪》《内则》《玉藻》,"皆周末儒者各以其所传习者记之"⑤;《檀弓》,"盖七十子之弟子所作"⑥;《礼运》,"陈氏澔曰:疑子游门人所记"⑦。

(2) 荀子作《三年问》:"又见于荀卿之书,盖其所作也。"⑧

(3) 汉儒作9篇:《王制》,"《史记》言汉文帝'令博士刺《六经》作

---

① (宋)朱熹撰,朱杰人等主编:《朱子语类》,《朱子全书》第17册,上海古籍出版社2002年版,第2947页。
② (宋)朱熹:《四书章句集注》,中华书局1983年版,第4页。
③ (宋)朱熹:《四书章句集注》,中华书局1983年版,第18页。
④ (清)顾炎武著,陈垣校注:《日知录校注》,安徽大学出版社2007年版,第328页。
⑤ (清)孙希旦撰,沈啸寰等点校:《礼记集解》,中华书局1989年版,第2页。
⑥ (清)孙希旦撰,沈啸寰等点校:《礼记集解》,中华书局1989年版,第163页。
⑦ (清)孙希旦撰,沈啸寰等点校:《礼记集解》,中华书局1989年版,第581页。
⑧ (清)孙希旦撰,沈啸寰等点校:《礼记集解》,中华书局1989年版,第1372页。

《王制》，谋议封禅巡守事'，则此篇作于汉时明矣"①；《祭法》，"《礼记》固多出于汉儒，而此篇尤驳杂不可信"②；《冠义》《昏义》《乡饮酒义》《射义》《燕义》《聘义》《丧服四制》等，"疑皆汉儒所为"③ "皆据《仪礼》正经之篇而言其义，其辞气相似，疑一人所作"④。

（4）推断作者及年代4篇：《月令》，"马融辈以为周公所作者固非，而柳子厚以为瞽史之语者亦过也"⑤；《郊特牲》，"篇首言贵诚尚少之义，又似承《礼器》而发其未尽之义，疑一人所作"⑥；《经解》，"盖记者杂采众篇而录之者也"⑦；《儒行》，"此篇不类圣人气象，……盖战国时儒者见轻于世，故为孔子之学者托为此言，以重其道。……恐亦非荀卿以下之所能及也"⑧。

（5）质疑《乐记》作者："《史记正义》以为公孙尼子所作，未知何据。"⑨

（6）认为出自古《仪礼》2篇：《奔丧》《投壶》"皆《仪礼》之正经也"⑩。

孙希旦充分认识到《礼记》既非成于一时，亦非出自一人之手，无疑是正确的。

14. 丁晏：《礼记释注》"《礼记》六国时作论"条提出"六国时人所撰集"：

> 《礼记》非汉儒作也。盖秦火未焚之前，六国时人所撰集也。《记》引《兑命》《尹吉》《太甲》《君臣》皆百篇古书，非汉人所见。又引《君奭》"周田观文王之德"，亦与汉博士读异，故知出于秦火以前也。……七十子当春秋之季，而其后学者，则当六国时可知矣。……夫《乐记》出于《公孙尼子》，而记子夏对魏文侯事，则为六国时明矣。孔颖达《正义》谓"檀弓在六国之时""以仲梁子是六国时人"。《诗·定之方中·正义》引《郑志》："仲梁子，先师说鲁人，当六国时。"

---

① （清）孙希旦撰，沈啸寰等点校：《礼记集解》，中华书局1989年版，第309页。
② （清）孙希旦撰，沈啸寰等点校：《礼记集解》，中华书局1989年版，第1192页。
③ （清）孙希旦撰，沈啸寰等点校：《礼记集解》，中华书局1989年版，第1446页。
④ （清）孙希旦撰，沈啸寰等点校：《礼记集解》，中华书局1989年版，第1411页。
⑤ （清）孙希旦撰，沈啸寰等点校：《礼记集解》，中华书局1989年版，第400页。
⑥ （清）孙希旦撰，沈啸寰等点校：《礼记集解》，中华书局1989年版，第670页。
⑦ （清）孙希旦撰，沈啸寰等点校：《礼记集解》，中华书局1989年版，第1254页。
⑧ （清）孙希旦撰，沈啸寰等点校：《礼记集解》，中华书局1989年版，第1410页。
⑨ （清）孙希旦撰，沈啸寰等点校：《礼记集解》，中华书局1989年版，第975页。
⑩ （清）孙希旦撰，沈啸寰等点校：《礼记集解》，中华书局1989年版，第1334页。

《郑志》答临硕曰:"孟子当赧王之时,《王制》之作,当在其后。"又《王制》"周尺"注曰:"六国时多变乱法度。"《正义》引皇侃曰:"六国时,或将万为亿,故曰万亿。"是《王制》亦六国时作。……《月令》吕不韦所修,即秦庄襄相也。《中庸》子思所撰,则鲁缪公师也。《三年问》荀子所著,则楚兰陵令也。……邾娄考公之丧,穆公县子之问,皆六国时之君。故曰六国时人所撰集也。①

王锷指出,丁氏"将《礼记》四十九篇看作一个整体,是不对的","就每篇而言,基本是六国时即战国时期人所作,但四十九篇编纂成一书,非战国时人所为也"②。

15. 吕思勉:《经子解题》讨论了《王制》等6篇的成书问题。

《王制》:案《史记·封禅书》:"文帝使博士诸生剌取六经作《王制》。"……卢说是也。③

《月令》:蔡邕、王肃以此篇为周公作,盖即以其出于《周书》。郑玄则以其令多不合周法……要之古代自有此种政制,各家同祖述之,而又颇以时制改易其文耳。④

《明堂位》:篇中盛夸鲁得用王礼。……此篇盖鲁人所传也。⑤

《哀公问》《仲尼燕居》《孔子闲居》:此三篇文体相类,盖一家之书也。⑥

吕先生论《王制》成书值得商榷,论其他5篇成书可从。

16. 王国维:大、小《戴记》源自"古文先秦旧书"。

《汉书·景十三王传》:"河间献王所得书,皆古文先秦旧书,《周官》《尚书》《礼》《礼记》《孟子》《老子》之属。"案:《汉志》及《说文叙》皆云孔壁中有《礼记》,乃谓《礼古经》五十六卷。此既言

---

① (清)丁晏撰:《礼记释注》,《续修四库全书》第106册,上海古籍出版社2002年版,第53页。
② 王锷:《〈礼记〉成书考》,中华书局2007年版,第11页。
③ 吕思勉:《经子解题》,华东师范大学出版社1995年版,第53页。
④ 吕思勉:《经子解题》,华东师范大学出版社1995年版,第53—54页。
⑤ 吕思勉:《经子解题》,华东师范大学出版社1995年版,第55页。
⑥ 吕思勉:《经子解题》,华东师范大学出版社1995年版,第56页。

《礼》，复言《礼记》，《礼》盖谓《礼经》，《礼记》盖谓《汉志》"礼家《记》百三十篇"之属。……献王所得《礼记》，盖即《别录》之古文《记》。是大、小《戴记》本出古文。《史记》以《五帝德》《帝系姓》《孔子弟子籍》为古文，亦其一证也。①

王国维认为大、小《戴记》的作者是先秦学者。

17. 郭沫若：《乐记》，"主要的文字仍来自《公孙尼子》"；《礼运》，"是子游氏之儒的主要经典""是孔子与子游的对话"。

郭氏《公孙尼子与其音乐理论》曰，"今存《乐记》取自公孙尼子，沈约与皇侃既同为此说，大约《公孙尼》原书在梁时尚为完具。……今存《乐记》，也不一定全是公孙尼子的东西，由于汉儒的杂抄杂纂，已经把原文混乱了。但主要的文字仍来自《公孙尼子》"。并推测公孙尼子是孔子弟子公孙龙："我疑心七十子里面的'公孙龙字子石，少孔子五十三岁'的怕就是公孙尼。龙是字误：因为有后来的公孙龙，故联想致误。尼者泥之省：名尼字石，义正相应。"②则《乐记》就与孔子关系紧密。郭氏《儒家八派的评判》认为，《大学》是"'乐正氏之儒'的典籍"③，《学记》也是"乐正氏所作"④；还坚信《礼运》出自子游后学，"毫无疑问，便是子游氏之儒的主要经典。那是孔子与子游的对话"，"那不必一定是子游所记录，就在传授中著诸竹帛也一定是经过了润色附益的。但要说孔子不能有那样的思想，子游也不能有那样的思想，那是把它的内容太看深远了"⑤。即认为《乐记》《学记》《大学》《礼运》等皆为七十子后学所作。

18. 沈从文：《礼记》成书于战国。

顾颉刚《新出土文物与文献之结合》曰："沈从文……并谓所发墓葬，其中制度，凡汉代者，以《礼记》证之皆不合；凡春秋、战国者，以《礼记》证之皆合；足证《礼记》一书必成于战国，不当属之汉人也。"⑥以考古发现佐证《礼记》内容而推断成书年代，"不失为一种很有说服力的研究

---

① 王国维著，彭林整理：《汉时古文本诸经传考》，《观堂集林》，河北教育出版社2001年版，第160—161页。
② 郭沫若等：《〈乐记〉论辩》，人民音乐出版社1983年版，第1—17页。
③ 郭沫若：《十批判书》，东方出版社1996年版，第131页。
④ 郭沫若：《十批判书》，东方出版社1996年版，第141页。
⑤ 郭沫若：《十批判书》，东方出版社1996年版，第133—135页。
⑥ 顾洪：《顾颉刚学术文化随笔》，中国青年出版社1998年版，第176页。

方法，但尚不能从文献本身来解决问题"①。而且，又将其成书与具体成篇混为一谈。

19. 王梦鸥：《礼记今注今译》几乎于《礼记》每篇篇目之下论其成篇，主要观点是认为其大多数或系汉儒所作，或系汉儒所编。

（1）明言 12 篇成于汉代：《曲礼》，"汉代儒者收拾残余的文句和前人的传记合编为一"②；《王制》，"汉代初年，有些学者鉴于秦朝的灭亡，想另拿出一套建国的纲领来替代秦朝的暴政，这当是其中之一"③；《曾子问》，"篇中时用汉世《公羊》学者遗说，故亦可疑为汉儒杂剟古记，间又渗以当时议礼的文章而成者"④；《礼运》，"疑其写作时代当在西汉时代"⑤；《礼器》，"既引述《礼运》《郊特牲》之文，则其写作时代又当在后，不能与之同时而语"⑥；《郊特牲》，"颇似西汉经师所为《礼经》章句之散策而汇辑为一篇者。……西汉自武帝至于昭宣之世，齐学称盛；其学说多涉及阴阳五行，本篇与《礼运》之所记者，殆颇近之"⑦；《内则》"养老"部分，"显然是《王制》的复简"⑧；《玉藻》，"唯上从'冠''冕'下至男女衣服带韠之制度，自余饮食趋走坐立之仪文，疑为汉儒解说《曲礼》之传记所合糁者"⑨；《丧服小记》，"似是有关丧服的散策被汇编于一处。自汉武兴学以后，说丧服的儒者有不少的专家"⑩；《大传》，"列于《丧服小记》之后，且其中文句颇有相同者，故前人多疑其与《小记》有关，皆为《仪礼·丧服》篇之传记"⑪；《乐记》，"大抵是汉世儒者杂剟先秦旧籍，将有关乐论的记述汇编为一。方其编入《史记》时，原文尚较完好，到了《礼记》则更显得错乱颠倒"⑫；《深衣》，"所谓'五法'之言，实受阴阳五行思想之支配，由此推测，此讲义之文，当不早于魏相时代"⑬（魏相曾任汉宣帝丞相）。

---

① 彭林：《郭店楚简与〈礼记〉的年代》，《中国哲学》编委会编：《中国哲学》第 21 辑《郭店简与儒学研究》，辽宁教育出版社 2000 年版，第 41—59 页。
② 王梦鸥：《礼记今注今译》，台湾商务印书馆 1979 年版，第 1 页。
③ 王梦鸥：《礼记今注今译》，台湾商务印书馆 1979 年版，第 163 页。
④ 王梦鸥：《礼记今注今译》，台湾商务印书馆 1979 年版，第 243 页。
⑤ 王梦鸥：《礼记今注今译》，台湾商务印书馆 1979 年版，第 289 页。
⑥ 王梦鸥：《礼记今注今译》，台湾商务印书馆 1979 年版，第 313 页。
⑦ 王梦鸥：《礼记今注今译》，台湾商务印书馆 1979 年版，第 333 页。
⑧ 王梦鸥：《礼记今注今译》，台湾商务印书馆 1979 年版，第 357 页。
⑨ 王梦鸥：《礼记今注今译》，台湾商务印书馆 1979 年版，第 389 页。
⑩ 王梦鸥：《礼记今注今译》，台湾商务印书馆 1979 年版，第 431 页。
⑪ 王梦鸥：《礼记今注今译》，台湾商务印书馆 1979 年版，第 449 页。
⑫ 王梦鸥：《礼记今注今译》，台湾商务印书馆 1979 年版，第 489 页。
⑬ 王梦鸥：《礼记今注今译》，台湾商务印书馆 1979 年版，第 763 页。

（2）据其说可推断为汉代者7篇：《少仪》，"与《曲礼》《内则》互为出入，且有雷同处"[1]；《杂记》，"其中有与《檀弓》相类者，亦有似为《玉藻》脱简者"[2]；《仲尼燕居》，"《家语》则两篇为一，说事皆同，而篇名'论礼'"[3]；《孔子闲居》，"其文亦收载王肃《家语》中，说礼而近于玄，颇为后人所诟病。但其中引诗，断章取义，文字往往与今传之《毛诗》不同，可从而看到汉代的《诗经》是怎样的"[4]；《祭义》，篇名"早见于西汉韦玄成等人的奏议。但其文句，或存或不存，可藉以知此非古《祭义》之原文"[5]；《问丧》，"其文辞有的仿自《檀弓》篇，有的仿自《杂记》篇，而语法又比那两篇来得繁些，可见是晚出的作品"[6]；《昏义》，"《汉书》八十一载匡衡奏疏，极言人事与天文相感应之理，其大旨发自《礼运》篇。按匡衡与二戴同出于后苍，故此节言昏义，与匡疏如出一辙"[7]。

王氏讨论《礼记》成书，因受疑古思想的影响，认为多数篇成书于汉代。

20. 钱玄：《月令》《王制》系秦汉人所作，其他"多数篇目大致撰于战国时期"。

> 大、小戴《礼记》中有明显为秦汉之作。如《小戴礼记》中之《月令》《王制》，《大戴礼记》中之《盛德》《明堂》《保傅》《礼察》等。……除可以确定为西周文字及秦汉人所作之外，多数篇目大致撰于战国时期，约公元前四世纪中期至前三世纪前期之间。即后于《仪礼》十七篇及《论语》的著作年代，而早于《孟子》《荀子》的著作年代。[8]

钱氏论《月令》《王制》的成书时代值得商榷，而推断《礼记》其他篇成书于战国年代，大体值得肯定。

21. 沈文倬：《略论礼典的实行和〈仪礼〉书本的撰作》将《孟子》《荀子》与《礼记》的相关文字加以比勘，认为二者抄袭《礼记》：

---

[1] 王梦鸥：《礼记今注今译》，台湾商务印书馆1979年版，第457页。
[2] 王梦鸥：《礼记今注今译》，台湾商务印书馆1979年版，第527页。
[3] 王梦鸥：《礼记今注今译》，台湾商务印书馆1979年版，第659页。
[4] 王梦鸥：《礼记今注今译》，台湾商务印书馆1979年版，第667页。
[5] 王梦鸥：《礼记今注今译》，台湾商务印书馆1979年版，第605页。
[6] 王梦鸥：《礼记今注今译》，台湾商务印书馆1979年版，第735页。
[7] 王梦鸥：《礼记今注今译》，台湾商务印书馆1979年版，第791页。
[8] 钱玄：《三礼通论》，南京师范大学出版社1996年版，第45—48页。

二《礼记》与《荀子》相同之文是荀况抄袭二《礼记》，二《礼记》礼类诸篇成书在《荀子》前。

《孟子》《荀子》书中都援引二《礼记》原文，他们手中都有单篇传抄的《记》文书本。《孟子》《荀子》的开始撰作即是二《礼记》撰作时代的下限。孟轲早于荀况，自当以《孟子》为准。二《礼记》礼类诸篇撰作时代的下限，不会晚于周赧王初年（鲁平公之世）。

二戴所辑《礼记》现存八十五篇，除了可以确定为秦汉人所作以外，政类、学类并《乐记》等三十多篇撰作较早，约在鲁穆公时；礼类三十九篇撰作较晚，约在鲁康公、景公之际。①

沈先生的论述符合先秦，乃至秦汉期间一般文献的写作特点，其推理方法值得借鉴。

22. 任铭善：《礼记目录后案》考辨了18篇的作者或成书年代。

（1）认为汉儒辑录3篇：《曲礼》，"盖出之西汉儒者之撼拾，且杂出汉人之制"②；《檀弓》，"盖当为汉儒辑七十子之门人所尝记闻者，又颇采逸礼经记之文"③；《学记》，"汉人所作，言学之义则精，考学之制则托古而难据"④。

（2）认为先秦3篇：《王制》，"本之《孟子》，……此《王制》非文帝《王制》至明"⑤；《月令》，"禁烧灰正商鞅刑弃灰之律，重马政而后觳冕，吕氏所著为秦人《月令》无疑"⑥；《三年问》，"荀子所作，在《荀子·礼论》篇，为《礼记》者剌取而钞合之"⑦。

（3）推断作者、年代或成篇方式7篇：《曾子问》，"皆曾子问于孔子者，而子游问一事、子夏问二事附之。盖曾子弟子所记也"⑧；《文王世子》，"以诸篇官名考之，盖为《周官》之学者所记也"⑨；《礼运》，"称仲尼而名

---

① 沈文倬：《菿闇文存——宗周礼乐文明与中国文化考论》，商务印书馆2006年版，第54—58页。
② 任铭善：《礼记目录后案》，齐鲁书社1982年版，第4页。
③ 任铭善：《礼记目录后案》，齐鲁书社1982年版，第8页。
④ 任铭善：《礼记目录后案》，齐鲁书社1982年版，第45页。
⑤ 任铭善：《礼记目录后案》，齐鲁书社1982年版，第11页。
⑥ 任铭善：《礼记目录后案》，齐鲁书社1982年版，第17页。
⑦ 任铭善：《礼记目录后案》，齐鲁书社1982年版，第81页。
⑧ 任铭善：《礼记目录后案》，齐鲁书社1982年版，第20页。
⑨ 任铭善：《礼记目录后案》，齐鲁书社1982年版，第22页。

言偃，疑子游所自记也"①；《丧服小记》，"此篇是传注之体，盖前人治《丧服经》者随文为记。而'别子为祖'一章，'从服'一章，乃释子夏《丧服传》之文，明作者在子夏后。又有杂记虞、祔、奔丧诸礼，及剌取《大传》之文者，又后人所钞撮也"②；《大传》，"是篇有直引《丧服子夏传》之文者""有伸《丧服传》义者""有条理《丧服传》文者""是知《大传》之作在子夏后"③；《祭义》，"黔首秦人语，则此记秦汉人所作也"④；《大学》，"盖亦七十子门人所记"⑤。

（4）以《坊记》《表记》《缁衣》为一人所作：《坊记》，"此篇记文义例与《表记》《缁衣》相同，……《表记》《坊记》《缁衣》通出一人可知矣"⑥；《表记》，文体"与《坊记》《缁衣》通为一人所作，而《缁衣》又《表记》之下篇"⑦；《缁衣》，"既与《表记》为一，则记者通为一人"⑧。

（5）质疑出自孔子2篇：《经解》，"此篇所云六艺之政教，非孔子之言，而后人托之者也"⑨；《儒行》，"末世儒者将以自尊其教，谓孔子之言，殊可疑"⑩。

任氏论诸篇作者或时代，多言"盖"字，持论谨慎。

23. 李学勤："《中庸》一篇的确是子思的作品"，"《坊记》《表记》《缁衣》颇可能也出于子思，至多是其门人所辑成"。

李氏撰有《子思和〈中庸〉》《子思子》《〈乐记〉的作者》《荆门郭店楚简中的〈子思子〉》《释郭店简祭公之顾命》《先秦儒家著作的重大发现》《从简帛佚籍〈五行〉谈到〈大学〉》《郭店简与儒家经籍》《郭店简与〈礼记〉》《郭店简与〈乐记〉》《郭店楚简儒家典籍的性质与年代》等文，皆涉及《礼记》成书问题。《子思和〈中庸〉》曰：

> 《五行》的发现，证明了什么是《荀子·非十二子篇》所批评的思孟五行之说，并在《中庸》《孟子》书中找出这个学说的痕迹，由此得

---

① 任铭善：《礼记目录后案》，齐鲁书社1982年版，第23页。
② 任铭善：《礼记目录后案》，齐鲁书社1982年版，第37页。
③ 任铭善：《礼记目录后案》，齐鲁书社1982年版，第40页。
④ 任铭善：《礼记目录后案》，齐鲁书社1982年版，第58页。
⑤ 任铭善：《礼记目录后案》，齐鲁书社1982年版，第90页。
⑥ 任铭善：《礼记目录后案》，齐鲁书社1982年版，第67—68页。
⑦ 任铭善：《礼记目录后案》，齐鲁书社1982年版，第71页。
⑧ 任铭善：《礼记目录后案》，齐鲁书社1982年版，第74页。
⑨ 任铭善：《礼记目录后案》，齐鲁书社1982年版，第61页。
⑩ 任铭善：《礼记目录后案》，齐鲁书社1982年版，第89页。

以确定《中庸》一篇的确是子思的作品。

《孔丛子·居卫》云子思因于宋，"于是撰《中庸》之书四十九篇"。据此，《中庸》又是子思著作的统称，可能是因为该书以《中庸》一篇冠首之故。①

李氏还认为沈约关于《中庸》《表记》《坊记》《缁衣》皆取自《子思子》说"应有所据"，而且，"四篇作者是传述孔子而加以申论，其时代接近于孔子""《坊记》《表记》《缁衣》颇可能也出于子思，至多是其门人所辑成"（《子思子》）②。并据郭店楚简，"推论《大学》确可能与曾子有关"（《先秦儒家著作的重大发现》）③。李氏结合新出土文献，采用"二重证据法"，打破以往单纯以传世文献互证的局限，极有说服力。

24. 吕友仁：认为"从整体上来看，《礼记》应该定位为先秦的作品"④，并认为仅6篇可确定作者："目前学者比较一致的看法是，《乐记》，公孙尼子作；《坊记》《中庸》《表记》《缁衣》四篇，子思作；《大学》，依朱熹所说：'经一章，盖孔子之言，而曾子述之；其传十章，则曾子之意而门人记之。'能够指出作者者，仅此六篇而已。"⑤

25. 彭林：《礼记》各篇皆为先秦作品。

彭林将《礼记》分为三类："第一类为传经而作"，包括《冠义》《昏义》《乡饮酒义》《射义》《燕义》《聘义》《投壶》《郊特牲》《祭法》《祭义》《祭统》《深衣》等12篇，"当作于先秦""年代当与《仪礼》相左右"；"第二类为泛论礼意而作"，包括"郑玄所列通论十六篇"（《檀弓上》《檀弓下》《礼运》《玉藻》《大传》《学记》《经解》《哀公问》《仲尼燕居》《孔子闲居》《坊记》《中庸》《表记》《缁衣》《儒行》《大学》）与《乐记》《礼器》，凡18篇，"诸篇当作于战国"；"第三类记述《礼经》之外的礼制"，包括《月令》《明堂位》《文王世子》《内则》《曲礼上》《曲礼下》《王制》《少仪》8篇，"也应该是先秦的作品"⑥。然而，《曾子问》《丧服小记》《杂记上》《杂记下》《丧大记》《间丧》《服问》《奔丧》《间传》《三

---

① 李学勤：《失落的文明》，上海文艺出版社1997年版，第342—345页。
② 李学勤：《失落的文明》，上海文艺出版社1997年版，第345—348页。
③ 李学勤：《重写学术史》，河北教育出版社2002年版，第107页。
④ 吕友仁：《礼记讲读》，华东师范大学出版社2009年版，第15页。
⑤ 吕友仁：《礼记讲读》，华东师范大学出版社2009年版，第14页。
⑥ 彭林：《郭店楚简与〈礼记〉的年代》，《中国哲学》编委会编：《中国哲学》第21辑《郭店简与儒学研究》，辽宁教育出版社2000年版，第41—59页。

年间》《丧服四制》11 篇，彭氏未言归入某类，推测其意，当归入"第一类为传经而作"。

26. 龚建平：《大学》《礼运》《乐记》《学记》《礼器》等皆有秦汉特色，其他篇多出于先秦："除了《中庸》以及与其相关的《坊记》《表记》《缁衣》三篇保有较多先秦色彩，《大传》《丧服小记》等记宗法制度的作品，和相关礼的制度细节的记述以及阐释《仪礼》的诸篇如《冠义》《昏义》《乡饮酒义》《射义》《燕义》《聘义》《祭义》等篇，应出于先秦外，其余《大学》《礼运》《乐记》《学记》《礼器》等篇已有较浓厚的秦汉特色。"①

27. 王锷：其《礼记成书考》将《礼记》的编纂成书与各篇的写作"成篇"分开讨论；认为各篇分别作于春秋末至战国前期、战国中期、战国中晚期和晚期三个时期。

（1）春秋末至战国前期文献 14 篇：《哀公问》《仲尼燕居》《孔子闲居》《儒行》《曾子问》《大学》《学记》《坊记》《中庸》《表记》《缁衣》《乐记》《曲礼》《少仪》。其中，《哀公问》《仲尼燕居》《孔子闲居》《儒行》是孔子的作品；《曾子问》《大学》是曾子的作品；《坊记》《中庸》《表记》《缁衣》是子思的作品；《乐记》是公孙尼子的作品；其余 3 篇作者不详②。

（2）战国中期文献 19 篇：《奔丧》《投壶》《丧服小记》《大传》《杂记》《丧大记》《问丧》《服问》《间传》《三年问》《丧服四制》《祭法》《祭义》《祭统》《王制》《礼器》《内则》《玉藻》《经解》。《奔丧》《投壶》，《礼古经》之逸篇；《丧服小记》《大传》《杂记》《丧大记》《问丧》《服问》《间传》《三年问》《丧服四制》，"专门论述丧葬礼之作"；《祭法》《祭义》《祭统》，"论述祭祀礼之作"；《王制》《礼器》《内则》《玉藻》《经解》，"泛论先秦礼制之作"③。

（3）战国中晚期、晚期文献 13 篇：《深衣》《冠义》《昏义》《乡饮酒义》《射义》《燕义》《聘义》是战国中晚期文献；《文王世子》《礼运》《郊特牲》是战国时撰写、至"战国晚期整理而成的文献"；《檀弓》《月令》《明堂位》是战国晚期的文献④。

王锷积极利用新出土文献作为"二重证据"考稽前贤观点，其说具有较高可信度，是此类研究的一部杰作。总之，《礼记》各篇成书问题的最终解

---

① 龚建平：《意义的生成与实现：〈礼记〉哲学思想》，商务印书馆 2005 年版，第 35 页。
② 王锷：《〈礼记〉成书考》，中华书局 2007 年版，第 113—114 页。
③ 王锷：《〈礼记〉成书考》，中华书局 2007 年版，第 209 页。
④ 王锷：《〈礼记〉成书考》，中华书局 2007 年版，第 281—282 页。

决,虽然仍有待进一步的考证以及新材料的发掘,但可以确定的是:诸篇基本成于春秋战国时代。

第三节 《礼记》成书考释（二）
——论《礼记》一书的编者及年代

据传世文献,最早论及《礼记》编纂的是郑玄。其后,众说纷纭,然而不外乎七说:戴圣编纂说,叔孙通编纂说,成于六国说,汉人伪托戴圣编纂说,马融、卢植删定说,汉儒编纂说,河间献王之徒编纂说。

一 戴圣编纂说

此为诸说主流,周予同曰:"《礼记》一书,不见于《汉志》;它的内容的来源,学者间的意见也未一致;但这书为小戴所纂集、所传授,则大概没有疑义。"[①] 此说源于郑玄《六艺论》,孔颖达《正义》卷首解题引之曰:

> 《六艺论》云:"今礼行于世者,戴德、戴圣之学也。"又曰:"戴德传《记》八十五篇",则《大戴礼》是也;"戴圣传《礼》四十九篇",则此《礼记》是也。[②]

二戴《礼记》取自何书,彼此有何关系,郑氏皆未明言。后世一般认为,二戴《礼记》应采自先秦流传下来的各种古文《记》,以及汉兴以后礼家为了适应大一统政治需求而推《士礼》所撰的一些《记》文等。对于二戴《礼记》编纂的方式及其相互关系,具体有小戴删大戴、二戴各自采辑古文《记》一百三十一篇成书与大、小《戴记》分别取自多种文献编纂而成三说。

（一）小戴删大戴说

认为戴德删古文《记》二百四篇（一说删百三十一篇）成《大戴礼记》八十五篇,戴圣又删《大戴礼记》成《礼记》四十九篇。晋人陈邵为此说始作俑者,陆德明《释文序录》引其说云:"戴德删古《礼》二百四篇为八十五篇,谓之《大戴礼》;戴圣删《大戴礼》为四十九篇,是为《小戴礼》。

[①] 周予同著,朱维铮编:《群经概论·三礼》,《周予同经学史论著选集》,上海人民出版社1996年版,第251页。

[②] （汉）郑玄注,（唐）孔颖达正义,吕友仁整理:《礼记正义》,上海古籍出版社2008年版,第4页。

后汉马融、卢植考诸家同异，附戴圣篇章，去其繁重及所叙略而行于世，即今之《礼记》是也。"① 其后，《隋志》敷衍其说，又因古文《记》一百三十一篇，减去《大戴记》为四十六篇，非四十九篇，遂生发马融补充三篇之说②。

唐宋学者多延续此说，如徐坚《初学记》持小戴删大戴说，又谓"戴德删自《后氏曲台记》一百八十篇"③，显与《汉志》"《曲台后仓》九篇"抵牾。杜佑《通典·礼序》曰"戴圣又删大戴之书"，而与前人相比，杜说又有三异：一曰《记》之总数为"二百二篇"；二曰"戴圣又删大戴之书，为四十七篇"，而非四十六篇，曰马融"又定《月令》《明堂位》"二篇，而不含《乐记》；三曰"《王氏史记》二十篇"，《汉志》《隋志》皆曰"《王史氏》二十一篇"④。宋晁公武《郡斋读书志》"《礼记》二十卷"条，亦认为小戴删大戴而成书⑤。时至清初，坚持"小戴删大戴"之说者仍为主流。如陈廷敬《三礼指要》："小戴之书，先王之遗训犹存，往行前言，彬彬可考焉。盖掇取《大戴》之精华，为一家之记述。"⑥ 江永《礼记训义择言》："《礼记》一书，裁自小戴，马融附益之，凡四十九篇。"⑦

乾嘉时期，考据学尤盛，始有怀疑并驳斥"小戴删大戴说"者。纪昀、戴震等四库馆臣及其后陈寿祺、王聘珍、朱彬、沈钦韩、皮锡瑞等，皆认为"小戴删大戴"及马融足三篇说毫无根据。《四库全书总目》"《礼记正义》六三卷"条：

> 今考《后汉书·桥玄传》云："七世祖仁，著《礼记章句》四十九篇，号曰桥君学。"仁即班固所谓小戴授梁人桥季卿者，成帝时尝官大鸿胪。其时已称四十九篇，无四十六篇之说。又孔《疏》称《别录》"《礼记》四十九篇，《乐记》第十九"。四十九篇之首，《疏》皆引郑《目录》。郑《目录》之末必云此于刘向《别录》属某门。《月令目录》云："此于《别录》属《明堂阴阳记》。"《明堂位目录》云："此于《别录》

---

① （唐）陆德明撰，黄焯断句：《经典释文》，中华书局 1983 年版，第 11 页下栏。
② （唐）魏徵等：《隋书》，中华书局 1973 年版，第 925 页。
③ （唐）徐坚等：《初学记》，中华书局 1962 年版，第 499 页。
④ （唐）杜佑撰，王文锦点校：《通典》，中华书局 1988 年版，第 1120 页。
⑤ （宋）晁公武撰，孙猛校证：《郡斋读书志校证》，上海古籍出版社 1990 年版，第 71 页。
⑥ （清）陈廷敬：《三礼指要》，王云五主编：《丛书集成初编》，上海商务印书馆 1947 年版，第 2 页。
⑦ （清）江永：《礼记训义择言》，文渊阁《四库全书》第 128 册，台湾商务印书馆 2008 年版，第 289 页。

属《明堂阴阳记》。"《乐记目录》云："此于《别录》属《乐记》。"盖十一篇今为一篇。则三篇皆刘向《别录》所有，安得以为马融所增？《疏》又引玄《六艺论》曰："'戴德传《记》八十五篇'，则《大戴礼》是也；'戴圣传《礼》四十九篇'，则此《礼记》是也。"玄为马融弟子，使三篇果融所增，玄不容不知，岂有以四十九篇属于戴圣之理？况融所传者乃《周礼》，若小戴之学，一授桥仁，一授杨荣。后传其学者有刘佑、高诱、郑玄、卢植。融绝不预其授受，又何从而增三篇乎？①

纪昀等的结论是，"知今四十九篇实戴圣之原书，《隋志》误也"。戴震比较大、小《戴记》指出：

> 郑康成《六艺论》曰："戴德传《记》八十五篇。"……今是书传本卷数与《隋志》合，而亡者四十六篇。《隋志》言"戴圣删大戴之书为四十六篇，谓之《小戴记》"。殆因所亡篇数傅合为是言欤？其存者，《哀公问》及《投壶》，《小戴记》亦列此二篇，则不在删之数矣。他如《曾子大孝》篇见于《祭义》，《诸侯衅庙》篇见于《杂记》，《朝事》篇自"聘礼"至"诸侯务焉"见于《聘义》，《本命》篇自"有恩有义"至"圣人因杀以制节"，见于《丧服四制》。凡大、小《戴》两见者，文字多异。《隋志》已前，未有谓小戴删大戴之书者，则《隋志》不足据也。所亡篇数不存，或两见实多耳。然因《隋志》而知隋、唐间所存已仅三十九篇。②

然而，仍不乏持"小戴删大戴"说者，如王鸣盛所撰《夏小正补注序》曰："先儒记《礼》二百四篇，戴德删之为《大戴礼》，戴圣删之为《小戴礼》。"③ 清人任启运④，今人刘师培⑤、蒙文通⑥等，亦主此说。

---

① （清）永瑢等：《四库全书总目》，中华书局1965年版，第168页下栏—169页上栏。
② （清）戴震著，赵玉新点校：《大戴礼记目录后语一》，《戴震文集》，中华书局1980年版，第16—17页。
③ （清）任兆麟撰：《夏小正补注》，《续修四库全书》第108册，上海古籍出版社2002年版，第187页。
④ （清）任启运：《礼记章句·自叙》，《续修四库全书》第99册，上海古籍出版社2002年版，第3页。
⑤ 刘师培：《经学教科书·两汉礼学之传授》，《刘申叔遗书》，江苏古籍出版社1997年版，第2078—2079页。
⑥ 蒙文通：《经学抉原》，上海人民出版社2006年版，第65页。

(二) 二戴各自采辑古文《记》一百三十一篇成书说

此说以钱大昕为代表，认为二戴分别编辑《大戴礼记》八十五篇和《小戴礼记》四十六篇，二者篇数正合一百三十一篇。《廿二史考异·汉书四卷》"艺文志"条曰：

> 郑康成《六艺论》云："戴德传《礼》八十五篇，戴圣传《记》四十九篇。"此云百三十一篇者，合大、小戴所传而言。《小戴记》四十九篇，《曲礼》《檀弓》《杂记》皆以简策重多，分为上下，实止四十六篇。合大戴之八十五篇，正协百卅一之数。《隋志》谓《月令》《明堂位》《乐记》三篇，为马融所足，盖以《明堂阴阳》三十三篇、《乐记》二十三篇别见《艺文志》，故疑为东汉人附益。不知刘向《别录》已有四十九篇矣。《月令》三篇，小戴入之《礼记》；而《明堂阴阳》与《乐记》仍各自为书；亦犹《三年问》出于《荀子》；《中庸》《缁衣》出于《子思子》；其本书无妨单行也。……考河间献王所得书，《礼记》居其一。而《郊祀志》引《礼记》，……《梅福传》引《礼记》，……《韦玄成传》亦引《礼记·王制》《礼记·祀典》之文，皆在四十九篇之内。《志》不别出《记》四十九篇者，统于百三十一篇也。①

钱玄驳斥其说曰："按钱氏以《大戴记》八十五篇、《小戴记》四十六篇，正合古文《记》一百三十一之数，因此有这种说法。其不足信，又与第一种说法相同（小戴删大戴说），如除去大、小戴《礼记》中相同的篇目，则又与一百三十一篇不合。"②而李学勤则认为钱氏所论"很可能是对的"：

> 大、小戴《礼记》的形成均在西汉。……《礼记正义》所引郑玄《三礼目录》，于小戴四十九篇之下逐一征引刘向《别录》，说明诸篇分属于制度、通论、明堂阴阳、丧服、世子法、祭祀、乐记、吉事中的哪一类。由此可见，西汉晚期刘向整理书籍时，《礼记》有这样四十九篇。……刘向《别录》也提到《大戴礼记》。……（钱大昕）指出"小戴《记》四十九篇，《曲礼》《檀弓》《杂记》皆以简策重多，分为上下，实止四十六篇；合大戴之八十五篇，正协百三十一篇之数。"这很

---

① （清）钱大昕著，方诗铭、周殿杰校点：《廿二史考异》，上海古籍出版社2004年版，第142页。

② 钱玄：《三礼通论》，南京师范大学出版社1996年版，第38页。

可能是对的。《经典释文·序录》引《别录》曾说古文《记》有二百四篇，《汉志》为什么只作一百三十一篇？看来《汉志》只是将大、小戴《礼记》合计在一起，也没有考虑其间重复的问题。因此，有学者怀疑《汉志》何以未见二戴《礼记》，也就有了答案。……综上所论，我们可以看出，大、小戴《礼记》是西汉前期搜集和发现的儒家著作的汇编，绝大多数是先秦古文，个别有汉初成篇的。①

李先生认为二戴《礼记》皆源于古文《记》百三十一篇，"绝大多数是先秦古文，个别有汉初成篇的"，无戴圣删《大戴礼记》成《礼记》之事。

（三）大、小《戴记》分别取自多种文献编纂而成说

此说可以吴承仕、蒋伯潜为代表。吴氏认为二戴《礼记》各自取材于九类文献，古文《记》百三十一篇仅为其中一种："二戴撰《记》各不相谋；孰先孰后亦无明据。今综核众说，断以己意，则有六事应说"：一事，二《戴记》所采辑，"一为礼家之《记》，即古文《记》百三十一篇及《明堂阴阳》三十三篇等是""二为乐家之《乐记》""三为《论语》家之《孔子三朝记》""四为《尚书》家之《周书》""五为九流之儒家""六为九流之道家""七为九流之杂家""八为近代之作""九为《逸礼》"。二事，"二戴各自撰《记》，本不相谋，故不嫌重复"。……四事，"二戴所录既是杂书，则作者后先相去甚远"。又曰："以近世书部相况，则《记》百三十一篇者犹稍古之丛书，其中篇目容与他单行书、他丛书有复重者。二戴之《记》则犹晚出之丛书，其所采会即本之稍古之丛书，并删取各家单行之书，以自成一部，而二家所录自不嫌互有异同也。"②蒋伯潜认为《礼记》由戴圣取自五种文献：

按《隋志》所云"《明堂阴阳记》五种"，即《汉志》"礼类"之《明堂阴阳》三十三篇，《王史氏》二十一篇，"乐类"之《乐记》二十三篇，"论语"类之《孔子三朝记》七篇；并《记》百三十一篇，五种合计二百十五篇。《隋志》刘向校书所第叙者为百三十篇，故合计为二百十四篇。陈邵云二百四篇者，疑脱一"十"字。据此，则二戴采辑之范围不限于百三十一篇之记，不得以《大戴记》八十五，加《小戴记》

---

① 李学勤：《郭店楚简与〈礼记〉》，《重写学术史》，河北教育出版社2002年版，第170—176页。

② 吴承仕：《经典释文序录疏证》，中华书局1984年版，第102—104页。

四十六篇，恰合百三十一篇之数了。……总之，《礼记》四十九篇，乃戴圣采辑《记》《明堂阴阳》《王史氏》《乐记》等五种中之单篇文章而编成的。①

二说皆颇有道理，值得参考。认为《礼记》由戴圣编纂的经学家还有孔颖达、郝敬、王夫之等，而对于大、小《戴记》有无删取关系，似避而不言。郝敬《读礼记》："是书汉儒戴圣所记，多先圣格言，七十子门人后裔转相传述，非出一手。"② 王夫之《礼记章句》："《礼记》者，汉戴氏圣述所传于师，备五礼之节文而为之也。《周礼》《仪礼》古礼经也，戴氏述其所传，不敢自附于经，而为之记。"③ 李曰刚《礼记名实考述》对《礼记》成书问题提出"辨正三事"："第一，二戴取材广泛，兼及逸礼诸子，不限古记五种"；"第二，二戴各自为政，既非先后递删，又非彼此互补"；"第三，小戴原具四十九篇，《月令》等三篇非足自马融"④。此说大体符合二戴《礼记》的成书历史。

此外，还有认为《礼记》系戴圣采辑《孔子家语》等文献而成书者。《文献通考》"《孔子家语》十卷"条载博士孔衍奏言曰："又戴圣皆近世小儒，以《曲礼》不足，而乃取《孔子家语》杂乱者，及子思、孟轲、荀卿之书以裨益之，总名曰《礼记》。今见已在《礼记》者，则便除《家语》之本篇，是为灭其原而存其末也，不亦难乎！"⑤ 此说影响不大。

二 叔孙通编纂说

最早提出叔孙通编辑《礼记》的是魏人张揖，《上广雅表》曰："臣闻昔在周公，……六年制礼，以导天下，著《尔雅》一篇，以释其意。……爰暨帝刘，鲁人叔孙通撰置《礼记》，文不违古。"⑥ 谓周公著《尔雅》、叔孙通撰《礼记》，皆不知其所据，且汉初"礼记"一词实指《仪礼》。然而，此说影响较大。清陈寿祺发挥此说曰，"然百三十一篇之《记》，第之者刘向，得之者献王；而辑之者盖叔孙通也。魏张揖《上广雅表》曰：'……鲁

---

① 蒋伯潜、朱剑芒：《经学纂要 经学提要》，岳麓书社1990年版，第23—25页。
② （明）郝敬撰：《礼记通解》，《续修四库全书》第97册，上海古籍出版社2002年版，第71页。
③ （清）王夫之：《礼记章句》，岳麓书社2010年版，第11页。
④ 李曰刚等：《三礼研究论集》，台北黎明文化事业股份有限公司1981年版，第1—12页。
⑤ （元）马端临：《文献通考》，中华书局1986年版，第1582页中栏。
⑥ （清）严可均辑：《全上古三代秦汉三国六朝文》第2册，上海古籍出版社2009年版，第558页。

人叔孙通撰置《礼记》。文不违古。'通撰辑《礼记》,此其显证。稚让之言,必有所据。……通本秦博士,亲见古籍,尝作《汉仪》十二篇及《汉礼器制度》,而《礼记》乃先秦旧书,圣人及七十子微言大义赖通以不坠,功亚河间"①,认为叔孙通纂辑《礼记》,二戴是在叔孙通纂辑的基础上"各以意断取"而已。皮锡瑞亦曰:"《礼记》为叔孙通所撰,说始见于张揖,揖以前无此说。近始发明于陈寿祺,寿祺以前,亦无此说。寿祺引臧庸说以证《礼记》中有《尔雅》,尤为精确。"②梁启超《要籍解题及其读法》曰:"手编《礼记》者谁耶?……惟魏张揖《上广雅表》云:'……爰暨帝刘,鲁人叔孙通撰置礼记,文不违古。'揖言必有所据。然则百三十一篇之编纂者或即叔孙通也。"③曰"揖言必有所据",实不知依据何在。梁氏《古书真伪及其年代》论《礼记》曰:"它是七十子的后学,尤其是荀子一派,各记其师长言行,由后仓、戴圣、戴德、庆普等凑集而成的。它的大部分在战国中叶和末叶已陆续出现,小部分是西汉前半期儒者又陆续缀加的。"④所言自相矛盾。

高明曰:"最初的纂辑者,据张揖《上广雅表》所说,是叔孙通。最早的而见于著录的,是刘向《别录》所载的'古文《记》二百四篇'和班固《汉书·艺文志》所载的'《记》百三十一篇'。后仓论礼,有《后氏曲台记》一书。后仓的弟子戴德所辑论礼的文字,有八十五篇,叫做《大戴礼记》。后仓的另一弟子戴圣——他是戴德的侄子——所辑论礼的文字,有四十九篇,叫做《小戴礼记》,这就是现在通行的《礼记》。"⑤可视作戴圣编纂说与叔孙通编纂说之折衷。

三 成于六国说

此说以清人丁晏为代表,其《礼记释注》"《礼记》六国时作论"条有详细论述⑥,上文已引。丁氏由《礼记》内容入手考察其成书,是合理的,

---

① (清)陈寿祺撰:《左海经辨》,王先谦编:《续清经解》第 1 册,上海书店出版社 1988 年版,第 732 页。
② (清)皮锡瑞:《经学通论·三礼》,中华书局 1954 年版,第 65 页。
③ 梁启超:《梁启超国学讲录二种·要籍解题及其读法》,中国社会科学出版社 1997 年版,第 90 页。
④ 梁启超:《梁启超国学讲录二种·要籍解题及其读法》,中国社会科学出版社 1997 年版,第 235 页。
⑤ 高明:《礼学新探》,台湾学生书局 1984 年版,第 31 页。
⑥ (清)丁晏撰:《礼记释注》,《续修四库全书》第 106 册,上海古籍出版社 2002 年版,第 53 页。

而把其四十九篇看作一个整体来讨论成书，其说难以成立。蔡介民曰："丁氏所云，似是而非，所举证例，多不确凿。如《汉志》所谓七十子后学者，乃不定辞，焉能如丁氏所云，必为六国时人，汉儒即不可乎？"① 其实，"七十子后学"不仅包括"六国时人""汉儒"，还应包括主要生活于春秋末期的孔门第一代弟子。

四 汉人伪托戴圣编纂说

此说代表人物有清人毛奇龄，今人洪业、朱自清、王文锦、钱玄等。毛氏《经问》："《礼记》无戴圣集成之事。戴圣受《仪礼》，立戴氏一学，且立一戴氏博士，而于《礼记》似无与焉。今世但知《礼记》为《曲台礼》《容台礼》，为《戴记》，而并不知《曲台》《容台》与《戴记》之为《仪礼》。……若《礼记》则《前志》只云'《记》百三十一篇'，当是《礼记》未成书时底本，然并不名《礼记》，亦并无二戴传《礼记》之说。……二戴为武、宣时人，岂能删哀、平间向、歆所校之书？……且二戴何人，以向、歆所校定二百十四骤删去一百三十五篇，世无是理！"② 洪业《礼记引得序——两汉礼学渊源考》：

> 两汉学者所传习之《礼》，经有三而记无算。
> ……案小戴所执者《士礼》，东汉谓之《今礼》，其文皆今文也。倘于《士礼》之外，小戴别传有《礼记》以补益其所传之经，则其《记》亦当皆从今文，而不从古文。今试以《仪礼》郑《注》所举之今文、古文，就《礼记》校之，其从今文者固多，然而亦不尽然。其最可注意者：《仪礼·士冠礼》末段之《记》，全文亦见于《礼记·郊特牲》之中。《仪礼》本中"冠而字之"，郑《注》云："今文无'之'。""章甫殷道也"，郑《注》云："'甫'或为'父'，今文为'斧'。"《郊特牲》所载者，全同古文，有"之"而为"甫"。使《礼记》果为戴圣所辑录以传者，其本岂得如此？刘歆于哀帝初年移书责太常博士，诋其报残守缺，抑拒《逸礼》。歆所为《七略》又以《逸礼》及《明堂阴阳》等书傲后仓门徒。乃今《礼记》既收有《明堂阴阳》中之《月令》及《明堂位》，复有《逸礼》如《奔丧》《投壶》及《衅庙之礼》等篇，

---

① 蔡介民：《〈礼记〉成书之时代》，陈其泰等编：《二十世纪中国礼学研究论集》，学苑出版社1998年版，第145—153页。

② （清）毛奇龄撰：《经问》，（清）阮元编：《清经解》第1册，上海书店出版社1988年版，第703页。

此等岂似戴圣所辑录以传世哉？……故曰后汉之《小戴记》者非戴圣之书也。

……大之者，以其书中所收辑者，较戴《记》为多耳。"大戴礼"者，犹云"增广戴礼"欤？……疑四十九篇《小戴礼》之称，殆起于东汉之后，如晋人陈邵辈所为者也。①

此说影响很大，朱自清《经典常谈》全面继承其说："汉代经师的家法最严，一家的学说里绝不能掺杂别家。但现存的两部'记'里都掺杂着非二戴的学说。所以有人说这两部书是别人假托二戴的名字纂辑的；至少是二戴原书多半亡佚，由别人拉杂凑成的。"②钱玄亦曰："现在的大、小戴《礼记》，其成书既不在西汉，则必在东汉。"③王文锦也认为二戴《礼记》成书当于二戴之后至东汉中期，一为八十五篇、一为四十九篇，故名大、小戴《礼记》④。以篇数多少而命名为"大小"，实不足信，如《诗经》大、小《雅》即未依篇数而定名。

杨天宇指出，洪业之说"主要有两条看似无可辩驳的证据"：其一，"《说文》引《礼记》辄冠以'礼记'二字，独其引《月令》者数条，则冠以'明堂月令曰'，似许君所用之《礼记》，尚未收有《月令》，此可佐证《月令》后加之说也"；其二，也是最重要的证据就是，戴圣是今文《礼》学家，如果他"别传有《礼记》以补益其所传之经，则其《记》亦当皆从今文，而不从古文"。杨天宇分别驳斥曰：

今考《说文》所引《礼记》，并无一定义例，情况较为复杂。……洪氏所谓《说文》引《礼记》而皆冠以"礼记"二字之说，并不符合事实。又考《说文》全书，凡十一引《月令》之文，……并非皆冠以《明堂月令》，而以此作为许慎所用《礼记》尚未收有《月令》的证据，又从而说明戴圣并未纂辑四十九篇《礼记》，也就不能成立了。

认为汉代今古学两派处处立异，"互为水火"，不过是晚清学者的看法。……其实汉代的今古文之争，是纯粹的学术宗派之争，并不带政治斗争的性质。……古文经的提出以及今古文之争，发生在哀帝建平元年

---

① 洪业：《礼记引得序——两汉礼学渊源考》，《洪业论学集》，中华书局1981年版，第197—221页。
② 朱自清：《经典常谈》，生活·读书·新知三联书店1980年版，第41页。
③ 钱玄：《三礼通论》，南京师范大学出版社1996年版，第39页。
④ （清）王聘珍撰，王文锦点校：《大戴礼记解诂·前言》，中华书局1983年版，第6页。

刘歆奏请朝廷为古文经立博士之后,前此并无今古学的概念,更无今古文之争。所以遭秦火之后,经籍残缺,而孤陋的博士们,因不敷大一统王朝之需而于所可能发现的、出于山岩屋壁的古文经记,皆"贪其说"而抄辑之以为己用,本是很自然的事,并没有门户之见从中作梗。由此可见,今古文之争未起,而生当武、宣时期的大、小二戴所抄辑的《礼记》,混有古文经记,并不足为奇。……洪业因为《礼记》中混有古文,遂否认作为今文《仪礼》博士的戴圣辑有《礼记》,是不能成立的。①

杨先生的辩驳有理有据,值得信服。

五　马融、卢植删定说

蔡介民认为《礼记》成书于东汉末:"《礼记》一书,……班固前已有类似今之《礼记》之礼学丛书,可以断言。……至于东汉末马融、卢植等,重加删定,益简蠲繁,以成今之四十九篇之《礼记》。"② 蔡先生的结论是:"《礼记》与二戴,绝无关系;其成书年代,亦绝非西汉或西汉以前","其编为今篇,与今《礼记》无以异者,……余以为非西汉之二戴,乃东汉之马融、卢植也"③。日人武内义雄《两戴记考》认为,《礼记》历经戴德、戴圣、刘向、马融增删而成④。按二说多推测之意。先秦两汉文献以手抄形式传播,加之学派观点不同,文字内容、篇章结构上有所出入甚至讹误,都是可能的。马融、卢植、郑玄作为通儒,整理并注解《礼记》,对其加以校定是必然的,对其文字甚至某些篇次有所改定、调整也是可信的,但不能据此认为他们是编纂者或删定者。

六　汉儒编纂说

此说或为谨慎故,笼统曰"汉儒"而不具言姓氏。以朱彝尊《经义考·礼记二》所录诸说为例:

---

① 杨天宇:《论〈礼记〉四十九篇的初本确为戴圣所编纂》,《经学探研录》,上海古籍出版社2004年版,第252—267页。又见杨天宇《礼记译注·前言》。
② 蔡介民:《〈礼记〉成书之时代》,陈其泰等编:《二十世纪中国礼学研究论集》,学苑出版社1998年版,第145—153页。
③ 蔡介民:《〈礼记〉成书时代再考》,陈其泰等编:《二十世纪中国礼学研究论集》,学苑出版社1998年版,第154—172页。
④ [日]内藤虎次郎:《先秦经籍考》,江侠庵编译,上海商务印书馆1931年版,第153—162页。

张说曰:《礼记》,汉朝所编,遂为历代不刊之典。

李清臣曰:……今之《礼经》,盖汉儒鸠集诸儒之说,博取累世之残文,而后世立文之于学官,夏、商、周、秦之事,无所不统,盖不可以尽信矣。

程子曰:《礼记》杂出于汉儒,然其间传圣门绪余,其格言甚多。

罗璧曰:盖汉儒本欲补圣人之言以明道,但未折衷于圣人,记不免杂,礼不免凿也。①

李清臣所谓《礼经》,即《礼记》。

七　河间献王之徒编纂说

此说以《旧唐书·礼仪志》为代表,其以"三礼"、《大戴记》皆河间献王之徒所辑:"河间博洽古文,大搜经籍,有周旧典,始得《周官》五篇,《士礼》十七篇。王又鸠集诸子之说,为礼书一百四十篇。后仓、二戴,因而删择,得四十九篇,此《曲台集礼》,今之《礼记》是也。"②云大、小《戴记》皆取自献王之徒所辑诸子之说而成的"礼书一百四十篇",且以《曲台集礼》为《礼记》,不知所本。任铭善亦曰,"大抵以此书为出于河间献王之徒"③。此说影响也不大。

孔颖达《礼记正义·乐记》解题:"按《艺文志》云:'……河间献王好博古,与诸生等共采《周官》及诸子云乐事者,以作《乐记》事也。其内史丞王度传之,以授常山王禹。成帝时为谒者,数言其义,献二十四卷《乐记》。刘向校书,得《乐记》二十三篇,与禹不同,其道浸以益微。'故刘向所校二十三篇,著于《别录》。今《乐记》所断取十一篇,余有十二篇,其名犹在。二十四卷《记》,无所录也。"④戴震《河间献王传经考》:"《景十三王传》称:'献王所得书皆古文先秦旧书:《周官》《尚书》《礼》《礼记》《孟子》《老子》之属,皆经传说记,七十子之徒所论。'……大、小戴传《仪礼》,又各传《礼记》,往往别有采获,出百三十一篇殆居

---

① (清)朱彝尊撰,林庆彰等主编:《经义考新校》第6册,上海古籍出版社2010年版,第2566、2569页。
② (后晋)刘昫等:《旧唐书》,中华书局1975年版,第816页。
③ 任铭善:《礼记目录后案》,齐鲁书社1982年版,第7页。
④ (汉)郑玄注,(唐)孔颖达正义,吕友仁整理:《礼记正义》,上海古籍出版社2008年版,第1455页。

多。……又与毛生等共采《周官》及诸子言乐事者，作《乐记》。成帝时，王禹献二十四卷《记》者是，《汉志》题曰'《王禹记》'，以别《乐记》二十三篇也。"① 既然献王与诸生所撰《乐记》与《礼记·乐记》不同，故云《礼记》为献王之徒所撰实难信服。

《礼记》成书，聚讼不休近两千年，归根结底是缺乏对其编纂者及编纂过程的明确记载。两汉以来，学者讨论《礼记》成书，基本上是根据只言片语甚至含混不清的材料互证或推测。这样以古书论古书，终究不能跳出书本上学问的圈子。近几十年来，一系列新出土文献问世，尤以1993年出土、1998年整理出版的《郭店楚墓竹简》与1994年整理出版的《上海博物馆战国楚竹简》最为轰动。李学勤提出"走出疑古时代"与"重写学术史"的口号："晚清以来的疑古之风，很大程度上是对学术史的怀疑否定，而这种学风本身又是学术史上的现象。只有摆脱疑古的局限，才能对古代文明作出更好的估价。"② 郭店简、上博简中的《缁衣》篇与《礼记·缁衣》篇内容基本一致，上博简《民之父母》基本同于《礼记·孔子闲居》。《性自命出》《六德》《内礼》等篇，与《礼记·乐记》《丧服四制》《内则》等关系密切。据此，李学勤、杨天宇、姜广辉、吕友仁、彭林、王锷等皆力证戴圣编纂《礼记》说。

王锷以传世材料并结合以上新出土文献，采用"二重证据法"考证认为，《礼记》具体各篇，作于春秋末至战国中晚期和晚期，即成篇于秦汉以前，"是后仓弟子戴圣所编纂，编纂时间在汉宣帝甘露三年（前51）以后，汉成帝阳朔四年（前21）以前的三十年中"③。所列十条理由，令人信服。并认为大、小《戴记》是"戴德、戴圣分别从《记》百三十一篇、《曾子》《子思子》《孔疏三朝记》《明堂阴阳记》等文献中删辑而成"④。姜广辉认为《礼记》成书的上限："从韦氏（玄成）等人的奏章来看，小戴《礼记》似应成书于元帝永光四年以后。在此年以前出现的《礼记》辑本，肯定有后仓《曲台记》，可能还有《大戴礼记》。"又由成帝初即位，匡衡、王商等人先后上疏，称引《礼记》文字，推断《礼记》"成书于汉元帝永光四年至五年之间（前40至前39）"："后仓《曲台记》应成书于武帝末期至宣帝初期，《大戴礼记》可能成书于宣帝中期，《小戴礼记》约成于元帝永光四年至五

---

① （清）戴震著，赵玉新点校：《戴震文集》，中华书局1980年版，第1—2页。
② 李学勤：《重写学术史·后记》，河北教育出版社2002年版，第440页。
③ 王锷：《〈礼记〉成书考》，中华书局2007年版，第321—322页。
④ 王锷：《〈礼记〉成书考》，中华书局2007年版，第324页。

年之间。至成帝末期，始有刘向《礼记》问世。"①

吕友仁参考新近出土文献考察古今诸说，对包括《孟子》、《荀子》、《新语》、《新书》、《春秋繁露》、《盐铁论》、《淮南子》、《石渠礼论》（辑本）、《史记》（西汉宣帝以前）、《汉书》（西汉宣帝以前）十种文献征引《记》文的具体情况，进行逐一考稽②，认为"汉宣帝甘露三年的石渠礼议会议，对于确认《礼记》的编者是戴圣和《礼记》编成的时间，是一个非常重要的参考系"，"石渠礼议之时，就是小戴《礼记》公开发表之时。至于其成书，还应该略早于此"，并提出了三条依据：一是参加石渠礼议会议的萧望之、韦玄成、梁丘临、闻人通汉和戴圣五人中，"只有戴圣一人是'以博士论石渠'，换言之，只有戴圣一人是以《礼经》专家身份预会的"。二是此次会议上，有萧望之、戴圣、闻人通汉与一位失其姓名者，四人于议礼之际称引《记》文，"四人称引的《记》文文字，不约而同地都和今本《礼记》的文字一致。这不仅表明他们每人手中都有一个由若干篇《记》文组成的一部《记》的丛编，而且表明此种丛编的内容是相同的，换言之，他们每人持有的是同一版本的《记》的丛编。而这同一版本的丛编的编选者，无论是从全国范围内来挑选，还是在与会者中间来挑选，戴圣都应当是首选。……只有戴圣一人具备《礼经》博士的资格"。三是以上十种宣帝以前的文献，"共征引了今本《礼记》中的四十二篇"，"可以说明这样一个问题的：小戴《礼记》编选成书的客观条件在石渠礼议之前已经具备"③。姜、王、吕三家之说有相通之处，且大体一致，可以遵从。

李零《关于〈孙子兵法〉研究整理的新认识》曰："古书的形成是个相当复杂的过程，从思想的酝酿形成，到口授笔录，到整齐章句，到分篇定名、结集成书，往往并不一定是由一个人来完成。……我们研究古书年代既不能仅以书中最早的东西为准，也不能仅以书中最晚的东西为准，而是要用上下限卡定它的相对年代，把包含在这个相对年代中的全过程都考虑在内。"④ 以此考察《礼记》成书，颇为恰当。当然，强调《礼记》系"七十子后学"众手杂出，最后由戴圣编纂成书，丝毫不影响《礼记》之伟大、戴圣之功绩。胡朴安《古书校读法》："古人谓著书不如钞书，予则谓钞书不如编书。著书者发挥自己之思想，思想未纯熟，非敷浅即谬误。故创作未

---

① 姜广辉：《中国经学思想史》（第二卷），中国社会科学出版社2003年版，第222—223页。
② 吕友仁关于十种文献征引《记》文的具体考稽以及论述，可参看《〈礼记〉研究四题》中的《〈礼记〉成书管窥》。
③ 吕友仁：《礼记讲读》，华东师范大学出版社2009年版，第11页。
④ 李零：《〈孙子〉古本研究》，北京大学出版社1995年版，第276页。

易言也。钞书所以代读书之用,其有益视读书为倍,然无益于人也。惟编书之善,既有益于己,又有益于人。纵有漏略,而无敷浅;纵有乱杂,而无谬误。其漏略也,后人可以补苴之;其乱杂也,后人可以整理之,故编书为善也。"① 二戴所纂大、小《戴记》,对先秦文献的保存与礼学的传承、发展做出了杰出的贡献。

---

① 胡朴安著,雪克编校:《胡朴安学术论著》,浙江人民出版社1998年版,第275—276页。

第二章　唐前《礼记》学概述

可以说,《礼记》学在《礼记》成书之前就产生了。起初,这些出自"七十子后学"之手、以单篇或数篇方式行世的《记》文,被礼学家采辑以补充《仪礼》教授生徒,《礼记》学遂伴随《仪礼》传授而产生。《礼记》由西汉礼学家戴圣编纂成书,至汉末《礼记》学逐渐兴盛,在中国漫长的封建王朝时代堪称显学。

欲讨论孔氏《正义》成就,有必要对唐前《礼记》学的发展情形进行一番细致考察,厘清《正义》的学术渊源。而且,唐前《礼记》学的长足发展,是其学术地位不断得以提升并最终以"记"入"经"的历程,厘清唐前《礼记》学发展概况的同时,理应紧紧把握其学术地位提升之脉络。本章将唐前《礼记》学的发展分为两汉与魏晋南北朝及隋代两个阶段,首先梳理两汉礼学的传授,讨论唐前学者对《礼记》的编纂、分类和注疏,然后主要探析唐前部分思想家、政治家对《礼记》的推崇,并揭示魏晋文学、玄学与《礼记》学的互动。《礼记》学术地位的提升,又为《礼记》学的发展注入动力。换言之,《礼记》学的繁荣是其学术价值得到重视、学术地位得以提升的必然结果。

第一节　唐前《礼记》学简论

最早对唐前《礼记》学发展状况进行细致梳理,可以陆德明《经典释文·序录》和孔颖达《礼记正义序》二者为代表。《隋志》记载唐前"三礼"学重要著述并概论"三礼"传承,可与二者互参。孔《序》堪称一篇简明的唐前《礼记》学史:

> 于是博物通人,知今温古,考前代之宪章,参当时之得失,俱以所见,各记旧闻。错总鸠聚,以类相附,《礼记》之目,于是乎在。去圣逾远,异端渐扇,故大小二戴,共氏而分门;王郑两家,同经而异注。

爰从晋宋,逮于周隋,其传《礼》业者,江左尤盛。其为义疏者,南人有贺循、贺𬨂、庾蔚、崔灵恩、沈重、范宣、皇侃等;北人有徐遵明、李业兴、李宝鼎、侯聪、熊安生等。其见于世者,唯皇熊二家而已。熊则违背本经,多引外义,犹之楚而北行,马虽疾而去逾远矣。又欲释经文,唯聚难义,犹治丝而棼之,手虽繁而丝益乱也。皇氏虽章句详正,微稍繁广,又既遵郑氏,乃时乖郑义,此是木落不归其本,狐死不首其丘。此皆二家之弊,未为得也。然以熊比皇,皇氏胜矣。虽体例既别,不可因循。①

概言之,两汉独尊儒术,经学昌明,《礼记》在这种学术背景下适应时代需求而编纂成书。汉末,对中国礼学影响至深的郑玄《三礼注》面世,《礼记》《周礼》《仪礼》并称"三礼",标志《礼记》取得了学术独立。魏晋南北朝时代,天下三分,旋又南北对峙,经学作为"大一统"政治的思想基础,与时代出现严重脱节,又在玄学、佛学的夹击下,整体趋于衰落。然而,礼学一枝独秀,《礼记》学更是得到长足发展,学者众多,成果丰富,孔氏《正义》正是在积极吸取前人成果的基础上修撰而成。

一 两汉《礼记》学

两汉《礼记》学的主要成就包括三个方面:《礼记》的编纂成书,《礼记》文本的整理、校定,以郑玄《礼记注》为代表的系列著述,奠定了其后两千余年《礼记》学的基础,具有极其重要的意义。

(一)西汉礼学以及《礼记》学传授

陈寅恪:"华夏学术最重传授源流,盖非此不足以征信于人,观两汉经学传授之记载,即可知也。"②《史记·儒林传》曰"言《礼》自鲁高堂生"③,又曰"诸学者多言《礼》,而鲁高堂生最本。《礼》固自孔子时而其经不具,及至秦焚书,书散亡益多,于今独有《士礼》,高堂生能言之"④。另据《汉志》,戴德、戴圣起初问学后仓:"汉兴,鲁高堂生传《士礼》十

---

① (汉)郑玄注,(唐)孔颖达正义,吕友仁整理:《礼记正义》,上海古籍出版社2008年版,第2页。

② 陈寅恪:《论韩愈》,《金明馆丛稿初编》,生活·读书·新知三联书店2001年版,第319页。

③ (汉)司马迁撰,(宋)裴骃集解,(唐)司马贞索隐,张守节正义:《史记》,中华书局1959年版,第3118页。

④ (汉)司马迁撰,(宋)裴骃集解,(唐)司马贞索隐,张守节正义:《史记》,中华书局1959年版,第3126页。

七篇。讫孝宣世，后仓最明。戴德、戴圣、庆普皆其弟子，三家立于学官。"① 又《汉书·儒林传》：

> 汉兴，鲁高堂生传《士礼》十七篇，而鲁徐生善为颂。孝文时，徐生以颂为礼官大夫，传子至孙延、襄。襄，其资性善为颂，不能通经；延颇能，未善也。……延及徐氏弟子公户满意、桓生、单资皆为礼官大夫。而瑕丘萧奋以《礼》至淮阳太守。诸言《礼》为颂者由徐氏。
>
> 孟卿，东海人也。事萧奋，以授后仓、鲁闾丘卿。仓说《礼》数万言，号曰《后氏曲台记》，授沛闻人通汉子方、梁戴德延君、戴圣次君、沛庆普孝公。孝公为东平太傅。德号大戴，为信都太傅；圣号小戴，以博士论石渠，至九江太守。由是《礼》有大戴、小戴、庆氏之学。通汉以太子舍人论石渠，至中山中尉。普授鲁夏侯敬，又传族子咸，为豫章太守。大戴授琅邪徐良斿卿，为博士、州牧、郡守，家世传业。小戴授梁人桥仁季卿、杨荣子孙。仁为大鸿胪，家世传业，荣琅邪太守。由是大戴有徐氏，小戴有桥、杨氏之学。②

戴德、戴圣本以《仪礼》学名世，称大戴、小戴或并称"二戴"。孔疏卷首解题："郑君《六艺论》云：'案《汉书·艺文志》《儒林传》云，传《礼》者十三家，唯高堂生及五传弟子戴德、戴圣名在也。'……《六艺论》云'五传弟子'者，熊氏云：'则高堂生、萧奋、孟卿、后仓及戴德、戴圣为五也。'此所传皆《仪礼》也。"③ 戴圣、戴德皆为汉初礼学家高堂生之五传弟子。郑樵《六经传授》"并传小戴学"条列出两汉礼学师承脉络④：

```
                                    ┌─○大戴
五传弟子高堂生○──○萧奋○──○孟卿○──○后苍──┼─○小戴○──○卢植
                                    └─○庆普○──○马融
```

郑樵此表极不完备，且有不当之处。小戴弟子还有梁人桥仁季卿、杨荣

---

① （汉）班固撰，（唐）颜师古注：《汉书》，中华书局1962年版，第1710页。
② （汉）班固撰，（唐）颜师古注：《汉书》，中华书局1962年版，第3614—3615页。
③ （汉）郑玄注，（唐）孔颖达正义，吕友仁整理：《礼记正义》，上海古籍出版社2008年版，第4页。
④ （宋）郑樵撰：《六经奥论》，文渊阁《四库全书》第184册，台湾商务印书馆2008年版，第102页下栏。

子孙；而卢植本系马融高徒，其学并非直承小戴，马融亦非庆普之徒。刘汝霖《汉晋学术编年》高祖"六年庚子（前201）高堂伯以礼教于鲁"条介绍西汉礼学传授并附录《礼经传授表》，足资参考①：

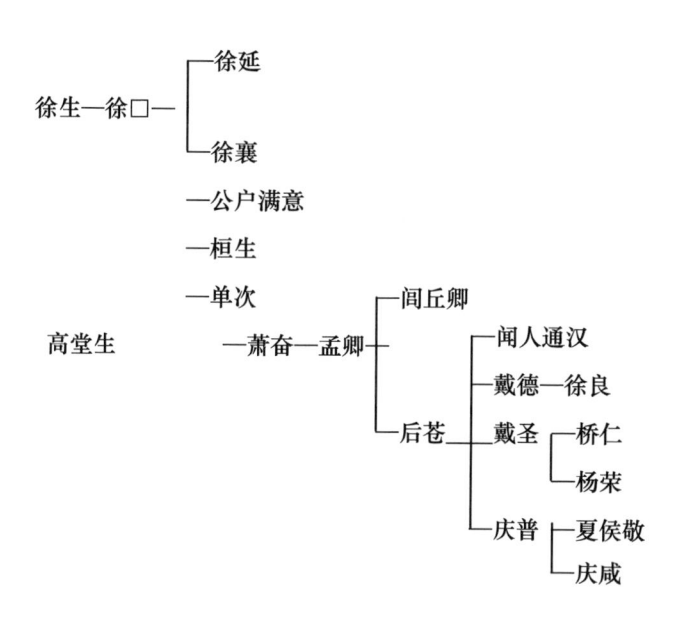

```
                    ┌─徐延
         徐生—徐□ ─┤
                    └─徐襄
         —公户满意
         —桓生
                              ┌─间丘卿
         —单次           ┌─闻人通汉
高堂生    —萧奋—孟卿─┤    ┌─戴德—徐良
                       │    │         ┌─桥仁
                       └─后苍┼─戴圣 ─┤
                            │         └─杨荣
                            │         ┌─夏侯敬
                            └─庆普 ─┤
                                      └─庆咸
```

据《隋志》，戴圣还撰有《石渠礼论》四卷、《礼记群儒疑义》十二卷。《礼记群儒疑义》是关于《礼记》考辨的第一部书，可惜早已散佚②，《石渠礼论》尚有辑本。《汉书·儒林传》："小戴授梁人桥仁季卿、杨荣子孙。仁为大鸿胪，家世传业，荣琅邪太守。由是大戴有徐氏，小戴有桥、杨氏之学。"③《后汉书》桥玄本传："桥玄字公祖，梁国睢阳人也。七世祖仁，从同郡戴德学，著《礼记章句》四十九篇，号曰'桥君学'。"④ 此云桥仁从戴德学，或误，当从戴圣学；或先后师从二戴亦未尝不可⑤。桥仁《礼记章句》四十九篇，盖为目前所知最早的一部传述《礼记》学著述。

（二）刘向对《礼记》的校定、分类

《礼记》成书后，在流传过程中形成了多种版本。对后世影响最大的是

---

① 刘汝霖：《汉晋学术编年》，中华书局1987年版，第21页。
② （清）朱彝尊撰，林庆彰等主编：《经义考新校》第6册，上海古籍出版社2010年版，第2575页。
③ （汉）班固撰，（唐）颜师古注：《汉书》，中华书局1962年版，第3615页。
④ （宋）范晔撰，（唐）李贤等注：《后汉书》，中华书局1965年版，第1695页。
⑤ 马晓玲：《〈大戴礼记〉版本新论：十三卷刻本以前抄本的流传及十三卷刻本的生成蠡测》，《中州学刊》2014年第4期。

西汉刘向校定本。刘丰认为："刘向整理、选编古文《礼记》，是对先秦古旧文献的一次重要整理与研究。他选编的《礼记》本子，应是《礼记》成书、流传过程当中的重要一环。"① 《礼记》内容驳杂，始自刘向，直至满清，众多学者予以分类纂辑。或采录某篇注解而造成单篇别行，甚至对具体篇章进行重新分合，形成《礼记》学颇具特色的现象。最早对《礼记》进行分类整理的应是刘向《别录》，其将四十九篇分为九类。今据郑玄《礼记目录》所引归之如下：

1. 属《制度》者6篇：《曲礼》（上下）《王制》《礼器》《少仪》《深衣》；
2. 属《通论》者16篇：《檀弓》（上下）《礼运》《玉藻》《大传》《学记》《经解》《哀公问》《仲尼燕居》《孔子闲居》《坊记》《中庸》《表记》《缁衣》《儒行》《大学》；
3. 属《明堂阴阳记》者2篇：《月令》《明堂位》；
4. 属《丧服》者11篇：《曾子问》《丧服小记》《杂记》（上下）《丧大记》《奔丧》《问丧》《服问》《间传》《三年问》《丧服四制》；
5. 属《世子法》者1篇：《文王世子》；
6. 属《祭祀》者4篇：《郊特牲》《祭法》《祭义》《祭统》；
7. 属《子法》者1篇：《内则》；
8. 属《乐记》者1篇：《乐记》；
9. 属《吉事》者7篇：《投壶》《冠义》《昏义》《乡饮酒义》《射义》《燕义》《聘义》。

其中，《礼记目录·投壶》："名曰《投壶》者，以其记主人与客燕饮，讲论才艺之礼。此于《别录》属《吉礼》。"孔疏曰："是《投壶》与射为类。此于五礼皆属嘉礼也。或云：'宜属宾礼。'"② 按《周礼·春官宗伯·大宗伯》职："以嘉礼亲万民，以饮食之礼，亲宗族兄弟；以昏冠之礼，亲成男女；以宾射之礼，亲故旧朋友；以飨燕之礼，亲四方之宾客；以脤膰之

---

① 刘丰：《关于刘向〈礼记〉的几个问题》，《中国哲学史》2017年第3期。刘文认为"刘向整理的古文《礼记》一百三十一篇和二戴《礼记》是不同的《礼记》选本"，还认为除了二戴《礼记》选本，刘向另有一种《礼记》选本，即"刘向整理的一百三十一篇本古文《礼记》是一个新的《礼记》选本"。

② （汉）郑玄注，（唐）孔颖达正义，吕友仁整理：《礼记正义》，上海古籍出版社2008年版，第2197页。

礼，亲兄弟之国；以贺庆之礼，亲异姓之国。"① 孔疏甚是。《冠义》等六篇，刘向《别录》皆曰"吉事"。任铭善曰："'《别录》属吉礼'，'礼'乃'事'字之误。《仪礼·乡饮酒礼》《乡射礼》《燕礼》《大射仪》目录皆云于五礼属嘉礼，《礼记·冠义》《昏义》《乡饮酒义》《射义》《燕义》《聘义》目录皆云于《别录》属吉事。是《别录》所谓吉事者，兼《周官》五礼中嘉礼、宾礼而言。投壶以司射执事，则是与射为类，故不得云吉礼，当云吉事也。"② 任先生校勘甚是。

刘向的分类体现了对《礼记》四十九篇要义的大体认知，对后世影响较深，郑玄《目录》、陆德明《释文》与孔颖达《正义》皆承其说。其分类实有不妥之处。杨天宇责其分类标准有不确定性："制度、丧服、祭祀、世子法、子法五类，是根据内容来分类的；明堂阴阳记、乐记，则是根据记文的出处来分类；通论，是根据文体来分类；吉事，则又是根据所记内容的性质来分类。若论其分类之不合理处，那就更多了。……《别录》的分类，对于帮助人们理解《礼记》的复杂内容，作用并不大，有些地方反而更加淆乱了。"③ 所论甚是。

(三) 东汉《礼记》学的传授与著述

东汉传习、研究《礼记》者渐众，先有缑氏、曹充、曹褒，后有马融、卢植、郑玄、蔡邕、高诱等。《礼记》学渐成显学，学术地位逐步提高，且于三国时代立于学官，以"记"之身份夺取"经"之地位。

1. 东汉前期的缑氏和曹充、曹褒父子

东汉初，河南缑氏撰《礼记要钞》十卷，《隋志》有录④。缑氏，刘歆弟子⑤。其后，曹充、曹褒父子传《礼记》学，为庆氏礼功臣。曹充为庆普之门人，然不知为几传弟子。《后汉书》曹褒本传："父充，持《庆氏礼》，建武中为博士。从巡狩岱宗，定封禅礼，还，受诏议立七郊、三雍、大射、养老礼仪。"汉明帝时，曹充官拜侍中，"作章句辩难，于是遂有庆氏学"⑥。曹褒受其父影响，笃好礼学："少笃志，有大度，结发传充业，博雅疏通，尤好礼事。常感朝廷制度未备，慕叔孙通为汉礼仪。"章和元年（87），受命

---

① （清）阮元校刻：《十三经注疏·周礼注疏》（附校勘记），中华书局1980年版，第760页中栏—761页上栏。
② 任铭善：《礼记目录后案》，齐鲁书社1982年版，第86页。
③ 杨天宇：《礼记译注·前言》，上海古籍出版社2004年版，第18页。
④ （唐）魏徵等：《隋书》，中华书局1973，第922页。
⑤ （唐）魏徵等：《隋书》，中华书局1973，第925页："河南缑氏及杜子春受业于歆，因以教授。"
⑥ （宋）范晔撰，（唐）李贤等注：《后汉书》，中华书局1965年版，第1201页。

撰次《汉礼》一百五十篇:"次序礼事,依准旧典,杂以《五经》谶记之文,撰次天子至于庶人冠婚吉凶终始制度,以为百五十篇……会帝崩,和帝即位,褒乃为作章句,帝遂以《新礼》二篇冠。"本传又曰,"传《礼记》四十九篇,教授诸生千余人,庆氏学遂行于世"①。曹褒父子礼学建树深得朝廷赏识,其为朝廷损益礼制并主张与时俱进的礼学思想,与《礼记》思想甚合。

2. 东汉后期的马融、卢植、郑玄、蔡邕、高诱等

此期礼学大师辈出,除马融和卢植、郑玄师徒外,还有蔡邕、卢植弟子高诱等,均治《礼记》学。马融曾注"三礼"②,不过其《礼记注》久佚,《隋志》不载。马国瀚《玉函山房辑佚书》辑录《礼记注》一卷,凡十六条,认为能确定为马注者,仅九条③。《释文·序录》:"后汉马融、卢植考诸家同异,附戴圣篇章,去其繁重及所叙录,而行于世,即今之《礼记》是也。"④马融、卢植注书之前皆详加校勘。卢植撰有《三礼解诂》,《释文·序录》著录《礼记解诂》二十卷⑤,孔颖达《礼记正义》多有征引。两《唐志》皆有著录,说明北宋时尚存。唐元行冲《释疑》曰,"卢植分合二十九篇而为说解,代不传习"⑥。则卢植似不曾全注《礼记》,而是编选其中二十九篇而注。马国瀚《玉函山房辑佚书》辑录《解诂》一卷,凡112条⑦。高诱亦有《礼记注》,《隋志》不见著录,久佚,初唐《艺文类聚》曾征引⑧。蔡邕撰有《月令章句》十二卷,久佚,马国瀚《玉函山房辑佚书》辑录一卷,另辑录蔡邕《月令问答》一卷⑨。

成就最高、影响最大的是郑玄《礼记注》。郑玄遍注"三礼",奠定后

---

① (宋)范晔撰,(唐)李贤等注:《后汉书》,中华书局1965年版,第1201—1205页。

② 按《后汉书》卷六〇上马融本传其著述曰:"但著《三传异同说》。注《孝经》《论语》《诗》《易》'三礼'《尚书》《列女传》《老子》《淮南子》《离骚》,所著赋、颂、碑、诔、书、记、表、奏、七言、琴歌、对策、遗令,凡二十一篇。"(宋)范晔撰,(唐)李贤等注:《后汉书》,中华书局1965年版,第1972页。学界对马融撰《礼记注》与否早有争议,孙思旺认为《后汉书》关于马融注"三礼","是对不确定史事的泛化描述",并认为"马国瀚所辑《礼记马氏注》完全不能成立"。参见孙思旺《马融注〈礼记〉说证伪——兼论马国瀚辑佚本之不成立》,《文史》2022年第1辑,中华书局2022年版,第207—232页。

③ (清)马国瀚辑:《玉函山房辑佚书》第1册,上海古籍出版社1990年影印版,第900—902页。

④ (唐)陆德明撰,黄焯断句:《经典释文》,中华书局1983年版,第11页下栏。

⑤ (唐)陆德明撰,黄焯断句:《经典释文》,中华书局1983年版,第11页下栏。

⑥ (后晋)刘昫等:《旧唐书》,中华书局1975年版,第3179页。

⑦ (清)马国瀚辑:《玉函山房辑佚书》第1册,上海古籍出版社1990年影印版,第902—910页。

⑧ (清)朱彝尊撰,林庆彰等主编:《经义考新校》第6册,上海古籍出版社2010年版,第2576页。

⑨ (清)马国瀚辑:《玉函山房辑佚书》第1册,上海古籍出版社1990年影印版,第914—933页。

世礼学基础，后世有"礼是郑学"之说①。郑注对当时所见诸本加以精校，择善而从，且保存异文。李云光曰："郑氏不没别本异文，以待后贤考定，亦多闻阙疑之意，与他家之有伪窜经文流传后世者异其趣矣。"②郑注博综兼采，力求简明，广受学界推崇，成为古代最杰出的《礼记》注本。《礼记》自郑注行世，与《仪礼》《周礼》鼎足为三。刘师培："东汉以前，本无'三礼'之名，《周官经》《小戴礼记》本不得称之为经，不过与《礼经》相辅之书耳。自郑玄作《三礼注》，而'三礼'之名遂一，定而不可易。至后代以《小戴礼》为本经，则又歧中之歧矣。非不正名之故与？"③吕友仁："郑玄为《礼记》四十九篇作注，这件事可以看作是《礼记》脱离《仪礼》而独立的开始。从此以后，《礼记》的地位日益上升，《仪礼》则日趋式微。"④《礼记》学术地位的变化，与郑注的影响密不可分⑤。其后，郑注本成为通行的《礼记》版本。《隋志》："汉九江太守戴圣撰，郑玄注。"⑥朱彝尊《经义考》："戴氏圣《礼记》，《隋志》：'二十卷。'"⑦所谓戴圣《礼记》二十卷者，是经注合本，郑玄、戴圣之名，从此与《礼记》密不可分。

二 魏晋南北朝及隋《礼记》学

梁启超论中国学术，以魏晋为"老学时代"，以南北朝至唐为"佛学时代"⑧，足见此期间佛、老之盛。在玄学、佛学的夹击下，经学"进入中衰时代"⑨。然而，礼学于经学中可谓一枝独秀。杨志刚曰："礼学所以能独炽不衰，与当时的门阀制度有关：门阀世族将礼学视作维护等级特权的重要依凭。正因此，最能体现宗法社会尊卑亲属关系的丧服制度和《仪礼·丧服》，更倍受时人的青睐。六朝礼学以《丧服》学最为精密。……北朝的礼学也颇

---

① "郑学"一词见于《礼记正义》凡10次，而"礼是郑学"出现3次，见于《月令》《明堂位》《杂记上》三篇疏文。
② 李云光：《三礼郑氏学发凡》，华东师范大学出版社2012年版，第42页。
③ 刘师培：《经学教科书·两汉礼学之传授》，《刘申叔遗书》，江苏古籍出版社1997年版，第2079页。
④ 吕友仁、吕咏梅：《礼记全译·前言》，贵州人民出版社1998年版，第10页。
⑤ 杨天宇：《略述中国古代的〈礼记〉学》，《经学探研录》，上海古籍出版社2004年版，第272—274页。
⑥ （唐）魏徵等：《隋书》，中华书局1973年版，第922页。
⑦ （清）朱彝尊撰，林庆彰等主编：《经义考新校》第6册，上海古籍出版社2010年版，第2565页。
⑧ 梁启超：《论中国学术思想变迁之大势》，上海古籍出版社2001年版，第6—7页。
⑨ （清）皮锡瑞著，周予同注释：《经学历史》，中华书局1959年版，第141页。

为兴盛,……比较偏重《周礼》。"① 南北学术,南朝重视《丧服》,北朝重视《周礼》。至于《礼记》学,南北皆重,故尤其繁荣。概言之,魏晋南北朝《礼记》学的发展主要有两大特点。

(一)《礼记》学著作蔚为大观

魏晋南北朝至隋《礼记》学著述蔚为大观。朱彝尊《经义考》以 25 卷篇幅列历代《礼记》学著述,考其作者、卷数以及存佚②,其中唐前《礼记》学著述收录于卷一百三十九至一百四十。高明《礼学新探》据《隋志》、两《唐志》将《礼记》学著作一一罗列,并以"著述如林"四字形容其盛③。王锷《三礼论著提要》在前贤著述基础上又有所增录④。今试将魏晋南北朝及隋《礼记》学著述列表如下:

时代	作者	书名	卷数	存佚	后世辑佚卷数
三国				
魏	王肃	《礼记注》	30	佚	马国瀚《玉函山房辑佚书》2 卷
	王肃	《礼记音》	1	佚	
	王肃	《明堂议》	3	佚	
	孙炎	《礼记注》	30	佚	马国瀚《玉函山房辑佚书》1 卷
	郑小同	《礼义》⑤	4	佚	
	杜宽	《删集礼记》	4	佚	
	邯郸淳	《投壶赋》	1 篇	不详	
吴	射慈	《礼记音义隐》	1⑥	佚	黄奭《黄氏逸书考》1 卷 马国瀚《玉函山房辑佚书》1 卷
两晋				
	司马彪	《礼记注》	不详	佚	
	王懋约	《礼记宁朔新书注》⑦	20	佚	

---

① 杨志刚:《中国礼学史发凡》,陈其泰等编:《二十世纪中国礼学研究论集》,学苑出版社 1998 年版,第 130—137 页。
② (清)朱彝尊撰,林庆彰等主编:《经义考新校》,上海古籍出版社 2010 年版。
③ 高明:《礼学新探》,台湾学生书局 1984 年版,第 81—82 页。
④ 王锷:《三礼研究论著提要》,甘肃教育出版社 2001 年版,第 257—264 页。
⑤ (清)朱彝尊撰,林庆彰等主编:《经义考新校》第 6 册,上海古籍出版社 2010 年版,第 2580 页:"《七录》:'四卷。'新旧《唐志》作《礼记义记》。"
⑥ (清)朱彝尊撰,林庆彰等主编:《经义考新校》第 6 册,上海古籍出版社 2010 年版,第 2581 页:"《隋志》:'一卷。'《七录》同。唐《志》:'二卷。'"
⑦ (清)朱彝尊撰,林庆彰等主编:《经义考新校》第 6 册,上海古籍出版社 2010 年版,第 2581 页:"司马伷《礼记宁朔新书》。《七录》:'二十卷。'新旧《唐志》同,《隋志》作八卷。《旧唐书》:'司马伷序,王懋约注。'"

续表

时代	作者	书名	卷数	存佚	后世辑佚卷数
	蔡谟	《礼记音》	2	佚	
	曹耽	《礼记音》	2	佚	
	王长文	《约礼记》	10篇	佚	
	淳于纂	《礼记注》	不详	佚	
	曹述初	《礼记注》	不详	佚	
	刘世明	《礼记注》	不详	佚	
	孙毓	《礼记音》	1	佚	
	尹毅	《礼记音》	2	佚	
	李轨	《礼记音》	2	佚	
	范宣	《礼记音》	2	佚	马国瀚《玉函山房辑佚书》1卷
	徐邈	《礼记音》	3	佚	马国瀚《玉函山房辑佚书》3卷
	缪炳	《礼记音》	1	佚	
	谢桢	《礼记音》	1	佚	
	刘昌宗	《礼记音》	5	佚	马国瀚《玉函山房辑佚书》1卷
	虞潭	《投壶变》	1	佚	
	郝冲	《投壶道》	1	佚	
	不详	《投壶经》	1	佚	
南朝						
宋	徐爰	《礼记音》	2①	佚	
	戴颙	《月令章句》	12	佚	
	庾蔚之	《礼记略解》	10	佚	马国瀚《玉函山房辑佚书》1卷
	雷肃之	《礼记义疏》	3	佚	
	业遵	《礼记注》	12	佚	
齐	楼幼瑜	《撼遗别记》	1	佚	
	沈麟士	《礼记要略》	不详	佚	
梁	萧衍	《礼记大义》	10	佚	
	萧纲	《礼大义》	20	佚	
	贺玚	《礼记新义疏》	20	佚	马国瀚《玉函山房辑佚书》1卷
	皇侃	《礼记讲疏》	99	佚	

---

① （清）朱彝尊撰，林庆彰等主编：《经义考新校》第6册，上海古籍出版社2010年版，第2585页："徐氏爰《礼记音》。《隋志》：'二卷。'《唐志》同，《释文序录》：'三卷。'"

续表

时代	作者	书名	卷数	存佚	后世辑佚卷数
	皇侃	《礼记义疏》	48①	佚	马国瀚《玉函山房辑佚书》4 卷
	何佟之	《礼记义》	10	佚	
	何胤	《礼记隐义》	20	佚	马国瀚《玉函山房辑佚书》1 卷
	不详	《梁月令图》	1	佚	
陈	戚衮	《礼记义》	40	佚	
	沈文阿	《礼记义记》	不详	佚	
	郑灼	《礼记子本义疏》	100	佚	残卷《丧服小记子本疏义》1 卷
北朝					
魏	刘芳	《礼记义证》	10	佚	马国瀚《玉函山房辑佚书》1 卷
	李谧	《明堂制度论》	1	佚	马国瀚《玉函山房辑佚书》1 卷
周	沈重	《礼记义疏》	40	佚	马国瀚《玉函山房辑佚书》1 卷
	沈重	《礼记音》	1	佚	
	熊安生	《礼记义疏》	40	佚	马国瀚《玉函山房辑佚书》4 卷
朝代不详					
	何氏	《礼记义》	10	佚	
	不详	《礼记义疏》	38	佚	
	不详	《礼大义》	10	佚	
	刘巂	《礼记评》	11	佚	
	不详	《礼记音义隐》	7	佚	
	不详	《礼记隐》	26	佚	
	不详	《礼记类聚》	10	佚	
	不详	《礼记区分》	10	佚	
隋					
	王元规	《礼记音》	2	佚	
	褚晖	《礼记文外大义》	2	佚	
	牛弘	《明堂议》	1	不详	
	王劭	《勘定曲礼》	不详	佚	
	陆德明	《礼记释文》②	4		

---

① （清）朱彝尊撰，林庆彰等主编：《经义考新校》第 6 册，上海古籍出版社 2010 年版，第 2589 页："《隋志》：'四十八卷。'《唐志》：'百卷。'按：《隋》《唐志》二书卷数悬殊，盖以'义'为'讲'，以'讲'为'义'也。"

② 孙玉文：《经典释文成书年代新考》，《中国语文》1998 年第 4 期。孙文认为《经典释文》"作成于隋以后唐以前"，今从其说。

据上表，魏晋南北朝至隋《礼记》学著述凡63部，除去具体卷数不详者7部，其中56部凡748卷又11篇。魏晋时代著述以"注"命名为主，凡7部；南北朝著述则以"义疏"为主，直接题为"义疏""讲疏"者8部；对《礼记》释音一直是该时期的重点，凡16部35卷。丰富的成果，为孔氏《正义》的修撰奠定了坚实的学术基础。惜乎散佚殆尽，今天只能由《礼记正义》及《周礼》《仪礼》等唐人义疏中，管窥吉光片羽。

（二）学分南北，礼宗郑氏

魏晋之际，王肃遍注群经，凭借政治势力夺得学术话语权。皮锡瑞曰："郑学出而汉学衰，王肃出而郑学亦衰。肃善贾、马之学，而不好郑氏。"① 晋初，王肃《尚书》、《诗》、《论语》、"三礼"、《左氏解》及其撰定其父王朗《易传》等，"皆立学官，晋初郊庙之礼，皆王肃说，不用郑义"②。郑玄礼学受到极大冲击。然而，王学其衰也忽焉。西晋覆亡，衣冠东渡，短暂的一统局面分为南北对峙，学术亦随之分为南学、北学。

1. 南学：郑氏礼学的复归与"三礼"学的繁荣

东晋太兴初重修学校，郑氏《礼记》《周官》又立为博士。《晋书》荀崧本传曰："元帝践阼，征拜尚书仆射，使崧与协共定中兴礼仪。……时方修学校，简省博士，置《周易》王氏、《尚书》郑氏、《古文尚书》孔氏、《毛诗》郑氏、《周官》《礼记》郑氏、《春秋左传》杜氏服氏、《论语》《孝经》郑氏博士各一人，凡九人。"③ 置博士九人，其中习郑学者五人。荀崧以为仍不足于复兴儒学，上疏曰："博士旧置十九人，今《五经》合九人，准古计今，犹未能半，宜及节省之制，以时施行。今九人以外，犹宜增四。……宜为郑《易》置博士一人，郑《仪礼》博士一人，《春秋公羊》博士一人，《穀梁》博士一人。"④ 此议得到晋元帝首肯、诸臣附议。可惜，"会王敦之难，不行"⑤，未能施行。亦可知学界对郑学的重新重视，郑学，尤其"三礼"学的全面复归几成现实。

南学中，"三礼"学者名家辈出，马宗霍曰："经学之最可称者，要推'三礼'。故《南史·儒林传》何佟之、司马筠、崔灵恩、孔佥、沈峻、皇侃、沈洙、戚衮、郑灼之徒，或曰少好'三礼'，或曰尤明'三礼'，或曰尤精'三礼'，或曰尤长'三礼'，或曰通'三礼'，或曰善'三礼'，或曰

---

① （清）皮锡瑞著，周予同注释：《经学历史》，中华书局1959年版，第155页。
② （清）皮锡瑞著，周予同注释：《经学历史》，中华书局1959年版，第160页。
③ （唐）房玄龄等：《晋书》，中华书局1974年版，第1976—1977页。
④ （唐）房玄龄等：《晋书》，中华书局1974年版，第1978页。
⑤ （唐）房玄龄等：《晋书》，中华书局1974年版，第1978页。

受'三礼'。而晋陵张崖、吴郡陆诩、吴兴沈德威、会稽贺德基，亦俱以礼学自命。'三礼'之中，又有特精者，如沈峻之于《周官》，见举于陆倕；贺德基之于《礼记》，见美于时论。《仪礼》则专家尤众。……即隐逸之士如雷次宗、周续之，虽从慧远游，而次宗'三礼'之学，与郑君齐名。时有'雷郑'之目。续之《礼记》，亦称该通。"① 于后世影响最大者是皇侃，《南史·儒林传》本传曰：

> 少好学，师事贺玚，精力专门，尽通其业，尤明"三礼"、《孝经》、《论语》。为兼国子助教，于学讲说，听者常数百人。撰《礼记讲疏》五十卷。书成奏上，诏付秘阁。顷之，召入寿光殿说《礼记义》，梁武帝善之，加员外散骑侍郎。侃性至孝，常日限诵《孝经》二十遍，以拟《观世音经》。丁母忧，还乡里。平西邵陵王钦其学，厚礼迎之。……所撰《论语义》《礼记义》，见重于世，学者传焉。②

皇侃精通《礼记》，为梁武帝讲《礼记义》得到赏识并获升迁，自然将吸引更多的学者研究《礼记》学。孔氏《礼记正义序》以"章句详正，微稍繁广，又既遵郑氏，乃时乖郑义，此是木落不归其本，狐死不首其丘"论之，又曰"以熊比皇，皇氏胜矣。虽体例既别，不可因循。今奉敕删理，仍据皇氏以为本，其有不备，以熊氏补焉"。皇侃《义疏》奠定了孔氏《正义》的基础。

2. 北学："礼则同遵于郑氏""诸生尽通《小戴礼》"③

北朝"三礼"学最重《礼记》，《北史·儒林传序》曰"河洛，《左传》则服子慎，《尚书》《周易》则郑康成；《诗》则并主于毛公，《礼》则同遵于郑氏"④，又曰："其《诗》《礼》《春秋》，尤为当时所尚，诸生多兼通之。'三礼'并出遵明之门。徐传业于李铉、祖俊、田元凤、冯伟、纪显敬、吕黄龙、夏怀敬。李铉又传授刁柔、张买奴、鲍季详、邢峙、刘昼、熊安生。安生又传孙灵晖、郭仲坚、丁恃德。其后生能通《礼经》者，多是安生门人。诸生尽通《小戴礼》。于《周》《仪》礼兼通者，十二三焉。"⑤ 其中成就较著者首推熊安生，《北史·儒林传下》本传曰：

---

① 马宗霍：《中国经学史》，上海书店出版社1984年版，第79页。
② （唐）李延寿：《南史》，中华书局1975年版，第1744页。
③ （唐）李延寿：《北史》，中华书局1974年版，第2708页。
④ （唐）李延寿：《北史》，中华书局1974年版，第2709页。
⑤ （唐）李延寿：《北史》，中华书局1974年版，第2708页。

从陈达受《三传》，从房虬受《周礼》，事徐遵明，服膺历年，后受《礼》于李宝鼎，遂博通《五经》。然专以"三礼"教授，弟子自远方至者千余人。乃讨论图纬，捃摭异闻。先儒所未悟者，皆发明之。齐河清中，阳休之特奏为国子博士。时西朝既行《周礼》，公卿以下，多习其业，有宿疑硕滞者数十条，皆莫能详辨。天和三年，周齐通好，兵部尹公正使焉。与齐人语及《周礼》，齐人不能对。……安生曰："《礼》义弘深，自有条贯，必欲升堂睹奥，宁可汩其先后？但能留意，当为次第陈之。"公正于是问所疑，安生皆为一一演说，咸究其根本。……安生既学为儒宗，尝受其业，擅名于后者，有马荣伯、张黑奴、窦士荣、孔笼、刘焯、刘炫等，皆其门人焉。所撰《周礼义疏》二十卷，《礼记义疏》三十卷、《孝经义》一卷，并行于世。①

熊安生撰《礼记义疏》四十卷，《北史》曰"三十卷"，显误。孔颖达对熊疏批评较多："熊则违背本经，多易外义，犹之楚而北行，马虽疾而去逾远矣。又欲释经文，唯聚难义，犹治丝而棼之，手虽繁而丝益乱也。"熊疏仍是《正义》修撰的重要资源之一，所谓"据皇氏以为本，……以熊氏补焉"②。

孔颖达于"三礼"选疏《礼记》，个中原因不一而足，然而，"与南北朝《礼记》学义疏的兴盛，尤其是皇、熊二疏所取得的成就必有关联"③。皮锡瑞曰："《礼记疏》本皇、熊二家；熊安生北学，皇侃南学。孔颖达以为熊违经多引外义，释经唯聚难义，此正所谓北学深芜者。又以皇虽章句详正，微稍繁广；以熊比皇，皇氏胜矣；此则皇氏比熊为胜，正所谓南人约简者。而《郊特牲》疏云：'皇氏于此经之首，广解天地百神用乐委曲，及诸杂礼制，繁而不要，非此经所须；又随事曲解，无所凭据；今皆略而不载。'此又孔颖达之所谓繁广者。说礼本宜详实，不嫌稍繁；皇氏之解《礼记》，视《论语义疏》为远胜矣。"④ 高明亦曰："自晋宋而下，说礼者数十家。唐孔颖达等纂修《礼记正义》，以皇侃为蓝本，以熊安生补其不足，可谓卓

---

① （唐）李延寿：《北史》，中华书局1974年版，第2743—2744页。
② （汉）郑玄注，（唐）孔颖达正义，吕友仁整理：《礼记正义》，上海古籍出版社2008年版，第2页。
③ 焦桂美：《南北朝经学史》，上海古籍出版社2009年版，第399页。
④ （清）皮锡瑞，周予同注释：《经学历史》，中华书局1959年版，第176页。

识。"① 皆指出孔氏《正义》对皇、熊二家的继承。

3. 杨隋学者多明"三礼"

杨隋南北一统，惜国祚不永，未能为经学统一创造充分的政治条件。隋代治礼学者多为"三礼"并治，如令狐熙，"博览群书，尤明'三礼'"②；张衡，"就沈重受'三礼'，略究大旨"③；杨汪，"专精《左氏传》，通'三礼'"④；明克让，"博涉书史，所览将万卷。'三礼'礼论，尤所研精"⑤；房晖远，"治'三礼'、《春秋三传》、《诗》、《书》、《周易》"⑥；马光，"尤明'三礼'，为儒者所宗。……山东'三礼'学者，自熊安生后，唯宗光一人"⑦；褚辉，"以'三礼'学称于江南"⑧；张文诩，"博览文籍，特精'三礼'""每好郑玄注解，以为博通"⑨；等等。然而，仅《隋史》褚辉本传言其具体著述，"撰《礼疏》一百卷"⑩，其他学者似乏善可陈，礼学整体成就不显。

由以上梳理可知，汉末至隋唐《礼记》学，除魏晋之际一度几为王学所夺外，皆宗郑氏。

三 东汉至李唐关于《礼记》的分类与改编

两汉以后，不断有学者对《礼记》进行分类编排，为后学解读《礼记》提供了不同的视角。不过，也有因改编而导致学界严厉批评者。如郑玄门人孙炎作《礼记类钞》，其法"以类相比，有同抄书"⑪。贞观年间，魏徵"以戴圣《礼记》编次不伦，遂为《类礼》二十卷，以类相从，削其重复，采先儒训注，择善从之，研精覃思，数年而毕"⑫，用功极深。唐玄宗时元行冲对《类礼》"检讨刊削，勒成五十卷"。三家皆因割裂原文或更易篇次遭到张说批评，《旧唐书》元行冲本传：

---

① 高明：《礼学新探》，台湾学生书局1984年版，第229页。
② （唐）魏徵等：《隋书》，中华书局1973年版，第1385页。
③ （唐）魏徵等：《隋书》，中华书局1973年版，第1391页。
④ （唐）魏徵等：《隋书》，中华书局1973年版，第1393页。
⑤ （唐）魏徵等：《隋书》，中华书局1973年版，第1415页。
⑥ （唐）魏徵等：《隋书》，中华书局1973年版，第1716页。
⑦ （唐）魏徵等：《隋书》，中华书局1973年版，第1717—1718页。
⑧ （唐）魏徵等：《隋书》，中华书局1973年版，第1723页。
⑨ （唐）魏徵等：《隋书》，中华书局1973年版，第1760页。
⑩ （唐）魏徵等：《隋书》，中华书局1973年版，第1723页。
⑪ （后晋）刘昫等：《旧唐书》，中华书局1975年版，第3178页。
⑫ （后晋）刘昫等：《旧唐书》，中华书局1975年版，第2559页。

初，有左卫率府长史魏光乘奏请行用魏徵所注《类礼》，上遽令行冲集学者撰《义疏》，将立学官。行冲于是引国子博士范行恭、四门助教施敬本，检讨刊削，勒成五十卷，十四年八月奏上之。尚书左丞相张说驳奏曰："今之《礼记》，是前汉戴德、戴圣所编录，历代传习，已向千年，著为经教，不可刊削。至魏孙炎始改旧本，以类相比，有同抄书，先儒所非，竟不行用。贞观中，魏徵因孙炎所修，更加整比，兼为之注，先朝虽厚加赏锡，其书竟亦不行。今行冲等解徵所注，勒成一家，然与先儒第乖，章句隔绝，若欲行用，窃恐未可。"上然其奏。①

魏徵《类礼》及其元行冲《义疏》，因张说的反对，"留其书贮于内府，竟不得立于学官"②，遂皆失传。皮锡瑞曰："魏氏采众说之精简，刊正芟苓，朱文公惜徵书之不复见。此张说文人不通经之过也。行冲谓章句之士，疑于知新，果于仍故，比及百年，当有明哲君子，恨不与吾同世者。观文公之书，则行冲之论信矣。锡瑞案《戴记》不废，张说有存古之功，《类礼》不传，说亦有泥古之失。当时若新旧并行，未为不可。"③元行冲"恚诸儒排己，退而著论以自释，名曰《释疑》"，从中可知元氏之前学者对《礼记》改编之大概：

客问主人曰："小戴之学，行之已久；康成铨注，见列学官。传闻魏公，乃有刊易；又承制旨，造疏将颁。未悉二经，孰为优劣？"主人答曰："小戴之《礼》，行于汉末，马融注之，时所未睹。卢植分合二十九篇而为说解，代不传习。郑因子干，师于季长。……王肃因之，重兹开释，或多改驳，仍按本篇。又郑学之徒，有孙炎者，虽扶玄义，乃易前编。自后条例支分，箴石间起。马伷增革，向逾百篇；叶遵删修，仅全十二。魏公病群言之错杂，紬众说之精深。经文不同，未敢刊正；注理瞇误，宁不芟苓。成毕上闻，太宗嘉赏，赍缣千匹，录赐储藩。将期颁宣，未有疏义。圣皇纂业，耽古崇儒，高曾规矩，宜所修袭，乃制昏愚，甄分旧义。其有注移往说，理变新文，务加搜穷，积稔方毕。具录呈进，敕付群儒，庶能斟详，以课疏密。岂悟章句之士，坚持昔言，

---

① （后晋）刘昫等：《旧唐书》，中华书局1975年版，第3178页。
② （后晋）刘昫等：《旧唐书》，中华书局1975年版，第3178页。
③ （清）皮锡瑞：《经学通论·三礼》，中华书局1954年版，第72页。

特嫌知新，悫欲仍旧贯，沉疑多月，摈压不申。优劣短长，定于通识，手成口答，安敢铨量。"①

云"卢植分合二十九篇而为说解"，表明卢植乃改编《礼记》之始俑。至于"马伷增革，向逾百篇；叶遵删修，仅全十二"，因改编繁简过当，《礼记》恐已面目全非，又引起魏徵的改编。唐前学者所改编之《礼记》皆已失传，说明了戴圣所纂《礼记》，经刘向校定之后，以四十九篇的版本传世已经深得学界肯定。又经郑玄等校刊注解，此《礼记》早已定型，所谓"历代传习，已向千年，著为经教，不可刊削"也。魏徵、元行冲的改编以及失传，也是对戴圣《礼记》及其郑注权威地位的挑战及失败。

第二节　唐前思想家、政治家对《礼记》的推崇
——论《礼记》学术地位的提升（一）

《礼记》学的繁荣及其学术地位的提升，根本原因在于其思想内容适合社会政治、文化的需要。春秋以降，一大批思想家、政治家，为了解决时代问题纷纷著书立说。从先秦的孟子、荀子，到西汉的陆贾、贾谊、董仲舒等，敏锐地发现这批出自"七十子后学"的《记》文之重要价值，以之作为著书立说或解决时弊的依据而大量援引，大大提高了《记》文的学术地位，并促进了《礼记》的编纂成书。郑玄《礼记注》行世后，曹操、刘备和孙权等帝王先后强调学习《礼记》。他们的推崇，影响之深刻或不亚于学者的研习和传授。因为一部典籍能否入"经"，往往首先决定于最高统治者的青睐与决策。

一　孟子、荀子等先秦思想家对《记》文的重视

一般认为，传世《孟子》一书由孟子及其弟子共同编订，传世《荀子》一书亦非全部出自荀子之手。毋庸置疑的是，二者对《记》文的征引，体现了孟子学派与荀子学派对后者的重视。据吕友仁统计，《孟子》征引《记》文凡三十七次，其中三次明引，"均将征引的《记》文称之为《礼》"②；《荀子》征引《记》文凡三十九次，其中一次明引，亦"称之为《礼》"③。

---

① （后晋）刘昫等：《旧唐书》，中华书局1975年版，第3178—3179页。
② 吕友仁：《〈礼记〉研究四题》，中华书局2014年版，第13页。
③ 吕友仁：《〈礼记〉研究四题》，中华书局2014年版，第14页。

吕先生曰："《孟子》称引《记》文曰《礼》，称引《礼经》亦曰《礼》，是《孟子》于经于记，一体看待，不分轩轾也。……《孟子》征引《记》文37次，征引《礼经》4次，以次数而论，相差何止倍蓰。愚以为，次数的多寡，反映了被社会认知程度的高低。如果说附经之《记》还不得不屈居末席的话，单篇别行之《记》在《孟子》中已经露出尾大不掉之势，为日后之取而代之张本。"①认为《礼记》在源头上有胜于《仪礼》之处。

二 贾谊等汉初思想家对《记》文的重视

汉初的思想家、政治家陆贾、贾谊、董仲舒等，著书征引《记》文甚夥②。贾谊《新书》对《记》文的征引，在《礼记》学史上尤其值得关注。冯友兰将贾谊视为"汉初最大的政论家和哲学家"，认为其"恢复了从春秋以来的关于'礼'与'法'的辩论"③。考察《新书》对《记》文的征引情形，可揭示贾谊与《记》文的密切关系及其在《礼记》学史上的重要意义。

（一）《新书》征引《记》文概况

《新书》凡47次征引了后来编入《礼记》之《记》文，排除重复征引仍达41条，涉及《曲礼上》《曲礼下》《王制》《文王世子》《礼运》《礼器》《郊特牲》《内则》《玉藻》《少仪》《乐记》《祭义》《经解》《坊记》《中庸》《表记》《缁衣》《儒行》《射义》《聘义》20篇《记》文。其中以征引《曲礼上》（5条）、《曲礼下》（9条）与《王制》（7条）三篇居多。

《新书》征引《记》文作为说理依据。如《服疑》篇主张等级分明，曰"故天子之于其下也，加五等已往，则以为臣；臣之于下也，加五等已往，则以为仆"④，此说源自《王制》："王者之制禄爵，公侯伯子男，凡五等。诸侯之上大夫卿，下大夫，上士中士下士，凡五等。"《服疑》全篇说理围绕此句展开。《忧民》篇论述粮食储蓄关乎国家存亡，曰"王者之法，国无九年之蓄谓之不足，无六年之蓄谓之急，无三年之蓄曰国非其国也"⑤，亦出自《王制》。贾谊还杂引多篇《记》文敷衍成新篇，如《新书·礼》是一篇集中体现贾谊礼治思想的专论，分别摘引《曲礼上》《曲礼下》《郊特牲》《王制》《玉藻》5篇《记》文并有所阐发而成，显得杂乱无章。又《容经》篇，征引《曲礼上》《曲礼下》《祭义》《儒行》《玉藻》等文就达7条之

---

① 吕友仁：《〈礼记〉研究四题》，中华书局2014年版，第20页。
② 吕友仁：《〈礼记〉研究四题》，中华书局2014年版，第38页。
③ 冯友兰：《中国哲学史新编》（中卷），人民出版社1998年版，第25、30页。
④ （汉）贾谊撰，吴云等校注：《贾谊集校注》，天津古籍出版社2010年版，第50页。
⑤ （汉）贾谊撰，吴云等校注：《贾谊集校注》，天津古籍出版社2010年版，第113页。

多。《新书》中还有大段甚至几乎整篇由某一《记》文抄录而成者，如《保傅》《傅职》《胎教》《容经》4篇，文字大多见于《大戴礼记·保傅》篇。《四库全书总目》"《新书》十卷"条曰，"《保傅篇》《容经篇》并敷陈古典，具有源本"①，指出其系杂抄成篇。王聘珍曰，"此贾《书》有取于古《记》，非古《记》有待于贾《书》也"②，《新书》与《大戴礼记》关系亦密切。

（二）贾谊礼治思想与《记》文

汉初，内有同姓诸侯的尾大不掉，外有强悍匈奴的虎视眈眈，严重威胁刘氏政权安危。如何建立一个国富民强、长治久安的王朝，贾谊主张坚持以礼治国的方略，其师法《记》文的思想主要体现有三。

1. 论礼治的重要意义

《新书·礼》《容经》《立后义》《礼容语下》《谕诚》《退让》等篇，着重论述了礼治的意义。前三篇受《记》文影响明显，《礼》篇："道德仁义，非礼不成；训正俗，非礼不备；分辩争讼，非礼不决；君臣上下，父子兄弟，非礼不定；宦学事师，非礼不亲；班朝治宰，往官行法，非礼威严不行；祷祠祭祀，供给鬼神，非礼不成不庄。"③ 这句在贾谊礼治思想中具有纲领性的论述，完全承袭《曲礼上》。贾谊还以秦朝为鉴，从反面论述礼治的重要。《时变》认为商君变法导致"秦俗日败"："商君远礼义，弃伦理，并心于进取，行之二岁，秦俗日败。秦人有子，家富子壮则出分，家贫子壮则出赘。假父耰鉏杖篲耳，虑有德色矣；母取瓢碗箕帚，虑立谇语。抱哺其子，与公并踞；妇姑不相说，则反唇而睨。其慈子嗜利而轻简父母也，念罪非有伦理也，其不同禽兽仅焉耳。"④ 批评秦俗与《曲礼》《内则》等《记》文所规范的家庭伦理及相关礼仪完全背道而驰。

贾谊从维护君主，特别是天子的角度来论述礼治意义，《礼》曰"礼者，所以固国家，定社稷，使君无失其民者也"⑤，即其礼治思想的核心。《礼运》曰"礼者，君之大柄也，所以别嫌明微，傧鬼神，考制度，别仁义，所以治政安君也"，贾谊所言未出《记》文藩篱。

2. 论以礼别异与以礼防乱

《乐记》曰"乐者为同，礼者为异。同则相亲，异则相敬，乐胜则流，

---

① （清）永瑢等：《四库全书总目》，中华书局1965年版，第771页下栏。
② （清）王聘珍撰，王文锦点校：《大戴礼记解诂·叙录》，中华书局1983年版，第4页。
③ （汉）贾谊撰，吴云等校注：《贾谊集校注》，天津古籍出版社2010年版，第179页。
④ （汉）贾谊撰，吴云等校注：《贾谊集校注》，天津古籍出版社2010年版，第86—87页。
⑤ （汉）贾谊撰，吴云等校注：《贾谊集校注》，天津古籍出版社2010年版，第179页。

礼胜则离",郑注曰"同,谓协好恶也。异,谓别贵贱"①。《曲礼上》曰"夫礼者所以定亲疏,决嫌疑,别同异,明是非也"。别异即辨别贵贱尊卑,是礼的主要功能之一,也是礼治推行的前提。《新书·数宁》:"卑不疑尊,贱不逾贵,尊卑贵贱,明若白黑,则天下之众不疑眩耳。"②《等齐》《服疑》《阶级》《立后义》等篇,均围绕以礼别异主题,阐述了天子和诸侯、君主和臣属、贵族和庶民之间,在名号、官职、服饰、处所、车舆等方面应等级分明而不能僭越。贾谊最反对的就是天子与诸侯的"无别",《等齐》:"诸侯王所在之宫卫,织履蹲夷,以皇帝所在宫法论之;郎中、谒者受谒取告,以官皇帝之法予之;事诸侯王或不廉洁平端,以事皇帝之法罪之。曰:一用汉法,事诸侯王乃事皇帝也。是则诸侯王乃埒至尊也。"③ 认为"无别"是造成汉初"乱且不息,滑曼无纪"的根源。

《礼记·坊记》:"夫礼者,所以章疑别微,以为民坊者也。故贵贱有等,衣服有别,朝廷有位,则民有所让。……天无二日,土无二王,家无二主,尊无二上,示民有君臣之别也。……君不与同姓同车,与异姓同车不同服,示民不嫌也。"然而《坊记》作者又痛心地曰"以此坊民,民犹得同姓以弑其君"。以礼别异的直接目的就是防乱。贾谊《服疑》从正反两面予以阐发:"衣服疑者,是谓争先;泽厚疑者,是谓争赏;权力疑者,是谓争强;等级无限,是谓争尊。彼人者,近则冀幸,疑则比争。是以等级分明,则下不得疑;权力绝尤,则臣无冀志。……等级既设,各处其检,人循其度。擅退则让,上僭则诛。建法以习之,设官以牧之。是以天下见其服而知贵贱,望其章而知其势,使人定其心,各著其目。……卑尊已著,上下已分,则人伦法矣。于是主之与臣,若日之与星;臣不几可以疑主,贱不几可以冒贵。下不凌等,则上位尊;臣不逾级,则主位安。谨守伦纪,则乱无由生。"④ 在诸侯蠢动、四夷不臣的汉初,贾谊以礼别异、以礼防乱的思想具有鲜明的时代特色与现实意义。

3. 论礼治的目的与实现途径

贾谊《礼》曰"礼者,所以固国家,定社稷,使君无失其民者也","礼,天子爱天下,诸侯爱境内,大夫爱官属,士庶各爱其家。失爱不仁,

---

① (汉)郑玄注,(唐)孔颖达正义,吕友仁整理:《礼记正义》,上海古籍出版社2008年版,第1470页。
② (汉)贾谊撰,吴云等校注:《贾谊集校注》,天津古籍出版社2010年版,第29页。
③ (汉)贾谊撰,吴云等校注:《贾谊集校注》,天津古籍出版社2010年版,第46页。
④ (汉)贾谊撰,吴云等校注:《贾谊集校注》,天津古籍出版社2010年版,第50页。

过爱不义"①。那么如何实现礼治目的,贾谊汲取《记》文思想,提出的途径有二:以礼实现君臣和谐与以礼实现天人和谐。

其一,君臣和谐。《礼运》将十种基本人伦关系概括为"人义":"父慈、子孝、兄良、弟弟、夫义、妇听、长惠、幼顺、君仁、臣忠十者,谓之人义。"贾谊《礼》篇发挥其说,并将之提升为"礼之至"与"礼之质":"君仁臣忠,父慈子孝,兄爱弟敬,夫和妻柔,姑慈妇听,礼之至也。君仁则不厉,臣忠则不贰,父慈则教,子孝则协,兄爱则友,弟敬则顺,夫和则义,妻柔则正,姑慈则从,妇听则婉,礼之质也。"②将"君仁臣忠"列为"礼之至"之首,将"君仁则不厉,臣忠则不贰"列为"礼之质"之首,显然最重视君臣和谐。贾谊礼治思想的出发点是维护天子的根本利益,他汲取《记》文思想,主张君主通过礼遇臣子以实现君臣和谐。《中庸》:"凡为天下国家有九经,曰:修身也,尊贤也,亲亲也,敬大臣也,体群臣也,子庶民也,来百工也,柔远人也,怀诸侯也。修身则道立,尊贤则不惑,亲亲则诸父昆弟不怨,敬大臣则不眩,体群臣则士之报礼重,子庶民则百姓劝,来百工则财用足,柔远人则四方归之,怀诸侯则天下畏之。"其中"尊贤""敬大臣""体群臣"三条,论礼遇臣子;"柔远人""怀诸侯"两条,论以礼笼络诸侯。"天下国家有九经",君臣关系占据其五,而论述君臣关系并探寻实现两者之间和谐的具体策略,正是《新书》的重要内容之一。

贾谊认为君王应礼遇臣子,一是"礼不及庶人,刑不至大夫"(《阶级》)③;二是重用"师""友"之臣。《官人》篇将"师""友"列为人臣的前两等,详尽阐释"师""友"之臣的具体内涵,并认为君主能否重用"师""友"之臣治国是国家兴衰成败的关键。重用"师""友"之臣的前提是君主须以礼敬之:"王者官人有六等:一曰师,二曰友,三曰大臣,四曰左右,五曰侍御,六曰厮役。知足以为源泉,行足以为表仪;问焉则应,求焉则得;人人之家足以重人之家,人人之国足以重人之国者,谓之师。知足以为砻砺,行足以为辅助,仁足以访议;明于进贤,敢于退不肖;内相匡正,外相扬美者,谓之友。……与师为国者帝,与友为国者王,与大臣为国者伯,与左右为国者强,与侍御为国者若存若亡,与厮役为国者亡可立待也。取师之礼,黜位而朝之。取友之礼,以身先焉。"④所论仍取自《记》

---

① (汉)贾谊撰,吴云等校注:《贾谊集校注》,天津古籍出版社2010年版,第179页。
② (汉)贾谊撰,吴云等校注:《贾谊集校注》,天津古籍出版社2010年版,第179页。
③ (汉)贾谊撰,吴云等校注:《贾谊集校注》,天津古籍出版社2010年版,第74页。
④ (汉)贾谊撰,吴云等校注:《贾谊集校注》,天津古籍出版社2010年版,第233页。

文，如《礼运》论"师"之意义，将其与天、地、父并列："故天生时而地生财，人其父生而师教之：四者，君以正用之，故君者立于无过之地也。"《学记》论尊师之道："君之所不臣于其臣者二：当其为尸则弗臣也，当其为师则弗臣也。大学之礼，虽诏于天子，无北面，所以尊师也。"

其二，天人和谐。贾谊非常重视天人关系即人与自然的和谐，《礼》："礼，圣王之于禽兽也，见其生不忍见其死，闻其声不尝其肉，隐弗忍也。故远庖厨，仁之至也。不合围，不掩群，不射宿，不涸泽；豺不祭兽，不田猎；獭不祭鱼，不设网罟；鹰隼不鸷，眭而不逮，不出颖罗；草木不零落，斧斤不入山林；昆虫不蛰，不以火田；不麝，不卵，不剖胎，不殀夭，鱼育不入庙门，鸟兽不成毫毛不登庖厨。取之有时，用之有节，则物蕃多。"[①]其圣王田猎以礼、注重生态的思想亦来自《记》文，《玉藻》《曲礼下》《王制》等篇均有论述，以《王制》最为翔实："田不以礼，曰暴天物。天子不合围，诸侯不掩群。……獭祭鱼，然后虞人入泽梁。豺祭兽，然后田猎。鸠化为鹰，然后设罻罗。草木零落，然后入山林。昆虫未蛰，不以火田，不麝，不卵，不杀胎，不殀夭，不覆巢。"贾谊采撷多篇《记》文思想融为一体，论述更加全面。

(三) 贾谊的礼治实践与《记》文

贾谊积极将其礼学思想运用于礼治实践，《汉书》本传所谓"掇其切于世事者著于传云"[②]，视为最具价值所在。《记》文作为贾谊建构礼治体系的理论基础，深刻地影响了汉代的礼制建设与具体的礼治举措。

1. "悉更秦法"，论定刘汉制度

《乐记》："王者功成作乐，治定制礼。其功大者其乐备，其治辩者其礼具。……五帝殊时，不相沿乐；三王异世，不相袭礼。"《大传》："圣人南面而治天下，必自人道始矣。立权度量，考文章，改正朔，易服色，殊徽号，异器械，别衣服，此其所得与民变革者也。"为贾谊欲为刘汉王朝悉更秦法、建立新制提供了理论依据。文帝元年（前179），贾谊上疏认为，"汉承秦之败俗，废礼义，捐廉耻，今其甚者杀父兄，盗者取庙器，而大臣特以簿书不报朝会为故，至于风俗流溢，恬而不怪，以为是适然耳"（《礼乐志》）[③]，主张废除秦法。贾谊"以为汉兴至孝文二十余年，天下和洽，而固当改正朔，易服色，法制度，定官名，兴礼乐，乃悉草具其事仪法，色尚

---

① （汉）贾谊撰，吴云等校注：《贾谊集校注》，天津古籍出版社2010年版，第181页。
② （汉）班固撰，（唐）颜师古注：《汉书》，中华书局1962年版，第2265页。
③ （汉）班固撰，（唐）颜师古注：《汉书》，中华书局1962年版，第1030页。

黄，数用五，为官名，悉更秦之法"①，所论囊括一朝一代根本制度的主要内容。其说源自《月令》："中央土，……其帝黄帝，其神后土。其虫倮。其音宫，律中黄钟之宫。其数五。……天子居大庙大室，乘大路，驾黄骝，载黄旗，衣黄衣，服黄玉，食稷与牛，其器圜以闳。"

2. "众建诸侯而少其力"

贾谊对汉初诸侯尾大不掉极为忧虑，《大都》："天下之势方病大瘇。一胫之大几如要，一指之大几如股，恶病也。"②《藩强》提出了诸侯"大抵强者先反""功少而最完""势疏而最忠"的论断，并提出切实可行的强干弱枝的方略，即"众建诸侯而少其力"③。

《王制》设计了天下一统政治格局："王者之制禄爵，公侯伯子男，凡五等。……天子之田方千里，公侯田方百里，伯七十里，子男五十里。不能五十里者，不合于天子，附于诸侯曰附庸。""凡四海之内九州，州方千里。州建百里之国三十，七十里之国六十，五十里之国百有二十，凡二百一十国……八州，州二百一十国。天子之县内，方百里之国九，七十里之国二十有一，五十里之国六十有三，凡九十三国……凡九州，千七百七十三国。"从制定公、侯、伯、子、男五等禄爵的纵向结构体系，到分封大、小诸侯国的不同空间格局，体现了儒家"大一统"理想。贾谊据以提出"众建诸侯"的具体方案，《五美》："割地定制，齐为若干国，赵、楚为若干国。制既各有理矣，于是齐悼惠王之子孙，王之分地，尽而止；赵幽王、楚元王之子孙，亦各以次受其祖之分地，燕、吴、淮南他国皆然。其分地众而子孙少者，建以为国，空而置之，须其子孙生者，举使君之。"④ 武帝时代大力推行"推恩令"："其后更用主父偃谋，令诸侯以私恩自裂地分其子弟，而汉为定制封号，辄别属汉郡。汉有厚恩，而诸侯地稍自分析弱小云。"（《景十三王传》）⑤ 实质就是"众建诸侯"的翻版而已。

3. 重农固本，储粮备患

汉初民生凋敝，《汉书·食货志上》："接秦之敝，诸侯并起，民失作业而大饥馑。凡米石五千，人相食，死者过半。……上于是约法省禁，轻田租，什五而税一，量吏禄，度官用，以赋于民。……孝惠、高后之间，衣食

---

① （汉）司马迁撰，（宋）裴骃集解，（唐）司马贞索隐，张守节正义：《史记》，中华书局1959年版，第2492页。
② （汉）贾谊撰，吴云等校注：《贾谊集校注》，天津古籍出版社2010年版，第42页。
③ （汉）贾谊撰，吴云等校注：《贾谊集校注》，天津古籍出版社2010年版，第39页。
④ （汉）贾谊撰，吴云等校注：《贾谊集校注》，天津古籍出版社2010年版，第61页。
⑤ （汉）班固撰，（唐）颜师古注：《汉书》，中华书局1962年版，第2425页。

滋殖。文帝即位，躬修俭节，思安百姓。时民近战国，皆背本趋末。"① 因此，贾谊《论积贮疏》要求重农固本、储粮备患，并提出切实可行之法。其说多承《记》文。《王制》："国无九年之蓄曰不足，无六年之蓄曰急，无三年之蓄曰国非其国也。三年耕，必有一年之食；九年耕，必有三年之食。以三十年之通，虽有凶旱水溢，民无菜色，然后天子食，日举以乐。"贾谊《忧民》据此"王者之法"而略有发挥："民三年耕而馀一年之食，九年而馀三年之食，三十岁而民有十年之蓄。故禹水九年，汤旱七年，甚也。野无青草而民无饥色，道无乞人。岁复之后，犹禁陈耕。古之为天下诚有具也。王者之法，国无九年之蓄，谓之不足；无六年之蓄谓之急；无三年之蓄曰国非国也。"②

4. "礼不及庶人，刑不至大夫"

文帝四年（前176），贾谊上疏"廉丑节礼以治君子"，认为臣子有罪，"有赐死而亡戮辱"："是以系缚、棒笞、髡、刖、黥、劓之罪，不及士大夫，以其离主上不远也。……君之宠臣虽或有过，刑戮之罪不加其身，尊君之故也。……今而有过，帝令废之可也，退之可也，赐之死可也。若夫束缚之，系绁之，输之司寇，编之徒官，司寇、牢正、徒小、小吏骂詈而榜笞之，殆非所以令众庶见也。……夫天子之所尝敬，众庶之所尝宠，死而死耳，贱人安宜得如此而顿辱之哉！……故古者礼不及庶人，刑不至大夫，所以厉宠臣之节也。"（《阶级》）③ 贾谊反对刑辱重臣，是因为重臣"离主上不远"，其说与《曲礼上》文"刑人不在君侧"相合。此议被文帝采纳后，汉代盛行"刑不至大夫"，甚至成为定制（武帝时代有所改变）④。赵翼将汉代礼遇大臣之举归功于贾谊："盖自文帝感贾生盘水加剑之言，优礼大臣，不加显戮，后世遂制此法。虽赐死而仍若以病终者，于是遂成故事。"⑤

贾谊"刑不至大夫"思想源自《曲礼上》"礼不下庶人，刑不上大夫"，吕友仁认为"刑不上大夫"的精神基础是"士可杀而不可辱"，来自《礼记·儒行》⑥："儒有可亲而不可劫也，可近而不可迫也，可杀而不可辱也。其居处不淫，其饮食不溽；其过失可微辨而不可面数也。其刚毅有如此者。"

总之，贾谊的礼治思想主要源于当时尚未编撰成书、以单篇行世的

---

① （汉）班固撰，（唐）颜师古注：《汉书》，中华书局1962年版，第1127页。
② （汉）贾谊撰，吴云等校注：《贾谊集校注》，天津古籍出版社2010年版，第113页。
③ （汉）贾谊撰，吴云等校注：《贾谊集校注》，天津古籍出版社2010年版，第73—75页。
④ 华友根：《西汉礼学新论》，上海社会科学院出版社1998年版，第39页。
⑤ （清）赵翼著，王树民校证：《廿二史札记校证》，中华书局1984年版，第63页。
⑥ 吕友仁：《〈礼记〉研究四题》，中华书局2014年版，第142页。

《记》文，其汲取《记》文的礼治思想与政治智慧，作为其推行礼治、维护君权与革除旧弊、构建新制的重要理论依据，也作为解决时代重大课题的具体策略或途径。贾谊于文帝六年（前174）出任梁怀王太傅，其后长达六年任职于梁。其间正是贾谊思想趋于成熟、著述最为丰富的时期："是时，匈奴彊，侵边。天下初定，制度疏阔。诸侯王僭拟，地过古制，淮南、济北王皆为逆诛。谊数上疏陈政事，多所欲匡建。"① 《新书》大部分篇章应创作于梁太傅任上，作为梁人的戴德、戴圣理应受其积极影响。由于贾谊等汉初重要学者的高度重视，这些《记》文的影响力得到扩大，从而促进了大、小戴《礼记》的编撰成书。

三 汉末三国政治家对《礼记》的推崇

汉末三国时代，在《礼记》学史上是具有重要意义的一环。一是出现了卢植、蔡邕、郑玄、高诱、王肃等《礼记》学大家，《礼记》取得学术独立地位。二是《礼记》得到曹操、曹丕、刘备、诸葛亮、孙权、张昭等政治家的一致推崇。他们的治国理政深受《礼记》影响，三国政治活动与《礼记》产生了较密切的关联。在学术与政治的合力作用下，《礼记》列于学官。王国维《汉魏博士考》曰，"学术变迁之在上者，莫剧于三国之际"②，以之论三国《礼记》学可谓精当。今以刘备、曹操、孙权为例，讨论三国政治家与《礼记》之密切。

（一）刘备对《礼记》推崇有加

刘备格外尊崇《礼记》。其少时拜师卢植，镇守徐州时礼敬郑玄，入主西蜀后，与许慈、胡潜、孟光、来敏等经师相处融洽。卢植、郑玄及其后学许慈，皆精通"三礼"。

1. 礼敬《礼记》学者

刘备重视《礼记》，首先，与师事卢植有关："年十五，母使行学，与同宗刘德然、辽西公孙瓒俱事故九江太守同郡卢植。"③ 其次，郑玄因"黄巾寇青部，乃避地徐州，徐州牧陶谦接以师友之礼"④，刘备领徐州牧本系陶谦荐举，自然对郑玄敬重有加，向其求教治国之道也是顺理成章之事：

初，丞相亮时，有言公惜赦者，亮答曰："治世以大德，不以小惠，

---

① （汉）班固撰，（唐）颜师古注：《汉书》，中华书局1962年版，第2230页。
② 王国维著，彭林整理：《观堂集林》，河北教育出版社2001年版，第93页。
③ （晋）陈寿撰，（宋）裴松之注：《三国志》，中华书局1959年版，第871页。
④ （宋）范晔撰，（唐）李贤等注：《后汉书》，中华书局1965年版，第1209页。

故匡衡、吴汉不愿为赦。先帝亦言：'吾周旋陈元方、郑康成间，每见启告治乱之道备矣。曾不语赦也。'若刘景升、季玉父子，岁岁赦宥，何益于治！"（《刘后主志》）①

郑玄"惜赦"思想或源自《王制》"凡作刑罚，轻无赦"，郑注曰："法虽轻，不赦之，为人易犯。"②郑玄还向刘备举荐孙乾，被辟为从事（《孙乾传》）③，可见彼此信任。皮锡瑞曰："盖郑君避地徐州，时昭烈为徐州牧，尝以师礼事之。然则，蜀汉君臣亦郑学支裔矣。"④刘备敬重郑玄，郑玄对其以及蜀汉学术的影响是多方面的。

2. 以《礼记》教诲太子

刘备尝于两次极重要时刻征引《礼记》，一是册立刘禅为太子，引"行一物而三善皆得者"勉励之；二是临终《遗诏》，告诫刘禅"可读《汉书》《礼记》"。他应该是历史上第一位明确要求太子诵读《礼记》的帝王。

公元221年，刘备称帝并册立太子："今以禅为皇太子，以承宗庙，祗肃社稷。使使持节丞相亮授印绶，敬听师傅，行一物而三善皆得焉，可不勉与！"（《后主传》）⑤《文王世子》："行一物而三善皆得者，唯世子而已。其齿于学之谓也。故世子齿于学，国人观之曰：'将君我而与我齿让，何也？'曰：'有父在则礼然。'然而众知父子之道矣。其二曰：'将君我而与我齿让，何也？'曰：'有君在则礼然。'然而众著于君臣之义也。其三曰：'将君我而与我齿让，何也？'曰：'长长也。'然而众知长幼之节矣。故父在斯为子，君在斯谓之臣，居子与臣之节，所以尊君亲亲也。故学之为父子焉，学之为君臣焉，学之为长幼焉，父子、君臣、长幼之道得而国治。"刘备教诲刘禅，"言简意赅，一句话便把儒学的最基本的思想内涵包容其中，明令刘禅以儒家的父子、君臣、长幼之道修养自己"⑥，殷切期望之情溢于言表。

章武三年（223）春，刘备遗诏后主，勉励其重视道德修养与经史学习："勿以善小而不为，勿以恶小而为之。……可读《汉书》《礼记》，闲暇历观

---

① （晋）常璩撰，刘琳校注：《华阳国志》，巴蜀书社1984年版，第575页。
② （汉）郑玄注，（唐）孔颖达正义，吕友仁整理：《礼记正义》，上海古籍出版社2008年版，第555页。
③ （晋）陈寿撰，（宋）裴松之注：《三国志》，中华书局1959年版，第970页。
④ （清）皮锡瑞著，周予同注释：《经学历史》，中华书局1959年版，第151页。
⑤ （晋）陈寿撰，（宋）裴松之注：《三国志》，中华书局1959年版，第893页。
⑥ 张作耀：《刘备传》，人民出版社2004年版，第293页。

诸子及《六韬》《商君书》，益人意智。闻丞相为写《申》《韩》《管子》《六韬》一通已毕，未送，道亡，可自更求闻达。"① 所列典籍，经学唯有《礼记》，史学唯有《汉书》，兵书有《六韬》，道家有《管子》，法家有《商君书》《申》《韩》。法家居多，乃三国乱世皆重刑名法术固然。而《礼记》仅次于《汉书》，居于法家著作之前，刘备着重要求后主诵读者《汉书》《礼记》而已。刘备重视《礼记》主要出于政治考量，因为对维护君权具有积极意义。《礼记》不仅鲜明地维护君权专制，还提出了坚实的理论依据，例如：《中庸》论天子制作的原则，曰"非天子，不议礼，不制度，不考文"；《曾子问》对王权独尊的肯定，曰"天无二日，土无二王，尝禘郊社，尊无二上"；《坊记》对臣子叛逆的警防，曰"制国不过千乘，都城不过百雉，家富不过百乘""君不与同姓同车，与异姓同车不同服，示民不嫌也"；等等。刘备亲睹董卓肆意废立，曹操"挟天子以令诸侯"，深知臣强主弱、权臣专政的恶果，此即要求刘禅诵读《礼记》之目的。

3. 立《礼记》为经

蜀汉率先将《礼记》列于学官。据《华阳国志》，诸葛亮率群臣劝进刘备称帝，曰"亮与博士许慈、议郎孟光建立礼仪，择令辰"②；又《先主传》："太傅许靖、安汉将军糜竺、军师将军诸葛亮、太常赖恭、光禄勋黄权、少府王谋等上言：'臣等谨与博士许慈、议郎孟光，建立礼仪，择令辰，上尊号。'"③ 皆可证许慈在刘备称帝之前已身居博士，系刘备平定益州后所立，早于曹魏于黄初五年（224）立五经博士④。又《三国志》许慈本传，"子勋传其业，复为博士"⑤。许慈精通"三礼"，可能是兼经博士，说明蜀汉已有《礼记》博士⑥。《礼记》由此立于学官、跻身儒经。

（二）曹操对《礼记》思想的汲取

曹操、曹丕父子精通《礼记》，曹操诗文征引、化用《礼记》凡17例，曹丕诗文征引、化用《礼记》则达35例。虽不及对《诗经》《尚书》的征引，也足以表明受《礼记》影响之深。除了文学创作，曹操的政治理想、政治践行与政治斗争等诸多方面，皆有《礼记》的痕迹。

---

① （三国）诸葛亮著，段熙仲等编校：《诸葛亮集》，中华书局2012年版，第111页。
② （晋）常璩撰，刘琳校注：《华阳国志》，巴蜀书社1984年版，第535页。
③ （晋）陈寿撰，（宋）裴松之注：《三国志》，中华书局1959年版，第888—889页。
④ 据《三国志·文帝纪》：黄初五年，"三月，行自许昌还洛阳宫。夏四月，立太学，制《五经》课试之法，置《春秋穀梁》博士"。（晋）陈寿撰，（宋）裴松之注：《三国志》，中华书局1959年版，第84页。
⑤ （晋）陈寿撰，（宋）裴松之注：《三国志》，中华书局1959年版，第1023页。
⑥ 吕友仁：《〈礼记〉研究四题》，中华书局2014年版，第48页。

1. 政治理想的渊源

《礼记》关于天下太平的美好描述，对曹操的影响尤为深刻，成为其政治追求的愿景。试以《秋胡行》《对酒》为证。建安二十年（215），曹操西征张鲁，途中作《秋胡行》二首，其一："晨上散关山，此道当何难！晨上散关山，此道当何难！牛顿不起，车堕谷间。坐盘石之上，弹五弦之琴。作为清角韵，意中迷烦。歌以言志，晨上散关山。有何三老公，卒来在我旁？有何三老公，卒来在我旁？负揜被裘，似非恒人。谓卿云何困苦以自怨，徨徨所欲，来到此间？歌以言志，有何三老公？"① 此诗两处借《礼记》抒发政治理想。"坐盘石之上，弹五弦之琴"典出《乐记》："昔者，舜作五弦之琴，以歌《南风》，夔始制乐以赏诸侯。"郑注曰："夔欲舜与天下之君共此乐也。南风，长养之风也，以言父母之长养己。"孔疏曰："《南风》，诗名，是孝子之诗。南风，长养万物，而孝子歌之，言己得父母生长，如万物得南风生也。舜有孝行，故以此五弦之琴歌《南风》之诗，而教天下之孝也。……欲天下同行舜道，故歌此《南风》以赏诸侯，使海内同孝也。"② 汉末兵燹四起，曹操借助虞舜弹琴歌《南风》以寄托心志，"实是暗喻自己就像虞舜一样忧国忧民，解民倒悬"③。"有何三老公，卒来在我旁"典出《文王世子》："（天子）适东序，释奠于先老，遂设三老、五更、群老之席位焉。"曹操代天子征伐，期望得到"三老"般的贤才辅佐而平定天下。

《对酒》"描绘了一幅太平盛世的图景"④："对酒歌，太平时，吏不呼门。王者贤且明，宰相股肱皆忠良。咸礼让，民无所争讼。三年耕有九年储，仓谷满盈。班白不负载。雨泽如此，百谷用成。却走马，以粪其上田。爵公侯伯子男，咸爱其民，以黜陟幽明。子养有若父与兄。犯礼法，轻重随其刑。路无拾遗之私。囹圄空虚，冬节不断。人耄耋，皆得以寿终。恩德广及草木昆虫。"⑤ 所描绘的政治蓝图与采取的写作手法，主要源自《王制》："冢宰制国用，必于岁之杪，五谷皆入然后制国用。用地小大，视年之丰耗。以三十年之通制国用，量入以为出。祭用数之仂。丧，三年不祭，唯祭天地社稷，为越绋而行事。丧用三年之仂。丧祭用不足曰暴，有余曰浩。祭，丰

---

① 安徽亳县《曹操集》译注小组：《曹操集译注》，中华书局1979年版，第27页。
② （汉）郑玄注，（唐）孔颖达正义，吕友仁整理：《礼记正义》，上海古籍出版社2008年版，第1493页。
③ 张作耀：《曹操评传》，南京大学出版社2000年版，第220页。
④ 安徽亳县《曹操集》译注小组：《曹操集译注》，中华书局1979年版，第15页。
⑤ 安徽亳县《曹操集》译注小组：《曹操集译注》，中华书局1979年版，第15页。

年不奢，凶年不俭。国无九年之蓄曰不足，无六年之蓄曰急，无三年之蓄曰国非其国也。三年耕，必有一年之食；九年耕，必有三年之食。以三十年之通，虽有凶旱水溢，民无菜色，然后天子食，日举以乐。""冢宰"，为六卿之首，亦称太宰。《尚书·蔡仲之命》："惟周公位冢宰，正百工。"① 《尚书·周官》曰"冢宰掌邦治，统百官，均四海"，《孔传》："《天官》卿称太宰，主国政治，统理百官，均平四海之内邦国。"② 作为建安时期实际的执政者，曹操常以周公自喻：《短歌行》"周公吐哺，天下归心"③，《善哉行》"慊慊下白屋，吐握不可失"④，又效仿周公《金縢》作《让县自明本志令》："见周公有《金縢》之书以自明，恐人不信之故。"⑤ 曹操以周公自喻，未尝不是一种自我激励与标榜。

2. 政治践行的理论依据

曹操汲取《礼记》思想，绝非停留在政治理想的憧憬或诗歌的创作上，他自觉地将《礼记》作为政治实践的理论依据，其诸多政治举措可清晰看到《礼记》痕迹。

（1）礼不忘本，尊崇故土谯县与先祖曹腾

建安七年（202），曹操驻军谯县，慰问将士亲族并发布《军谯令》，为阵亡将士立庙并抚恤其家属："吾起义兵，为天下除暴乱。旧土人民，死丧略尽，国内终日行，不见所识，使吾凄怆伤怀。其举义兵以来，将士绝无后者，求其亲戚以后之，授土田，官给耕牛，置学师以教之。为存者立庙，使祀其先人。"（《武帝纪》）⑥ 曹丕亦于延康元年（220），"军次于谯，大飨六军及谯父老百姓于邑东"，下令免谯地租税，以示不忘故土乡亲："先王皆乐其所生，礼不忘其本。谯，霸王之邦，真人本出，其复谯租税二年。"（《文帝纪》）⑦ "先王皆乐其所生，礼不忘其本"，出自《檀弓上》。又《乐记》曰："乐，乐其所自生，而礼反其所自始。"《礼器》曰"礼也者，反本修古，不忘其初者也"。礼不忘本，是《礼记》的基本理念。

---

① （清）阮元校刻：《十三经注疏·论语注疏》（附校勘记），中华书局1980年版，第2463页下栏。
② （清）阮元校刻：《十三经注疏·尚书正义》（附校勘记），中华书局1980年版，第235页中栏。
③ 安徽亳县《曹操集》译注小组：《曹操集译注》，中华书局1979年版，第19页。
④ 安徽亳县《曹操集》译注小组：《曹操集译注》，中华书局1979年版，第37页。
⑤ 安徽亳县《曹操集》译注小组：《曹操集译注》，中华书局1979年版，第137页。
⑥ （晋）陈寿撰，（宋）裴松之注：《三国志》，中华书局1959年版，第22—23页。
⑦ （晋）陈寿撰，（宋）裴松之注：《三国志》，中华书局1959年版，第61页。

(2) 整顿祭礼，禁绝淫祀

《论语·为政》："非其鬼而祭之，谄也。"① 《曲礼》："非其祭而祭之，名曰淫祀，淫祀无福。"淫祀是社会动荡、礼坏乐崩的结果。汉末，曹操率先抵制此风。青年曹操任济南相时，下令"禁断淫祀"："初，城阳景王刘章以有功于汉，故其国为立祠，青州诸郡转相仿效，济南尤盛，至六百余祠。贾人或假二千石舆服导从作倡乐，奢侈日甚，民坐贫穷，历世长吏无敢禁绝者。太祖到，皆毁坏祠屋，止绝官吏民不得祠祀。及至秉政，遂除奸邪鬼神之事，世之淫祀由此遂绝。"（《魏书》裴注）② 可见曹操废除淫祀的果敢与为民除弊的决心。

(3) 礼敬高年，实施仁政

《礼记·王制》《文王世子》《礼运》《祭义》《内则》《乡饮酒义》等篇，皆涉及养老问题的论述，将养老问题上升到国家长治久安的重要层面。曹操多次下令礼敬高年、实行仁政。建安二十三年（218），因"去冬天降疫疠，民有凋伤，军兴于外，垦田损少"，"令吏民男女：女年七十已上无夫子，若年十二已下无父母兄弟，及目无所见，手不能作，足不能行，而无妻子父兄产业者，廪食终身。幼者至十二止，贫穷不能自赡者，随口给贷。老耄须待养者，年九十以上，复不事，家一人"（裴注引《魏书》）③，与《礼运》"大道之行也，天下为公……人不独亲其亲，不独子其子，使老有所终，壮有所用，幼有所长，矜寡孤独废疾者，皆有所养"、《王制》"八十者一子不从政，九十者其家不从政，废疾非人不养者一人不从政"思想甚合。

(4) 倡导薄葬，敛以时服

《礼记》提倡薄葬，对葬地选择、棺椁大小、墓穴深浅、敛服多少与是否封、树等，皆有论述。《檀弓》："子高曰：'吾闻之也："生有益于人，死不害于人。"吾纵生无益于人，吾可以死害于人乎哉？我死，则择不食之地而葬我焉。'""葬也者，藏也；藏也者，欲人之弗得见也。是故，衣足以饰身，棺周于衣，椁周于棺，土周于椁。""延陵季子适齐，于其反也，其长子死，葬于嬴博之间。……其坎深不至于泉，其敛以时服。"体现曹操节葬思想的《内戒令》《终令》《遗令》等文，其说多源自《礼记》。建安二十三年（218），曹操颁布《终令》："古之葬者，必居瘠薄之地。其规西门豹祠西原

---

① （清）阮元校刻：《十三经注疏·尚书正义》（附校勘记），中华书局1980年版，第227页上栏。
② （晋）陈寿撰，（宋）裴松之注：《三国志》，中华书局1959年版，第4页。
③ （晋）陈寿撰，（宋）裴松之注：《三国志》，中华书局1959年版，第15—16页。

上为寿陵，因高为基，不封不树。"① 建安二十五年（220），曹操预备敛服，《题识送终衣奁》："有不讳，随时以敛。金珥珠玉铜铁之物，一不得送。"② 临终《遗令》又曰："敛以时服，葬于邺之西冈上，与西门豹祠相近，无藏金玉珍宝。"③

3. 政治斗争的重要工具

曹操还利用《礼记》为政治斗争工具，以之为据，诛杀反曹势力。建安十三年（208），曹操诛杀孔融并历数其罪："孔融既伏其罪矣，然世人多采其虚名，少于核实，见融浮艳，好作变异，眩其逛诈，不复察其乱俗也。此州人说平原祢衡受传融论，以为父母与人无亲，譬若瓵器，寄盛其中，人言遭饥馑，而父不肖，宁赡活余人。融违天反道，败伦乱理，虽肆市朝，犹恨其晚。"④《王制》："行伪而坚，言伪而辩，学非而博，顺非而泽，以疑众，杀。"郑注曰："皆谓虚华捷给无诚者也。"孔疏曰："'行伪而坚'者，行此诈伪而守之坚固，不肯变改；'言伪而辩'者，谓言谈伪事，辞理明辩，不可屈止；'学非而博'者，谓习学非违之书，而又广博；'顺非而泽'者，谓顺从非违之事，而能光泽文饰，以疑于众：如此者杀。"⑤曹操所言与郑、孔如出一辙。

曹操任司空、丞相时，以毛玠为东曹掾，与崔琰并典选举，主管二千石长官任免。毛玠为人耿介廉洁，深得曹操信任，曰："用人如此，使天下人自治，吾复何为哉！"⑥建安十七年（212），议合并机构，"时人惮之，咸欲省东曹。乃共白曰：'旧西曹为上，东曹为次，宜省东曹。'"曹操深知其情，曰"日出于东，月盛于东（西），凡人言方，亦复先东，何以省东曹？""遂省西曹"（《毛玠传》）⑦。"日出于东，月盛于西"，出自《祭义》："日出于东，月生于西。阴阳长短，终始相巡，以致天下之和。"《礼器》亦曰"大明生于东，月生于西，此阴阳之分、夫妇之位也"，曹操据《记》文所言天象与世人以东为先的常情，挫败政敌图谋。

（三）孙权对《礼记》的重视

由孙权据《礼记》经义批判曹丕无礼索贡、劝导臣僚研习《礼记》二

---

① （三国）曹操撰，夏传才注：《曹操集注》，中州古籍出版社1986年版，第168—169页。
② （三国）曹操撰，夏传才注：《曹操集注》，中州古籍出版社1986年版，第177页。
③ （三国）曹操撰，夏传才注：《曹操集注》，中州古籍出版社1986年版，第178页。
④ （三国）曹操撰，夏传才注：《曹操集注》，中州古籍出版社1986年版，第111—112页。
⑤ （汉）郑玄注，（唐）孔颖达正义，吕友仁整理：《礼记正义》，上海古籍出版社2008年版，第561页。
⑥ （晋）陈寿撰，（宋）裴松之注：《三国志》，中华书局1959年版，第375页。
⑦ （晋）陈寿撰，（宋）裴松之注：《三国志》，中华书局1959年版，第375页。

事，可见其对《礼记》的重视。

1. 批判曹丕"宁可与言礼哉"

黄初二年（221），曹丕向孙权"索贡"，《江表传》："魏文帝遣使求雀头香、大贝、明珠、象牙、犀角、玳瑁、孔雀、翡翠、斗鸭、长鸣鸡。群臣奏曰：'荆扬二州，贡有常典，魏所求珍玩之物非礼也，宜勿与。'权曰：'……方有事于西北，江表元元，恃主为命，非我爱子邪？彼所求者，于我瓦石耳，孤何惜焉？彼在谅闇之中，而所求若此，宁可与言礼哉！'"①《礼器》："礼也者，合于天时，设于地财，顺于鬼神。……天不生，地不养，君子不以为礼，鬼神弗飨也。居山以鱼鳖为礼，居泽以鹿豕为礼，君子谓之不知礼。"郑注曰："天不生，谓非其时物也。地不养，谓非此地所生。"② 曹丕所索珍宝与珍禽异兽，多非吴地所产③，群臣以"荆扬二州，贡有常典"，谏言勿与。孙权谓曹丕在"谅闇之中"，指建安二十五年（220），曹操逝于洛阳，曹丕时居父丧。《丧服四制》："始死，三日不怠，三月不解，期悲哀，三年忧，恩之杀也。圣人因杀以制节，此丧之所以三年。贤者不得过，不肖者不得不及。此丧之中庸也，王者之所常行也。《书》曰：'高宗谅闇，三年不言。'善之也。"曹丕追求奇珍异玩，孙权据《礼记》经义批评其非礼。

2. 劝导臣僚研习《礼记》

孙权尝劝心腹吕蒙、蒋钦等武将研习《礼记》等典籍。《江表传》："权谓蒙及蒋钦曰：'卿今并当涂掌事，宜学问以自开益。……孤岂欲卿治经为博士邪？但当令涉猎见往事耳。卿言多务孰若孤？孤少时历《诗》《书》《礼记》《左传》《国语》，惟不读《易》。至统事以来，省三史、诸

---

① （晋）陈寿撰，（宋）裴松之注：《三国志》，中华书局1959年版，第1124页。
② （汉）郑玄注，（唐）孔颖达正义，吕友仁整理：《礼记正义》，上海古籍出版社2008年版，第957页。
③ （宋）司马光编著，（元）胡三省音注：《资治通鉴》，中华书局1956年版，第2197页，胡注曰："《本草》以香附子为雀头香。此物处处有之，非珍也，恐别是一物。贝，质白如玉，紫点为文，皆行列相当。明珠，出合浦，大者寸许。象，出交趾，雄者有两长牙，长丈余。犀，亦出交趾，惟通天犀贵，角有白理如线，置米群鸡中，鸡往啄米，见犀辄惊却，南人呼为'骇鸡犀'。玳瑁，状如龟，腹背甲有烘点，其大者如盘盂。《诸蕃志》：'瑇瑁形如龟、鼋，背甲十三片，黑白斑文间错，边栏缺啮如锯。无足而有四鬣，前长后短，以鬣棹水而行。鬣与首斑文如甲。老者甲厚而黑白分明，少者甲薄而花字模糊。世传鞭血成斑者，妄也。'孔雀，生罗州，雄者尾金翠色，光耀可爱。《埤雅》曰：'《博物志》云："孔雀尾多变色，或红或黄，谕如云霞，其色不定。人拍其尾则舞。尾有金翠，五年而后成。始生三年，金翠尚小。初春乃生，三四月后复凋，与花萼俱衰荣。人采其尾以饰扇拂，生取则金翠之色不减。南人取其尾者，握刀蔽于丛竹潜隐之处，伺过，急斩其尾，若不即断，回首一顾，金翠无复光彩。每欲小栖，先择置尾之地。故欲生捕，候雨甚则往擒之，尾沾而重，不能高翔，人虽至，且爱其尾，不复骞抟也。"'翡翠，大小一如雀，雄赤曰翡，雌青曰翠，羽可为饰。鸭，驯狎，能斗者难得。长鸣鸡者，其鸣声长也。"

家兵书，自以为大有所益。如卿二人，意性朗悟，学必得之，宁当不为乎？宜急读《孙子》《六韬》《左传》《国语》及三史.'"①孙权将《礼记》《诗》《书》等并举为喜爱诵读的五部儒家典籍，虽未明确要求吕蒙等研读《礼记》，"上好是物，下必有甚者矣"（《缁衣》），足以影响群臣的治学取舍。

四 曹魏君臣讲经与《礼记》立于学官

王国维《汉魏博士考》："试取魏时诸博士考之，……宋均、田琼皆亲受业于郑玄，张融、马照亦私淑郑氏者也，苏林、张揖通古今字指，则亦古文学家也。……又以高贵乡公幸太学问答考之，所问之《易》，则郑注也；所讲之《书》，则贾逵、马融、郑玄、王肃之注也；所问之《礼》，则《小戴记》，盖亦郑玄、王肃注也。《王肃传》明言其所注诸经皆列于学官，则郑注《五经》亦列于学官可知。"②魏齐王曹芳、高贵乡公曹髦两君亲讲《礼记》，是《礼记》入经的明证。据《三少帝纪》：

（正始）二年春二月，帝初通《论语》，使太常以太牢祭孔子于辟雍，以颜渊配。

（五年）五月癸巳，讲《尚书》经通，使太常以太牢祀孔子于辟雍，以颜渊配。

（七年）冬十二月，讲《礼记》通，使太常以太牢祀孔子于辟雍，以颜回配。③

可见《礼记》已与《尚书》《论语》并列经典。曹芳应是第一位给臣子讲论《礼记》的帝王。又正始七年（246）诏曰："属到市观见所斥卖官奴婢，年皆七十，或癃疾残病，所谓天民之穷者也。且官以其力竭而复鬻之，进退无谓，其悉遣为良民。若有不能自存者，郡县振给之。""天民之穷者"出自《王制》："少而无父者谓之孤，老而无子者谓之独，老而无妻者谓之矜，老而无夫者谓之寡。此四者，天民之穷而无告者也。"④甘露元年（256）四月，高

---

① （晋）陈寿撰，（宋）裴松之注：《三国志》，中华书局1959年版，第1274—1275页。
② 王国维著，彭林整理：《汉魏博士考》，《观堂集林》，河北教育出版社2001年版，第92页。
③ （晋）陈寿撰，（宋）裴松之注：《三国志》，中华书局1959年版，第121页。
④ 按《孟子·梁惠王下》"老而无妻曰鳏，老而无夫曰寡，老而无子曰独，幼而无父曰孤。此四者天下之穷民而无告者"，系《孟子》征引《王制》。参见吕友仁《〈礼记〉研究四题》，中华书局2014年版，第43—44页。

贵乡公曹髦幸太学，令诸儒讲《周易》《尚书》《礼记》三经：

> 于是复命讲《礼记》。帝问曰："'太上立德，其次务施报。'为治何由而教化各异；皆修何政而能致于立德，施而不报乎？"博士马照对曰："太上立德，谓三皇五帝之世以德化民，其次报施，谓三王之世以礼为治也。"帝曰："二者致化薄厚不同，将主有优劣邪？时使之然乎？"照对曰："诚由时有朴文，故化有薄厚也。"①

《曲礼上》"太上贵德，其次务施报"，郑注曰："太上，帝皇之世，其民施而不惟报。三王之世，礼始兴焉。"②曹魏立郑玄《礼记》于学官，马照当为《礼记》学博士，"是魏有《礼记》博士也"③。而"以魏、蜀之立博士觇之，则言吴之有《礼记》博士谅非诞语"④。周予同曰："'经'之所以被中国封建专制政府从所有合法书籍中挑选出来'法定'为'经'，正是由于它能符合封建统治阶级的需求。"⑤《礼记》立于学官主要取决于三国最高统治者。此后，晋承魏讲经之风："武帝泰始七年，皇太子讲《孝经》通。咸宁三年，讲《诗》通，太康三年，讲《礼记》通。惠帝元康三年，皇太子讲《论语》通。"⑥魏晋之际，《礼记》成为帝王讲学的主要内容之一，地位愈加尊崇。

第三节 唐前文学、玄学与《礼记》的互动
——论《礼记》学术地位的提升（二）

魏晋南北朝时期，文学、玄学与礼学的发展形成互动，相较而言，文学受《礼记》的影响更加明显。在"三礼"中，《礼记》与文学关系最为紧密，如《乐记》《中庸》篇的文艺思想，《檀弓》篇的叙事艺术，《学记》《儒行》《坊记》等的论说艺术，《问丧》《三年问》的抒情手法等，皆积极影响了文学创作。魏晋玄学家多重礼学，形成"玄礼双修"之风："以门阀

---

① （晋）陈寿撰，（宋）裴松之注，《三国志》，中华书局1959年版，第138页。
② （汉）郑玄注，（唐）孔颖达正义，吕友仁整理：《礼记正义》，上海古籍出版社2008年版，第22页。
③ 吕友仁：《〈礼记〉研究四题》，中华书局2014年版，第48页。
④ 吕友仁：《〈礼记〉研究四题》，中华书局2014年版，第48页。
⑤ 周予同著，朱维铮编：《"经"、"经学"、经学史——中国经学史论之一》，《周予同经学史论著选集》，上海人民出版社1996年版，第649—661页。
⑥ （唐）房玄龄等：《晋书》，中华书局1974年版，第599页。

为基础的士大夫利用礼制以巩固家族为基础的政治组织,以玄学证明其所享受的特权出于自然。"① 玄学与《礼记》也有一定的联系。

一 《礼记》与文学的密切关系

可以从两方面来讨论文学与《礼记》的密切关系:《礼记》自身的文学价值、《礼记》对六朝文学创作及文学理论的积极影响。

(一)《礼记》自身的文学价值

刘勰尤其推崇《檀弓》《曾子问》《儒行》等文学成就,将《曾子问》《檀弓》《春秋》并举,《儒行》《邠诗》并举,分别以之为"简言以达旨""博文以该情"的典范。《文心雕龙·征圣》:"或简言以达旨,或博文以该情;或明理以立体,或隐义以藏用。故《春秋》一字以褒贬,丧服举轻以包重,此简言以达旨也。《邠诗》联章以积句,《儒行》缛说以繁辞,此博文以该情也。"② 其中"丧服举轻以包重"一句,范注曰:"黄注曰:'如举缌不祭,则重于缌之服,其不祭不言可知;举小功不税,则重于小功者,其税可知,皆语约而义该也。'案'缌不祭',见《礼记·曾子问》篇;'小功不税',见《礼记·檀弓》篇。郑注曰:'日月已过,乃闻丧而服曰税,大功以上然,小功轻不服。'"③ 此言《礼记》行文言简意赅。陈澧:"《文心雕龙》云:'《儒行》缛说以繁辞,此博文以该情也。'未尝有讥议之语。"④ 言其行文铺陈夸饰之妙。

推崇《礼记》文字精妙之论者,尤以清人陈寿祺、陈澧等为甚。陈寿祺《答高雨农舍人书》:"文必本六经,固也。诸经之中,《易》道阴阳,卦、象、爻、象,自为一体;《书》绝质奥,《诗》专咏言,皆非可学。独《左氏传》《礼记》于修词宜耳。然人徒知《左氏》为文章鼻祖,不知《左氏》文多叙事,其词多列国聘、享、会、盟修好专对之所施,否则战陈、御侮、取威、定霸之谋。不如《礼记》书各为篇,篇各为体,微(征)之在仁义性命,质之在服食器用,扩之在天地民物,近之在伦纪纲常,博之在三代之典章,远之在百世之治乱。其旨远,其词文,其声和以平,其气淳以固,其言礼乐丧祭也,使人孝弟之心油然而生,哀乐之感淳然而不能自已。则文词之精也,学者沉浸于是,苟得其一端,则抒而为文,必无枝多游屈之弊。盖

---

① 唐长孺:《魏晋南北朝史论丛》(外一种),河北教育出版社2000年版,第324页。
② (梁)刘勰撰,范文澜注:《文心雕龙》,人民文学出版社1962年版,第15—16页。
③ (梁)刘勰撰,范文澜注:《文心雕龙》,人民文学出版社1962年版,第19页。
④ (清)陈澧撰,杨志刚编校:《东塾读书记》(外一种),中西书局2012年版,第132页。

《礼记》多孔子及七十子之遗言,故粹美如是。"① 《礼记》时有饱含深情的描写、生动的叙事。陈澧以《问丧》《三年问》为例曰:"《问丧》云:'入门而弗见也,上堂又弗见也,入室又弗见也。亡矣丧矣!不可复见矣!'《三年问》云:'凡生天地之间者,有血气之属,必有知;有知之属,莫不知爱其类。今是大鸟兽,则失丧其群匹,越月逾时焉,则必反巡,过其故乡,翔回焉,鸣号焉,蹢躅焉,踟蹰焉,然后乃能去之。小者至于燕雀,犹有啁噍之顷焉,然后乃能去之。故有血气之属者,莫知于人。故人于其亲也,至死不穷。'读此二节,当无不泣下沾襟者,使墨者读之,亦当为之怃然也。"②

(二)《礼记》与六朝文学

六朝诗歌散文、文论思想以及六朝文学重视情感抒发的特色等,皆与《礼记》相关。

1.《礼记》与六朝文学创作

建安文学,"三曹"父子率先汲取《礼记》营养创作诗文,他们或征引典故,或汲取思想,或取其文法。其后,甚而出现模拟《礼记》为文的现象。

诗歌方面,曹操的《对酒》、《秋胡行》(其一),曹丕《燕歌行》《短歌行》,曹植《孟冬篇》等诗篇,皆明显带有《礼记》痕迹。曹操的《对酒》,分别化用了《礼记·王制》"三年耕,必有一年之食;九年耕,必有三年之食",《礼运》"老有所终",《月令》"是月也……禁止伐木。毋覆巢,毋杀孩虫、胎、夭、飞鸟。毋麛,毋卵"等内容。其中的政治理想与写作手法,主要源自《王制》。吕思勉曰:"《王制》为今文学之结晶,文字亦极茂美。可熟读,既有益于学问,又有益于文学也。"③《对酒》即系力证。

曹丕的《燕歌行》(其一)、《短歌行》与《礼记》关系密切。《燕歌行》首三句:"秋风萧瑟天气凉,草木摇落露为霜,群燕辞归雁南翔。"五次征引《月令》,清人吴淇曰:"看他一连排用《月令》五事,绝不见堆砌之痕,直是笔力清爽。"(《六朝选诗定论》卷五)④ 悼父之作《短歌行》:"仰瞻帷幕,俯察几筵。其物如故,其人不存。神灵倏忽,弃我遐迁。靡瞻靡恃,泣涕连连。呦呦游鹿,草草鸣麑。翩翩飞鸟,挟子巢栖。我独孤茕,怀此百离。忧心孔疚,莫我能知。人亦有言,忧令人老。嗟我白发,生一何

---

① (清)陈寿祺:《左海文集》,《续修四库全书》第1496册,上海古籍出版社2002年版,第181—182页。
② (清)陈澧撰,杨志刚编校:《东塾读书记》(外一种),中西书局2012年版,第128页。
③ 吕思勉:《经子解题》,华东师范大学出版社1995年版,第13页。
④ (三国)曹丕著,魏宏灿校注:《曹丕集校注》,安徽大学出版社2009年版,第14页。

早。长吟永叹,怀我圣考。曰仁者寿,胡不是保。"① 其立意与用词皆由《问丧》《三年问》化出。《礼记》为文感人至深处,就是那些记述丧亲之痛的文字。曹丕《短歌行》的睹物思人与比兴手法,均来自《礼记》。曹植的《离友诗二首》《三良诗》《当事君行》《大魏篇》等,皆留下《礼记》的痕迹。深受《礼记》影响的《孟冬篇》,描述了曹丕孟冬田猎、校阅部队的盛况,宣扬曹魏强大武功之际,不乏谀美之词:

孟冬十月,阴气厉清。武官诫田,讲旅统兵。元龟袭吉,元光著明。蚩尤跸路,风弭雨停。乘舆启行,鸾鸣幽轧。虎贲采骑,飞象珥鹖。钟鼓铿锵,萧管嘈喝。万骑齐镳,千乘等盖。夷山填谷,平林涤薮。张罗万里,尽其飞走。……气有余势,负象而趋。获车既盈,日侧乐终。罢役解徒,大飨离宫。乱曰:圣皇临飞轩,论功校猎徒。死禽积如京,流血成沟渠。明诏大劳赐,大官供有无。走马行酒醴,驱车布肉鱼。鸣鼓举觞爵,击钟釂无余。绝纲纵麟麂,弛罩出凤雏。收功在羽校,威灵振鬼区。陛下长欢乐,永世合天符。②

这是对《礼记·月令》孟冬田猎制度的诗意阐释。"孟冬十月,阴气厉清。武官诫田,讲旅统兵。元龟袭吉,元光著明"等句,即来自《月令》孟冬之月:"是月也,命大史衅龟策,占兆审卦吉凶""天子乃命将帅讲武,习射御角力"。曹丕性好游猎,登基以后,乐此不疲。朱嘉徵论曹植《鼙鼓歌五首》曰:"子建作颂中有规,吐辞成响,其文则微。可谓气变丝桐,志形金石者。"③《孟冬篇》流露出对曹丕的委婉讽谏,即田猎以礼。《王制》对天子、诸侯每年田猎的次数、时节、规模等均提出明确要求:"天子、诸侯无事则岁三田:……无事而不田,曰不敬;田不以礼,曰暴天物。天子不合围,诸侯不掩群。……獭祭鱼,然后虞人入泽梁。豺祭兽,然后田猎。鸠化为鹰,然后设罻罗。草木零落,然后入山林。昆虫未蛰,不以火田。不麛,不卵,不杀胎,不殀夭,不覆巢。"

散文方面,《礼记》的影响更加深刻。曹丕《追崇孔子诏》曰"昔仲尼……在鲁卫之朝,教化乎洙泗之上"④,化用《檀弓》:"曾子谓子夏曰:

---

① (三国)曹丕著,魏宏灿校注:《曹丕集校注》,安徽大学出版社2009年版,第7页。
② (三国)曹植等著,黄节注:《曹子建诗注》(外三种),中华书局2008年版,第181—182页。
③ (三国)曹植等著,黄节注:《曹子建诗注》(外三种),中华书局2008年版,第185页。
④ (三国)曹丕著,魏宏灿校注:《曹丕集校注》,安徽大学出版社2009年版,第138页。

'吾与女事夫子于洙泗之间。'"曹植《求通亲亲表》曰"臣闻天称其高者，以无不覆；地称其广者，以无不载；日月称其明者，以无不照；江海称其大者，以无不容"①，全由《孔子闲居》化来："子夏问曰：'何谓三无私？'孔子曰：'天无私覆，地无私载，日月无私照，此之谓三无私。'"《礼记》还为散文说理提供了依据。曹丕《轻刑诏》："昔太山之哭者，以为苛政甚于猛虎，吾备儒者之风，服圣人之遗教，岂可以目玩其辞，行违其诫者哉？"②《檀弓》："孔子过泰山侧，有妇人哭于墓者而哀，夫子式而听之。……夫子曰：'小子识之，苛政猛于虎也。'"曹植《说疫气》："建安二十二年，疠气流行。家家有僵尸之痛，室室有号泣之哀。或阖门而殪，或覆族而丧，或以为疫者，鬼神所作。……此乃阴阳失位，寒暑错时，是故生疫。"③"阴阳失位"云云，来自《月令》："孟春行夏令，则雨水不时，草木蚤落，国时有恐。行秋令则其民大疫，猋风暴雨总至，藜莠蓬蒿并兴。""季春行冬令，则寒气时发，草木皆肃，国有大恐。行夏令，则民多疾疫，时雨不降，山林不收。"

六朝时代史论、传记类文章，也深受《礼记》影响。干宝《晋纪总论》赞誉太康盛世："太康之中，天下书同文，车同轨。牛马被野，余粮栖亩，行旅草舍，外闾不闭。民相遇者如亲，其匮乏者，取资于道路，故于时有天下无穷人之谚。"④"天下书同文，车同轨"，出自《中庸》"今天下车同轨，书同文，行同伦"；"行旅草舍，外闾不闭"，出自《礼运》"故谋闭而不兴，盗窃乱贼而不作，故外户而不闭，是谓大同"。简直就是由《礼记》改写而成。任昉《齐竟陵文宣王行状》："会武穆皇后崩，公星言奔波，泣血千里，水浆不入于口者，至自禹穴。逮衣裳外除，心哀内疚，礼屈于厌降，事迫于权夺，而茹戚肌肤，沉痛创距。故知钟鼓非乐云之本，缞粗非隆杀之要。"⑤"星言奔波"，《曾子问》曰"见星而行者，唯罪人及奔父母之丧乎"；"泣血千里"，《檀弓上》曰"高子皋执亲之丧，泣血三年，未尝见齿，君子以为难"；"水浆不入于口者"，亦出自《檀弓上》："曾子谓子思曰：'伋，吾执亲之丧，水浆不入于口七日。'""逮衣裳外除，心哀内疚"，《杂记下》"亲丧外除"，郑玄注曰："日月已竟，而哀未忘。"⑥"茹戚肌肤，沉痛疮距"，

---

① （三国）曹植著，赵幼文校注：《曹植集校注》，中华书局2016年版，第648页。
② （三国）曹丕著，魏宏灿校注：《曹丕集校注》，安徽大学出版社2009年版，第150页。
③ （三国）曹植著，赵幼文校注：《曹植集校注》，中华书局2016年版，第262—263页。
④ （梁）萧统编，（唐）李善注：《文选》，上海古籍出版社1986年版，第2178—2179页。
⑤ （梁）萧统编，（唐）李善注：《文选》，上海古籍出版社1986年版，第2574—2575页。
⑥ （汉）郑玄注，（唐）孔颖达正义，吕友仁整理：《礼记正义》，上海古籍出版社2008年版，第1640页。

《三年问》曰"创巨者其日久,痛甚者其愈迟。三年者,称情而立文,所以为至痛极"。可见《礼记》经义对史传文学影响之大。

六朝人模拟《礼记》《尚书》《周易》等经典为文,甚至形成风气。简文帝萧纲颇不以为然,《与湘东王书》提出批评:"若夫'六典''三礼',所施则有地,吉凶嘉宾,用之则有所,未闻吟咏情性,反拟《内则》之篇;操笔写志,更摹《酒诰》之作;迟迟春日,翻学《归藏》;湛湛江水,遂同《大传》。"① 六朝文学积极从《五经》中汲取养料,又因过于模拟而束缚创作自由。

2.《礼记》与六朝文论

《乐记》《中庸》《经解》《孔子闲居》等篇,皆有相关文艺思想的论述,而《乐记》集中代表了《礼记》文艺思想所达到的高度。《乐记》所论之"乐",是上古乐之概念,即诗、舞、乐一体化的"乐"。《乐记》论三者关系曰:"诗,言其志也。歌,咏其声也。舞,动其容也。三者本于心,然后乐器从之。"《乐记》在"乐"的起源上,提出"乐自心生、感物而发"论:"凡音之起,由人心生也。人心之动,物使之然也。感于物而动,故形于声。声相应,故生变;变成方,谓之音;比音而乐之,及干戚羽旄,谓之乐。乐者,音之所由生也;其本在人心之感于物也。是故其哀心感者,其声噍以杀。其乐心感者,其声啴以缓。其喜心感者,其声发以散。其怒心感者,其声粗以厉。其敬心感者,其声直以廉。其爱心感者,其声和以柔。六者,非性也,感于物而后动。"六朝时被广泛继承,陆机《文赋》、刘勰《文心雕龙》皆以诗化的语言阐释了这种"感物"说。《文赋》:"遵四时以叹逝,瞻万物而思纷。悲落叶于劲秋,喜柔条于芳春,心懔懔以怀霜,志眇眇而临云。咏世德之骏烈,诵先人之清芬。游文章之林府,嘉丽藻之彬彬。慨投篇而援笔,聊宣之乎斯文。其始也,皆收视反听,耽思傍讯,精骛八极,心游万仞。"②《文心雕龙·物色》:"春秋代序,阴阳惨舒,物色之动,心亦摇焉。盖阳气萌而玄驹步,阴律凝而丹鸟羞,微虫犹或入感,四时之动物深矣。若夫珪璋挺其惠心,英华秀其清气,物色相召,人谁获安?是以献岁发春,悦豫之情畅;滔滔孟夏,郁陶之心凝。天高气清,阴沉之志远;霰雪无垠,矜肃之虑深。岁有其物,物有其容;情以物迁,辞以情发。一叶且或迎意,虫声有足引心。况清风与明月同夜,白日与春林共朝哉!"③《中庸》:

---

① (清)严可均辑:《全上古三代秦汉三国六朝文》第5册,上海古籍出版社2009年版,第180页。
② (梁)萧统编,(唐)李善注:《文选》,上海古籍出版社1986年版,第762—763页。
③ (梁)刘勰撰,范文澜注:《文心雕龙》,人民文学出版社1962年版,第693页。

"喜怒哀乐之未发谓之中,发而皆中节谓之和。中也者,天下之大本也。和也者,天下之达道也。"中和思想也被刘勰继承,《文心雕龙·乐府》:"虽摹韶夏,而蹈袭秦旧,中和之响,阒其不还。"① 叹息汉初之乐,远未回复中和。又《章句》"妙才激扬,虽触思利贞,曷若折之中和,庶保无咎"②,强调情感与用韵之中和。

六朝文学创作与文论皆强调情感抒发,与《礼记》也有一定联系。"《礼记》中的'情'总共出现67次",在中国古代文论范畴之中,"在'情'范畴的发生发展过程中,《周易》和《礼记》是'情'范畴的最为重要的两个源头;而把'情'纳入文论审美范畴,《礼记》更是功不可没"③。《礼运》:"何谓人情?喜、怒、哀、惧、爱、恶、欲,七者弗学而能。"从陆机《文赋》的"诗缘情而绮靡",到《文心雕龙·明诗》"人禀七情,应物斯感,感物吟志,莫非自然",《物色》"岁有其物,物有其容;情以物迁,辞以情发"④,到《诗品序》"气之动物,物之感人,故摇荡性情,行诸舞咏""若乃春风春鸟,秋月秋蝉,夏云暑雨,冬月祁寒,斯四候之感诸诗者也。……凡斯种种,感荡心灵,非陈诗何以展其义;非长歌何以骋其情"⑤,一脉相承。

二 《礼记》与玄学相通

魏晋玄学,主要是对"三玄"《老子》《庄子》《周易》的研究和阐释,是对两汉经学,特别是礼学的反动。嵇康《释私论》:"矜尚不存乎心,故能越名教而任自然。"⑥ 阮籍宣称"礼岂为我辈设也"(《任诞》第七条)⑦。然而,坚守礼经者仍大有人在,并以之批评当世践行礼制的过与不及。如清谈名士裴楷据《礼记》《孝经》批评王戎居丧过于悲伤,于礼不合。《世说新语·德行》第二〇条:"王安丰遭艰,至性过人。裴令往吊之,曰:'若使一恸果能伤人,浚冲必不免灭性之讥。'"⑧《曲礼上》:"居丧之礼,毁瘠

---

① (梁)刘勰撰,范文澜注:《文心雕龙》,人民文学出版社1962年版,第101页。
② (梁)刘勰撰,范文澜注:《文心雕龙》,人民文学出版社1962年版,第571页。
③ 刘金波:《中国古代文论范畴发生史·〈礼记〉卷:礼以节情 乐以发和》,武汉大学出版社2009年版,第97—98页。
④ (梁)刘勰撰,范文澜注:《文心雕龙》,人民文学出版社1962年版,第693页。
⑤ (梁)钟嵘著,吕德申校释:《钟嵘〈诗品〉校释》,北京大学出版社1986年版,第35、52页。
⑥ (三国)嵇康著,戴明扬校注:《嵇康集校注》,中华书局2014年版,第402页。
⑦ (南朝宋)刘义庆撰,徐震堮校笺:《世说新语校笺》,中华书局1984年版,第393页。
⑧ (南朝宋)刘义庆撰,徐震堮校笺:《世说新语校笺》,中华书局1984年版,第13页。

不形，视听不衰。……居丧之礼，头有创则沐，身有疡则浴，有疾则饮酒食肉，疾止复初。不胜丧，乃比于不慈不孝。五十不致毁，六十不毁。"《孝经》："毁不灭性，圣人之教也。"是裴楷所言依据。

玄学与礼学亦有相通，章太炎《五朝学》指出玄学的辨析名分，与六艺六技尤其是礼学具有相反相成之功，谓"玄学常与礼律相扶"："玄学者，固不与艺术文行牾，且翼扶之。……夫经莫穹乎《礼》《乐》，政莫要乎律令，技莫微乎算术，形莫急乎药石。五朝诸名士皆综之。其言循虚，其艺控实，故可贵也。凡为玄学，必要之以名，格之以分。而六艺六技，亦要之以名，格之以分。治算、审形，度声则然矣。服有衰次，刑有加减。《传》曰：'刑名从商，文名从礼。'故玄学常与礼律相扶。自唐以降，玄学绝，六艺方技亦衰。"① 章氏所言可以《世说新语》证之，清谈名流时将礼学作为谈玄内容，《言语》第六四条："刘尹与桓宣武共听讲《礼记》。桓云：'时有入心处，便觉咫尺玄门。'刘曰：'此未关至极，自是金华殿之语。'"② 唐翼明曰："刘惔、桓温均为当时清谈名士，可见这不是诸生在太学里听五经博士讲课，而是清谈家之间的讲论。从桓、刘的对话来看，也显然带有清谈的特色。"③ 听讲《礼记》成为谈玄的契机，可知研治《礼记》在当时是一种潮流。唐长孺将此现象概括为"礼玄双修"："当时著名玄学家往往深通礼制，礼学专家也往往兼注'三玄'。"又曰："桓温听礼，忽然有咫尺玄门的体会，假使不是讲者与听者先有名教与自然，儒之与道互相贯通的观点是不会有此想的。由礼以窥玄，即是在名教中显示自然，这就是乐广所云'名教内自有乐地'之说。"④ 又《言语》第七〇条，王羲之与谢安关于清谈误国的辩论：

> 王右军与谢太傅共登冶城，谢悠然远想，有高世之志。王谓谢曰："夏禹勤王，手足胼胝；文王旰食，日不暇给。今四郊多垒，宜人人自效；而虚谈费务，浮文妨要，恐非当今所宜。"谢答曰："秦任商鞅，二世而亡，岂清言致患邪？"⑤

王羲之以大禹、文王两位古圣勤政为例，结合时政批评清谈误国。《曲

---

① 章太炎：《五朝学》，《章太炎全集》第 4 册，上海人民出版社 1985 年版，第 75—76 页。
② （南朝宋）刘义庆撰，徐震堮校笺：《世说新语校笺》，中华书局 1984 年版，第 68 页。
③ 唐翼明：《魏晋清谈》，天地出版社 2018 年版，第 123 页。
④ 唐长孺：《魏晋南北朝史论丛》（外一种），河北教育出版社 2000 年版，第 324—325 页。
⑤ （南朝宋）刘义庆撰，徐震堮校笺：《世说新语校笺》，中华书局 1984 年版，第 71 页。

礼上》"四郊多垒，此卿大夫之辱也"，王羲之以"四郊多垒"批评谢安"悠然远想，有高世之志"，不能效法先圣勤政，所言可与王导"当共戮力王室，克复神州，何至作楚囚相对"(《言语》第三一条)① 之言并论。

总之，"正是得益于两晋时期玄学与礼学的互动，六朝礼学才会取得如此巨大的成就，而南朝儒学也才能得以真正的复兴"②。六朝《礼记》学的蓬勃发展，与六朝文学、玄学的繁荣，相辅相成，相得益彰。

---

① （南朝宋）刘义庆撰，徐震堮校笺：《世说新语校笺》，中华书局1984年版，第501页。
② 喻双：《论两晋礼学与玄学的互动》，《求索》2015年第9期。

第三章 《礼记正义》修撰考述

有唐一代最重要的经学活动，也堪称最重要的学术活动，就是贞观年间孔颖达等修撰《五经正义》。唐太宗"诏国子祭酒孔颖达与诸儒撰定《五经义疏》，凡一百七十卷，名曰《五经正义》，令天下传习"[1]，昭示着中国经学史上的"经学统一时代"[2]的到来。

周予同认为，"经"应具有三个特点：第一，"'经'是中国封建专制政府'法定'的古代儒家书籍，随着中国封建社会的发展和统治阶级的需要，'经'的领域在逐渐扩张"；第二，"'经'是以孔子为代表的古代儒家书籍，它不仅为中国封建专制政府所'法定'，认为合法的'经典'，而且是在所有合法书籍中挑选出来的"；第三，"'经'之所以被中国封建专制政府从所有合法书籍中挑选出来'法定'为'经'，正是由于它能符合封建统治阶级的需求"[3]。对于初唐经师来说，修撰《五经正义》无疑是一生中最为辉煌的学术活动。而《礼记》入列《五经》，主要取决于唐太宗的定夺，并非仅出于孔颖达等经师的取舍。这是一次由唐朝最高统治者发起、由中央政府主导的学术活动，稳定的政局、强大的国力与最高层的重视，为《五经正义》的成功修撰提供了保障，而政治因素无疑又干预了学术的自由发展，势必影响《五经正义》的学术取舍。《五经正义》的修撰颁布，是以唐太宗为代表的政治家与以孔颖达为代表的经学家，共同审时度势、顺应时代潮流整合儒学以适应"大一统"政局的需要。

第一节 孔颖达的生平事迹与学术活动

一代鸿儒孔颖达（574—648），其人生可以隋唐更迭、即以入唐为界分

---

[1]（后晋）刘昫等撰：《旧唐书》，中华书局1975年版，第4941页。
[2]（清）皮锡瑞著，周予同注释：《经学历史》，中华书局1959年版，第193页。
[3] 周予同著，朱维铮编：《"经"、"经学"、经学史——中国经学史论之一》，《周予同经学史论著选集》，上海人民出版社1996年版，第649—661页。

为前后两个时期：唐前，主要是潜心治学，教授生徒，虽曾出仕，但颇不得志；入唐后，知遇明主，修撰经史典籍成就斐然，仕途得志，官拜国子祭酒，晋升子爵。孔颖达学术成就主要有经学、史学与文学三部分，以经学为重。应注意的是，与唐太宗的交往，特别是君臣论学，在孔颖达人生中占据至关重要的一环。唐太宗令其总领修撰《五经正义》，不仅是对其经学成就的肯定，也是对其人品的认可。

一 关于孔颖达现存史料的考辨

关于孔氏生平的历史文献，重要者有七。不过，既有残缺不全甚而相互抵牾之说，亦不乏真假难辨之作。学界关于孔颖达生平的研究也取得了一定成果，值得参考。

（一）相关文献梳理

1. 七种主要史料

一是《旧唐书》孔颖达本传。二是《新唐书》孔颖达本传以及《宰相世系五下》。三是《孔颖达碑铭》。贞观二十二年（648），孔颖达病逝，同僚于志宁撰《大唐故太子右庶子银青光禄大夫国子祭酒上护军曲阜宪公孔公碑铭》，后收录于清王昶《金石萃编》卷四七[1]、董诰《全唐文》卷一四五。武德年间，于、孔同列秦王府"十八学士"；贞观年间，又分别担任太子李承乾左、右庶子，前后共事达二十余年。于氏《碑铭》虽不乏谀美之词，但也是了解孔颖达生平的最可靠资料，可惜已残损不全。据统计，《碑铭》"凡二千五百字"，至《金石萃编》所录"尚存一千六百余字，磨灭漫漶，剥泐已多"，而《全唐文》收录"所据揭本，存字较《金石萃编》稍多"[2]，可与相关文献比勘。四是唐吴兢编著的《贞观政要》。该书记载唐太宗、魏徵、房玄龄等贞观君臣的议政施政，于孔颖达亦有所记载，可与两《唐书》等互相参考。五是宋王钦若等编的《册府元龟》，记载孔颖达事颇多，排除与两《唐书》记载相同外，不乏一些具体而细微之处，可补唐史之不足。六是司马光编著《资治通鉴》卷一百八十七《唐纪三》载，高祖武德二年（619），王世充尝令长史韦节、杨续、孔颖达，为其造禅代仪[3]。七是明郑

---

[1] （清）王昶：《金石萃编》，《历代墓志丛书》第5册，江苏古籍出版社1998年版，第30—36页。按申屠炉明：《孔颖达 颜师古评传》，南京大学出版社2006年版，第1页："卷四十七"作"卷七"，误。

[2] 陈冠明：《孔颖达年谱》，周延良主编：《中国古典文献学丛刊》（第五卷），香港国际炎黄文化出版社2006年版，第115页。

[3] （宋）司马光编著，（元）胡三省音注：《资治通鉴》，中华书局1956年版，第5852—5853页。

真编纂《荥阳外史集》涉及孔颖达材料有三：卷三十九有《唐十八学士夜宴图》跋文一篇，卷五十有《唐十八学士登瀛洲图》赞文一篇，卷六十有题曰"贞观十四年祭酒孔颖达上《五经正义表》"表文一篇[1]。

此外，唐以来诸多史传、类书、书目、笔记等相关记载，如释道宣《续高僧传》卷三《释慧净》载，贞观十三年（639），释慧净与道士蔡晃、国子祭酒孔颖达辩难事（卷三《释慧净》）[2]；欧阳修《集古录跋尾》卷五《唐孔颖达碑跋》、沈括《梦溪笔谈》卷三《辨证一》关于孔颖达字号的考辨，皆弥足珍贵。

2. 今人研究成果举要

一是日人内藤虎次郎撰《孔冲远祭酒年谱》。日本每日新闻社影印金泽文库藏宋板《尚书正义》，附有内藤虎次郎《孔冲远祭酒年谱》，系较早梳理孔颖达生平之作，内容简略。经于式玉女士翻译，载于《燕京大学图书馆报》1931 年第 6、第 7 期。二是陈冠明在《孔颖达年谱略稿》的基础上完善而成的《孔颖达年谱》[3]，考辨严谨，事无巨细。尤其对历史文献诸多抵牾之说详加辨析，裁断中肯，是一篇考察孔颖达事迹的重要文献。陈冠明另撰有《孔颖达世系及入唐前行实考》[4] 一文。三是申屠炉明《孔颖达 颜师古评传》及其附录的《孔颖达 颜师古大事年表》，该书在考察孔颖达家世与生平的基础上，以经学史、思想史的广阔视野，深入论述孔氏学术贡献[5]。

近年来，出现一批关于《五经正义》研究的论著、论文，涉及孔氏生平考辨与学术评介。如安敏的《〈春秋左传正义〉研究》、张立兵的《论〈毛诗正义〉的学术成就》、韩宏韬的《〈毛诗正义〉研究》等，皆值得借鉴。

（二）关于部分文献记载不一或真伪的考辨

以上记载时有不一，今择其中关于孔氏字号、世系排行、子嗣与有无画图"凌烟阁"四个问题进行讨论，特别是字号与有无画图"凌烟阁"已成千年公案，须一一考辨。

1. 孔氏字号辨

关于孔颖达字号，起码有"仲达""冲远""颖达""仲远""冲达"五说。其一，字仲达。两《唐书》本传均作"仲达"。《旧唐书》本传曰"孔

---

[1] （明）郑真：《荥阳外史集》（外二种），上海古籍出版社 1991 年版。
[2] （唐）道宣撰，郭绍林点校：《续高僧传》，中华书局 2014 年版，第 79—80 页。
[3] 陈冠明撰：《孔颖达年谱》，周延良主编：《中国古典文献学丛刊》（第五卷），香港国际炎黄文化出版社 2006 年版，第 115—170 页。
[4] 陈冠明：《孔颖达世系及入唐前行实考》，《阴山学刊》2003 年第 5 期。
[5] 申屠炉明：《孔颖达 颜师古评传》，南京大学出版社 2006 年版。

颖达字冲远",卷末《校勘记》(二):"冲远 各本原作'仲达',据于志宁《曲阜宪公孔公碑铭》改。"①可知原作"字仲达"。《新唐书·儒学上》曰"孔颖达,字仲达"②,《新唐书·宰相世系五下》又曰"颖达字冲远"③,自相矛盾。其二,字冲远。于志宁《碑铭》曰"公讳颖达,字冲远"④。欧阳修《集古录·唐孔颖达碑》跋文:"右《孔颖达碑》,于志宁撰。其文摩灭,然尚可读。今以其可见者质于《唐书》列传,《传》所阙者,不载颖达卒时年寿,其与魏郑公奉敕共修《隋书》亦不著。《传》云字仲达,《碑》云字冲远。碑字多残缺,惟其名字特完,可以正《传》之缪不疑。"⑤其三,字颖达。沈括《梦溪笔谈·辨证一》:"余家有阎博陵画唐秦府十八学士,各有真赞,亦唐人书,多与旧史不同。姚柬字思廉,旧史乃姚思廉字简之。苏台、陆元朗、薛庄,《唐书》皆以字为名。李玄道、盖文达、于志宁、许敬宗、刘孝孙、蔡允恭,《唐书》皆不书字。房玄龄字乔年,《唐书》乃房乔字玄龄。孔颖达字颖达,《唐书》字仲达。苏典签名从日从九,《唐书》乃从日从助。许敬宗、薛庄官皆直记室,《唐书》乃摄记室。盖《唐书》成于后人之手,所传容有讹谬,此乃当时所记也。以旧史考之,魏郑公对太宗云:'目如悬铃者佳。'则玄龄果名,非字也。然苏世长,太宗召对玄武门,问云:'卿何名长意短?'后乃为学士。似为学士时,方更名耳。"⑥核之史传,其说甚是。其四,字仲远。《全唐文》收录《碑铭》曰"公讳颖达,字冲远",而名下小传又曰"颖达字仲达"⑦。其五,字冲达。此说见于一些学术著作,如羊春秋《领略传统学术的魅力》"孔颖达:字仲达,一作冲达"⑧。

内藤虎次郎、陈冠明、申屠炉明、安敏等皆从"字冲远"说。于志宁《碑铭》就孔氏生平、姓字等记载可信,佐以欧阳修之言,毋庸置疑。《全唐文》小传曰"仲远",疑为"冲远"刊刻之误。沈括之说影响不大,而核之现行《旧唐书》甚合,知其所言不虚,"字颖达"说,不可轻易否定。至于"字冲达",或系"冲远"所讹。陈冠明《年谱》认为,孔颖达"名与字

---

① (后晋)刘昫等撰:《旧唐书》,中华书局1975年版,第2601、2605页。
② (宋)欧阳修、宋祁:《新唐书》,中华书局1975年版,第5643页。
③ (宋)欧阳修、宋祁:《新唐书》,中华书局1975年版,第3433页。
④ (清)王昶:《金石萃编》,《历代墓志丛书》第5册,江苏古籍出版社1998年版,第30—36页。
⑤ (宋)欧阳修著,李逸安点校:《欧阳修全集》第5册,中华书局2001年版,第2194页。
⑥ (宋)沈括著,侯真平校点:《梦溪笔谈》,岳麓书社2002年版,第18页。
⑦ (清)董诰等:《全唐文》,中华书局1983年版,第1461—1464、1472页。
⑧ 羊春秋:《领略传统学术的魅力》,湖南师范大学出版社1998年版,第88页。

所蕴含之义：志向淡泊而高远，能脱颖而出达到目的"①。综合诸说，以孔氏字"冲远"为上。

２．"孔子三十二代孙"与"孔子三十三代孙"辨

申屠炉明认为，"孔安即孔颖达之父。自孔子至此三十三世，则孔颖达为孔子第三十三代孙"②。"至此"一词指代不清，若指孔安，反推之，孔颖达为"孔子第三十三代孙"；若指孔颖达，则上推一代，为"孔子三十二代孙"。陈冠明、张立兵认为，孔颖达"为孔子三十二代孙"："孔福以前的世系为：孔子、鲤、伋、白、永、箕、穿、谦、腾、忠、武、延年、霸、福，孔福为孔子第十四世孙。这样可以推知《新唐书·宰相世系表》里提到的孔福七世孙孔郁为孔子二十一世孙，孔郁之子孔扬为孔子二十二世孙，孔扬七世孙孔灵龟则为孔子二十九代孙，其子孔硕为孔子三十代孙。又据于志宁《大唐故太子右庶子银青光禄大夫国子祭酒上护军曲阜宪公孔公碑铭》，孔颖达祖父为孔硕，任'魏制书侍御史'。孔颖达父亲为孔安，任'齐青州法曹参军'。则孔颖达为孔子三十二代孙无疑。"③ 推理严密。《宰相世系五下》又曰"曲阜宪公颖达族孙务本。自孔子至是三十五世"④，则自孔子至颖达三十三世，无疑为孔子三十二世孙。

３．子嗣及其名号辨

《旧唐书》本传未言及孔颖达子嗣，《新唐书》本传："颖达子志，终司业。志子惠元，力学寡言，又为司业，擢累太子谕德。三世司业，时人美之。"⑤ 似言孔颖达仅有一子名"志"者。又《宰相世系五下》"颖达字冲远，国子祭酒、曲阜宪公"条下：

志玄，国子司业。——惠元，国子司业。——立言，祠部郎中；昚言，黄州刺史。
志约，礼部郎中。——琮，洪州都督。
志亮，中书舍人。⑥

---

① 陈冠明撰：《孔颖达年谱》，周延良主编：《中国古典文献学丛刊》（第五卷），香港国际炎黄文化出版社 2006 年版，第 119 页。
② 申屠炉明：《孔颖达　颜师古评传》，南京大学出版社 2006 年版，第 1 页。
③ 张立兵：《论〈毛诗正义〉的学术成就》，扬州大学 2007 年博士学位论文，第 144—154 页。
④ （宋）欧阳修、宋祁：《新唐书》，中华书局 1975 年版，第 3434 页。
⑤ （宋）欧阳修、宋祁：《新唐书》，中华书局 1975 年版，第 5644—5645 页。
⑥ （宋）欧阳修、宋祁：《新唐书》，中华书局 1975 年版，第 3433—3434 页。

可知孔颖达有三子：志玄，志约，志亮。《新唐书》本传所谓"志"，当指长子孔志玄，因避宋讳而省"玄"字①。宋太祖赵匡胤，字元朗，"玄""元"通。《新唐书》仅介绍嫡长而已。由孔颖达诸子入仕情形，可知皆深受乃父影响。

4. 画图"十八学士图"与"凌烟阁图"辨

据《旧唐书》本传，贞观十八年（644），"图形于凌烟阁，赞曰：'道光列第，凤传阙里。精义霞开，掞辞飙起。'"②《旧唐书》太宗本纪，十七年（643）春，"诏图画司徒、赵国公无忌等勋臣二十四人于凌烟阁"③。后世遂有"二次图画功臣二十五人"说，即认为图画长孙无忌等之后，翌年又图画孔颖达于凌烟阁④。钱大昕《廿二史考异·旧唐书三》"孔颖达传"条辨曰："颖达不在凌烟功臣之列，且凌烟功臣亦无赞词。此传所载者，当是褚亮所撰《十八学士图赞》语，误以为'凌烟阁'耳。《十八学士赞》见于《旧史》者，惟姚思廉与颖达二人。"⑤陈冠明承钱氏说，以"旧传所载大误，其事、其赞，皆为张冠李戴"，因为"其赞为褚亮所作《十八学士赞》"⑥，而非《旧唐书》本传所言凌烟阁图赞。

《旧唐书》褚亮本传详载唐太宗招揽文士的时代背景、"十八学士"的具体名单及其职务、唐太宗礼贤"十八学士"并与之切磋学术的热烈情形：

> 始太宗既平寇乱，留意儒学，乃于宫城西起文学馆，以待四方文士。于是，以属大行台司勋郎中杜如晦，记室考功郎中房玄龄及于志宁，军谘祭酒苏世长，天策府记室薛收，文学褚亮、姚思廉，太学博士陆德明、孔颖达，主簿李玄道，天策仓曹李守素，记室参军虞世南，参军事蔡允恭、颜相时，著作佐郎摄记室许敬宗、薛元敬，太学助教盖文达，军谘典签苏勖，并以本官兼文学馆学士。及薛收卒，复征东虞州录事参军刘孝孙入馆。寻遣图其状貌，题其名字、爵里，乃命亮为之像赞，号《十八学士写真图》，藏之书府，以彰礼贤之重也。诸学士并给珍膳，分为三番，更直宿于阁下，每军国务静，参谒归休，即便引见，

---

① 陈冠明撰：《孔颖达年谱》，周延良主编：《中国古典文献学丛刊》（第五卷），香港国际炎黄文化出版社2006年版，第169页。
② （后晋）刘昫等：《旧唐书》，中华书局1975年版，第2603页。
③ （后晋）刘昫等：《旧唐书》，中华书局1975年版，第55页。
④ 李建国：《唐代英儒第一家：经学大师孔颖达其人其事》，《文史知识》1990年第12期。
⑤ （清）钱大昕著，方诗铭、周殿杰校点：《廿二史考异》，上海古籍出版社2004年版，第855页。
⑥ 陈冠明撰：《孔颖达年谱》，周延良主编：《中国古典文献学丛刊》（第五卷），香港国际炎黄文化出版社2006年版，第158页。

讨论坟籍，商略前载。预入馆者，时所倾慕，谓之"登瀛洲"。①

《旧唐书》阎立本本传，"尤善图画，工于写真，《秦府十八学士图》及贞观中《凌烟阁功臣图》，并立本之迹也"②。二图皆阎立本所画，而赞辞作者有异，《十八学士图赞辞》为褚亮作，《凌烟阁功臣赞》为唐太宗御撰③，可见尊崇有差。图形凌烟阁是为了表彰武德、贞观年间的开国元勋，其事详见《旧唐书》长孙无忌本传④。据《资治通鉴·唐纪五》，文学馆的建立与"十八学士"的征集，实于武德四年（621）⑤。同时入选"十八学士""二十四功臣"并图形者三人：房玄龄、杜如晦、虞世南。孔颖达作为经师，本无资格图形凌烟阁。李贺《南园》（其五）："男儿何不带吴钩，收取关山五十州。请君暂上凌烟阁，若个书生万户侯？"⑥凌烟阁实与皓首穷经的儒生毫无关联。

二 孔颖达的治学与仕宦

孔颖达自幼勤奋读书，青年时访学名儒，学成之后以教授为业。其由教学乡里到任教国子，再由国子博士升任国子祭酒。教授生徒与著书立说，几乎成为孔颖达生活的全部，其人生阅历为修撰《五经正义》打下了扎实的基础。受儒学入世思想影响，他渴望为官以施展抱负。孔子曰："天下有道则见，无道则隐。邦有道，贫且贱焉，耻也；邦无道，富且贵焉，耻也。"⑦孔颖达一生中的治经、讲学、为宦、著述，以及隋末之际的归隐、晚年的致仕，皆是践行儒学经义。

（一）入唐前的潜心治学与坎坷仕途

1. 圣人后裔，仕宦之家

孔颖达身世，尤其值得关注者有二：圣人后裔与仕宦之家。曾祖孔灵龟

---

① （后晋）刘昫等撰：《旧唐书》，中华书局 1975 年版，第 2582 页。另见（宋）王溥《唐会要》，中华书局 1955 年版，第 1117 页。

② （后晋）刘昫等撰：《旧唐书》，中华书局 1975 年版，第 2680 页。

③ 《新唐书·艺文志四》录有唐太宗《凌烟阁功臣赞》一卷。参见（宋）欧阳修、宋祁《新唐书》，中华书局 1975 年版，第 1617 页。

④ （后晋）刘昫等撰：《旧唐书》，中华书局 1975 年版，第 2451—2452 页。

⑤ （宋）司马光编著，（元）胡三省音注：《资治通鉴》，中华书局 1956 年版，第 5931—5932 页。

⑥ （唐）李贺著，（清）王琦等评注：《三家评注李长吉歌诗》，中华书局 1959 年版，第 61—62 页。

⑦ （清）阮元校刻：《十三经注疏·论语注疏》（附校勘记），中华书局 1980 年版，第 2487 页中栏。

为北魏国子博士，祖父孔硕任北魏治书侍御史，父亲孔安为北齐青州法曹参军。深受孔圣道德和儒学世家影响，孔颖达自幼立志向学，熟读《五经》，修养道德；学成之后，教授生徒，勤于撰述，最终成为一代鸿儒，成就了立德、立功、立言的不朽人生。

2. 聪慧好学，博通《五经》

《曲礼上》："人生十年曰幼，学。"《新唐书》孔颖达本传曰："八岁就学，诵记日千余言，暗记《三礼义宗》。及长，明服氏《春秋传》，郑氏《尚书》《诗》《礼记》，王氏《易》。善属文，通步历。"① 可知其不仅聪慧，而且勤学，治学领域则是以《五经》为中心的经学。《册府元龟·总录部·幼敏三》："孔颖达年八岁就学，日读千余言，至暮更诵，未尝嬉戏，有异凡童。《三礼义宗》尽能闇记。"② 对其早慧勤学似有渲染。《文献通考》"《三礼义宗》三十卷"条："《崇文总目》：'梁明威将军崔灵恩撰。其书合《周礼》《仪礼》、二戴之学，敷述贯穿，该悉其义，合一百五十六篇，推衍闳深，有名前世云。'晁氏曰：'此书在唐一百五十篇，今存者一百二十七篇。凡两戴、王郑异同，皆援引古谊，商略其可否，为礼学之最。'陈氏曰：'凡一百四十九条，其说推本"三礼"，参取诸儒之论，博而核矣。'"③ 孔氏幼读《五经》，尤善"三礼"，博通汉魏经学家服虔、郑玄、王弼等之学，这样的学术素养是总领修撰《五经正义》的基础。

3. 求学问道，遍访名师

子曰："三人行，必有我师焉。"（《述而》）《学记》曰："独学而无友，则孤陋而寡闻。"青年孔颖达首先访学于同郡大儒刘焯之门。《旧唐书》本传："同郡刘焯名重海内，颖达造其门。焯初不之礼，颖达请质疑滞，多出其意表，焯改容敬之。颖达固辞归，焯固留不可。还家，以教授为务。"④ 刘焯（544—608）长颖达三十岁，对颖达由"不礼"到"敬之"，再到"固留"，说明认可其人。《册府元龟·总录部·儒学二》曰，"颖达察焯不能出己之右，于是请质疑滞，皆出其意表，焯改容敬之。颖达因辞归，焯固留不

---

① （宋）欧阳修、宋祁：《新唐书》，中华书局1975年版，第5643页。（后晋）刘昫等：《旧唐书》孔颖达本传，中华书局1975年版，第2601页："颖达八岁就学，日诵千余言。及长，尤明《左氏传》，郑氏《尚书》，王氏《易》，《毛诗》《礼记》，兼善算历，解属文。"较之《旧唐书》，此明言孔氏所习《左氏传》为服虔《春秋左氏解谊》。而且，《新唐书》所载"郑氏《尚书》《诗》《礼记》，王氏《易》"，较之《旧唐书》"郑氏《尚书》，王氏《易》，《毛诗》《礼记》"，当从《新唐书》说。
② （宋）王钦若等：《册府元龟》，中华书局1960年影印版，第9211页。
③ （元）马端临：《文献通考》，中华书局1986年版，第1561页中栏。
④ （后晋）刘昫等：《旧唐书》，中华书局1975年版，第2601页。

可，还家以教授为务"①。"颖达察焯不能出己之右"云云，所言自相矛盾②，借抑刘而扬孔，实不可信。《隋书》刘焯本传："少与河间刘炫结盟为友，同受《诗》于同郡刘轨思，受《左传》于广平郭懋常，问《礼》于阜城熊安生，皆不卒业而去。武强交津桥刘智海家素多坟籍，焯与炫就之读书，向经十载，虽衣食不继，晏如也。遂以儒学知名，为州博士。……著《稽极》十卷，《历书》十卷，《五经述议》，并行于世。刘炫聪明博学，名亚于焯，故时人称'二刘'焉。天下名儒后进，质疑受业，不远千里而至者，不可胜数。论者以为数百年已来，博学通儒，无能出其右者。然怀抱不旷，又啬于财，不行束修者，未尝有所教诲，时人以此少之。"③孔颖达固辞还家，盖对其人品感到失望。

时世风不古，儒者多有好货贪名者。《隋书·儒林传》："爰自汉魏，硕学多清通；逮乎近古，巨儒多鄙俗。文武不坠，弘之在人，岂独愚蔽于当今，而皆明哲于往昔？在乎用与不用，知与不知耳。然曩之弼谐庶绩，必举德于鸿儒；近代左右邦家，咸取士于刀笔。纵有学优入室，勤逾刺股，名高海内，擢第甲科，若命偶时来，未有望于青紫；或数将运舛，必见弃于草泽。然则古之学者，禄在其中；今之学者，困于贫贱。明达之人，志识之士，安肯滞于所习，以求贫贱者哉！此所以儒罕通人，学多鄙俗者也。"④"二刘"生不逢时，难以安贫乐道，青年孔颖达性格耿直，不屑刘焯人品，遂不欢而别。

《旧唐书·儒学上》盖文达本传载，孔颖达、盖文达与刘焯论学："刺史窦抗尝广集儒生，令相问难，其大儒刘焯、刘轨思、孔颖达咸在坐，文达亦参焉。"⑤刘轨思、刘焯皆为前辈学者，孔颖达与二人并以大儒身份同座，说明其已跻身一流学者之列，或与刘焯的认可不无关系。

4. 明经举第，始入仕途

《旧唐书》本传曰："隋大业初，举明经高第，授河内郡博士。时炀帝征诸郡儒官集于东都，令国子秘书学士与之论难，颖达为最。时颖达少年，而先辈宿儒耻为之屈，潜遣刺客图之。礼部尚书杨玄感舍之于家，由是获

---

① （宋）王钦若等：《册府元龟》，中华书局1960年影印版，第9127页。
② 陈冠明撰：《孔颖达年谱》，周延良主编：《中国古典文献学丛刊》（第五卷），周延良主编：《中国古典文献学丛刊》（第五卷），香港国际炎黄文化出版社2006年版，第120—121页。
③ （唐）魏徵等：《隋书》，中华书局1973年版，第1718—1719页。
④ （唐）魏徵等：《隋书》，中华书局1973年版，第1706页。
⑤ （后晋）刘昫等：《旧唐书》，中华书局1975年版，第4951页。

免。补太学助教。"① 颖达才华超群，又锋芒毕露，致人嫉恨，险遭不测。也说明杨隋上层未能营造一种良好的学术交流氛围。孔颖达于大业元年（605）举第，时三十二岁②，后任河内郡博士。杨玄感保护并擢拔孔颖达为太学助教，由地方入职朝廷，时三十七岁。

5. 避乱虎牢，委曲求全

《旧唐书》本传曰"属隋乱，避地于武牢"，武牢即"虎牢"，避李渊祖父李虎讳改。自其任职隋太学助教至入唐，十五六年之间，绝非此八字可简单概括。炀帝奢侈腐化、穷兵黩武，大业七年（611）、大业八年（612）两伐高丽，损失惨重。加之天灾不断，民不聊生，天下揭竿而起。大业九年（613），"杨玄感反于黎阳"③，后兵败被杀，株连冤死者甚众，"所戮者数万人，皆籍没其家"④。孔颖达应在其叛隋之前已离开洛阳，避乱虎牢。然而，仍被卷入政治旋涡。《资治通鉴·唐纪三》："王世充令长史韦节、杨续等及太常博士衡水孔颖达，造禅代仪，遣段达、云定兴等十余人入奏皇泰主曰：'天命不常，郑王功德甚盛，愿陛下遵唐虞之迹！'"⑤两《唐书》本传未载此事，盖讳言之⑥。孔颖达时年四十六岁，已非年轻气盛，为王世充造禅代仪，委曲求全而已。以上是其入唐前的主要人生历程。

（二）入唐后的著书立说与仕宦生涯

入唐后，孔颖达的人生主要围绕"仕宦""著书""教授"三者展开：切磋学术，以备顾问；参政议政，制定礼仪；著书立说，编纂典籍；任教国子，甚至教导太子；等等。

1. 知遇明主，跻身"十八学士"之列

据《旧唐书》本传，"太宗平王世充，引为秦府文学馆学士"，颖达于武德四年（621）入唐。《旧唐书·褚亮》本传曰"太学博士陆德明、孔颖

---

① （后晋）刘昫等：《旧唐书》，中华书局1975年版，第2601页。
② 陈冠明撰：《孔颖达年谱》，周延良主编：《中国古典文献学丛刊》（第五卷），香港国际炎黄文化出版社2006年版，第122页。
③ （唐）魏徵等：《隋书》，中华书局1973年版，第84页。
④ （唐）魏徵等：《隋书》，中华书局1973年版，第1575页。
⑤ （宋）司马光编著，（元）胡三省音注：《资治通鉴》，中华书局1956年版，第5851页。
⑥ 关于孔颖达参与王世充造禅代仪之事，学者多避而不谈。据《旧唐书》卷54《王世充传》："世充立三榜于府门之外：一求文才学识堪济世务者，一求武艺绝人摧锋陷阵者，一求能理冤枉拥抑不申者。于是上书陈事，日有数百，世充皆躬自省览，殷勤慰劳。"时孔颖达避乱虎牢，盖因求贤榜入洛阳。其实，隋末大乱，群雄逐鹿。贞观重臣中，于入唐前后，数易其主者大有人在，尤以一代谏臣魏徵为典型，在辅佐唐太宗之前，先后事奉元宝藏、李密、窦建德、李建成等。

达",与学术前辈陆德明并称。孔颖达以太学博士兼秦府"学士",时年四十八岁。

2. 仕途亨通,屡有升迁

《旧唐书》本传,"武德九年,擢授国子博士。贞观初,封曲阜县男,转给事中"①。《册府元龟·学校部·选任》:"太宗在藩,引为秦府文学馆学士,及即位,擢授国子博士。"② 唐国子、太学皆为国家最高学府和教育管理机构,据《通典·职官》,国子博士正五品,太学博士仅从七品③。《册府元龟·帝王部·庆赐第二》:"唐太宗以武德九年八月甲子即位于东宫,大赦天下,文武官五品以上,先无爵者赐爵一级,六品以下加勋一转。"④ 孔颖达此次升迁,实与唐太宗相关。

3. 教导太子,恪尽职守

《旧唐书》本传:贞观"六年,累除国子司业。岁余,迁太子右庶子,仍兼国子司业"⑤。六年后,升国子司业,从四品;又一年,迁太子右庶子,正四品⑥。其实,孔颖达教授李承乾,始于贞观初。《册府元龟·宫臣部·选任》:"孔颖达为给侍中,以正直称。庶人承乾之在东宫也,妙选朝望为官属。以颖达为太子中允,累迁常侍、国子祭酒,仍侍讲东宫。"⑦ 颖达贞观初任给事中,并得以教导太子。史书对孔颖达的尽心尽职多有记载,《贞观政要·规谏太子》:"贞观中,太子承乾数亏礼度,侈纵日甚,太子左庶子于志宁撰《谏苑》二十卷讽之。是时太子右庶子孔颖达每犯颜进谏。承乾乳母遂安夫人谓颖达曰:'太子长成,何宜屡得面折?'对曰:'蒙国厚恩,死无所恨。'谏诤愈切。承乾令撰《孝经义疏》,颖达又因文见意,愈广规谏之道。太宗并嘉纳之,二人各赐帛五百匹,黄金一斤,以励承乾之意。"⑧ 于志宁撰书讽谏李承乾,孔颖达则"犯颜进谏",以致引起太子乳母不满。李承乾对犯颜进谏者,"往往遣人阴图害之"(《常山王承乾传》)⑨,此足见孔颖达的耿直与胆识。

---

① (后晋)刘昫等:《旧唐书》,中华书局1975年版,第2601页。
② (宋)王钦若等:《册府元龟》,中华书局1960年影印版,第7167页。
③ (唐)杜佑撰,王文锦点校:《通典》,中华书局1988年版,第1075、1077页。
④ (宋)王钦若等:《册府元龟》,中华书局1960年影印版,第923页。
⑤ (后晋)刘昫等:《旧唐书》,中华书局1975年版,第2602页。
⑥ (唐)杜佑撰,王文锦点校:《通典》,中华书局1988年版,第1074页。
⑦ (宋)王钦若等:《册府元龟》,中华书局1960年影印版,第8438页。
⑧ (唐)吴兢撰,谢保成集校:《贞观政要集校》,中华书局2003年版,第236页。
⑨ (宋)欧阳修、宋祁:《新唐书》,中华书局1975年版,第3564页。

4. 勤于撰述，成就不朽

孔颖达在学术上取得斐然成就，多次得到唐太宗的肯定，谓之"不朽"①。其职务升迁与学术活动紧密相关："与诸儒议历及明堂，皆从颖达之说。又与魏徵撰成《隋史》，加位散骑常侍。十一年，又与朝贤修定《五礼》，所有疑滞，咸谘决之。书成，进爵为子，赐物三百段。……十二年，拜国子祭酒，仍侍讲东宫。十四年，太宗幸国学观释奠，命颖达讲《孝经》，既毕，颖达上《释奠颂》，手诏褒美。"② 诸儒"皆从颖达之说"，说明孔颖达已为贞观朝学术权威，又因修撰《隋书》升迁散骑常侍，从三品③。贞观十一年（637），参撰《五礼》，"所有疑滞，咸谘决之"，说明其是礼学权威，由男爵晋为子爵。贞观十二年（638），孔颖达六十五岁，任国子祭酒。这是对其学识与道德的肯定。李唐国子祭酒，"皆以儒学优重者为之""掌监学之政""皇太子受业，则执经讲说"④，还主持释奠礼祭祀先圣先师，为天子、太子及群臣讲经，荣耀非凡。

5. 陪葬昭陵，谥号曰"宪"

《曲礼上》曰"大夫七十而致事"，贞观十七年（643），孔颖达年老致仕。贞观二十二年（648）卒，飨年七十五岁，"陪葬昭陵，赠太常卿，谥曰宪"⑤。孔颖达与开国元勋、贞观重臣长孙无忌、魏徵、房玄龄、李靖等一道陪葬昭陵，足以体现唐太宗之恩宠。《乐记》曰"观其舞，知其德；闻其谥，知其行也"；《逸周书·谥法解》曰"谥者，行之迹也"，又曰"博闻多能曰宪"⑥。《说文解字》"宪，敏也"，段注曰："敏者，疾也。……引申之义为法也。"⑦ 谥号曰"宪"，不仅表彰了孔氏杰出的学术成就，还肯定了其品德的刚直不阿，有道德文章皆为后世师法之意。

孔颖达的学术成就，既归功于长期治学的积累，也受知于明主以及贞观盛世的时代机遇。对比孔氏在隋唐两个时代的经历，可知唐太宗对儒学的尊崇和对经师的褒奖，以及贞观君臣所营造的良好学术交流氛围。正是在这种背景下，孔颖达实现了人生最为辉煌的事业——修撰《五经正义》。孔颖达的尽职尽责，既是对不朽人生的积极追求，也是对唐太宗知遇之恩的回报。

---

① （后晋）刘昫等：《旧唐书》，中华书局1975年版，第2602—2603页。
② （后晋）刘昫等：《旧唐书》，中华书局1975年版，第2602页。
③ （唐）杜佑撰，王文锦点校：《通典》，中华书局1988年版，第1074页。
④ （唐）杜佑撰，王文锦点校：《通典》，中华书局1988年版，第764—765页。
⑤ （后晋）刘昫等：《旧唐书》，中华书局1975年版，第2603页。
⑥ 佚名撰，袁宏点校：《二十五别史·逸周书》，齐鲁书社2000年版，第68—69页。
⑦ （汉）许慎撰，（清）段玉裁注：《说文解字注》，上海古籍出版社1988年版，第503页上栏。

三 孔颖达的主要著述

孔颖达的著述主要包括经学、史学、文学三方面，而以经学为重。其经、史著述，保存下来的都是集体学术成就。《旧唐书·经籍志》录《孔颖达集》五卷①，篇目不会太少，惜乎全部散佚。

（一）经学著述

孔颖达经学著述有《五经正义》《五礼》《孝经义疏》等，此外，《全唐文》收文七篇，实质皆是经学论文。

1. 撰述《孝经义疏》（《孝经章句》），已佚

孔颖达任太子右庶子时撰，《旧唐书》本传："庶人承乾令撰《孝经义疏》，颖达因文见意，更广规讽之道，学者称之。"②《新唐书·艺文一》曰"孔颖达《孝经义疏》，卷亡"③，未著具体卷数。《旧唐书》本传又言："十四年，太宗幸国学观释奠，命颖达讲《孝经》，既毕，颖达上《释奠颂》，手诏褒美。"④ 可见，孔颖达对《孝经》颇有研究。其先以《孝经》教授太子，"因文见意"，注入己说，又为唐太宗君臣讲《孝经》，必然博采诸家。

2. 修撰《五礼》（《贞观礼》）

《旧唐书·礼仪志一》曰，唐太宗"践祚之初，悉兴文教，乃诏中书令房玄龄、秘书监魏徵等礼官学士，修改旧礼，定著《吉礼》六十一篇，《宾礼》四篇，《军礼》二十篇，《嘉礼》四十二篇，《凶礼》六篇，《国恤》五篇，总一百三十八篇，分为一百卷"⑤。《旧唐书》本传曰，"又与朝贤修定《五礼》，所有疑滞，咸谘决之"⑥。孔颖达精通礼学，对修撰《五礼》起到至关重要的作用。次年，官拜国子祭酒，领衔修撰《五经正义》。

3. 修撰《五经正义》

《五经正义》是孔颖达最重要的著述。唐太宗"又以儒学多门，章句繁杂，诏国子祭酒孔颖达与诸儒撰定《五经义疏》，凡一百七十卷，名曰《五经正义》，令天下传习"⑦。唐太宗御览《正义》，诏曰："卿等博综古今，义理该洽，考前儒之异说，符圣人之幽旨，实为不朽。"⑧ "实为不朽"四字，

---

① （后晋）刘昫等：《旧唐书》，中华书局1975年版，第2073页。
② （后晋）刘昫等：《旧唐书》，中华书局1975年版，第2602页。
③ （宋）欧阳修、宋祁：《新唐书》，中华书局1975年版，第1443页。
④ （后晋）刘昫等：《旧唐书》，中华书局1975年版，第2602页。
⑤ （后晋）刘昫等：《旧唐书》，中华书局1975年版，第816—817页。
⑥ （后晋）刘昫等：《旧唐书》，中华书局1975年版，第2602页。
⑦ （后晋）刘昫等：《旧唐书》，中华书局1975年版，第4941页。
⑧ （后晋）刘昫等：《旧唐书》，中华书局1975年版，第2602—2603页。

集中体现了对孔颖达及其团队的评价与赞誉。

（二）史学著述

孔氏史学成就主要在于参与修撰《隋书》，于志宁《碑铭》以"跨固超迁"① 褒奖之。《隋书》等五代史的修撰，发起于武德四年（621），未果。贞观三年（629），唐太宗诏令复修五代史，《旧唐书》令狐德棻本传："太宗复敕修撰，乃令德棻与秘书郎岑文本修《周史》，中书舍人李百药修《齐史》，著作郎姚思廉修《梁》《陈史》，秘书监魏徵修《隋史》，与尚书左仆射房玄龄总监诸代史。"② 孔颖达应于此时参与修撰。《旧唐书》魏徵本传："有诏遣令狐德棻、岑文本撰《周史》，孔颖达、许敬宗撰《隋史》，姚思廉撰《梁》《陈史》，李百药撰《齐史》。徵受诏总加撰定，多所损益，务存简正。"③ 又，刘知几《史通·古今正史》曰："皇家贞观初，敕中书侍郎颜师古、给事中孔颖达，共撰成《隋书》五十五卷，与新撰《周书》并行于时。"④ 颜师古、孔颖达先后是《隋书》的主要修撰人，魏徵总领其事。

（三）文学作品

于志宁《碑铭》以"含刘孕谢"⑤ 褒奖孔氏文学成就，刘桢、谢灵运皆以诗名世，而《全唐诗》及相关文献均未言及其诗作，或有诗不传。《全唐文》录文七篇：系《五经正义》序文五篇与《明堂议》《对〈论语〉问》。此外，郑真《荥阳外史集》载有贞观十四年（640）孔颖达上《五经正义表》。

《五经正义序》阐释了《五经》对于安邦定国、治理天下的重要意义，分别简述了《五经》的学术史，阐发了孔颖达的经学思想。序文极有文采，可领略其文学素养。《尚书正义序》："先君宣父，生于周末。有至德而无至位，修圣道以显圣人。芟烦乱而翦浮词，举宏纲而撮机要。上断唐虞，下终秦鲁，时经五代，书总百篇。采翡翠之羽毛，拔犀象之牙角。磬荆山之石，所得者连城；穷汉水之滨，所求者照乘。巍巍荡荡，无得而称；郁郁纷纷，于斯为盛。"⑥ 赞扬孔子整理《尚书》之功，文典而雅。《毛诗正义序》："六情静于中，百物荡于外。情缘物动，物感情迁。若政遇醇和，则欢娱被于朝

---

① （清）王昶：《金石萃编》，《历代墓志丛书》第 5 册，江苏古籍出版社 1998 年版，第 30—36 页。
② （后晋）刘昫等：《旧唐书》，中华书局 1975 年版，第 2598 页。
③ （后晋）刘昫等：《旧唐书》，中华书局 1975 年版，第 2549—2550 页。
④ （唐）刘知几撰，（清）浦起龙释：《史通通释》，上海古籍出版社 1978 年版，第 370 页。
⑤ （清）王昶：《金石萃编》，《历代墓志丛书》第 5 册，江苏古籍出版社 1998 年版，第 30—36 页。
⑥ （清）阮元校刻：《十三经注疏·尚书正义》（附校勘记），中华书局 1980 年版，第 110 页。

野；时当惨黩，亦怨刺形于咏歌。作之者所以畅怀舒愤，闻之者足以塞违从正。发诸情性，谐于律吕。故曰感天地，动鬼神，莫近于诗。此乃诗之为用，其利大矣。若夫哀乐之起，冥于自然；喜怒之端，非由人事。故燕雀表啁噍之感，鸾凤有歌舞之容。然则诗理之先，同夫开辟；诗迹所用，随运而移。上皇道质，故讽谕之情寡；中古政繁，亦讴歌之理切。"① 充分阐释了孔颖达的诗学思想：诗于政教意义重大，与时政密切相关；诗以情动人，发乎自然；诗理伴随天地而生，与时而变。另有《释奠颂》一篇，可视作文学作品，惜乎不传。贞观十四年（640），唐太宗幸国学观释奠，孔颖达上《释奠颂》，唐太宗作《答孔颖达上〈释奠颂〉手诏》以褒奖。于志宁《碑铭》赞曰："文艳雕龙，将五色而比彩；谐韵□风，与八音而同节。逸思掩于子玉，丽藻超于□□。"② 亦可见其文学才华。

四　孔颖达与唐太宗的学术交流

唐太宗、孔颖达君臣亦师亦友，是儒生梦寐以求的"圣贤相遇"。唐太宗对儒学的尊崇与唐初良好的学术氛围，为君臣论学提供了契机。

（一）探讨《论语》经义，借机进谏

孔颖达与唐太宗论《论语》经义，两《唐书》本传与《贞观政要·让谦》皆载其事，文字略有出入。《旧唐书》："时太宗初即位，留心庶政，颖达数进忠言，益见亲待。太宗尝问曰：'《论语》云："以能问于不能，以多问于寡，有若无，实若虚。"何谓也？'颖达对曰：'圣人设教，欲人谦光。己虽有能，不自矜大，仍就不能之人求访能事。己之才艺虽多，犹以为少，仍就寡少之人更求所益。己之虽有，其状若无。己之虽实，其容若虚。非唯匹庶，帝王之德，亦当如此。夫帝王内蕴神明，外须玄默，使深不可测，度不可知。《易》称"以蒙养正，以明夷莅众"，若其位居尊极，炫耀聪明，以才凌人，饰非拒谏，则上下情隔，君臣道乖。自古灭亡，莫不由此也。'太宗深善其对。"③ 孔颖达先答经义，由"非唯匹庶，帝王之德，亦当如此"以下，借机谏言。实则告诫唐太宗谦虚谨慎、牢记兴亡教训。唐太宗深知其

---

① （清）阮元校刻：《十三经注疏·毛诗正义》（附校勘记），中华书局1980年版，第261页。
② （清）王昶：《金石萃编》，《历代墓志丛书》第5册，江苏古籍出版社1998年版，第30—36页。"□"为缺字。
③ （后晋）刘昫等：《旧唐书》，中华书局1975年版，第2601—2602页。据（宋）欧阳修、宋祁《新唐书》，中华书局1975年版，第5644页："帝问：'孔子称："以能问于不能，以多问于寡，有若无，实若虚"，何谓也？'""以能问于不能"出自《论语·泰伯》："曾子曰：'以能问于不能，以多问于寡；有若无，实若虚，犯而不校，昔者吾友尝从事于斯矣。'"而非孔子所言。参见（清）阮元校刻《十三经注疏·论语注疏》（附校勘记），中华书局1980年版，第2486页下栏。

意，从谏如流。

(二) 议论天子藉田，坚持儒学经义

帝王躬耕藉田以示重农："夫农，天下之本也，其开藉田，朕亲率耕，以给宗庙粢盛。"① 然而，"晋时南迁，后魏来自云、朔，中原分裂，又杂以獯戎，代历周、隋，此礼久废"②。至贞观初方恢复其制："太宗贞观三年正月，亲祭先农，躬御耒耜，藉于千亩之甸。……议藉田方面所在，给事中孔颖达曰：'礼，天子藉田于南郊，诸侯于东郊。晋武帝犹于东南。今于城东置坛，不合古礼。'太宗曰：'礼缘人情，亦何常之有。且《虞书》云"平秩东作"，则是尧、舜敬授人时，已在东矣。又乘青辂、推黛耜者，所以顺于春气，故知合在东方。且朕见居少阳之地，田于东郊，盖其宜矣。'于是遂定。"③

孔颖达据《礼记》立说，《祭义》："昔者天子为藉千亩，冕而朱纮，躬秉耒。诸侯为藉百亩，冕而青纮，躬秉耒。"据五行思想，天子"冕而朱纮"，当为南方；诸侯"冕而青纮"，当为东方。又《祭统》："天子亲耕于南郊，以共齐盛；王后蚕于北郊，以共纯服。"唐太宗决定东郊藉田，理由有三："《虞书》云'平秩东作'，则是尧、舜敬授人时，已在东矣"；"且又乘青辂、推黛耜者，所以顺于春气，故知合在东方"；"且朕见居少阳之地，田于东郊，盖其宜矣"。在太宗圣裁之下，藉田礼遂定。其后，孔颖达、贾公彦等解经坚持儒学经义，并未逢迎唐太宗意志。《月令》："乃命冢宰，农事备收，举五谷之要，藏帝藉之收于神仓，祗敬必饬。"孔疏："《祭义》云：'天子为藉千亩，冕而朱纮，躬秉耒。'《祭统》云：'天子亲耕于南郊。'是藉田在南郊也。"④《周礼·天官冢宰》："甸师，下士二人，府一人，史二人，胥三十人，徒三百人。"贾疏："甸地即在百里远郊外，天子藉田又在南方甸地，故称此官为甸师也。"⑤ 刘凯梳理周秦汉唐之间天子藉田方位之演变，论唐太宗坚持"田于东郊"的政治因素与内在心理曰："唐太宗和孔颖达在藉田方位上存在的'矛盾'，实乃政治与人伦隐情支撑下的'权宜'。唐太宗为回避其太上皇之子的身份，终采'东耕'，有意表示他的谦退和孝

---

① （汉）班固撰，（唐）颜师古注：《汉书》，中华书局1962年版，第117页。
② （后晋）刘昫等：《旧唐书》，中华书局1975年版，第912页。
③ （后晋）刘昫等：《旧唐书》，中华书局1975年版，第912页。
④ （汉）郑玄注，（唐）孔颖达正义，吕友仁整理：《礼记正义》，上海古籍出版社2008年版，第704页。
⑤ （清）阮元校刻：《十三经注疏·周礼注疏》（附校勘记），中华书局1980年版，第641页上栏。

道，是其'权宜'有着处理与太上皇关系，摆正己之身份位置之需；孔氏所主则以实际皇权为中心，其不改《礼记正义》'南耕'之论的做法，不能简单以'疏不破注'原则视之。"① 所言甚是。

（三）宏论明堂制度，恪守周礼

《明堂位》"昔者周公朝诸侯于明堂之位"，又曰"明堂也者，明诸侯之尊卑也"。随着唐帝国的兴盛，疆域的开拓，以及与周边民族国家交流的加强，建设明堂提上议程。唐太宗命重臣、经师讨论明堂制度，孔颖达、魏徵、颜师古、卢宽、刘伯庄等纷纷建言。贞观五年（631），孔颖达以诸儒立议违古上疏：

> 臣伏寻前敕，依礼部尚书卢宽、国子助教刘伯庄等议，以为"从昆仑道上层祭天"。又寻后敕云："为左右阁道，登楼设祭。"臣检六艺群书、百家诸史，皆名基上曰堂，楼上曰观，未闻重楼之上而有堂名。《孝经》云："宗祀文王于明堂。"不云明楼、明观，其义一也。又明堂法天，圣王示俭，或有蒿蒿为柱，葺茅作盖。虽复古今异制，不可恒然，犹依大典，惟在朴素。是以席惟稿秸，器尚陶匏，用茧栗以贵诚，服大裘以训俭。今若飞楼架道，绮阁凌云，考古之文，实堪疑虑。按《郊祀志》：汉武明堂之制，四面无壁，上覆以茅。祭五帝于上座，祀后土于下防。臣以上座正为基上，下防惟是基下。既云无四壁，未审伯庄以何知上层祭神，下有五室？且汉武所为，多用方士之说，违经背正，不可师祖。又卢宽等议云："上层祭天，下堂布政，欲使人神位别，事不相干。"臣以古者敬重大事，与接神相似，是以朝觐祭祀，皆在庙堂，岂有楼上祭祖，楼下视朝？……求之典诰，全无此理。②

孔颖达认为，应以先秦典籍尤其是儒经作为名堂制作的理论来源，明确主张"犹依大典，惟在朴素""古者敬重大事，与接神相似，是以朝觐祭祀，皆在庙堂"，反对将明堂建成为"飞楼架道，绮阁凌云"。孔颖达宏论明堂制度，符合儒家正统观念，其说得到儒生的广泛响应："与诸儒议历及明堂，皆从颖达之说。"③ 而与之相左的声音也很强烈，如魏徵认为不必师古，应与时损益："凡圣人有作，义重随时，万物斯睹，事资通变。……其

---

① 刘凯：《从"南耕"到"东耕"："宗周旧制"与"汉家故事"管窥——以周唐间天子/皇帝藉田方位变化为视角》，《中国史研究》2014年第3期。
② （后晋）刘昫等：《旧唐书》，中华书局1975年版，第849—850页。
③ （后晋）刘昫等：《旧唐书》，中华书局1975年版，第2602页。

高下广袤之规，几筵尺丈之制，则并随时立法，因事制宜。自我而作，何必师古？廓千载之疑议，为百王之懿范。不使泰山之下，惟闻黄帝之法；汶水之上，独称汉武之图。"① "自我而作，不必师古""为百王之懿范"，这是魏徵为唐太宗树立的为君目标。从唐太宗对儒学的尊崇看，他或许赞成孔颖达所议；从其雄心抱负看，自然肯定魏徵所议。

（四）讲论《孝经》，讨论"大孝"

孔颖达与唐太宗论学，还有一事值得玩味。贞观十四年（640），唐太宗幸国子学，亲观释奠。《旧唐书·礼仪志》："祭酒孔颖达讲《孝经》，太宗问颖达曰：'夫子门人，曾、闵俱称大孝，而今独为曾说，不为闵说，何耶？'对曰：'曾孝而全，独为曾能达也。'制旨驳之曰：'朕闻《家语》云：曾晳使曾参锄瓜，而误断其本，晳怒，援大杖以击其背，手仆地，绝而复苏。孔子闻之，告门人曰："参来勿内。"既而曾子请焉，孔子曰："舜之事父母也，使之常在侧，欲杀之，乃不得。小棰则受，大杖则走。今参于父，委身以待暴怒，陷父于不义，不孝莫大焉。"由斯而言，孰愈于闵子骞也？'颖达不能对。太宗又谓侍臣：'诸儒各生异意，皆非圣人论孝之本旨也。孝者，善事父母，自家刑国，忠于其君，战陈勇，朋友信，扬名显亲，此之谓孝。'"② 此论实大有深意。《孝经·开宗明义章》：

> 仲尼居，曾子侍。子曰："先王有至德要道，以顺天下，民用和睦，上下无怨。汝知之乎？"曾子避席曰："参不敏，何足以知之？"子曰："夫孝，德之本也，教之所由生也。复坐，吾语汝。身体发肤，受之父母，不敢毁伤，孝之始也。立身行道，扬名于后世，以显父母，孝之终也。夫孝，始于事亲，中于事君，终于立身。"③

一般认为《孝经》出自曾子之手，邢昺疏曰"《孝经》者，孔子为曾参陈孝道也"④。《仲尼弟子列传》曰曾参："孔子以为能通孝道，故授之业。作《孝经》。"⑤ 孔颖达讲《孝经》，围绕曾子阐发经义，本无可厚非。唐太

---

① （后晋）刘昫等：《旧唐书》，中华书局1975年版，第850—851页。
② （后晋）刘昫等：《旧唐书》，中华书局1975年版，第916—917页。
③ （清）阮元校刻：《十三经注疏·孝经注疏》（附校勘记），中华书局1980年版，第2545页。
④ （清）阮元校刻：《十三经注疏·孝经注疏》（附校勘记），中华书局1980年版，第2539页上栏。
⑤ （汉）司马迁撰，（宋）裴骃集解，（唐）司马贞索隐，张守节正义：《史记》，中华书局1959年版，第2205页。

宗问曰"曾、闵俱称大孝，而今独为曾说，不为闵说，何耶"，实转移话题。《孝经》本为孔颖达所长，而且孔颖达辩才无阂，《旧唐书》本传曰，"时炀帝征诸郡儒官集于东都，令国子秘书学士与之论难，颖达为最"，又曰"辨析应对，天有通才"①。贞观十三年（639），孔颖达还代表儒家经师，与沙门慧净、道士蔡晃等于弘文殿论三家之学，相互辩难②。于志宁誉其"金汤易固，楼雉难攻"③。此次为何"不能对"呢？唐太宗论"孝之本旨"乃借题发挥，下文将有论述。孔颖达明其用意，既不能驳斥，又不愿违背师说，故"不能对"。唐太宗《答孔颖达上〈释奠颂〉手诏》曰"关西孔子更起乎方今，济南伏生重兴乎兹日"④，推崇至高。

总之，孔颖达一生主要就是从事儒学著述与相关教育，"一代鸿儒"四字可概括其平生事业。唐太宗对儒学的尊崇为君臣论学提供了契机，也为儒学干预政治提供了契机，有利于唐初儒学的发展。孔颖达知遇明主并恰逢盛世，其倾尽心血领衔撰成《五经正义》，为贞观之治添上浓墨重彩的一笔。

第二节　唐太宗与《五经正义》的修撰

梁启超比较中西学术曰："泰西之政治，常随学术思想为转移；中国之学术思想，常随政治为转移，此不可谓非学界之一缺点也。"⑤ 中国学术常随政治变革与治术需要而嬗变，对于两千余年封建王朝的官方学说经学而言，尤其如此。姜广辉曰："从宏观的历史的眼光看，中国经学思想发展的内在逻辑一直受两个观念支配演绎着：一是'统一性'，二是'义理性'。前者与中国古代'大一统'政治相表里，后者体现着儒家经学发展的内在趋势。"⑥ 由初唐构建"大一统"政局的系列举措，可知《五经正义》修撰的政治背景。

一　"大一统"政治对经学统一的迫切需求

隋开皇九年（589）灭陈，结束了汉末以来近四百年的分裂状态。天下一统，为经学统一创造了政治条件，南北学术走向融合成为时代需要。隋

---

① （后晋）刘昫等：《旧唐书》，中华书局1975年版，第2601、2604页。
② （唐）道宣撰，郭绍林点校：《续高僧传》，中华书局2014年版，第79—80页。
③ （清）董诰等：《全唐文》，中华书局1983年版，第1461页。
④ （唐）李世民著，吴云、冀宇校注：《唐太宗全集》，天津古籍出版社2004年版，第415页。
⑤ 梁启超：《论中国学术思想变迁之大势》，上海古籍出版社2001年版，第51页。
⑥ 姜广辉：《中国经学思想史》（第二卷），中国社会科学出版社2003年版，第724页。

初，欲简拔通经儒生，出现博士无法评定考生成绩的尴尬。《隋书·儒林传》房晖远本传："会上令国子生通一经者，并悉荐举，将擢用之。既策问讫，博士不能时定臧否。祭酒元善怪问之，晖远曰：'江南、河北，义例不同，博士不能遍涉。学生皆持其所短，称己所长，博士各各自疑，所以久而不决也。'"① 房晖远乃一代通儒，"治'三礼'、《春秋三传》、《诗》、《书》、《周易》，兼善图纬。……及高祖受禅，迁太常博士。太常卿牛弘每称为'五经库'"。故"祭酒因令晖远考定之，晖远览笔便下，初无疑滞。或有不服者，晖远问其所传义疏，辄为始末诵之，然后出其所短，自是无敢饰非者。所试四五百人，数日便决，诸儒莫不推其通博，皆自以为不能测也"②。时代已发出统一学术之呼声，"一方面，统治者完成了政治统一以后，迫切要求在思想文化上也达到统一。另一方面，从儒学的本身的发展脉络看，此时也需要对汉魏以来的儒家经典作一次全面的整理工作"③。《隋书》刘焯本传："（开皇）六年，运洛阳《石经》至京师，文字磨灭，莫能知者，奉敕与刘炫等考定。后因国子释奠，与炫二人论义，深挫诸儒，咸怀妒恨，遂为飞章所谤，除名为民。"④ 考定儒经随之中断。其后，"炫遂伪造书百余卷，题为《连山易》《鲁史记》等，录上送官，取赏而去。后有人讼之，经赦免死，坐除名，归于家，以教授为务"⑤。"二刘"先后因事除名，考定《五经》遂不了了之。

二 唐高祖的崇儒措施

如何建立一个长治久安的政权，是李唐创立者们所面对与思考的首要问题。他们亲历隋朝覆亡，故能积极吸取历史教训。反观汉代，独尊儒术，基业达四百年之久，唐初制定国策，遂以汉为师。《旧唐书·儒学上》："故前古哲王，咸用儒术之士；汉家宰相，无不精通一经。朝廷若有疑事，皆引经决定，由是人识礼教，理致升平。近代重文轻儒，或参以法律，儒道既丧，淳风大衰，故近理国多劣于前古。自隋氏道消，海内版荡，彝伦攸斁，戎马生郊，先代之旧章，往圣之遗训，扫地尽矣。"⑥

---

① （唐）魏徵等：《隋书》，中华书局1973年版，第1716—1717页。
② （唐）魏徵等：《隋书》，中华书局1973年版，第1717页。
③ 申屠炉明：《孔颖达　颜师古评传》，南京大学出版社2006年版，第19页。
④ （唐）魏徵等：《隋书》，中华书局1973年版，第1718页。
⑤ （唐）魏徵等：《隋书》，中华书局1973年版，第1720页。
⑥ （后晋）刘昫等：《旧唐书》，中华书局1975年版，第4939—4940页。

高祖"虽得之马上，而颇好儒臣"①，天下未定，即在崇儒兴学方面实施系列举措。其一，健全教育机构，发展儒学教育。高祖初定京邑，"令国子学置生七十二员，取三品已上子孙；太学置生一百四十员，取五品已上子孙；四门学生一百三十员，取七品已上子孙。上郡学置生六十员，中郡五十员，下郡四十员。上县学并四十员，中县三十员，下县二十员。武德元年，诏皇族子孙及功臣子弟，于秘书外省别立小学"（《儒学上》）②，奠定了李唐中央及地方教育机构的基本格局。

其二，于国子学立周公、孔子庙各一，四时致祭。武德二年（619）诏盛赞周、孔功德，强调崇儒兴学的重要意义："建国君人，弘风阐教，崇贤彰善，莫尚于兹。……爰始姬旦，匡翊周邦，创设礼经，尤明典宪。启生人之耳目，穷法度之本源，化起《二南》，业隆八百，丰功茂德，冠于终古。……粤若宣父，天资睿哲，经纶齐、鲁之内，揖让洙泗之间，综理遗文，弘宣旧制。四科之教，历代不刊；三千之文，风流无歇。惟兹二圣，道著群生，守祀不修，明褒尚阙。朕君临区宇，兴化崇儒，永言先达，情深绍嗣。宜令有司于国子学立周公、孔子庙各一所，四时致祭。仍博求其后，具以名闻，详考所宜，当加爵土。是以学者慕响，儒教聿兴。"③高祖尊崇周、孔，褒奖其后；又为孔子立庙，孔子的地位得到提升。

其三，恢复科举取士，选拔人才。《唐摭言·杂记》："高祖武德四年四月十一日，敕诸州学士及白丁，有明经及秀才、俊士，明于理体，为乡曲所称者，委本县考试，州长重复，取上等人，每年十月随物入贡。至五年十月，诸州共贡明经一百四十三人，秀才六人，俊士三十九人，进士三十人。……秀才一人，俊士十四人，所试并通，敕放选与理人官……自是考功之试，永为常式。"④武德四年（621）令各州恢复科考，武德五年（622）即开科取士。只是明经143人参与选拔，无一人通过，隋末以来的经学教育状况堪忧。

其四，亲临释奠礼，敕令兴学。武德七年（624），高祖"幸国子学，亲临释奠"⑤，诏曰："六经茂典，百王仰则；四学崇教，千载垂范。是以西胶东序，春诵夏弦，悦礼敦诗，本仁祖义。建邦立极，咸必由之。……方今华夏既清，干戈渐戢，搢绅之业，此则可兴。宜下四方诸州，有明一经以上未

---

① （后晋）刘昫等：《旧唐书》，中华书局1975年版，第4939页。
② （后晋）刘昫等：《旧唐书》，中华书局1975年版，第4940页。
③ （后晋）刘昫等：《旧唐书》，中华书局1975年版，第4940页。
④ （五代）王定保撰，姜汉椿校注：《唐摭言校注》，上海社会科学院出版社2002年版，第293页。
⑤ （后晋）刘昫等：《旧唐书》，中华书局1975年版，第14页。

被升擢者，本属举选，具以名闻，有司议等，加阶叙用。其有吏民子弟，有识性开敏，志希学艺，亦具名申送入京，量其差品，并即配学。明设考课，各使厉精，琢玉成器，庶其非远。州县及乡里，并令置学。……又释菜之礼，鼓箧之义，（缺）比多简略，更宜详备。"（《置学官备释奠礼诏》）① 要求州县及乡里建立地方教育机构，扩大教育范围。武德八年（625），又下《兴学敕》："自古为政，莫不以学为先。学则仁、义、礼、智、信五者俱备，故能为利深博。朕今欲敦本息末，崇尚儒宗。开后生之耳目，行先王之典训。……朕今亲自观讲，仍征集四方胄子，冀日就月将，并得成业；礼让既行，风教渐改。使期门介士，比屋可封；横经庠序，皆遵雅俗。诸公王子弟，并宜率先，自相劝励。赐学官、胄子及五品以上各有差。"② 强调兴学的重要意义并提高学官待遇。

唐高祖还诏令修撰魏、齐、周、隋、梁、陈六代史，"历数年，竟不能就而罢"③，但为贞观朝的成功修撰打下基础。还诏令恢复终制，推崇以孝治国④。高祖积极崇儒兴学，取得一定成效。

三 唐太宗的崇儒与重要举措

太宗即位之初，就采纳魏徵等偃武修文之治国方略："顷年已来，天下无事，方欲建礼作乐，偃武修文。"（《萧德言传》）⑤ 尝曰："朕今所好者，惟在尧、舜之道，周、孔之教，以为如鸟有翼，如鱼依水，失之必死，不可暂无耳。"（《慎所好》）⑥ 为贞观朝崇儒兴学定下基调。

贞观二十三年（649），唐太宗总结一生政治实践作《帝范》，以"崇文"为帝王治术的十二条纲领之一："夫功成设乐，治定制礼。礼乐之兴，以儒为本。弘风导俗，莫尚于文；敷教训人，莫善于学。因文而隆道，假学以光身。不临深溪，不知地之厚；不游文翰，不识智之源。然则质蕴吴竿，非括羽不美；性怀辨慧，非积学不成。是以建明堂，立辟雍，博览百家，精研六艺。端拱而知天下，无为而鉴古今，飞英声，腾茂实，光于天下不朽者，其惟为学乎！此崇文之术也。"⑦ 认为夺取天下，依赖武功；治理天下，

---

① （宋）宋敏求编，洪丕谟等点校：《唐大诏令》，学林出版社1992年版，第490—491页。
② （宋）宋敏求编，洪丕谟等点校：《唐大诏令》，学林出版社1992年版，第491页。
③ （后晋）刘昫等：《旧唐书》，中华书局1975年版，第2598页。
④ （后晋）刘昫等：《旧唐书》，中华书局1975年版，第15页。
⑤ （后晋）刘昫等：《旧唐书》，中华书局1975年版，第4953页。
⑥ （唐）吴兢撰，谢保成集校：《贞观政要集校》，中华书局2003年版，第331页。
⑦ （唐）李世民著，吴云、冀宇校注：《唐太宗全集》，天津古籍出版社2004年版，第617—618页。

必用文教。虽三教并举，但以儒为本。唐太宗重视文教，登基之前，已为振兴儒学做了大量的工作。入主大位，即着手实施系列崇文措施：收集天下典籍、招纳贤士、建立文教机构、确立孔子先圣地位、表彰唐前鸿儒硕师、大力发展教育事业、实施科举制度与修撰经史典籍等，众措并举。

（一）收集天下图书，抢救文化遗产

武德四年（621），唐太宗东征洛阳，灭王世充，"令记室房玄龄收隋图籍"①。这批图书水运长安时，可惜船翻尽失："得隋旧书八千余卷，太府卿宋遵贵监运东都，浮舟沂河，西致京师，经砥柱舟覆，尽亡其书。"② 唐太宗即位后，收购天下之书："魏徵、虞世南、颜师古继为秘书监，请购天下书，选五品以上子孙工书者为书手，缮写藏于内库，以宫人掌之。"③ 经过努力，"数年之间，秘府图籍，粲然毕备"④。

（二）求贤若渴，招纳天下贤士

青年李世民即具有强烈的人才意识，为夺嫡笼络了一批文臣武将，也为其后治国理政储备人才。武德四年（621），"太宗乃锐意经籍，开文学馆以待四方之士。行台司勋郎中杜如晦等十有八人为学士，每更直阁下，降以温颜，与之讨论经义，或夜分而罢"⑤。《置文馆学士教》曰：

> 昔楚国尊贤，崇道光于申穆；梁邦接士，楷德重于邹枚。咸以著范前修，垂芳后烈，顾惟菲薄，多谢古人，高山扬止，能无景慕！……属以大行台司勋郎中杜如晦，记室考功郎中房玄龄、于志宁，军谘祭酒苏世长，天策府记室薛收，文学褚亮、姚思廉，太学博士陆德明、孔颖达，主簿李道元，天策仓曹李守素，王府记室参军虞世南，参军事蔡允恭、薛元敬、颜相时，宋州总管府户曹许敬宗，太学助教盖文达，咨议典签苏勖等，或背淮而至千里，或适赵以欣三见。咸能垂裾邸第，委质藩维，引礼度而成典则，畅文词而咏风雅，优游幕府，是用嘉焉。宜令并以本官兼文馆学士。⑥

---

① （后晋）刘昫等：《旧唐书》，中华书局1975年版，第28页。
② （宋）欧阳修、宋祁：《新唐书》，中华书局1975年版，第1422页。
③ （宋）欧阳修、宋祁：《新唐书》，中华书局1975年版，第1422页。
④ （后晋）刘昫等：《旧唐书》，中华书局1975年版，第2548页。
⑤ （后晋）刘昫等：《旧唐书》，中华书局1975年版，第28页。
⑥ （唐）李世民著，吴云、冀宇校注：《唐太宗全集》，天津古籍出版社2004年版，第200—201页。

贞观年间，十八学士在修撰《五经正义》与六部正史以及其他文治方面，发挥了关键作用。以《五经正义》的修撰、覆审与刊定为例，孔颖达总领其事；陆德明《经典释文》与颜师古考定的《五经定本》，为《五经正义》的修撰打下坚实基础；于志宁参与修撰《周易正义》①、永徽年间参与刊定《五经正义》(《进五经正义表》)②。

（三）即位之初，设立弘文馆

唐太宗即位后，修文馆改名弘文馆。聚书二十余万卷，置学士，掌校正图籍，教授生徒，并参议政事；学生数十名，从学士受经史书法。又置校书郎，掌校理典籍。《唐会要·史馆下》"宏文馆"条："太宗初即位，大阐文教，于宏文殿聚四部群书二十余万卷，于殿侧置宏文馆。精选天下贤良文学之士，虞世南、褚亮、姚思廉、欧阳询、蔡允恭、萧德言等，以本官兼学士，令更宿直。听朝之隙，引入内殿，讲论文义，商量政事，或至夜分方罢。令褚遂良检校馆务，号为馆主。"③ 兼职弘文馆者皆为当世饱学之士，为李唐文化建设做出杰出贡献，如虞世南编纂《北堂书钞》，并参撰《群书治要》，褚亮参修《魏书》，姚思廉主编《梁书》《陈书》，蔡允恭著有《后梁春秋》十卷、《北齐记》二十卷，萧德言、魏徵修撰《群书治要》等，而欧阳询在武德年间主撰《艺文类聚》。

（四）立孔子为先圣，崇儒尊孔合而为一

唐前国子释奠，以周公为先圣，孔子配飨，地位不显。唐太宗多次下诏尊崇孔子："二年，左仆射房玄龄、博士朱子奢建言：'周公、尼父俱圣人，然释奠于学，以夫子也。大业以前，皆孔丘为先圣，颜回为先师。'乃罢周公，升孔子为先圣，以颜回配。四年，诏州、县学皆作孔子庙。十一年，诏尊孔子为宣父，作庙于兖州，给户二十以奉之。"④ 立孔子为先圣，强调其对儒学发展的关键作用，崇儒尊孔合而为一。太宗君臣"罢周公，升孔子为先圣，以颜回配"，政治目的"实为防止臣民学周公而生野心"⑤。综观王莽改

---

① 据孔氏《周易正义序》可知修撰者有孔颖达、马嘉运、赵乾叶等，参与覆审者有孔颖达、马嘉运、赵乾叶、苏德融、赵宏智等。参见（清）阮元校刻《十三经注疏》（附校勘记），中华书局1980年版，第6页。《新唐书·艺文一》："《周易正义》十六卷，国子祭酒孔颖达、颜师古、司马才章、王恭，太学博士马嘉运，太学助教赵乾叶、王谈、于志宁等奉诏撰，四门博士苏德融、赵弘智覆审。"所列参撰人员较孔氏《序》完备，于志宁在列。参见（宋）欧阳修、宋祁《新唐书》，中华书局1975年版，第1426页。

② （清）董诰等：《全唐文》，中华书局1983年版，第1374—1375页。

③ （宋）王溥：《唐会要》，中华书局1955年版，第1114页。

④ （宋）欧阳修、宋祁：《新唐书》，中华书局1975年版，第373页。

⑤ 朱维铮：《中国经学与中国文化》，《中国经学史十讲》，复旦大学出版社2002年版，第19页。

制、曹操篡权以及"玄武门之变",皆以周公为旗帜,自然不可以之为天下士子之榜样。孔子"乃一'布衣',集古代文化之大成;其学而优则仕,仕则为'异姓之卿',不失为天下儒生效法的偶像"①。黄以周曰:"唐贞观定孔子为先圣,颜回为先师,相仍至明嘉靖,改孔子为至圣先师,先圣先师始合为一。"②后世大体沿袭此制。

(五)表彰唐前鸿儒硕师,兼容今古文学与南北之学

大力表彰儒学传承的代表人物,一是表彰梁、周、陈、隋以来著名经师。《旧唐书·儒学传》:贞观"十四年,诏曰:'梁皇侃、褚仲都,周熊安生、沈重,陈沈文阿、周弘正、张讥,隋何妥、刘炫等,并前代名儒,经术可纪。加以所在学徒,多行其疏,宜加优异,以劝后生。可访其子孙见在者,录名奏闻,当加引擢。'"③嘉奖前代经师并引擢其后人,对当代经师儒生是一种激励。二是诏以左丘明等配享孔子庙堂。据《旧唐书》太宗本纪,贞观二十一年(647)二月,"诏以左丘明、卜子夏、公羊高、穀梁赤、伏胜、高堂生、戴圣、毛苌、孔安国、刘向、郑众、杜子春、马融、卢植、郑康成、服子慎、何休、王肃、王辅嗣、杜元凯、范宁等二十一人,代用其书,垂于国胄,自今有事于太学,并命配享宣尼庙堂"④。据《旧唐书·礼仪志四》,诏令配享孔子者还有贾逵,凡二十二人⑤。

(六)发展儒学教育,传播儒家文化

唐太宗大力发展儒学教育事业,不仅满足上层贵族子弟需要,同时为中下层官员子弟提供教育机会。儒学教育不仅覆盖全国,而且向周边民族、国家辐射。《贞观政要·崇儒学》记载当时盛况:"贞观二年,……大征天下儒士,赐帛给传,令诣京师,擢以不次,布在廊庙者甚众。……国学增筑学舍四百余间,国子、太学、四门、广文亦增置生员,其书、算各置博士、学生,以备众艺。……太宗又数幸国学,令祭酒、司业、博士讲论,毕,各赐以束帛。四方儒士负书而至者,盖以千数。俄而吐蕃及高昌、高丽、新罗等诸夷酋长,亦遣子弟请入于学。于是国学之内,鼓箧升讲筵者,几至万人,儒学之兴,古昔未有也。"⑥儒学教育规模空前,儒学文本的考定也随之提上

---

① 黄进兴:《圣贤与圣徒》,北京大学出版社2005年版,第45页。
② (清)黄以周撰,王文锦点校:《礼书通故》,中华书局2007年版,第1353页。
③ (后晋)刘昫等:《旧唐书》,中华书局1975年版,第4941—4942页。核之《旧唐书·太宗纪下》,《儒学传》所载未见刘焯之名,当系脱文而致。
④ (后晋)刘昫等:《旧唐书》,中华书局1975年版,第59页。
⑤ (后晋)刘昫等:《旧唐书》,中华书局1975年版,第917页。
⑥ (唐)吴兢撰,谢保成集校:《贞观政要集校》,中华书局2003年版,第376—377页。

日程。

（七）施行科举取士，笼络知识分子

唐太宗进一步发展科举制度，选拔中下层官员，以笼络广大知识分子。隋唐科举亦受汉代启发，《贞观政要·政体》：

> 贞观二年，太宗问黄门侍郎王珪曰："近代君臣理国，多劣于前古，何也？"对曰："近代则唯损百姓以适其欲，所任用大臣，复非经术之士。汉家宰相，无不精通一经，朝廷若有疑事，皆引经决定，由是人识礼教，理致太平。近代重武轻儒，或参以法律，儒行既亏，淳风大坏。"太宗深然其言。①

《贞观政要·崇儒学》还记载了二者的另一则谈话："太宗谓侍臣曰：'为政之要，惟在得人，用非其才，必难致治。今所任用，必须以德行、学识为本。'谏议大夫王珪曰：'人臣若无学业，不能识前言往行，岂堪大任。汉昭帝时，有人诈称卫太子，聚观者数万人，众皆致惑。隽不疑断以蒯聩之事。昭帝曰："公卿大臣，当用经术明于古义者，此则固非刀笔俗吏所可比拟。"'上曰：'信如卿言。'"② 王定保《唐摭言·述进士篇上》："盖文皇帝修文偃武，天赞神授，尝私幸端门，见新进士缀行而出，喜曰：'天下英雄入吾彀中矣！'若乃光宅四夷，垂祚三百，何莫由斯之道者也。"③ 其实，"唐太宗的所作所为，正是将汉代统治者做过的事加以制度化。建立学校，儒化了统治阶级的子孙；科举制的施行，将平民中才智过人、志向远大的分子变为儒生。这样，便能使官僚集团始终忠于统治家族"④。科举制度不但得到了广大儒生的响应，成为笼络一般读书人的有效办法，而且得到了官僚集团的拥护，有助于封建王朝的稳定。

（八）制礼作乐，以礼治国

《乐记》"王者功成作乐，治定制礼"，《经解》"安上治民，莫善于礼"。唐太宗重视甚至亲自参与制礼作乐，是尊崇儒学的重要举措之一。

其一，制定《贞观礼》。唐太宗践祚之初即诏令房玄龄、魏徵等，"修

---

① （唐）吴兢撰，谢保成集校：《贞观政要集校》，中华书局2003年版，第29页。
② （唐）吴兢撰，谢保成集校：《贞观政要集校》，中华书局2003年版，第383页。
③ （五代）王定保撰，姜汉椿校注：《唐摭言校注》，上海社会科学院出版社2002年版，第7页。又《唐摭言》卷15《杂记》曰："贞观初放榜日，上私幸端门，见进士于榜下缀行而出，喜谓侍臣曰：'天下英雄，入吾彀中矣！'"
④ 刘绪贻著，叶巍等译：《中国的儒学统治》，中国人民大学出版社2014年版，第72页。

改旧礼,定著《吉礼》六十一篇,《宾礼》四篇,《军礼》二十篇,《嘉礼》四十二篇,《凶礼》六篇,《国恤》五篇,总一百三十八篇,分为一百卷。……太宗称善,颁于内外行焉"(《礼仪一》)①。《贞观礼》是李唐第一部官修大型礼书,适应了时代发展之需,为《显庆礼》《开元礼》的修撰奠定基础。其二,制定大唐雅乐。贞观二年(619),祖孝孙"斟酌南北,考以古音,作为大唐雅乐"②。《乐记》:"大乐与天地同和,大礼与天地同节。和,故百物不失;节,故祀天祭地。明则有礼乐,幽则有鬼神。如此,则四海之内合敬同爱矣。"其据《乐记》和谐思想,"制十二和之乐"③。李唐雅乐取名曰"和",体现了贞观君臣励精图治、追求"四海之内合敬同爱"的政治理想。其三,创制《七德舞》。《旧唐书·音乐一》载,贞观元年(618),太宗宴群臣,始奏《秦王破阵曲》,曰:"朕昔在藩,屡有征讨,世间遂有此乐,岂意今日登于雅乐。然其发扬蹈厉,虽异文容,功业由之,致有今日,所以被于乐章,示不忘于本也。"又曰:"朕虽以武功定天下,终当以文德绥海内。文武之道,各随其时。"其后令"魏徵、虞世南、褚亮、李百药改制歌辞,更名《七德》之舞,增舞者至百二十人,被甲执戟,以象战阵之法焉"④。《破阵曲》更名《七德舞》,是由尚武转向文治之标志。

(九)诏行乡饮之礼,实施尊老政策

唐太宗还诏令行乡饮酒礼,实施多种尊老养老政策。贞观六年(630)诏曰:"比年丰稔,闾里无事。乃有惰业之人,不顾家产,朋游无度,酣宴是耽,危身败德,咸由于此。每览法司所奏,因此致罪,实繁有徒。静言思之,良增轸叹。自匪澄源正本,何以革兹俗弊?当纳之轨物,询诸旧章。可先录《乡饮酒礼》一卷,颁行天下。每年令州县长官,亲率长幼,齿别有序,递相劝勉,依礼行之。庶乎时识廉耻,人知敬让。"⑤ 又曰:"释菜合乐之仪,东胶西序之制,养老之义,遗文可睹。"⑥ 唐太宗于唐代诸帝颁布养老诏令最多,《册府元龟·帝王·养老》记载达28条⑦。

(十)修撰经史典籍,成就不朽盛世

贞观三年(629),唐太宗诏修前朝史。七年后,《五代史》陆续完成,

---

① (后晋)刘昫等:《旧唐书》,中华书局1975年版,第816—817页。
② (后晋)刘昫等:《旧唐书》,中华书局1975年版,第1041页。
③ (后晋)刘昫等:《旧唐书》,中华书局1975年版,第1041页。
④ (后晋)刘昫等:《旧唐书》,中华书局1975年版,第1045页。
⑤ (宋)王溥:《唐会要》,中华书局1955年版,第498页。
⑥ (唐)李世民著,吴云、冀宇校注:《唐太宗全集》,天津古籍出版社2004年版,第247页。
⑦ (宋)王钦若等:《册府元龟》,中华书局1960年影印版,第617—618页。

贞观十年（636）春，房玄龄、魏徵"上梁、陈、齐、周、隋五代史，诏藏于秘阁"①。《五代史》的主撰者及其具体名称分别是：姚思廉撰《梁书》56卷、《陈书》36卷，李百药撰《齐书》（《北齐书》）50卷，令狐德棻撰《周书》50卷，魏徵等撰《隋书》55卷。贞观十七年（643），褚遂良主持修成《五代史志》30卷，为继《史记》《汉书》之后最重要的史志著作。贞观二十二年（648），房玄龄等撰成《晋书》130卷，贞观年间修撰正史六部。科举取士，策问、试判皆以儒学经义作为依据，《五经》文字及其经义诠释的统一尤为必要。经学统一的标志就是《五经正义》的编纂。"《五经正义》是贞观之治的产物，它也体现了贞观之治的时代精神。"②《五经正义》与六部正史修撰于贞观年间，绝非历史的巧合。

四　唐太宗发起《五经正义》修撰的主观因素

非凡的政治抱负、深厚的经史素养，以及洗涤污秽的隐秘心曲，是唐太宗发起《五经正义》修撰以统一经学的主观因素。

（一）超越古人的政治抱负

唐太宗诗文多言古圣王，如伏羲、女娲、燧人氏、炎帝、黄帝、少昊、尧、舜、禹、汤、文王、武王，以及汉高祖刘邦、光武帝刘秀等，具有深厚的"古圣王"情结。超越前圣明君，是其毕生的政治追求。贞观九年（635），唐太宗总结前半生功绩，曰"三胜古人"："朕观古先拨乱之主皆年逾四十，惟光武年三十三，但朕十八便举兵，年二十四平定天下，年二十九升为天子，此则武胜于古也。少从戎旅，不暇读书，贞观以来，手不释卷，知风化之本，见政理之源。行之数年，天下大治而风移俗变，子孝臣忠，此又文胜于古也。昔周、秦以降，戎狄内侵，今戎狄稽颡，皆为臣妾，此又怀远胜古也。此三者，朕何德以堪之？既有此功业，何得不善始慎终邪？"（《慎终》）③其对经学的深刻影响，或许是另一"胜于古人"。皮锡瑞曰："永徽四年，颁孔颖达《五经正义》于天下，每年明经依此考试。自唐至宋，明经取士，皆遵此本。夫汉帝称制临决，尚未定为全书；博士分门授徒，亦非止一家数；以经学论，未有统一若此之大且久者。"④范文澜曰：

---

① （后晋）刘昫等：《旧唐书》，中华书局1975年版，第45—46页。
② 申屠炉明：《孔颖达　颜师古评传》，南京大学出版社2006年版，第164页。
③ 此采用戈直本说，参见（唐）吴兢编著《贞观政要》，上海古籍出版社1978年版，第294页。据谢保成集校本，此节系房玄龄赞美唐太宗语。参见（唐）吴兢撰，谢保成集校《贞观政要集校》，中华书局2003年版，第533页。
④ （清）皮锡瑞，周予同注释：《经学历史》，中华书局1959年版，第198页。

"唐太宗令孔颖达撰《五经正义》、颜师古定《五经定本》，对儒学的影响，与汉武帝罢黜百家独尊儒术有同样重大的意义。"① 唐太宗诏令修撰《五经正义》以统一经学，以实现文治抱负。

(二) 渊博的经史素养

唐太宗经史素养深厚，《帝京篇十首·并序》曰"故观文教于六经，阅武功于七德"②，诗文创作化用《五经》，信手拈来。《赋尚书》写读经心得："辍膳玩三坟，晖灯披五典。寒心睹肉林，飞魄看沉湎。纵情昏主多，克己明君鲜。灭身资累恶，成名由积善。既承百王末，战兢随岁转。"③《赐萧瑀》曰"疾风知劲草，板荡识诚臣。勇夫安识义，智者必怀仁"④，"板荡"指《诗经·大雅》之《板》《荡》两篇，借以指代乱世。又酷爱读史，曰："朕以万机暇日，游心前史。仰六代之高风，观百王之遗迹，兴亡之运，可得言焉。"⑤唐太宗亲撰《晋书·晋宣帝总论》《晋武帝总论》《陆机论》《王羲之论》四篇史论，连同《金镜》《谕侍臣绝谗构论》《隋高祖论》《帝范》等，是其散文创作的最高成就。"唐太宗的史学自觉，是'贞观之治'的思想基础之一；他的史学自觉在政治实践和史学事业的作用及其产物是'贞观之治'之积极成果的重要方面"⑥，以此论唐太宗在经学方面的作为，亦为确当。

(三) 洗白污秽的隐秘心曲

前贤尝指出，孔颖达等偶有迎合唐太宗意志而解经之举⑦。曹鹏程认为："李世民在玄武门之变中杀兄逼父，成功夺嫡。事后，出于为自己开脱罪名的目的，他在不同场合大力推崇'逆取顺守'，提倡'大义灭亲'，重新界定'孝'的涵义。太宗的言行波及同期正在纂修的《五经正义》，在其中留下了深深的时代烙印，并对有唐一代的政治文化产生了深远影响。"⑧唐太宗篡改国史与在《五经正义》中塞入"私货"几乎同步进行。

1. 授意史官篡改国史

唐太宗为定性"玄武门之变"颇费心机，甚至不惜打破"不闻帝王躬

---

① 范文澜：《唐五代的文化概论》，《中国通史》第 4 册，人民出版社 2015 年版，第 243 页。
② （唐）李世民著，吴云、冀宇校注：《唐太宗全集》，天津古籍出版社 2004 年版，第 3 页。
③ （唐）李世民著，吴云、冀宇校注：《唐太宗全集》，天津古籍出版社 2004 年版，第 57 页。
④ （唐）李世民著，吴云、冀宇校注：《唐太宗全集》，天津古籍出版社 2004 年版，第 94 页。
⑤ （唐）李世民著，吴云、冀宇校注：《唐太宗全集》，天津古籍出版社 2004 年版，第 125 页。
⑥ 瞿林东：《一个政治家的史学自觉——略论唐太宗和历史学》，《山西师大学报》（社会科学版）2003 年第 10 期。
⑦ 钱锺书：《管锥编》，生活·读书·新知三联书店 2007 年版，第 153 页。
⑧ 曹鹏程：《唐太宗夺嫡与〈五经正义〉之关系发微》，《四川大学学报》（哲学社会科学版）2015 年第 2 期。

自观史"的传统。《贞观政要》卷七《论文史第二十八》、《唐会要》卷六三《史馆杂录上》与《资治通鉴》卷一九六等皆有记载。

（1）索阅起居注

贞观九年（635），唐太宗打着"以知得失"的旗号索阅起居注，被朱子奢谏止。《新唐书》朱子奢本传："帝尝诏：'起居纪录臧否，朕欲见之以知得失，若何？'子奢曰：'陛下所举无过事，虽见无嫌，然以此开后世史官之祸，可惧也。史官全身畏死，则悠悠千载，尚有闻乎？'"① 四年后，相似的一幕再次出现："贞观十三年，褚遂良为谏议大夫，兼知起居注。太宗问曰：'卿比知起居，书何等事？大抵于人君得观见否？朕欲见此注记者，将却观所为得失以自警戒耳！'遂良曰：'今之起居，古之左、右史，以记人君言行，善恶必书，庶几人主不为非法，不闻帝王躬自观史。'太宗曰：'朕有不善，卿必记耶？'遂良曰：'臣闻守道不如守官，臣职当载笔，何不书之。'"（《论文史》）② 获悉恶行必被记录，唐太宗耿耿于怀。

（2）授意史官定性"玄武门之变"

唐太宗内心最敏感之事，莫过于"玄武门之变"，故特别在意国史对武德九年（626）"六月四日事"的记载。

> 贞观十四年，太宗谓房玄龄曰："朕每观前代史书，彰善瘅恶，足为将来规诫。不知自古当代国史，何因不令帝王亲见之？"对曰："国史既善恶必书，庶几人主不为非法。止应畏有忤旨，故不得见也。"太宗曰："朕意殊不同古人。今欲自看国史者，若有善事，固不须论；若有不善，亦欲以为鉴诫，使得自修改耳。卿可撰录进来。"玄龄等遂删略国史为编年体，撰高祖、太宗实录各二十卷，表上之。太宗见六月四日事，语多微文，乃谓玄龄曰："昔周公诛管蔡而周室安，季友鸩叔牙而鲁国宁，朕之所为，义同此类，盖所以安社稷、利万人耳。史官执笔，何烦有隐？宜即改削浮词，直书其事。"侍中魏徵奏曰："臣闻人主位居尊极，无所忌惮，惟有国史，用为惩恶劝善。书不以实，后嗣何观？陛下今遣史官正其辞，雅合至公之道。"③

唐太宗命房玄龄撰录国史呈览，理由与索阅起居注同，见玄武门事"语

---

① （宋）欧阳修、宋祁：《新唐书》，中华书局1975年版，第5648页。
② （唐）吴兢撰，谢保成集校：《贞观政要集校》，中华书局2003年版，第390页。
③ （唐）吴兢撰，谢保成集校：《贞观政要集校》，中华书局2003年版，第391—392页。"

多微文",遂发表了一番处心积虑的高论。王玉笙指出:"既然唐太宗以'周公诛管蔡以安周,季友鸩叔牙以存鲁'为这一事件定了调子,显然是要史官修史时为玄武门之变找出完全符合封建礼教规范的依据,从而使自己夺取帝位的行动合法化,当然也只有这样才能达到其不惜以违背有史以来的传统规范为代价,坚持自观国史并下令修改之的最终目的。"① 房玄龄是"玄武门之变"的重要谋划、参与者,君臣自然一拍即合。值得关注的是,一向以刚直著称的魏徵,亦逢迎太宗心曲,以之"雅合至公之道"。唐太宗直接授意洗刷血污,正史遂有"管、蔡既诛,成、康道正"之赞②。

贞观十六年(642),唐太宗又微言史官"不书吾恶":"太宗谓谏议大夫褚遂良曰:'卿知起居,比来记我行事善恶?'遂良曰:'史官之设,君举必书。善既必书,过亦无隐。'太宗曰:'朕今勤行三事,亦望史官不书吾恶。一则鉴前代成败事,以为元龟;二则进用善人,共成政道;三则斥弃群小,不听谗言。吾能守之,终不转也。'"(《杜逸佞》)③ 此论等于自我标榜无恶可录。结合《旧唐书·高祖二十二子传》,"玄武门兵变"之后,唐太宗诛杀建成、元吉子嗣,"寻诏绝建成、元吉属籍"④;即位之后,"追封建成为息王,谥曰隐,以礼改葬""追封元吉为海陵郡王,谥曰剌,以礼改葬"⑤;至贞观十六年(642),"又追赠皇太子,谥仍依旧""又追封巢王,谥如故"⑥,可清楚窥探唐太宗的隐衷以及心曲之变迁。

2. 直接"圣裁"儒经大义

贞观十四年(640),太宗幸国子亲观释奠。孔颖达主讲《孝经》,太宗借机曰:"由斯而言,孰愈于闵子骞也?"⑦ 唐太宗表彰闵子骞直接影响了《礼记正义》的修撰,遍览文本,明言美誉闵子骞之孝有二。

(1)《檀弓上》:"子夏既除丧而见,予之琴,和之而不和,弹之而不成声。作而曰:'哀未忘也,先王制礼,而弗敢过也。'子张既除丧而见,予之琴,和之而和,弹之而成声,作而曰:'先王制礼,不敢不至焉。'"

---

① 王玉笙、高永平:《从唐太宗自观国史论唐初某些史料的真伪》,《云南社会科学》1984 年第 3 期。
② (后晋)刘昫等:《旧唐书》,中华书局 1975 年版,第 63 页。
③ (唐)吴兢撰,谢保成集校:《贞观政要集校》,中华书局 2003 年版,第 348 页。
④ (后晋)刘昫等:《旧唐书》,中华书局 1975 年版,第 2423 页。
⑤ (后晋)刘昫等:《旧唐书》,中华书局 1975 年版,第 2419、2423 页。
⑥ (后晋)刘昫等:《旧唐书》,中华书局 1975 年版,第 2419、2423 页。
⑦ (后晋)刘昫等:《旧唐书》,中华书局 1975 年版,第 916—917 页。

> 孔疏：此言子夏、子张者，案《家语》及《诗传》皆言子夏丧毕，夫子与琴，援琴而弦，衎衎而乐；闵子骞丧毕，夫子与琴，援琴而弦，切切而哀。与此不同者，当以《家语》及《诗传》为正。知者，以子夏丧亲无异闻，焉能弹琴而不成声？而闵子骞至孝之人，故孔子善之云："孝哉，闵子骞！"然《家语》《诗传》云"援琴而弦，切切"，以为正也。（第293页）

此以《孔子家语》《毛诗传》比勘《檀弓上》，认为此曰子夏、子张事，当为闵子骞、子夏事，且专门点出孔子对闵子的称赞，有贬子夏而褒子骞之意。孔疏以为子夏"丧亲无异闻"，是据《檀弓上》"子夏丧子"节："子夏丧其子而丧其明。……曾子怒曰：'商，女何无罪也？吾与女事夫子于洙泗之间，退而老于西河之上，使西河之民疑女于夫子，尔罪一也；丧尔亲，使民未有闻焉，尔罪二也；丧尔子，丧尔明，尔罪三也。而曰女何无罪与！'"曾子历数子夏之罪，孔疏据之破经。

（2）《王制》："凡制五刑，必即天论，邮罚丽于事。"

> 郑注："制，断也。即，就也。必即天论，言与天意合。闵子曰：'古之道不即人心。'"
>
> 孔疏：引"闵子曰：古之道不即人心"者，证经"即"为即就之义。按宣元年《公羊传》云："古者臣有大丧，则君三年不呼其门。已练可以弁冕，服金革之事，君使之，非也。臣行之，礼也。闵子要绖而服事，既而曰：'若此乎！古之道不即人心。'退而致仕。孔子盖善之也。"闵子性孝，以为在丧从戎，不即人情，为制此礼，是古之所制，故闵子嫌之。（第554、558页）

郑君引闵子骞言，为解释经文"必即天论"中"即"之意。孔疏原原本本征引原文，并得出"闵子性孝，以为在丧从戎，不即人情为制此礼，是古之所制，故闵子嫌之"的结论。而且，例（1）言"故孔子善之云：'孝哉，闵子骞！'"例（2）言"孔子盖善之也"，两引孔子之言盛赞闵子骞"性孝"，用意不可谓不明。

须明确的是，唐太宗篡改国史与干预经典诠释的目的，亦不能完全视作出于一己之私。王玉笙等曰："唐太宗是出于对长远利益的考虑而坚持自观国史并下令修改国史的，其具体目的不仅是自己在历史上的形象如何,更主要的还是为了使玄武门之变不致给后代留下可能使李氏天下从内部瓦解的影响。"① 此论亦适用于其对《五经正义》的干预。魏徵逢迎唐太宗以定性"玄武门之变"之心曲,亦是出于对李唐王朝的长治久安考虑。魏徵尝有"良臣""忠臣"之论②,为唐太宗篡改国史背书,是以良臣自居的又一次体现。

五　唐太宗的七道诏令与《五经正义》

吕友仁曰:"唐太宗既是编纂《五经正义》的倡始者,又是《五经正义》初稿、修订稿撰成之后的善后者,可谓处心积虑,善始善终。一言以蔽之,没有唐太宗,就没有《五经正义》。"③ 高度评价其对《五经正义》修撰的重要意义。以唐太宗的七道诏令为主线,可以梳理其与《五经正义》的密切关系。

1. 诏令颜师古考定《五经》

《旧唐书》颜师古本传:"太宗以经籍去圣久远,文字讹谬,令师古于秘书省考定《五经》,师古多所厘正,既成,奏之。……颁其所定之书于天下,令学者习焉。"④ 颜师古考定《五经》始于贞观四年(630),完成于贞观七年(633),历经四载。颜师古《五经定本》,成为李唐官方首次颁定《五经》课本,为《五经正义》的修撰奠定一块基石。

2. 诏令孔颖达等修撰《五经正义》

《旧唐书·儒学上》:唐太宗"又以儒学多门,章句繁杂,诏国子祭酒孔颖达与诸儒撰定《五经义疏》,凡一百七十卷,名曰《五经正义》,令天下传习"⑤。《唐会要》卷七七"论经义"条曰:"贞观十二年,国子祭酒孔颖达撰《五经义疏》一百七十卷,名曰《义赞》,有诏改为《五经正义》。"⑥ 贞观十二年(638),孔颖达拜国子祭酒⑦,《五经正义》修撰当始

---

① 王玉笙、高永平:《从唐太宗自观国史论唐初某些史料的真伪》,《云南社会科学》1984年第3期。

② (后晋)刘昫等:《旧唐书》,中华书局1975年版,第2547—2548页。据《旧唐书》魏徵本传,其尝与唐太宗论良臣与忠臣之别,徵再拜曰:"愿陛下使臣为良臣,勿使臣为忠臣。"帝曰:"忠、良有异乎?"徵曰:"良臣,稷、契、咎陶是也。忠臣,龙逄、比干是也。良臣使身获美名,君受显号,子孙传世,福禄无疆。忠臣身受诛夷,君陷大恶,家国并丧,空有其名。以此而言,相去远矣。"帝深纳其言,赐绢五百匹。

③ 吕友仁:《孔颖达〈五经正义〉义例研究》,上海古籍出版社2019年版,第497页。

④ (后晋)刘昫等:《旧唐书》,中华书局1975年版,第2594页。

⑤ (后晋)刘昫等:《旧唐书》,中华书局1975年版,第4941页。

⑥ (宋)王溥:《唐会要》,中华书局1955年版,第1405页。

⑦ (后晋)刘昫等:《旧唐书》,中华书局1975年版,第2602页。

3. 手诏奖励孔颖达等修撰经师

贞观十四年（640）春，唐太宗"幸国子学，亲释奠，……国子祭酒以下及学生高第精勤者加一级，赐帛有差"①。唐太宗此番奖励祭酒以下及学生高第，与《五经正义》初稿完成相关。《旧唐书》孔颖达本传："先是，与颜师古、司马才章、王恭、王琰等诸儒受诏撰定《五经》义训，凡一百八十卷，名曰《五经正义》。太宗下诏曰：'卿等博综古今，义理该洽，考前儒之异说，符圣人之幽旨，实为不朽。'付国子监施行，赐颖达物三百段。"②《五经正义》呈唐太宗御览，孔颖达得到褒奖，此次主要嘉奖其他修撰者及优秀国子。

4. 钦定《五经正义》之名

《新唐书》孔颖达本传曰，"《五经义训》凡百余篇，号《义赞》，诏改为《正义》云"③。"义赞"之体的局限性与唐太宗统一经学的宏愿不合，故钦定为《正义》。潘重规曰："冲远尊崇前人，故书名'义赞'；朝廷矜尚体制，故改名'正义'也。"④

5. 诏令褒奖梁、周、陈、隋等前世经师

《旧唐书·儒学传》："十四年，诏曰：'梁皇侃、褚仲都，周熊安生、沈重，陈沈文阿、周弘正、张讥，隋何妥、刘炫等，并前代名儒，经术可纪。加以所在学徒，多行其疏，宜加优异，以劝后生。可访其子孙见在者，录名奏闻，当加引擢。'"⑤吕友仁曰："唐太宗不唯褒奖生者，还要善待死者。吃水不忘掘井人，采用了死者的《义疏》，就要报答。报答的方法就是优待死者的子孙，于是就有了这道诏书。"⑥

6. 诏令孔颖达等复审《五经正义》

《旧唐书》孔颖达本传，"时又有太学博士马嘉运驳颖达所撰《正义》，诏更令详定"⑦。孔氏《礼记正义序》："至十六年，又奉敕与前修疏人及儒林郎守太学助教云骑尉臣周玄达、儒林郎守四门助教云骑尉臣赵君赞、儒林

---

① （后晋）刘昫等：《旧唐书》，中华书局1975年版，第51页。
② （后晋）刘昫等：《旧唐书》，中华书局1975年版，第2602—2603页。
③ （宋）欧阳修、宋祁：《新唐书》，中华书局1975年版，第5644页。
④ 潘重规：《五经正义探源》，《华冈学报》（台北"中国文化学院"出版）1965年第1期。
⑤ （后晋）刘昫等：《旧唐书》，中华书局1975年版，第4941—4942页。
⑥ 吕友仁：《孔颖达〈五经正义〉义例研究》，上海古籍出版社2019年版，第500页。
⑦ （后晋）刘昫等：《旧唐书》，中华书局1975年版，第2603页。

郎守四门助教云骑尉臣王士雄等，对敕使赵弘智覆更详审，为之《正义》，凡成七十卷。"① 结合古人著述惯例，贞观十六年（642）当是复审完成之年，诏令复审当在十四年（640）初撰完成后。

7. 诏令以左丘明等配飨孔子庙堂

《旧唐书》太宗本纪，二十一年（647）春，"诏以左丘明、卜子夏、公羊高、穀梁赤、伏胜、高堂生、戴圣、毛苌、孔安国、刘向、郑众、杜子春、马融、卢植、郑康成、服子慎、何休、王肃、王辅嗣、杜元凯、范宁等二十一人，代用其书，垂于国胄，自今有事于太学，并命配享宣尼庙堂"②。据《旧唐书·礼仪四》，还应有贾逵，凡二十二人③。

唐太宗两次诏令所表彰者，几乎囊括唐前所有杰出的儒学大师。将以上先秦以降鸿儒经师的主要著述列出，可知此举与《五经正义》修撰相关，即主要"表彰的是《五经》的第一传人及注家"④。左丘明等在中国儒学史上贡献至巨，他们"或注释经义，或考论制度，为后世所凭依。上述二十一人荟萃先秦、两汉以来之饱学硕儒，其师承有异，学派不同，或主古文，或主今文；或为王学，或为郑学；或为南学，或为北学。因此是举既表现了唐太宗兼容并蓄、广采博纳的崇儒精神，又是唐代经学真正走向统一的重要标志之一"⑤。

"一代之治，即一代之学也。一代之学，皆一代王者开之也"（《乙丙之际著议第六》）⑥，《五经正义》与六部正史，皆修撰于贞观年间，绝非偶然。贞观之治在文化建设方面取得了重大成就，理应得到后世的尊崇。吕友仁指出："综观历史，能够率先动议并组织人力完成一部流传千祀的经典之作的皇帝，并不多，而唐太宗是第一位。"⑦《逸周书·谥法解》曰"经天纬地曰文""学勤好问曰文""愍民惠礼曰文"⑧，唐太宗逝后，"百僚上谥曰'文皇帝'"⑨，可谓实至名归。

---

① （汉）郑玄注，（唐）孔颖达正义，吕友仁整理：《礼记正义》，上海古籍出版社2008年版，第2页。
② （后晋）刘昫等：《旧唐书》，中华书局1975年版，第59页。
③ （后晋）刘昫等：《旧唐书》，中华书局1975年版，第917页。
④ 吕友仁：《孔颖达〈五经正义〉义例研究》，上海古籍出版社2019年版，第502页。
⑤ 孔德凌等：《隋唐五代经学学术编年》，凤凰出版社2015年版，第235页。
⑥ （清）龚自珍：《龚自珍全集》，上海人民出版社1975年版，第4页。
⑦ 吕友仁：《孔颖达〈五经正义〉义例研究》，上海古籍出版社2019年版，第502页。
⑧ 佚名撰，袁宏点校：《二十五别史·逸周书》，齐鲁书社2000年版，第68—69页。
⑨ （后晋）刘昫等：《旧唐书》，中华书局1975年版，第62页。

第三节 唐太宗与《礼记》的入列《五经》

唐修《五经正义》，于"三礼"取记（《礼记》）而弃经（《周礼》《仪礼》），究其原因，主要在于"三礼"的思想内容有高下之别。同时，也集中体现了唐太宗的礼学思想与礼治需求。因为"择取何经为官学，此非孔颖达所能专"[1]，取何经为之《正义》，亦非孔颖达等所能专。唐太宗精通《礼记》，深知其蕴含丰富的政治思想与极高的学术价值，故常据其经义与群臣讨论礼学，议定礼制；汲取《礼记》治国思想，实施了一系列政策；也注重践行《礼记》经义，以抵制奢靡之风；诗文创作灵活化用《礼记》典故而不留痕迹等。唐太宗的推崇，是《礼记》名列《五经》的关键因素。

一 依据《礼记》经义论定礼制

唐太宗与群臣议事，"三礼"中《礼记》征引频率最多。以《贞观政要》为例，君臣征引《礼记》凡18例[2]，引《周礼》《仪礼》各1例。太宗君臣论定礼制，诸如避讳、藉田、封禅、孝道等皆据《礼记》经义。

（一）论"二名不偏讳"

贞观初，鉴于避讳之风愈演愈烈，唐太宗下诏抵制："准《礼》，名，终将讳之。前古帝王，亦不生讳其名，故周文王名昌，《周诗》云：'克昌厥后。'春秋时鲁庄公名同，十六年《经》书：'齐侯、宋公同盟于幽。'唯近代诸帝，皆妄为节制，特令生避其讳，理非通允，宜有改张。因诏曰：'依《礼》，二名义不偏讳，尼父达圣，非无前指。近世以来，曲为节制，两字兼避，废阙已多，率意而行，有违经诰。今宜依据礼典，务从简约，仰效先哲，垂法将来。其官号人名，及公私文籍，有"世"及"民"两字不连读，并不须避。'"（《论礼乐》）[3] 此"准《礼》""依《礼》"皆指《礼记》。《曲礼上》"卒哭乃讳"，郑注："敬鬼神之名也。……生者不相辟名。"[4]《檀弓下》曰"卒哭而讳，生事毕而鬼事始已"。《曲礼上》曰"礼，

---

[1] 汤一介、李中华主编，陈启智著：《中国儒学史·隋唐卷》，北京大学出版社2011年版，第336页。

[2] 具体言之，魏徵7例，唐太宗3例，李百药2例，刘洎、岑文本、褚遂良、张蕴古各1例，不能确指引者2例。

[3] （唐）吴兢撰，谢保成集校：《贞观政要集校》，中华书局2003年版，第393页。

[4] （汉）郑玄注，（唐）孔颖达正义，吕友仁整理：《礼记正义》，上海古籍出版社2008年版，第114页。

不讳嫌名。二名不偏讳",又《檀弓下》:"二名不偏讳,夫子之母名徵在;言在不称徵,言徵不称在。"唐太宗据之批评"近代诸帝,妄为节制,特令生避其讳""近世以来,曲为节制,两字兼避"两种违礼现象。

(二)论藉田礼与"礼缘人情"

藉田礼,汉魏之际仍行于世,至"晋时南迁,后魏来自云、朔,中原分裂,又杂以獯戎,代历周、隋,此礼久废"①。贞观三年(629)正月,唐太宗恢复其制:"亲祭先农,躬御耒耜,藉于千亩之甸。……给侍中孔颖达曰:'礼,天子藉田于南郊,诸侯于东郊。晋武帝犹于东南。今于城东置坛,不合古礼。'太宗曰:'礼缘人情,亦何常之有。且《虞书》云"平秩东作",则是尧、舜敬授人时,已在东矣。又乘青辂、推黛耜者,所以顺于春气,故知合在东方。且朕见居少阳之地,田于东郊,盖其宜矣。'"②孔氏据《礼记·祭义》《祭统》立说,唐太宗亦列理由有三。陈戍国曰:"整个藉田礼的意义,无非表示重农,表示祭祀所用粢稷出于国君的亲自劳作,以媚于神,并达到'纪农协功''恪恭于农''财用不乏'之目的。"③可见,唐太宗深明藉田之义。

其实,这种"权宜"正体现了"礼缘人情"的灵活性。贞观二年(628),唐太宗与杜淹、魏徵论礼乐,提出"礼乐之作,是圣人缘物设教"(《论礼乐》)④,此"礼缘人情""圣人缘物设教"之论,取自《史记·礼书》:"余至大行礼官,观三代损益,乃知缘人情而制礼,依人性而作仪,其所由来尚矣。"⑤司马迁之说又源于《礼运》《乐记》思想。李学颖说:"'缘'字下得极其恰当、准确。昔人有云:'不曰顺人情,亦不曰逆人情,盖"缘"字中既有顺又有逆也。'缘有'凭藉'义,又有'边缘''沿着'之义。"⑥即依据人情,顺应时代,对前代礼乐有所损益,"礼缘人情"与《礼记》的整体思想相通。《礼记》多次论述礼与情的关系,《礼运》"故圣王修义之柄、礼之序,以治人情。故人情者,圣王之田也。修礼以耕之,陈义以种之,讲学以耨之,本仁以聚之,播乐以安之",《乐记》"礼乐之说,

---

① (后晋)刘昫等:《旧唐书》,中华书局1975年版,第911页。
② (后晋)刘昫等:《旧唐书》,中华书局1975年版,第911页。
③ 陈戍国:《中国礼制史》(先秦卷),湖南教育出版社1991年版,第260页。
④ 此采用戈直本说。参见(唐)吴兢编著《贞观政要》,上海古籍出版社1978年版,第233页。据谢保成集校本,"缘物设教"作"象物设教"。参见(唐)吴兢撰,谢保成集校《贞观政要集校》,中华书局2003年版,第417页。
⑤ (汉)司马迁撰,(宋)裴骃集解,(唐)司马贞索隐,张守节正义:《史记》,中华书局1959年版,第1157页。
⑥ 李学颖:《仪礼、礼记:人生的法度》,上海古籍出版社1997年版,第29页。

管乎人情",《丧服四制》"凡礼之大体,体天地,法四时,则阴阳,顺人情,故谓之礼"。可知,唐太宗重视礼之"义"而非礼之"仪"。

(三) 论泰山封禅

贞观六年 (632),"平突厥,年谷屡登",群臣奏泰山封禅。唐太宗则保持着清醒头脑:"议者以封禅为大典。如朕本心,但使天下太平,家给人足,虽阙封禅之礼,亦可比德尧舜;若百姓不足,夷狄内侵,纵修封禅之仪,亦何异于桀纣?昔秦始皇自谓德洽天心,自称皇帝,登封岱宗,奢侈自矜。汉文帝竟不登封,而躬行俭约,刑措不用。今皆称始皇为暴虐之主,汉文为有德之君。以此而言,无假封禅。《礼》云:'至敬不坛,扫地而祭。'足表至诚,何必远登高山,封数尺之土也!"①"至敬不坛,扫地而祭",出自《礼器》,唐太宗据之论封禅。

(四) 论"孝之本旨"

贞观十四年 (640),唐太宗亲幸国子观释奠。孔颖达讲《孝经》,谓曾子"孝而全",唐太宗据《孔子家语·六本》中孔子之言驳曰:"今参于父,委身以待暴怒,陷父于不义,不孝莫大焉。"又曰:"诸儒各生异意,皆非圣人论孝之本旨也。孝者,善事父母,自家刑国,忠于其君,战陈勇,朋友信,扬名显亲,此之谓孝。具在经典,而论者多离其文,迥出事外,以此为教,劳而非法,何谓孝之道耶!"②唐太宗对孝的阐释,显然是为其"不孝"辩解。其谓"孝者,善事父母,自家刑国,忠于其君,战陈勇,朋友信,扬名显亲",即以个人齐家治国的才能与光宗耀祖的功业作为孝的主要标准,显然与曾子的逆来顺受之孝大相径庭。

事实上,唐太宗君臣正是打着孝的旗号发动兵变的。据《旧唐书》房玄龄本传,玄龄与长孙无忌相谋曰:"今嫌隙已成,祸机将发,天下恂恂,人怀异志。变端一作,大乱必兴,非直祸及府朝,正恐倾危社稷。……仆有愚计,莫若遵周公之事,外宁区夏,内安宗社,申孝养之礼。"长孙无忌则曰:"久怀此谋,未敢披露,公今所说,深会宿心。"③ 所谓"深会宿心",当包括唐太宗在内。又《高祖二十二子传》:"太宗迟疑未决,众又曰:'大王以舜为何如人也?'曰:'浚哲文明,温恭允塞,为子孝,为君圣,焉可议之乎?'府僚曰:'向使舜浚井不出,自同鱼鳖之毙,焉得为孝子乎?涂廪不下,便成煨烬之余,焉得为圣君乎?小杖受,大杖避,良有以也。'太宗于

---

① (后晋) 刘昫等:《旧唐书》,中华书局 1975 年版,第 881—882 页。
② (后晋) 刘昫等:《旧唐书》,中华书局 1975 年版,第 916—917 页。
③ (后晋) 刘昫等:《旧唐书》,中华书局 1975 年版,第 2460 页。

是定计诛建成及元吉。"①"府僚"当指玄龄、无忌等辈，以《孔子家语·六本》孔子责曾参之言进谏。唐太宗此论"孝之本旨"，心曲实同。所谓"具在经典"，指《礼记·祭义》："孝有三：大孝尊亲，其次弗辱，其下能养。……居处不庄，非孝也；事君不忠，非孝也；莅官不敬，非孝也；朋友不信，非孝也；战陈无勇，非孝也；五者不遂，灾及于亲，敢不敬乎？……孝有三：小孝用力，中孝用劳，大孝不匮。思慈爱忘劳，可谓用力矣。尊仁安义，可谓用劳矣。博施备物，可谓不匮矣。"② 孔疏曰："'大孝尊亲'，……即是下文云'大孝不匮'，圣人为天子者也。尊亲，严父配天也。……广博于施，则德教加于百姓，刑于四海是也。……备物，'四海之内，各以其职来助祭'，如此，是大孝不匮也"③，即天下只有天子能做到"大孝"，为唐太宗将手足相残标榜为"大孝"提供理论依据。

二 政治上践行《礼记》经义

《祭义》"礼者，履此者也"，强调礼的践行，是《礼记》的重要理念，也是其优于《仪礼》《周礼》之处。观唐太宗制定《贞观礼》、尊崇出生地武功、下诏礼敬高年与倡导薄葬等举措，皆有《礼记》的影子。

（一）"功成作乐，治定制礼"

《乐记》曰"王者功成作乐，治定制礼。其功大者其乐备，其治辩者其礼具。……五帝殊时，不相沿乐；三王异世，不相袭礼"，为新朝建立及其制礼作乐提供理论依据。

其一，修撰《贞观礼》。践阼之初，唐太宗诏房玄龄、魏徵等"因隋之礼，增以天子上陵、朝庙、养老、大射、讲武、读时令、纳皇后、皇太子入学、太常行陵、合朔、陈兵太社等"④。贞观十一年（637）撰成《贞观礼》，适应了时代发展的需要。其二，制作大唐雅乐。贞观二年（628），祖孝孙据《乐记》"大乐与天地同和"的和谐思想，"斟酌南北，考以古音，作为大唐雅乐""制十二和之乐，合三十一曲，八十四调"⑤。《乐记》："大乐与天地同和，大礼与天地同节。和，故百物不失；节，故祀天祭地。明则有礼乐，

---

① （后晋）刘昫等：《旧唐书》，中华书局1975年版，第2422页。
② 《祭义》此节又见于《大戴礼记·曾子大孝》，文字略有出入。参见（清）王聘珍撰，王文锦点校《大戴礼记解诂》，中华书局1983年版，第84页。
③ （汉）郑玄注，（唐）孔颖达正义，吕友仁整理：《礼记正义》，上海古籍出版社2008年版，第1845—1848页。
④ （宋）欧阳修、宋祁：《新唐书》，中华书局1975年版，第308页。
⑤ （后晋）刘昫等：《旧唐书》，中华书局1975年版，第1041—1042页。

幽则有鬼神。如此，则四海之内合敬同爱矣。"李唐雅乐取名曰"和"，体现了贞观君臣励精图治、追求"四海之内合敬同爱"的政治理想。

唐太宗《颁示礼乐诏》曰："乐由内作，礼自外成，可以安上治民，可以移风易俗。揖让而天下治者，其惟礼乐乎！固以同节同和，无声无体，非饰玉帛之容，岂崇钟鼓之奏！……盖知礼乐之情者能作，识礼乐之文者能述，作者之谓圣，述者之谓明。朕虽德谢前王，而情深好古。伤大道之既隐，惧斯文之将坠，故广命贤才，旁求遗逸，探六经之奥旨，采三代之英华。古典之废于今者，咸择善而修复；新声之乱于雅者，并随违而矫正。莫不本之人心，稽乎物理，正情性而节事宜，穷高深而归简易。用之邦国，彝伦以之攸叙；施之律度，金石于是克谐。"① 其礼乐思想主要来自《乐记》。

（二）"礼不忘本"，尊崇武功

《檀弓上》"乐，乐其所自生；礼，不忘其本"，《礼器》亦曰"礼也者，反本修古，不忘其初者也"。唐太宗尊崇出生地武功，举措有三：一是免武功租赋，恩泽民众。贞观四年（630）十月下诏免武功租赋："武功旧居，与岐陇不异，前令减罪，未称朕心。其武功一县，曲赦其罪，及赐帛免租赋等，特宜同岐陇二州。"② 此前，唐太宗幸陇州，"可特赦岐陇二州管内，自贞观四年十月一日昧爽已前，大辟罪以下，悉从原免；二州户民，无出一年租赋；八十以上，鳏寡笃疾，及旧任二州杂职佐史以上，赐物各有差；百岁以上，就加优恤"③。二是置慈德寺，追怀母恩。贞观五年（631），唐太宗为母故置慈德寺④。建寺虽为佛事，实乃尽孝之举。三是两次行幸武功，宴饮故老并赋诗作乐。贞观六年（632），唐太宗首幸武功，"宴从臣，赏赐闾里，同汉沛、宛。帝欢甚，赋诗。起居郎吕才被之管弦，名《功成庆善乐》"⑤。贞观十六年（642），重幸武功，赋诗曰："代马依朔吹，惊禽愁昔丛。况兹承眷德，怀旧感深衷。……白水巡前迹，丹陵幸旧宫。列筵欢故老，高宴聚新丰。驻跸抚田畯，回舆访牧童。……于焉欢击筑，聊以咏南风。"⑥《乐记》"昔者，舜作五弦之琴以歌《南风》"，孔疏："《南风》，诗名，是孝子之诗。南风，长养万物，而孝子歌之，言己得父母生长，如万物

---

① （唐）李世民著，吴云、冀宇校注：《唐太宗全集》，天津古籍出版社2004年版，第369页。
② （唐）李世民著，吴云、冀宇校注：《唐太宗全集》，天津古籍出版社2004年版，第280页。
③ （唐）李世民著，吴云、冀宇校注：《唐太宗全集》，天津古籍出版社2004年版，第281页。
④ （宋）王溥：《唐会要》，中华书局1955年版，第850页。
⑤ （宋）欧阳修、宋祁：《新唐书》，中华书局1975年版，第468页。
⑥ （唐）李世民著，吴云、冀宇校注：《唐太宗全集》，天津古籍出版社2004年版，第23—24页。

得南风生也。舜有孝行，故以此五弦之琴歌《南风》之诗，而教天下之孝也。"① 抒发对武功的眷恋，又以"南风"表达不忘本之意。

（三）遵循"养老之义"，礼敬高年

唐太宗尝曰"释菜合乐之仪，东胶西序之制，养老之义，遗文可睹"②，所谓"遗文"，多见诸《礼记·王制》《文王世子》《祭义》《乡饮酒义》等。《礼记》将养老问题上升到国家长治久安的重要层面，唐太宗深明此理，多次下诏礼敬高年。其礼敬高年举措有四个层面：赏赐高年粟帛、实施侍丁制度、对于百岁以上者政府赐奴仆赡养，甚至恩泽获刑之家③。这些举措正是对《礼记》经义的践行。

（四）遗令"悉依汉制"，倡导薄葬

贞观十一年（637），唐太宗察觉到"勋戚之家多流遁于习俗，间阎之内或侈靡而伤风，以厚葬为奉终，以高坟为行孝……徒伤教义，无益泉壤，为害既深"，诏曰："朕闻死者终也，欲物之反于真也；葬者藏也，欲人之不得见也。上古垂风，未闻于封树；后圣贻范，始备于棺椁。讥僭侈者，非不爱其厚费；美俭薄者，实亦贵其无危。……仲尼，孝子也，防墓不坟；延陵，慈父也，嬴博可隐。斯皆怀无穷之虑，成独决之明，乃便体于九泉，非循名于百代者也。"（《论赦令》）④ 其说多源自《礼记》。如"葬者藏也"，《檀弓上》"国子高曰：'葬也者，藏也；藏也者，欲人之弗得见也'"。仲尼、延陵典故，皆见于《檀弓》："孔子既得合葬于防，曰：'吾闻之：古也墓而不坟；今丘也，东西南北人也，不可以弗识也。于是封之，崇四尺。'孔子先反，门人后，雨甚；至，孔子问焉曰：'尔来何迟也？'曰：'防墓崩。'孔子不应。三，孔子泫然流涕曰：'吾闻之：古不修墓。'""延陵季子适齐，于其反也，其长子死，葬于嬴博之间。……其坎深不至于泉，其敛以时服。既葬而封，广轮掩坎，其高可隐也。"唐太宗倡导薄葬，以身垂范，遗诏"其服纪轻重，宜依汉制，以日易月。园陵制度，务从俭约"⑤。"汉制"即汉文帝制定的丧服制度："其令天下吏民，令到出临三日，皆释服。无禁取妇、嫁女、祠祀、饮酒、食肉。自当给丧事服临者，皆无践。绖带无过三寸。无布车及兵器。无发民哭临宫殿中。殿中当临者，皆以旦夕各十五举

---

① （汉）郑玄注，（唐）孔颖达正义，吕友仁整理：《礼记正义》，上海古籍出版社2008年版，第1493页。
② （唐）李世民著，吴云、冀宇校注：《唐太宗全集》，天津古籍出版社2004年版，第247页。
③ 陶广学：《唐太宗与〈礼记〉学》，《山西师大学报》（社会科学版）2016年第1期。
④ （唐）吴兢撰，谢保成集校：《贞观政要集校》，中华书局2003年版，第452—453页。
⑤ （唐）李世民著，吴云、冀宇校注：《唐太宗全集》，天津古籍出版社2004年版，第630页。

音，礼皆罢。非旦夕临时，禁无得擅哭临。以下，服大红十五日，小红十四日，纤七日，释服。它不在令中者，皆以此令比类从事。布告天下，使明知朕意。霸陵山川因其故，无有所改。"① 唐太宗及其后世诸帝，丧葬基本上"悉依汉制"。

三 赋诗作文取法《礼记》

唐太宗诗文中蕴含着丰富的儒学思想，《礼记》是其征引最多的儒经之一，达90余条，而仅引《周礼》2例、《仪礼》1例。魏徵病逝出葬，唐太宗"登苑西楼，望丧而哭，诏百官送出郊外"②，后追"思不已，登凌烟阁观画像，赋诗悼痛"③，《望送魏徵葬》："望望情何极，浪浪泪空泫。无复昔时人，芳春共谁遣。"④ 此四句化用《问丧》："其往送也，望望然、汲汲然，如有追而弗及也；其反哭也，皇皇然若有求而弗得也。……亡矣丧矣！不可复见矣！"尤为感人。唐太宗散文不乏取法《礼记》者，《赐李靖陪葬诏》："游赤松于艾服之年，访黄绮于杖乡之岁。"⑤《曲礼》曰"五十曰艾，服官政"，《王制》曰"五十杖于家，六十杖于乡，七十杖于国，八十杖于朝"。高士廉子履行，"居母丧毁甚，太宗谕使彊食"⑥曰："古人立孝，毁不灭身，闻卿绝粒，殊乖大体。宜抑摧裂之情，割伤生之累。"⑦ 其说取自《丧服四制》"三日而食，三月而沐，期而练，毁不灭性，不以死伤生也"。

四 表彰《礼记》学者

唐太宗推崇《礼记》并表彰其编纂者戴圣及其后世学者。贞观十四年（640），唐太宗下诏表彰皇侃、熊安生等经师："梁皇侃、褚仲都，周熊安生、沈重，陈沈文阿、周弘正、张讥，隋何妥、刘炫等，并前代名儒，经术可纪。加以所在学徒，多行其讲疏，宜加优赏，以劝后生。可访其子孙见在者，录姓名奏闻。"⑧ 以上名儒，皇侃、熊安生、沈重、沈文阿等皆为《礼记》学大师。皇、熊《义疏》为孔颖达《正义》所本。贞观二十一年

---

① （汉）班固撰，（唐）颜师古注：《汉书》，中华书局1962年版，第132页。
② （后晋）刘昫等：《旧唐书》，中华书局1975年版，第2561页。
③ （宋）欧阳修、宋祁：《新唐书》，中华书局1975年版，第3881页。
④ （唐）李世民著，吴云、冀宇校注：《唐太宗全集》，天津古籍出版社2004年版，第70页。
⑤ （唐）李世民著，吴云、冀宇校注：《唐太宗全集》，天津古籍出版社2004年版，第626—627页。
⑥ （宋）欧阳修、宋祁：《新唐书》，中华书局1975年版，第3842页。
⑦ （唐）李世民著，吴云、冀宇校注：《唐太宗全集》，天津古籍出版社2004年版，第646页。
⑧ （唐）吴兢撰，谢保成集校：《贞观政要集校》，中华书局2003年版，第379页。

(647),诏以左丘明等二十一人配飨孔子庙①,表彰名单中有戴圣,而不见《大戴礼记》编纂者戴德。此外,表彰魏徵编撰《类礼》。贞观十二年(638),魏徵"为《类礼》二十卷,以类相从,削其重复,采先儒训注,择善从之,研精覃思,数年而毕。唐太宗览而善之,赐物一千段,录数本以赐太子及诸王,仍藏之秘府"②。

贞观十一年(637),"太宗在洛阳宫,幸积翠池,宴群臣,酒酣,各赋一事"。唐太宗赋《尚书》一首,魏徵赋《西汉》并借机讽谏曰"终藉叔孙礼,方知皇帝尊",唐太宗曰:"魏徵每言,必约我以礼也。"③李百药赋《礼记》:"玉帛资王会,郊丘叶圣情。重广开环堵,至道轶金籝,盘薄依厚地,遥裔腾太清。方悦升中礼,足以慰余生。"④将《礼记》《尚书》并提,又与魏徵诗"终藉叔孙礼,方知皇帝尊"呼应。唐太宗重视《礼记》,魏徵据《礼记》编纂《类礼》,李百药赋诗《礼记》,君臣皆重《礼记》。

贞观之初,唐太宗命魏徵等编纂《群书治要》,"欲知前世得失,诏魏徵、虞世南、褚亮及德言衰次经史百氏帝王所以兴衰者上之"⑤。魏徵等博采典籍六十五种,《礼记治要》位列《周易》《尚书》《毛诗》《春秋左氏传》四者之后,并列为五,《周礼治要》居六,《仪礼》未入选。"三礼"孰轻孰重,君臣早有定论。唐太宗对《礼记》的积极推崇,无疑大大提高了其学术地位,唐太宗的推崇是《礼记》跻身《五经》的关键因素。

第四节 《五经正义》的修撰历程

唐太宗为了振兴儒学与选拔人才,诏令对汉以来的经学进行整理,统一经学文本及其诠释以颁布天下。《旧唐书·儒学传上》:"太宗又以经籍去圣久远,文字多讹谬,诏前中书侍郎颜师古考定《五经》,颁于天下,命学者习焉。又以儒学多门,章句繁杂,诏国子祭酒孔颖达与诸儒撰定《五经义疏》,凡一百七十卷,名曰《五经正义》,令天下传习。"⑥初唐统一经学事实上包括两个阶段:考定《五经》文字与修撰《五经义疏》。二者又上承陆

---

① 据《旧唐书·礼仪四》,诏令配享孔子者还有贾逵,凡二十二人。参见(后晋)刘昫等《旧唐书》,中华书局1975年版,第59页。
② (后晋)刘昫等:《旧唐书》,中华书局1975年版,第2559页。
③ (后晋)刘昫等:《旧唐书》,中华书局1975年版,第2558页。
④ 中华书局编辑部点校本:《全唐诗》,中华书局1999年版,第539页。
⑤ (宋)欧阳修、宋祁:《新唐书》,中华书局1975年版,第5653页。
⑥ (后晋)刘昫等:《旧唐书》,中华书局1975年版,第4941页。

德明《经典释文》统一群经音训。陆氏《释文》、颜氏《五经定本》为修撰《五经正义》打下了坚实基础。

一 陆德明《经典释文》统一群经音训

陆德明（550—630），名元朗，以字行①。少时师事大儒周弘正。历仕陈、隋、唐三朝，入唐为国子博士，与孔颖达等同列秦府"十八学士"。德明年长孔氏二十四岁，是学术前辈。两《唐书》本传皆突出其不畏强权、坚贞不屈的品格：一是弱冠之年，不畏学术权威："陈大建中，太子征四方名儒，讲于承先殿。德明年始弱冠，往参焉。国子祭酒徐克开讲，恃贵纵辨，众莫敢当；德明独与抗对，合朝赏叹。"② 二是古稀之年，拒任王世充世子师。隋皇泰二年（619），王世充僭称郑帝，"封其子为汉王，署德明为师，就其家，将行束修之礼。德明耻之，因服巴豆散，卧东壁下。王世充子入，跪床前，对之遗痢，竟不与语。遂移病于成皋，杜绝人事"③。时孔颖达在洛阳任太常博士，王世充令其与长史韦节、杨续等造禅代仪。胡三省曰："巴豆有毒，能痢人。陆德明过孔颖达远矣。"（《唐纪三》）④ 德明逝于贞观四年（630），未能参与修撰《五经正义》。《经典释文》始撰于陈，历经隋而成于唐前⑤。《旧唐书》本传曰，"太宗后尝阅德明《经典释文》，甚嘉之，赐其家束帛二百段"⑥，肯定《释文》的学术成就。

《释文》为经文训释音义，兼及相关传注，汇辑保存了汉魏以来230余家训诂之说。对于经典的文字异同，亦多有考正。后世誉为"天下至宝""不可不读"之书⑦。《四库全书总目》"《经典释文》三十卷"条："所采汉魏六朝音切凡二百三十余家，又兼载诸儒之训诂，证各本之异同。后来得以考见古义者，注疏以外，惟赖此书之存。真所谓残膏剩馥，沾溉无穷者也。……研经之士终以是为考证之根柢焉。"⑧《释文》汲取了汉魏南北朝尤其是南朝音义学成果而集其大成，标志着经学研究的一个重要分支音义训诂学的进一步发展。

---

① （宋）欧阳修、宋祁：《新唐书》，中华书局1975年版，第5639页。
② （后晋）刘昫等：《旧唐书》，中华书局1975年版，第4944—4945页。
③ （后晋）刘昫等：《旧唐书》，中华书局1975年版，第4945页。
④ （宋）司马光编著，（元）胡三省音注：《资治通鉴》，中华书局1956年版，第5851—5853页。
⑤ 孙玉文：《〈经典释文〉成书年代新考》，《中国语文》1998年第4期。
⑥ （后晋）刘昫等：《旧唐书》，中华书局1975年版，第4945页。
⑦ （清）桂文灿著，陈居渊注：《经学博采录》，广西师范大学出版社2011年版，第79页："学录（张磐泉）又尝语梁玉臣曰：'天下有至宝之书，不可不读。'请之，则《经典释文》也。"
⑧ （清）永瑢等：《四库全书总目》，中华书局1965年版，第270页上栏—中栏。

《释文》在经典的音注体例、经典底本的取舍与学术倾向上，均对《五经正义》产生了影响。解经体例方面，强调音注的重要意义。《释文·序录》："先儒旧音，多不音注。然注既释经，经由注显，若读注不晓，则经义难明。混而音之，寻讨未易。今以墨书经本，朱字辩注。"① 马宗霍指出："陆氏则不惟作音，兼释经义；不惟音经，亦且音注。故体例独别，而能集诸家之成。"②《五经正义》解经，先经后注、经注并疏之体例与此同。在经典及其注家底本取舍方面，《五经正义》与《释文》基本一致。陆德明明确阐释了对诸家的取舍：

1. 《周易》
《序录》："唯郑康成、王辅嗣所注行于世，而王氏为世所重。今以王为主，其《系辞》已下王不注，相承以韩康伯注续之，今亦用韩本。"③

2. 《尚书》
《序录》："近唯崇古文，马、郑、王注遂废。今以孔氏为正，其《舜典》一篇，仍用王肃本。"④

3. 《诗》
《序录》："《齐诗》久亡，《鲁诗》不过江东，《韩诗》虽在，人无传者。唯《毛诗》郑笺独立国学，今所遵用。"⑤

4. "三礼"
《序录》："唯郑注《周礼》《仪礼》《礼记》并列学官，而《丧服》一篇又别行于世，今'三礼'俱以郑为主。"⑥

5. 《春秋三传》
《序录》："《左氏》今用杜预注，《公羊》用何休注，《穀梁》用范宁注。"⑦

《五经正义》覆审完成，孔颖达作序文五篇，阐释对诸家的取舍。《周

---

① （唐）陆德明撰，黄焯断句：《经典释文》，中华书局1983年版，第1页下栏。
② 马宗霍：《中国经学史》，上海书店出版社1984年版，第101页。
③ （唐）陆德明撰，黄焯断句：《经典释文》，中华书局1983年版，第6页上栏。
④ （唐）陆德明撰，黄焯断句：《经典释文》，中华书局1983年版，第8页下栏。
⑤ （唐）陆德明撰，黄焯断句：《经典释文》，中华书局1983年版，第10页下栏。
⑥ （唐）陆德明撰，黄焯断句：《经典释文》，中华书局1983年版，第12页上栏。
⑦ （唐）陆德明撰，黄焯断句：《经典释文》，中华书局1983年版，第14页下栏。

易正义序》："唯魏世王辅嗣之注，独冠古今。所以江左诸儒，并传其学，河北学者，罕能及之。……今既奉敕删定，考察其事，必以仲尼为宗；义理可诠，行以辅嗣为本。"①《尚书正义序》："但古文经虽然早出，晚始得行。其辞富而备，其义宏而雅，故复而不厌，久而愈亮。江左学者，咸悉祖焉。"②《毛诗正义序》："申公腾芳于鄢郢，毛氏光价于河间，贯长卿传之于前，郑康成笺之于后。晋宋二萧之世，其道大行；齐魏两河之间，兹风不坠。"③《礼记正义序》"据皇氏以为本，其有不备，以熊氏补焉"④，孔氏提出"礼是郑学"。《春秋左传正义序》："杜元凯又为《左氏集解》，专取丘明之传，以释孔氏之经，……今校先儒优劣，杜为甲矣。故晋宋传授以至于今。"⑤《正义》《释文》所取《五经》注本一致。

皮锡瑞认为《经典释文》"亦是南学"："《易》主王氏，《书》主伪孔，《左》主杜氏，为唐人义疏之先声。中引北音，止一再见。……陆本南人，未通北学，固无怪也。"⑥陆氏深受玄学影响，著有《周易文句义疏》二十四卷、《周易文外大义》二卷、《老子疏》十五卷、《庄子文句义》二十卷。皮锡瑞曰："隋平陈而天下统一，南北之学亦归统一，此随世运为转移者也；天下统一，南并于北，而经学统一，北学反并于南，此不随世运为转移者也。"⑦又曰："经学统一之后，有南学，无北学。"⑧《五经正义》虽欲融合南北之长，实则重南轻北，学术倾向与《释文》一致。

二 颜师古《五经定本》考定《五经》文字

颜师古（581—645），名籀，以字行⑨。出身儒学世家，祖父颜之推，著名学者，著《颜氏家训》，父颜思鲁"以学艺称"⑩。颜氏在政治上与李唐王朝特别是唐太宗关系极密。大业十三年（617），高祖入关，颜思鲁"率男师古、相时、勤礼、育德奉迎于长春宫"（颜真卿《晋侍中右光禄大夫本州

---

① （清）阮元校刻：《十三经注疏》（附校勘记），中华书局1980年版，第6页。
② （清）阮元校刻：《十三经注疏》（附校勘记），中华书局1980年版，第110页。
③ （清）阮元校刻：《十三经注疏》（附校勘记），中华书局1980年版，第261页。
④ （清）阮元校刻：《十三经注疏》（附校勘记），中华书局1980年版，第1223页。
⑤ （清）阮元校刻：《十三经注疏》（附校勘记），中华书局1980年版，第1698页。
⑥ （清）皮锡瑞著，周予同注释：《经学历史》，中华书局1959年版，第207页。
⑦ （清）皮锡瑞著，周予同注释：《经学历史》，中华书局1959年版，第193页。
⑧ （清）皮锡瑞著，周予同注释：《经学历史》，中华书局1959年版，第196页。
⑨ （后晋）刘昫等：《旧唐书》，中华书局1975年版，第2594页。《新唐书》卷198《儒学上》曰"颜师古，字籀"，与《旧唐书》不同。参见（宋）欧阳修、宋祁《新唐书》，中华书局1975年版，第5641页。
⑩ （后晋）刘昫等：《旧唐书》，中华书局1975年版，第2594页。

大中正西平靖侯颜公大宗碑铭》）①。武德初，颜思鲁"为秦王府记室参军"；颜师古"拜敦煌公（李世民）府文学，转起居舍人，再迁中书舍人，专掌机密。于时军国多务，凡有制诰，皆成其手"②；颜相时名列秦府"十八学士"。包弼德认为颜师古与唐高祖、太宗之政治关系"休戚相关"："唐高祖在权力斗争中，委托颜师古来撰写至关重要的诏令，而唐太宗选择他来建立六经的定本。……他撰写了《汉书》最重要的注解，而汉朝是一个被唐朝视为榜样的王朝——他还以精通国家礼制而著称。"③

颜师古著述颇丰，史学成就主要有二：与魏徵、孔颖达等修撰《隋书》④，注《汉书》："时承乾在东宫，命师古注班固《汉书》，解释详明，深为学者所重。承乾表上之，太宗令编之秘阁，赐师古物二百段、良马一匹。"⑤ 经学成就主要有三：一是与房玄龄、魏徵、孔颖达等修撰《五礼》，又撰《封禅仪注书》；二是以一己之力考定《五经》文字；三是参撰《周易正义》，与孔颖达系第三次重要学术合作。颜师古治经，明于礼学、易学，善于训诂、校雠。《旧唐书》本传曰："师古少传家业，博览群书，尤精诂训，善属文。……太宗以经籍去圣久远，文字讹谬，令师古于秘书省考定《五经》，师古多所厘正，既成，奏之。太宗复遣诸儒重加详议，于时诸儒传习已久，皆共非之。师古辄引晋、宋已来古今本，随言晓答，援据详明，皆出其意表，诸儒莫不叹服。于是兼通直郎、散骑常侍，颁其所定之书于天下，令学者习焉。贞观七年，拜秘书少监，专典刊正。所有奇书难字，众所共惑者，随疑剖析，曲尽其源。"⑥《五经定本》为《五经正义》的修撰奠定了一块坚实基石。

唐太宗及其重臣还要掌握经典解释权，即统一对五经的解说。《五经正义》的修撰目的是以统一经学主导意识形态，维护唐王朝的"大一统"政治。修撰学者中，学术地位与孔颖达齐肩者唯有颜师古。甚而有人认为颜氏成就当在孔氏之上，如胡朴安曰："唐初渊博精故训学之士，厥有二家：一颜师古，一陆德明。"⑦ 赵翼曰："《五经正义》虽署孔颖达名，……是师古

---

① （清）董诰等：《全唐文》，中华书局1983年版，第3441页。
② （后晋）刘昫等：《旧唐书》，中华书局1975年版，第2594页。
③ ［美］包弼德著：《斯文：唐宋思想的转型》，刘宁译，江苏人民出版社2000年版，第82页。
④ （唐）刘知几撰，（清）浦起龙释：《史通通释》，上海古籍出版社1978年版，第370页。
⑤ （后晋）刘昫等：《旧唐书》，中华书局1975年版，第2595页。
⑥ （后晋）刘昫等：《旧唐书》，中华书局1975年版，第2594—2595页。
⑦ 胡朴安等：《校雠学》，商务印书馆1952年版，第23页。

于此书功最深。"① 吴兢则曰，唐太宗"诏师古与国子祭酒孔颖达等诸儒，撰定《五经疏义》"②。颜师古若总领修撰《五经正义》，理应轻车熟路。自其父祖以来的家学渊源、尊崇南学的倾向③，包括与高祖、太宗的政治渊源方面，较孔颖达均占优势。

颜师古最终未能领衔修撰《正义》，原因是多方面的④。其中重要的一点，应与性格孤傲、德行有污有关⑤。《旧唐书》本传："是时多引后进之士为雠校，师古抑素流，先贵势，虽富商大贾亦引进之，物论称其纳贿，由是出为郴州刺史。未行，太宗惜其才，谓之曰：'卿之学识，良有可称，但事亲居官，未为清论所许。今之此授，卿自取之。朕以卿曩日任使，不忍遐弃，宜深自诫励也。'于是复以为秘书少监。师古既负其才，又早见驱策，累被任用，及频有罪谴，意甚丧沮。自是阖门守静，杜绝宾客，放志园亭，葛巾野服。"⑥ 颜师古不修操行，趋炎附势、贪财好货，为学界诟病。《新唐书》本传亦曰："师古性简峭，视辈行傲然，罕所推接。"⑦《五经正义》工程浩大，很难以个人力量完成，需诸贤群策群力。师古恃才傲物，不利于团队协作，未能领衔其事自在情理之中。

三 孔颖达等修撰《五经正义》

《五经正义》的修撰历程，可分为贞观朝的初次修撰、二次审定，直至永徽朝的再次修定，可谓一波三折。

（一）初次修撰

关于《五经正义》的各经修撰具体人员与卷数，孔氏《五经正义序》本有明确记载。然而，修撰具体始于何年，两《唐书》均无明确记载，《五经正义》的名称与卷数亦有多种说法。

1. 孔颖达《五经正义序》：《周易正义》"凡十有四卷"、《尚书正义》"凡二十卷"、《毛诗正义》"凡为四十卷"、《礼记正义》"凡成七十卷"、《春秋正义》"凡三十六卷"，凡一百八十卷。

---

① （清）赵翼：《陔余丛考》，中华书局1963年版，第1页。
② （唐）吴兢撰，谢保成集校：《贞观政要集校》，中华书局2003年版，第384页。
③ （清）皮锡瑞著，周予同注释：《经学历史》，中华书局1959年版，第207页："师古为颜之推后人。之推本南人，晚归北，其作《家训》，引江南、河北本，多以江南为是。师古《定本》从南，盖本《家训》之说；而《家训》有不尽是者。"
④ 张立兵：《颜师古与〈五经正义〉的编纂发微》，《孔子研究》2015年第5期。
⑤ 韩宏韬：《〈毛诗正义〉研究》，中国社会科学出版社2009年版，第41—42页。
⑥ （后晋）刘昫等：《旧唐书》，中华书局1975年版，第2595页。
⑦ （宋）欧阳修、宋祁：《新唐书》，中华书局1975年版，第5642页。

2. 于志宁《碑铭》:"《五经正义》一百七十卷。"①

3. 吴兢《贞观政要·崇儒学》:贞观四年(630),太宗"诏前中书侍郎颜师古于秘书省考定《五经》""诏师古与国子祭酒孔颖达等诸儒,撰定《五经疏义》,凡一百八十卷,名曰《五经正义》"②。

4. 《旧唐书》孔颖达本传:"与颜师古、司马才章、王恭、王琰等诸儒受诏撰定《五经义训》,凡一百八十卷,名曰《五经正义》。"③

5. 《旧唐书·经籍志上》:《周易正义》十四卷、《尚书正义》二十卷、《毛诗正义》四十卷、《礼记正义》七十卷、《春秋正义》三十七卷④,凡一百八十一卷。

6. 《旧唐书·儒学上》:唐太宗"诏国子祭酒孔颖达与诸儒撰定《五经义疏》,凡一百七十卷,名曰《五经正义》"⑤。

7. 《新唐书》孔颖达本传笼统曰"百余篇":"颖达与颜师古、司马才章、王恭、王琰受诏撰《五经义训》凡百余篇,号《义赞》,诏改为《正义》云。"⑥

8. 《新唐书·艺文一》:《周易正义》十六卷、《尚书正义》二十卷、《毛诗正义》四十卷、《礼记正义》七十卷、《春秋正义》三十六卷⑦,凡一百八十二卷。

9. 《唐会要》卷七七"论经义"条:"贞观十二年,国子祭酒孔颖达撰《五经义疏》一百七十卷,名曰《义赞》,有诏改为《五经正义》。"⑧

10. 《册府元龟》卷六〇六:唐太宗诏"令颖达与诸儒撰正《五经义疏》一百七十卷,数年乃成,名曰《义赞》。有诏改为《五经正义》云"⑨。

11. 王应麟《玉海》卷四二"唐《五经正义》《五经义训》《义赞》"条:"《会要》:贞观十二年国子祭酒孔颖达撰《五经义疏》一百七十卷。"又曰:"宋朝端拱元年三月司业孔维等校《五经正义》百八十卷。"⑩ 同书卷

---

① (清)王昶:《金石萃编》,《历代墓志丛书》第5册,江苏古籍出版社1998年版,第30—36页。
② (唐)吴兢撰,谢保成集校:《贞观政要集校》,中华书局2003年版,第384页。
③ (后晋)刘昫等:《旧唐书》,中华书局1975年版,第2602页。
④ (后晋)刘昫等:《旧唐书》,中华书局1975年版,第1968、1970、1971、1974、1978页。
⑤ (后晋)刘昫等:《旧唐书》,中华书局1975年版,第4941页。
⑥ (宋)欧阳修、宋祁:《新唐书》,中华书局1975年版,第5644页。
⑦ (宋)欧阳修、宋祁:《新唐书》,中华书局1975年版,第1426—1440页。
⑧ (宋)王溥:《唐会要》,中华书局1955年版,第1405页。
⑨ (宋)王钦若等:《册府元龟》,中华书局1960年影印版,第7276页。
⑩ (宋)王应麟:《玉海》,文渊阁《四库全书》第944册,台湾商务印书馆2008年版,第175页。

四三"端拱校《五经正义》"条亦曰:"司业孔维等奉敕校勘孔颖达《五经正义》百八十卷。"①

据以上记载推知:其一,《贞观政要》记贞观四年(630),唐太宗令颜师古考定《五经》,修撰《正义》必在此后。孔颖达《五经正义序》皆曰"至十六年,又奉敕……覆更详审,为之《正义》",可知贞观十六年(642)之前修撰完成。《唐会要》曰"贞观十二年,国子祭酒孔颖达撰《五经义疏》一百七十卷",《旧唐书》孔颖达本传亦曰"十二年,拜国子祭酒",贞观十二年(638)当为修撰始年。又据郑真《荥阳外史集》"贞观十四年祭酒孔颖达上《五经正义表》"②,初稿当完成于贞观十四年(640)。贞观十七年(643),孔颖达"以年老致仕",孔颖达主持修撰并覆审前后历时五年。其二,《五经正义》卷数有一百八十、一百八十一、一百八十二、一百七十及"百余篇"五说。仅《旧唐书》就有一百八十卷、一百八十一卷与一百七十卷三说,足见记载混乱。今以孔颖达《五经正义序》为准,即修撰并审定后为一百八十卷。说法多种,是由于孔颖达等撰《五经正义》不是最后定本。高宗永徽年间又经过第二次修定,且其间又历经多年。陈振孙《直斋书录解题》"《周易正义》十三卷"条:"序云'十四卷',《馆阁书目》亦云。今本止十三卷。……永徽二年,中书门下于志宁等考正增损,书始布下。"③《五经正义》由长孙无忌、于志宁等进行修定后卷数是否保持一致,不得而知。其三,在钦定为《正义》之前,可能有《义赞》《义疏》《疏义》《义训》等诸称。由此可知,其受六朝义疏学影响至深,或者说就是对前贤著述的整合。唐太宗钦定为《正义》,表明了由朝廷支配经学的最终解释权的意图,即统一经学的决心。潘重规曰"冲远尊崇前人,故书名'义赞';朝廷矜尚体制,故改名'正义'也"④。至于《礼记正义》,在定名之前或亦有多种名称,而其卷数,唐时一直是七十卷。阮元《礼记注疏校勘记序》曰:"今所见吴中藏本有《春秋》《礼记》二种,《春秋》曰'春秋正义卷第几',《礼记》曰'礼记正义卷第几',皆不标为某经注疏。其卷数,则《春秋》三十六卷、《礼记》七十卷,皆与《唐志》正义卷数合。"⑤

---

① (宋)王应麟:《玉海》,文渊阁《四库全书》第944册,台湾商务印书馆2008年版,第191页上栏。
② (明)郑真:《荥阳外史集》(外二种),上海古籍出版社1991年版,第410—411页。
③ (宋)陈振孙:《直斋书录解题》,上海古籍出版社1987年版,第3—4页。
④ 潘重规:《五经正义探源》,《华冈学报》(台北"中国文化学院"出版)1965年第1期。
⑤ (清)阮元校刻:《十三经注疏》(附校勘记),中华书局1980年版,第1227页。

（二）二次审定

《五经正义》初稿存在着一定的疏漏甚至讹误，"时又有太学博士马嘉运驳颖达所撰《正义》，诏更令详定，功竟未就"①。《册府元龟》："虽复包括众家，稍为详悉，然亦有纰缪。"② 马嘉运作为重要修撰学者，参撰《周易正义》《春秋左传正义》③，其批评也得到了唐太宗与诸儒的认可④。至贞观二十二年（648）孔颖达去世，二十三年（649）唐太宗病逝，《五经正义》仍未能刊行。其间，部分修撰者或年老致仕，或因病离世。孔颖达覆审完毕，于贞观十七年（643）致仕，修定工作因群龙无首而停摆。敕使赵弘智，贞观十六年（642），亦以古稀之年参与审定⑤。作为重要参撰者，朱子奢卒于贞观十五年（641），颜师古卒于贞观十九年（645）。初稿未能刊行，可见唐太宗的慎重。

（三）高宗永徽朝的再次修定

永徽年间，《五经正义》最终修定并刊行。据《唐会要》卷七七："永徽二年三月十四日，诏太尉赵国公长孙无忌及中书、门下及国子三馆博士、宏文学士：'故国子祭酒孔颖达所撰《五经正义》，事有遗谬，仰即刊正。'至四年三月一日，太尉无忌、左仆射张行成、侍中高季辅及国子监官，先受诏修改《五经正义》，至是功毕，进之。诏颁于天下，每年明经，依此考试。"⑥ 高宗践祚，次年（651）即诏令长孙无忌领衔修定《五经正义》，历经二载，于永徽四年（653）完成并刊行。长孙无忌《进五经正义表》：

> 故祭酒上护军曲阜县开国子孔颖达，宏才硕学，名振当时，贞观年中，奉敕修撰。虽加讨核，尚有未周，爰降丝纶，更令刊定。敕太尉扬州都督监修国史上柱国赵国公臣无忌，司空上柱国英国公臣勣，尚书左仆射兼太子少师监修国史上柱国燕国公臣志宁，尚书右仆射兼太子少傅监修国史上护军曲阜县开国公臣行成，光禄大夫侍中兼太子

---

① （后晋）刘昫等：《旧唐书》，中华书局1975年版，第2603页。
② （宋）王钦若等：《册府元龟》，中华书局1960年影印版，第7276页。
③ （宋）欧阳修、宋祁：《新唐书》，中华书局1975年版，第1426、1440页。《新唐书·艺文一》载：《周易正义》十六卷：国子祭酒孔颖达、颜师古、司马才章、王恭，太学博士马嘉运，太学助教赵乾叶、王谈、于志宁等奉诏撰，四门博士苏德融、赵弘智覆审。《春秋正义》三十六卷：孔颖达、杨士勋、朱长才奉诏撰。马嘉运、王德韶、苏德融与隋德素覆审。
④ （后晋）刘昫等：《旧唐书》，中华书局1975年版，第2603页。
⑤ 赵弘智卒于永徽四年（653），享年八十二岁。贞观十六年，其奉敕覆审《五经正义》，已七十有一。参见（后晋）刘昫等《旧唐书》，中华书局1975年版，第4922页。
⑥ （宋）王溥：《唐会要》，中华书局1955年版，第1405页。

少保监修国史上护军曲阜县开国公臣季辅，光禄大夫吏部尚书监修国史上柱国河南郡开国公臣褚遂良，银青光禄大夫守中书令监修国史上骑都尉臣柳奭，前谏议大夫宏文馆学士臣谷那律，国子博士宏文馆学士臣刘伯庄，朝议大夫国子博士臣王德韶，朝散大夫行太学博士臣贾公彦，朝散大夫行太学博士宏文馆直学士臣范义颇，朝散大夫行太常博士臣柳宣，通直郎太学博士臣齐威，宣德郎守国子助教臣史士宏，宣德郎守太学博士臣孔志约，右内率府长史宏文馆直学士臣薛伯珍，太学助教臣郑祖元，征事郎守太学助教臣随德素，征事郎守四门博士臣赵君赞，承务郎守太学助教臣周元达，承务郎守四门助教臣李元植，儒林郎守四门助教臣王真儒等，上禀宸旨，傍摭群书，释左氏之膏肓，蔪古文之烦乱，探曲台之奥趣，索连山之元言，囊括百家，森罗万有。①

此表总结了《正义》修撰的全部过程，积极表彰了孔颖达等的功绩，并记录了全部修定人员：长孙无忌、李勣、于志宁、张行成、高季辅、褚遂良、柳奭、谷那律、刘伯庄、王德韶、贾公彦、范义颇、柳宣、齐威、史士宏、孔志约、薛伯珍、郑祖元（玄）、随德素、赵君赞、周元（玄）达、李元（玄）植、王真儒等，凡二十三人。长孙无忌、李勣等开国元勋，总领其事。所谓"上禀宸旨，傍摭群书"，表明《五经正义》的修定体现了唐太宗的意志。

总之，皇皇巨著《五经正义》，由贞观十二年（638）启动修撰，至永徽四年（653）修定完毕，历时十五年。若从贞观四年（630）颜师古编定《五经正义》计起，"则已历经二十四年"②。最终由两代帝王推动，经两代学人努力而完成。夏传才曰："唐初撰写《正义》的时代，汉学系在汉、魏以来四个多世纪中已经积累了各家各派的丰富成果，整个学术领域在语言学、考古学、历史学等方面都有很大进步，有条件解决过去阙疑或误解的一部分问题。所以《正义》的疏解，较过去的笺注有所充实和提高，它体现了汉学系经学在新历史条件下的总结和发展。""《五经正义》是汉学系最好的注疏本，长期流传不衰。"③ 充分肯定其学术成就。《旧唐

---

① （清）董诰等：《全唐文》，中华书局1983年版，第1374—1375页。
② 汤一介、李中华主编，陈启智著：《中国儒学史·隋唐卷》，北京大学出版社2011年版，第304页。
③ 夏传才：《十三经概论》，天津人民出版社1998年版，第39—40页。

书》孔颖达本传曰："《正义》炳焕，乃异人也，虽其掎摭，亦何损于明？"① 诚哉斯言！

第五节　《礼记正义》的修撰、审定与修定学者

《五经正义》"实非一手一足之力，世但称'孔疏'尔"②，故论其功过，往往亦归于孔氏一身。这既不合乎历史，亦非孔氏初衷，其《五经正义序》记载各经修撰、审定学者姓氏、官衔，实乃表彰诸贤功绩之举。《礼记正义序》："谨与中散大夫守国子司业臣朱子奢、国子助教臣李善信、守太学博士臣贾公彦、行太常博士臣柳士宣、魏王东阁祭酒臣范义颙、魏王参军事臣张权等对共量定。至十六年，又奉敕与前修疏人及儒林郎守太学助教云骑尉臣周玄达、儒林郎守四门助教云骑尉臣赵君赞、儒林郎守四门助教云骑尉臣王士雄等，对敕使赵弘智覆更详审，为之《正义》，凡成七十卷。"③《礼记正义》由孔颖达等七人修撰，审定时有周玄达等四人加入，集十一位学者智慧修撰而成。

一　《礼记正义》的修撰学者

修撰者七人，具体事迹可睹者仅孔颖达、朱子奢、贾公彦三人，李善信、柳士宣事迹可考知点滴，范义颙、张权其事难明。

（一）朱子奢及其礼学建树

据《旧唐书》朱子奢本传，"少从乡人顾彪习《春秋左氏传》，后博观子史，善属文"。武德四年（621），随杜伏威入朝，"授国子助教"。贞观初，假以员外散骑侍郎持节出使高丽、百济与新罗。后又以"散官直国子学""累转谏议大夫、弘文馆学士，迁国子司业"。为人"风流蕴藉，颇滑稽，又辅之以文义，由是数蒙宴遇，或使论难于前"④。学术建树主要体现在礼学方面，除参撰《礼记正义》外，还参与重大礼制的制定，如论定七庙制度、建言"以孔子为先圣"及讨论封禅等。

1. 议定七庙制度

天子庙数，先秦以来有七庙、六庙、五庙之说。《新唐书·礼乐三》：

---

①（后晋）刘昫等：《旧唐书》，中华书局1975年版，第2605页。
②（宋）陈振孙：《直斋书录解题》，上海古籍出版社1987年版，第4页。
③（汉）郑玄注，（唐）孔颖达正义，吕友仁整理：《礼记正义》，上海古籍出版社2008年版，第2页。
④（后晋）刘昫等：《旧唐书》，中华书局1975年版，第4948页。

"《书》曰:'七世之庙,可以观德。'而礼家之说,世数不同。然自《礼记·王制》《祭法》《礼器》,大儒荀卿、刘歆、班固、王肃之徒,以为七庙者多。盖自汉、魏以来,创业之君特起,其上世微,又无功德以备祖宗,故其初皆不能立七庙。"① 唐初亦然。武德时,太庙"始飨四室",贞观九年(635),"高祖崩,将行迁祔之礼,太宗命有司详议庙制",朱子奢曰:"按汉丞相韦玄成奏立五庙,诸侯亦同五。刘子骏议开七祖,邦君降二。郑司农踵玄成之辙,王子雍扬国师之波,分途并驱,各相师祖,咸玩其所习,好同恶异。遂令历代祧祀,多少参差,优劣去取,曾无画一。《传》称'名位不同,礼亦异数'。……《戴记》又称:'礼有以多为贵者,天子七庙,诸侯五庙。'若天子五庙,才与子男相埒,以多为贵,何所表乎?愚以为诸侯立高祖以下,并太祖五庙,一国之贵也。天子立高祖以上,并太祖七庙,四海之尊也。降杀以两,礼之正焉。……伏惟圣祖在天,……宜依七庙,用崇大礼。若亲尽之外,有王业之所基者,如殷之玄王,周之后稷,尊为始祖。倘无其例,请三昭三穆,各置神主,太祖一室,考而虚位。"②

按《王制》"天子七庙,三昭三穆,与大祖之庙而七",郑注:"七者,太祖及文王、武王之祧与亲庙四。大祖,后稷。殷则六庙,契及汤与二昭二穆。夏则五庙,无大祖,禹与二昭二穆而已。"孔疏:"周所以七者,以文王、武王受命,其庙不毁,以为二祧,并始祖后稷及高祖以下亲庙四,故为七也。若王肃则以为天子七庙者,谓高祖之父及高祖之祖庙为二祧,并始祖及亲庙四为七。……今使天子诸侯立庙,并亲庙四而止,则君臣同制,尊卑不别。礼,名位不同,礼亦异数,况其君臣乎。"③ 郑玄所谓周天子七庙(亲庙四),实与诸侯五庙(亲庙四)同。王肃谓之"君臣同制,尊卑不别"。朱子奢斟酌古今之变,综合郑王两说,所论符合时代变迁且便于操作。至此"言七庙者,本之子奢"④。孔疏"且天子七庙者,有其人则七,无其人则五。若诸侯庙制,虽有其人,不得过五。则此天子诸侯七、五之异也"⑤,此义应出自子奢。

---

① (宋)欧阳修、宋祁:《新唐书》,中华书局1975年版,第339页。
② (后晋)刘昫等:《旧唐书》,中华书局1975年版,第941—942页。
③ (汉)郑玄注,(唐)孔颖达正义,吕友仁整理:《礼记正义》,上海古籍出版社2008年版,第516—517页。
④ (宋)欧阳修、宋祁:《新唐书》,中华书局1975年版,第5648页。
⑤ (汉)郑玄注,(唐)孔颖达正义,吕友仁整理:《礼记正义》,上海古籍出版社2008年版,第518页。

2. 建言"以孔子为先圣"

释奠礼是儒家尊师重道的重要体现。《文王世子》:"凡始立学者,必释奠于先圣先师。"郑注:"先圣,周公若孔子。"孔疏:"以周公、孔子皆为先圣,近周公处祭周公,近孔子处祭孔子,故云'若'。……立学为重,故及先圣,常奠为轻,故唯祭先师。此经始立学,故奠先圣先师。"① 郑注以周公、孔子皆可为先圣,会为现实的祭奠带来混乱。孔疏强调"立学为重",倾向于以孔子为先圣。贞观二年(628),房玄龄、朱子奢建言,"周公、尼父俱圣人,然释奠于学,以夫子也。大业以前,皆孔丘为先圣,颜回为先师",于是"罢周公,升孔子为先圣,以颜回配"②。黄以周曰:"唐贞观定孔子为先圣,颜回为先师,相仍至明嘉靖,改孔子为至圣先师,先圣先师始合为一。"③ 贞观立孔子为先圣,后世大体沿袭此制,孔子地位愈加尊崇。

3. 议论封禅

贞观十一年(637),群臣"上封祀之事,互设疑议,所见不同。多言新礼中封禅仪注,简略未周",唐太宗遂敕颜师古、朱子奢与"四方名儒博物之士参议得失"。朱子奢上《请封禅表》论述封禅意义:"舜格文祖,周变商俗,体淳德而揖让,济浇道于干戈,步骤之迹以殊,损益之功斯异,诚有之矣。至于诏跸梁父,张乐介邱,增类帝之封,典射牛之礼,考绩禋燎,继踪韶夏,岂殊道也。"④

朱子奢数次参议朝廷重大礼制,足见其学术地位之高。还应提及的是,贞观九年(635),唐太宗"以知得失"托辞索阅起居注,朱子奢上《谏欲观起居纪录表》据理力争,体现出儒者的节操(《史馆杂录上》)⑤。唐太宗欲杀魏礼臣,其上《谏将杀栎阳尉魏礼臣表》主张重德轻刑,以法判刑⑥,皆体现出一代名儒本色。

(二)贾公彦及其礼学师承

贾公彦,永徽中,官至太学博士⑦。著述颇丰,尤长于"三礼",参撰

---

① (汉)郑玄注,(唐)孔颖达正义,吕友仁整理:《礼记正义》,上海古籍出版社2008年版,第837—838页。
② (宋)欧阳修、宋祁:《新唐书》,中华书局1975年版,第373页。
③ (清)黄以周撰,王文锦点校:《礼书通故》,中华书局2007年版,第1353页。
④ (清)董诰等:《全唐文》,中华书局1983年版,第1361页。
⑤ (宋)王溥:《唐会要》,中华书局1955年版,第1102页。
⑥ (清)董诰等:《全唐文》,中华书局1983年版,第1361—1362页。
⑦ (后晋)刘昫等:《旧唐书》,中华书局1975年版,第4950页。

《礼记正义》，另撰有《周礼疏》五十卷、《仪礼疏》五十卷①、《礼记疏》八十卷②、《孝经疏》五卷和《论语疏》十五卷等③，以《周礼疏》《仪礼疏》名世。隋末，公彦师从以"礼学为优"的经师张士衡，为"受其业擅名于时者"之最；张士衡师从"隋齐国博士刘轨思治《毛诗》《周礼》""又从熊安生及刘焯受《礼记》"④。隋代刘焯、刘炫，皆问《礼》于熊安生⑤。贾氏礼学师承渊源，可经过张士衡、刘焯而上溯至熊安生，受北学影响较大。

当年，青年孔颖达曾问学刘焯，结果不欢而散⑥，深层原因，或与二者学术思想抵牾有关。孔氏对刘氏的批评之词甚为激烈，《尚书正义序》"然焯乃织综经文，穿凿孔穴，诡其新见，异彼前儒，非险而更为险，无义而更生义"⑦，《毛诗正义序》"然焯、炫等负恃才气，轻鄙先达，同其所异，异其所同，或应略而反详，或宜详而更略。准其绳墨，差忒未免，勘其会同，时有颠踬"⑧。《礼记正义序》批评熊安生"违背本经，多引外义，……又欲释经文，唯聚难义，犹治丝而棼之，手虽繁而丝益乱也"⑨。孔、贾礼学思想存在分歧，对《周礼》《仪礼》的看法即大相径庭。孔氏继承郑说并提出"《周礼》为本，《仪礼》为末"说："礼虽合训体、履，则《周官》为体，《仪礼》为履。……所以《周礼》为体者，《周礼》是立治之本，统之心体，以齐正于物，故为体。……其《仪礼》但明体之所行，践履之事。物虽万体，皆同一履，履无两义也。……《周礼》为本，则圣人体之；《仪礼》为末，贤人履之。"⑩ 贾公彦持论与之相左，《仪礼注疏解题》曰："至于《周礼》《仪礼》，发源是一，理有始终，分为二部，并是周公摄政大平之书。

---

① （后晋）刘昫等：《旧唐书》，中华书局1975年版，第1972—1974页。
② 《旧唐书·经籍上》作"《礼记疏》八十卷"，《新唐书·艺文以》作"《礼记正义》八十卷"。王锷：《三礼研究论著提要》，甘肃教育出版社2001年版，第265页，收录贾公彦《礼记疏》八十卷，并作按语曰："贾公彦参与孔颖达主持的《礼记正义》的编写，其又另撰此书乎？今存佚不详。"质疑其事。贾公彦另撰《礼记疏》可能性不大，即使贾氏撰有此书，亦不可名为《正义》。因"正义"之名，乃太宗钦定。
③ （后晋）刘昫等：《旧唐书》，中华书局1975年版，第1981—1982页。
④ （后晋）刘昫等：《旧唐书》，中华书局1975年版，第4949页。
⑤ （唐）魏徵等：《隋书》，中华书局1973年版，第1718—1719页。
⑥ （后晋）刘昫等：《旧唐书》，中华书局1975年版，第2601页。
⑦ （清）阮元校刻：《十三经注疏》（附校勘记），中华书局1980年版，第110页。
⑧ （清）阮元校刻：《十三经注疏》（附校勘记），中华书局1980年版，第261页。
⑨ （汉）郑玄注，（唐）孔颖达正义，吕友仁整理：《礼记正义》，上海古籍出版社2008年版，第2页。
⑩ （汉）郑玄注，（唐）孔颖达正义，吕友仁整理：《礼记正义》，上海古籍出版社2008年版，第3—4页。

《周礼》为末，《仪礼》为本。本则难明，末便易晓。是以《周礼》注者，则有多门，《仪礼》所注，后郑而已。"① 王夫之曰："自始制而言之，则《记》所推论者体也，《周官》《仪礼》用也；自修行而言之，则《周官》《仪礼》体也，而《记》用也。"② 调和《周礼》《仪礼》"本末""体履"纷争，将"三礼"整合为互补的体系，更符合礼学发展实际。

（三）李善信

李善信，正史无传。中唐散文家梁肃撰《越州长史李公墓志铭》涉及其事："大历己未八月癸丑，故尚书比部郎中渤海李公卒，……公讳锋，字公颖，蓨人也。其先自后魏幽州刺史高城公雄，四世至皇朝太常博士善信。善信之孙曰文素，以文章知名，举秀才，历伊阙尉。文素生胜，尉于冯翊之白水，盖公之父也。"③ 李善信为李锋高祖。

（四）柳士宣

孔氏《礼记正义序》曰"行太常博士臣柳士宣"，长孙无忌《进五经正义表》作"朝散大夫行太常博士臣柳宣"④，因避唐太宗讳曰"柳宣"。永徽二年（651），柳士宣曾与孔志约等议论明堂制度："太常博士柳宣仍郑玄义，以为明堂之制，当为五室。内直丞孔志约据《大戴礼》及卢植、蔡邕等义，以为九室。……诸儒纷争，互有不同。上初以九室之议为是，乃令所司详定形制及辟雍门阙等。"⑤ 关于明堂五室、九室之争，由来已久。贞观五年（631），孔颖达、魏徵、颜师古、卢宽、刘伯庄等，因明堂制度展开激烈争论，柳、孔之争，是以上争论的继续。

（五）范义頵与张权

据孔氏《礼记正义序》，二人分别为魏王东阁祭酒、魏王参军事。魏王李泰，才学超群，深得唐太宗宠爱，"以泰好士爱文学，特令就府别置文学馆，任自引召学士"，贞观十二年（638），"司马苏勖以自古名王多引宾客，以著述为美，劝泰奏请撰《括地志》。泰遂奏引著作郎萧德言、秘书郎顾胤、记室参军蒋亚卿、功曹参军谢偃等就府修撰"⑥。范、张二儒当在此前入魏王府并得到信任。

---

① （清）阮元校刻：《十三经注疏·仪礼注疏》（附校勘记），中华书局1980年版，第945页上栏。
② （清）王夫之：《礼记章句·序》，岳麓书社2010年版，第9页。
③ （清）董诰等：《全唐文》，中华书局1983年版，第5293页。
④ （清）董诰等：《全唐文》，中华书局1983年版，第1374—1375页。
⑤ （后晋）刘昫等：《旧唐书》，中华书局1975年版，第853页。
⑥ （后晋）刘昫等：《旧唐书》，中华书局1975年版，第2653页。

二 《礼记正义》的审定学者

孔颖达等"前修疏人"与周玄达、赵君赞、王士雄、赵弘智等审定《礼记正义》，按古人著述惯例，贞观十六年（642）应是复审完成之年。"前修疏人"并非全部参与审定，如朱子奢卒于贞观十五年（641）。贾公彦等五人，究竟何人参与，孔氏语焉不详。长孙无忌《进五经正义表》记二次修定人员中，"前修疏人"中有贾公彦、范义頵、柳士宣参与二次修定①，按常理应参与此次审定。李善信、张权二人，则难以断定。故"前修疏人"中，必有孔颖达、贾公彦、范义頵、柳士宣四人参与审定。

周玄达、王士雄、赵君赞三人，其事难考，声名显者唯有赵弘智。据《旧唐书》本传，其"学通'三礼'、《史记》、《汉书》"②。高祖时曾预修《六代史》，又与欧阳询、令狐德棻等撰《艺文类聚》；贞观中，"累迁黄门侍郎，兼弘文馆学士""迁太子右庶子"；永徽初，"累转陈王师"，为高宗讲《孝经》，"演畅微言，备陈五孝。学士等难问相继，弘智酬应如响"。甚得高宗赏识，"寻迁国子祭酒，仍为崇贤馆学士"③。弘智性孝，"事兄弘安，同于事父，所得俸禄，皆送于兄处。及兄亡，哀毁过礼。事寡嫂甚谨，抚孤侄以慈爱称"④，深得时人赞誉。张元素《重谏太子承乾书》曰"窃见孔颖达、赵弘智等，非惟宿德鸿儒，亦兼练达政要"，又曰"右庶子赵弘智，经明行修，当今善士，臣每奏请，望数召进，与之谈论，庶广徽猷"⑤。张元素、赵弘智继于志宁、孔颖达分任李承乾左、右庶子。许敬宗《请收叙废黜宫僚表》将张、赵与令狐德棻等一道列入当朝人臣楷模："今张元素、令狐德棻、赵弘智、裴宣机、萧钧等，并砥节砺操，有雅望于当朝，经明行修，播令名于天下。"⑥赵弘智以"敕使"身份验收《五经正义》书稿，应参与全部《正义》的审定。

三 《礼记正义》的修定学者

永徽二年（651），长孙无忌领衔修定《五经正义》，应由贾公彦、范义頵、柳士宣、周玄达、赵君赞五人具体负责《礼记正义》二次修定。据诸贤

---

① （清）董诰等：《全唐文》，中华书局 1983 年版，第 1374—1375 页。
② （后晋）刘昫等：《旧唐书》，中华书局 1975 年版，第 4922 页。
③ （后晋）刘昫等：《旧唐书》，中华书局 1975 年版，第 4922 页。
④ （后晋）刘昫等：《旧唐书》，中华书局 1975 年版，第 4922 页。
⑤ （清）董诰等：《全唐文》，中华书局 1983 年版，第 1502—1503 页。
⑥ （清）董诰等：《全唐文》，中华书局 1983 年版，第 1545 页。

的学术特长推断，可能还有孔志约、李玄植参与其事。

（一）孔颖达次子孔志约

孔志约擅长礼学，多次参与修撰礼典、制定礼制。永徽二年（651）为内直丞，同年，以符玺郎参撰《永徽五礼》一百三十卷，又参与修定《五经正义》。永徽四年（653），任太常博士。显庆四年（659），以礼部郎中兼太子洗马、弘文馆学士，参撰《本草图经》七卷，独撰《本草音义》二十卷。同年，迁礼部侍郎，参撰《姓氏谱》二百卷①。

孔志约是《永徽五礼》的主修者之一："高宗初，议者以《贞观礼》节文未尽，又诏太尉长孙无忌，中书令杜正伦、李义府，中书侍郎李友益，黄门侍郎刘祥道、许圉师，太子宾客许敬宗，太常少卿韦琨，太学博士史道玄，符玺郎孔志约，太常博士萧楚才、孙自觉、贺纪等，重加缉定，勒成一百三十卷。"②据《旧唐书》李义府传："太常博士萧楚材、孔志约以皇室凶礼为预备凶事，非臣子所宜言之，义府深然之，于是悉删而焚焉。"③导致凶礼文献散佚。《旧唐书·吕才传》言其官任"礼部郎中"④。《旧唐书·礼仪志二》载孔志约"据《大戴礼》及卢植、蔡邕等义"⑤，与柳士宣争论明堂制度。卢植、蔡邕皆为《礼记》学大师，可知其精通《礼记》，子继父业，参与修定是合适人员。

（二）贾公彦高徒李玄植

李玄植，精通"三礼"，博通经史、诸子："受'三礼'于公彦，撰《三礼音义》行于代。玄植兼习《春秋左氏传》于王德韶，受《毛诗》于齐威，博涉汉史及老庄、诸子之说。贞观中，累迁太子文学、弘文馆直学士。高宗时，屡被召见。与道士、沙门在御前讲说经义，玄植辨论甚美，申规讽，帝深礼之。后坐事左迁汜水令，卒官。"⑥贾公彦、王德韶、齐威皆为《五经正义》的重要撰者。李玄植为人耿介，武后专政，"玄植以帝暗弱，颇箴切其短，帝礼之，不寤"⑦。此乃"坐事左迁"所在。其重要学术贡献之一，是协助贾公彦撰《仪礼注疏》。《仪礼注疏序》："择善而从，兼增己

---

① 陈冠明撰：《孔颖达年谱》，周延良主编：《中国古典文献学丛刊》（第五卷），香港国际炎黄文化出版社2006年版，第169页。
② （后晋）刘昫等：《旧唐书》，中华书局1975年版，第817—818页。
③ （后晋）刘昫等：《旧唐书》，中华书局1975年版，第2768页。
④ （后晋）刘昫等：《旧唐书》，中华书局1975年版，第2726页。
⑤ （后晋）刘昫等：《旧唐书》，中华书局1975年版，第853页。
⑥ （后晋）刘昫等：《旧唐书》，中华书局1975年版，第4950页。
⑦ （后晋）刘昫等：《旧唐书》，中华书局1975年版，第5650页。

义。仍取四门助教李玄植详论可否,佥谋已定,庶可施矣。"① 所以,李玄植极有可能参与了《礼记正义》的二次修定。

总之,《礼记正义》由孔颖达领衔,集十余位学者心血,历经十五载修撰、修定完成。孔颖达、朱子奢、贾公彦等的礼学思想及其礼制创见,也渗透于《正义》并对现实产生一定影响。诸贤学识渊博,品德贞良,在政治上也卓有建树,堪称儒林楷模。

---

① (清)阮元校刻:《十三经注疏·仪礼注疏》(附校勘记),中华书局1980年版,第945页上栏。

第四章 《礼记正义》版本简述

在中国古代，用以书写的木片通称"版"或"板"，而据之以校书之书的原本称为"本"。伴随雕版印书盛行，"版本二字从北宋以来便被用来专指雕版所印之书"，其含义主要是与写本相对而言；而作为版本学的专有名词，版本则"指一部书在编辑、传抄、刻版、排版、装订乃至流通过程中所产生的各种形态的本子"①。叶纯芳指出，"在古籍研究中，'内容'与'版本'原本应该是密不可分的一体两面"，并曰"相较于理解内容，笔者认为更亟需学者们理解的，是版本"（《理解版本的方法与效用》）②。因此，有必要将《礼记正义》版本研究作为本书的一个重要专题优先进行讨论。本章由《礼记正义》相关版本研究的文献梳理入手，考察初唐以降《礼记正义》版本演变历史的五个阶段与具体形态，重点论述宋、元、明、清四代合刻本之传承、流变、存佚等，并借以探讨诸本之优劣。

第一节 《礼记正义》版本研究的文献梳理

考察《礼记正义》的版本流传，首先应尽可能地采集或接触到不同时代《礼记正义》的版本实物，亲历目验之所得，直观感受古籍，特别是其中珍本的包括行款、界行、边栏、花栏、花口、鱼尾、黑口、白口、书口、插图、书牌等内容及其特征。其次，应对相关原始材料加以稽古钩沉。因为对《五经正义》及以后的《十三经注疏》版本的相关记载、评论，往往散见于宋代以来的经学、史籍、类书、目录学著作以及士林学者的题跋之中。最后，认真整理并充分汲取前贤已有相关成果，也是梳理《礼记正义》版本的有效途径。

---

① 程千帆、徐有富：《校雠广义·版本编》，齐鲁书社1998年版，第5—7页。
② [日]乔秀岩、叶纯芳：《文献学读书记》，生活·读书·新知三联书店2018年版，第1—2页。

一 《礼记正义》版本研究的相关文献

对《礼记正义》的版本研究，往往包含于《十三经注疏》版本研究之中。自清中叶以来，举要言之，阮元、王国维、屈万里、汪绍楹、张政烺、严绍璗等著名学者，对《十三经注疏》版本均有专门研究，撰有一批重要的论文、论著。阮元《十三经注疏校勘记序》分列各经注疏所"引据各本目录"，是一篇关于《十三经》及其注疏版本的专文。王国维曰"自古刊板之盛，未若如吾浙者"①，两浙是宋以来刻书重地。其《两浙古刊本考》两卷与《五代两宋监本考》三卷，重要内容就是评价《十三经》及其注疏于两宋时代之刻本流传。屈万里《十三经注疏板刻述略》所述，"以经文及注疏合刻之本为限"，略及长兴九经、宋刊单疏，注疏合刻本又以"群经汇刻者为限"②，主要论述《十三经注疏》之单疏本与合刻本之八行本和十行本之沿革，脉络清晰。汪绍楹《阮氏重刻宋本〈十三经注疏〉考》与张政烺《读〈相台书塾刊正九经三传沿革例〉》二文，"堪称我国经书版本研究的代表之作"③。汪文"由阮氏修校记、刊注疏之得失，而及所据宋十行本之优劣。更由十行而上推八行本、单疏本之存佚，下逮金、元、明诸刻之沿革，略述梗概，明其本原"④。汪氏着重论阮刻本之雕刻起因、经过及其不足所在，并揭示其底本由来以及优劣，"资料广博，讨论深入，极具启发意义"⑤。张文"解决了我国版本学特别是经书版本研究中的一个大问题，指出长期以来被归属于宋代岳珂的岳氏刻九经三传，实为元初岳浚所为"⑥。严绍璗致力于流日汉籍的追踪访查与研究，《日本藏汉籍珍本追踪纪实》《日本藏汉籍善本书录》《汉籍在日本的流布研究》等著作，为讨论日本所存《礼记》及其注疏珍本提供了方便。于大成《经书的板本》，主要讨论经书木刻之经注本、单疏本和经注疏合刻本三方面内容⑦，并涉及《礼记正义》版本。李致忠《十三经注疏版刻略考》，梳理《十三经注疏》版刻由北宋经、注、疏各自单行，到南宋绍熙"六经注疏合刻"，到南宋建安刘叔刚汇

---

① 王国维著：《两浙古刊本考》，谢维扬、房鑫亮主编：《王国维全集》卷7，浙江教育出版社2009年版，第3—4页。
② 屈万里：《书佣论学集》，台湾开明书店1969年版，第216—237页。
③ 张丽娟：《宋代经书注疏刊刻研究》，北京大学出版社2013年版。
④ 汪绍楹：《阮氏重刻宋本〈十三经注疏〉考》，中华书局编辑部编：《文史》第3辑，中华书局1963年版，第25—60页。
⑤ 张丽娟：《宋代经书注疏刊刻研究》，北京大学出版社2013年版，第37页。
⑥ 张丽娟：《宋代经书注疏刊刻研究》，北京大学出版社2013年版，第37页。
⑦ 王静芝等：《经学论文集》，台湾黎明文化事业股份有限公司1981年版，第289—301页。

刻附释音群经注疏，再到现存元刻明修本《十三经注疏》之演变①，并纠正前人部分误说。张丽娟《宋代经书注疏刊刻研究》一书，"以宋代经书注疏版本为主，兼及其他，对宋代经书的各类刻本及刊刻源流作了全面研究，取得开创性成果"②。张书详论诸本形貌、规格，梳理版本嬗变历史，评论诸本优劣，堪称两宋经学刻本文献版本研究的集大成之作。域外，日人长泽规矩也的《十三经注疏影谱》对阮刻《十三经注疏》诸多覆刻本详加评介。

目前，关于《礼记正义》版本研究与点校整理取得了突出的成绩。近年来发表或出版了关于版本研究的一批新成果，专题论文二十余篇，若加上相关的校勘研究，已有三十余篇，占据《礼记正义》研究全部论文的40%左右。其中尤以王锷与日人乔秀岩的研究值得关注。王锷先后著有《八行本〈礼记正义〉传本考》③《孔颖达〈礼记正义〉及其版本》④《字大如钱，墨光似漆——八行本〈礼记正义〉的刊刻、流传与价值》⑤《北大藏八行本〈礼记正义〉跋》⑥《李元阳本〈十三经注疏〉略——以〈礼记注疏〉〈仪礼注疏〉为例》⑦ 等文，积极强调《礼记正义》八行本的重要价值。其相关论文结集为《礼记版本研究》(2018)，为《礼记注》《礼记正义》版本研究之大成。乔秀岩的《〈礼记〉版本杂识》，"讨论《礼记》经注诸版本间之关系及其价值，认为现存《礼记》版本可分两系统，一为《唐石经》——宋监本系统，抚州本、八行注疏本属焉；余仁仲本、纂图互注本及十行注疏本、闽、监、毛本属另一系统"⑧。其《影印南宋越刊八行本〈礼记正义〉编后记》主要讨论了越州八行本作为善本之优，并简介八行本之足利本、潘本、残本递藏经过以及此次影印情况⑨，二文皆收入《文献学读书记》(2018)一书。

此外，中国台湾学者张宝三《五经正义研究》之"五经正义之版本"

---

① 李致忠：《十三经注疏版刻略考》，《文献》2008年第4期。李致忠著：《昌平集》，上海古籍出版社2012年版，第61—73页。
② 孙钦善：《序一》，张丽娟：《宋代经书注疏刊刻研究》，北京大学出版社2013年版。
③ 王锷：《八行本〈礼记正义〉传本考》，《古籍整理研究学刊》2001年第6期。
④ 王锷：《孔颖达〈礼记正义〉及其版本》，《文教资料》2001年第3期。
⑤ 王锷：《字大如钱，墨光似漆——八行本〈礼记正义〉的刊刻、流传与价值》，《图书与情报》2006年第5期。
⑥ 杜泽逊主编：《儒家文明论坛》第1期，山东人民出版社2015年版，第266—270页。
⑦ 王锷：《李元阳〈十三经注疏〉考略——以〈礼记注疏〉〈仪礼注疏〉为例》，《中国典籍与文化》2018年第4期。
⑧ ［日］乔秀岩：《〈礼记〉版本杂识》，《北京大学学报》（哲学社会科学版）2006年第5期。
⑨ ［日］乔秀岩、叶纯芳：《影印南宋越刊八行本〈礼记正义〉编后记》，沈乃文主编：《版本目录学研究》，北京大学出版社2015年版，第227—244页。

节，罗列《五经正义》单疏本以下八种版本；周越《越州本〈礼记正义〉版本述略》，简述潘本递藏流传情况①；李学辰《清和珅刻本〈礼记注疏〉浅探》对和刻本的版式、体例与流传展开初步研究，认为其"版本价值和学术价值亟需学界关注"②，《〈礼记注疏〉和珅本与元十行本版式对比研究》"从题名、标识、体例、版心、文字等方面将和珅本《礼记注疏》与元十行本《礼记注疏》进行版式对比研究，力图在对比中再现宋十行本的版式原貌"③。近年来，还有一批研究生以《礼记正义》为选题，其中与版本密切者有三篇学位论文：陶晓婷的《闽本〈礼记注疏〉研究》（2017），介绍闽本《礼记注疏》的刊刻背景、刊刻过程与递藏情况；刘晓咏的《万历北监本〈礼记注疏〉研究》（2017），对北监本《礼记注疏》的刊刻源流、版式特征、现存情况进行梳理；曹晋婷的《明毛晋汲古阁〈礼记注疏〉研究》（2018），选取毛本《礼记注疏》中《曲礼上》《王制》《曾子问》三篇，与阮刻本比勘，撰写校记。以上成果为本书研究《礼记正义》版本沿革提供了重要参考依据。

二 《礼记正义》版本研究的重要意义

考察《礼记正义》版本沿革，把握其历史传播情形，也是梳理初唐以来《礼记》学术史的一个重要角度。汉人起初为经作注，经、注别行，经、注合本，始自马融。《毛诗正义》："及马融为《周礼》之注，乃云：'欲省学者两读，故具载本文。'然则后汉以来，始就经为注。"④汉末以降，儒经诸家传世注本皆是经注合本。如《隋志》所载《礼记》主要版本有三："《礼记》十卷，汉北中郎将卢植注。""《礼记》二十卷汉九江太守戴圣撰，郑玄注。""《礼记》三十卷，王肃注。"⑤即孔颖达所谓"卢植本"（"卢本"）、"郑氏本"（"郑本"）、"王本"（"王肃本"）。唐宋以降，莫不如此。《旧唐书·经籍志》："《小戴礼记》二十卷，戴圣撰，郑玄注""《礼记》二十卷，卢植注""又三十卷 王肃注""又三十卷 孙炎注""又十二卷，叶遵注"⑥。《新唐书·艺文志》："郑玄注《小戴礼记》二十卷""卢植注《小戴礼记》

---

① 周越：《越州本〈礼记正义〉版本述略》，《图书馆学刊》2009 年第 4 期。
② 李学辰：《清和珅刻本〈礼记注疏〉浅探》，《古籍整理研究学刊》2018 年第 2 期。
③ 李学辰：《〈礼记注疏〉和珅本与元十行本版式对比研究》，《古籍整理研究学刊》2020 年第 3 期。
④ （清）阮元校刻：《十三经注疏》（附校勘记），中华书局 1980 年版，第 269 页中栏。
⑤ （唐）魏徵等：《隋书》，中华书局 1973 年版，第 922 页。
⑥ （后晋）刘昫等：《旧唐书》，中华书局 1975 年版，第 1973 页。

二十卷""王肃注《小戴礼记》三十卷""孙炎注《礼记》三十卷""叶遵《注》十二卷"①。晁公武《郡斋读书记》"《礼记》二十卷,右汉戴圣纂,郑康成注"②等。

与之不同,孔氏《五经正义》之疏与经、注,以及《释文》的由分至合,历程颇为复杂。孔疏与经文、郑注最初并非合编行世,陆德明《释文》的编入与否,又是一个复杂问题。阮元《礼记注疏校勘记序》:"《小戴礼记》,隋、唐《志》并二十卷,唐石经所分是也。贞观中,孔颖达等为正义,旧、新《唐志》皆云七十卷,晁公武《读书志》、陈氏《书录解题》皆同。案古人义疏,皆不附于经、注而单行,犹古《春秋三传》《诗毛传》不附于经而单行也。单行之疏,北宋皆有镂本,今廑有存者,《仪礼》《穀梁》《尔雅》间存藏书家,而他经多亡。正义多附载经、注之下,其始谓之'兼义',其后直谓之'某经某注'。其始本无《释文》,其后又附以《释文》,谓之'附释音某经注疏'。最后又去'附释音'三字。盖皆绍兴以后所为,而北宋无此也。有在兼义之先为之者,今所见吴中藏本有《春秋》《礼记》二种,《春秋》曰'春秋正义卷第几',《礼记》曰'礼记正义卷第几',皆不标为某经注疏。其卷数,则《春秋》三十六卷、《礼记》七十卷,皆与《唐志》正义卷数合。盖以单行正义为主,而以经、注分置之,此绍兴初年所为。非如兼义注疏之以经、注为主,而以疏附之,既不用经、注之卷数,又不用正义之卷数。《春秋》为六十卷,《礼记》为六十三卷,遂使唐人正义之卷次不可知。盖古今之变迁如此。"③《五经正义》起初不含经、注,故北宋所刻《正义》只有单疏本;绍兴初年,出现"以单行正义为主,而以经、注分置之"的合疏、经、注之体例;至绍兴以后,"正义多附载经、注之下,其始谓之'兼义'",出现"兼义"之体例,即合经、注、疏之体例,从而形成后世《十三经注疏》的合经、注、《释文》、疏文体例之雏形。在义疏与经、注、《释文》的合并中,产生不少问题甚至讹误。汪绍楹曰:"自宋南渡以后,会合注、疏、《释文》为一书。欲省两读,翻致两伤。是以经、疏文字,回互改易。卷帙分合,繁简无定。使人意淆。"④所以,梳理《礼记正义》版本的演变历史和传承脉络,有助于辨别众多版本的优劣异同,比勘众家,择善而从,尽可能地还原历史面貌。

---

① (宋)欧阳修、宋祁:《新唐书》,中华书局1975年版,第1430—1432页。
② (宋)晁公武撰,孙猛校证:《郡斋读书志校证》,上海古籍出版社1990年版,第71页。
③ (清)阮元校刻:《十三经注疏》(附校勘记),中华书局1980年版,第1227页。
④ 汪绍楹:《阮氏重刻宋本〈十三经注疏〉考》,中华书局编辑部编:《文史》第3辑,中华书局1963年版,第25—60页。

纵观初唐以来《礼记正义》版本演变历史，大致可分为五个阶段与形态：唐代修撰期间的初本、定本与修定之后的写本；北宋时期的单疏刻本；自南宋以降元、明、清时期的经文、郑注、孔疏合刻本及其覆刻本；清末以来的一系列影印本；近二十余年来涌现的一批点校整理本与"合璧本"等。

第二节 《礼记正义》唐代初本、定本与写本

《五经正义》历经修撰、覆审和修定，前后历时十五载最终形成定本，得以颁布天下。据其修撰过程，可以将其在唐代的版本情况分为初本、定本、写本三种类型。其初本、定本早已湮没在历史的尘埃之中，仅有其写本残卷及残片传世。

一 《五经正义》的初本

贞观十四年（640）春，唐太宗"幸国子学，亲释奠，……国子祭酒以下及学生高第精勤者加一级，赐帛有差"①。《旧唐书》孔颖达本传曰，"与颜师古、司马才章、王恭、王琰等诸儒受诏撰定《五经》义训，凡一百八十卷，名曰《五经正义》。太宗下诏曰：'卿等博综古今，义理该洽，考前儒之异说，符圣人之幽旨，实为不朽。'付国子监施行，赐颖达物三百段"②。两次奖赏都与《五经正义》完成初稿修撰相关。郑真《荥阳外史集》曰"贞观十四年祭酒孔颖达上《五经正义表》"③，《五经正义》初稿完成后，被指出存在一些问题，未能草率刊行，"诏更令详定"④，于是进行覆审。在孔颖达的主持下，于贞观十六年（642）"覆更详审"完成的七十卷本《礼记正义》稿本，得到朝廷验收，这应是《礼记正义》的初本。

二 《五经正义》的定本

《五经正义》在高宗朝完成二次修定。《唐会要》卷七七"论经义"条："永徽二年三月十四日，诏太尉赵国公长孙无忌及中书、门下，及国子三馆博士、宏文学士：'故国子祭酒孔颖达所撰《五经正义》，事有遗谬，仰即刊正。'至四年三月一日，太尉无忌、左仆射张行成、侍中高季辅及国子监官，先受诏修改《五经正义》，至是功毕，进之。诏颁于天下，每年明经，

---

① （后晋）刘昫等：《旧唐书》，中华书局1975年版，第51页。
② （后晋）刘昫等：《旧唐书》，中华书局1975年版，第2602—2603页。
③ （明）郑真：《荥阳外史集》（外二种），上海古籍出版社1991年版，第410—411页。
④ （后晋）刘昫等：《旧唐书》，中华书局1975年版，第2603页。

依此考试。"① 永徽二年（651）三月，由长孙无忌领衔对《五经正义》进行修定，于四年（653）三月完成。《旧唐书·高宗本纪上》："三月壬子朔，颁孔颖达《五经正义》于天下，每年明经令依此考试。"②《五经正义》正式颁布刊行，成为中国经学史上最早的标准教材，此为定本。定本颁布后，朝廷应组织抄写多部颁发天下，《五经正义》应该出现多部写本流传。

三 《礼记正义》的写本残卷

严绍璗考证，"《礼记》一书在日本的流行，最早见于公元604年日本推古朝圣德太子制定的《十七条宪法》中"；至9世纪末，"《礼记》以及相关著作的收储已有相当的规模"③。严先生曰，"《礼记正义》的东传，则在12世纪日本藤原赖长的《台记》中能够见到踪迹"，又从其"频繁的记录"中推断："《礼记正义》一书，在当时已经为朝廷的权臣所相当重视，以至连年苦读了。"④ 日人亦重《礼记》学，唐代刊定《礼记正义》七十卷，日本至今仍有残本，是平安时代（794—1192）传入的汉籍。据严先生访查，"平安时代传入日本的汉籍，当以唐人写本为大宗"⑤，其中《五经正义》残卷四种⑥：

1. 毛诗正义卷第六（纸四枚）　日本重要文化财　藏京都市。
2. 毛诗正义卷第十八（一卷）　日本重要文化财　藏东京国立博物馆。
3. 《礼记正义》卷第五（一卷）　日本重要文化财　藏东洋文库。
4. 《礼记·丧服小记》子本疏义第五十九（一卷）　日本国宝　藏早稻田大学附属图书馆。

后两种皆是《礼记正义》唐人写本残卷，据严先生所录，现将写本的版本特征及内容摘抄如下：

---

① （宋）王溥：《唐会要》，中华书局1955年版，第1405页。
② （后晋）刘昫等：《旧唐书》，中华书局1975年版，第71页。
③ 严绍璗：《日本藏汉籍珍本追踪纪实：严绍璗海外访书志》，上海古籍出版社2005年版，第90—91页。
④ 严绍璗：《日本藏汉籍珍本追踪纪实：严绍璗海外访书志》，上海古籍出版社2005年版，第191—192页。
⑤ 严绍璗：《汉籍在日本的流布研究》，江苏古籍出版社1992年版，第27页。
⑥ 严绍璗：《汉籍在日本的流布研究》，江苏古籍出版社1992年版，第28—29页。

礼记正义卷第五（一卷）

　　此卷纸本，纵 28.1cm，长 837cm。此本系以《礼记正义》为主的单疏本，尚存《曲礼》上下，首尾稍缺。以此本与南宋绍熙年间刊《礼记正义》相较，字句多异，而字体亦古，书法属初唐风格。此卷背面有奈良兴福寺僧仲算《贤圣略问答》一卷，其末尾书"宽弘五年四月二日于龙川南院书写毕沙门如庆本"。"宽弘五年"即 1008 年，则此写本之东传，决不会晚于此时。此卷为江户时代狩谷掖斋所藏，后归岩崎男爵，现为东洋文库所有。[①]

　　严先生推断，"此卷在 10 世纪已传入日本""此唐人写本《礼记正义》是以'正义'为主的单疏本，为世间所藏《礼记正义》最古的本子。若与宋本相较，则此本更接近于'正义'原本的面貌"[②]。

礼记丧服小记子本疏义第五十九（一卷）

　　此卷纸本，纵 28.5cm，长 642.4cm。此本末题盖朱色方印"内家私印"，系奈良时代光明皇后之御藏。[③]

　　严先生又曰，"年代久远，物换星移，历经兵火洗劫，社会沧桑，留存于今日者，已为稀世珍宝"[④]。近代刘承幹辑《嘉业堂丛书》，收有《礼记正义残本》，由杨守敬钞录东洋文库《礼记正义》残卷，但钞录中篡改甚大，已无甚价值[⑤]。

四　《礼记正义》敦煌唐写本残片

　　除日本藏有残本外，唐代刊定《礼记正义》七十卷本是否已片纸无存呢？可喜的是，王卡发现敦煌遗书中有《礼记正义》的唐写本残片，并感慨"百余年来竟未见著录，真为奇事"。其认为敦煌遗书中"英藏 S.1057 就是孔氏《礼记正义》的残片"，因著录者归入"道经"类而未能引起广泛注意："S.1057 残片楷书精美，应为唐代官方儒学所用的写本。残存 10 行，是

[①] 严绍璗：《汉籍在日本的流布研究》，江苏古籍出版社 1992 年版，第 28—29 页。
[②] 严绍璗：《日本藏汉籍珍本追踪纪实：严绍璗海外访书志》，上海古籍出版社 2005 年版，第 192 页。
[③] 严绍璗：《汉籍在日本的流布研究》，江苏古籍出版社 1992 年版，第 29 页。
[④] 严绍璗：《汉籍在日本的流布研究》，江苏古籍出版社 1992 年版，第 27 页。
[⑤] 叶庆兵：《嘉业堂〈礼记正义残本〉订讹》，《新世纪图书馆》2019 年第 5 期。

孔颖达《礼记正义》卷二十二《礼运》篇的残文。文字见于中华书局影印清阮元校勘本《十三经注疏》下册 1423 页上栏。两相对校，有少许文字与今本不同，而抄本胜于今本。"① 王卡《敦煌本〈礼记正义〉校跋》摘录残文如下：

> 天地阴阳鬼神五行而生，此又述明天地之德及五行/之气也。以阴阳鬼神是天地中物，故不重陈，但陈天/地与五行耳。故天秉阳垂日星者。此论天德，言天秉/持阳气，垂悬日星以施生，照临于下。地秉阴窍于/山川者。此一经总论地德也，谓地秉持阴气窍孔/也，为孔于山川以出纳其气。播五行于四时者。播谓/播散五行金木水火土之气于春夏秋冬之四时。四/时和而后月生者，若四时不和，日月乖度，寒奥失所/，则月不得依时而生；若五行四时调和，道度不失，而/后月依时而生也。是以三五而盈，三五而阙者。以其

王卡又将此节疏文与阮刻本比勘："S. 1057 仅保存了一小段孔颖达疏文。但仅此已与今传阮元校本有十余处不同。尤其抄本中'四时和而后月生者'句，阮校本文作'和而后月生也者'，显然有脱误。"② 今以影印南宋越刊八行本《礼记正义》③ 与吕友仁点校本《礼记正义》④ 比勘，二者《礼运》经文皆作"和而后月生也"，疏文皆作"和而后月生也者"，疏文与经文一致。不过"播五行于四时，和而后月生也"，"四时"后断句，以"和"字领起下文略显突兀。结合《乐记》"动己而天地应焉，四时和焉，星辰理焉，万物育焉"，《史记·外戚世家》"夫乐调而四时和，阴阳之变，万物之统也"⑤，表明宋刊八行本《礼运》"播五行于四时，和而后月生也"，"和"前亦脱"四时"二字。

此外，据许建平《敦煌经籍叙录》载，《礼记正义》写本残片还存有两份。其一，P. 3106B《礼记正义（郊特牲）》残片："为《礼记·郊特牲》'大飨，君三重席而酢焉'章孔颖达《正义》，起'三献卿大夫者以五等诸

---

① 王卡：《道教经史论丛》，巴蜀书社 2007 年版，第 421—423 页。
② 引自王卡《道教经史论丛》，巴蜀书社 2007 年版，第 421—423 页。
③ （汉）郑玄注，（唐）孔颖达撰：影印南宋越刊八行本《礼记正义》，北京大学出版社 2014 年，第 719 页。
④ （汉）郑玄注，（唐）孔颖达正义，吕友仁整理：《礼记正义》，上海古籍出版社 2008 年版，第 921—922 页。
⑤ （汉）司马迁撰，（宋）裴骃集解，（唐）司马贞索隐，张守节正义：《史记》，中华书局 1959 年版，第 1967 页。

侯有九献七献五献'之'五献'之'献',至'介门西北面西上',共14行,末2行有残泐,行22字,兹依例定名为《礼记正义(郊特牲)》,相当于注疏本1446页上栏21—27行。"

其二,S.6070《礼记正义(郊特牲)》残片:"是孔颖达为《礼记·郊特牲》'罗氏致鹿与女,而诏客告也,以戒诸侯曰:"好田、好女者亡其国"'句所作之《正义》,起'而宣天子之诏于使者'之'宣',至'一云岂每国辄与女、鹿邪'之'岂',共6上半行,然第1—3及末行上端又残泐,仅存疏文53字(存残画者亦计入内)。今依例拟名为《礼记正义(郊特牲)》,相当于注疏本1454页中栏26行—下栏1行。"①

第三节 《礼记正义》两宋单疏本

屈万里曰:"群经之有雕本,始于五季,下逮赵宋,锓刻弥夥。然则止刻经注,未尝及于疏也。义疏之刻始于宋太宗,自端拱元年起,迄淳化五年止,先后七年间,凡刻《易》《书》《诗》《左传》《礼记》等《五经正义》于国子监。然皆单刻义疏,不附于经注之下——即世所谓单疏本也。"②群经单疏本始刻于宋端拱元年(988),北宋覆亡,"北宋监本经史,既为金人辇之而北,故南渡初即有重刊经疏者"③。两宋皆有《礼记正义》单疏刻本,且有承继关系。张丽娟曰:"单疏本在宋代的刊刻,可考者有两次:一为北宋国子监刻本,这是诸经义疏的首次刊刻行世,今已无传本;一为南宋时期覆刻北宋监本,今有数种传本存世。"④今简要介绍如下。

一 北宋单疏本《礼记正义》七十卷

赵宋建国伊始,大兴崇文之举。太宗端拱元年(988),国子司业孔维等奉敕刊刻《五经正义》。王应麟《玉海》卷四三"端拱校《五经正义》"条:

> 端拱元年三月,司业孔维等奉敕校勘孔颖达《五经正义》百八十卷,诏国子监镂板行之。《易》则维等四人校勘,李说等六人详勘,又再校;十月板成以献。《书》亦如之,二年十月以献。《春秋》则维等

---

① 许建平:《敦煌经籍叙录》,中华书局2006年版,第208—210页。
② 屈万里:《书佣论学集》,台湾开明书店1969年版,第216—237页。
③ 王国维著:《五代两宋监本考》,谢维扬、房鑫亮主编:《王国维全集》卷7,浙江教育出版社2009年版,第296页。
④ 张丽娟:《宋代经书注疏刊刻研究》,北京大学出版社2013年版,第229页。

二人校,王炳等三人详校,邢世隆再校,淳化元年十月板成。《诗》则李觉等五人再校,毕道升等五人详校,孔维等五人校勘,淳化三年壬辰四月以献。《礼记》则胡迪等五人校勘,纪自成等七人再校,李至等详定,淳化五年五月以献。是年,判监李至言:"《义疏》《释文》尚有讹舛,宜更加勘定。杜镐、孙奭、崔颐正苦学强记,请命之覆校。"至道二年,至请命礼部侍郎李沆,校理杜镐、吴淑,直讲崔偓佺、孙奭、崔颐正,校定。咸平元年正月丁丑,刘可名上言:"诸经板本多误。"上令颐正详校。可名奏《诗》《书》正义差误事,二月庚戌,奭等改正九十四字,沆预政。二年,命祭酒邢昺代其事,舒雅、李维、李慕清、王涣、刘士元预焉。《五经正义》始毕。①

主持者孔维,据《宋史》本传:"乾德四年《九经》及第,……太平兴国中,就拜国子《周易》博士,代还,迁《礼记》博士。七年,使高丽,王治问礼于维,维对以君父臣子之道,升降等威之序,治悦,称之曰:'今日复见中国之夫子也。'九年,判国学事。雍熙初,迁主客员外郎。三年,擢为国子司业,赐金紫。"又曰:"受诏与学官校定《五经疏义》,刻板行用,功未及毕,被病,上遣太医诊视,使者抚问。初,维私用印书钱三十余万,为掌事黄门所发,维忧惧,遽以家财偿之,疾遂亟,上赦而不问。维将终,召其婿郑革口授遗表,以《五经疏》未毕为恨。"② 孔维博通诸经,尤擅《周易》《礼记》,是刊刻质量的重要保障,惜功业未成。此次校勘并制版,自太宗端拱元年(988)至真宗咸平二年(999),历时 12 年。所刻《五经正义》一百八十卷,应保持永徽朝定本原貌。

其中,"《礼记》则胡迪等五人校勘,纪自成等七人再校,李至等详定","《礼记》"即《礼记正义》,可知此版前后历经三校,故称善本。其后,北宋政府又刊刻另外《七经》。《玉海》卷四三"咸平校定七经疏义"条:"咸平三年三月癸巳,命国子祭酒邢昺等校定《周礼》《仪礼》《公羊传》《穀梁传》正义。又重定《孝经》《论语》《尔雅》正义。四年九月丁亥(一作丁丑),翰林侍讲学士邢昺等及直讲崔偓佺表上重校定《周礼》《仪礼》,公、穀《传》,《孝经》《论语》《尔雅》,'七经'疏义凡一百六十五卷(一本云一百六十三卷)。赐宴国子监,昺加一阶,余迁秩。十月九日

---

① (宋)王应麟:《玉海》,文渊阁《四库全书》第 944 册,台湾商务印书馆 2008 年版,第 191 页上栏。

② (元)脱脱等:《宋史》第 37 册,中华书局 1977 年版,第 12809—12812 页。

命摹印颁行,于是'九经'疏义具矣。"① 此次刊刻,主持者是国子祭酒邢昺。所言"九经",是将《春秋三传》合为一经,实为"十二经"。

王国维《五代两宋监本考》论北宋单疏本传世情况与版本特征曰:"北宋刊诸经疏存于今者,……其行款则除《易疏》未见外,《书疏》每行二十四字,《毛诗》与《左传疏》每行二十五字,《仪礼疏》二十七字,《公羊》二十三字至二十八字,《尔雅疏》三十字,皆半叶十五行,此亦六朝以来义疏旧式也。日本早稻田大学藏六朝人《礼记子本疏义》,每行二十八九字至三十字不等。狩谷望之所藏古钞《礼记》单疏残卷,每行二十六七字。……是五代刊九经用大字,宋初刊经疏用小字,皆仍唐时卷子旧式,非徒以卷帙之繁简分大小也。"② 此十二经单疏本是宋刻经书中的精品,屈万里曰,"是本以刊刻最早,校勘亦最精,故视诸本为善",又引张元济说:"张元济跋《四部丛刊三编》影印单疏本《礼记正义》云:'书中佳字,可据以考定宋明诸本纷异,而终归于一是者,时时而有。即就中缝损字观之,如既降无服(原注:见卷六十三、第十六叶、前十五行)句下,行末缺泇三字,黄本不缺,句子与此吻合,而阮本则衍其族姑□□□□□。阮校闽监本、惠校宋本并同。毛本则衍十空格。据此可定诸本衍文之非。'此《礼记》单疏本之善也。"③ 足见单疏本《礼记正义》之价值。

二 南宋监本单疏本《礼记正义》七十卷

南宋初,重刻十二经单疏本,《玉海》卷四三"景德群书漆板 刊正四经"条:"绍兴九年九月七日诏下诸郡,索国子监元颁善本校对镂板。十五年闰十一月,博士王之望请群经义疏未有板者,令临安雕造。二十一年五月诏令国子监,访寻五经三馆旧监本刻板。上曰:'阙书亦令次第镂板,虽重有所费,亦不惜也。'繇是经籍复全。"④ 屈万里曰:"迨汴京陷落,金人辇经籍板而北;高宗初年,乃以北宋单疏本重付剞劂。今日所见者,大抵皆是本也。"⑤ 此即南宋监本单疏本。

傅增湘《宋监本周易正义跋》:"群经注疏以单疏本为最古,八行注疏

---

① (宋)王应麟:《玉海》,文渊阁《四库全书》第944册,台湾商务印书馆2008年版,第192页上栏。

② 王国维著:《五代两宋监本考》,谢维扬、房鑫亮主编:《王国维全集》卷7,浙江教育出版社2009年版,第219—220页。

③ 屈万里:《书佣论学集》,台湾开明书店1969年版,第220页。

④ (宋)王应麟:《玉海》,文渊阁《四库全书》第944册,台湾商务印书馆2008年版,第193页上栏。

⑤ 屈万里:《书佣论学集》,台湾开明书店1969年版,第218页。

本次之。顾单疏刊于北宋，覆于南宋，流传乃绝罕。"又曰单疏本《礼记正义》"残本四卷，藏日本身延山久远寺"①。此身延山久远寺所藏单疏残本，1930年日本东方文化学院有影印本，1935年商务印书馆亦据此影印，收入《四库丛刊》三编。屈万里指出："四部丛刊三编印本存八卷。"② 汪绍楹则认为此系"北宋刊残本"，存卷六十三至卷七十："分卷与黄唐本合，每行二十七字。后有淳化五年（994）吕蒙正结衔名二十行。四祖太祖而下，余讳俱无所避。"③ 其后，申屠炉明④、王锷⑤亦持汪绍楹说，认为是北宋刊本。严绍璗以残本八卷"是存世《礼记正义》宋刊本中最古老的文本"，又曰："此本不辟南宋'慎''敦'等庙讳，故有误以为北宋刊者，实则系绍兴乾道年间北宋监本的再刊本。"⑥ 今从"残本八卷"说。张丽娟指出："从今存宋刻单疏本实物看，它们行款版式一致，皆半叶十五行；卷末多刻有本卷字数；有的保存有北宋官员衔名，说明其底本当为北宋国子监本。"⑦ 可知宋人刻书之精细，版本之精工。

第四节　《礼记正义》南宋以降合刻本

关于群经《注疏》之经、注、疏合刻本的出现，曾有高宗"绍兴"（1131—1162）和光宗"绍熙"（1190—1194）两说。持前说者言："经文与注、疏合刻，始于南宋高宗绍兴年间，系根据需要而来。因为读经同时需要读注、疏，分之则不便，故将经文、注、疏合为一编，……自此以后，经与注、疏永不再离，而经注本与经单疏本就日渐式微了。"⑧ 汪绍楹指出："自山井鼎《七经孟子考文》入中国，于《左传考文》载黄唐《刊礼记跋》曰：'本司旧刊《易》《书》《周礼》正经、注、疏，萃见一书，便于披绎。它经独缺。绍兴辛亥，遂取《毛诗》《礼记疏义》，如前三经编汇，精加校正云

---

① 傅增湘：《藏园群书题记》，上海古籍出版社1989年版，第2页。
② 屈万里：《书佣论学集》，台湾开明书店1969年版，第219页。
③ 汪绍楹：《阮氏重刻宋本十三经注疏考》，中华书局编辑部：《文史》第3辑，中华书局1963年版，第25—60页。
④ 申屠炉明：《孔颖达　颜师古评传》，南京大学出版社2006年版，第129—130页。
⑤ 王锷：《孔颖达〈礼记正义〉及其版本》，《文教资料》2001年第3期。
⑥ 严绍璗：《日本藏汉籍珍本追踪纪实：严绍璗海外访书志》，上海古籍出版社2005年版，第193—194页。
⑦ 张丽娟：《宋代经书注疏刊刻研究》，北京大学出版社2013年版，第265页。
⑧ 于大成：《经书的版本》，王静芝等：《经学论文集》，台湾黎明文化事业股份有限公司1989年版，第289—301页。

云。'此误'绍熙'为'绍兴'。"① 今从汪氏说。

《礼记正义》合刻本大体可分为两种版本系列：八行本七十卷与十行本六十三卷。在此两种系列之前，南宋之初曾出现"兼义"本《礼记》，可谓后世合刻本之雏形。阮元《礼记注疏校勘记序》："《小戴礼记》，隋唐《志》正义多附载经、注之下，其始谓之'兼义'，其后直谓之'某经某注'，其始本无《释文》，其后又附以《释文》，谓之'附释音某经注疏'。最后又去'附释音'三字，盖皆绍兴以后所为，而北宋无此也。"② 后世《十三经注疏》按照经、注、释文、疏四者先后排列体例，于此时已大致定型。

一 八行本《礼记正义》七十卷系列

1. 越州八行本（黄唐本）

傅增湘《藏园群书经眼录》载"礼记正义七十卷 唐孔颖达撰 四十册"条：

> 宋刊本，半叶八行，行十五字，注双行二十二字，白口，左右双阑。间有补版，然亦精。末页黄唐识语录后：
>
> "六经疏义自京监蜀文皆省正文及注，又篇章散乱，览者病焉。本司旧刊易、书、周礼正经注疏萃见一书，便于披绎，它经独阙。绍熙辛亥仲冬唐备员司庾遂取毛诗、礼记疏义如前三经编汇，精加雠正，用锓诸木，庶广前人之所未备。乃若春秋一经顾力未暇，姑以贻同志云。壬子秋八月三山黄唐谨识。"
>
> 后有进士傅伯膺、主簿高似孙等八行衔名。空一行又宣教郎两浙东路提举常平司干办公事李深等衔名三行。
>
> 有惠栋长跋。每卷钤季沧苇藏印。又有秋壑图书伪印。（长白盛昱伯羲郁华阁藏书，任子岁见）③

黄唐任职浙东茶盐司之前，茶盐司先有旧刻《易》《书》《周礼》三经，将经、注、疏合刻一本，读者称便。"绍熙辛亥"即宋光宗绍熙二年（1191），黄唐又取《毛诗》《礼记》二经刻之，为二者经、注、疏合刻之第

---

① 汪绍楹：《阮氏重刻宋本十三经注疏考》，中华书局编辑部编：《文史》第3辑，中华书局1963年版，第25—60页。
② 阮元校刻：《十三经注疏·礼记正义》，中华书局1980年版，第1227页。
③ 傅增湘：《藏园群书经眼录》第1册，中华书局1983年版，第55页。

一版。刻地绍兴，故称"越州本"；又因半叶八行，称"八行注疏本"。《春秋左传正义》于庆元六年（1200）由绍兴知府沈作宾完成："故这六经就有了'越州本六经'之称。'越州本六经'是八行本经、注、单疏合刻的开山之作，不但是经学发展史上的大事，也是出版史上的创举。"① 越州本六经之经、注、疏荟萃于一书，是将各经注、疏分散在相关经文之下，注文及疏文难免有所省略，使文字与各自单行时之单注、单疏不全相同。此本佚《毛诗》一种，其余俱存。

黄唐本的分卷及卷数，皆沿单疏本之旧，可知此本对于原疏尚未割裂删削，是经、注、疏合刻本中最善本。张丽娟曰："越州八行本是我国古代经书注疏合刻之始，在经书注疏版本发展中占据极为重要的地位，其文字较多保留了孔、贾著述的原貌，较通行版本多有胜处，传本稀少，历来备受学者珍视。"② 此本后来又有元递修本。

2. 惠栋校本（潘氏"宝礼堂"本）

顾广圻尝论存世八行本《礼记正义》曰："其北宋所刻单疏，见于《玉海》卅九卷，有咸平《礼记疏》一条云：'二年六月己巳，祭酒邢昺上新印《礼记疏》七十卷，是为正义。'元书未知今海内尚有其本否？曲阜孔氏别有宋椠注疏本，每半叶八行，经字每行十六。注及正义双行小字，每行廿二。每卷首题'礼记正义卷第云云'，亦七十卷。计必南宋初所刻，向藏吴门吴氏。惠定宇所手校，戴东原所传校者，即此也。与日本人山井鼎所据亦为吻合，而彼有缺卷矣。"③ 认为黄唐八行本《礼记正义》当时存世有二：一为惠栋校本，又号称潘氏"宝礼堂"本，系海内孤本；一系日本足利学藏本。

乾隆年间，惠栋曾校八行本，此本又称惠校宋本，惠栋、李盛铎作跋。惠氏据以校汲古阁本。书中有季印振宜沧苇御史之章、北平孙氏、惠栋定宇、孔继涵、金章世系景行维贤小如庵秘籍、袁克文等印。清中叶后，此书为孔继涵所藏，由孔氏归宗室盛昱，以后归完颜景贤，景贤之后又归袁克文，由袁售予藏书家潘宗周。潘氏得书之时，适所构新居落成，因名曰"宝礼堂"。此本《礼记正义》系海内孤本，有宋元补版。王锷曰："八行本经文字大如钱，墨光似漆；注疏小字，一笔一画，一丝不苟。书体仿石经，端庄隽美，古朴大方；刻工亦是良匠，刀法利落，恰如其分，笔笔干净，不失

---

① 李致忠：《十三经注疏版刻略考》，《文献》2008 年第 4 期。
② 张丽娟：《宋代经书注疏刊刻研究》，北京大学出版社 2013 年版，第 296 页。
③ （清）顾广圻著，黄明标点：《思适斋书跋》，上海古籍出版社 2007 年版，第 114—115 页。

神韵。加上楮墨，爽心悦目，揽书在手，墨香袭人，不忍释手。……不仅是宋刻古籍善本中的精品，也是十分难得的艺术珍品。"①《礼记正义》存世版本，以此本最为珍贵。其后，此本先后得到影印、影刻。1927年，潘宗周委托董康利用珂罗版技术影刻二十部行世（著录于潘氏《宝礼堂宋本书录》经部），潘宗周又委托董康影刻此八行本，重新雕版，刷印一百部。1985年，中国书店依据潘氏雕本又重新影印②。2003年，北京图书馆出版社影印二百部，四函四十册，收入《中华再造善本》。

此种元递修本另有一部残本，张元济作跋，存二十八卷传世。两部补版之叶，间有不同。残本为商务印书馆涵芬楼所藏，《涵芬楼烬余书录》经部著录。中华人民共和国建立初，宝礼堂藏书由潘宗周之子潘世兹捐赠国家，涵芬楼书亦捐献国家，今均藏国家图书馆。总之，"八行本自孙承泽、季振宜、吴泰来、孔继涵、盛昱、完颜景贤、袁克文、潘宗周，最后到北京图书馆，即今国家图书馆，递藏源流十分清晰"③。

3. 足利本

日本足利学校藏汉籍文献，价值最堪称"日本国宝"者有三：宋刊本《周易注疏》十三卷、宋刊八行本《尚书正义》二十卷八册、《礼记正义》七十卷三十五册，后二者"皆为最早的《五经正义》合刊本之一种。每册皆有上杉宪实的'松竹清风'藏书印"。此即"足利本"《礼记正义》，存宋绍熙三年（1192）三山黄唐《跋文》，卷三十三至四十为丰厚万寿寺僧人一华补钞，卷首天头有"此书不许出学校阃外宪时（花押）"等题识。1955年，被指定为"日本国宝"④。

日人山井鼎率先鉴定足利学所藏《礼记正义》为宋本："有曰宋板者，乃足利学所藏五经正义一通，所以识其为宋板者，字体平稳，如钱大，款格宽广，每行字数参差不齐，绝无明世诸刻轻佻务整齐者之态。且凡字遇宋诸帝讳，辄缺其点画，……以此验之，其为宋板无疑。"⑤ 日人澁江全善、森立之等撰《经籍访古志》曰："《礼记注疏》六十三卷（宋椠本，足利学藏）绍熙壬子刊本。卷末有三山黄唐刊行跋文。卷首有'松竹清风'印，系上杉宪实所置。卷三十三至四十缺逸，丰后僧一华以附释音本钞补。此本昌平学

---

① 王锷：《国图藏八行本〈礼记正义〉研究》，《礼记版本研究》，中华书局2018年版，第263页。
② 王锷：《北大藏八行本〈礼记正义〉跋》，《礼记版本研究》，中华书局2018年版，第381页。
③ 王锷：《国图藏八行本〈礼记正义〉研究》，《礼记版本研究》，中华书局2018年版，第275页。
④ 严绍璗：《汉籍在日本的流布研究》，江苏古籍出版社1992年版，第260页。
⑤ [日]山井鼎撰，物观补遗：《七经孟子考文补遗》，国家图书馆出版社2016年版，第8页。

有传钞本。"① 曰"六十三卷",误,当为"七十卷"。

4. 八行本《礼记正义》七十卷之残本

汪绍楹认为八行本《礼记正义》存于世者有五:"有季氏旧藏绍熙壬子黄唐刊《礼记正义》七十卷,旧藏宝礼堂潘氏,今藏北京图书馆。又残本六十二卷,缺卷三十三至四十,藏日本足利学。又残本,存卷一、卷二、卷六十二至六十六,共七卷②,见《文禄堂访书记》。又残本,存卷三、卷四、卷十一至十八、卷二十四、二十五、卷三十七至四十二、卷四十四至四十八、卷五十五至六十,凡二十八卷,原藏涵芬楼,今藏北京图书馆。又残本一卷,见《北大图书馆善本目》。此三本均有'君子堂'图书,盖一书而自内阁大库散佚者。"③ "此三本",分别指残存"七卷""二十八卷""一卷"者。

王锷据《中国古籍善本书目·经部》《北京大学图书馆藏善本书录》与乔秀岩《东京大学东洋文化研究所所藏古籍线装本》等记载,指出"八行本《礼记正义》七十卷之残本现存七部":"一藏国家图书馆,残存二十八卷(卷三至四、十一至十八、二十四至二十五、三十七至四十二、四十五至四十八、五十五至六十),四册,原藏涵芬楼,有张元济跋;一藏日本足利学校,残存六十二卷,缺八卷,即卷三十三至四十;北京大学图书馆藏本残存二卷,即卷一至二,共三十三页,蝶装;上海图书馆藏本残存卷五第六页B面至第二十页;日本东京大学东洋文化研究所藏本残存一卷,即卷六十三;日本京都大学图书馆谷村文库藏本残存一卷,即卷六十四;中国台湾史语所傅斯年图书馆藏本残存一卷,即卷六十六。"④ 二家言残本,除足利本和原藏涵芬楼二十八卷本同外,其他出入较大,汪氏当时或有未闻之者,今以王说为是。

张丽娟《今存宋刻经书注疏版本简目》列有六部(《附录》)⑤,未列"上海图书馆藏本残存卷五第六页B面至第二十页"。而且,张、王皆未言

---

① [日]澁江全善、森立之等撰,杜泽逊等点校:《经籍访古志》,上海古籍出版社2014年版,第35页。
② 王文进著,柳向春标点:《文禄堂访书记》,上海古籍出版社2007年版,第26页:"礼记正义七十卷 唐孔颖达疏。宋绍熙浙东庚司刻本。存序、卷一、卷二、卷六十三至六十六。半叶八行,行十六七字,注双行二十二字。白口。板心下刻工姓名。宋补刻刊名。宋讳避至'敦'字。有'君子堂''敬德堂图谱''勗谊''彦忠书记''吴兴沈氏'印。"据此当为六卷而非"七卷"。
③ 汪绍楹:《阮氏重刻宋本十三经注疏考》,中华书局编辑部编:《文史》第3辑,中华书局1963年版,第25—60页。
④ 王锷:《北大藏八行本〈礼记正义〉跋》,《礼记版本研究》,中华书局2018年版,第380页。
⑤ 张丽娟:《宋代经书注疏刊刻研究》,北京大学出版社2013年版,第427—428页。

《文禄堂访书记》所载"七卷"者，不知何故。综合以上三家之说，排除重复，八行本《礼记正义》或有八种残本，若再加上完璧的潘氏本，则存世八行本《礼记正义》当有九种。以上残本，皆弥足珍贵，盼有朝一日能够汇聚成册，以飨学者。

二 十行本《礼记正义》六十三卷系列

1. 南宋十行本（南雍本）《礼记注疏》附释音六十三卷

屈万里曰："流行最广、影响于后世最大者，则有建刻音释注疏本，即后世所谓十行本者。是刻约当于南宋晚年。刻者或非一家；迄今仅有数种，可知为刘叔刚氏一经堂所刊而已。"又曰《附释音礼记注疏》六十三卷，"乃明清以来诸刻之祖本也"①。

南宋末，为了迎合科考士子的需要，书坊将经、注、疏合为一编以便阅读。注、疏释义而较少释音，故割裂《释文》附于注文之下。因贪快而不求好，又对疏、《释文》任意删削，尤以福建建阳书坊为甚："建阳书坊的经注疏刻本，不惟加入《释文》，后来又益以纂图、互注、重言、重意种种名堂，愈出愈滥，而去古本亦愈远。此等板本，虽名曰'监本'，实非监本。……后来一切本子之坏，全由于此。"② 宋末此等经、注、疏合刻本，影响后世最大的是一种"十行本"，乃福州府学本。张敦仁《抚本礼记郑注考异》："南雍本，世称十行本，盖原出宋季建附音本，而元明间所刻，正德以后递有修补。小异大同耳。李元阳本、万历监本、毛晋本，则以十行为之祖，而又转转相承。今于此三者不更区别，谓之俗注疏而已。近日有重刻十行本者，欵式无异，其中字句特多改易，虽当否参半，但难可征信。故置而弗论。"③ 此本经传下载注，不标"注"字。《正义》部分冠大"疏"字于上。后世经、注、疏合刻本，皆由此十行本来，包括通行的阮刻南昌府学本《十三经注疏》即以之为底本。阮元《重刻宋板注疏总目录》："迄两宋刻本浸多，有宋十行本注疏者，即南宋岳珂《九经三传沿革例》所载建本附释音注疏也。其书刻于宋南渡之后，由元入明，递有修补。至明正德中，其板犹存。是以十行本为诸本最古之册。"④ 其云"十行本为诸本最古之册"，不

---

① 屈万里：《书佣论学集》，台湾开明书店1969年版，第225—226页。

② 于大成：《经书的版本》，王静芝等：《经学论文集》，台湾黎明文化事业股份有限公司1989年版，第289—301页。

③ （清）张敦仁撰：《抚本礼记郑注考异》，（清）阮元编：《清经解》第6册，上海书店出版社1988年版，第284页上栏。

④ （清）阮元校刻：《十三经注疏》（附校勘记），中华书局1980年版，第1页。

确。汪绍楹总结建刻十行本之弊,认为较之宋初萃刻本主要有四方面不足:分卷之不合,行款标目之失当,《释文》《注疏》回互改易与刊刻遗漏①。

不过,"这种文本将经文、注文、疏文、释文合为一书,较之不附释音的注疏本,内容更为全面,更便于读者使用,因此颇受欢迎。这种附释文注疏合刻本在元代又被翻刻行世,书板递相修补,明代尚有刷印,传本较多。此后通行的十三经板本,如明嘉靖李元阳刻《十三经注疏》、明万历北监本《十三经注疏》、明末汲古阁刻《十三经注疏》、清乾隆武英殿刻《十三经注疏》、清阮元刻《十三经注疏》等,都是这一类型的版本。附释文注疏合刻本遂成为宋以后经书注疏版本的主流"②。然而,又致使《十三经注疏》不再具有唐宋《注疏》之面貌,且衍生众多讹误,以讹传讹。清人重版本学,对此多有论述。段玉裁曰:"不先正注、疏、释文之底本,则多诬古人。不断其立说之是非,则多误今人。自宋人合正义、释文于经、注,而其字不相同者一切改之使同。使学而不思者,白首茫如,其自负能校经者,分别又无真见。故三合之注疏本,似便而易惑,久为经之贼而莫之觉也。"③张金吾论此本《仪礼疏》:"疏与经注,北宋犹各自为书,……南宋合注、疏为一,而单疏本遂晦。夫合者所见之经注,未必郑、贾所见之经注也。其字其说,乃或龃龉不合,浅学者或且妄改疏文以迁就经注,而郑贾所守之经注遂致不可复识。即如《仪礼》,以疏分附经、注,非是本与《要义》尚存,则五十卷之卷次且不可考,奚论其他。"④亦可推测此本《礼记正义》之情形。

2. 南监本(三朝本)附释音《礼记注疏》六十三卷

宋十行本之原版,元时存西湖书院〔元世祖至元二十八年(1291)就南宋国子监故址,改建为西湖书院〕。书院初建时,第一个刻书大工程就是修补南宋国子监所存的书版。明时存于南京国子监,亦有所修补,称"南监本"。由宋而元而明,亦称"三朝本"。此种经修补过的版本,质量较之原南宋十行本有所差距。

3. 闽本(李元阳九行本)附释音《礼记注疏》六十三卷

明嘉靖间,闽中御史李元阳,据十行本重刻《十三经注疏》三百三十五卷。此前,《十三经注疏》的所有板本,都是陆续付刻完成,而整合十三部

---

① 汪绍楹:《阮氏重刻宋本十三经注疏考》,《文史》第3辑,中华书局1963年版,第25—60页。

② 张丽娟:《宋代经书注疏刊刻研究》,北京大学出版社2013年版,第23页。

③ (清)段玉裁撰,钟敬华校点:《与诸同志书论校书之难》,《经韵楼集》,上海古籍出版社2007年版,第336页。

④ (清)张金吾撰,柳向春整理:《爱日精庐藏书志》,上海古籍出版社2014年版,第58页。

《注疏》汇刻为一，此为最早。此本称"李元阳本"，因半叶九行，又名"九行本"，实质仍属"十行本"系列。又因嘉靖年间刻于闽中，故名"嘉靖本"或"闽本"。以注文改作中号字，冠"注"字于上，始于李氏。据王锷考证，"李元阳本《十三经注疏》除《仪礼注疏》外，是李元阳、江以达等人于嘉靖十五年至十七年之间（1536—1538）在福建依据元十行本翻刻"而成，"李元阳本是目前所能看到的第一部完整的《十三经注疏》"，今传此本"分别收藏在中国、美国和日本等国图书馆，大约有十部左右"①。李元阳本所据十行底本，经多次修补，质量已不如原十行本，但整体质量亦较佳。屈万里曰："此刻校刊尚不苟，乃十行本后清殿本以前最佳之本也。"②汪绍楹曰："本中佳处，往往与宋本合，监本毛本且从此出。固明刊之佼出者也。"③ 此本又有隆庆二年（1568）重修本。

4. 北京国子监刻本（北监本）附释音《礼记注疏》六十三卷

明万历十四年（1586）至二十一年（1593），北京国子监据李元阳本翻刻《十三经注疏》三百三十五卷，"版式行款，一仍其旧，世谓之'北监本'，亦简称'监本'"④，附释音。《礼记注疏》六十三卷刻于万历十六年（1588）。每卷第二、三行题"皇明朝列大夫国子监祭酒盛讷等奉敕重校刊"，敕字提行。行款与闽本合，唯注文用小字，空左。卷末载《后序》。此本于崇祯五年（1632）有校修本，又清康熙五年（1666）有重修本。

5. 毛氏汲古阁刻本《礼记注疏》六十三卷

崇祯元年（1628）至十二年（1639），毛晋汲古阁据北监本刻《十三经注疏》三百三十三卷，称"崇祯汲古阁本"或"毛本"《十三经注疏》。其中《礼记注疏》六十三卷，刻于崇祯十二年（1639）。

毛氏汲古阁刻本对旧有错误未加校正，反而讹误增多，备受学界批评。阮元《重刻宋板注疏总目录》："有汲古阁毛氏板，乃明崇祯中，用明监本重刻者。辗转翻刻，讹谬百出。明监板已毁，今各省书坊通行者，惟有汲古阁毛本。此本漫漶不可识读，今人修补更多讹。"⑤ 臧庸《拜经日记》"毛氏《礼记注疏》讹字"条批评曰："汲古阁毛本所刻《礼记注疏》俗字特多，

---

① 王锷：《李元阳本〈十三经注疏〉考略——以〈礼记注疏〉〈仪礼注疏〉为例》，《中国典籍与文化》2018年第4期。

② 屈万里：《书佣论学集》，台湾开明书店1969年版，第227页。

③ 汪绍楹：《阮氏重刻宋本十三经注疏考》，《文史》第3辑，中华书局1963年版，第25—60页。

④ 屈万里：《书佣论学集》，台湾开明书店1969年版，第228页。

⑤ （清）阮元校刻：《十三经注疏》（附校勘记），中华书局1980年版，第1—2页。

又好以说文篆体轻改唐宋相仍旧字，此弊启于明之中叶，而于今为最，名为好古，实足以害古。余尝见宋影大字单注《礼记》，字体精雅，往往与开成石经印合。兹采其凡以破好古之失，为登梨枣者取式焉，不第订毛氏之讹也。"① 此本半叶九行，经文单行二十、二十一字不等，注文单行二十字，疏文小字双行二十字，四周单边，白口。其版心自上而下镌有"礼记注"或"礼记疏"字样和卷、页数码以及"汲古阁"字样。毛本刻于明而大行于清，影响较广。

李元阳本、北监本和毛本，是明代《十三经注疏》的主要三种版本。汪绍楹："此三本，《七经孟子考文》谓之嘉靖本、万历本、崇祯本，而顾千里所谓'于此三者，更不区别，谓之"俗注疏"而已'。"② 陆心源《仪顾堂题跋·六经雅言图辨跋》："明人书帕本，大抵如是，所谓'刻书而书亡'者也。"③ 可见清人对明人刻书之轻视。

6. 武英殿本《礼记注疏》附释音六十三卷

清武英殿本，因刻印机构设于武英殿得名，又称"内府本"。屈万里《十三经注疏板刻述略》："武英殿本者，刻于乾隆初叶，虽据明北监本，然卷末附《考证》，句下加圈，校刻皆精，有青出于蓝而胜于蓝之誉。惟流通未广。同治十年，广州曾覆刻之，然传布亦不多也。"④ 殿本刊刻于乾隆四年（1739），所用底本为明北监本，北监本底本则为李元阳本。傅增湘《藏园群书经眼录》：

礼记注疏六十三卷　汉郑玄、唐孔颖达撰　唐陆德明音义

清武英殿本。孔继涵据宋绍熙三年两浙东路茶监司刊本校（用朱笔），又临戴震校（用墨笔）。并录宋本黄唐跋八行，校正官衔十一行，惠栋跋十八行。⑤

齐召南《礼记注疏跋语》："监十三经板本，岁久刓敝，讹谬相沿，《礼记》尤甚。《礼运》《礼器》各篇《正义》阙文实多。我皇上稽古右文，加

---

① （清）臧庸撰：《拜经日记》，阮元编：《清经解》第6册，上海书店出版社1988年版，第711页下栏。
② 汪绍楹：《阮氏重刻宋本十三经注疏考》，《文史》第3辑，中华书局1963年版，第25—60页。
③ （清）陆心源著，冯惠民整理：《仪顾堂书目题跋汇编》，中华书局2009年版，第29页。
④ 屈万里：《书佣论学集》，台湾开明书店1969年版，第229页。
⑤ 傅增湘：《藏园群书经眼录》第1册，中华书局1983年版，第55—56页。

意经籍，乾隆四年特命重刊以惠学者，在馆诸臣遍蒐善本，再三雠对，是正文字，凡六年始付开雕。臣召南以读礼家居，奉敕即家编辑，校勘之说，附各卷后。"① 可知殿本《礼记注疏》包括《注疏》正文及其各卷后《考证》两部分。《考证》相当于后世《校勘记》，出自齐召南之手。较之以前诸本，殿本具有"规范用字""添加句读""补全释文""版心刻有刊刻时间""附有《考证》"等优点②。而且，殿本十三部经书的名称皆一致称为"某注疏"，意义重大。殿本校刻甚精，远胜监本、毛本，可谓善本，成为《四库全书》《四库荟要》之《礼记正义》底本。

7. 和珅刻本《礼记注疏》附释音六十三卷

阮元曰："《礼记》七十卷之本，出于吴中吴泰来家，乾隆间惠栋用以校汲古阁本，识之云：'讹字四千七百有四，脱字一千一百四十有五，阙文二千二百一十有七，文字异者二千六百二十有五，羡文九百七十有一，点勘是正四百年来阙误之书，犁然备具，为之称快。'今《记》中所云'惠栋校宋本'者是也。其真本今曲阜孔氏，近年有巧伪之书贾，取六十三卷旧刻添注涂改，缀以惠栋跋语，鬻于人，镂板京师者，乃赝本耳。"③ 时又有以十行本加以涂改而冒充八行本者，乾隆六十年（1795），"书贾钱听默将惠栋校勘成果誊录至自己所藏十行本《礼记注疏》，后缀惠栋跋文，诡称'惠栋校宋本'，售予长安贵客，献给和珅；和珅命下属以毛本校勘贵客所献者，补其缺漏，后附和珅跋文，重雕刊印，此即和珅刻《礼记注疏》六十三卷"④。和珅影宋刻本附释音《礼记注疏》，简称"和刻本"。李学辰据日本内阁文库所藏，认为和刻本以"宋刻十行本《礼记注疏》为底本直接翻刻而成，仅做了一些修补，其版式、体例、内容很大程度上保留了宋刻十行本的原貌""制作精良、校对精审，且保存完好，是不可多得的善本""版本价值和学术价值亟需学界关注"⑤。但因和珅倒台而流传较少，现存四部：日本内阁文库收藏和珅刻《礼记注疏》六十三卷，24 册；山东图书馆藏海源阁旧藏和刻本《礼记注疏》六十三卷，26 册；中国国家图书馆藏和刻本《礼记注疏》六十三卷两部，一部 24 册，一部 26 册⑥。

---

① （汉）郑玄注，（唐）孔颖达疏，（唐）陆德明音义，（清）齐召南等考证：《礼记注疏》，文渊阁《四库全书》第 116 册，台湾商务印书馆 2008 年版，第 534—535 页。
② 许艺光：《乾隆武英殿本〈十三经注疏〉的"过度编辑"问题》，《新世纪图书馆》2013 年第 8 期。
③ 阮元校刻：《十三经注疏·礼记正义》（附校勘记），中华书局 1980 年版，第 1227 页。
④ 王锷：《国图藏八行本〈礼记正义〉研究》，《礼记版本研究》，中华书局 2018 年版，第 279 页。
⑤ 李学辰：《清和珅刻本〈礼记注疏〉浅探》，《古籍整理研究学刊》2018 年第 2 期。
⑥ 李学辰：《清和珅刻本〈礼记注疏〉浅探》，《古籍整理研究学刊》2018 年第 2 期。

8. 南昌府学本（阮刻本）附释音《礼记注疏》六十三卷

屈万里曰："近世校刻最精而流布最广者，莫如阮芸台刻本。初阮氏有《十三经注疏校勘记》之作，虽参稽众本，而大要以十行本为主。厥后巡抚江西，乃以所藏十行本，付诸剞劂。卢旬宣氏，复摘录阮氏《校勘记》附刻于各卷之末。"① 嘉庆二十年（1815），阮元以扬州"文选楼"旧藏南宋十行本为主，校以他本重刻《十三经注疏》四百一十六卷，附《校勘记》四百一十六卷，曰"重刊宋本《十三经注疏》"。阮元《江西校刊宋本十三经注疏书后》："元旧作《十三经注疏校勘记》，虽不专主十行本、单疏本，而大端实在此二本。嘉庆二十年，元至江西，武宁卢氏宣旬读余校勘记而有慕于宋本，南昌给事中黄氏中杰亦苦毛板之朽，因以元所藏十一经至南昌学堂重刻之，且借校苏州黄氏丕烈所藏单疏二经重刻之。近监巡道胡氏稷亦从吴中购得十一经，其中有可补元藏本中所残缺者；于是宋本注疏可以复行于世，岂独江西学中所私哉！刻书者最患以臆见改古书，今重刻宋板，凡有明知宋板之误字，亦不使轻改，但加圈于误字之旁，而别据《校勘记》择其说附载于每卷之末，俾后之学者不疑于古籍之不可据，慎之至也。其经文、注文有与明本不同，恐后人习读明本而反臆疑宋本之误，故卢氏亦引校勘记载于卷后，慎之至也。"② 焦循《读书三十二赞》："嘉惠学者，以牖群经。群经之刻，讹缺不明。校以众本，审定独精，于说经者，馈以法程。"③ 故号为善本。

此本仍存在不少疏误，尝令阮元深感遗憾。阮福于阮元《江西校刻宋本十三经注疏书后》文后案语："福谨案：此书尚未刻校完竣，家大人即奉命移抚河南，校书之人不能如家大人在江西时细心，其中错字甚多，有监本、毛本不错而今反错者，要在善读书人，参观而得益矣。《校勘记》去取亦不尽善，故家大人颇不以此可为善也。"④ 阮氏父子贵有自知之明。汪绍楹爬梳众多文献，指出阮刻《十三经注疏》与其《江西校刻宋本十三经注疏书后》所言"名实之未符者"有三：云"重刊宋本《十三经注疏》"；云"宋版误字不轻改"；名从宋刊，实非足本⑤。

----

① 屈万里：《书佣论学集》，台湾开明书店1969年版，第229页。
② （清）阮元撰，邓经元点校：《揅经室集》，中华书局1993年版，第620页。
③ （清）焦循撰：《雕菰集》，王云五主编：《丛书集成初编》本，上海商务印书馆1936年发行，第87页。
④ （清）阮元撰，邓经元点校：《揅经室集》，中华书局1993年版，第621页。
⑤ 汪绍楹：《阮氏重刻宋本十三经注疏考》，中华书局编辑部编：《文史》第3辑，中华书局1963年版，第25—60页。

道光六年（1826），南昌府学教授朱华临等对该版进行重校。因"重刊宋本"的优势，加之重校，《校勘记》考订精详，此阮刻本被视为善本。问世以后，取代毛本、殿本《十三经注疏》，并不断翻刻、影印，流传极广。同治十二年（1873），江西书局重修阮刻本《十三经注疏》。1935年，原世界书局将道光重校本缩印为两巨册。1980年中华书局又据原世界书局本重新影印，此《十三经注疏》本一度成为中国大陆的通行版本。

其中附释音《礼记注疏》六十三卷，吕友仁归纳其缺陷有三：其一，"底本不佳，无可奈何"。阮元心知八行本之善，无奈此八行本在当时为海内孤本，阮元但闻其名而未尝一见，盖欲求之而不可得，不得已而退而求其次，乃以十行本为底本。只好"通过惠栋的校勘记而间接吸收"八行本优点。其二，排斥抚本，拒用《考异》。《礼记》经注本中之最佳者为抚本，为宋淳熙四年（1177）抚州公使库所刻的《礼记》郑注本20卷。阮元在其《校勘记》的引据各本目录中，经注本也只提到两种，即岳本和嘉靖本，唯独没有抚本。其三，当代成果，有失吸收。王引之《经义述闻》涉及《礼记》3卷202条，其中多数关乎校勘。阮元《礼记注疏校勘记》中仅征引一次[①]。《经义述闻》初刊于嘉庆二年（1797），嘉庆二十二年（1817）再刻，阮元《校勘记》不知何因未能大量吸收。

9. 广东书局本《礼记注疏》附释音六十三卷

同治十年（1871），广东书局据武英殿本重刻《十三经注疏》。扉页题"武英殿本《十三经注疏》，同治十年广东书局重刊，菊坡精舍藏板"，版心上端题"乾隆四年校刊，同治十年重刊"。主持编校者系清末著名学者陈澧，时为菊坡精舍山长，故此本又曰"菊坡精舍藏板"。此版刊刻较殿本精美，字大清晰，且有断句。

第五节 《礼记正义》清末以来影印本

《礼记正义》之影印本，亦可分为十行本六十三卷系列与八行本七十卷系列，迄今仍以前者居多。

一 十行本《礼记正义》六十三卷影印系列

后世以南昌府学本《十三经注疏》为底本，先后出现重修本、石印本、

[①] 吕友仁：《〈十三经注疏·礼记注疏〉整理本平议》，彭林主编：《中国经学》第1辑，广西师范大学出版社2005年版，第100—131页。

影印本、排印本等诸多版本。除了上文提及的道光六年（1826）的朱华临校本、同治十二年（1873）江西书局重刊本，还有光绪十三年（1887）上海脉望仙馆石印本、光绪十八年（1892）湖南宝庆务本书局重刻本、光绪二十三年（1897）点石斋石印本等。民国时期，则有扫叶山房石印本（1924）、锦章图书局石印本（1932）、世界书局石印本（1935）、上海中华书局四部备要排印本（1936）等版本。

1. 上海锦章书局影印阮刻本《礼记正义》六十三卷

1926年上海锦章书局影印的阮刻《十三经注疏》，洪业等编纂《礼记注疏引书引得》即以此本为底本，其《叙例》曰："本引得根据民国丙寅（1926）上海锦章书局影印阮刻之《十三经注疏》本。"① 乔秀岩认为，此本"似乎在三四十年代普及最广，被认为标准版本，所以哈佛燕京的《礼记注疏引书引得》等据以为本"，而今"几乎绝迹"（《古籍整理的理论与实践》）②。

2. 世界书局缩印本

1935年，原上海世界书局影印阮刻《十三经注疏》之道光六年朱华临重校本③，缩印成两巨册，此本成为1980年中华书局影印《十三经注疏》之底本。

3. 台湾艺文印书馆影印本

1955年，台湾艺文印书馆根据嘉庆二十年江西南昌府学重刻宋版，影印成十六开本四合一版面之《十三经注疏》，精装八本，字体较大且影印字迹清晰。由于"台湾艺文印书馆影印本仍用阮刻原本，而中华书局影印本用世界书局缩拼影印覆刻本，且有描改"（《〈礼记〉版本杂识》）④，从底本选择来说，此本优于中华书局影印本。此本在中国台湾地区和日本较为通行，目前在中国大陆亦常见。

4. 中华书局影印本

1980年，中华书局据原上海世界书局缩印本影印，影印前与江西书局重修阮本及点石斋石印本核对，改正文字讹脱及剪贴错误三百余处。世界书局

---

① 洪业等：《周易等十种引得》，上海古籍出版社1982年影印本。
② ［日］乔秀岩、叶纯芳：《文献学读书记》，生活·读书·新知三联书店2018年版，第97页。
③ 张剑：《世界书局缩印本阮刻〈十三经注疏〉底本初探——以〈春秋穀梁传注疏〉为考察对象》，《扬州文化研究论丛》2018年第1期。该文认为世界书局缩印本《十三经注疏》底本为同治十二年（1873）江西书局修本。
④ ［日］乔秀岩、叶纯芳：《文献学读书记》，生活·读书·新知三联书店2018年版，第419页。

使用的并不是阮元的原刻本，而是后来的覆刻本，但与原刻本差异不大，至少版式完全一致，文字风格基本一致。世界书局缩印《十三经注疏》，用十六开大本，一页分上、中、下三栏，每一栏收原书大约一页半。此本一度是"大陆学者习惯使用中华书局的缩印本"，但是，"世界书局缩印本的底本并不是真正的嘉庆年间的阮刻本，而是道光年间的覆刻本。同样也因需求量大，经过长期的刷印，造成文字模糊不清，中华书局对底本也进行过多次大量描改，每次印本之间有不少文字出入，是只适合平日检索阅读之用的通俗版本，绝不适合作为整理文本的依据"（《理解版本的方法与效用》）[1]。随着质量更好的影印本和整理本的出现，此本的影响将逐渐变小。

5. 其他《十三经注疏》影印本

1990年，上海古籍出版社影印道光六年朱华临重校江西书局阮刻本，此版《十三经注疏》每经单行出版，并增添黄侃句读。1996年，国际文化出版公司以文渊阁四库全书本《十三经注疏》为底本影印，精装九册出版。2009年，中华书局影印以嘉庆二十年南昌府学刻本《十三经注疏附校勘记》，五册精装，称嘉庆本。

二 八行本《礼记正义》七十卷影印系列

八行本《礼记正义》七十卷系列，目前主要有两种：其一为1985年中国书店影印出版的"宋绍熙本《礼记正义》"；其二为影印南宋越刊八行本《礼记正义》，2014年由北京大学出版社影印出版。

1. 中国书店出版宋绍熙本《礼记正义》

1927年，潘宗周委托董康影刻潘氏八行本，重新雕版，刷印一百部。1984年，中国书店依据潘氏雕本又重新影印[2]。瞿林江曰："潘宗周于民国十六年（1927）曾将此本景印出版，并且覆刻书板，赠予上海市文物管理委员会。1984年，中国书店与上海市文管会商议，加以重印，即我们现在所见的中国书店二十四册之《景印宋本礼记正义》，但此本已非南宋黄唐所刻之八行本《礼记正义》。"[3] 2008年，由上海古籍出版社出版的七十卷整理本《礼记正义》，即以此潘氏影刻本为底本。毋庸讳言，此影刻本"有失误，亦有校改，已非潘本原貌"（《影印南宋越刊八行本〈礼记正义〉编后记》）[4]。

---

[1] ［日］乔秀岩、叶纯芳：《文献学读书记》，生活·读书·新知三联书店2018年版，第12页。
[2] 王锷：《北大藏八行本〈礼记正义〉跋》，《礼记版本研究》，中华书局2018年版，第381页。
[3] 瞿林江：《上古点校本〈礼记正义〉指瑕》，《文教资料》2012年第23期。
[4] ［日］乔秀岩、叶纯芳：《文献学读书记》，生活·读书·新知三联书店2018年版，第437页。

2. 影印南宋越刊八行本《礼记正义》

影印南宋越刊八行本《礼记正义》,可谓当代学界古籍整理一大盛事。由安平秋、杨忠担任主编的"重归文献——影印经学要籍善本丛刊"项目,以"选择最基本的文献,寻找该书最重要的版本,尽可能全面、如实地展现其实有真相"为目标(《"重归文献"丛书序》)①。影印南宋越刊八行本《礼记正义》由乔秀岩、叶纯芳担任编者,2014年北京大学出版社影印出版。他们收集日本足利学校所珍藏的南宋越刊八行本《礼记正义》一书的缩微胶片、庆应大学附属斯道文库所藏该本胶卷,连同民国间珂罗版影印潘明训宝礼堂藏本,对照影印,并以私人所藏潘氏藏本冲印散叶补其缺漏,成为越刊八行本《礼记正义》诸本的集大成者。此影印本,"毋庸置疑""就是《礼记》郑注、《礼记正义》的最佳版本,可以作为标准,同时会为读者理解版本提供一个历史的视角,有很高的文献学价值"②(《〈南宋越刊八行本《礼记正义》〉简介》)。

第六节 《礼记正义》当代点校整理本

近二十余年来,关于《十三经注疏》的点校整理取得了一批重要成果,为研究工作提供了坚实基础,"标志着传统的经书、经学领域迎来了一个新的时代"③。一系列《礼记正义》点校本整理的出现,表明其越来越受到当代学界的重视。《礼记正义》的整理,主要包括对古籍的点校出版与对中国内陆古籍善本和流传海外古籍善本的合璧影印两方面。目前,《礼记正义》已有五种重要点校整理本面世:北京大学出版社六十三卷标点本,台湾新文丰出版公司《礼记注疏》六十三卷分段标点本,上海古籍出版社七十卷分段标点本《礼记正义》,北京大学出版社《儒藏》精华编七十卷本《礼记正义》,浙江大学出版社出版中华礼藏丛书七十卷本《礼记正义》。

一 北京大学出版社标点本《礼记正义》,六十三卷

李学勤主编、《十三经注疏》整理委员会整理的标点本《十三经注疏》,由北京大学出版社1999年出版简体横排本,2000年出版繁体竖排本。此标

---

① (汉)郑玄注,(唐)孔颖达撰:影印南宋越刊八行本《礼记正义》,北京大学出版社2014年版。

② 彭林:《中国经学》(第15辑),广西师范大学出版社2015年版,第164页。

③ [日]野间文史:《读李学勤主编之〈标点本十三经注疏〉》,姜广辉主编:《经学今诠三编》(《中国哲学》第24辑),辽宁教育出版社2002年版,第681—725页。

点本以1980年中华书局影印阮元校刻《十三经注疏》为底本，并进行了包括标点、文字处理、校勘和吸收研究成果四个方面的整理工作（《整理说明》）①。其中《礼记正义》（简体本上中下三册，繁体本四册），由龚抗云整理，王文锦审定。由于阮刻本本身存在较多问题，此次所依底本又远逊于阮刻本，该本质量不高，讹误较多。日人野间文史的《读李学勤主编之〈标点本十三经注疏〉》与吕友仁的《〈十三经注疏·礼记注疏〉整理本平议》②，对该点校本进行了大量勘误。

二　台湾新文丰出版公司分段标点本《礼记注疏》，六十三卷

台湾"国立编译馆"主编、新文丰出版公司2001年出版的分段标点、繁体竖排本中华丛书《十三经注疏》，凡二十册。书首有曾济群、赵丽云、周何三位的序。整理工作始于1987年，整个《十三经注疏》分段标点的整理工作历时十余载。其中《礼记注疏》三册（第10—12册），由田博元标点、断句、分段③。1955年，台湾艺文印书馆据嘉庆江西南昌府学重刻宋版《十三经注疏》进行影印，此次标点本即依此影印本为底本。

三　上海古籍出版社标点本《礼记正义》，七十卷

1992年，由西北大学和上海古籍出版社共同发起成立了"新版《十三经注疏》整理本编纂委员会"，张岂之担任编委会主编，负责整理新版《十三经注疏》。此次古籍整理，是继"二十四史"点校本之后的又一重大文化工程，也是国家古籍整理"八五"规划重点项目之一。张岂之、周天游《十三经注疏整理本序》："各经均追本溯源，详加考校，或采用宋八行本为底本，或以宋早期单注、单疏本重新拼接，或取晚出佳本为底本，在尽量恢复宋本原貌的基础上，整理出一套新的整理本，来弥补阮刻本的不足，以期对经学研究、对中国传统文化研究能起到推动作用，满足广大读者的需要。"④ 2008年，吕友仁整理的七十卷本《礼记正义》由上海古籍出版社出版，分上中下三册，繁体竖排。吕友仁《校点前言》："此次点校，以中国

---

① 李学勤主编，《十三经注疏》整理委员会整理：《十三经注疏》，北京大学出版社1999年版。
② 吕友仁：《〈十三经注疏·礼记注疏〉整理本平议》，《中国经学》（第1辑），广西师范大学出版社2005年版，第100—131页。
③ 王锷：《三种〈礼记正义〉整理本平议——兼论古籍整理之规范》，《中华文史论丛》2009年第4期。
④ （汉）郑玄注，（唐）孔颖达正义，吕友仁整理：《礼记正义》，上海古籍出版社2008年版，第5—6页。

书店一九八五年出版的景宋绍熙本《礼记正义》为底本。"又因"八行本《礼记正义》原无陆德明《礼记释文》，今本之《释文》乃此次补加，以〇识之。经过比勘，决定以清嘉庆十一年张敦仁影刻之宋淳熙四年抚州公使库本《释文》为底本"[①]，并参校其他版本。

王锷认为，"三种整理本的出版问世，从总体上改变了阮元校刻本《礼记正义》独占鳌头的局面，不仅反映了经学研究的成绩，也为读者研读《礼记》、钻研经学，提供了极大便利"，并"从凡例的制定、底本的选择、对校本的确定、标点、校勘和序跋的撰写、附录的收集等方面进行对比，认为吕友仁先生《礼记正义》是《礼记正义》的最佳整理本"[②]。然而，此本仍有所不足或讹误。吕先生的《点校本〈礼记正义〉诸多失误的自我批评》，就点校本存在的校勘与标点两方面问题，对其479条失校、32条误校与473处标点失误，一一进行了校正、剖析[③]。

四 《儒藏》精华编本《礼记正义》，七十卷

"儒藏"精华编本《礼记正义》三册，由吕友仁整理，北京大学出版社2016年出版。2008年上海古籍出版社出版吕先生整理的《礼记正义》，受到学界好评，但仍存在一些问题。有鉴于此，受《儒藏》编委会邀请，吕先生重新整理《礼记正义》。该本《礼记正义》编入《儒藏》精华编第49—51册，书前有吕友仁所撰《校点说明》，简述《礼记》学术源流和版本、整理所使用的底本、通校本与参校本，对一些具体的校勘问题加以说明。书末附有黄唐识语、惠栋跋、李盛铎跋、袁克文跋、陈鳣《宋本礼记注疏跋》《宝礼堂宋本书录·礼记正义七十卷提要》《礼记正义校勘记附识》《重印礼记正义校勘记弁言》等八篇序跋。较之上古本《礼记正义》，"儒藏"整理本除更换底本外，还改正了吕氏《自我批评》文中提到的所有错误，参考了上博简、郭店简、敦煌卷子的相关研究成果，可谓后出转精。应该说，此本是吕先生沉潜礼学二十余年之心血结晶，值得学界同道青睐。

[①]（汉）郑玄注，（唐）孔颖达正义，吕友仁整理：《礼记正义》，上海古籍出版社2008年版，第8—10页。

[②] 王锷：《三种〈礼记正义〉整理本平议——兼论古籍整理之规范》，《中华文史论丛》2009年第4期。

[③] 吕友仁：《点校本〈礼记正义〉诸多失误的自我批评》，北京大学《儒藏》编纂与研究中心编：《儒家典籍与思想研究》第6辑，北京大学出版社2014年版，第113—194页。

五　浙江大学出版社中华礼藏丛书本《礼记正义》，七十卷

郜同麟整理点校、浙江大学出版社2019年出版的中华礼藏丛书本《礼记正义》七十卷，以北京大学出版社《影印南宋越刊八行本〈礼记正义〉》为底本进行点校。《礼记正义》目前已有多个点校本，此本首次以日本足利学校藏本为底本进行点校，也充分吸收了前人成果，力图呈现一个便于阅读、高质量的点校本。

以上结合《五经正义》与《十三经注疏》版本，粗略勾勒《礼记正义》（《礼记注疏》）版本沿革之脉络，从中可以领略初唐以来《礼记正义》研究与传播，乃至《礼记》学的发展与传播的大致状况。历史上，《礼记正义》影响最大、流传最广的版本是六十三卷十行本系列。而以上所列五种《礼记正义》点校整理本，第一、二种采用六十三卷十行本系列为底本，第三、四、五种则以七十卷八行本系列为底本。随着八行本之整理本出现，可以肯定，八行本系列版本因为质量之优，越来越赢得学界的重视，八行本的影响将逐渐超越十行本而成为主流版本。当然，以上诸版本及其相关整理本，即使善本也存在着或多或少的讹误与不足，结合诸本，择善而从，是进行《礼记正义》研究所应遵循的一条重要原则。

第五章 《礼记正义》校勘考释

概言之，"校勘就是改正书面材料上由于种种原因而形成的字句篇章上的错误，使之恢复或接近本来面目"①。古人视校勘为读书治学之基础，王鸣盛《十七史商榷·序》："尝谓好著书不如多读书，欲读书必先精校书。校之未精而遽读，恐读亦多误矣；读之不勤而轻著，恐著且多妄矣。"②深刻揭示出校书、读书、著书三者之关系：精于校书乃读书、著书之基础。

有学者认为，《五经正义》所取《五经》版本，原系已做了大量校勘工作的定本，故于校勘"其实不很重视，相当粗疏"③。诚然，以《礼记》文本为例，前有郑玄、王肃，中有皇侃、熊安生，后有颜师古等大儒所作大量校勘成果多为孔氏《正义》所吸收。而如虞万里曰："今见《礼记》之最早传本为郑玄所注……据统计，郑注'或为某''或作某'者竟达二百余处，当时传本纷乱由此可觇一斑。"④北宋宋绶云："校书如扫尘，一面扫，一面生。故有一书，每三四校，犹有脱缪。"⑤事实上，孔疏分别对经文、注文，以及郑玄之校勘、其他前贤著述等内容，皆精心进行了校勘，体现出严谨的著述态度。孔疏校勘成果丰富，而且并非停留于文字异同的比勘，大有功于《礼记》学。完全可以通过孔疏的具体校勘情况，来认识孔颖达等修撰者对前贤的取舍等学术走向⑥。张舜徽曰："古人著述不言例，而例自散见于全书之中，后人籀绎遗篇，多为之方以穷得其例，信能执简驭繁，持类统杂。既

---

① 程千帆、徐有富：《校雠广义·校勘编》，齐鲁书社1998年版，第3页。
② （清）王鸣盛著，黄曙辉点校：《十七史商榷》，上海书店出版社2005年版，第2页。
③ 倪其心：《校勘学大纲》，北京大学出版社1987年版，第35页。
④ 虞万里：《上博馆藏楚竹简〈缁衣〉综合研究》，武汉大学出版社2009年版，第20页。
⑤ （宋）沈括著，侯真平校点：《梦溪笔谈》，岳麓书社2002年版，第191—192页。
⑥ 叶纯芳：《理解版本的方法与效用》，[日]乔秀岩、叶纯芳：《文献学读书记》，生活·读书·新知三联书店2018年版，第21页："校勘也并非仅仅是枯燥的对校文字的异同，我们可以从作者所使用的底本、引用书，探讨作者的学术走向，与理解内容而提出创见的贡献可以说是不相上下，这又是理解版本另一个积极正面的意义。"

以考明昔贤著述之体，亦可启示后人治学之方，故释例之作，为不可缓。"① 《礼记正义》的校勘成就，可从孔疏对校勘版本的取舍、校勘方法的运用、具体的校勘内容，以及所体现出来的学术特点四个层面展开论述。然后，本书在借鉴前贤成果的基础上结合新出土文献，对其部分校勘失误加以考辨。

第一节　《礼记正义》的校勘版本

校勘之学，切忌主观臆说，必须广集众本，才能裁断文字正误。章学诚《校雠广义》："校书宜广储副本。刘向校雠中秘，有所谓中书，有所谓外书，有所谓太常书，有所谓太史书，有所谓臣向书，臣某书。夫中书与太常太史，则官守之书不一本也。外书与臣向、臣某，则家藏之书不一本也。夫博求诸本，乃得雠正一书，则副本固将广储以待质也。"② 胡朴安承其说曰："惟其校雠也，必须备有众本，彼此互相钩稽，较量其异同，慎审其得失，始能辨别，而有所折衷，抉择去取，虽不能得古书底本之真，亦可以比较而得近是矣。盖一书之中有错误，有羨夺，使无有他本与之相勘，则并不知其错误、羨夺也。只知其文义难明，索解不得而已，及与他本相勘，而知其有错误、羨夺也。然他本亦未必果为古书之真本，或者不讹误、羨夺于此，而讹误、羨夺于彼。何取何去，莫有准绳。惟有兼备众本，其众本悉同者，可据以决为定本；其有不同者，亦可择善而从。此校雠备众本之必要也。"③ 孔颖达《礼记正义》校勘《礼记》采用版本22种，校勘郑玄《礼记注》采用版本12种。

一　校勘《礼记》之版本

孔氏《正义》校勘《礼记》，采集《礼记》版本凡22种，大致可分为三：择郑玄注本之善本为底本，并参以其他郑注本；以汉以来其他大儒本子以及古本作为参校本以校勘郑本，如蔡邕本、卢植本、古旧本、王肃本、徐邈本、皇疏本、熊疏本、崔灵恩本等；同时不轻易抛弃民间一般的俗本、或本、而本、诸本、他本等。

（一）以郑玄注本为底本

自郑玄《三礼注》行，礼学多宗郑氏，所谓"礼是郑学"。郑氏《三礼

---

① 张舜徽：《郑学丛著》，齐鲁书社1984年版，第77页。
② （清）章学诚著，叶瑛校注：《文史通义校注》，中华书局1985年版，第984页。
③ 胡朴安著，雪克编校：《胡朴安学术论著》，浙江人民出版社1998年版，第279—280页。

注》成就卓绝，其一重要因素在于继承并发扬汉儒治学以校勘为基础的优良传统。史家赞曰："郑玄括囊大典，网罗众家，删裁繁诬，刊改漏失，自是学者略知所归。"① 段玉裁《经义杂记序》赞誉郑氏校勘成就曰："千古大业，未有盛于郑康成者。"② 孔氏《正义》以郑注本为底本，其校勘诸本《礼记》经文异同，多依据郑本立说：

(1)《曲礼下》："士私行出疆，必请；反，必告。"郑注："士言告者，不必有其献也，告反而已。"

孔疏："反必告"者，还与大夫异也。士德劣，故不必有献，但必知还而已。或有本云"士有献"字，非也。（第163页）

"士言告者"者，孔疏从郑注本，而不从"或有本"。孔疏所参考《礼记》有"或本"者。即使同为郑本，在长期的流传中又有不同的版本出现。据孔疏有"郑此本""郑诸本""郑又一本"之说。

(2)《檀弓下》："人喜则斯陶，陶斯咏，咏斯犹，犹斯舞，舞斯愠，愠斯戚，戚斯叹，叹斯辟，辟斯踊矣。"

孔疏：如郑此《礼》本云"舞斯愠"者，凡有九句。首末各四，正明哀乐相对。中央"舞斯愠"一句，是哀乐相生，故一句之中，有"舞"及"愠"也。而郑诸本亦有无"舞斯愠"一句者，取义不同。而郑又一本云"舞斯蹈，蹈斯愠"，益于一句，凡有十句，当是后人所加耳，亦不得对。而卢《礼》本亦有"舞斯愠"之一句。而王《礼》本又长云"人喜则斯循，循斯陶"，既与卢、郑不同，亦当新足耳。（第387页）

孔疏据郑之"此本""诸本""又一本"互校，又据卢本、郑本校王本，从郑"此本"说。孔氏等所参考的郑本也有多种不同的版本，其中"此本"当为诸郑本中被选作底本的一种善本，而"诸本""又一本"作为参校本。孔疏校勘《礼记》，所采郑注本当远不止此三种。汉儒注经，起初经、注别行，至汉末经、注开始合二为一。孔氏《毛诗正义》："及马融为《周礼》

---

① （宋）范晔撰，（唐）李贤等注：《后汉书》，中华书局1965年版，第1213页。
② （清）段玉裁撰，钟敬华校点：《经韵楼集》，上海古籍出版社2007年版，第188页。

之注，乃云：'欲省学者两读，故具载本文。'然则后汉以来，始就经为注。"① 可知经、注合本，始自马融。下文考察孔疏校勘郑氏《礼记注》，采取版本达 12 种之多，多系经、注合本。

（二）汉以来主要的参校本

孔疏注重选取汉以来著名学者的《礼记》注本作为主要参校本以校郑本，如"定本"、蔡邕本、卢植本、古旧本、王肃本、徐邈本、皇疏本、熊疏本、崔灵恩本等，这些版本无疑具有较高的学术权威性。

（1）（2）定本和今定本。《礼记正义》中"定本"一词出现 30 次之多，可见"定本"为孔疏校勘的重要参校本，其中又 3 次曰"今定本"。据李慧玲考证，"定本"一词内涵有二：一指初唐之前的合《礼记》经、注之定本，一指颜师古考定《五经》之定本，即唯有《礼记》经文之定本。后人"在传写和刊刻的过程中，'今'字或当有而无，或当无而有"，导致今天很难分辨孔疏所云"定本"或"今定本"究竟是颜师古定本，还是唐前的经注合定本②。

颜师古考定《五经定本》，为《五经正义》顺利修撰奠定一块基石。颜师古擅长训诂、校雠之学，太宗令其考定《五经》，所考订的定本自然是善本。唐太宗又诏令"孔颖达与诸儒撰定《五经义疏》"③，可见孔疏本与颜师古定本的密切关系。赵翼曰，"《五经正义》虽署孔颖达名""是师古于此书功最深"④。孔疏校勘郑本，定本当是首选之本。例如，《王制》曰"有圭璧金璋，不粥于市"，孔疏："前文圭璧、金璋各是一物，即《考工记》'金饰璋'也。皇氏以为用金为印璋，按定本'璋'字从玉，圭璧之类也。且周时称印曰玺，未有称璋，皇氏之义非也。"⑤ 据定本驳皇本之误。

孔疏亦非一味盲从定本。《礼运》："播五行于四时，和而后月生也。"郑注："言地持阴气，出内于山川，以舒五行于四时。"孔疏："云'以舒五行于四时'者，谓气在地中含藏聚敛，出于地则舒散，故云'舒五行于四时'也。定本无'于'字，直云'播五行四时'，谓宣播五行及四时也。五行四时者，以金木水火各为一行，土无正位，分寄四时，故云'播五行于四

---

① 阮元校刻：《十三经注疏·毛诗正义》，中华书局 1980 年版，第 269 页中栏。
② 李慧玲：《孔颖达〈五经正义〉中的"定本"辨析：以〈毛诗正义〉为例》，《历史文献研究》2016 年第 2 期。
③ （后晋）刘昫等：《旧唐书》，中华书局 1975 年版，第 4941 页。
④ （清）赵翼：《陔余丛考》，中华书局 1963 年版，第 1 页。
⑤ （汉）郑玄注，（唐）孔颖达正义，吕友仁整理：《礼记正义》，上海古籍出版社 2008 年版，第 562 页。

时也'。"① 郑注曰"以舒五行于四时",郑本有"于"字,孔疏据之校勘定本脱一"于"字。

（3）蔡邕本。汉末蔡邕著有《月令章句》十二卷。《文王世子》"遂设三老、五更、群老之席位焉",郑注:"三老五更,各一人也,皆年老更事致仕者也。"孔疏:"蔡邕以为更字为叟。……又以三老为三人,五更为五人,非郑义也,今所不取。"② 孔疏以蔡本校郑本,而遵从郑义。

（4）卢植本。卢植著有《礼记解诂》二十卷,直接影响了郑玄《礼记注》二十卷的著述。《释文·序录》:"后汉马融、卢植考诸家同异,附戴圣篇章,去其繁重及所叙录,而行于世,即今之《礼记》是也。郑玄亦依卢、马之本而注焉。"③ 时《礼记》已有多种版本,卢、马二家又是郑注的底本。《檀弓下》:"夫入门右,使人立于门外告来者,狎则入哭。"郑注:"北面,辟正主。"孔疏:"而《礼》本多将郑注'北面'为经文者,非也。案古旧本及卢、王《礼》,亦无'北面'字,唯郑注云'北面'耳。庾蔚亦谓非经文也。"④ 孔疏据郑本,以及古旧本及卢、王、庾本,校勘其他"《礼》本"之误。

（5）古旧本。据孔疏"案古旧本及卢、王《礼》","古旧本"当早于卢、王本,可能是初唐仍可见汉代《礼记》单经本。

（6）王肃本。魏晋之际,王肃遍注群经并凭借政治势力夺得学术话语权,皮锡瑞曰"肃善贾、马之学,而不好郑氏"⑤。王肃《礼记注》三十卷,孔疏未因王肃"不好郑氏"而轻易排斥之。《曲礼上》"若非饮食之客,则布席,席间函丈",郑注:"函犹容也。讲问宜相对,容丈,足以指画也。……丈或为杖。"孔疏:"云'丈或为杖'者,王肃以为杖,言古人讲说,用杖指画,故使容杖也。然二家可会。"⑥ 郑玄所见有"函丈""函杖"二说,郑主"函丈",王主"函杖",孔疏兼采二家。

（7）庾蔚之本。庾氏有《礼记略解》十卷。《明堂位》:"昔殷纣乱天

---

① （汉）郑玄注,（唐）孔颖达正义,吕友仁整理:《礼记正义》,上海古籍出版社2008年版,第921—923页。
② （汉）郑玄注,（唐）孔颖达正义,吕友仁整理:《礼记正义》,上海古籍出版社2008年版,第866、869页。
③ （唐）陆德明撰,黄焯断句:《经典释文》,中华书局1983年版,第11页下栏。
④ （汉）郑玄注,（唐）孔颖达正义,吕友仁整理:《礼记正义》,上海古籍出版社2008年版,第355—356页。
⑤ （清）皮锡瑞著,周予同注释:《经学历史》,中华书局1959年版,第155页。
⑥ （汉）郑玄注,（唐）孔颖达正义,吕友仁整理:《礼记正义》,上海古籍出版社2008年版,第55—56页。

下，脯鬼侯以飨诸侯。"孔疏："'脯鬼侯'者，《周本纪》作'九侯'，故庾氏云：'《史记·本纪》云："九侯有女，入于纣。九侯女不好淫，纣怒，杀之。"九与鬼声相近，故有不同也。'"① 庾蔚之以《史记》校勘《礼记》。

（8）徐邈本。徐邈有《礼记音》三卷。《曲礼上》"脍炙处外，醯酱处内，葱渫处末"，孔疏："此醯酱，徐音作海，则醯之与酱，两物各别。……今此经文若作醯字，则是一物也。醯之与醯，其义皆通，未知孰是。但郑注'葱渫'云'处醯酱之左'，则醯酱一物为胜。"② 孔疏从郑而不从徐本。

（9）皇疏本。皇侃撰有《礼记讲疏》九十九卷、《礼记义疏》四十八卷，为孔颖达修撰《正义》所本。《杂记下》："功衰，吊，待事，不执事。"孔疏："此云'功衰'，他本或云'大功衰'。今按，郑注在此文下云'谓为姑、姊妹无主'，则此功衰还是姑、姊妹无主之功衰，不得别云'大功'也。皇氏云：'有大字者，误也。'"③ 孔疏据郑注、皇疏驳他本。

（10）熊疏本。熊安生撰有《礼记义疏》四十卷，为孔疏重要参本。《礼器》："是故君子大牢而祭谓之礼，匹士大牢而祭谓之攘。"孔疏："检于《礼》本，时有'匹'字作'正'字者，有通者云：天子大夫常祭亦大牢，故此文云大夫大牢，谓之礼正也。……崔氏亦用此义，然卢、王《礼》本并作'匹'字矣，今定本及诸本并作'正'字，熊氏依此本而为'正'字，恐误也。"④ 崔灵恩本、定本及诸本、熊本皆作"正"，卢本、王本作"匹"，孔疏似从卢、王本。此例孔疏参考6种版本，足见谨慎。

（11）崔灵恩本。崔氏有《三礼义宗》三十卷。孔颖达"八岁就学，诵记日千余言，暗记《三礼义宗》"⑤。崔本自是重要参校本之一。

（12）俗本。《文王世子》"然而众著于君臣之义也"，孔疏曰："俗本皆云'著于君臣之义'，而定本无'著'字，义亦通。"⑥ 既云"皆"字，可知俗本盖为民间流行的多种版本，而非某一具体版本，孔疏统称"俗本"。

---

① （汉）郑玄注，（唐）孔颖达正义，吕友仁整理：《礼记正义》，上海古籍出版社2008年版，第1262页。

② （汉）郑玄注，（唐）孔颖达正义，吕友仁整理：《礼记正义》，上海古籍出版社2008年版，第73页。

③ （汉）郑玄注，（唐）孔颖达正义，吕友仁整理：《礼记正义》，上海古籍出版社2008年版，第1656页。

④ （汉）郑玄注，（唐）孔颖达正义，吕友仁整理：《礼记正义》，上海古籍出版社2008年版，第980页。

⑤ （宋）欧阳修、宋祁：《新唐书》，中华书局1975年版，第5644页。

⑥ （汉）郑玄注，（唐）孔颖达正义，吕友仁整理：《礼记正义》，上海古籍出版社2008年版，第847页。

因校刻不精，孔疏多不从之，但流传较广，有必要进行勘误。如《曲礼下》"男女相答拜也"，郑注："嫌远别不相答拜，以明之。"孔疏：俗本云"男女不相答拜"。礼，男女拜，悉相答拜，则有"不"字为非，故郑云："嫌远别不相答拜，以明之。"①《月令》"天子乃厉饰，执弓挟矢以猎"，郑注："厉饰，谓戎服，尚威武也。"孔疏："定本'饰'，谓容饰也。俗本作'餙'，非也。"②

（13）（14）南本和北本。南北朝时，学术因政局对峙亦分南北。《礼记正义序》："其为义疏者，南人有贺循、贺玚、庾蔚、崔灵恩、沈重、范宣、皇甫侃等；北人有徐遵明、李业兴、李宝鼎、侯聪、熊安生等。"《礼记》"南本""北本"之别，盖指分别通行于南朝、北朝的《礼记》版本。《礼记正义》言"南本"凡5次，言"北本"仅1次，即《郊特牲》"束帛加璧，往德也"，孔疏："南本及定本皆作'往德'，北本为'任德'。熊氏云'任用德'，恐非也。"③ 孔疏从定本、南本。

（三）一般参校本

除以上参校本外，孔疏对部分参校本未具体标明，而笼统称之为"一本""或有本""诸本""而本""《礼》本""他本"等。

（1）一本。《曲礼下》："天子同姓，谓之'叔父'；异姓，谓之'叔舅'，于外曰'侯'，于其国曰'君'。"孔疏："一本云'天下同姓'。"④ 孔疏不从"一本"。

（2）或有本（或本）。《曲礼下》："士私行出疆，必请；反，必告。"郑注："士言告者，不必有其献也，告反而已。"孔疏："'反，必告'者，还与大夫异也。士德劣，故不必有献，但必知还而已。……或有本云士有'献'字，非也。"⑤ 此"或有本"当非郑本。

（3）诸本。《檀弓下》："子弑父，凡在宫者，杀无赦。"孔疏："此'在

---

① （汉）郑玄注，（唐）孔颖达正义，吕友仁整理：《礼记正义》，上海古籍出版社2008年版，第157—159页。
② （汉）郑玄注，（唐）孔颖达正义，吕友仁整理：《礼记正义》，上海古籍出版社2008年版，第714、716页。
③ （汉）郑玄注，（唐）孔颖达正义，吕友仁整理：《礼记正义》，上海古籍出版社2008年版，第1039页。
④ （汉）郑玄注，（唐）孔颖达正义，吕友仁整理：《礼记正义》，上海古籍出版社2008年版，第179页。
⑤ （汉）郑玄注，（唐）孔颖达正义，吕友仁整理：《礼记正义》，上海古籍出版社2008年版，第163页。

宫'字，诸本或为'在官'，恐与上'在官'相涉而误也。"①"诸本"因上文"臣弑君，凡在官者杀无赦"而误。既云"诸本"，当非一种。

（4）而本与《礼》本。《曲礼上》："送丧不由径，送葬不辟涂潦。"孔疏："而本亦有云'送丧不辟涂潦'者，义亦通也。"②孔疏又有"而《礼》本"说，所指或与"而本"同。《郊特牲》："厥明，妇盥馈。舅姑卒食，妇馂余，私之也。"孔疏："而《礼》本亦有云'厥明，妇盥馈'者也。"③ 经文"妇盥馈"盖后人误加。阮元《校勘记》："'妇盥馈'，各本有此三字，石经同。《释文》'出妇盥馈'云：'一本无"妇盥馈"三字。'按《正义》云：'而《礼》本亦有云"厥明，妇盥馈"者也。'云'礼本亦有'，是《正义》本无也。卢文弨亦云'妇盥馈'三字注疏本无。"④

（5）他本。参见上文皇疏本。

孔疏校勘《礼记》所采参本，可考者达21种之多。

二 校勘郑玄《礼记注》之版本

郑玄《礼记注》在流传过程也产生了众多版本，也出现了不少讹误问题，孔颖达《正义》同样进行了严谨的大量校勘。

（一）以郑氏经注合本为底本

六朝以来，依循马融"就经为注"之法，儒经所传的注本多为经注合本。孔疏校勘《礼记》，同时校勘郑注，所采取的底本无疑为同一种郑注本，即经注合本，再以他本为参本互校。此由孔疏校勘郑注亦可推知，如《奔丧》："无服而为位者，唯嫂叔，及妇人降而无服者麻。"郑注："正言'嫂叔'，尊嫂也。兄公，于弟之妻则不能也。妇人降而无服，族姑、姊妹嫁者也。"孔疏："《尔雅·释亲》云：'妇人谓夫之兄为兄公。'郭景纯云：'今俗呼兄钟，语之转耳。'今此《记》俗本皆女旁置公，转误也。"⑤曰"今此《记》俗本皆女旁置公"，实为郑注，可知所选底本为经注合本。故出现经、

---

① （汉）郑玄注，（唐）孔颖达正义，吕友仁整理：《礼记正义》，上海古籍出版社2008年版，第430页。
② （汉）郑玄注，（唐）孔颖达正义，吕友仁整理：《礼记正义》，上海古籍出版社2008年版，第102页。
③ （汉）郑玄注，（唐）孔颖达正义，吕友仁整理：《礼记正义》，上海古籍出版社2008年版，第1095页。
④ （汉）郑玄注，（唐）孔颖达正义，吕友仁整理：《礼记正义》，上海古籍出版社2008年版，第1109页。
⑤ （汉）郑玄注，（唐）孔颖达正义，吕友仁整理：《礼记正义》，上海古籍出版社2008年版，第2149页。

注互窜现象,《檀弓下》:"夫入门右,使人立于门外,告来者,狎则入哭。"郑注:"北面辟正主。"孔疏:"而《礼》本多将郑注'北面'为经文者,非也。"① 此系郑注混入经文。

(二)校勘郑注的参校本

孔疏为确保郑注文本的精确,也选取数种参校本进行了大量的校勘,今可考者达 11 种之多。

(1)定本与"正本"。据《礼记正义》文本可知,孔疏所选定的郑玄《礼记注》底本,时而亦称之为"定本"。当然,此定本非颜师古《五经定本》,而是郑氏《礼记注》之经注合本。《文王世子》"言父子、君臣、长幼之道,合德音之致,礼之大者也",郑注:"既歌,谓乐正告'正歌备'也。"孔疏:"定本云'正歌'。云'工歌备',误也。工当为正也。"② 孔疏从定本。按此以"正歌"校"工歌备",似后世抄写或雕刻脱一"备"字。孔疏亦有不从定本例,《王制》"名山大泽不以封,其余以为附庸、间田",郑注:"名山大泽不以封者,其民同财,不得障管,亦赋税之而已。"孔疏:"定本云'不得不管,亦赋税而已',谓虽不封诸侯,诸侯不得不管。若如此解,则于'而已'二字为妨,恐定本误也。"③ 又,注云"不得障管",疏两言"不得不管",或后世手民之误。

郑注定本或又讹为"正本"。《王制》"南方曰蛮,雕题交趾,有不火食者矣",郑注:"交趾,足相乡然,浴则同川,卧则僢。不火食,地气暖,不为病。"孔疏:"言首在外而足相乡内,故《典瑞》注云'僢而同邸'。正本直云'卧则僢',无同字。俗本有同字,误也。"④ 俗本因上文"同川"而衍。浦镗曰:"'正'疑'定'字误。"⑤

(2)俗本。由上文"正本"释例"俗本有同字,误也"可知,俗本为郑氏《礼记注》之一种。

(3)或本。《月令》:"律中黄钟之宫。"郑注:"季夏之气至,则黄钟之

---

① (汉)郑玄注,(唐)孔颖达正义,吕友仁整理:《礼记正义》,上海古籍出版社 2008 年版,第 355—356 页。
② (汉)郑玄注,(唐)孔颖达正义,吕友仁整理:《礼记正义》,上海古籍出版社 2008 年版,第 870 页。
③ (汉)郑玄注,(唐)孔颖达正义,吕友仁整理:《礼记正义》,上海古籍出版社 2008 年版,第 459—460 页。
④ (汉)郑玄注,(唐)孔颖达正义,吕友仁整理:《礼记正义》,上海古籍出版社 2008 年版,第 537、540 页。
⑤ (汉)郑玄注,(唐)孔颖达正义,吕友仁整理:《礼记正义》,上海古籍出版社 2008 年版,第 543 页。

宫应。《礼运》曰:'五声六律十二管,还相为宫。'"孔疏:"谓季夏土声与黄钟之宫声相应,以其非实候气,故不云黄钟之律应。或本云'律应'者误也。"① 孔疏校或本之误。

（4）诸本。诸本指底本、定本以外的本子。《礼运》:"五声、六律、十二管,还相为宫也。"郑注:"其管,阳曰律,阴曰吕。布十二辰,始于黄钟,管长九寸,下生者三分去一,上生者三分益一,终于南吕,更相为宫,凡六十也。"孔疏:"是十二宫各有五声,凡六十也。南吕最处于末,故云'终于南吕'。以此言之,则南吕为是。然诸本及定本多作'终于南事',则是京房律法。"② 此例孔疏不从定本及诸本,可知孔疏并不盲从定本。《经典释文》③《后汉书·律历志上》④ 皆作"终于南事"。

（5）（6）皇本与熊本。《礼器》:"君亲割牲,夫人荐酒。"郑注:"亲割,谓进牲孰体时。"孔疏:"皇氏以为'谓荐孰之时进牲之孰体也'。熊氏《礼》本'牲'为'腥'也,谓荐腥体、孰体。荐腥体,谓朝践荐腥时。孰体,谓馈食荐孰时。案经文'君亲制祭,夫人荐盎;君亲割牲,夫人荐酒',荐酒、荐盎既不得同时,则割牲何得荐腥兼荐孰?熊氏之说非也。"⑤ 孔疏以皇本、熊本校郑注,遵从皇本。

（7）南本。《郊特牲》:"台门而旅树,反坫,绣黼丹朱中衣,大夫之僭礼也。"郑注:"礼:天子外屏,诸侯内屏,大夫以帘,士以帷。"孔疏:"南本及定本皆然,或云'大夫以帷,士以帘',误也。"⑥ 此例孔疏从南本及定本。孔疏并非一味从南本,《少仪》:"问道艺,曰:'子习于某乎?子善于某乎?'"郑注:"不斥人,谦也。"孔疏:"此人,兼宾主也,南本云'不斥主人',非也。"⑦

（8）一本。《曲礼上》:"共食不饱,共饭不泽手。"郑注:"为汗生不絜

---

① （汉）郑玄注,（唐）孔颖达正义,吕友仁整理:《礼记正义》,上海古籍出版社2008年版,第684、687页。

② （汉）郑玄注,（唐）孔颖达正义,吕友仁整理:《礼记正义》,上海古籍出版社2008年版,第921、924页。

③ （唐）陆德明撰,黄焯断句:《经典释文》,中华书局1983年版,第183页上栏。

④ （晋）司马彪撰,刘昭注补:《后汉书志》,（宋）范晔撰,（唐）李贤等注:《后汉书》,中华书局1965年版,第3000页。

⑤ （汉）郑玄注,（唐）孔颖达正义,吕友仁整理:《礼记正义》,上海古籍出版社2008年版,第1009—1011页。

⑥ （汉）郑玄注,（唐）孔颖达正义,吕友仁整理:《礼记正义》,上海古籍出版社2008年版,第1043—1044页。

⑦ （汉）郑玄注,（唐）孔颖达正义,吕友仁整理:《礼记正义》,上海古籍出版社2008年版,第1377页。

也。"孔疏:"絜,净也。若泽手,手必汗生,则不絜净也。一本'汗生不圭',圭,絜也。言手泽污饭也。"① 此据郑本中不同版本互校。

(9) 崔灵恩本。《曲礼上》:"孤子当室,冠衣不纯采。"郑注:"谓年未三十者。三十壮,有室,有代亲之端,不为孤也。当室,適子也。《深衣》曰:'孤子,衣纯以素。'"孔疏:"然注前解適子,后引《深衣》,似崔解也。"② 孔疏疑崔解混入郑注。

(10) 庾蔚之本。《檀弓下》:"夫入门右,使人立于门外,告来者,狎则入哭。"郑注:"北面,辟正主。"孔疏:"而《礼》本多将郑注'北面'为经文者,非也。……庾蔚亦谓非经文也。"③

(11) 范本。东晋范宣,字宣子,著《礼记音》二卷。《杂记上》:"有父母之丧,尚功衰,而附兄弟之殇,则练冠附于殇,称'阳童某甫',不名,神也。"郑注:"大功亲以下之殇轻,不易服。"孔疏:"此注诸本或误云'大功亲之下殇',故诸儒等难郑云:'既是下殇,何得有弟冠?'范宣子、庾蔚等云:'下殇者,传写之误,非郑缪也。'"④ 此采用范本、庾本所校。

由以上可知,孔颖达《正义》校勘《礼记》及其郑注所采用的具体版本,其中《礼记》达22种,郑玄《礼记注》12种之多。据孔疏对各版本的遵从、辩驳与存疑的具体方式看,《礼记正义》的修撰是建立在对文献精校的基础上进行的。孔颖达等广采众本,既保证了《正义》的学术价值,又有保存文献之功。汉末以来长达四百年的动荡,尤以汉末董卓之乱、西晋末永嘉之乱、隋末战乱等对文化造成的灾难为甚,数代人搜集、整理的文献往往损失殆尽。就《礼记》学来说,汉末以来成为显学,"爰从晋宋,逮于周、隋,其传《礼》业者,江左尤盛。其为义疏者,南人有贺循、贺玚、庾蔚、崔灵恩、沈重、范宣、皇甫侃等;北人有徐遵明、李业兴、李宝鼎、侯聪、熊安生等",而诸家所存,多有残缺,"其见于世者,唯皇、熊二家而已"(《礼记正义序》)。孔颖达等对经典文献的考订,其中艰辛可想而知,其整理文献之功理应得到后世的认可。

---

① (汉)郑玄注,(唐)孔颖达正义,吕友仁整理:《礼记正义》,上海古籍出版社2008年版,第71、77页。
② (汉)郑玄注,(唐)孔颖达正义,吕友仁整理:《礼记正义》,上海古籍出版社2008年版,第37—38页。
③ (汉)郑玄注,(唐)孔颖达正义,吕友仁整理:《礼记正义》,上海古籍出版社2008年版,第355—356页。
④ (汉)郑玄注,(唐)孔颖达正义,吕友仁整理:《礼记正义》,上海古籍出版社2008年版,第1597—1598页。

第二节 《礼记正义》的校勘方法

古人治学以精校为基础，能运用灵活多样的校勘方法，"不仅获校书之奇功，抑亦得著书之捷径也已"①。陈垣《校勘学释例》卷六《校法四例》，概括其校勘《元典章》所用的四种方法及特点曰，"昔人所用校书之法不一，今校《元典章》所用四端"：一为对校法，二为本校法，三为他校法，四为理校法②。先生之论，简明可法，广为学界接受。观《礼记正义》之校勘，亦主要采此四法。

一 对校法

陈先生曰："以同书之祖本或别本对读，遇不同之处，则注于其旁"，又曰"其主旨在校异同，不校是非"③。对校法是《礼记正义》校勘运用最为广泛的一种方法。孔疏所参考的《礼记》版本达22种之多，所参考的郑玄《礼记注》版本也有12种之多。仅以校勘《礼记》为例，其以郑玄注本为底本，以定本、蔡邕本、卢植本、王肃本、古旧本、皇疏本、熊疏本、徐邈本、崔灵恩本、南本、北本等，还有被孔疏笼统称为"一本""或有本""诸本""《礼》本""而本""他本"以及民间流行的俗本等，作为参本互校。孔疏运用对校法，注重保存大量异文以备后人参考，如《月令》："天子始乘舟，荐鲔于寝庙，乃为麦祈实。"孔疏："一本云王鲔。"又如《礼器》："曾子曰：'周礼其犹醵与？'"孔疏："其，王肃《礼》作'遽'，注云：'曾子以为使六尸旅酬，不三献，犹遽而略。'"此二例校勘，皆未加裁断是非或优劣。孔疏运用对校法有其鲜明特点，概言之有二。

其一，校勘异同，判断正误，并详细辨析。孔疏之所以于校勘之中裁断正误并予以辨析，应与唐太宗统一经学而诏令修撰《五经正义》的背景一致，因为《正义》作为科考教材，必须提供标准版本。试举二例：

(1)《檀弓下》："夫入门右，使人立于门外，告来者，狎则入哭。"
郑注："北面，辟正主。"
孔疏："而《礼》本多将郑注'北面'为经文者，非也。案古旧本

---

① （清）叶德辉撰，李庆西标点：《藏书十约·校勘》，《叶德辉书话》，浙江人民出版社2007年版，第11页。
② 陈垣：《校勘学释例》，中华书局1959年版，第144—148页。
③ 陈垣：《校勘学释例》，中华书局1959年版，第144页。

及卢、王《礼》，亦无'北面'字，唯郑注云'北面'耳。庾蔚亦谓非经文也。"（第355—356页）

（2）《礼器》："君亲割牲，夫人荐酒。"郑注："亲割，谓进牲孰体时。"

孔疏："熊氏《礼》本'牲'为'腥'也，谓荐腥体、孰体。荐腥体，谓朝践荐腥时。孰体，谓馈食荐孰时。案经文'君亲制祭，夫人荐盎；君亲割牲，夫人荐酒'，荐酒、荐盎既不得同时，则割牲何得荐腥兼荐孰？熊氏之说非也。"（第1011页）

例（1），孔疏依据"古旧本及卢、王《礼》，亦无'北面'字"，以及庾蔚之的校勘，裁断诸"而《礼》本"之误。"而《礼》本"将郑注中"北面"二字窜入经文。例（2），熊疏谓郑注"牲孰体"为"腥孰体"，释"亲割"为"荐腥体孰体"。孔疏辨析荐"腥体""孰体"不同时，又据经文"荐酒""荐盎"的不同时，得出荐腥不得兼荐孰，并判断熊氏之非。

其二，注重运用多种参本校勘一个问题，体现了谨慎的校勘态度。孔疏甚至为校一字而采用数种参本，如《礼器》"是故君子大牢而祭谓之礼，匹士大牢而祭谓之攘"，孔疏："检于《礼》本，时有'匹'字作'正'字者，有通者云：天子大夫常祭亦大牢，故此文云大夫大牢，谓之礼正也。若诸侯大夫自常祭少牢，加一等乃大牢耳，少牢馈食是诸侯大夫礼也。崔氏亦用此义，然卢、王《礼》本并作'匹'字矣，今定本及诸本并作'正'字，熊氏依此本而为'正'字，恐误也。"[1] 孔疏采用了五种参本：崔本、定本及诸本、熊本皆作"正"，卢、王本作"匹"，孔疏从卢、王本。孔疏即使选用郑本，仍采用多种版本校勘，以达到精校目的：

《檀弓下》："人喜则斯陶，陶斯咏，咏斯犹，犹斯舞，舞斯愠，愠斯戚，戚斯叹，叹斯辟，辟斯踊矣。"

孔疏：如郑此《礼》本云"舞斯愠"者，凡有九句。首末各四，正明哀乐相对。中央"舞斯愠"一句，是哀乐相生，故一句之中，有"舞"及"愠"也。而郑诸本亦有无"舞斯愠"一句者，取义不同。而郑又一本云"舞斯蹈，蹈斯愠"，益于一句，凡有十句，当是后人所加耳，亦不得对。而卢《礼》本亦有"舞斯愠"之一句。而王《礼》本

---

[1] （汉）郑玄注，（唐）孔颖达正义，吕友仁整理：《礼记正义》，上海古籍出版社2008年版，第980页。

又长云"人喜则斯循,循斯陶",既与卢、郑不同,亦当新足耳。(第387页)

孔疏先依郑之"此本""诸本""又一本"互校,又据卢本、郑本驳斥王本。可知,孔疏运用对校法校勘《礼记》,不仅载其异同,且多判断其正误。

二 本校法

陈先生曰:"以本书前后互证,而抉摘其异同,则知其中之谬误。……徇览上下文义,近而数叶,远而数卷,属词比事,抵牾自见。"[1] 作为一部杂出众手的资料汇编,《礼记》内容极其庞杂,时有重复,甚至自相矛盾处。郑玄《礼记注》已运用本校法校勘经文多例,孔疏袭而用之。《杂记上》:"外宗房中南面,小臣铺席,商祝铺绞、纻、衾,士盥于盘北,举迁尸于敛上。卒敛,宰告。子冯之踊,夫人东面坐,冯之兴踊。"郑注:"此《丧大记》脱字,重著于是。"孔疏:"此一经是《丧大记》君丧之节,于此重记之。但《大记》云'夫人东面亦如之',此云'夫人东面坐,冯兴踊',惟此四字别,义皆同也。"[2] 孔疏运用本校法之具体方式有四。

一是据同篇《记》文上下文互校。《杂记上》:"宰夫朝服,即丧屦,升自西阶,西面坐取璧,降自西阶,以东。"孔疏:"宰,谓上卿也。言'夫',衍字。"[3] 此据其上下文互校,下文曰"宰举璧与圭,宰夫举襚,升自西阶,西面坐取之,降自西阶",郑注:"宰夫,宰之佐也。此言宰举璧与圭,则上'宰夫朝服'衍'夫'字。"[4] 孔疏于经文第一次衍"夫"字处标出,以方便读者。

二是据多篇《记》文互校。《礼记》诸篇时有出入甚而方枘圆凿之言,《王制》"天子诸侯宗庙之祭,春曰礿,夏曰禘,秋曰尝,冬曰烝",孔疏:"此云春礿,而《郊特牲》云'春禘'者,郑彼注云'禘当为礿',从此为正。《祭义》曰'春禘',郑注直云'夏殷礼',不破禘字者,以《郊特牲》

---

[1] 陈垣:《校勘学释例》,中华书局1959年版,第145—146页。
[2] (汉)郑玄注,(唐)孔颖达正义,吕友仁整理:《礼记正义》,上海古籍出版社2008年版,第1630—1631页。
[3] (汉)郑玄注,(唐)孔颖达正义,吕友仁整理:《礼记正义》,上海古籍出版社2008年版,第1624页。
[4] (汉)郑玄注,(唐)孔颖达正义,吕友仁整理:《礼记正义》,上海古籍出版社2008年版,第1626页。

已破禘为禴，故于《祭义》略之，从可知也。"① 孔疏校勘《王制》《郊特牲》《祭义》等之异文，据郑注立说，以《王制》"为正"。

三是据《记》文上下文并结合他篇而校。《丧服小记》"礼，不王不禘"，孔疏："此经上下皆论服制，记者乱录不禘之事厕在其间，无义例也。以承上文'王者禘其祖之所自出'，故知谓郊天也，非祭昊天之禘也。"② 孔疏以"礼，不王不禘"句是"记者乱录不禘之事厕在其间"，即系错简，甚是；而认为应置于上文"王者禘其祖之所自出，以其祖配之"之后，非是。孙希旦认为应置于"王者禘其祖之所自出，以其祖配之"之前③，甚是。因为此句复见于《大传》"礼，不王不禘。王者禘其祖之所自出，以其祖配之"，孔疏："此文具于《小记》，于彼已释之。"④ 孔疏将《丧服小记》《大传》进行比对，可惜裁断有误。

四是据《礼记》经文结合郑注而校。由上文所释可知，孔疏运用本校法，一般以《礼记》经文结合郑注共校，即结合本校、他校二法为之，同时又有补充郑注校勘之功。如《礼器》"大路繁缨一就，次路繁缨七就"，孔疏："次路，殷之第三路也。供卑用，故就多也。然《郊特牲》云：'大路一就，先路三就，次路五就。'而此云次路七就，郑注《郊特牲》以此云'七'为误。"⑤ 按《郊特牲》"大路繁缨一就，先路三就，次路五就"，郑注："此因小说以少为贵者，《礼器》言'次路七就'，与此乖，字之误也。"孔疏："今此经'大路一就，先路三就，次路五就'，是节级相降以二。案《礼器》'大路一就，次路七就'，无先路之文。若以先路为三，则于'次路七就'非加两之差。若以先为五，则于'大路一就'又非加两之差。故知此经'次路五就'为是，《礼器》云'次路七就'为误也。"⑥ 此法在《礼记正义》中比比皆是，是孔氏"礼是郑学"说于校勘中的具体体现。

---

① （汉）郑玄注，（唐）孔颖达正义，吕友仁整理：《礼记正义》，上海古籍出版社2008年版，第520—521页。

② （汉）郑玄注，（唐）孔颖达正义，吕友仁整理：《礼记正义》，上海古籍出版社2008年版，第1305页。

③ （清）孙希旦撰，沈啸寰等点校：《礼记集解》，中华书局1989年版，第866页。

④ （汉）郑玄注，（唐）孔颖达正义，吕友仁整理：《礼记正义》，上海古籍出版社2008年版，第1350页。

⑤ （汉）郑玄注，（唐）孔颖达正义，吕友仁整理：《礼记正义》，上海古籍出版社2008年版，第970页。

⑥ （汉）郑玄注，（唐）孔颖达正义，吕友仁整理：《礼记正义》，上海古籍出版社2008年版，第1023、1029—1030页。

三 他校法

陈先生曰："他校法者，以他书校本书。凡其书有采自前人者，可以前人之书校之，有为后人所引用者，可以后人之书校之，其史料有为同时之书所并载者，可以同时之书校之。此等校法，范围较广，用力较劳，而有时非此不能证明其讹误。"① 孔疏运用他校法，不仅校勘《礼记》经与郑注，还校勘其他相关典籍之间异文，涉及面甚广。孔疏博引群书，遍涉经史子集，而又以经书尤以礼书为主，所谓以经校经，"三礼"互校。

（一）以《周礼》校勘《礼记》

《周礼》《礼记》之间，远非《仪礼》《礼记》关系紧密。孔疏多以《周礼》校勘《礼记》，是继承郑玄"《周礼》为体、《仪礼》为履"礼学思想的具体体现。如《曲礼下》"天子有后，有夫人，有世妇，有嫔，有妻，有妾"，孔疏："《周礼》则嫔在世妇上，又无妾之文也。今此所陈与《周礼》杂而不次者，记者之言，不可一依《周礼》，或可杂夏、殷而言之。"② 孔疏以《周礼》校《礼记》，认为《礼记》"杂而不次"，乃"记者之言……或可杂夏、殷而言之"。按《周礼·天官冢宰》"九嫔、世妇、女御、女祝四人、奚八人、女史八人、奚十有六人"③，实则《礼记》所举由贵而贱，更有条理。又《曲礼下》"国君春田不围泽，大夫不掩群"，孔疏："而《王制》云'天子不合围，诸侯不掩群'，则与此异者，彼上云'天子诸侯无事，则岁三田'，郑云：'三田者，谓夏不田，谓夏时也。'案《周礼》四时田，而云三田者，下因云'不合围'，则知彼亦夏礼也。又《史记》汤立三面网而天下归仁，亦是不合围也。此间所明，周制矣。"④ 足见其笃信郑注至深。

（二）以《仪礼》校勘《礼记》

《仪礼》《礼记》关系密切，朱熹之论尤为深刻："《仪礼》是经，《礼记》是解《仪礼》。如《仪礼》有《冠礼》，《礼记》便有《冠义》；《仪礼》有《昏礼》，《礼记》便有《昏义》；以至燕、射之类，莫不皆然。只是《仪

---

① 陈垣：《校勘学释例》，中华书局1959年版，第146—147页。
② （汉）郑玄注，（唐）孔颖达正义，吕友仁整理：《礼记正义》，上海古籍出版社2008年版，第172页。
③ （清）阮元校刻：《十三经注疏·周礼注疏》（附校勘记），中华书局1980年版，第642页下栏—643页上栏。
④ （汉）郑玄注，（唐）孔颖达正义，吕友仁整理：《礼记正义》，上海古籍出版社2008年版，第159页。

礼》有《士相见礼》，《礼记》却无《士相见义》。"① 又曰："《礼记》要兼《仪礼》读，如冠礼、丧礼、乡饮酒礼之类，《仪礼》皆载其事，《礼记》只发明其理。读《礼记》而不读《仪礼》，许多理皆无安著处。"② 此外，《少仪》《丧大记》《郊特牲》等也有部分文字与《仪礼》内容相近。孔疏以《仪礼》校勘《礼记》，自在情理之中。《曲礼下》"妇人之挚，椇、榛、脯、修、枣、栗"，孔疏："案《昏礼》妇见舅以枣、栗，见姑以腵、修。其榛、椇所用无文。"③ 以《仪礼·昏礼》校勘《曲礼下》，指出二者不同。又《檀弓上》"幼名，冠字，五十以伯仲，死谥，周道也。"孔疏："《士冠礼》二十已有'伯某甫、仲叔季'，此云'五十以伯仲'者，二十之时，虽云'伯仲'，皆配'某甫'而言。五十之时，直呼伯仲耳。"④ 据《仪礼·士冠礼》比勘《檀弓上》并指出异文之因。

（三）以《尚书》《诗》以及春秋《三传》等经传校勘《礼记》

《礼记》诸篇不乏对先秦其他典籍《尚书》《诗》《春秋三传》等的征引，且所引文字与相关经传的后世通行本时有出入，为考证其具体成篇问题提供了线索。

1. 以《尚书》校勘《礼记》例

《尚书》自西汉重现人间，遂有古今之别、真伪之争。《礼记》所引先秦《尚书》，文字与后世《尚书》多有出入。如《檀弓下》："子张问曰：'《书》云："高宗三年不言，言乃讙。"有诸？'"孔疏："《尚书·无逸》云'言乃雍'，雍、讙字相近，义得两通，故郑随而解之。"⑤ 孔氏以唐时《伪古文尚书》校勘《礼记》所引先秦之《尚书》。

2. 以《毛诗》校勘《礼记》例

自郑君《毛诗笺》出，齐、鲁、韩三家《诗》渐废。《礼记》引《诗》文字与《毛诗》多有出入，如《中庸》："《诗》曰'衣锦尚䌹'，恶其文之著也。"孔疏："案《诗》本文云'衣锦褧衣'，此云'尚䌹'者，断截

---

① （宋）朱熹撰，朱杰人等主编：《朱子语类》，《朱子全书》第17册，上海古籍出版社2002年版，第2899页。

② （宋）朱熹撰，朱杰人等主编：《朱子语类》，《朱子全书》第17册，上海古籍出版社2002年版，第2940页。

③ （汉）郑玄注，（唐）孔颖达正义，吕友仁整理：《礼记正义》，上海古籍出版社2008年版，第217页。

④ （汉）郑玄注，（唐）孔颖达正义，吕友仁整理：《礼记正义》，上海古籍出版社2008年版，第296页。

⑤ （汉）郑玄注，（唐）孔颖达正义，吕友仁整理：《礼记正义》，上海古籍出版社2008年版，第391页。

《诗》文也。"① 以《毛诗》校之。

3. 以《春秋三传》校勘《礼记》例

《檀弓上》："邾娄复之以矢，盖自战于升陉始也。"孔疏："《左氏》直言'邾'，《公羊》云'邾娄'者，何休云：'夷言娄，声相近也。'"②《释文》亦曰："邾人呼邾声曰娄，故曰邾娄。《公羊传》与此《记》同，《左氏》《穀梁》俱作邾。"③

（四）以纬书校勘《礼记》

郑玄注经，旁征博引，甚至以纬书校勘、解说经典，孔疏承袭其法。《月令》："东风解冻，蛰虫始振，鱼上冰，獭祭鱼，鸿雁来。"孔疏："按《通卦验》云：'立春，雨水降，条风至，雉雊鸡乳，冰解。'条风即东风也，冰解即解冻也，与《月令》同。……《通卦验》云'正月中，猛风至'，注云：'猛风，动摇树木有声者。'猛风即东风之甚也。'獭祭鱼'，与此同。按下季冬'雁北乡'，据其从南始北，正月来至中国，故此云'鸿雁来'。但来有先后，后者二月始来，故《通卦验》二月节云'候雁北'。"④以纬注经，是郑注、孔疏被后学诟病的原因之一，皮锡瑞曰："议孔疏之失者，……曰杂引谶纬。……谶纬多存古义，原本今文；杂引释经，亦非巨谬。惟彼此互异，学者莫知所从；既失刊定之规，殊乖统一之义。"⑤ 指出孔氏以纬书校勘《礼记》时有不一之处。

（五）以史书校勘《礼记》

仅以《史记》为例，《明堂位》"昔殷纣乱天下，脯鬼侯以飨诸侯"，孔疏："《周本纪》作'九侯'，故庾氏云：'《史记》本纪云："九侯有女，入于纣。九侯女不好淫，纣怒，杀之。"九与鬼声相近，故有不同也。'"⑥ 按《史记·殷本纪》："以西伯昌、九侯、鄂侯为三公。九侯有好女，入之纣。九侯女不憙淫，纣怒，杀之，而醢九侯。"《集解》：徐广曰："一作'鬼侯'。邺县有九侯城。"《索隐》："九亦依字读，邹诞生音仇也。"《正义》：

---

① （汉）郑玄注，（唐）孔颖达正义，吕友仁整理：《礼记正义》，上海古籍出版社2008年版，第2049页。

② （汉）郑玄注，（唐）孔颖达正义，吕友仁整理：《礼记正义》，上海古籍出版社2008年版，第254页。

③ （唐）陆德明撰，黄焯断句：《经典释文》，中华书局1983年版，第168页上栏。

④ （汉）郑玄注，（唐）孔颖达正义，吕友仁整理：《礼记正义》，上海古籍出版社2008年版，第609页。

⑤ （清）皮锡瑞著，周予同注释：《经学历史》，中华书局1959年版，第201页。

⑥ （汉）郑玄注，（唐）孔颖达正义，吕友仁整理：《礼记正义》，上海古籍出版社2008年版，第1262页。

"《括地志》云:'相州滏阳县西南五十里有九侯城,亦名鬼侯城,盖殷时九侯城也。'"① 皆以"九""鬼"相通,可证孔疏。

(六)以前贤所征引《礼记》校勘通行本之《礼记》

前贤著述引文应更接近古本,是校勘通行本《礼记》的重要文献。《曲礼上》"国君下齐牛,式宗庙",孔疏:"案《齐右》职云:'凡有牲事,则前马。'注云'王见牲,则拱而式'。又引《曲礼》曰:'国君下宗庙,式齐牛。'郑注《周官》与此文异者,熊氏云:'此文误,当以《周礼》注为正。宜云:"下宗庙,式齐牛。"'"② 郑玄并注"三礼",以之互相发明,正可以之校勘。

孔疏运用他校法校勘《礼记》,仅以上所列释例即参考9种文献。陈先生曰"此等校法,范围较广,用力较劳,而有时非此不能证明其讹误"③,故孔疏常结合多种文献校勘同一条异文,如《曲礼上》"脍炙处外,醯酱处内",孔疏:"此醯酱,徐音作海,则醯之与酱,两物各别。依《昏礼》及《公食大夫礼》酱在右,醯在左。此醯酱处内,亦当酱在右,醯在左也。按《公食大夫礼》'宰夫自东房授醯酱,公设之',郑注云'以醯和酱'。又《周礼·醢人》'祭祀共齑菹醯物',则醯酱共为一物也。今此经文若作醯字,则是一物也。醯之与醯,其义皆通,未知孰是。但郑注'葱深',云'处醯酱之左',则醯酱一物为胜。"④ 孔疏以《周礼》《仪礼》及郑玄《礼记注》驳斥徐邈《礼记音》"醯酱"说,定以"醯"字为胜。

四 理校法

陈先生曰:"遇无古本可据,或数本互异,而无所适从之时,则须此法。……最高妙者此法,最危险者亦此法。"⑤ 孔疏偶用理校法,同时结合其他校法,相当谨慎。

(1)《曲礼下》:"黍曰芗合,梁曰芗萁,稷曰明粢,稻曰嘉蔬,韭曰丰本,盐曰咸鹾。"

---

① (汉)司马迁撰,(宋)裴骃集解,(唐)司马贞索隐,张守节正义:《史记》,中华书局1959年版,第106—107页。

② (汉)郑玄注,(唐)孔颖达正义,吕友仁整理:《礼记正义》,上海古籍出版社2008年版,第132页。

③ 陈垣:《校勘学释例》,中华书局1959年版,第146—147页。

④ (汉)郑玄注,(唐)孔颖达正义,吕友仁整理:《礼记正义》,上海古籍出版社2008年版,第73页。

⑤ 陈垣:《校勘学释例》,中华书局1959年版,第148页。

孔疏："稷曰明粢"者，……隋秘书监王劭勘晋宋古本，皆无"稷曰明粢"一句，立八疑十二证，以为无此一句为是。今《尚书》云："黍稷非馨。"《诗》云："我黍与与，我稷翼翼，为酒为食，以飨以祀。"然则黍稷为五谷之主，是粢盛之贵。黍既别有异号，稷何因独无美名？《尔雅》又以粢为稷，此又云"稷曰明粢"，正与《尔雅》相合。又《士虞礼》云："明齐，溲酒。"郑注云："或曰'明齐'当为明视，谓兔腊也。今文曰'明粢'，粢，稷也。皆非其次也。"如郑言，云"皆非其次"，由《曲礼》有"明粢"之文，故注《仪礼》云"非其次"。王劭既背《尔雅》之说，又不见郑玄之言，苟信错书，妄生同异，改乱经籍，深可哀哉！（第209页）

王劭采用晋宋古本，应有一定的可信度，并"立八疑十二证"，具有说服力。孔疏驳斥王劭，并无充分依据，故运用他校法进行推理，理由有三：一者引今《尚书》《诗》中黍稷并举，"黍稷为五谷之主，是粢盛之贵。黍既别有异号，稷何因独无美名"。此"今《尚书》"即《古文尚书·君陈》篇。二者《礼记》此句与《尔雅》相合。三者郑玄注《仪礼》曾暗引《曲礼》此条作为依据。此即采用理校法。

（2）《王制》："方千里者，为方百里者百，为田九万亿亩。"郑注："万亿，今万万也。"

孔疏：今乃云"九万亿亩"，与数不同者，若以亿言之，当云"九千亿亩"；若以万言之，当云"九万万亩"。但书经战国及秦之世，经籍错乱，此经上下，或亿或万，字相交涉，遂误为"万亿"。郑未注之前，书本既尔，郑更不显言其错，因此错本万亿之言，即云此经万亿者，即今之万万。皇氏以为亿数不定，或以十万为亿，或以万万为亿，或以一万为亿。此云万亿者，只是万万也。六国时或将万为亿，故云万亿。但古事难委，未知孰是，故备存焉。（第581页）

孔疏校经文，认为"万亿"当为"万万"或"千亿"。孔疏曰"若以亿言之，当云'九千亿亩'""若以万言之，当云'九万万亩'"，则古人以十万为亿也。而郑注云"万亿，今万万也"，其换算亦误，应为"万亿，今十万万"。孔疏又云"郑未注之前，书本既尔，郑更不显言其错，因此错本万亿之言，即云此经万亿者，即今之万万"，或系弥缝之言。

由上可知，孔颖达《礼记正义》对《礼记》、郑玄《礼记注》以及相关义疏等校勘，比较熟练地运用了以上四法。事实上，孔疏在具体校勘时常常是采取多种方法结合并用。如上文所列本校法四例中，有三例系用本校法结合他校法，而采用理校法时更是多种方法并用。

五 数校法

孔疏还运用了"数校法"。数校法"就是以数理逻辑来校勘典籍，凡有悖于数理逻辑之文字，不必管它有无对校、本校、他校文本，均可径行改去"，其优点在于"不一定是博学鸿儒，凡明事理者均可为之。简单易行，十分可靠"①。郑众、郑玄皆运用过数校法，孔疏亦尝效法，以校勘《王制》《礼器》等篇为例。

（1）《王制》："方一里者，为田九百亩。方十里者，为方一里者百，为田九万亩。方百里者，为方十里者百，为田九十亿亩。方千里者，为方百里者百，为田九万亿亩。"

郑注：亿，今十万。万亿，今万万也。

孔疏：注"亿，今十万"，方十里为田九万亩。方百里者，为方十里者百。一个十里之方既为田九万亩，则十个十里之方为田九十万亩，一百个十里之方为田九百万亩。今云"九十亿亩"，是一亿有十万，十亿有一百万，九十亿为九百万亩，故云"亿，今十万"。《尹文子》云："百姓千品，万官亿丑，皆以数相十。"此谓小亿也，此郑氏所用。《毛诗传》云"数万至万曰亿"，是大亿也，非郑义。

注"万亿，今万万也"，计千里之方，为方百里者百。一个百里之方既为九十亿亩，则十个百里方为九百亿亩，百个百里方为九千亿亩。今乃云"九万亿亩"，与数不同者，若以亿言之，当云"九千亿亩"；若以万言之，当云"九万万亩"。但书经战国及秦之世，经籍错乱，此经上下，或亿或万，字相交涉，遂误为"万亿"。郑未注之前，书本既尔，郑更不显言其错，因此错本万亿之言，即云此经万亿者，即今之万万。皇氏以为亿数不定，或以十万为亿，或以万万为亿，或以一万为亿。此云万亿者，只是万万也。六国时或将万为亿，故云万亿。但古事难委，未知孰是，故备存焉。（第580—581页）

---

① 郑慧生：《"数校法"：〈校法四例〉之外一例》，《校勘杂志》，河南大学出版社2007年版，第23—33页。

此例郑注、孔疏皆采用"数校法"校经。不过，郑注云"亿，今十万"，又云"万亿，今万万也"，显然有误，应为"十万万"。《王制》此节中正确的数量关系可以换算如下：

方一里者——田九百亩
方十里者——为方一里者百（田九百亩×百）——为田九万亩
方百里者——为方十里者百（田九万亩×百）——（为田九百万亩）——为田九十亿亩

既然"为田九百万亩"等于"为田九十亿亩"，那么一亿等于十万甚明。同理，"万亿"等于"十万万"，而非"万万"。"方千里者"，则为田九千亿亩：

方千里者——为方百里者百（为田九十亿亩×百）——为田九千亿亩

按以上换算，"方千里者"，应为田九千亿亩，《王制》云"方千里者""为田九万亿亩"则肯定有误。如果按照郑注云"万亿，今万万"，那么"为田九万亿亩"就等于"九万万"，就差得更远了。孔疏"计千里之方，为方百里者百。一个百里之方既为九十亿亩，则十个百里方为九百亿亩，百个百里方为九千亿亩"，甚是。又曰："今乃云'九万亿亩'，与数不同者，若以亿言之，当云'九千亿亩'；若以万言之，当云'九万万亩'。但书经战国及秦之世，经籍错乱，此经上下，或亿或万，字相交涉，遂误为'万亿'。郑未注之前，书本既尔，郑更不显言其错，因此错本万亿之言，即云此经万亿者，即今之万万。"解说牵强，系弥缝之言。

(2)《王制》："州建百里之国三十，七十里之国六十，五十里之国百有二十，凡二百一十国。"

郑注："立大国三十，十三公也；立次国六十，十六卿也；立小国百二十，十十二小卿也。"

孔疏：云"立小国百二十，十十二小卿也"者，小卿则天子畿内大夫，国方五十里，今畿外小国亦五十里，是准拟大夫，当十于十二小卿也。定本云"十，十二小卿"，重有十字，俗本直云十二小卿，俗本误也。（第459—460页）

此疏以"数校法"校勘定本与俗本中郑注之异。郑注曰"立大国三十，十三公"，意即三十大国，十国一公，凡三公；"立次国六十，十六卿"，意即六十次国，十国一卿，凡六卿；依据郑注类推，则"立小国百二十"，凡十二小卿，所以十国一小卿。故"十二小卿"，当为"十十二小卿"。"俗本直云十二小卿"，脱一"十"字。

　　还有一例，郑注运用本校法，而孔疏则兼采数校法校勘，说服力更强。《礼器》"大路繁缨一就，次路繁缨七就"，孔疏："'次路繁缨七就'者，次路，殷之第三路也。供卑用，故就多也。然《郊特牲》云：'大路一就，先路三就，次路五就。'而此云次路七就，郑注《郊特牲》以此云'七'为误。"① 按《郊特牲》"大路繁缨一就，先路三就，次路五就"，郑注："此因小说，以少为贵者，《礼器》言'次路七就'，与此乖，字之误也。"② 以《郊特牲》校勘《礼器》。孔疏曰："今此经'大路一就，先路三就，次路五就'，是节级相降以二。案《礼器》'大路一就，次路七就'，无先路之文。若以先路为三，则于'次路七就'非加两之差。若以先为五，则于'大路一就'又非加两之差。故知此经'次路五就'为是，《礼器》云'次路七就'为误也。"③

　　总之，以孔颖达为首的初唐经师，继承了汉以来以刘向、郑玄等治学重视校勘的优良传统，采取灵活多样的校勘方法，对《礼记》经注等文献进行了大量校勘并取得丰硕成果，奠定了《礼记正义》学术价值的基础。他们虽然还停留在校勘实践层面，并未对校勘方法加以理论总结，但是，他们对校勘方法的娴熟运用，对《五经》及其传注进行的大量校勘并取得的丰硕成果，也为校勘方法的理论总结奠定了坚实的学术基础。

第三节　《礼记正义》的校勘内容

　　陆德明《释文·序录》："世变人移，音讹字替。……书音之用，本示童蒙。前儒或用假借字为音，更令学者疑昧。……郑康成云：'其始书之也，

---

① （汉）郑玄注，（唐）孔颖达正义，吕友仁整理：《礼记正义》，上海古籍出版社2008年版，第970页。

② （汉）郑玄注，（唐）孔颖达正义，吕友仁整理：《礼记正义》，上海古籍出版社2008年版，第1023页。

③ （汉）郑玄注，（唐）孔颖达正义，吕友仁整理：《礼记正义》，上海古籍出版社2008年版，第1029—1030页。

仓卒无其字，或以音类比方，假借为之，趣于近之而已。受之者非一邦之人，人用其乡，同言异字，同字异言，于兹遂生矣。战国交争，儒术用息。秦皇灭学，加以坑焚，先圣之风，扫地尽矣。汉兴，改秦之弊，广收篇籍。孝武之后，经术大隆。然承秦焚书，口相传授，一经之学，数家竞爽。章句既异，舛驳非一。'……班固云：'后世经传，既已乖离，传学者又不思多闻阙疑之义，而务碎义逃难，便词巧说，安其所习，毁所不见，终以自弊。此学者之大患也。'……而近代学徒，好生异见，改音易字，皆采杂书，唯止信其所闻，不复考其本末。"① 论述了经文及其传注出现大量讹误的历史背景和具体原因。《礼记正义》的校勘，大致可归纳为对《礼记》经文的校勘、对郑玄《礼记注》的校勘、对郑注校勘内容的再校、对所征引文献的校勘四个方面。孔疏对文献中的讹误、脱文、衍文、倒文、不同句读、异文以及多重讹误等问题一一校勘，涉及之博，用功之深，令人叹服。

一 校勘《礼记》经文

孔氏《正义》的校勘，继承马融、卢植、郑玄、王肃、皇侃、熊安生等前贤成果，进一步吸收当代学者陆德明《经典释文》、颜师古《五经定本》成果，校勘《礼记》经文凡113例。

（一）对《礼记》文本中讹误、衍文、脱文、倒文的校勘

孔氏《正义》校勘《礼记》文本，指正讹误12例、衍文7例、脱文3例、倒文5例，以及既衍又脱1例，凡28例。

1. 讹误12例

一般来说，讹误是文本材料中最常见的错误现象。《礼记》出自众手，最终由戴圣编辑成书，成书历时漫长。王锷认为，戴圣"于汉宣帝甘露三年（前51）至汉成帝阳朔四年（前21）的三十年中，以《记》百三十一篇等文献为依据，编选《礼记》四十九篇"②。这是《礼记》的初本。河平三年（前26），"光禄大夫刘向校中秘书"③。即使自刘向校定文本算起，流传至初唐已达六百多年之久，其间出现众多版本，讹误在所难免。校勘错字是孔疏重要内容。

　　（1）《曲礼下》："天子同姓谓之'叔父'，异姓谓之'叔舅'，于

---

① （唐）陆德明撰，黄焯断句：《经典释文》，中华书局1983年版，第2页上栏—第3页上栏。
② 王锷：《戴圣生平和〈礼记〉的编选》，《中国文化研究》2006年第1期。
③ （汉）班固撰，（唐）颜师古注：《汉书》，中华书局1962年版，第310页。

外曰'侯',于其国曰'君'。"
孔疏:一本云"天下同姓"。(第179页)

孔疏校勘"一本"之误。据此经文上句"天子同姓谓之'伯父',异姓谓之'伯舅'。自称于诸侯曰'天子之老',于外曰'公',于其国曰'君'",皆以"天子"为叙述对象,故认为一本云"天下"误,当以"天子"为当。

(2)《檀弓下》:"子弑父,凡在官者,杀无赦。"
孔疏:此"在官"字,诸本或为"在官",恐与上"在官"相涉而误也。(第430页)

孔疏校"诸本"之误,并指出讹误之因,即此"子弑父"句与上文"臣弑君,凡在官者,杀无赦"句中的"凡在官者""相涉而误"。

(3)《月令》:"天子乃厉饰,执弓挟矢以猎。"郑注:"厉饰,谓戎服,尚威武也。"
孔疏:厉饰,谓严厉武猛容饰。定本饰,谓容饰也。俗本作"餝",非也。(第714—716页)

孔疏从定本、郑注作"饰",认为"定本饰,谓容饰",即服饰之"饰",从而判定俗本"餝"之误。据以上释例可知,孔疏校勘《礼记》文本讹误,一一指明具体某本某字误,并分析致误原因。

2. 衍文7例

衍文指原稿本无而在其后不断传写中误增的文字甚至句段,又曰"羡文""衍字"。孔疏校勘衍文,谓之"衍"或"衍字",有时谓之后人"所加耳""新足耳"等。

(1)《檀弓下》:"人喜则斯陶,陶斯咏,咏斯犹,犹斯舞,舞斯愠,愠斯戚,戚斯叹,叹斯辟,辟斯踊矣。"
孔疏:如郑此《礼》本云"舞斯愠"者,凡有九句。首末各四,正明哀乐相对。中央"舞斯愠"一句,是哀乐相生,故一句之中,有"舞"及"愠"也。而郑诸本亦有无"舞斯愠"一句者,取义不同。而郑又一本云"舞斯蹈,蹈斯愠",益于一句,凡有十句,当是后人所加耳，亦不得对。而卢《礼》本亦有"舞斯愠"之一句。而王《礼》本又长云"人喜则斯循，循斯陶"，既与卢、郑不同，亦当新足耳。（第387页）

孔疏据郑"此本""诸本""又一本"互校，又以卢本、郑本校王本，认为王本"人喜则斯循，循斯陶"，系卢、郑之后的"新足"而致。《檀弓》此节，《郭店楚墓竹简·性》（《性自命出》）："喜斯陶，陶斯奋，奋斯咏，咏斯犹，犹斯舞。舞，喜之终也。愠斯忧，忧斯戚，戚斯叹，叹斯辟，辟斯踊。踊，愠之终也。"① 此句残损，孔疏指出众本不同，然而因未有可靠版本而误校。吕友仁指出："今本经文'人喜则斯陶'以下九句，《郭店楚墓竹简·性自命出》作十二句，其相同者不论，其不同者，皆以简本为长。"② 可知王本当有所据，而绝非新足。

（2）《杂记下》："功衰，吊，待事不执事。"郑注："谓为姑、姊妹无主，殡不在己族者。"

孔疏：此云"功衰"，他本或云"大功衰"。今按，郑注在此文下云"谓为姑、姊妹无主"，则此功衰还是姑、姊妹无主之功衰，不得别云"大功"也。皇氏云："有大字者，误也。"（第1656页）

孔疏据郑注"为姑、姊妹无主"以及皇氏所校，判定"他本或云'大功衰'"衍一"大"字。《释文》亦曰"'功衰，吊'，本又作'大功衰，吊'。庾云'有大字，非'"。孔疏断定衍文，皆进行比较分析，说明理由，尤重吸收前人成果，令人信服。

3. 脱文3例

文献在传写过程中脱去一字或数字称脱文，又曰"夺文""阙文"。试举孔疏校勘《礼记》脱文二例：

（1）《礼运》："播五行于四时，和而后月生也。是以三五而盈，三五而阙。"郑注："言地持阴气，出内于山川，以舒五行于四时。……必三五者，播五行于四时也。"

---

① 李零：《郭店楚简校读记》，中国人民大学出版社2007年版，第137页。
② 吕友仁：《点校本〈礼记正义〉诸多失误的自我批评》，北京大学《儒藏》编纂与研究中心编：《儒家典籍与思想研究》（第6辑），北京大学出版社2014年版，第119页。

孔疏：定本无"于"字，直云"播五行四时"，谓宣播五行及四时也。五行四时者，以金木水火各为一行，土无正位，分寄四时，故云"播五行于四时也"。（第921—923页）

孔疏不从定本，认为脱一"于"字。郑注一曰"以舒五行于四时"，二曰"播五行于四时也"，可知郑本当为"播五行于四时"，孔氏遵从郑注。据《礼运》下文"五行、四时、十二月，还相为本也"，可知"五行""四时""十二月"三者并举，孔疏校勘甚是。

（2）《仲尼燕居》："两君相见，揖让而入门，入门而县兴，揖让而升堂，升堂而乐阕，下管《象》《武》，《夏》籥序兴，陈其荐俎，序其礼乐，备其百官。如此而后，君子知仁焉。"

孔疏："下管《象》《武》"者，谓升歌《清庙》，是大飨之三也。堂下管中吹《象》《武》之曲，是大飨之四也。但此"下管《象》《武》"之上少"升歌《清庙》"之一句，下文既详，故于此略之。（第1932页）

《仲尼燕居》上文"吾语女礼，犹有九焉，大飨有四焉"，郑注曰："犹有九焉，吾所欲语女余有九也。但大飨有四，大飨，谓飨诸侯来朝者也。四者，谓金再作，升歌《清庙》，下管《象》也。"孔疏显然据郑注校勘脱文，甚是。孙希旦《礼记集解》："大飨有四者，金作示情，一也；升歌《清庙》示德，二也；下管《象》示事，三也；《武》《夏》籥序兴，四也。……'升堂而乐阕'下，当有'升歌《清庙》'一句，文脱也。"[①] 孔疏云"下文既详，故于此略之"，实乃弥缝之。

4. 倒文5例

倒文指原文本文字具存，且并无讹误、脱文、衍文等问题，但在流传过程中，文字的先后次序却被弄颠倒了的现象。字数较多的倒文，又称为"错简"。试举孔疏校勘倒文三例：

（1）《曲礼上》："国君下齐牛，式宗庙。"

孔疏：案《齐右》职云："凡有牲事，则前马。"注云"王见牲，则拱而式"，又引《曲礼》曰："国君下宗庙，式齐牛。"郑注《周官》

[①] （清）孙希旦撰，沈啸寰等点校：《礼记集解》，中华书局1989年版，第1270页。

与此文异者，熊氏云："此文误，当以《周礼》注为正，宜云'下宗庙，式齐牛'。"（第132页）

孔疏据郑玄《周礼注》征引《曲礼》原文以及熊安生《义疏》所校，校当时通行本《礼记·曲礼》，甚是。今核之《周礼注》所引《曲礼》曰"国君下宗庙，式齐牛"①，与孔氏征引相同。此为倒乙释例，错简如：

（2）《文王世子》："庶子治之，虽有三命，不逾父兄。"
孔疏："庶子治之"，谓治此公族朝于内朝之时也。既不计官之大小，故虽有三命之贵，而列位不得逾越在无爵父兄之上也。然此句应承第二条前"臣有贵者以齿"之下。其外朝既云"司士为之"，则内朝自然庶子治之也。所以在此者，当是简札遗脱，故在此也。（第852页）

孔疏认为"庶子治之，虽有三命，不逾父兄"，应承"其朝于公，内朝则东面北上，臣有贵者以齿"句下，甚是。与郑注所曰"治之，治公族之礼也，唯于内朝则然"一致。孙希旦《礼记集解》从孔疏所校②。

（3）《丧服小记》："礼，不王不禘。"
孔疏：此经上下皆论服制，记者乱录不禘之事厕在其间，无义例也。以承上文"王者禘其祖之所自出"，故知谓郊天也，非祭昊天之禘也。（第1305页）

孔疏校勘此错简甚是，然而以为应置于上文"王者禘其祖之所自出，以其祖配之"之后，实则未善。孙希旦《礼记集解》将此句置于"王者禘其祖之所自出，以其祖配之"之前③，甚是。《丧服小记》"礼，不王不禘"，复见于《礼记·大传》的开篇"礼，不王不禘。王者禘其祖之所自出，以其祖配之"，故《大传》疏曰"此文具于《小记》，于彼已释之"④。

---

① （清）阮元校刻：《十三经注疏·周礼注疏》（附校勘记），中华书局1980年版，第857页中栏。
② （清）孙希旦撰，沈啸寰等点校：《礼记集解》，中华书局1989年版，第567页。
③ （清）孙希旦撰，沈啸寰等点校：《礼记集解》，中华书局1989年版，第866页。
④ （汉）郑玄注，（唐）孔颖达正义，吕友仁整理：《礼记正义》，上海古籍出版社2008年版，第1349—1350页。

5. 既衍又脱 1 例

孔疏还校勘出《礼记》文本中双重讹误 1 例，《中庸》："子曰：'愚而好自用，贱而好自专，生乎今之世，反古之道。如此者，灾及其身者也。'"孔疏曰："俗本'反'下有'行'字，又无'如此者'三字，非也。"① 俗本既衍又脱，核之经文上文，孔疏校勘甚是。

（二）对《礼记》异文现象的校勘

"江藩"认为校勘任务主要有二：校其异同与勘其谬误②。可知校勘异文与勘误一样重要。其论异文起因以及辨异意义曰："古者传经多以口相授，故异者滋多。在汉白虎观讲五经同异，后许慎著《五经异议》，郑康成有《驳异义》，此即辨异之所自始也。习经者，当知其同，尤不可不辨其异。约举异例，厥有数端：曰文异，曰义异，曰篇异。"（《群经辨异》）③ 孔疏校勘《礼记》经文，指出文本存在大量异文现象有四：一是《礼记》具体各篇之间存在异文；二是《礼记》不同版本出现异文；三是《礼记》与《周礼》《仪礼》相较有异文；四是《礼记》征引文献与该文献的通行本存在异文。此与《礼记》作为众手杂出的"传记之体，故多有称引他书之文以证事理者"④ 有关，又与文献的流传、散佚、伪造等复杂情况相关。孔疏一一校勘或辨析，有助于后学研习。

1. 《礼记》各篇之间的异文例

任铭善曰："《礼记》者，汉儒为《仪礼》之书，好古者务征采，多存古义，网罗放失，不为区别，或不尽合乎《仪礼》之经，其文奥而仪繁与《仪礼》若，而名物制度之琐碎纷若而不一致，其难穷则已过之。至其撷拾缀缉，既非一本，文异而义乖者，百虑殊途，错出间见，虽有郑、孔之学之精，而徇文以汩经，执矛以攻盾者往往不免。"⑤ 深刻论述了《礼记》内容庞杂、文字不一的现象。

《曲礼下》："其在凶服，曰'適子孤'。"

孔疏：谓摈者告宾之辞。知者，《杂记》云："相者告曰，孤某须矣。"但彼文不云"適子"，文不备。此直云"適子孤"，不云名，亦文

---

① （汉）郑玄注，（唐）孔颖达正义，吕友仁整理：《礼记正义》，上海古籍出版社 2008 年版，第 2039 页。
② （清）江藩撰，周春健校注：《经解入门》，华东师范大学出版社 2010 年版，第 111 页。
③ （清）江藩撰，周春健校注：《经解入门》，华东师范大学出版社 2010 年版，第 16 页。
④ 李云光：《三礼郑氏学发凡》，华东师范大学出版社 2012 年版，第 43 页。
⑤ 任铭善：《礼记目录后案·序》，齐鲁书社 1982 年版，第 1 页。

不具也。(第192页)

孔疏以《礼记·杂记》《曲礼》互校，云"文不备"或"文不具"，盖指原文即如此，非脱文也。孔疏实补经文之不足。

2.《礼记》不同版本之异文例

此类异文甚多，《礼记》在流传过程中产生众多版本并导致彼此异文。大致可分为三类：郑本之间的异文，郑本与他本之间的异文，定本与他本之间的异文：

(1)《曲礼下》："天子同姓谓之'叔父'，异姓谓之'叔舅'，于外曰'侯'，于其国曰'君'。"

孔疏：一本云"天下同姓"。(第179页)

此应是郑本之间的异文例。

(2)《礼器》："曾子曰：'周礼其犹醵与？'"

孔疏：其，王肃《礼》作"遽"，注云："曾子以为使六尸旅酬，不三献，犹遽而略。"(第994页)

此乃郑本与王本的异文例。

(3)《丧大记》："于大夫、世妇之命，如大夫。"

孔疏：定本"如大夫"作"如夫人"，二字异义，亦通。(第1719页)

此系定本与孔疏采用底本之异文例。以上三例，孔疏校勘虽未裁断正误，但有保存文献之功。

3.《礼记》与《周礼》《仪礼》的异文例，此类情况较多

孔颖达《五经正义》于"三礼"选疏《礼记》而弃《周礼》《仪礼》，但于疏解《礼记》之中贯通"三礼"。孔疏校勘出《礼记》与《周礼》《仪礼》异文凡17例，体现出贯通"三礼"的努力。关于《礼记》与《周礼》的异文，孔疏一般以之为夏、殷之礼，而《周礼》则系周礼。

(1)《曲礼下》："天子有后，有夫人，有世妇，有嫔，有妻，有妾。"

孔疏：《周礼》则嫔在世妇上，又无妾之文也。今此所陈与《周

礼》杂而不次者，记者之言，不可一依《周礼》，或可杂夏、殷而言之。（第172页）

《周礼·天官冢宰》曰"九嫔、世妇、女御、女祝四人、奚八人、女史八人、奚十有六人"①。受郑玄《礼记注》影响，孔疏所谓"记者之言，……或可杂夏、殷而言之"，即认为《礼记》与《周礼》不同者，是杂言夏、殷之礼。杨天宇曰："郑注'三礼'的最大错误，就在于笃信《周礼》为周公所作，从而笃信《周礼》为周制，而以他经如《礼记·王制》等不与《周礼》同者，为殷制或夏制。实际上，这是党于古文家立场之毫无根据的臆说。""更有甚者，郑玄因确认《周礼》为周制，反把他经中确为周制之遗迹者，指为殷制或夏制。"② 此外，孔疏时而将《礼记》不同于《周礼》处认定为"诸侯之礼"。《文王世子》"籥师学戈，籥师丞赞之"，孔疏："《周礼》唯有籥师，此云籥师丞者，或诸侯之礼，或异代之法。"③ 当然，孔疏也并非一味迷信郑君：

(2)《王制》："出征执有罪，反，释奠于学，以讯馘告。"
孔疏：按《周礼》宗伯师还，献恺于祖，《司马》职云"恺乐献于社"。此记不云祖及社者，文不具。《周礼》不云献恺于学者，亦文不具。（第505页）

此例校勘《王制》《周礼》异同，并未厚此薄彼。《礼记》《仪礼》关系较为紧密，孔疏对《仪礼》《礼记》的异文现象，皆一一指出：

(1)《曲礼上》："三饭，主人延客食胾，然后辩殽。"
孔疏：然《公食礼》三飧竟，挩手，起，受浆漱口，受束帛之物，升，降拜，礼毕方是升还坐，食，取饱，饱又三漱。不云"三饭延客食胾者"，与此异也。（第75—76页）
(2)《曲礼下》："妇人之挚，椇、榛、脯、修、枣、栗。"
孔疏：案《昏礼》妇见舅以枣、栗，见姑以腵、修。其榛、椇所用

---

① （清）阮元校刻：《十三经注疏·周礼注疏》（附校勘记），中华书局1980年版，第642页下栏—643页上栏。
② 杨天宇：《郑玄三礼注研究》，中国社会科学出版社2008年版，第173—174页。
③ （汉）郑玄注，（唐）孔颖达正义，吕友仁整理：《礼记正义》，上海古籍出版社2008年版，第832页。

无文。(第217页)

《礼记》记载有不同于《仪礼》之处，也体现了古礼的演变。

4.《礼记》与其他文献相较而异文例

《礼记》征引先秦文献颇多，如《尚书》《诗》以及《春秋》及其"三传"等，其文字与传世文本不尽相同处较多。

(1)《礼记》与《尚书》的异文

《檀弓下》："子张问曰：'《书》云："高宗三年不言，言乃讙。"有诸？'"

孔疏："言乃讙"者，《尚书·无逸》云："言乃雍。"雍、讙字相近，义得两通，故郑随而解之。(第391页)

孔疏以唐时《伪古文尚书》校勘《礼记》所引之先秦《尚书》，因不识《伪古文尚书》之伪，故弥缝之。

(2)《礼记》与《诗》的异文

《礼器》："《诗》云：'匪革其犹，聿追来孝。'"

孔疏：今《诗》本"革"作"棘"，"犹"作"欲"，"聿"作"遹"，字不同者，郑答炅模云："为记注之时，依循旧本，此文是也。后得《毛诗传》而为《诗》注，更从毛本，故与记不同。"革、棘，聿、遹，字异义同，《诗》注"来，勤也"，言作丰邑，"非急成己之欲""乃追述王季勤行孝之道也"。(第961页)

孔疏以《毛诗》通行本校《礼记》中所引先秦之《诗》。

(3)《礼记》与《春秋》及其《三传》的异文

①《坊记》："《春秋》不称楚、越之王丧。"

孔疏：言《春秋》之义，但书其卒，不称其楚、越王丧葬之事，谓书"卒"不书"葬"也。若书葬则当称"葬楚、越某王"。辟王之名，故不书"葬"。案《春秋》，越子卒，经、传全无其事，但记者据越称王之后追而言之，非当时之事也。(第1959页)

《春秋》经传并未记载越王之丧，《坊记》"《春秋》不称楚、越之王

丧",乃记者根据《春秋》之义言之也。关于《礼记》与《三传》相异者,试举二例:

②《檀弓上》:"邾娄复之以矢,盖自战于升陉始也。"《释文》:"邾人呼邾声曰娄,故曰邾娄。《公羊传》与此记同,《左氏》《穀梁》但作'邾'。"

孔疏:《左氏》直言"邾",《公羊》云"邾娄"者,何休云:"夷言娄,声相近也。"(第 254 页)

据何休《公羊解诂》、陆德明《释文》可知,《檀弓上》《公羊传》曰"邾娄",《左传》《穀梁传》曰"邾"。

③《檀弓下》:"知悼子卒,未葬,平公饮酒,师旷、李调侍,鼓钟。杜蒉自外来,闻钟声,曰:'安在?'曰:'在寝。'杜蒉入寝,历阶而升,酌曰:'旷饮斯!'又酌曰:'调饮斯!'又酌,堂上北面坐饮之。降,趋而出。平公呼而进之,曰:'蒉!曩者尔心或开予,是以不与尔言。尔饮旷何也?'曰:'子卯不乐。知悼子在堂,斯其为子卯也大矣。旷也,大师也,不以诏,是以饮之也。''尔饮调何也?'曰:'调也,君之亵臣也,为一饮一食,忘君之疾,是以饮之也。''尔饮何也?'曰:'蒉也,宰夫也,非刀匕是共,又敢与知防,是以饮之也。'平公曰:'寡人亦有过焉,酌而饮寡人!'杜蒉洗而扬觯。公谓侍者曰:'如我死,则必毋废斯爵也。'至于今,既毕献,斯扬觯,谓之'杜举'。"郑注:"杜蒉或作屠蒯。"

孔疏:《春秋传》云:"晋侯饮酒,乐。膳宰屠蒯趋入,请佐公使尊,许之。而遂酌以饮工,曰:'女为君耳,将司聪也。辰在子卯,谓之疾日,君彻宴乐,学人舍业,为疾故也。君之卿佐,是谓股肱。股肱或亏,何痛如之?女弗闻而乐,是不聪也。'又饮外嬖嬖叔,曰:'女为君目,将司明也。服以旌礼,礼以行事,事有其物,物有其容。今君之容,非其物也,而女不见,是不明也。'亦自饮,曰:'味以行气,气以实志,志以定言,言以出令。臣实司味,二御失官,而君弗命,臣之罪也。'"案《春秋》与此小异,亦所闻不同,或二文互相足也。(第 394 页)

孔疏常谓《左传》为"《春秋》",此以《左传》昭公九年之文校《礼记》，因为二者出入较大，故详细征引其文比对，以方便读者研读。

(4)《礼记》与《论语》的异文

　　《中庸》：子曰："吾说夏礼，杞不足征也。吾学殷礼，有宋存焉。吾学周礼，今用之，吾从周。"
　　孔疏：故《论语》云"宋不足征也"。此云"杞不足征"，即宋亦不足征。此云"有宋存焉"，则杞亦存焉。互文见义。（第 2041 页）

《论语·八佾》："子曰：'夏礼，吾能言之，杞不足征也；殷礼，吾能言之，宋不足征也。文献不足故也，足则吾能征之矣。'"[①] 孔疏比勘二者文字异同，指出《中庸》行文"互文见义"，从中亦可见《论语》对《中庸》的影响。

(5)《礼记》与《尔雅》的异文

　　《曲礼下》："其在东夷、北狄、西戎、南蛮，虽大曰子。"
　　孔疏：故《尔雅》云："九夷、八狄、七戎、六蛮，谓之四海。"……案《尔雅》所列与此同，但数异尔。（第 179—180 页）

《曲礼下》曰"东夷、北狄、西戎、南蛮"，《尔雅》曰"九夷、八狄、七戎、六蛮"，故孔疏曰"数异尔"。

(6)《礼记》与《易纬》《诗纬》等纬书的异文

　　《月令》："雁北乡，鹊始巢，雉雊，鸡乳。"
　　孔疏："雁北乡"，有早有晚，早者则此月北乡，晚者二月乃北乡。故《易说》云："二月惊蛰，候雁北乡。""鹊始巢"者，此据晚者，若早者十一月始巢。故《诗纬·推度灾》云"复之日，鹊始巢"是也。"雉雊，鸡乳"者，《易·通卦验》云"雉雊，鸡乳，在立春节"，与此同，以立春在此月也。《通卦验》又云："小寒，虎始交，豺祭兽。"此季冬不言者，文不具也。若节气晚则季冬虎交，若节气早则在仲冬，故仲冬虎始交。按《月令》九月"豺祭兽"，《通卦验》季冬"豺祭兽"

[①] （清）阮元校刻：《十三经注疏·论语注疏》（附校勘记），中华书局 1980 年版，第 2466 页下栏。

者，熊氏云"再祭也"。（第 736—737 页）

孔疏分别以《易纬》《诗纬》校《礼记》，其所云《易说》者，皆《通卦验》文，《诗纬》乃《推度灾》文。

(7)(8)《礼记》与《孔子家语》《毛诗传》的异文

《檀弓上》："子夏既除丧而见，予之琴，和之而不和，弹之而不成声。作而曰：'哀未忘也，先王制礼而弗敢过也。'子张既除丧而见，予之琴，和之而和，弹之而成声。作而曰：'先王制礼，不敢不至焉。'"

孔疏：此言子夏、子张者，案《家语》及《诗传》皆言子夏丧毕，夫子与琴，援琴而弦，衎衎而乐；闵子骞丧毕，夫子与琴，援琴而弦，切切而哀。与此不同者，当以《家语》及《诗传》为正。知者，以子夏丧亲无异闻，焉能弹琴而不成声？而闵子骞至孝之人，故孔子善之云："孝哉，闵子骞！"然《家语》《诗传》云"援琴而弦，切切"，以为正也。熊氏以为子夏居父母之丧异，故不同也。（第 293 页）

此以《孔子家语》《毛诗传》比勘《礼记·檀弓上》，认为此子夏、子张事，应当为闵子骞、子夏事，即"当以《家语》及《诗传》为正"。孔疏以子夏"丧亲无异闻"，言《檀弓上》"子夏丧子"节，成为其疑经直至破经之依据。以上孔疏所引与《礼记》比勘之文献，皆属经部。孔疏一一校出《礼记》与他书的异文现象，实为贯通诸经之法，亦方便读者的研习。《礼记》记载又与史部文献存在大量异文者，孔疏亦一一予以比勘。

(9)《礼记》与《国语》的异文

《王制》："瘖、聋、跛躄、断者、侏儒、百工，各以其器食之。"

孔疏：按《晋语》云，文公问八疾，胥臣对云"戚施植镈"，注云"使击钟"；"蘧蒢蒙璆"，注云"璆是玉磬，使击之"；"侏儒扶庐"，注云"扶，持也。庐，戟柄也"；"矇瞍循声"，注云"歌咏琴瑟"；"聋聩司火"，注云"使主然火"。其"童昏、嚚瘖、僬侥，官师所不材，宜于掌土"。是各以器食之。《外传》不云"跛躄"，此不云"蘧蒢""戚施"，设文不具。《外传》瘖与僬侥置于掌土，此瘖与侏儒"其器食之"者，今古法异也。（第 579—580 页）

《外传》指《春秋外传》，即《国语》。孔疏引《国语·晋语》"文公问于胥臣"节校《王制》，指出二者异文在于"设文不具"和"今古异法"。

(10)《礼记》与《史记》等的异文

《檀弓下》："季子皋葬其妻，犯人之禾。"郑注："季子皋，孔子弟子高柴，孟氏之邑成宰，或氏季。"

孔疏：案《史记·仲尼弟子传》云："高柴，字子皋，少孔子三十岁。"郑人也。……《弟子传》及《论语》作"子羔"，与此文"子皋"字不同者，古字通用。（第417页）

《檀弓下》曰"子皋"，《论语》《史记》曰"子羔"，孔疏认为"字不同者，古字通用"。显然遵从郑注所校。不过，孔疏引《弟子传》，前曰"子皋"，后曰"子羔"，据今通行本《史记·仲尼弟子列传》作"子羔"①，当系刊刻者因经文"季子皋"而误。

二 校勘郑玄《礼记注》

孔颖达《礼记正义》校勘的第二个重要内容，是对郑玄《礼记注》的精心校勘。孔疏校勘郑注凡92例，主要包括两个方面：一是郑注文字本身存在的讹误；二是郑注在流传过程中新产生的讹误或异文。

（一）校勘郑注的讹误、脱文、衍文、倒文等

1. 讹误17例，举四例明之：

(1)《曲礼上》："卒哭乃讳。"郑注："生者不相辟名。卫侯名恶，大夫有名恶，君臣同名，《春秋》不非。"

孔疏：案鲁襄公二十八年，卫石恶出奔晋。二十九年，卫侯衎卒，卫侯恶乃即位，与石恶不相干。熊氏云："'石'字误，当云大夫有名恶。知者，昭七年卫侯恶卒，《穀梁传》云：'昭元年有卫齐恶，今卫侯恶何？谓君臣同名也，君子不夺人亲所名也。'是卫齐恶不得为石恶也。"（第115页）

今本郑注无"石"字，据孔疏及其所引熊氏疏，可知郑注原本有"石"

---

① （汉）司马迁撰，（宋）裴骃集解，（唐）司马贞索隐，张守节正义：《史记》，中华书局1959年版，第2212页。

字,后人或据孔疏校勘其误而删之,致使今日读者以为孔疏校勘无所依据。阮元《校勘记》:"各本同。《通典》一百四作'大夫有石恶'。按疏引熊氏云:'石字误,当云大夫有名恶。'据此是注本作'石恶'。"[①] 甚是。

(2)《檀弓上》:"小敛之奠,子游曰:'于东方。'曾子曰:'于西方,敛斯席矣。'"郑注:"曾子以俗说非。又大敛奠于堂,乃有席。"

孔疏:云"大敛奠于堂,乃有席"者,案《士丧礼》大敛之奠设于室,今云"堂"者,后人转写之误,当云"奠于室"。故郑答赵商"堂当为室"也。(第320页)

孔疏以《仪礼·士丧礼》以及《郑志》所记郑玄赵商问答,指出此郑注"大敛奠于堂"系"大敛奠于室"转写致误。

(3)《檀弓下》:"惠伯曰:'政也,不可以叔父之私不将公事。'"郑注:"政,君命所为。敬叔于昭穆以懿伯为叔父。"

孔疏:云"敬叔于昭穆以懿伯为叔父"者,此后人转写郑注之误,当云"敬叔于昭穆以惠伯为叔父"。检勘《世本》,敬叔是桓公七世孙,惠伯是桓公六世孙,则惠伯是敬叔之父六从兄弟,则敬叔呼惠伯为叔父,敬叔呼懿伯为五从祖。此注乃云"敬叔于昭穆以懿伯为叔父",故知误也。(第413页)

经文本无"懿伯",郑注中"懿伯"系经文"惠伯"转写致误。孔疏又据《世本》校勘,裁断转写致误属实。

(4)《月令》:"桐始华,田鼠化为鴽,虹始见,萍始生。"郑注:"鴽,母无。"

孔疏:舍人云:"毋作无。"今此注"母无","母"当作"牟",谓牟无也。声转字误,"牟"字作"毋"。(第646页)

孔疏校勘郑注"母无"当作"牟无"。今按《尔雅·释鸟》"鴽,鴾母"[②],与孔疏亦有出入。

---

① (清)阮元校刻:《十三经注疏·礼记正义》,中华书局1980年版,第1255页上栏。
② (清)阮元校刻:《十三经注疏·尔雅注疏》,中华书局1980年版,第2648页下栏。

2. 脱文 1 例

《王制》："州方千里，州建百里之国三十，七十里之国六十，五十里之国百有二十，凡二百一十国。"郑注："立大国三十，十三公也。立次国六十，十六卿也。立小国百二十，十十二小卿也。"

孔疏：云"立小国百二十，十十二小卿也"者，小卿则天子畿内大夫，国方五十里，今畿外小国亦五十里，是准拟大夫，当十于十二小卿也。定本云"十十二小卿"，重有十字，俗本直云十二小卿，俗本误也。（第460页）

孔疏据郑注类推："立大国三十，十，三公也"，十大国一公，大国三十故三公；"立次国六十，十，六卿也"，十次国一卿，故六卿；"立小国百二十，十，十二小卿也"，十小国一小卿，故十二小卿。"俗本直云十二小卿"，"十二"前脱一"十"字。

3. 衍文 4 例，试举二例：

（1）《王制》："南方曰蛮，雕题交趾，有不火食者矣。"郑注："交趾，足相乡然，浴则同川，卧则僻。"

孔疏：云"浴则同川，卧则僻"者，言首在外而足相乡内，故《典瑞》注云"僻而同邸"。正本直云"卧则僻"，无"同"字。俗本有"同"字，误也。（第540页）

孔疏校勘俗本郑注"同僻"因上文"同川"而衍一"同"字。因"僻"义为相背，若加上"同"字则语意不通。

（2）《礼器》："天子、诸侯之尊废禁，大夫、士棜禁。"郑注："废犹去也。棜，斯禁也。谓之棜者，无足，有似于棜，或因名云耳。"

孔疏：今定本无"世人"二字，熊氏以为"后世人因名云耳，谓后世作记之人始名为棜"，其义非也。（第974页）

此条校俗本郑注衍文"世人"二字，且校熊氏《义疏》。

4. 倒文 5 例

孔疏校勘郑注倒文，主要有两种情形：其一是郑注文本在传写中有倒文现象；其二是经、注、义疏在传写中出现窜文现象。各举二例：

（1）《郊特牲》："台门而旅树，反坫，绣黼丹朱中衣，大夫之僭礼也。"郑注："礼，天子外屏，诸侯内屏，大夫以帘，士以帷。"

孔疏：云"礼，天子外屏，诸侯内屏，大夫以帘，士以帷"者，《礼纬》文，南本及定本皆然。或云"大夫以帷，士以帘"，误也。（第1044页）

孔疏依据《礼纬》以及南本、定本中郑注文本，指正或本之倒文。

（2）《坊记》："《易》曰：'不耕获，不菑畬，凶。'"郑注："田一岁曰菑，二岁曰畬，三岁曰新田。"

孔疏：案《尔雅·释地》云"田一岁曰菑"，孙炎云："始菑杀其草木。""二岁曰新田"，孙炎云；"新成柔田也。""三岁曰畬"，孙炎云："畬，舒缓。"《周颂·传》亦云："三岁曰畬。"此云"三岁曰新田"者，误也。（第1976—1977页）

孔疏依据《尔雅》及其孙注，以及《诗·周颂》之《毛传》一道校勘郑注，并指正其误系倒文。

（3）《曲礼上》："孤子当室，冠衣不纯采。"郑注："早丧亲，虽除丧，不忘哀也。谓年未三十者。三十壮，有室，有代亲之端，不为孤也。当室，適子也。《深衣》曰：'孤子，衣纯以素。'"

孔疏：然注前解適子，后引《深衣》，似崔解也。（第38页）

孔疏推测崔灵恩《三礼义宗》引文被后人混入郑注。

（4）《檀弓下》："夫入门右，使人立于门外，告来者，狎则入哭。"郑注："北面，辟正主。"

孔疏：而《礼》本多将郑注"北面"为经文者，非也。案古旧本及卢、王《礼》亦无"北面"字，唯郑注云"北面"耳。庾蔚亦谓非经文也。（第356页）

孔疏依据卢、王本《礼记》以及庾蔚之说校勘郑本，指出"北面"系郑注文，此系郑注混入经文例。
5. 既脱又倒 1 例

《杂记上》："有父母之丧，尚功衰，而附兄弟之殇，则练冠附于殇，称'阳童某甫'，不名，神也。"郑注："以是时而祔大功亲以下之殇，大功亲以下之殇轻，不易服。"

孔疏：云"大功亲以下之殇轻，不易服"者，按《服问》，大功"殇长、中，变三年之葛"，得易首绖、要带，不得易服。故此祔祭者练冠也。此注，诸本或误云"大功亲之下殇"，故诸儒等难郑云："既是下殇，何得有弟冠？"范宣子、庾蔚等云："下殇者，传写之误，非郑缪也。"（第 1598 页）

郑注诸本实脱一"以"字，且"下"与"之"倒文。此系双重讹误。
（二）校勘郑注的异文

孔疏校勘郑注之异文，具体情况有三：郑氏《礼记注》不同版本之间的异文、郑氏《礼记注》与郑注其他文献的异文、郑氏《礼记注》征引文献与通行文献的异文。

1. 郑注不同版本之异文例：

（1）《月令》"其日甲乙"，郑注："乙之言轧也。日之行，春，东从青道，发生万物，月为之佐。时万物皆解孚甲，自抽轧而出，因以为日名焉。乙不为月名者，君统臣功也。"

孔疏：俗本云"君统臣功"，定本云"君统功"，无"臣"字，义俱通也。（卷 21，第 599 页）

（2）《月令》"是月也，农有不收藏积聚者，马牛畜兽有放佚者，取之不诘"，郑注："此收敛尤急之时，人有取者不罪，所以警惧其主也。《王居明堂礼》曰：'孟冬之月，命农毕积聚，系收牛马。'"

孔疏：引之者，证若不积聚、收牛马，他人取之不诘。俗本作"牧"，定本作"收"。（第 734 页）

此二例，孔疏皆校勘郑注的定本与俗本之异。
2. 郑玄《礼记注》与郑注其他文献的异文例

郑玄遍注群经，前后不一甚而自相矛盾者时有，孔疏以"文同而注异者，各随文势也"给予解释①。后儒则多有指责，潘祖荫为郭嵩焘《礼记质疑》序曰："郑君注礼之功，如江河日月不复可泯。……然所注既广，或有先后不同，彼此互异。按之经籍，时亦明而未融，盖宏纲大目虽已包举，而繁文隐义难于周检。故自魏氏以后，若王肃、孙毓、王基、陈统、孔晁、马昭之徒，各有所持，纷纭攻难，而其说终不妨并存。即皇侃专疏郑礼，而亦时有不同。孔颖达《礼记正义》坚不破注，无一字出入。然其疏《易》及《春秋左传》，则又时匡郑短。盖治经之道，贵于明辨审思，衷其是非，无取专己守残、阿党苟同也。"②揭示诸儒注经前后不一甚而自相矛盾之因。孔疏校勘郑注解经不一，主要是指出郑氏《礼记注》分别与其《周礼注》《仪礼注》《驳五经正义》《论语注》《毛诗笺》五种之异文。

（1）《礼记注》与《周礼注》异文例

①《月令》"兼用六物，大酋监之，毋有差贷"，郑注："酒熟曰酋。大酋者，酒官之长也，于周则为酒人。"

孔疏：云"于周则为酒人"者，《周礼·酒正》引此"大酋"为"酒正"也。此注大酋为"酒人"，不同者，以酒正掌作酒法，或及酒材之事，故引大酋证之。其实酒正掌酒之政令及酒出入之事，不亲监作。此大酋监作，故为酒人也，以酒人监作酒故也。（第733—734页）

此孔疏弥缝郑注之失，因郑注云"大酋者，酒官之长也"，遂以"酒正"释之。

②《表记》"卜、筮不相袭也"，郑注："袭，因也。大事则卜，小事则筮。"

孔疏："小事则筮"者，若《周礼·筮人》有"九筮"，"筮更""筮咸"之属是也。此与《曲礼》文同而注异者，各随文势也。（第2097页）

《曲礼上》"卜、筮不过三，卜、筮不相袭"，郑注："卜不吉则又筮，

---

① （汉）郑玄注，（唐）孔颖达正义，吕友仁整理：《礼记正义》，上海古籍出版社2008年版，第2097页。

② （清）郭嵩焘：《礼记质疑》，《续修四库全书》第106册，上海古籍出版社2002年版，第213页。

筮不吉则又卜，是渎龟策也。晋献公卜取骊姬不吉，公曰'筮之'是也。"①郑注前后显然不同。孔疏曰"各随文势"，以为此郑注据《表记》下文"大事有时日，小事无时日，有筮"而注也。实为弥缝《表记》郑注之误。孙希旦曰："'卜、筮不相袭'，言卜、筮既从者不可以更卜、筮也。"② 当以《曲礼注》为是。

（2）《礼记注》与《仪礼注》之异文例

《仲尼燕居》："以之闺门之内有礼，故三族和也。"郑注："三族，父、子、孙也。"

孔疏：云"三族，父、子、孙也"者，族，属也。从己而言父、子、孙，于己最近唯父、子、孙耳。案《昏礼》"三族之不虞"，郑注云："三族，谓父昆弟、己昆弟、子昆弟。"与此不同者，彼为请期，恐有期丧废昏，故云三族宜据期丧者，故与此不同。（第1931页）

孔疏认为，郑注《仲尼燕居》"三族"为"父、子、孙也"，承上文"闺门之内"而言。郑注《昏礼》"三族"谓"父昆弟、己昆弟、子昆弟"，与"期丧废昏"相关。

（3）《礼记注》与郑玄《驳五经异义》异文例

《曲礼上》："外事以刚日，内事以柔日。"郑注："顺其出为阳也。出郊为外事。《春秋传》曰：'甲午祠兵。'"

孔疏：此郑所引，直取甲午证用刚日事耳，其"祠兵"之文，郑所不用。故《异义》"《公羊》说以为甲午祠兵，《左氏》说甲午治兵"，郑驳之云："《公羊》字误也，以治为祠。"因为作说，引《周礼》四时田猎、治兵振旅之法，是从《左氏》之说，不用《公羊》也。（第118页）

郑注《曲礼上》引《公羊传》为说，其《驳五经异义》则曰"《公羊》字误也，以治为祠"，从《左氏》说。孔疏指出是"引《周礼》四时田猎、治兵振旅之法"，即《周礼》《左氏》皆言"治兵"也。

---

① （汉）郑玄注，（唐）孔颖达正义，吕友仁整理：《礼记正义》，上海古籍出版社2008年版，第117页。

② （清）孙希旦撰，沈啸寰等点校：《礼记集解》，中华书局1989年版，第94页。

(4)《礼记注》与《论语注》异文例

《明堂位》:"有虞氏之两敦,夏后氏之四琏,殷之六瑚,周之八簋。"郑注:"皆黍稷器,制之异同未闻。"

孔疏:按郑注《周礼·舍人》云:"方曰簠,圆曰簋。"此云未闻者,谓瑚琏之器与簋异同未闻也。郑注《论语》云:"夏曰瑚,殷曰琏。"不同者,皇氏云:"郑注《论语》误也。"此言两敦、四琏、六瑚、八簋者,言鲁之所得唯此耳。(第 1282 页)

孔疏指出此《礼记注》与郑氏《周礼注》《论语注》皆有不同:《周礼注》辨析簠、簋异同,此言未闻"瑚琏之器与簋"异同,《论语注》曰"夏曰瑚,殷曰琏",《明堂位》曰"夏后氏之四琏,殷之六瑚",而皇疏以《明堂位》为正。

(5)《礼记注》与《毛传》《郑笺》异文例

孔疏校勘此类最多,凡 10 例,其中仅 1 例郑注与《诗》注"大略同"。另外 9 例异文,孔疏归为三种情形。一是《礼记》引《诗》实为断章取义者 7 例,试举其三:

①《表记》:"《诗》云:'丰水有芑,武王岂不仕。诒厥孙谋,以燕翼子。武王烝哉!'"郑注:"芑,枸檵也。仕之言事也。诒,遗也。燕,安也。烝,君也。言武王岂不念天下之事,如丰水之有芑矣,乃遗其后世之子孙以善谋,以安翼其子也。君哉武王!美之也。"

孔疏:案《诗笺》以"诒"为"传",以"孙"为"顺",以"翼"为"敬",言传其所顺天下之谋以安其敬事之子孙,谓使其长行之也。与此乖者,引《诗》断章。此经云"数世之仁",故以为子孙而翼成之也。(第 2063 页)

②《射义》:"《驺虞》者,乐官备也。"郑注:"'乐官备'者,谓《驺虞》曰'壹发五犯',喻得贤者多也。"

孔疏:案《诗》义云,君射一发,则驱五犯兽,以军战之礼待禽兽之命,不忍特驱其一。此云"喻得贤者多",则以"犯"喻贤也,谓一发而得五犯,犹若君一求而得五贤。与《诗》文异者,断章为义。(第 2308 页)

孔疏指出此二例"与《诗》文异者,断章为义",故郑注与《毛诗笺》

不同,甚确。

③《孔子闲居》:"其在《诗》曰:'嵩高惟岳,峻极于天。惟岳降神,生甫及申。惟申及甫,惟周之翰。四国于蕃,四方于宣。'"郑注:"言周道将兴,五岳为之生贤辅佐仲山甫及申伯,为周之干臣,天下之蕃卫,宣德于四方,以成其王功。"

孔疏:案《诗·崧高》之篇,甫侯及申伯,甫侯,谓吕侯也。穆王之时,训夏赎刑谓《吕刑》,与申伯俱出伯夷之后,掌四岳之祀。又《诗·烝民》称仲山甫之贤,与《崧高》"生甫及申"全别。此云"仲山甫"者,案《郑志》:"注《礼》在先,未得《毛诗传》。"然则此注在前,故以"甫"为仲山甫。在后笺《诗》,乃得《毛传》,知甫侯、申伯同出伯夷之后,故与《礼》别也。(第1948页)

孔疏指出郑注"生甫及申"之"甫"为仲山甫,实误,"案《诗·崧高》之篇,甫侯及申伯,甫侯,谓吕侯也"。并论述郑注之失,在于"注《礼》在先,未得《毛诗传》"。孔疏据《郑志》为说,实不足信。杨天宇考辨曰:"郑玄注《礼记》时,不仅已见《毛传》,且与三家《诗》作过对比研究。"① 孙希旦曰"此《诗》宣王时尹吉甫送申伯所作,而记者引之,以证文武之事,断章之义也"②,甚是。

二是"郑为两说",实为自相矛盾者1例:

《经解》:"其在朝廷,则道仁圣礼义之序;燕处,则听《雅》《颂》之音;行步,则有环佩之声;升车,则有鸾和之音。"郑注:"《韩诗内传》曰:'鸾在衡,和在轼前。'升车则马动,马动则鸾鸣,鸾鸣则和应。"

孔疏:故《诗·秦风》云"輶车鸾镳",笺云"置鸾于镳,异于乘车",是乘车鸾在衡也。然郑于《商颂》笺云"在轼曰和,在镳曰鸾"。彼亦乘车,鸾在镳,与《秦诗》笺不同者,郑于《秦诗》已解,故于《商颂》略而不言,或可以经无正文,郑为两说。(第1907页)

---

① 杨天宇:《郑玄〈注〉〈笺〉中〈诗〉说矛盾原因考析》,《经学探研录》,上海古籍出版社2004年版,第28页。

② (清)孙希旦撰,沈啸寰等点校:《礼记集解》,中华书局1989年版,第1279页。

郑注引《韩诗外传》"鸾在衡",而《秦风笺》曰"置鸾于镳",异于"乘车鸾在衡",《商颂笺》"在轼曰和,在镳曰鸾",亦是乘车,又与《礼记注》同。所谓"郑为两说"。

三是因《毛诗》与"三家《诗》"相异者1例。

《坊记》:"《诗》云:'先君之思,以畜寡人。'"郑注:"此卫夫人定姜之诗也。定姜无子,立庶子衎,是为献公。畜,孝也。献公无礼于定姜,定姜作诗,言献公当思先君定公,以孝于寡人。"《释文》曰:"定姜之诗,此是《鲁诗》,《毛诗》为庄姜。"

孔疏:云"此卫夫人定姜之诗""献公无礼于定姜"者,案襄十四年《左传》云:"卫献公出奔,使告宗庙以无罪。"夫人定姜曰"余以巾栉事先君,而暴妾使余",若何无罪?是无礼之事。与《诗》注不同者,案《郑志》答炅模云:"注《记》时就卢君,后得《毛传》,乃改之。"凡注与《诗》不同,皆仿此。(第1961—1962页)

《诗·邶风·燕燕》"先君之思,以畜勖人",郑笺:"戴妫思先君庄公之故,故将归犹劝勉寡人以礼义。寡人,庄姜自谓也。"[1] 郑注与《毛诗笺》不同,陆德明《释文》曰"定姜之诗,此是《鲁诗》,《毛诗》为庄姜",以及孔疏所校,皆拘泥于汉代《诗》有齐、鲁、韩、毛四家的学术背景。李零校读郭店楚简《缁衣》篇指出,"《缁衣》引《诗》非《毛诗》或齐、鲁、韩三家《诗》",又曰"简本可与今本对勘,并可与《毛诗》和齐、鲁、韩三家诗比较,但其书早出,不必拘泥于汉代的家法概念,以为简本当属它们当中的某一种"[2]。同理,《礼记》所引之《诗》,早于汉代四家《诗》,因而不必"拘泥于汉代的家法概念"。

三 对郑玄校勘《礼记》经文的复校

郑注"三礼"受到推崇的原因之一,就是继承和发扬了汉儒治经以校勘为基础的传统。然而,郑注简洁,多不具体分析校勘对象讹误之因。孔疏对郑玄《礼记注》校例大多进行疏解,凡134例,实系一种再校勘的过程。归纳孔疏之功主要有五:分析其因、总结其法、考稽其据、贯通"三礼"与校正其误。

---

[1] (清)阮元校刻:《十三经注疏·毛诗正义》,中华书局1980年版,第298页中栏。
[2] 李零:《郭店楚简校读记》,中国人民大学出版社2007年版,第87—88页。

(一) 分析《礼记》讹误或异文之原因

郑注校勘经文，对其讹、衍、脱、倒、异等之因多未作详细分析，孔疏为之一一辨析，以补充郑注。如郑注校勘之讹误例，孔疏总结致误之因凡三：字形相似而误；古今字致误；字音相近而误。

1. 字形相似而误例

(1)《王制》："天子杀则下大绥，诸侯杀则下小绥，大夫杀则止佐车。"郑注："绥当为'緌'。緌，有虞氏之旌旗也。"

孔疏：绥字是糸旁妥，是登车之索。緌字是糸旁委，是旌旗之名。经作"绥"字，故云"绥当为緌"。（第507页）

(2)《文王世子》："摄主不厌祭，不旅，不假，不绥祭，不配。"郑注："假读为嘏。"

孔疏：云"假读为嘏"……以古旁之嘏，是福庆之辞。（第803页）

以上二例，孔疏皆先从字形上辨析，再从字义上辨别，分析透辟。

2. 辨古今字例

《曲礼上》："幼子常视毋诳。"郑注："视，今之'示'字。"

孔疏：古者观视于物及以物视人，则皆作"示"傍着"见"。后世已来，观视于物，作"示"傍着"见"，以物示人单作"示"字。故郑注经中"视"字者，是今之以物示人之"示"也。是举今以辨古。《昏礼》"视诸衿鞶"，注云："视乃正字，今文视作示，俗误行之。"言视正字也，言古之以物示人作"视"字为正，故云"视乃正字"。今文《仪礼》应为古"视"字，乃作今"示"字，故言俗误也。（第39页）

孔疏详析"视""示"同异，认为"今文《仪礼》作'示'字"，是俗误。并总结郑注校勘方法是"举今以辨古"。孔疏又疏解《仪礼·昏礼》郑注之校勘，于校勘之中贯通"三礼"。

3. 字音相近而误例

《内则》："炮：取豚若将，刲之刳之，实枣于其腹中，编萑以苴之，涂之以谨涂。"郑注："'将'当为'牂'，牂，牡羊也。……'谨'当为'墐'，声之误也。"

孔疏：以经云"取豚若将"，则将是豚类，故知"将当为'牂'"，声相近，又字体一边相似。……云"谨当为'墐'"者，以"谨"非泥涂之物，以声相近，故为"墐"也。（第1153页）

此例二处讹误，皆因"声相近"致误。

（二）总结郑注校勘之法

对郑玄《礼记注》校勘所运用的具体方法，孔疏虽未进行理论总结，但其对郑注校勘具体背景、手段以及过程的详尽训释，有利于后学对校勘方法的理论总结。

1. 对校法释例

（1）《曲礼上》："生与来日，死与往日。"郑注："与，或为予。"

孔疏：谓诸本《礼记》有作"予"字者，故云"与，或为予"。（第99页）

（2）《檀弓上》："童子曰：'华而睆，大夫之箦与？'"郑注："说者以睆为刮节目，字或为刮。"

孔疏：云"字或为刮"者，谓《礼记》之本有以"睆"字为"刮"，云"华而刮"者，故云"字或为刮"。（第251页）

以上二例，孔疏指出郑注以《礼记》不同版本互校，今谓之对校法。

2. 本校法释例

《曾子问》："曾子问曰：'殇不祔祭，何谓阴厌、阳厌？'"郑注："'祔'当为'备'，声之误也。"

孔疏：知"祔当为备"者，按《丧服小记》云："殇与无后者，从祖祔食。"今云"殇不祔祭"，与《小记》文乖，故知"祔当为备"。"备""祔"声相近，故云"声之误也"。（第808页）

孔疏指出郑注以《丧服小记》校勘《曾子问》，今谓之本校法。

3. 他校法释例

《王制》："制：三公一命卷，若有加，则赐也，不过九命。"郑注："卷，俗读也，其通则曰衮。"

孔疏：《礼记》文皆作"卷"字，是记者承俗人之言，故云"卷，俗读也"。云"其通则曰衮"者，谓以通理正法言之，则曰"衮"。故《周礼·司服》及《觐礼》皆作"衮"，是礼之正经也，故云"其通则曰衮"。（第479页）

孔疏指出郑注以《周礼》《仪礼》校勘《王制》，今谓之他校法。

4. 理校法释例

《文王世子》："庶子之正于公族者，教之以孝弟、睦友、子爱，明父子之义，长幼之序。"郑注："正者，政也。庶子，司马之属，掌国子之倅，为政于公族者。"

孔疏：以经之"正"字，乃是"正定"之正。今案在下皆论公之接待族人，及犯罪公之赦宥刑杀，皆君之所为，非庶子所正，故知庶子唯主其政令而已，故读为"政"也。（第850页）

孔疏指出，郑注"正者，政也"是依据下文经义而校勘，此即理校法。

5. 综合校法释例

《礼器》："臧文仲安知礼！夏父弗綦逆祀而弗止也，燔柴于奥。"郑注："奥，当为'爨'，字之误也。或作'灶'。"

孔疏：云"奥，当为'爨'，字之误也"者，下文云"老妇之祭，盛于盆，尊于瓶"，故知非"奥"。奥者，夏祀灶神，其礼尊，以老妇配之耳。故《中霤礼》祭灶，先荐于奥，有主有尸，用特牲迎尸，以下略如祭宗庙之礼，是其事大也。爨者，宗庙祭祀，尸卒食之后，特祭老妇，盛于盆，尊于瓶，是其事小也。云"或作灶"者，诸《礼记》本有作"灶"字，故云"或"也。（第985页）

孔疏指出，郑注依据下文校勘"奥，当为'爨'"，又据《礼记》诸本校勘，"奥"或误作"灶"。此系本校法结合对校法例。

（三）考证郑注校勘所据之文献

郑注多不注明校勘依据所出，孔疏指明其校勘所本文献凡27例，考释所征引文献（不含《礼记》）16种：《周易》《尚书》《诗》《周礼》《仪礼》《左传》《公羊传》《论语》《尔雅》《尚书大传》《尚书序》《韩诗外传》《白虎通》《说文解字》《世本》《史记》。孔疏揭示文献所出，无疑增强了说服力，有功于郑学，亦便于后人研读。

1. 据《世本》《左传》例

《檀弓下》:"公叔文子卒。"郑注:"文子,卫献公之孙,名拔,或作发。"

孔疏:案《世本》:"卫献公生成子当,当生文子拔。"拔是献公孙也。"或作发"者,以《春秋左氏传》作"发",故云"或作发"。(第 395 页)

此例郑注校勘过于简洁,孔疏指出其所本文献。

2. 据《韩诗外传》《尔雅》例

《檀弓下》:"文子曰:'武也得歌于斯,哭于斯,聚国族于斯,是全要领以从先大夫于九京也。'"郑注:"晋卿大夫之墓地在九原。'京'盖字之误,当为'原'。"

孔疏:知"京"当为"原"者,案《韩诗外传》云:"晋赵武与叔向观于九原。"又《尔雅》云:"绝高为京,广平曰原。"京非葬之处,原是坟墓之所,故为"原"也。(第 432 页)

郑注仅由"晋卿大夫之墓地在九原",得出"京盖字之误,当为原",过于简略,难以令人信服。孔疏据《韩诗外传》知当为"九原",又以《尔雅》"绝高为京,广平曰原",得出"京非葬之处,原是坟墓之所,故为'原'也"的结论,所释透辟。

3. 据《史记》例

《乐记》:"故《商》者,五帝之遗声也。……商之遗声也。商人识之,故谓之《商》。"郑校:"云'商之遗声'也,衍字也,又误。上所云'故《商》者,五帝之遗声也',当居此衍字处也。"

孔疏:但此经倒错,上下失叙,今依郑之所注,次而解之。所次依《史记·乐书》也。(第 1564 页)

孔疏指出《史记·乐书》为郑注校勘所本,据其"故《商》者,五帝之遗声也,商人志之,故谓之《商》"[①],可知此经"商之遗声也"五字

[①] (汉)司马迁撰,(宋)裴骃集解,(唐)司马贞索隐,张守节正义:《史记》,中华书局1959年版,第 1233 页。

衍文。

（四）复校之中贯通"三礼"

孔疏对郑注校勘进行复校之际，有17例贯通"三礼"，包括贯通《周礼》例、贯通《仪礼》例以及同时贯通《周礼》《仪礼》例三类。

1. 贯通《周礼》例

（1）《礼器》："庙堂之上，罍尊在阼，牺尊在西。"郑注："牺，《周礼》作'献'。"

孔疏：云"牺，《周礼》作'献'"者，案《周礼·司尊彝》"两牺尊"字作"两献尊"，郑云"献"读为"牺"。（第1007页）

郑注以《周礼》校《礼记》，孔疏则举郑氏《周礼注》与《礼记注》互校，指出当以"牺"为正。

（2）《少仪》："言语之美，穆穆皇皇。朝廷之美，济济翔翔。祭祀之美，齐齐皇皇。车马之美，匪匪翼翼。鸾和之美，肃肃雍雍。"郑注："'美'，皆当为'仪'，字之误也。《周礼》：'教国子六仪，一曰祭祀之容，二曰宾客之容，三曰朝廷之容，四曰丧纪之容，五曰军旅之容，六曰车马之容。'"

孔疏：云"'美'，皆当为'仪'"者，以《保氏》云"教国子六仪，一曰祭祀之容"，容即仪也，故知"'美'，皆当为'仪'"。郑彼注"祭祀之容""朝廷之容""车马之容"，皆引此文。其"宾客之容"，则此"言语穆穆皇皇"也。彼注"丧纪之容，累累颠颠；军旅之容，暨暨詻詻"，是《玉藻》文也。（第1393页）

郑注以《周礼》校《礼记》，孔疏则指出郑氏又以《礼记·少仪》《玉藻》注解《周礼·保氏》。

2. 贯通《仪礼》例

（1）《曲礼上》："幼子常视毋诳。"郑注："视，今之'示'字。"

孔疏：古者观视于物及以物视人，则皆作"示"傍着"见"。后世已来，观视于物，作"示"傍着"见"，以物示人单作"示"字。故郑注经中"视"字者，是今之以物示人之"示"也。是举今以辨古。《昏礼》"视诸衿鞶"，注云："视乃正字，今文视作示，俗误行之。"言视正字也，言古之以物示人作视字为正，故云"视乃正字"。今文《仪礼》应为古"视"字，乃作今"示"字，故言俗误也。（第38页）

孔疏详析"视""示"同异，总结郑注校勘方法是"举今以辨古"，同时又疏解《仪礼·昏礼》郑注。

（2）《月令》："天子居玄堂左个，乘玄路，驾铁骊，载玄旗，衣黑衣，服玄玉，食黍与彘。其器闳以奄。"郑注："今《月令》曰'乘轸路'，似当为'袗'字之误也。"

孔疏：郑以此月"乘轸路"，轸是车之后材，路皆有轸，何得云"乘轸路"？此"轸"字当衣旁着参，袗是玄色，故以今《月令》"轸"字似当为"袗"字，错误以车旁为之。必知"袗"字为色者，以此经云"乘玄路"，玄、袗义同，故《昏礼》云"女从者毕袗玄"。郑虽以袗为同，要袗是玄之类。（第720页）

此例郑注校勘"轸"，似为"袗"字误，孔疏指出其依据所在，又据《昏礼》"女从者毕袗玄"，以疏解"玄、袗义同"。

3. 同时贯通《周礼》《仪礼》例

（1）《王制》："制：三公一命卷，若有加，则赐也，不过九命。"郑注："卷，俗读也，其通则曰'衮'。"

孔疏：《礼记》文皆作"卷"字，是记者承俗人之言，故云"卷，俗读也"。云"其通则曰衮"者，谓以通理正法言之，则曰"衮"。故《周礼·司服》及《觐礼》皆作"衮"，是礼之正经也，故云"其通则曰衮"。（第479页）

此例孔疏指出，郑注是以《周礼》《仪礼》校勘《王制》，认为《周礼》《仪礼》是"礼之正经"。

（2）《玉藻》："天子佩白玉而玄组绶，公侯佩山玄玉而朱组绶，大夫佩水苍玉而纯组绶，世子佩瑜玉而綦组绶，士佩瓀玟而缊组绶。"郑注："纯，当为'缁'。古文'缁'字或作丝旁才。綦，文杂色也。缊，赤黄。"

孔疏：云"纯，当为缁"者，以经云"玄组""朱组"皆是色，则"纯"亦是色也，故读"纯"为"缁"。郑读"纯"为"缁"，其例有异。若经文丝帛义分明，而色不见者，即读纯为"缁"。《媒氏》云"纯帛不过伍两"，以有"帛"字，故"纯"为"缁"。《祭统》云后、夫人蚕事"以供纯服"，以其供蚕丝义分明，故读"纯"为"缁"。《论语》云："麻冕，礼也，今也纯，俭。"称古用麻，今用纯，则丝可知也。以色不见，故读"纯"为"缁"。若色见而丝不见，则不破纯字，以纯为丝。《昏礼》"女次纯衣"，注云"纯衣，丝衣"。如此之类是也。（第1233页）

此例孔疏阐释郑注校勘"纯，当为'缁'"，并借疏通《礼记》经、注而疏解《周礼·媒氏》"纯帛不过伍两"与《仪礼·昏礼》"女次纯衣"及其郑注，同时又疏解《礼记·祭统》等。

（五）校正部分郑注误校例

孔疏复校郑注校勘，一般遵从郑校，体现出尊郑特色，但亦有校正其误之例。

《礼运》："故先王秉蓍、龟，列祭祀，瘗缯，宣祝嘏辞说，设制度。"郑注："埋牲曰瘗，币帛曰缯。……缯，或作赠。"

孔疏："瘗缯"者，瘗，埋也，谓祀地埋牲也。《祭法》云："瘗埋于泰折，祭地也。"币帛曰缯。缯之言赠也，谓埋告又赠神也。（第936页）

郑注曰"币帛曰缯"，显然主张为"缯"。又曰"缯，或作赠"，他本有言作"赠"字者，而孔疏实主"赠"字。俞樾云："按缯，帛也。然此缯字则非谓帛，乃是埋币帛之名。郑注云：'埋牲曰瘗，币帛曰缯。'币帛上亦当有埋字，蒙上句而省耳。孔氏《正义》曰：'币帛曰缯，缯之言赠也，谓埋告又赠神也。'"[①] 杨天宇据俞樾所校，认为"当从或本作赠为是"[②]。

四 对其他相关文献的校勘

为更好地疏通经、注，孔疏博采经史子集，凡有助于读者理解经注之文献，皆网罗征引。孔疏对相关文献及其注解也进行了一定的比勘：或校勘其误，以正经义；或罗列异文，以供参考；或比勘众本，以明其学；或斟酌诸

[①] （清）俞樾：《礼记异文笺》，（清）王先谦编：《清经解续编》第5册，上海书店出版社1988年版，第990页。

[②] 杨天宇：《郑玄三礼注研究》，中国社会科学出版社2008年版，第513页。

家，以断句读；等等。孔疏校勘相关文献凡 24 例，涉及文献除《礼记》及其郑注外，仍达 35 种之多。

（一）校勘相关文献例

1. 校勘《周礼》

《郊特牲》："宾入大门而奏《肆夏》，示易以敬也，卒爵而乐阕。"
孔疏：案《钟师·九夏》皆"夏"文在下，而南本《纳夏》独"夏"文在上，其义疑也。（第 1038 页）

《钟师》"九夏"之文见《周礼·春官宗伯》。阮元《校勘记》："惠栋云：'南本《仪礼》纳夏作夏纳。'"① 以此为校南本《仪礼》。今按《仪礼》无"纳夏"或"夏纳"之文，孔疏实为校《周礼》之南本。

2. 校勘《仪礼》

《祭义》："壹命齿于乡里，再命齿于族，三命不齿。"
孔疏：今案《仪礼·乡饮酒》及《乡射》无"壹命齿于乡里，再命齿于族"之文。此壹命、再命之文在《党正》。故郑注《乡饮酒》云"此篇无正齿位之事"是也。虽无正齿位之事，其实《乡射》《乡饮酒》亦有正齿位之礼，但文不备也。（第 1857 页）

此以《礼记》校勘《仪礼》，指出其《乡射》《乡饮酒》理应有正齿位之礼，但"文不备也"。

3. 校勘许慎《五经异义》

《乐记》："郑、卫之音，乱世之音也，比于慢矣。"
孔疏：案《异义》云："今《论语》说，郑国之为俗，有溱、洧之水，男女聚会，讴歌相感，故云'郑声淫'。《左传》说'烦手淫声'，谓之郑声者，言烦手躑躅之声，使淫过矣。"许君谨案："《郑诗》二十一篇，说妇人者十九矣，故'郑声淫'也。"今案《郑诗》说妇人者唯九篇，《异义》云"十九"者，误也，无"十"字矣。（第 1466 页）

此例孔疏借疏解《乐记》而校勘许慎《五经异义》衍一"十"字。

---

① （清）阮元校刻：《十三经注疏·礼记正义》，中华书局 1980 年版，第 1451 页上栏。

4. 校勘某"《传》"

《祭义》:"古者天子、诸侯必有公桑蚕室,近川而为之,筑宫,仞有三尺,棘墙而外闭之。"

孔疏:墙七尺曰仞,言墙之七尺又有三尺,高一丈也。《传》云"雉有三尺","雉"字者误也。(第1841页)

孔疏以《祭义》校勘"《传》云'雉有三尺'"之"雉",当为"仞"。今不知此"《传》"指何书。

5. 校勘《尔雅》

《表记》:"夏道尊命……其民之敝,惷而愚,乔而野,朴而不文。"郑注:"以本不困于刑罚,少诈谖也。"《释文》:"谖,况袁反,诈也,忘也。"

孔疏:以夏尚仁恩,其民不困苦于刑罚,及其衰末,犹有先世遗风,少有诈伪谖妄。《尔雅·释训》云:"萲、谖,忘也。"则忘字"亡"下著"心"。今与诈相对,则谖是诈之义,当"亡"下著"女"也。(第2079页)

孔疏校勘《尔雅·释训》,认为其以"忘也"训释"萲、谖",据郑注"谖"是诈之义,则"忘"当作"妄"。而《释文》亦作"忘"字。《说文》"从㲋,谖,诈也",段注:"《卫风》:'终不可谖兮。'《传》曰:'忘也。'此谖盖蘐之假借。蘐,本令人忘忧之草,引申之,凡忘者皆曰蘐。"① 则"蘐""谖"相通,而"忘""妄"亦相通,孔疏误也。

6. 校勘郑玄《周礼注》

《礼运》:"故玄酒在室,醴盏在户,粢醍在堂,澄酒在下。"郑注:"《周礼》:'五齐:一曰泛齐,二曰醴齐,三曰盎齐,四曰醍齐,五曰沈齐。'字虽异。盏与盎,澄与沈,盖同物也。"

孔疏:云"盏与盎、澄与沈,盖同物"者,以《酒正》文醴、缇之间有盎,此醴醍之间有盏;又《周礼》"缇齐"之下有"沈齐",此醍齐之下有澄齐,故云"盏与盎,澄与沈,盖同物也"。案此注,澄是

---

① (汉)许慎撰,(清)段玉裁注:《说文解字注》,上海古籍出版社1988年版,第96页。

沈齐，案《酒正注》："澄酒，是三酒。"二注不同。故赵商疑而致问，郑答之云："此本不误，转写益'澄'字耳。"如郑所答，是转写《酒正》之文，误益"澄"字，当云"酒，三酒也"，则是与《礼运》注同。（第895—896页）

孔疏以郑《礼记注》校其《周礼注》。《周礼·天官冢宰·酒正》："大祭三贰，中祭再贰，小祭壹贰，皆有酌数。唯齐酒不贰，皆有器量。"郑注曰："三贰、再贰、一贰者，谓就三酒之尊而益之也。《礼运》曰：'玄酒在室，醴盏在户，粢醍在堂，澄酒在下。'澄酒是三酒也。益之者，以饮诸臣，若今常满尊也。"① 谓"澄酒是三酒"，据孔疏引《郑志》可知，衍一"澄"字。

（二）复校前贤误勘例

孔疏还对其他前贤所校经、注内容进行复校，指正其中部分讹误。《礼记正义序》曰"据皇氏以为本，其有不备，以熊氏补焉"，孔疏主要是据皇侃、熊安生两家《义疏》删削而成，对其进行校勘自是必要的。

1. 校勘皇疏之误四例，试举其二。

（1）《玉藻》："天子玉藻，十有二旒，前后邃延，龙卷以祭。"郑注："'前后邃延'者，言皆出冕前后而垂也，天子齐肩。延，冕上覆也，玄表纁里。"

孔疏：皇氏以《弁师注》"冕，延之覆，在上"，以《弁师》经有"冕"文，故先云"冕，延之覆，在上"。此经唯有"延"文，故解云"延，冕上覆"。今删定诸本，《弁师注》皆云"延，冕之覆，在上"。皇氏所读本不同者，如皇氏所读《弁师》"冕，延之覆，在上"，是解"冕"不解"延"。今按《弁师注》意，云"延，冕之覆，在上"，是解"延"不解"冕"也。皇氏说非也。（第1176页）

孔疏指出《周礼·弁师注》"延，冕之覆，在上"，皇氏本误为"冕，延之覆，在上"。皇氏认为《弁师》有"冕"文，故应为"冕，延之覆，在上"，与此《玉藻注》不同。今核之《周礼》及其郑注，《弁师》"弁师，掌王之五冕，皆玄冕，朱里，延，纽"，郑注曰："冕服有六而言五冕者，大裘

---

① （清）阮元校刻：《十三经注疏·周礼注疏》（附校勘记），中华书局1980年版，第669页下栏。

之冕盖无旒，不联数也。延，冕之覆，在上，是以名焉。"① 孔疏校勘甚是。

(2)《文王世子》："祝声三，曰：'某之子某，从执事敢见。'"

孔疏：皇氏云："于时未立子名，不得云'某氏之子某，从执事'。下有'某'字者，误也。"今按定本及诸本皆有"某"字。子升堂之时，大宰即位立名，告殡云："某之子某。"（第754—755页）

孔疏驳皇氏所校，认为"定本及诸本皆有'某'字"为当。孔疏详释之曰："按《内则》及《左传》桓六年，皆三月乃名之。今此因负子，三日即名之，以丧事促遽，于礼简略，不暇待三月也。上见殡之时，既以名告，故云'某之子某'。郑于此乃解名者，以经有名文而遂解之，非谓告山川之时始作名也。若依皇氏以'见殡后乃作名'。故郑于此解之。"② 甚是。

2. 校勘熊疏误例有二，试举其一。

《檀弓下》："季武子寝疾，蟜固不说齐衰而入见，曰：'斯道也，将亡矣。士唯公门说齐衰。'"郑注："蟜固能守礼，不畏之，矫失俗也。"

孔疏：据郑此言，则蟜固，人之姓名，其字从虫。若矫正之字，从矢。熊氏云："或有人矫武子固陋。"对文不知，一何甚也！（第352页）

孔疏据郑注断定"蟜固"系"人之姓名"。若以熊氏说，"蟜固"之"蟜"则当为"矫正"之"矫"，熊氏误以"蟜固"为"矫武子固陋"之意。

3. 校勘某南本之误

《郊特牲》："大飨尚腶修而已矣。"

孔疏："大飨尚腶修而已矣"者，谓诸侯行朝飨及灌以后，而天子飨燕食之也。若上公则三飨、三食、三燕，若侯伯则再飨、再食、再燕，若子男则壹飨、壹食、壹燕也。南本或云"侯伯亦三飨"，误也。（第1030页）

---

① （清）阮元校刻：《十三经注疏·周礼注疏》（附校勘记），中华书局1980年版，第854页中栏。

② （汉）郑玄注，（唐）孔颖达正义，吕友仁整理：《礼记正义》，上海古籍出版社2008年版，第755页。

此疏据礼制推理校勘南本中某《义疏》之误,甚是。

4. 校勘王肃《礼记注》

《祭义》:"子曰:'济济者,容也、远也。漆漆者,容也自反也。容以远,若容以自反也,夫何神明之及交?夫何济济漆漆之有乎?'"郑注:"容以远,言非所以接亲亲也。容以自反,言非孝子所以事亲也。"《释文》:"济济者,客也,口白反,宾客也,下'客以远'同。容也,羊凶反,仪容也。下'若容以自反'同。"

孔疏:其"容也、远也",王肃以容为客,皇氏用王肃以客有其容之义,其义亦通,但于文势不便……或"容"为"客"字,则是义远,何须云"容以远"?又"客以自反"与"容以远"相对,一字为"容",一字为"客",未之有也。又王肃为"客"字破郑义,明郑义"容"字也。(第1814—1815页)

"容也、远也",据郑注可知,郑本为"容",王肃、皇侃校勘以为当为"客",孔疏主郑义而驳王说、皇说。陆德明《释文》亦主王说。

毋庸讳言,孔疏复校前贤校勘,亦有不当处,下文将专节论述。

(三)校前贤不同句读例

孔疏对经文及其郑注进行断句,实为更好地训释其义。修撰《五经正义》是为广大士子提供统一经学教材,对前贤句读分歧也应予以校读。试举孔疏校读二例:

(1)《郊特牲》:"周人尚臭,灌用鬯臭,郁合鬯,臭阴达于渊泉。"《释文》:"灌用鬯臭,绝句。庾以'鬯'字绝句。……合鬯,绝句。"

孔疏:"郁合鬯"者,郁,郁金草也。鬯,谓鬯酒,煮郁金草和之,其气芬芳调鬯也,又以捣郁汁和合鬯酒,使香气滋甚,故云郁合鬯也。……庾氏读句,则云"臭郁合鬯"。(第1100页)

孔疏断句与陆德明《释文》相合,孙希旦《礼记集解》亦从孔疏断句[①]。若依庾蔚之句读,应标为:"周人尚臭,灌用鬯,臭郁合鬯,臭阴达于渊泉。"

[①] (清)孙希旦撰,沈啸寰等点校:《礼记集解》,中华书局1989年版,第713页。

(2)《丧大记》："君拜寄公、国宾、大夫、士，拜卿大夫于位，于士旁三拜。夫人亦拜寄公夫人于堂上，大夫内子、士妻，特拜命妇，泛拜众宾于堂上。"

孔疏：以上皆是皇氏所说。熊氏以为："大夫、士拜卿大夫、士者，是卿大夫、士家自遭丧，小敛后拜卿大夫于位，士旁三拜。大夫内子、士妻，亦谓大夫、士妻家自遭丧，小敛后拜命妇及拜士妻之礼。大夫、士各自遭丧，并言之者，以其大夫、士家丧，小敛后拜宾同故也。"此即君、大夫、士之丧，小敛后拜宾，且与上文未小敛时文类，其义逾于皇氏矣。（第1711页）

皇、熊二家因断句有异恶解经不同。孔疏虽云熊氏"其义逾于皇氏"，但仍先采用皇说解经，即应标为："君拜寄公、国宾、大夫、士，拜卿大夫于位，于士旁三拜。夫人亦拜寄公夫人于堂上、大夫内子、士妻，特拜命妇，泛拜众宾于堂上。"若以熊氏说可标为："君拜寄公、国宾。大夫、士拜卿大夫于位，于士旁三拜。夫人亦拜寄公夫人于堂上。大夫内子、士妻特拜命妇，泛拜众宾于堂上。"孙希旦《礼记集解》[①]、朱彬《礼记训纂》[②]亦主熊氏说。黄以周云："皇氏谓君拜大夫士，误。谓君拜大夫于其位，更误。当以熊读为长。"[③] 吕友仁亦主孙氏等说[④]。

（四）校勘征引文献之异文例

《汉志》："昔仲尼没而微言绝，七十子丧而大义乖。故《春秋》分为五，《诗》分为四，《易》有数家之传。战国从衡，真伪分争，诸子之言纷然殽乱。"[⑤] 先秦诸子蜂起，百家争鸣，加之时代变迁，《礼记》记载与其他文献有所不同实属必然。

(1)《曲礼下》："君使士射，不能则辞以疾。言曰：'某有负薪之忧。'"

孔疏：《白虎通》云："天子病曰不豫，言不复豫政也。诸侯曰负

---

① （清）孙希旦撰，沈啸寰等点校：《礼记集解》，中华书局1989年版，第1141—1142页。
② （清）朱彬撰，饶钦农点校：《礼记训纂》，中华书局1996年版，第664页。
③ （清）黄以周撰，王文锦点校：《礼书通故》，中华书局2007年版，第496页。
④ 吕友仁：《点校本〈礼记正义〉诸多失误的自我批评》，北京大学《儒藏》编纂与研究中心编：《儒家典籍与思想研究》（第6辑），北京大学出版社2014年版，第172页。
⑤ （汉）班固撰，（唐）颜师古注：《汉书》，中华书局1962年版，第1701页。

子。子，民也，言忧民不复子之也。"桓十六年，卫侯朔出奔齐，《公羊》云有疾曰"负兹"。诸侯之疾所以名不同者，盖"子""兹"声相近，其字相乱，未知孰是。《音义隐》云："天子曰不豫，诸侯曰不兹，大夫曰犬马，士曰负薪。"（第140页）

孔疏以《白虎通》《公羊传》《音义隐》三者与《曲礼下》互校，指出诸侯云有疾其说有三：《白虎通》曰"负子"；《公羊传》曰"负兹"；《音义隐》曰"不兹"。所记不同，要之，皆为"有疾"之委婉用语。

（2）《月令》："东风解冻，蛰虫始振，鱼上冰，獭祭鱼，鸿雁来。"
孔疏：凡二十四气，按《三统历》：正月节立春，雨水中。二月节惊蛰，春分中。三月节谷雨，清明中。四月节立夏，小满中。五月节芒种，夏至中。六月节小暑，大暑中。七月节立秋，处暑中。八月节白露，秋分中。九月节寒露，霜降中。十月节立冬，小雪中。十一月节大雪，冬至中。十二月节小寒，大寒中。按《通卦验》及今历，以清明为三月节，谷雨为三月中，余皆与《律历志》并同。（第609页）

此例孔疏将《三统历》《易纬·通卦验》以及"今历"三者加以比勘。《三统历》由西汉末刘歆考定："向子歆究其微眇，作《三统历》及《谱》以说《春秋》，推法密要，故述焉。"[①]《汉书·律历志》曰"至元始中，王莽秉政，欲耀名誉，征天下通知钟律者百余人，使羲和刘歆等典领条奏，言之最详。故删其伪辞，取正义，著于篇"[②]，其系《三统历》删定而成。孔疏故曰"皆与《律历志》并同"。

（3）《学记》："大学之礼，虽诏于天子，无北面，所以尊师也。"
郑注："尊师重道焉，不使处臣位也。武王践阼，召师尚父而问焉，曰：'昔黄帝、颛顼之道存乎意，亦忽不可得见与？'师尚父曰：'在丹书。王欲闻之，则齐矣。'王齐三日，端冕，师尚父亦端冕，奉书而入，负屏而立。王下堂，南面而立。师尚父曰：'先王之道不北面。'王行，西折而南，东面而立，师尚父西面，道书之言。"

孔疏："'武王践阼'以下，皆《大戴礼·武王践阼篇》也。……今

---

① （汉）班固撰，（唐）颜师古注：《汉书》，中华书局1962年版，第979页。
② （汉）班固撰，（唐）颜师古注：《汉书》，中华书局1962年版，第955页。

捡（检）《大戴礼》唯云"帝颛顼之道"，无"黄"字，或郑见古本不与今同，或后人足"黄"字耳。……云"师尚父亦端冕"者，案《大戴礼》无此文，郑所加也。云"西折而南，东面"者，案《大戴礼》唯云"折而东面"，此"西折而南"，"南"字亦郑所加。云"师尚父西面道书之言"者，皇氏云："王在宾位，师尚父主位，故西面，王庭之位。若寻常师徒之教，则师东面，弟子西面，与此异也。"其丹书之言，案《大戴礼》云："其书之言曰：'敬胜怠者强，怠胜敬者亡。'"《瑞书》云："敬胜怠者吉，怠胜敬者灭，义胜欲者从，欲胜义者凶。"与《瑞书》同矣。（第1444页）

此例以《大戴礼记·武王践阼》校郑注，不同之处有三。孔疏认为"或郑见古本不与今同"，或"郑所加"。又以《瑞书》校《大戴礼记·武王践阼》"丹书"之异同。吕友仁据《战国楚简·武王践阼》详加比勘，指正孔疏部分句读讹误：

"黄帝、颛顼之道存乎意，亦忽不可得见与"，按：《战国楚简·武王践阼》释文作"不知黄帝、颛顼、尧、舜之道在乎？意微丧不可得而睹乎？""意"字属下为句。"今检《大戴礼》唯云帝颛顼之道无黄字"，按：《战国楚简·武王践阼》有"黄"字。"师尚父亦端冕者案《大戴礼》无此文郑所加也"，按：《战国楚简·武王践阼》亦无"师尚父亦端冕"之文，可能就是"郑所加也"。"南字亦郑所加"，按：《战国楚简·武王践阼》作"曲折而南"，有"南"字。则"南"字非郑所加。①

由此例可知，郑玄确实据"古本"校勘《礼记》，故所言多不虚也。

（五）谨慎存疑例

孔疏对难以裁断正误者，一般罗列诸说，谨慎存疑，以备"贤者裁焉"②。

（1）《玉藻》："朔月少牢，五俎四簋。"郑注："朔月四簋，则日食粱、稻各一簋而已。"

孔疏：以朔月四簋，故知日食二簋。以粱、稻美物，故知各一簋。

---

① 吕友仁：《点校本〈礼记正义〉诸多失误的自我批评》，北京大学《儒藏》编纂与研究中心编：《儒家典籍与思想研究》第6辑，北京大学出版社2014年版，第129—130页。

② （汉）郑玄注，（唐）孔颖达正义，吕友仁整理：《礼记正义》，上海古籍出版社2008年版，第594页。

《诗》云："每食四簋。"注云："四簋，黍、稷、稻、粱。"是簋盛稻粱也。且此文诸本皆作"簠"字，皇氏以注云"稻粱以簠，宜盛稻粱"，故以"四簠"为"四簋"，未知然否。（第1185页）

皇疏不从经、注，然其说又取自郑氏《仪礼注》《周礼注》。曰"四簋"，或曰"四簠"，实为经文混乱，郑氏亦为两说。孔氏《毛诗正义》又为郑说不一而竭力弥缝之："《地官·舍人》注云：'方曰簠，圆曰簋。'则簠、簋之制，其形异也。案《公食大夫礼》云：'宰夫设黍稷六簋。'又云：'宰夫授公粱，公设之。宰夫膳稻于粱西。'注云：'膳犹进也。进稻粱者以簠。'《秋官·掌客》注云：'簠，稻粱器也。簋，黍稷器也。'然则稻粱当在簠，而云'四簋，黍稷稻粱'者，以诗言'每食四簋'，称君礼物大具，则宜每器一物，不应以黍稷二物分为四簋。以公食大夫礼有稻有粱，知此四簋之内兼有稻粱。公食大夫之礼，是主国之君与聘客礼食，备设器物，故稻粱在簠。此言每食，则是平常燕食，器物不具，故稻粱在簋。公食大夫，黍稷六簋，犹有稻粱。此唯四簋者，亦燕食差于礼食也。"① 郑氏《三礼注》说法不一，孔疏综合其说，较为圆通。

（2）《玉藻》："史进象笏，书思对命。"郑注："书之于笏，为失忘也。"

孔疏："'史进象笏'者，史，谓大夫亦有史官也。熊氏云：'按下大夫不得有象笏，有"象"字者误也。'熊氏又解与明山宾同，云'有地大夫，故用象'。皇氏载诸所解皆不同，以此为胜，故存之耳。（第1190页）

熊氏似作两解，皇疏记载诸说，孔疏皆未裁断，后世学者亦多承前贤。孙希旦《礼记集解》曰"象笏者，大夫之笏，以象为本也"②；朱彬《礼记训纂》引《正义》曰，"熊氏云'有地大夫，故用象'"③，实无新解。

以上考察了孔疏对《礼记》、郑玄《礼记注》、郑注所校内容以及孔疏所征引文献四方面的校勘情况。孔疏重点校勘《礼记》及其郑注，对其讹误、衍文、脱文、倒文等现象一一比勘；还对《礼记》及其郑注文本中的各

---

① （清）阮元校刻：《十三经注疏·毛诗正义》，中华书局1980年版，第374页下栏。
② （清）孙希旦撰，沈啸寰等点校：《礼记集解》，中华书局1989年版，第788页。
③ （清）朱彬撰，饶钦农点校：《礼记训纂》，中华书局1996年版，第449页。

种异文进行校勘；对郑玄校勘《礼记》经文进行复校，并分析其因、总结其法、考稽其据、贯通"三礼"并校正其误。孔疏还对其他相关文献进行了比勘，或校勘其误，以正经义；或罗列异文，以供参考；或比勘众本，以明其学；或斟酌诸家，以断句读；等等。总之，《礼记正义》重视校勘，其校勘内容之繁，校勘问题之多，校勘对象之广，可谓洋洋大观。

第四节 《礼记正义》的校勘特点

叶纯芳认为，校勘并非枯燥的对校文字的异同，"可以从作者所使用的底本、引用书，探讨作者的学术走向，与理解内容而提出创见的贡献可说是不相上下"[①]。孔疏于校勘之中体现出一定的学术特点，归纳之，除了方法灵活多样，还具有以下特点：广集众本，择善而从；勘正讹误，详析原因；治学严谨，辨异存疑；"礼是郑学"，尊重郑校；于校勘之中，贯通"三礼"；等等。

一 广集众本，择善而从

章学诚言："校书宜广储副本。"[②]孔疏校勘《礼记》，其特点之一就是广采众本。《礼记正义》以郑注本中经过前贤校定之定本为底本，并以多种《礼记》他本校勘之。在上文所列的22种《礼记》版本之中，由于孔疏的语焉不详，其中遗漏未列与重复并包或许并存。然而，可以肯定的是，孔疏参考了二十余种版本，不仅范围较广，而且具有一定的代表性。大致可分为三类：择郑玄注本之善本为底本，并参以其他郑注本；同时，以汉以来著名《礼记》学者的本子以及古本作为参校本以校勘郑本，如蔡邕本、卢植本、王肃本、古旧本、皇疏本、熊疏本、徐邈本、崔灵恩本等；且不轻易抛弃流传于民间的一般俗本、或本、而本、诸本、他本等。孔疏校勘固然多据郑本，而遵从郑注的同时，对诸家成果精心比勘，而非唯郑注马首是瞻，尽可能做到择善而从。

（一）不迷信郑注校勘

据孔疏文本可知，孔颖达等为确保郑注文本的精确，在选定《礼记注》底本之后，还采用了数种参校本进行了大量校勘，今可考者达11种之多。

[①] 叶纯芳：《理解版本的方法与效用》，[日]乔秀岩、叶纯芳：《文献学读书记》，生活·读书·新知三联书店2018年版，第1—2页。

[②] （清）章学诚著，叶瑛校注：《文史通义校注》，中华书局1985年版，第984页。

即使如此，孔疏仍不迷信郑注校勘。

> 《坊记》："《易》曰：'不耕获，不菑畬，凶。'"郑注："田一岁曰菑，二岁曰畬，三岁曰新田。"
> 孔疏：案《尔雅·释地》云"田一岁曰菑"，孙炎云"始菑杀其草木"。"二岁曰新田"，孙炎云"新成柔田也"。"三岁曰畬"，孙炎云"畬，舒缓"。《周颂·传》亦云"三岁曰畬"。此云"三岁曰新田"者，误也。（第 1976—1977 页）

孔疏据《尔雅·释地》及其孙注，结合《诗·周颂》之《毛传》，即以多种文献一道校勘郑注。与此例相关，孔颖达对《毛诗·小雅·采芑》"薄言采芑，于彼新田，于此菑亩"及其《毛传》"兴也。芑，菜也。田一岁曰菑，二岁曰新田，三岁曰畬。宣王能新美天下之士，然后用之"的疏解中，有着一段更为详尽的阐释：

> 孔疏："一岁曰菑，二岁曰新田，三岁曰畬"，《释地》文。菑者，灾也。畬，和柔之意。故孙炎曰："菑，始灾杀其草木也。新田，新成柔田也。畬，和也，田舒缓也。"郭璞曰："今江东呼初耕地反草为菑是也。"《臣工传》及《易注》皆与此同。唯《坊记注》云："二岁曰畬，三岁曰新田。"《坊记》引《易》之文，其注理不异，当是转写误也。田耕二岁，新成柔田。采必于新田者，新美其菜，然后采之，故以喻宣王新美天下之士，然后用之也。①

《毛诗正义》曰"《坊记》引《易》之文，其注理不异，当是转写误也"，由此可知，孔颖达等经师对文本在长期流传中会因转写致误有着清晰的认识，对郑本加以精校。

（二）不排斥王肃注校勘

皮锡瑞曰："郑学出而汉学衰，王肃出而郑学亦衰。肃善贾、马之学，而不好郑氏。"②孔疏采纳王肃《礼记注》校勘成果，并未因其"不好郑氏"而一味排斥之。

---

① （清）阮元校刻：《十三经注疏·毛诗正义》，中华书局 1980 年版，第 425 页下栏—426 页上栏。

② （清）皮锡瑞著，周予同注释：《经学历史》，中华书局 1959 年版，第 155 页。

(1)《檀弓下》:"夫入门右,使人立于门外,告来者,狎则入哭。"郑注:"北面,辟正主。"

孔疏:而《礼》本多将郑注"北面"为经文者,非也。案古旧本及卢、王《礼》亦无"北面"字,唯郑注云"北面"耳。庾蔚亦谓非经文也。(第356页)

此以古旧本及卢植本、王肃本校勘"而《礼》本",指正其误并分析其误缘于将郑注"北面"二字混入经文。

(2)《礼器》:"是故君子大牢而祭谓之礼,匹士大牢而祭谓之攘。"

孔疏:检于《礼》本,时有"匹"字作"正"字者。有通者云:天子大夫常祭亦大牢,故此文云大夫大牢谓之礼,正也。若诸侯大夫自常祭少牢,加一等乃大牢耳。《少牢馈食》是诸侯大夫礼也。崔氏亦用此义。然卢、王《礼》本并作"匹"字矣。今定本及诸本并作"正"字,熊氏依此本而为"正"字,恐误也。(第980页)

此例孔疏从卢、王本,以证定本及诸本之误。

(三)不抛弃一般俗本

胡朴安曰:"经籍,文字既虑其误讹遗脱,又患其俗书间杂,破坏字体。"[①] 此论诚然。孔疏以定本校勘俗本讹误多例,亦非唯定本马首是瞻,而以俗本、诸本比勘定本,尽可能做到择善而从。

(1)《月令》:"其日甲乙。"郑注:"日之行,春,东从青道,发生万物,月为之佐。时万物皆解孚甲,自抽轧而出,因以为日名焉。乙不为月名者,君统臣功也。"

孔疏:云"乙不为月名者,君统臣功也"者,月既佐日,同有甲乙之功。今独以甲乙为日名,不以乙为月名,故云"君统臣功"。君谓日也。日统领月之功,犹若君统领臣之功,以为己功。俗本云"君统臣功",定本云"君统功",无"臣"字,义俱通也。(第598—599页)

孔疏比勘定本、俗本,认为"义俱通也",未轻易抛弃俗本。《毛诗·

[①] 胡朴安撰,王云五主编:《校雠学》,上海商务印书馆1952年版,第22页。

《豳风·破斧》"哀我人斯,亦孔之将",郑笺云:"此言周公之哀我民人,其德亦甚大也。"孔疏:"《书序》言成王者,以周公摄政耳,成王则为主,君统臣功,故言成王。此则专美周公,据论实事,故言周公东征也。"① 《毛诗·小雅·六月》毛传:"《六月》言周室微而复兴,美宣王之北伐也。"孔疏:"此篇亦专美吉甫。若将师之从王而行,则君统臣功,安得言不及王而专归美于下?"② 《毛诗·大雅·清庙》序曰"《清庙》,祀文王也。周公既成洛邑,朝诸侯,率以祀文王焉",孔疏:"案《召诰》经、序,营洛邑者,乃是召公所为,而云'周公既成洛邑'者,以周公摄行王事,君统臣功,故以周公为主。"③ 结合《毛诗正义》三曰"君统臣功",当以俗本为上。

(2)《文王世子》:故世子齿于学,国人观之,曰:"将君我而与我齿让,何也?"曰:"有父在,则礼然。"然而众知父子之道矣。其二曰:"将君我而与我齿让,何也?"曰:"有君在,则礼然。"然而众著于君臣之义也。其三曰:"将君我而与我齿让,何也?"曰:"长长也。"然而众知长幼之节矣。

孔疏:俗本皆云"著于君臣之义",而定本无"著"字,义亦通。(第847页)

此例定本作"然而众于君臣之义也",无"著"字。结合上下句"然而众知父子之道矣""然而众知长幼之节矣",皆以"知"加宾语。若无"著"字,"然而众于君臣之义也",孔疏认为"义亦通",实则不通,当以俗本为上。

二 勘正讹误,详析原因

段玉裁《与诸同志书论校书之难》指出:"校书之难,非照本改字不讹不漏之难也,定其是非之难。是非有二:曰底本之是非,曰立说之是非。"④ 与郑注力求简洁不同,孔疏校勘一般皆阐明校勘依据或裁断正误理由,如标明引文出处,校读异文来自版本,并分析讹误或异文原因等。难能可贵的是,孔疏还自觉总结校勘理论,例如对讹误类型的归纳分析。

---

① (清)阮元校刻:《十三经注疏·毛诗正义》,中华书局1980年版,第398页中栏—下栏。
② (清)阮元校刻:《十三经注疏·毛诗正义》,中华书局1980年版,第424页上栏—中栏。
③ (清)阮元校刻:《十三经注疏·毛诗正义》,中华书局1980年版,第583页。
④ (清)段玉裁撰,钟敬华校点:《经韵楼集》,上海古籍出版社2007年版,第332—333页。

1. 揭示郑注校勘依据

（1）《曲礼上》："幼子常视毋诳。"郑注："视，今之示字。"

孔疏：古者观视于物，及以物视人，则皆作示傍着见，后世已来，观视于物，作示傍着见，以物示人单作示字，故郑注经中视字者，是今之以物示人之示也。是举今以辨古。《昏礼》"视诸衿鞶"，注云："视乃正字，今文视作示，俗误行之。"言"视"正字也，言古之以物示人作视字为正，故云"视乃正字"。今文《仪礼》应为古"视"字，乃作今"示"字，故言俗误也。（第39页）

此例郑注仅5字，孔疏则以57字疏解，并曰"是举今以辨古"，总结郑注校勘之法。接着举郑氏《仪礼注》校勘，既揭示《礼记注》之依据，又贯通二者。

（2）《檀弓下》："文子曰：'武也得歌于斯，哭于斯，聚国族于斯，是全要领以从先大夫于九京也。'"郑注："晋卿大夫之墓地在九原。京盖字之误，当为原。"

孔疏：知"京"当为"原"者，案《韩诗外传》云："晋赵武与叔向观于九原。"又《尔雅》云："绝高为京，广平曰原。"非葬之处，原是坟墓之所，故为原也。（第432页）

孔疏指出郑注实据《韩诗外传》知有"九原"之地名，又结合《尔雅》对"京""原"的释义，得出"（京）非葬之处，原是坟墓之所，故为原也"。

2. 分析讹误或异文原因

（1）《檀弓下》："杜蒉自外来，闻钟声，曰：'安在？'"郑注："杜蒉，或作屠蒯。"

孔疏：《春秋》作"屠蒯"，故云"或作屠蒯"。"杜蒉""屠蒯"声相近，故《礼》《传》不同也。（卷13，第393页）

（2）《内则》："炮：取豚若将，刲之刳之，实枣于其腹中，编萑以苴之，涂之以谨涂。"郑注："'将'当为'牂'，牂，牡羊也。……'谨'当为'墐'，声之误也，墐涂，涂有穰草也。"

孔疏：以经云"取豚若将"，则将是豚类，故知"将当为'牂'"，声相近，又字体一边相似。……云"谨当为'墐'"者，以谨非泥涂之

物，以声相近，故为"墐"也。（第1153页）

以上二例，孔疏将讹误原因进行理论总结，归纳为因声相近而误与因形相似而误。此外，孔疏列出的致误原因，还有因上下文相涉而误者、因转写而误者、因韵句而倒者；异文原因则缘于或古今字，或方言，或通与俗，或相假借，或"文不具"，或"文不备"，等等。

三 治学严谨，辨异存疑

孔疏校勘的另一特点是保存大量异文，具有极高的文献价值。关于经典异文，前人所论极精。"江藩"尝从文本起源、师弟传授角度论之："古者传经多以口相授，故异者滋多。在汉白虎观讲五经同异，后许慎著《五经异议》，郑康成有《驳异义》，此即辨异之所自始也。习经者，当知其同，尤不可不辨其异。约举异例，厥有数端：曰文异，曰义异，曰篇异。何谓文异？……推之《尚书》之今古文，《诗》之齐、鲁、韩与毛四家，《周礼》《仪礼》之古书今本，《春秋》之《左氏》《公》《穀》三传，《孝经》《论语》《孟子》《尔雅》诸书之各本不同。而此外，诸子、《史》、《汉》所引各经之异，又不可以枚举，此文之异也。"（《群经辨异》）[①] 鲍廷博《知不足斋丛书·凡例》从版本刊刻流传的角度论曰："旧本转写，承讹袭谬。是编每刻一书，必广借诸藏书家善本参互校雠。遇有互异之处，择其善者从之，义皆可通者两存之，显然可疑而未有依据者仍之，而附注按语于下，从未尝以己见妄改一字。盖恐古人使事措辞，后人不习见，误以致疑，反失作者本来也。详慎于写样之时，精审于刻竣之后，更番铅椠，不厌再三，以期无负古人。间有未尽，则几尘风叶之喻，前人已难之矣，尚期同志随时指示，以便刊正。"[②] 皆指出文献产生异文现象的必然性，同时强调了治经辨异存疑的重要性。

孔疏对异文的辨析与保存值得肯定。首先，孔疏比勘《礼记》经文中存在大量的异文，可分为四类：一是各篇之间存在异文；二是因版本不同而出现异文；三是《礼记》与《周礼》《仪礼》相较有异文；四是《礼记》征引其他文献与该文献的通行本相较存在异文。其次，比勘郑玄《礼记注》中的异文：一是《礼记注》不同版本的异文；二是《礼记注》与郑玄注他书的异文。再次，孔疏为疏通经、注，博采众书，广涉经史子集，凡有助于读者

[①] （清）江藩撰，周春健校注：《经解入门》，华东师范大学出版社2010年版，第11—12页。
[②] （清）鲍廷博雕印：《知不足斋丛书》，上海古书流通处1921年影印本。

理解经注之文献，皆网罗征引，若所引文献彼此互异，则一一列举，以供后学参考。对于一时难以裁断正误者，或曰"其义皆通，未知孰是"而存疑，或以"恐""恐误""恐非"等表述。今举《曲礼上》孔疏二例言之：

（1）《曲礼上》："胾炙处外，醯酱处内。"

孔疏：此醯酱，徐音作海，则醯之与酱，两物各别。……今此经文若作"醢"字，则是一物也。"醯"之与"醢"，其义皆通，未知孰是。但郑注"葱渫"云："处醯酱之左。"则醯酱一物为胜。（第73页）

此例孔疏从郑氏以为"醯酱一物为胜"，但仍保存徐邈《礼记音》说。

（2）《曲礼上》："君使士射，不能则辞以疾。言曰：'某有负薪之忧。'"

孔疏：《白虎通》云："天子病曰不豫，言不复豫政也。诸侯曰负子。子，民也，言忧民不复子之也。"桓十六年，卫侯朔出奔齐，《公羊》云有疾曰"负兹"。诸侯之疾，所以名不同者，盖"子""兹"声相近，其字相乱，未知孰是。《音义隐》云："天子曰不豫，诸侯曰不兹，大夫曰犬马，士曰负薪。"（第140页）

孔疏以《白虎通》《公羊传》《礼记·音义隐》三者互校，指出诸侯有疾的委婉说法有三："负子""负兹""不兹"。

四 "礼是郑学"，尊重郑校

郑玄卓越的礼学成就及校勘学成就，赢得后世的尊重与信任。孔颖达强调"礼是郑学"，校勘中亦体现出尊郑特色，时有仅以郑注作为校勘依据者。具体体现有三：多家校勘有异，则以郑注校勘为依据；"三礼"有异，则以《周礼》为依据；甚而偶有忽略他家观点之现象。

1. 校勘中尊崇郑注

孔疏校勘尊崇郑注，当他家校勘不同于郑注校勘时，一般以郑注为当，甚至曰"非郑义也"而不予采纳。

（1）《文王世子》："遂设三老、五更、群老之席位焉。"郑注："三老、五更，各一人也，皆年老更事致仕者也。"

孔疏："三老五更，各一人"，蔡邕以为"更"字为叟。叟，老称。

又以三老为三人，五更为五人。非郑义也，今所不取。（第652页）

孔疏举蔡邕《礼记章句》校勘《文王世子》及其郑注，认为"'更'字为叟"，两字形近，有讹误之嫌。孔疏直言其"非郑义"而不取。

（2）《祭义》："子曰：'济济者，容也远也。漆漆者，容也自反也。容以远，若容以自反也，夫何神明之及交？夫何济济漆漆之有乎？'"郑注："'容以远'，言非所以接亲亲也。'容以自反'，言非孝子所以事亲也。"《释文》："济济者客也，口白反，宾客也，下'客以远'同。容也，羊凶反，仪容也。下'若容以自反'同。"

孔疏：其"容也，远也"，王肃以"容"为"客"，皇氏用王肃以"客"有其容之义，其义亦通，但于文势不便……或"容"为"客"字，则是义远，何须云"容以远"？又"客以自反"与"容以远"相对，一字为"容"，一字为"客"，未之有也。又王肃为"客"字破郑义，明郑义"容"字也。（第1814—1815页）

"容也，远也"，据郑注可知，郑本为"容"，王肃、皇侃以为当为"客"，孔疏主郑义而驳王说、皇说。陆德明《释文》则主王说。

2. 校勘中尊崇《周礼》

孔疏校勘中，亦体现出对郑玄"《周礼》为体，《仪礼》为履"礼学思想的继承。孔疏以《周礼》校勘《礼记》异文，以《礼记》杂有夏殷之礼。

（1）《曲礼下》："天子有后，有夫人，有世妇，有嫔，有妻，有妾。"
孔疏：《周礼》则嫔在世妇上，又无"妾"之文也。今此所陈与《周礼》杂而不次者，记者之言，不可一依《周礼》，或可杂夏、殷而言之。（第172页）

《周礼·天官冢宰》："九嫔、世妇、女御、女祝四人、奚八人、女史八人、奚十有六人。"[①] 孔疏以《周礼》校《礼记》，认为《礼记》"杂而不次"，乃"记者之言……或可杂夏、殷而言之"。事实上《礼记》所举由贵而贱，更有条理。

[①]（清）阮元校刻：《十三经注疏·周礼注疏》（附校勘记），中华书局1980年版，第760页中栏—761页上栏。

(2)《王制》:"制:三公一命卷,若有加,则赐也,不过九命。"郑注:"卷,俗读也,其通则曰'衮'。"

孔疏:《礼记》文皆作"卷"字,是记者承俗人之言,故云"卷,俗读也"。云"其通则曰衮"者,谓以通理正法言之,则曰"衮"。故《周礼·司服》及《觐礼》皆作"衮",是礼之正经也,故云"其通则曰衮"。(第479页)

孔氏发挥郑氏"《周官》为体,《仪礼》为履"说:"礼虽合训体、履,则《周官》为体,《仪礼》为履,……《周礼》是立治之本,统之心体,以齐正于物,故为体。……《周礼》为本,则圣人体之;《仪礼》为末,贤人履之。故郑序云'体之谓圣,履之为贤'是也。"① 杨天宇指出:"郑注'三礼'的最大错误,就在于笃信《周礼》为周公所作,从而笃信《周礼》为周制,而以他经如《礼记·王制》等不与《周礼》同者,为殷制或夏制。"② 实则不止郑玄,东汉学者重视《周礼》学甚众,认为"其名《周礼》,为《尚书》'周官'者,周天子之官也""斯道也,文物所以纲纪周国,君临天下,周公定之,致隆平龙凤之瑞""乃周公致太平之迹"(《序周礼废兴》)③。

3. 偶有忽略他家观点之现象

孔疏校勘《礼记》经文,甚而因尊郑而忽略其他不同观点。

(1)《檀弓下》:"文子曰:'武也得歌于斯,哭于斯,聚国族于斯,是全要领以从先大夫于九京也。'"郑注:"晋卿大夫之墓地在九原。京盖字之误,当为原。"

孔疏:知"京"当为"原"者,案《韩诗外传》云:"晋赵武与叔向观于九原。"又《尔雅》云:"绝高为京,广平曰原。"京非葬之处,原是坟墓之所,故为原也。(卷14,第432页)

孔疏以《韩诗外传》知"九原",又以《尔雅》"绝高为京,广平曰原",得出"京非葬之处,原是坟墓之所,故为原也"的结论。然而,《国语·晋语八》"赵文子与叔向游于九原",韦昭注曰:"原,当作京也。京,

---

① (汉)郑玄注,(唐)孔颖达正义,吕友仁整理:《礼记正义》,上海古籍出版社2008年版,第3—4页。
② 杨天宇:《郑玄三礼注研究》,中国社会科学出版社2008年版,第173—174页。
③ (清)阮元校刻:《十三经注疏·周礼注疏》(附校勘记),中华书局1980年版,第636页。

晋墓地。"韦注显然与郑注相左,而孔疏从郑。孔疏举《韩诗外传》《尔雅》为说,而不举韦昭《国语注》,实有不妥。徐元诰《国语集解》:

> 宋庠本作"京",注曰:"京,当作'原'。九原,晋墓地。"黄丕烈曰:"《檀弓》载此事作'原'。又'以从先大夫于九京也',郑注:'晋卿大夫之墓地,在九原。京,盖字之误,当作"原"。'即依本书为说也。韦《解》云此当作'京'者,考《水经·汾水注》云:'京陵县故城,于春秋为九原之地,其京尚存,汉兴,增陵于其下,故曰京陵。'《地理》《郡国》二《志》皆曰京陵,是韦正依当日地名,傅合赵文子从先大夫于九京为说,与郑不同。郑易'京'为'原',此则易'原'为'京'耳。司马彪云:'京陵,《春秋》时九京。'是亦从京不从原也。别本京、原互易,乃宋公序误用郑改韦。"陈瑑曰:"《东观汉记》云,'京'作'原',古通用。盖原、京声转也。"①

孔疏尊郑甚而轻信郑注及其校勘,从而导致不少讹误,下节有具体论述。

五 校勘之中,贯通"三礼"

孔氏《礼记正义》常以《周礼》《仪礼》二经校勘《礼记》,又用《礼记》校勘《周礼》《仪礼》。"三礼"互校,是孔疏校勘的一大特色。孔疏校勘出《礼记》与《周礼》《仪礼》的异文凡17例,校勘之中贯通"三礼"。不仅如此,孔疏还以郑玄《礼记注》与郑玄其他著述如《周礼注》《仪礼注》《毛诗笺》《论语注》《驳五经正义》等比勘。孔疏校勘郑玄《礼记注》时,贯通《三礼注》亦有17例,试举一例:

> (1)《礼运》:"故玄酒在室,醴盏在户,粢醍在堂,澄酒在下。"郑注:"《周礼》:'五齐:一曰泛齐,二曰醴齐,三曰盎齐,四曰醍齐,五曰沈齐。'字虽异,盏与盎,澄与沈,盖同物也。"
>
> 孔疏:云"盏与盎、澄与沈,盖同物"者,以《酒正》文醴、缇之间有盎,此醴、醍之间有盏;又《周礼》"缇齐"之下有"沈齐",此醍齐之下有澄齐,故云"盏与盎、澄与沈,盖同物也"。案此注,澄是沈齐,案《酒正注》:"澄酒是三酒。"二注不同。故赵商疑而致问,

---

① 徐元诰撰,王树民等点校:《国语集解》,中华书局2002年版,第433页。

郑答之云："此本不误，转写益'澄'字耳。"如郑所答，是转写《酒正》之文，误益"澄"字，当云"酒，三酒也"，则是与《礼运》注同。（第895—896页）

此例孔疏以郑氏《礼记注》校其《周礼注》。今据郑注《周礼·天官冢宰·酒正》："大祭三贰，中祭再贰，小祭壹贰，皆有酌数。唯齐酒不贰，皆有器量。"郑注曰："三贰、再贰、一贰者，谓就三酒之尊而益之也。《礼运》曰：'玄酒在室，醴盏在户，粢醍在堂，澄酒在下。'澄酒，是三酒也。益之者，以饮诸臣，若今常满尊也。"① 谓"澄酒，是三酒"，据孔疏引《郑志》可知，衍一"澄"字。

胡朴安曰："盖校书有三要：一密，二精，三虚。众本互勘者，密之事也；本诸诂训求之声音者，精之事也；不以他书改本书者，虚之事也。"② 若以此标准评价《礼记正义》的校勘成就，大体并不为过。

第五节　《礼记正义》校勘商榷

所谓"校书如扫尘，一面扫，一面生"③，孔疏校勘不乏值得商榷之例。既有孔疏承袭郑注致误，也有孔疏校勘不当而新产生的讹误。虽不至于影响《礼记正义》的整体学术成就，但理应予以辨正。经反复比勘相关文献与《正义》文本，钩稽孔疏校勘失误凡32例。孔疏校勘之失盖有五种：当校而未校，从郑校而误校，不从郑校而误校，误驳前贤所校，据《伪古文尚书》误校。今据顾炎武、黄以周、孙希旦、朱彬、俞樾等清儒以及李学勤、杨天宇、姜广辉等当代学人考论，详加辨析。

一　孔疏失校者七例

此类问题本应仔细比勘，而孔疏未加校勘，其疏解遂有"想当然"之嫌。所幸并不多见，检阅全书仅得七例，试举其四：

（1）《月令》："东风解冻，蛰虫始振，鱼上冰，獭祭鱼，鸿雁来。"郑注："今《月令》'鸿'皆为'候'。"

---

① （清）阮元校刻：《十三经注疏·周礼注疏》，中华书局1980年版，第669页下栏。
② 胡朴安著，雪克编校：《胡朴安学术论著》，浙江人民出版社1998年版，第285页。
③ （宋）沈括著，侯真平校点：《梦溪笔谈》，岳麓书社2002年版，第191—192页。

孔疏：但《月令》出有先后，入《礼记》者为古，不入《礼记》者为今，则《吕氏春秋》是也，"鸿"字皆为"候"也。（第609—610页）

孔疏以"今《月令》"为《吕氏春秋》，不知所本。若以《吕氏春秋》校郑注"今《月令》"引文，多有不合。按郑《目录》云："名曰《月令》者，以其记十二月政之所行也，本《吕氏春秋·十二月纪》之首章也，以礼家好事抄合之，后人因题之名曰《礼记》，言周公所作。"孔疏据郑氏《目录》，认为《礼记·月令》出自《吕氏春秋》。依此说，先有吕氏《十二月纪》，后有《礼记·月令》，而曰后者为古，显然不妥。且《十二月纪》未能单独成文，又如何名之为"今《月令》"？孔疏误在失校。

清李惇驳之曰："'百工咸理，监工日号，毋悖于时'，郑云：'今《月令》无于时。'而《吕氏春秋》有'于时'字。'毋或作为淫巧，以荡上心'，郑云：'今《月令》"作为"为"诈伪"。'《吕氏春秋》仍作'作为'。然则孔说非也。考汉有《明堂月令》，郑注于'淫雨蚤降'下云'今《月令》曰"众雨"'。《说文》'䨘'字注引《明堂月令》曰'䨘雨'。'命渔师伐蛟'下注云：'今《月令》渔师曰榜人。'《说文》'舫'字下引《明堂月令》曰'舫人'。舫、榜音相近。'固封疆'下注云：'今《月令》疆或为塺。'蔡邕《独断》引《月令》曰固封塺'。然则郑注所谓'今《月令》'即《明堂月令》，非《吕氏春秋》也。蔡邕有《明堂月令章句》。"[①] 又有黄以周《礼说》"今《月令》"条考释曰："汉代之《月令》不止一书，有《周书·月令》，有大戴所引《明堂月令》，有小戴所传之《月令》及郑注所引之'今《月令》'，又有吕不韦所分《十二纪》及《淮南子》所著《时则训》。郑注引'今《月令》'凡十七条，其与《吕览》文同者，仅孟夏'王瓜生''无休于都'、季秋'挟矢以猎'、孟冬'固封疆'四条，其余文无一合。孔疏以'今《月令》'为《吕氏春秋》，固不足信矣。……'今《月令》'者，《月令》之颁诸汉代者也。……汉《月令》之见于史者，卤（西）汉魏相始奏其书，东汉侯霸又见其令，并见《本传》。后汉《明帝纪》：永平二年正月辛未，祀明堂诏骠骑将军三公曰：'其班时令。'注云'谓《月令》也'。《汉仪》太史每岁上其《年历》，先立春、立夏、大暑、立秋、立冬常读'五时'，皆其证也。……郑注《祭法》曰'《明堂月令》'，所以别'今《月令》'也，注《月令》引'今《月令》'所以别《明堂月令》也。

---

① 引自（清）朱彬撰，饶钦农点校《礼记训纂》，中华书局1996年版，第218—219页。

凡郑注中所引'今',皆指汉《明堂月令》。出古《记》安得谓之'今'?"① 二家所论言之凿凿,甚是。王锷《〈礼记〉成书考》总结前贤论述并结合新出土文献,认为"今《月令》,乃是汉代通行的《月令》,当有多本流传,非一书也"②,所论符合史实。

(2)《内则》:"羞:糗饵、粉酏。"郑注:"糗,捣熬谷也,以为粉饵与餈。此《记》似脱。《周礼》:'羞笾之实,糗饵、粉餈。''羞豆之实,酏食、糁食。'此'酏'当为'餰',以稻米与狼臅膏为餰是也。"

孔疏:据《周礼》"粉"下有"餈",今无者,记人脱漏,更以"酏"益之。……知此"酏"当为"餰"者,按《周礼》"酏食"共"糁食"文连,则酏是糁之般类。此《内则》作"糁"与"餰",其事相连,故云"此酏当为餰"。(第1135页)

此例郑注以《周礼·天官冢宰·笾人》职校勘《内则》,认为《内则》此条有脱文,而孔疏未能针对郑注"此《记》似脱"进行校勘。孙希旦曰:"愚谓羞有庶羞、内羞,上文'膳'是庶羞,此言内羞也。此云'羞',盖总笾、豆之内羞而言之,当云'糗饵、粉粢、酏食、糁食',而'粉'下脱去一字,'酏'下脱去三字也。"③核之《周礼》,孙说甚是。

(3)《丧大记》:"君葬用輴,四绰二碑,御棺用羽葆。大夫葬用輴,二绰二碑,御棺用茅。士葬用国车,二绰,无碑,比出宫,御棺用功布。"郑注:"大夫废輴,此言'輴',非也。輴皆当为'载以辁车'之辁,声之误也。辁,字或作'团',是以文误为'国'。辁车,柩车也。尊卑之差也。"

孔疏:郑引"大夫废輴",此经云"葬用輴",与《檀弓》违,故云"此言輴,非也"。云"輴,皆当为'载以辁车'之辁"者,谓经云"君葬用輴""大夫葬用輴",此二"輴"皆当为"载以辁车"之辁,读从《杂记》之文。谓君及大夫皆载以辁车,明不以輴也。必知非輴者,以此文云"士葬用国车",国字与团字相似,因误耳。"团"与"辁"声相类。辁则輴车也。在路载柩,尊卑同用輴车,故知经云"輴"者,

---

① (清)黄以周:《礼说》,《续修四库全书》第112册,上海古籍出版社2002年版,第761—762页。
② 王锷:《〈礼记〉成书考》,中华书局2007年版,第272—273页。
③ (清)孙希旦撰,沈啸寰等点校:《礼记集解》,中华书局1989年版,第744页。

非也。"輲""国"皆当为辁。云"尊卑之差也""在棺曰綍"者,皇氏云:"天子、诸侯以下,载柩车同,皆用辁也。其尊卑之差异在于棺饰耳,则前经棺饰是尊卑异也。"(第1775—1776页)

此例孔疏解经疏注较乱,在于对郑注失校。郑注本云"大夫废輴,此言'輴',非也",孔疏云"谓经云'君葬用輴''大夫葬用輴'","此二'輴'皆当为'载以辁车'之辁",将"君葬用輴"亦视为非礼。郑注云"輴,皆当为'载以辁车'之辁",承"大夫废輴,此言輴,非也"句来,二句校经文"大夫葬用輴"句。孔疏又将"尊卑之差也""在棺曰綍"置于一道疏通,亦不妥。"尊卑之差也",实为上文结句。黄以周曰:"窃谓柩车有云輴车者,声之误;国车者,字之讹。有云槈、团者,字之借。谓之蜃者,车之形状也。谓之輀者,车之正名也。谓之辁者,輀车之轮也。郑注以輴为辁,尚未分明。……《丧大记》注云:'辁车,柩车也,尊卑之差也。'上'也'字乃'无'字之误。辁车无尊卑之差,所谓丧车无等也。"① 今据黄氏所校观之,郑注其义甚明。黄氏又曰,"皆当为"之"皆"字系衍文:"孔疏以为二輴皆当为辁,误。君、大夫柩在道皆用辁,葬则君用輴,大夫用辁。"② 又校勘孔疏之失。

(4)《杂记上》:"为妻,父母在,不杖,不稽颡。"
孔疏:若父没母在,不为適妇之主,所以母在不杖者,以父母尊同,因父而连言母。父没母存,为妻虽得杖,而不得稽颡。以"杖"与"稽颡"文连,"不杖"属于父在,"不稽颡"文属母在,故云:"父母在,不杖,不稽颡。"(第1605—1606页)

孔疏曰"所以母在不杖者,以父母尊同,因父而连言母",此例所解缘于失校而不当。黄以周曰:"《杂记》下文别言'母在不稽颡',则此'母'字衍也。《春官·大祝》疏两引《记》云'父在为妻不杖不稽首'。"③ 黄氏曰"'母'字衍",与今阮刻《周礼注疏》甚合。然而,后者两引《杂记》皆曰"稽颡",而非"稽首",与今《礼记·杂记》同,又与黄说异④。"稽

---

① (清)黄以周撰,王文锦点校:《礼书通故》,中华书局2007年版,第504页。
② (清)黄以周撰,王文锦点校:《礼书通故》,中华书局2007年版,第524页。
③ (清)黄以周撰,王文锦点校:《礼书通故》,中华书局2007年版,第348页。
④ (清)阮元校刻:《十三经注疏·周礼注疏》(附校勘记),中华书局1980年版,第810页下栏。

首""稽颡"二者，涵义实有细微不同①，黄氏误引。

二 因遵从郑校而误十四例

《礼记正义》具有鲜明的尊郑倾向，孔疏因轻信郑注而误校，应是其在校勘方面失误最多的一种类型，凡 14 例。今结合前贤批驳，罗列 8 例辨析之。

(1)《曲礼上》："脍炙处外，醯酱处内，葱渫处末，酒浆处右。"郑注："殽胾之外内也。近醯酱者，食之主。……渫，烝葱也，处醯酱之左。"《释文》："醯，徐音海，本又作'醢'，呼今反。"

孔疏：此"醯酱"，徐音作"海"，则醯之与酱，两物各别。依《昏礼》及《公食大夫礼》，酱在右，醯在左。此醯酱处内，亦当酱在右，醯在左也。按《公食大夫礼》："宰夫自东房授醯酱，公设之。"郑注云"以醯和酱"也。又《周礼·醯人》"祭祀共齐菹醯物"，则醯酱共为一物也。今此经文若作"醯"字，则是一物也。"醯"之与"醢"，其义皆通，未知孰是。但郑注"葱渫"云"处醯酱之左"，则醯酱一物为胜。（第 73 页）

孔疏曰"'醯'之与'醢'，其义皆通，未知孰是"，又因尊郑校而以"醯"字为胜。据《释文》可知，诸本有"醯""醢"两说。孙希旦校曰："按醯酱，孔疏本作'醯酱'，今从《释文》。"又曰"凡胾与脍，必配醢设之。《公食礼》及《内则》三牲之胾及牛鮨、牛脍皆有醢，《特牲礼》羞庶四豆，有醢，《少牢礼》羞胾两瓦豆，有醢，此有胾有脍，则有醢必矣"②。据此，当从徐音。

(2)《檀弓上》："孔子少孤，不知其墓，殡于五父之衢。人之见之者，皆以为葬也。其慎也，盖殡也。问于郰曼父之母，然后得合葬于防。"郑注："慎，当为'引'，礼家读然，声之误也。殡引，饰棺以辁；葬引，饰棺以柳翣。"

孔疏：挽柩为引，无名"慎"者。以"慎""引"声相近，故云

---

① 颜春峰：《稽首、顿首、稽颡考辨》，《杭州师范学院学报》（人文社会科学版）2001 年第 2 期。

② （清）孙希旦撰，沈啸寰等点校：《礼记集解》，中华书局 1989 年版，第 51—52 页。

"慎当为引"。云"礼家读然"者,然,犹如是也,言礼家读如是"引"字。(第235—236页)

此例郑注、孔疏皆误,缘于对《檀弓》此节经文错简的失校。朱彬《礼记训纂》引江永之说,曰:"此章为后世大疑,由读者不知其句读而误也。近世高邮孙邃人谓'不知其墓殡于五父之衢'十字当连读为句。而'盖殡也,问于郰曼父之母'为倒句,有裨于《礼经》不浅。盖古人埋棺于坎为殡,殡浅葬深。孔子父墓实浅埋于五父之衢,因少孤不得其详。至是母卒,欲从周人合葬之礼,卜兆于防。惟以父墓浅深为疑。如其殡而浅也,则可启而迁之;若其葬而深,则疑体魄已安,不敢轻动。其慎也,谓夫子再三审慎,不敢轻启父墓也。后知其为殡,盖由问于郰曼父之母而得之。"① 黄侃亦曰:"《记·檀弓篇》:'孔子少孤,不知其墓。殡于五父之衢,人之见之者,皆以为葬也。其慎也,盖殡也。问于郰曼父之母,然后得合葬于防。'此文依注,于情理有不可通,今依孙邃人、江慎修说更考之,则其文当曰:'孔子少孤,不知其墓殡于五父之衢,人之见之者,皆以为葬也。问于郰曼父之母,盖殡也。然后得合葬于防,其慎也。'如此则情理允惬,不致如注疏之说,厚污宣尼也。"② 今按二说甚是。

(3)《檀弓下》:"邾娄考公之丧,徐君使容居来吊、含。"郑注:"考公,隐公益之曾孙。考或为'定'。"

孔疏:邾娄考公之丧,徐君使大夫容居来吊且含。(第426页)

孔疏遵从郑注而未校勘。顾炎武《日知录》卷六"邾娄考公"条:"按隐公当鲁哀公之时,传至曾孙考公,其去春秋已远。而鲁昭公三十年,'吴灭徐,徐子章羽奔楚,楚沈尹戌帅师救徐弗及,遂城夷,使徐子处之。'是已失国而为寓公,其尚能行王礼于邻国乎?定公在鲁文、宣之时,作'定'为是。"③ "考"当从或本"定"为是。

(4)《曾子问》:"曾子问曰:'殇不祔祭,何谓阴厌、阳厌?'"郑注:"'祔',当为'备',声之误也。言殇乃不成人,祭之不备礼,而

---

① 引自(清)朱彬撰,饶钦农点校《礼记训纂》,中华书局1996年版,第81—82页。
② 黄侃:《礼学略说》,《黄侃论学杂著》,中华书局上海编辑所1964年版,第455—456页。
③ (清)顾炎武著,陈垣校注:《日知录校注》,安徽大学出版社2007年版,第335页。

云阴厌、阳厌乎?"

孔疏:知"'祔'当为'备'"者,按《丧服小记》云:"殇与无后者,从祖祔食。"今云"殇不祔祭",与《小记》文乖,故知"祔"当为"备"。"备""祔"声相近,故云"声之误也"。(第808页)

黄以周曰:"祔宜如字。孔子言殇有阴厌,有阳厌,指適殇言,即《小记》所谓'从祖祔食'是也。曾子习见庶殇不祔祭,故疑以问,孔子乃以宗子之殇阴厌、凡殇阳厌答之尔。两文各有所指,不得因乖辄破其字。"① 按此《曾子问》上文:"孔子曰:'有阴厌,有阳厌。'"孔疏曰:"其祭殇,有于阴厌者,谓適殇也。有于阳厌者,谓庶殇也。"②《丧服小记》:"庶子不祭殇与无后者,殇与无后者从祖祔食。"郑注:"不祭殇者,父之庶也。不祭无后者,祖之庶也。此二者当从祖祔食而已。"③ 结合二者之说,可证黄说为当。孔疏从郑注校勘而误。

(5)《礼运》:"夫礼必本于天,动而之地,列而之事,变而从时,协于分艺。其居人也曰养。"郑注:"养,当为'义',字之误也。下之则为教令,居人身为义。《孝经说》曰:'义由人出。'"

孔疏:"其居人也曰养"者,养,宜也。言制度以上诸事之礼,居人中身,则人得其宜也。……知"养当为义"者,以上云"义之修,礼之藏",下云圣人"陈义以种之",又云"义者,艺之分,仁之节",故知"养当为义"也。按《圣证论》,王肃以下云"获而弗食,食而弗肥",字宜曰"养"。《家语》曰:"其居人曰养。"郑必破为"义"者,马昭云:"'立人之道,曰仁与义。'又此云'礼义者,人之大端',下每云'义',故知'养当为义'也。"张融谨案:亦从郑说。云"下之则为教令,居人身为义"者,郑为此注,欲明改"养"为"义"之意,言法天地、山川,下教于民者则为教令;法天地、山川,居在人身之中者则为义事,是不得为"养"也。引《孝经说》曰"义由人出"者,证义从人身而出也。(第941页)

---

① (清)黄以周撰,王文锦点校:《礼书通故》,中华书局2007年版,第596页。
② (汉)郑玄注,(唐)孔颖达正义,吕友仁整理:《礼记正义》,上海古籍出版社2008年版,第808页。
③ (汉)郑玄注,(唐)孔颖达正义,吕友仁整理:《礼记正义》,上海古籍出版社2008年版,第1302页。

"养（養）""义（羲）"二字形近。孔疏知《孔子家语》"其居人曰养",然而,又以《家语》王肃伪作,故仍从郑。孙希旦曰:"养,郑读为'义',王肃如字。今从王。"① 朱彬亦主"养"字:"马彦醇曰:'居人曰养',礼所以养人也。《荀子》曰:"恭敬辞让,所以养安。礼义文理,所以养情。"圣人之道,寓于度数之间,莫非顺性命之理,所以养人也。'"② 综合诸说,当以"养"为上。

(6)《杂记》:"至于庙门,不毁墙,遂入,适所殡,唯輤为说于庙门外。"郑注:"毁或为'彻'。"

孔疏:"不毁墙"者,墙,谓裳帷。但毁去上輤,不毁去墙帷。（第1574页）

杨天宇认为"彻"更恰当:"《说文》:'毁,缺也。'段注:'缺者,器破也。……'破即坏也,故《小尔雅·广言》曰:'毁,坏也。'引申之,则有撤除之义,此《记》是也。此《记》之墙,实指柩车上的车饰,亦即郑注所谓裳帷。'不毁墙'谓不彻除车饰。然彻字的本义即为撤除。甲骨文彻字即'象手持鬲之形,盖食毕而彻去之……卒食之彻乃本义。训通者,借谊也'。引申之,则为凡撤除之称,故《仪礼》中凡撤除字皆作彻。是此《记》以从或本作彻为义切,而郑从作毁之本,是自违其例也。"③ 其校可从。

(7)《丧大记》:"寝东首于北牖下。"郑注:"谓君来视之时也。病者恒居北墉下,或为'墉下'。"

孔疏:云"病者恒居北墉下"者,《士丧》下篇云"东首于北墉下",是恒在北墉下也。（第1696页）

孔疏从郑校。黄以周曰:"凡室之北有墉无牖,……《论语》'自牖执其手',皇侃《义疏》云:'牖,南窗也。君子有疾,寝于北壁下,东首。今师来,故迁出南窗下。'皇疏言'北壁',足为'北墉'之证。君来视疾,当迁于南牖下。《丧大记》之'北牖'本作'北墉',郑以君视为训,失其

---

① （清）孙希旦撰,沈啸寰等点校:《礼记集解》,中华书局1989年版,第616页。
② 引自（清）朱彬撰,饶钦农点校《礼记训纂》,中华书局1996年版,第352页。
③ 杨天宇:《郑玄三礼注研究》,中国社会科学出版社2008年版,第514—515页。

义矣。"①《仪礼·既夕礼·记》曰"士处適寝，寝东首于北墉下"，贾疏曰："云'墉下'者，墉谓之墙，《丧大记》谓之北牖下，必在北墉下，亦取十一月一阳生于北，生气之始故也。"② 又《士丧礼》曰"死于適室，幠用敛衾"，郑注曰"疾时处北墉下，死而迁之当牖下"③。结合《仪礼》及其郑注、贾疏，以黄说为上。故当从或本。

（8）《表记》："子曰：'唯天子受命于天，士受命于君。'"郑注："言皆有所受，不敢专也。'唯'，当为'虽'，字之误也。"

孔疏："唯"当为"虽"，虽天子之尊，不敢自专，犹须受命于天然后行也。（第2091页）

此句若以依郑、孔校勘，前后语义似不连贯。孙希旦曰："愚谓唯，发端之辞。天子于天之命，臣于君之命，皆当顺而不当逆也。然惟天命无不顺，君之命则有顺有逆。君命逆则君不顺于天，而臣亦将不顺乎君矣。上章言'终事而退'，谓其事虽非己之所欲，而犹无甚害于义理者也。命逆则害于义理，而不可以苟从矣，可谏则谏，不可谏则去之可也。"④ 孙说甚是。郑注曰"'唯'，当为'虽'字之误也"，盖或本作"虽"。王引之《经传释词》："《说文》'雖'字以'唯'为声，故'雖'可通作'唯'，'唯'亦可通作'雖'。"⑤ "虽""唯"相通，今以"唯"为上。

三　因未从郑校而误一例

《文王世子》："诸父守贵宫、贵室，诸子诸孙守下宫、下室。"郑注："谓守路寝。下宫，亲庙也。下室，燕寝。或言宫，或言庙，通异语。"《释文》："诸父守贵室，本或作'守贵宫、贵室'。"

孔疏：以下云"下宫"，上云"大庙"，此贵宫、贵室既非大庙，又非下宫、下室，唯当路寝也。指其院宇谓之宫，指其所居之处谓之室。《尔雅》云："宫谓之室，室谓之宫。"此贵宫、贵室，总据路寝。皇氏云："或俗本无'贵宫'者，定本有'贵宫'。"（第854页）

---

① （清）黄以周撰，王文锦点校：《礼书通故》，中华书局2007年版，第436页。
② （清）阮元校刻：《十三经注疏·仪礼注疏》，中华书局1980年版，第1157页下栏。
③ （清）阮元校刻：《十三经注疏·仪礼注疏》，中华书局1980年版，第1128页中栏。
④ （清）孙希旦撰，沈啸寰等点校：《礼记集解》，中华书局1989年版，第1316页。
⑤ （清）王引之撰，李花蕾校点：《经传释词》，上海古籍出版社2016年版，第165页。

"诸父守贵宫、贵室",郑注曰"谓守路寝",仅注"贵室"。《释文》曰"守贵室,本或作'守贵宫、贵室'",实以"贵宫"为衍文,郑本亦当无"贵宫"。孔疏曰"《尔雅》云:'宫谓之室,室谓之宫。'此贵宫、贵室,总据路寝",实从定本。王引之《经义述闻·礼记》"贵宫"条:"无'贵宫'者是也。下文'诸子诸孙守下宫、下室',注曰:'下宫,亲庙也。下室,燕寝也。或言宫,或言庙,通异语。'是宫谓'庙',室谓'寝',意义各殊。如'贵室'上有'贵宫'二字,则郑必分别释之,……乃注但曰'谓守路寝','路寝'二字,专指贵室言之,犹下注'燕寝'二字,专指下室也,而无一语及'贵宫'。……再以经文考之,上文'正室守大庙',注曰:'正室,嫡子也。大庙,大祖之庙。'下文'诸子诸孙守下宫下室',注曰:'下宫,亲庙也。'然则大庙对下宫言,即是宫之贵者,適子固已守之矣,又何须诸父守贵宫乎?若谓别有贵宫,则诸侯五庙,除大庙及四亲庙之外,别无他庙也。后人不知而妄增'贵宫'二字。孔氏不能厘正,……后儒不知'贵宫'二字为经文所无,于是或以贵宫为尊庙,或以为昭庙,或以为若鲁公庙,或以为群公四亲庙,皆不考郑注、《释文》而臆为之说也。"[①] 孙诒让曰:"以郑注考之,或本是,定本非。"[②] 此例孔疏不从郑注之校而误。

四 以《伪古文尚书》校《礼记》及其郑注八例

郑玄以汉时《古文尚书》之残本以及《尚书序》校勘《礼记》,文字已多有出入,或因《古文尚书》残损而难以一一核对,甚至将西周祭公谋父误注为"叶公",致后学以讹传讹。

《缁衣》:"叶公之《顾命》曰:'毋以小谋败大作,毋以嬖御人疾庄后,毋以嬖御士疾庄士,大夫、卿、士。'"郑注:"叶公,楚县公叶公子高也,临死遗书曰《顾命》。"《释文》:"叶公,楚大夫沈诸梁也,字子高,为叶县尹,僭称公也。"

孔疏:知"叶公子高"者,《左传》《世本》文。云"临死遗书曰《顾命》"者,约《尚书·顾命》之篇。(第2118页)

陆、孔皆从郑注,以"叶公"为"叶公子高"。孙希旦曰:"'叶'当作

---

① (清)王引之撰,虞思征等校点:《经义述闻》,上海古籍出版社2018年版,第850—851页。
② (清)孙诒让撰,雪克辑校:《十三经注疏校记》,中华书局2009年版,第464页。

'祭',字之误也。将死而言曰'顾命'。'祭公之《顾命》'者,祭公谋父将死告穆王之言也。今见《逸周书·祭公解》篇。"①李学勤以郭店楚简《缁衣》结合《逸周书·祭公》,比对《礼记·缁衣》,认为"叶公"当为"祭公":"祭国在今河南郑州东北,始封君是周公的儿子,在成王时建国。《祭公》篇的祭公,是他的下一代谋父,自昭王时任职朝廷,穆王时地位更为重要,几次进谏有功。《祭公》记载的是谋公将死,穆王问以德行,所以《缁衣》称之为'顾命',也就是遗言。祭公,《礼记》作叶公,以致东汉郑玄作注误以为'楚县公葉公子高也'。葉公子高是春秋末人,时代相距太远。……祭与葉仍是通假的关系。"②姜广辉曰:"《祭公》篇或称《祭公之顾命》篇,……祭公,字谋父,为周公之孙,周穆王时以老臣当国,此篇是祭公将死时告诫穆王之辞,是一篇重要的政治文献,原是列于《尚书》诸篇之中的。……因为传世本的《礼记·缁衣》篇误将'祭公之顾命'的'祭'隶定为'葉',变成了'葉公之顾命',自郑玄至孔颖达皆因错就错,以'葉'为本字,误注为葉公子高。"③二说可从。

孔疏又以《伪古文尚书》校勘《礼记》及其郑注,出入更多,甚而得出"郑未见《古文尚书》"之论。在《明堂位》《学记》《乐记》《坊记》《缁衣》等疏中,曰"郑不见古文"或"郑不见《古文尚书》"凡8例:

(1)《明堂位》:"垂之和钟,叔之离磬,女娲之笙簧。"郑注:"垂,尧之共工也。"

孔疏:按《舜典》,垂作共工,谓舜时也。郑不见古文,故以为尧时。(第1281页)

孔疏谓"郑不见古文"之"古文",指"《古文尚书》",即"不见《古文尚书》"。

(2)《学记》:"《兑命》曰:'念终始典于学。'其此之谓乎!"郑注:"高宗梦傅说,求而得之,作《说命》三篇,在《尚书》,今亡。"

孔疏:《书序》云:"高宗梦得说,作《说命》三篇。"高宗,殷王武丁,其德高可尊,故号"高宗"。其事具《尚书》篇,见在。郑云

---

① (清)孙希旦撰,沈啸寰等点校:《礼记集解》,中华书局1989年版,第1327页。
② 李学勤:《释郭店楚简祭公之顾命》,《重写学术史》,河北教育出版社2002年版,第41—45页。
③ 姜广辉:《中国经学思想史》(第二卷),中国社会科学出版社2003年版,第190页。

"今亡"者，郑不见《古文尚书》故也。（第1425页）

郑、孔关于"《尚书》"存亡的看法显然相左。郑君所言"今亡"者，指"《说命》三篇"之文，非曰《古文尚书》一书，言外之意，仅见到《古文尚书》残本而已。而孔氏以郑云"今亡"者，指《古文尚书》之书。

（3）《乐记》："武王克殷反商，……下车而封夏后氏之后于杞，投殷之后于宋，封王子比干之墓，释箕子之囚，使之行商容而复其位。"郑注："行，犹视也。使箕子视商礼乐之官，贤者所处，皆令反其居也。"

孔疏：容为礼乐，故云"视商礼乐之官"。知容为礼乐者，《汉书·儒林传》云"孝文时，徐生善为容"，是善礼乐者谓之容也。而《武成》篇云"式商容闾"，则商容人名。郑不见古文，故为礼乐也。（第1549页）

孔疏先承郑注为说，又以《尚书·武成》提出异议。郑、孔相左主要在于对"商容"二字的训释：郑君注解为"商（朝）礼乐"，孔疏据《尚书·武成》解为贤士之名。

《坊记》篇孔疏有三条直云"郑不见《古文尚书》"，列为例（4）、例（5）、例（6）：

（4）《君陈》曰："尔有嘉谋嘉猷，入告尔君于内，女乃顺之于外。曰：'此谋此猷，惟我君之德。'于乎！是惟良显哉！"郑注："君陈，盖周公之子，伯禽弟也。名篇在《尚书》，今亡。"

孔疏：知"君陈，盖周公子"者，以《书序》云："周公既没，命君陈分正东郊成周。"似若《蔡仲之命书序》云"蔡叔既卒，王命蔡仲践诸侯位"相似，皆是父卒命子，故疑周公子。以伯禽周公元子，既封于鲁，命君陈令居东郊，故知伯禽弟也。（第1965页）

（5）《大誓》曰："予克纣，非予武，惟朕文考无罪。纣克予，非朕文考有罪，惟予小子无良。"郑注："《大誓》，《尚书》篇名也。……今《大誓》无此章，则其篇散亡。"

孔疏：郑不见《古文尚书》。汉时别有《尚书》逸篇，"四月，太子发上祭于毕"以下三篇之事。郑谓篇中有此经之语，但其事散亡。（第1966页）

孔疏此曰"郑不见《古文尚书》",实亦包括例(4)。孔疏似认为郑注据"汉时别有《尚书》逸篇"立论。

(6) 高宗云:"三年其惟不言,言乃讙。"郑注:"高宗,殷王武丁也。名篇,在《尚书》。"

孔疏:按"其惟不言"之文,在《尚书·说命》之篇,"言乃讙"在《无逸》之篇。而郑云"名篇,在《尚书》",则是《高宗》篇上有此二言。与《书》之文不同者,郑不见《古文尚书序》有高宗之训,此经有"高宗云",谓是《高宗之训》篇有此语,故云"名篇,在《尚书》"。(第1966页)

例(6),郑注据"高宗云"认为引言出自原《尚书·高宗》篇,即《尚书》原有《高宗》篇。孔疏指正"其误":"其惟不言"四字在《尚书·说命》篇,"言乃讙"在《无逸》篇。又曰"与《书》之文不同者,郑不见《古文尚书序》有高宗之训"。

《缁衣》孔疏有两条直云"郑不见《古文尚书》",列为例(7)、例(8):

(7) 尹吉曰:"惟尹躬天见于西邑夏,自周有终,相亦惟终。"郑注:"尹吉,亦'尹诰'也。……伊尹言:尹之先祖,见夏之先君臣皆忠信以自终。今天绝桀者,以其'自作孽'。伊尹始仕于夏,此时就汤矣。"

孔疏:云"伊尹言:尹之先祖"者,郑君不见《古文尚书》,故云"伊尹之先祖"。据《尚书》是《大甲》之篇,言尹之往,先见夏之先君,是身之往先见,非谓"尹之先祖"也。云"伊尹始仕于夏,此时就汤矣"者,《书序》云:"伊尹去亳适夏,既丑有夏,复归于亳。"是"始仕于夏"也。经云"先见西邑夏",故知为诰之时就汤矣。以郑不见古文,谓言"尹诰",是伊尹诰成汤,故云"此时就汤矣",与《尚书》同。(第2121页)

(8)《君雅》曰:"夏日暑雨,小民惟曰怨。资冬祁寒,小民亦惟曰怨。"郑注:"雅,《书序》作'牙',假借字也。《君雅》,周穆王司徒作,《尚书》篇名也。资,当为'至',齐鲁之语,声之误也。"

孔疏:言古"牙"字假"雅"字以为"牙",故《尚书》以为"君牙",此为"君雅"。案《尚书》云:"小民惟曰怨咨。"今此本作

"资"字,郑又读"资"当为"至",以郑不见《古文尚书》故也。(第 2123 页)

例(7),孔疏据今《尚书·大甲》篇驳郑注,曰"郑君不见《古文尚书》",又曰"郑不见古文"。例(8),郑君明以《书序》校《礼记》,与例(6)孔疏云"郑不见《古文尚书序》有高宗之训"不合,可证例(6)孔疏之误。孔疏"案《尚书》云'小民惟曰怨咨'",又以今《尚书·君牙》篇驳郑注之校。以上八条,孔疏皆坚称"郑君未见《古文尚书》"。又据孔颖达《尚书正义序》:"安国注之,寔遭巫蛊,遂寝而不用。历及魏晋,方始稍兴。故马郑诸儒,莫睹其学,所注经传,时或异同。"[①] 持论是"马郑诸儒"未见孔安国《古文尚书》。孔疏看似言之凿凿,然而有难以自圆其说处:

《缁衣》:"《君奭》曰:'昔在上帝,周田观文王之德,其集大命于厥躬。'"郑注:"奭,召公名也,作《尚书》篇名也。古文'周田观文王之德'为'割申劝宁王之德',今博士读为'厥乱劝宁王之德'。三者皆异,古文似近之。割之言盖也,言文王有诚信之德,天盖申劝之,集大命于其身,谓命之使王天下也。"

孔疏:云古文"周田观文王之德"为"割申劝宁王之德"者,以伏生所传,欧阳、夏侯所注者为《今文尚书》,以卫、贾、马所注者,元从壁中所出之古文,即郑注《尚书》是也。此"周"字,古文为"割";此"田"字,古文作"申";此"观"字,古文为"劝"。皆字体相涉,今古错乱。此文王《尚书》为"宁王",亦义相涉也。云"今博士读为'厥乱,劝宁王之德'"者,谓《今文尚书》读此"周田观文王之德"为"厥乱劝宁王之德"也。云"三者皆异,古似近之"者,三者,谓此《礼记》及《古文尚书》并今博士读者,三者其文各异,而古文"周田"为"割申",其字近于义理,故云"古文似近之"。云"割之言盖也","割""盖"声相近,故"割"读为"盖",谓天盖申劝之。孔《尚书》犹为"割",谓割制,其义与此不同。(第 2128—2129 页)

郑注曰"古文'周田观文王之德'为'割申劝宁王之德',今博士读为

[①] (清)阮元校刻:《十三经注疏》,中华书局 1980 年版,第 110 页。

'厥乱劝宁王之德'"云，显然以今、古文《尚书》一并校勘《缁衣》此条，故有"三者"之说。三者，《古文尚书》《今文尚书》与此《缁衣》篇。孔氏上文八条皆曰"郑不见《古文尚书》"，此则曰"元从壁中所出之古文，即郑注《尚书》是也"，又曰"三者，谓此《礼记》及《古文尚书》并今博士读者"，显然自相矛盾。据《后汉书》郑玄本传曰"又从东郡张恭祖受《周官》《礼记》《左氏春秋》《韩诗》《古文尚书》"，知郑玄少习《古文尚书》甚明。《本传》又曰"凡玄所注《周易》《尚书》《毛诗》《仪礼》《礼记》《论语》《孝经》《尚书大传》《中候》《乾象历》"[1]，明言郑君有《尚书注》传世。《隋志》亦云"《尚书》九卷，郑玄注"[2]，未云今、古文。《旧唐书·经籍志》曰《古文尚书》"又九卷，郑玄注"[3]，《新唐书·艺文志》曰"郑玄注，《古文尚书》九卷"[4]。又，郑氏《自序》曰："遭党锢之事，逃难注《礼》；至党锢事解，注《古文尚书》《毛诗》《论语》；为袁谭所逼，来至元城，乃注《周易》。"（《孝经注疏》卷首《御制序并注》下邢《疏》引）[5] 可知郑玄不但少习《古文尚书》，且注《古文尚书》明矣。孔疏云其"未见"，有违事实。皮锡瑞认为，"汉时《古文尚书》，已有三本：一孔氏之壁书，一张霸之百两，一杜林之漆书"[6]。《后汉书·儒林传》曰，"扶风杜林传古文尚书，林同郡贾逵为之作训，马融作传，郑玄作解，由是《古文尚书》遂显于世"[7]。郑玄所注《古文尚书》，当为"杜林漆书"本。

其实，郑君所言"今亡"者，《说命》《君陈》《太甲》《君雅》等篇，以及"今《大誓》无此章"者，本不见孔安国《古文尚书》及伏生《今文尚书》，所以郑《注》云"在《尚书》"者，亦非此二书。其曰"今亡"，所言不虚。"《尚书》百篇，其序略见《史记》"[8]，郑君所指或为未遭秦火之前、传授于先秦时百篇完整的《尚书》。丁晏《礼记释注》"《礼记》六国时作论"条："《记》引《兑命》《尹吉》《太甲》《君臣》皆百篇古《书》，非汉人所见。又引《君奭》'周田观文王之德'，亦与汉博士读异，故知出

---

[1] （宋）范晔撰，（唐）李贤等注：《后汉书》，中华书局1965年版，第1207、1212页。
[2] （唐）魏徵等：《隋书》，中华书局1973年版，第913页。
[3] （后晋）刘昫等：《旧唐书》，中华书局1975年版，第1969页。
[4] （宋）欧阳修、宋祁：《新唐书》，中华书局1975年版，第1427页。
[5] （清）阮元校刻：《十三经注疏·孝经注疏》，中华书局1980年版，第2539页中栏。
[6] （清）皮锡瑞：《经学通论·三礼》，中华书局1954年版，第47—48页。
[7] （宋）范晔撰，（唐）李贤等注：《后汉书》，中华书局1965年版，第2566页。
[8] （清）皮锡瑞著，周予同注释：《经学历史》，中华书局1959年版，第83页。

于秦火以前也。"① 此说可信。原孔安国本《古文尚书》亡佚,东晋梅赜(梅颐)伪作《古文尚书》25 篇:"大禹谟、五子之歌、胤征、仲虺之诰、汤诰、伊训、太甲(上、中、下)、咸有一德、说命(上、中、下)、泰誓(上、中、下)、武成、旅獒、微子之命、蔡仲之命、周官、君陈、毕命、君牙、冏命。"②

郑君所言《说命》《武成》《君陈》《大甲》《君雅》等篇,以及"今《大誓》无此章"者,孔疏驳斥曰"其事具《尚书》篇,见在""郑不见《古文尚书》"者,又曰"孔《尚书》犹为'割',谓割制其义,与此不同"者,原据梅赜《伪古文尚书》而论之。《伪古文尚书·舜典》,正是从原《尧典》割裂而出。由《郊特牲》篇的郑注、孔疏所言亦可见端倪:

《郊特牲》:"天子适四方,先柴。"郑注:"所到必先燔柴,有事于上帝也。《书》曰:'岁二月,东巡守,至于岱宗,柴。'"
孔疏:此《虞书·舜典》文。案郑注《尚书》以为别有《舜典》之篇,将此为《尧典》,与古文异也。(第1061 页)

孔疏曰"郑注《尚书》",又曰"与古文异也",已意识到郑注"《尚书》"与所谓"《古文尚书》"之不同。作为汉末的郑玄,当然"不见"东晋梅赜《伪古文尚书》。而孔颖达以《伪古文尚书》来校勘郑玄《礼记注》,自会"发现"两者多有出入,故萌发郑氏"未见《古文尚书》"的谬论。

无独有偶,孔颖达前辈学者陆德明、晚辈学者贾公彦也有类似看法。陆德明《释文·序录》:"中兴,扶风杜林传《古文尚书》,贾逵为之作训,马融作传,郑玄注解,由是《古文尚书》遂显于世。案今马、郑所注,并伏生所诵,非古文也。"③ 既言郑玄注解,又言"非古文",看似自相矛盾,实则一指《古文尚书》,一指当时通行的《伪古文尚书》。贾公彦《周礼注疏》亦曰郑君"不见古文《尚书》":

《周礼·天官·医师》:"医师掌医之政令,聚毒药以共医事。"郑

---

① (清)丁晏撰:《礼记释注》,《续修四库全书》第 106 册,上海古籍出版社 2002 年版,第 53 页。

② 周予同著,朱维铮编:《群经概论·书经学》,《周予同经学史论著选集》,上海人民出版社 1996 年版,第 153—155 页。

③ (唐)陆德明撰,黄焯断句:《经典释文》,中华书局 1983 年版,第 8 页下栏。

注:"毒药,药之辛苦者,药之物恒多毒。《孟子》曰:'若药不瞑眩,厥疾不瘳。'"

贾疏:又引《孟子》者,案《孟子》,滕文公为世子,将之楚,过宋,见孟子。而谓之云:"今滕国,绝长补短,将五十里,可以为善国乎?《书》曰:'药不瞑眩,厥疾不瘳。'"……此是《古文尚书·说命》之篇,高宗语傅说之言也。不引《说命》而引《孟子》者,郑不见《古文尚书》故也。①

其因即在于"贾氏所谓《古文尚书》乃后世之《伪古文》,郑氏所见是其真本"②。可见,孔疏关于郑玄"未见《古文尚书》"之论,乃初唐学界的一种"共识"。由于《五经正义》的意义重大,影响深远,又作为科考教材,即使偶有纰缪,影响也不可小视。郑珍《郑学录·书目》"《尚书注》"条:"自晋元帝时梅颐(赜)奏上《伪孔传》以后,遂孔、郑并行。及唐陆元朗撰《释文》、孔冲远撰《正义》,皆以《伪孔》为主,郑注由是寝亡,宋末王应麟采辑为一卷。"③后儒批评,亦多直斥孔氏。阎若璩云:"大抵后出古文,先儒疑者不一,第皆惑于孔冲远之说,以郑氏二十四篇为伪书,遂不得真古文要领,数百年来终成疑案耳。"("附阎氏若璩《尚书古文疏证》"下引言)④ 阎氏又曰:"唐贞观中,诏诸臣撰五经义训,而一时诸臣不加详考,狠以晚晋梅氏之书为正,凡汉儒专门讲授的有原委之学,皆斥之曰妄,少不合于梅氏之书者,即以为是'不见古文'。夫史传之所载如此,先儒之所述如此,犹以为是'不见古文',将两汉诸儒书凿空瞽说,而至梅氏始了了耶?呜呼,其亦不思而已矣!"⑤ 有趣的是,两《唐书》孔颖达本传皆云其"尤明"《郑氏尚书》,《旧唐书》曰"及长,尤明《左氏传》《郑氏尚书》《王氏易》《毛诗》《礼记》"⑥。孔氏少习《郑氏尚书》,竟然不识为《古文尚书》,岂不怪哉?足见伪书误人之深矣。

---

① (清)阮元校刻:《十三经注疏·周礼注疏》(附校勘记),中华书局1980年版,第666页下栏。
② 李云光:《三礼郑氏学发凡》,华东师范大学出版社2012年版,第44页。
③ (清)郑珍:《郑学录》,《续修四库全书》第515册,上海古籍出版社2002年版,第36页。
④ (清)惠栋撰:《古文尚书考》,(清)阮元编:《清经解》第2册,上海书店出版社1988年版,第705页中栏。
⑤ (清)惠栋撰:《古文尚书考》,(清)阮元编:《清经解》第2册,上海书店出版社1988年版,第705页中栏。
⑥ (后晋)刘昫等:《旧唐书》,中华书局1975年版,第2601页。

五　误驳前人校勘一例

孔疏还有一例将前人正确校勘视为讹误。《曲礼下》："黍曰芗合，粱曰芗萁，稷曰明粢，稻曰嘉蔬，韭曰丰本，盐曰咸鹾。"《释文》："'稷曰明粢'，音咨，一本作'明粱'，古本无此句。"

> 孔疏：隋秘书监王劭勘晋宋古本，皆无"稷曰明粢"一句，立八疑十二证，以为无此一句为是。今《尚书》云"黍稷非馨"，《诗》云"我黍与与，我稷翼翼，为酒为食，以享以祀"。然则黍稷为五谷之主，是粢盛之贵，黍既别有异号，稷何因独无美名？《尔雅》又以粢为稷，此又云"稷曰明粢"，正与《尔雅》相合。又《士虞礼》云"明齐，溲酒"。郑注云："或曰'明齐'当为明视，谓兔腊也。今文曰'明粢'，粢，稷也。皆非其次也。"如郑言，云"皆非其次"，由《曲礼》有明粢之文，故注《仪礼》云"非其次"。王劭既背《尔雅》之说，又不见郑玄之言，苟信错书，妄生同异，改乱经籍，深可哀哉！（第 209 页）

此例孔疏驳斥王劭校勘，分别列举三条论据，一者引今《尚书》《诗》中"黍稷"并举；二者《礼记》此句"稷曰明粢"与《尔雅》相合；三者郑玄注《仪礼》似征引《曲礼》此条。看似证据充分。黄以周驳斥曰："孔疏未是。《士虞记》'明齐溲酒'，今文字虽作'粢'，义亦训齐，与杜子春读'五齐'之齐为'粢'正同。以粢为稷，说今文者之误。《曲礼》'稷曰明粢'，或即治今文礼者所加。《大祝》齍号注所引无此句。蔡氏《独断》载宗庙礼牲之别名及祭号等，皆与《曲礼》同，亦无'稷曰明粢'句，并可为王劭之证，臧玉林、段懋堂、孔巽轩已详言之。"[①]《释文》亦云"稷曰明粢""古本无此句"，其说可信。古本于校勘理应得到格外重视。

[①]（清）黄以周撰，王文锦点校：《礼书通故》，中华书局 2007 年版，第 846—847 页。

第六章 《礼记正义》文本考释

《礼记》的成书问题，是《礼记》学首先要面对的，也是最难解决的问题。孔颖达等修撰《礼记正义》，自然要对此作以回答。不仅如此，《礼记》一书的思想内容及其来源，诸篇的作者与题旨、要义，以及部分篇章的文法义例等，皆须详加考辨，予以归纳总结。在《礼记正义序》与《礼记正义》卷首解题中，孔氏集中讨论《礼记》的思想内容和成书特点①，此外，还于诸篇疏文之中，对《礼记》文本进行具体考释。考察孔疏之说，多承袭汉末以降郑玄等经师之论并有所发挥，对部分前贤的观点也有所辨正，总体上是对前贤观点的斟酌损益。概言之，孔疏对《礼记》的文本诠释主要有四个层面：对《礼记》一书的作者和成书问题进行考释；对《礼记》具体篇目的作者和成篇问题进行考释；对《礼记》一书的性质、主要内容以及具体各篇的题旨、要义展开论述或归纳，这是其文本考释的重点；对《礼记》部分篇章进行结构分析，总结其文法义例。

第一节 论《礼记》的作者与成书

两千多年的《礼记》学史，最难解决的问题莫过于成书问题。古今学者，众说纷纭。孔氏《礼记正义序》与《正义》卷首解题，以及诸篇具体疏文中，也对此问题进行了解答。其说主要包含三个层面：论《礼记》一书的作者与编纂；考证《礼记》具体篇文的作者或成书；归纳《礼记》一书的写作方式。此外，还讨论了《周礼》《仪礼》的成书。

一 论《礼记》的作者与编纂

孔氏论《礼记》作者和成书问题，将之与孔子紧密关联，大大提高了

---

① 比勘孔氏《礼记正义序》与《礼记正义》卷首解题可知，二者文字多有雷同，且礼学思想一致。按古人著述惯例，贞观十六年，《五经正义》覆审完毕，孔颖达亲撰五篇序文，一同上呈唐太宗。解题或作于贞观十四年《正义》初稿完成之际，《序》应是在其基础上删削而成。

《礼记》的学术地位。《礼记正义序》:"夫子虽定礼正乐,颓纲暂理,然国异家殊,异端并作。画蛇之说,文擅于纵横;非马之谈,辨离于坚白。暨乎道丧两楹,义乖四术,上自游夏之初,下终秦汉之际,其间歧涂诡说,虽纷然竞起,而余风曩烈,亦时或独存。于是博物通人,知今温古,考前代之宪章,参当时之得失,俱以所见,各记旧闻。错总鸠聚,以类相附,《礼记》之目,于是乎在。"①《正义》卷首解题开宗明义曰:

> 其《礼记》之作,出自孔氏。但正《礼》残缺,无复能明,……至孔子没后,七十二子之徒共撰所闻,以为此《记》。或录旧礼之义,或录变礼所由,或兼记体履,或杂序得失,故编而录之,以为《记》也。《中庸》是子思伋所作,《缁衣》公孙尼子所撰。郑康成云:"《月令》,吕不韦所修。"卢植云:"《王制》,谓汉文时博士所录。"其余众篇,皆如此例,但未能尽知所记之人也。
>
> 其《周礼》《仪礼》,是《礼记》之书,自汉以后各有传授。……《六艺论》云:"今礼行于世者,戴德、戴圣之学也。"又云"戴德传《记》八十五篇",则《大戴礼》是也;"戴圣传《礼》四十九篇",则此《礼记》是也。《儒林传》云:"大戴授琅邪徐氏,小戴授梁人桥仁字季卿、杨荣字子孙。仁为大鸿胪,家世传业。"(第4页)

结合二者所论可知,孔颖达论《礼记》一书的作者与成书包含三个问题:《礼记》的思想来源、《礼记》的写作与《礼记》的编纂。

(一)《礼记》的思想来源:"《礼记》之作,出自孔氏"

孔疏所谓"《礼记》之作,出自孔氏。但正《礼》残缺,无复能明,……至孔子没后,七十二子之徒共撰所闻,以为此《记》",即认为《礼记》源于孔圣教授生徒之口头文本,即后世所谓"讲义"者,以及孔子与众弟子日常论学尤其论礼之言。众弟子将这些论礼之言记载下来,于孔子逝后加以集中整理、编纂,遂有了各篇《记》之手写文本。则《礼记》成书颇与《论语》相似。

春秋末,礼坏乐崩,孔子秉持"述而不作,信而好古"(《述而》)信条,创办私学、编校文献,实质又是"寓作于述"的学术整理。《孔子世家》:"孔子之时,周室微,而礼乐废,《诗》《书》缺。追迹三代之礼,序

---

① (汉)郑玄注,(唐)孔颖达正义,吕友仁整理:《礼记正义》,上海古籍出版社2008年版,第1—2页。

《书传》，上纪唐虞之际，下至秦缪，编次其事。曰：'夏礼吾能言之，杞不足征也。殷礼吾能言之，宋不足征也。足，则吾能征之矣。'……故《书传》《礼记》自孔氏。"① 余纪元曰："这种'作'不是从无到有的创造，而是深深植根于传统的'作'。也就是说，他是通过'述'而'作'的。"② 结合《论语》《礼记》《孔子家语》《大戴礼记》等文献，对孔子与弟子们论礼、习礼以及弟子对孔子学说传承和发挥的相关记载，"《礼记》之作，出自孔氏"的论断，厘清了《礼记》学说思想的源头，是可信的。皮锡瑞曰："孔子所定谓之经；弟子所释谓之传，或谓之记；弟子展转相授谓之说。"③《礼记》虽非孔子手定之经，但源自夫子之"述"，此论不仅达到了正本清源之目的，也提高了《礼记》的学术地位。

（二）《礼记》的作者："七十二子之徒共撰所闻，以为此《记》"

关于各篇的写作，孔颖达曰"七十二子之徒共撰所闻，以为此《记》"，又将"七十二子之徒"表述为"记录之人""作记之人"，或简称为"记人""记者"。

1."七十二子之徒共撰所闻，以为此《记》"

《礼记》诸篇的记录者、写作者是孔门七十二子之徒，他们"共撰所闻"，而所闻之源头则是孔子。《韩非子·显学》："自孔子之死也，有子张之儒，有子思之儒，有颜氏之儒，有孟氏之儒，有漆雕氏之儒，有仲梁氏之儒，有孙氏之儒，有乐正氏之儒。"④《汉志·六艺略》："昔仲尼没而微言绝，七十子丧而大义乖。故《春秋》分为五，《诗》分为四，《易》有数家之传。战国纵衡，真伪分争，诸子之言纷然殽乱。"⑤ 儒分为八，孔子逝后儒家学术分裂而演变的情形如此。《礼记》诸篇，由孔门弟子"或录旧礼之义，或录变礼所由，或兼记体履，或杂序得失，故编而录之，以为《记》也"。《汉志·六艺略》"礼类"又曰："《记》百三十一篇。自注：七十子后学者所记也。""《王史氏》二十一篇。自注：七十子后学者。"⑥ 孔颖达显然继承其说，很好地解释了《礼记》内容尤为驳杂的问题。

---

① （汉）司马迁撰，（宋）裴骃集解，（唐）司马贞索隐，张守节正义：《史记》，中华书局1959年版，第1935—1936页。
② 余纪元：《"述而不作"何以成就孔子?》，《孔子研究》2018年第2期。
③ （清）皮锡瑞著，周予同注释：《经学历史》，中华书局1959年版，第67页。
④ （战国）韩非著，陈奇猷校注：《韩非子新校注》，上海古籍出版社2000年版，第1124页。
⑤ （汉）班固撰，（唐）颜师古注：《汉书》，中华书局1962年版，第1701页。
⑥ （汉）班固撰，（唐）颜师古注：《汉书》，中华书局1962年版，第1709页。

2. "录记之人""作记之人"或"记人""记者"

孔颖达又于疏解《檀弓上》"大功废业。或曰:大功诵可也"时,将"七十二子之徒"分为"录记之人"与"作记之人":

> 言"或曰"者,以其事疑,故称"或曰"。然录记之人,必当明礼,应事无疑,使后世作法。今检《礼记》,多有不定之辞。仲尼门徒亲承圣旨,子游裼裘而吊,曾子袭裘而吊。又小敛之奠,或云东方,或云西方。同母异父昆弟,鲁人或云为之齐衰,或云大功。其作记之人,多云"盖",多云"或曰",皆无指的,并设疑辞者。以周公制礼,永世作法,时经幽厉之乱,又遇齐晋之强,国异家殊,乐崩礼坏,诸侯奢僭,典法讹舛,是以普天率土,不闲礼教。故子思圣人之胤,不丧出母;随武子,晋之贤相,不识殽烝。作记之人,随后撰录,善恶兼载,得失备书。但初制礼之时,文已不具,略其细事,举其大纲。况乃时经离乱,日月县远,数百年后,何能晓达?记人所以不定,止为失礼者多,推此而论,未为怪也。(第 264 页)

何谓"录记之人",何谓"作记之人",二者有何异同?孔疏似未明确区分。翻检《正义》可知,"录记之人"既指亲聆孔圣教诲之弟子,即孔门第一代弟子,又指录记孔子弟子之言行者,即孔门第一代弟子之后学。《檀弓上》"有子盖既祥而丝屦、组缨",孔疏曰:"'盖'是疑辞,录记之人,传闻有子既祥而丝屦,未知审否,意以为实,故云盖既祥而丝屦,以组为缨也。"[1] 有子即孔子弟子有若。孔疏所谓"作记之人",盖与"录记之人"近同或系孔门再传弟子。要言之,皆为泛指,不可一一坐实。今据《礼记》文本所涉,罗列如下。

(1) 孔门第一代弟子:曾皙、子游、曾子、子夏、颜回、子路、子贡、有子、冉有、宰我、子思(原宪)、高柴、子张、公西华,以及宾牟贾、公罔之裘、序点等。上引《檀弓上》疏曰"仲尼门徒亲承圣旨,子游裼裘而吊,曾子袭裘而吊。又小敛之奠,或云东方,或云西方。同母异父昆弟,鲁人或云为之齐衰,或云大功",所论三例"礼坏乐崩"现象,皆出自《檀弓上》:

---

[1] (汉)郑玄注,(唐)孔颖达正义,吕友仁整理:《礼记正义》,上海古籍出版社 2008 年版,第 258 页。

①曾子袭裘而吊，子游裼裘而吊。曾子指子游而示人曰："夫夫也，为习于礼者，如之何其裼裘而吊也？"主人既小敛，袒、括发，子游趋而出，袭裘、带、绖而入。曾子曰："我过矣，我过矣，夫夫是也。"（第292页）

②小敛之奠，子游曰："于东方。"曾子曰："于西方。敛斯席矣。"小敛之奠在西方，鲁礼之末失也。（第319页）

③公叔木有同母异父之昆弟死，问于子游。子游曰："其大功乎？"狄仪有同母异父之昆弟死，问于子夏，子夏曰："我未之前闻也。鲁人则为之齐衰。"狄仪行齐衰。今之齐衰，狄仪之问也。（第316页）

其中，前二者记曾子、子游言礼之不同，第三例记子游、子夏言礼之不同。此三贤皆亲承孔子教诲，言礼已大有不同，甚至恰恰相反，更遑论七十子之后学者。

（2）孔门第二代弟子：子思、乐正子春、公明仪、公孙尼子等。

其中，子思、乐正子春师从曾子，公明仪师从子张。据《汉志》"《公孙尼子》二十八篇。自注：七十子之弟子"①，公孙尼子亦系孔门第二代弟子。子思作为孔子嫡孙，在儒学传承上具有特殊地位，而且与《礼记》关系密切。子思不丧出母之说，见于《檀弓上》，同篇还记载了子思本人欲为嫁母服丧之事：

①子上之母死而不丧。门人问诸子思曰："昔者子之先君子丧出母乎？"曰："然。""子之不使白也丧之。何也？"子思曰："昔者吾先君子无所失道，道隆则从而隆，道污则从而污。伋则安能？为伋也妻者，是为白也母；不为伋也妻者，是不为白也母。"故孔氏之不丧出母，自子思始也。（第228—229页）

②子思之母死于卫，柳若谓子思曰："子，圣人之后也。四方于子乎观礼，子盖慎诸。"子思曰："吾何慎哉？吾闻之：有其礼，无其财，君子弗行也；有其礼，有其财，无其时，君子弗行也。吾何慎哉！"（第317页）

前者指子思不使子上为出母守丧，后者指子思本人为嫁母守丧，子思的做法显然前后不一。《檀弓上》直言"孔氏之不丧出母，自子思始也"，批

---

① （汉）班固撰，（唐）颜师古注：《汉书》，中华书局1962年版，第1725页。

评子思违礼。自古即有质疑子思祖述孔子之声,《孔丛子·公仪》记鲁穆公之问:"穆公谓子思曰:'子之书所记夫子之言,或者以谓子之辞也。'子思曰:'臣所记臣祖之言,或亲闻之者,有闻之于人者,虽非其正辞,然犹不失其意焉。且君之所疑者何?'公曰:'于事无非。'子思曰:'无非,所以得臣祖之意也。就如君言,以为臣之辞,臣之辞无非,则亦所宜贵矣。事既不然,又何疑焉?'"① 正如子思的回答,"虽非其正辞,然犹不失其意焉",虽非孔子本人之言,然而不失孔子之意。《正义》卷首解题曰"《中庸》是子思伋所作",学界一般认可此论,因为"子思是孔子裔孙,有比孔子弟子更为特殊的身份和优越条件,他把孔子遗说搜集整理应该是情理中事"②。陈桐生说:"我们读《礼记·檀弓》上下篇,就可以看到孔门师徒是以多么虔诚的态度探讨礼仪及其含义,像颜回、子路、子游、子夏、子贡、有子、曾子等孔门弟子,都对礼学有很深的造诣,子游、子夏所精的'文学',主要是指礼学典章制度。……孔子是春秋末年最大的礼学专家,礼学是七十子后学散文总的主题。孔子及其第一、第二代弟子时期,应该是礼学经传著述的高峰期,像大、小戴《礼记》中那些记载礼仪的文章,大都作于这一时期。"③ 所论与孔疏"七十二子之徒共撰所闻,以为此《记》"一致。

(三)《礼记》一书的编纂:"'戴圣传《礼》四十九篇',则此《礼记》是也"

孔颖达采用郑玄《六艺论》说,认为《礼记》的编纂者是西汉戴圣:"'戴圣传《礼》四十九篇',则此《礼记》是也。"郑氏之说,是关于《礼记》成书问题最早也最权威的说法。《礼记》其书,历经口述者(孔子)、记录传承者(孔门弟子)、写作者(后世再传弟子)与整理编辑者(戴圣)等诸多环节,历时四百余年而成④。孔疏的见解是深刻的:先追溯《礼记》思想之源,然后论《礼记》之具体篇文,再论《礼记》之书的编纂,所论大体符合《礼记》成书的历史。所谓"博物通人""各记旧闻",孔氏并没有将《礼记》四十六篇视作一个整体来讨论其作者及写作年代,即认为《礼记》出自众手;曰"错总鸠聚,以类相附",将写作者与编纂者分开

---

① 傅亚庶:《孔丛子校释》,中华书局2011年版,第164页。
② 杨朝明、宋立林:《孔子弟子评传》,中国社会出版社2011年版,第28—29页。
③ 陈桐生:《七十子后学散文研究》,暨南大学出版社2011年版,第58—59页。
④ 本书将《礼记》的源头追溯为孔子生活的春秋末年,成书时代主要采用吕友仁、王锷之说。吕先生认为"《小戴礼记》辑录成书的客观条件在石渠礼议之前已经具备"。参见吕友仁《〈礼记〉研究四题》,中华书局2014年版,第22—27页。石渠阁会议召开于汉宣帝甘露三年(前51)。王锷认为《礼记》"编纂时间在汉宣帝三年(前51)以后,汉成帝阳朔四年(前21)以前的三十年中"。参见王锷《〈礼记〉成书考》,中华书局2007年版,第324页。

讨论，这无疑是正确的。

二 论具体《记》文的作者、来源或成篇时代

孔疏不仅论述了《礼记》一书的作者、编者和主要内容，而且还针对其具体各篇的作者或成篇方式进行一一考证，提出诸多深刻见解。其论主要体现于《正义》卷首解题、《礼记》各篇之解题，还有散见于各篇疏文之中的考论，一般结合诸篇文本展开。

（一）论述《中庸》等四篇的作者

《正义》卷首解题论《中庸》等篇作者："《中庸》是子思伋所作，《缁衣》公孙尼子所撰。郑康成云：'《月令》，吕不韦所修。'卢植云：'《王制》，谓汉文时博士所录。'其余众篇，皆如此例，但未能尽知所记之人也。"① 孔疏得失，辨析如下。

1. "《中庸》是子思伋所作"

《中庸》孔疏又两言子思作《中庸》："'仲尼'至'以色'。此一节明子思申明夫子之德与天地相似，堪以配天地而育万物，伤有圣德无其位也。""'下袭水土'者，……此言子思赞扬圣祖之德，以仲尼修《春秋》而有此等之事也。"② 孔疏之说远承郑玄《中庸目录》"孔子之孙子思伋作之，以昭明圣祖之德"③，近承沈约、陆德明。1973 年冬，湖南长沙马王堆汉墓出土文献中，有被命名为《五行》者："《五行》的发现，证明了什么是《荀子·非十二子篇》所批评的思孟五行之说，并在《中庸》《孟子》书中找出这个学说的痕迹，由此得以确定《中庸》一篇的确是子思的作品。"④ 出土文献已证明郑注、孔疏之当。

2. "《缁衣》公孙尼子所撰"

此说源于刘瓛："公孙尼子所作也。"⑤ 此说值得商榷，李学勤据《隋书·经籍志》《旧唐书·经籍志》以及晁公武《郡斋读书志》，认为"《坊记》《中庸》《表记》《缁衣》四篇在《礼记》中次第相接，于《别录》均属通论，体例又彼此相似。特别是《坊记》《表记》《缁衣》，篇首均有'子

---

① （汉）郑玄注，（唐）孔颖达正义，吕友仁整理：《礼记正义》，上海古籍出版社 2008 年版，第 4 页。
② （汉）郑玄注，（唐）孔颖达正义，吕友仁整理：《礼记正义》，上海古籍出版社 2008 年版，第 2046 页。
③ （汉）郑玄注，（唐）孔颖达正义，吕友仁整理：《礼记正义》，上海古籍出版社 2008 年版，第 1987 页。
④ 李学勤：《子思和〈中庸〉》，《失落的文明》，上海文艺出版社 1997 年版，第 343 页。
⑤ （唐）陆德明撰，黄焯断句：《经典释文》，中华书局 1983 年版，第 211 页上栏。

言之'一语，其成于同时，殆无疑义。……《坊记》《表记》《缁衣》颇可能也出于子思，至多是其门人所辑成"①。其后，李氏又据荆门郭店楚简《缁衣》和传世文献，断定"《缁衣》确实出于《子思子》"②。

3. "《王制》，谓汉文时博士所录"

孔疏又于《王制》解题阐释曰："《王制》之作，盖在秦汉之际。知者，案下文云有'正听之'，郑云'汉有正、平，承秦所置'。又有'古者以周尺'之言，'今以周尺'之语，则知是周亡之后也。秦昭王亡周，故郑答临硕云：'孟子当赧王之际，《王制》之作，复在其后。'卢植云：'汉孝文皇帝令博士诸生作此《王制》之书。'"③孔疏承袭卢说，且列三条证据明之。而《王制》"方千里者，为方百里者百，为田九万亿亩"，孔疏又曰："但书经战国及秦之世，经籍错乱。此经上下，或亿或万，字相交涉，遂误为万亿。郑未注之前，书本既尔，郑更不显言其错，因此错本万亿之言，即云此经万亿者，即今之万万。皇氏以为，'亿数不定，或以十万为亿，或以万万为亿，或以一万为亿。此云万亿者，祇是万万也。六国时或将万为亿，故云万亿'。但古事难委，未知孰是，故备存焉。"④孔疏曰"书经战国及秦之世，经籍错乱"云云，显然以《王制》作于战国甚明。吕友仁比对《孟子》《礼记》文本，得出三条令人信服的结论：《孟子》征引单篇《记》文三十七次，可知《礼记》中的《王制》等十六篇"在孟子所处时代已经流行"；《王制》文被《孟子》征引九次，"为判断《王制》成书的时代提供了一个有力的证据"；《孟子》征引《记》文三十七次，其中三十四次暗引，三次明引⑤。故《王制》成书当在《孟子》之前。

4. "《月令》，吕不韦所修"

孔疏《礼记正义·月令》解题阐释曰：

> 按郑《目录》云："名曰《月令》者，以其记十二月政之所行也，本《吕氏春秋·十二月纪》之首章也，以礼家好事抄合之，后人因题之

---

① 李学勤：《子思子》，《失落的文明》，上海文艺出版社1997年版，第345—348页。
② 李学勤：《荆门郭店楚简中的〈子思子〉》，《重写学术史》，河北教育出版社2002年版，第7—11页。又见《文物天地》1998年第2期；又见《中国哲学》第20辑。
③ （汉）郑玄注，（唐）孔颖达正义，吕友仁整理：《礼记正义》，上海古籍出版社2008年版，第449页。
④ （汉）郑玄注，（唐）孔颖达正义，吕友仁整理：《礼记正义》，上海古籍出版社2008年版，第581页。
⑤ 吕友仁：《〈礼记〉研究四题》，中华书局2014年版，第56—57页。

名曰《礼记》，言周公所作。其中官名时事多不合周法。……"此卷所出，解者不同，今且申郑旨释之。按吕不韦集诸儒士著为《十二月纪》，合十余万言，名为《吕氏春秋》，篇首皆有《月令》，与此文同，是一证也。又周无大尉，唯秦官有大尉，而此《月令》云"乃命大尉"，此是官名不合周法，二证也。又秦以十月建亥为岁首，而《月令》云"为来岁授朔日"，即是九月为岁终，十月为授朔。此是时不合周法，三证也。又周有六冕，郊天迎气则用大裘，乘玉辂，建大常日月之章，而《月令》服饰车旗并依时色，此是事不合周法，四证也。……郑必谓不韦作者，以《吕氏春秋·十二月纪》正与此同，不过三五字别。且不韦集诸儒所作为一代大典，亦采择善言之事，遵立旧章，但秦自不能依行，何怪不韦所作也？又秦为水位，其来已久，秦文公获黑龙以为水瑞，何怪未平天下前不以十月为岁首乎？是郑以《月令》不韦所作。（第591页）

孔疏论《月令》作者，举出四条证据以明之，且批驳"周公作《月令》"说。按孔疏实有商榷之处。《月令》"命太尉赞桀俊，遂贤良，举长大"，郑注曰："三王之官有司马，无大尉，秦官则有大尉。今俗人皆云周公作《月令》，未通于古。"孔疏曰："俗人谓贾逵、马融之徒，皆云《月令》周公所作，故王肃用焉。此等未通识于古，古谓秦已前，不知三王无大尉，是未通于古。"①《荀子·儒效》："有俗人者，有俗儒者，有雅儒者，有大儒者。不学问，无正义，以富利为隆，是俗人者也。"② 孔疏以郑云"俗人"谓"贾逵、马融之徒"，不知何据。特别是马融乃郑玄之师，郑君若以"俗人"称师，实属无礼，且与《丧服小记》孔疏不合："马季长注《丧服》云：'此为五世之适，父乃为之斩也。'而郑注此云：'言"不继祖、祢"，则长子不必五世矣。'……而郑不明言世数者，郑是马季长弟子，不欲正言相非，故依违而言曰'不必'也。"③

而且，孔氏《月令》疏亦有自相矛盾处。《月令》"东风解冻，蛰虫始振，鱼上冰，獭祭鱼，鸿雁来"，郑注："今《月令》'鸿'皆为'候'。"孔疏："但《月令》出有先后，入《礼记》者为古，不入《礼记》者为今，

---

① （汉）郑玄注，（唐）孔颖达正义，吕友仁整理：《礼记正义》，上海古籍出版社2008年版，第660页。
② （清）王先谦撰，沈啸寰等点校：《荀子集解》，中华书局1988年版，第138页。
③ （汉）郑玄注，（唐）孔颖达正义，吕友仁整理：《礼记正义》，上海古籍出版社2008年版，第1301页。

则《吕氏春秋》是也,'鸿'字皆为'候'也。"①按郑、孔前说,《礼记·月令》出自《吕氏春秋》,当以《吕氏春秋》为古、《月令》为今。黄以周驳曰:"汉代之《月令》不止一书,有《周书·月令》,有大戴所引《明堂月令》,有小戴所传之《月令》及郑注所引之《今月令》,又有吕不韦所分《十二纪》及淮南子所著《时则训》。郑注引《今月令》凡十七条,其与《吕览》文同者,仅孟夏'王瓜生''无休于都'、季秋'挟矢以猎'、孟冬'固封疆'四条。其余文无一合。《孔疏》以《今月令》为《吕氏春秋》,固不足信矣。……《今月令》者,《月令》之颁诸汉代者也。"②杨宽《月令考》指出:"《月令》一篇,当早有成说,吕不韦宾客乃割裂十二月以为《十二纪》之首章耳","《月令》当是战国后期阴阳五行家为即将出现之统一王朝所制定行政月历"。③刘丰也认为,"《月令》思想形成的条件在战国中期已经成熟,而《吕氏春秋》又是杂抄各家而成,因此必然是《吕览》吸取了《月令》以为全书的纲领"④。1991年,甘肃文物考古研究所在敦煌悬泉置遗址,发现写在泥墙上的一篇墨书《使者和中所督察诏书四时月令五十条》(简称《悬泉月令诏条》),整理者指出:"《月令诏条》于元始五年五月十四日以太皇太后的名义颁布。"⑤《悬泉月令诏条》的发现证明汉时有朝廷颁布的相关《月令》文本,"在汉代其时称为《今月令》,为帝臣人民所共奉之日用生活政令指导"⑥。郑玄《礼记注》征引《今月令》凡二十余条。

(二)推断《檀弓》等十七篇的作者、来源或写作年代

孔疏还对另外十七篇的作者或写作年代进行考释,不乏真知灼见,也有难自圆其说者,罗列如下并予以辨析。

1.《礼运》系孔门弟子记孔子之言:"《礼运》之作,因鲁之失礼,孔子乃为广陈天子诸侯之事,及五帝三王之道。"⑦

《礼运》:"仲尼之叹,盖叹鲁也。言偃在侧,曰:'君子何叹。'"孔疏

---

① (汉)郑玄注,(唐)孔颖达正义,吕友仁整理:《礼记正义》,上海古籍出版社2008年版,第609—610页。

② (清)黄以周撰:《礼说》,《续修四库全书》第112册,上海古籍出版社2002年版,第761—762页。

③ 杨宽:《杨宽古史论文选集》,上海人民出版社2003年版,第494页。

④ 刘丰:《先秦礼学思想与社会的整合》,中国人民大学出版社2003年版,第89页。

⑤ 中国文物研究所、甘肃省文物考古研究所编:《敦煌悬泉月令诏条》,中华书局2001年版,第40页。

⑥ 黄人二:《敦煌悬泉置〈四时月令诏条〉整理与研究·自序》,武汉大学出版社2010年版,第3页。

⑦ (汉)郑玄注,(唐)孔颖达正义,吕友仁整理:《礼记正义》,上海古籍出版社2008年版,第900页。

曰：："作《记》者言其所叹之由，又言其所叹之事，故云'仲尼之叹，盖叹鲁也'。"① 孔颖达等认为《礼运》系孔子口述、弟子或再传弟子记录成篇。这是关于《礼运》作者及成篇的主流观点。陈澔曰："疑出于子游门人之所记，间有格言。而篇首大同、小康之说，则非夫子之言也。"② 任铭善曰："此篇称仲尼而名言偃，疑子游所自记也。然其中亦有后人窜入之文，不可不辨。"③ 杨朝明比勘《孔子家语·礼运》与《礼记·礼运》，认为"《家语》中的该篇实际更为可靠，《礼运》就出于孔子弟子言偃自记""《礼运》是可靠的文献，绝非后人'假托孔子'之名伪作"④。王锷认为，《礼运》"主体部分应该是子游记录，大概写成于战国初期。在流传过程中，大约于战国晚期掺入了阴阳五行家之言，又经后人整理而成为目前我们看到的样子"⑤。孔疏之说，大体可信。

2.《礼器》，"作记之人在胡亥之后"

《礼器》："三代之礼一也，民共由之，或素或青，夏造殷因。"郑注："变'白''黑'言'素''青'者，秦二世时，赵高欲作乱，或以青为黑，黑为黄，民言从之，至今语犹存也。"

孔疏：按《史记》，秦二世谓胡亥。于时丞相赵高欲杀二世，未知人从己否，乃指鹿为马，民畏赵高，皆称鹿为马，是其事也。其以青为黑，以黑为黄，即鹿马之类也。郑去胡亥既近，相传知之。此作《记》之人在胡亥之后，故"或素或青"。（第989页）

孔疏认为《礼器》成篇于秦末汉初。钱锺书《管锥编·史记会注考证·秦始皇本纪》"鹿马异形"条，从战国至两汉典籍中钩沉相关史料，证明"或素或青""鹿马之类"之说出现于战国之末，西汉仍有流传："按《韩非子·外储说》右上记卫嗣公曰'夫马似鹿者，而题之千金'，盖早传二物之或相似。《礼记·礼器》'或素或青，夏造殷因'；……《战国策·楚策三》'粉白黛黑立于衢'，《淮南子·修务训》两言'粉白黛黑'，而《盐铁论·国病》'傅白黛青者众'，亦即郑所谓'至今语犹存'也。《后汉书·

---

① （汉）郑玄注，（唐）孔颖达正义，吕友仁整理：《礼记正义》，上海古籍出版社2008年版，第877页。
② （元）陈澔：《礼记集说》，上海古籍出版社1987年版，第120页。
③ 任铭善：《礼记目录后案》，齐鲁书社1982年版，第23页。
④ 杨朝明：《〈礼运〉成篇与学派属性等问题》，《中国文化研究》2005年第1期。
⑤ 王锷：《〈礼记〉成书考》，中华书局2007年版，第241页。

文苑传上》崔琦答梁冀曰：'将使玄黄改色、鹿马异形乎？'"① 为考据《礼器》成篇提供佐证。

3.《郊特牲》，成书当早于《礼器》

孔疏比勘《郊特牲》与《礼器》，揭示二者密切相关，认为前者成书早于后者：

(1)《礼器》："大路繁缨一就，次路繁缨七就。圭璋，特；琥璜，爵。"

孔疏：然《郊特牲》云："大路一就，先路三就，次路五就。"而此云"次路七就"，郑注《郊特牲》以此云"七"为误。（第970页）

(2)《礼器》："孔子曰：'我战则克，祭则受福。'盖得其道矣。"

孔疏：又引《郊特牲》语结称也。（第982页）

(3)《礼器》："故曰：'于彼乎？于此乎？'"

孔疏：案《郊特牲》云："不知神之所在，于彼乎？于此乎？"此文唯云："于彼乎？于此乎？"故郑引彼上文为注，以会此文，明是一也。（第1012页）

《郊特牲》"故以战则克，以祭则受福"，《礼器》引之盖为约文。《礼器》"郊血，大飨腥，三献爓，一献孰"句，亦出自《郊特牲》。据此，《礼器》成文应晚于《郊特牲》。王锷考证《礼器》成书于战国中期，认为是《礼器》抄袭《郊特牲》②，此说与孔疏相合。又考证《郊特牲》的部分内容成书于战国晚期，但是"飨礼为主的文字，至迟应写成于战国中期以前"③。任铭善也认为《郊特牲》"所记祭祀飨食冠昏诸事，盖本非一篇"④，皆可佐证孔疏之说。

4.《明堂位》，"作记之时，是周代之末"

《明堂位》："天下以为有道之国，是故天下资礼乐焉。"

孔疏：作记之时，是周代之末，唯鲁独存周礼，故以为"有道之国"。"是故天下资礼乐焉"者，《左传》襄十年云："诸侯宋、鲁，于是观礼。"（第1285页）

---

① 钱锺书：《管锥编》，生活·读书·新知三联书店2007年版，第439页。
② 王锷：《〈礼记〉成书考》，中华书局2007年版，第190—193页。
③ 王锷：《〈礼记〉成书考》，中华书局2007年版，第249页。
④ 任铭善：《礼记目录后案》，齐鲁书社1982年版，第28页。

《礼记正义》中"周末"一词多次出现，例如：《曲礼》疏曰"案《春秋》鲁僖公名申，蔡庄公名甲午者，周末乱世，不能如礼。或以为不以'日''月'二字为名也"①，"今言骑者，当是周末时礼"②；《王制》疏曰"若以当代言之，衰谓周末幽、厉之时，与夏末同"③；《祭义》疏曰"此纪作在周末秦初，故称黔首。此孔子言，非当秦世，以为黔首，录记之人在后变改之耳"④；等等。"周代之末"或"周末"系笼统说法。以孔疏所举鲁僖公、蔡庄公是春秋时诸侯，而幽、厉是西周末之王，"周末"当指西周末年、春秋之初。清代汪中《明堂通释》认为，《明堂位》出自"鲁之儒生""因《周书》之旧而增饰之为《明堂位》篇，以表周公之功"⑤。王锷考证《明堂位》"是战国后期鲁国的某一儒家弟子整理成篇的，作者意欲通过整理鲁国的相关文献，表示对自己祖国的怀念"⑥。故孔疏之说，值得商榷。

5.《乐记》，河间献王"与诸生等共采《周官》及诸子云乐事者，以作《乐记》"

孔疏承《汉志》说，认为河间献王与诸生作《乐记》，"《乐记》十一篇入《礼记》在刘向前"：

> 案《艺文志》云："武帝时，河间献王好博古，与诸生等共采《周官》及诸子云乐事者，以作《乐记》事也。其内史丞王度传之，以授常山王禹，成帝时为谒者，数言其义，献二十四卷《乐记》。刘向校书，得《乐记》二十三篇，与禹不同，其道浸以益微。"故刘向所校二十三篇著于《别录》。今《乐记》所断取十一篇，余有十二篇，其名犹在。二十四卷《记》，无所录也。其十二篇之名，案《别录》十一篇，余次《奏乐》第十二，《乐器》第十三，《乐作》第十四，《意始》第十五，

---

① （汉）郑玄注，（唐）孔颖达正义，吕友仁整理：《礼记正义》，上海古籍出版社2008年版，第68页。
② （汉）郑玄注，（唐）孔颖达正义，吕友仁整理：《礼记正义》，上海古籍出版社2008年版，第106页。
③ （汉）郑玄注，（唐）孔颖达正义，吕友仁整理：《礼记正义》，上海古籍出版社2008年版，第466—467页。
④ （汉）郑玄注，（唐）孔颖达正义，吕友仁整理：《礼记正义》，上海古籍出版社2008年版，第1835页。
⑤ （清）汪中撰，戴庆钰校点：《述学》，辽宁教育出版社2000年版，第6页。
⑥ 王锷：《〈礼记〉成书考》，中华书局2007年版，第277页。

《乐穆》第十六,《说律》第十七,《季札》第十八,《乐道》第十九,《乐义》第二十,《招本》第二十一,《昭颂》第二十二,《窦公》第二十三是也。案《别录》:《礼记》四十九篇,《乐记》第十九。则《乐记》十一篇入《礼记》也在刘向前矣。(第1455页)

孔疏显然不同意同时代的《隋志》关于《礼记》四十六篇,由马融补足三篇说:"汉末马融,遂传小戴之学。融又定《月令》一篇、《明堂位》一篇、《乐记》一篇,合四十九篇。"①

6.《祭义》,"此纪作在周末秦初,故称黔首"

(1)《祭义》:"因物之精,制为之极,明命鬼神,以为黔首则,百众以畏,万明以服。"

孔疏:案《史记》云"秦命民曰黔首",此纪作在周末秦初,故称黔首。此孔子言,非当秦世,以为黔首,录记之人在后变改之耳。(第1835页)

(2)《祭义》:"古之道,五十不为甸徒,颁禽隆诸长者,而弟达乎獀狩矣。"

孔疏:谓作记之人在于周末,于时力役烦重,却道周初之事,故云"古之道"也。(第1853页)

《祭义》疏上文认为自"宰我曰"至"以祀先王先公,敬之至也"节,"明宰我问鬼神之事,夫子答以鬼神、魂魄、祭祀之礼,又广明天子、诸侯耕藉及公桑之事"②,故例(1)曰"此孔子言",其"黔首"一词,是"录记之人"以周末之语记录。例(2)再次指出《祭义》记录于"周末"。任铭善承孔疏说曰:"黔首秦人语,则此记秦汉人所作也。"③仅据"黔首"一词判断《祭义》成书年代值得商榷。金春峰以《史记》《祭义》结合《战国策·魏策》之《魏惠王死》篇所载魏惠公言,"先王必欲少留而扶社稷、安黔首也",认为"黔首"一词"出于魏国惠公之口,其时间至迟在公元前三三四年,即战国中期偏前。在此之前,'黔首'必早被使用和流传"④。所论

---

① (唐)魏徵等:《隋书》,中华书局1973年版,第925—926页。
② (汉)郑玄注,(唐)孔颖达正义,吕友仁整理:《礼记正义》,上海古籍出版社2008年版,第1832页。
③ 任铭善:《礼记目录后案》,齐鲁书社1982年版,第58页。
④ 金春峰:《汉代思想史》,中国社会科学出版社1987年版,第47页。

较孔疏可信。

《祭义》:"君子曰:'礼乐不可斯须去身。……礼之报,乐之反,其义一也。'"孔疏曰"此一节已具于《乐记》,但记者别人,故于此又记之"①,即认为今本《乐记》《祭义》成书非出自一人之手,甚是。

7. 《祭统》,"至今不废此礼乐,谓作记之时也"

《祭统》:"子孙纂之,至于今不废,所以明周公之德,而又以重其国也。"

孔疏:"言鲁是周公子孙,继周公之后,至今不废此礼乐,谓作记之时也。"(第1898页)

孔疏曰"至今不废此礼乐,谓作记之时也",言《祭统》作于鲁国未亡之前,"即在前256年以前"②。又,《祭统》"孝者,畜也",孔疏曰:"此据《援神契》:'庶人之孝曰畜。'五孝不同,庶人但取畜养而已,不能百事皆顺。《援神契》又云:'天子之孝曰就,诸侯曰度,大夫曰誉,士曰究,庶人曰畜。'分之则五,总之曰畜,皆是畜养。"③ 以《祭统》成书晚于《孝经·援神契》,则不可信。

8. 《经解》,"总是孔子之言。记者录之以为《经解》"

(1) 孔子曰:"入其国,其教可知也。……属辞比事而不乱,则深于《春秋》者也。"

孔疏:《经解》一篇总是孔子之言。记者录之以为《经解》者。(第1904页)

(2) 孔子曰:"安上治民,莫善于礼。"此之谓也。

孔疏:从篇首"孔子曰:入其国,其教可知也"至此"长幼有序",事相连接,皆是孔子之辞,记者录之而为《记》。其理既尽,记者乃引孔子所作《孝经》之辞以结之,故云"此之谓也"。(第1908页)

孔疏认为《经解》"是孔子之言",由"记者录之"成篇。吕思勉曰:

---

① (汉)郑玄注,(唐)孔颖达正义,吕友仁整理:《礼记正义》,上海古籍出版社2008年版,第1843页。
② 王锷:《〈礼记〉成书考》,中华书局2007年版,第170页。
③ (汉)郑玄注,(唐)孔颖达正义,吕友仁整理:《礼记正义》,上海古籍出版社2008年版,第1867页。

"六艺称经，此为最早矣。"① 认为其成篇颇早。任铭善则质疑孔疏曰："此篇所云六艺之政教，非孔子之言，而后人托之者也。"② 王锷以传世文献结合上博简《孔子诗论》等，认为"《经解》引用孔子论《诗》《书》《乐》《易》《礼》《春秋》之文，非虚妄之言"③，其说可从。例（2），孔疏又认为《孝经》系孔子作，《经解》："子曰：'安上治民，莫善于礼。'"出自《孝经·广要道第十二》："子曰：'教民亲爱，莫善于孝。教民礼顺，莫善于悌。移风易俗，莫善于乐。安上治民，莫善于礼。'"既然《经解》引用《孝经》，则其成篇当晚于《孝经》。

9.《奔丧》，为《礼古经》之逸篇

> 案郑《目录》云："实《逸曲礼》之正篇也。汉兴后得古文，而礼家又贪其说，因合于《礼记》耳。……"郑云"《逸礼》"者，《汉书·艺文志》云："汉兴，始于鲁淹中得《古礼》五十七篇。其十七篇与今《仪礼》正同，其余四十篇藏在秘府，谓之《逸礼》。其《投壶礼》亦此类也。"又《六艺论》云："汉兴，高堂生得《礼》十七篇。后孔子壁中得《古文礼》五十七篇，其十七篇与前同，而字多异。"以此言之，则此《奔丧礼》十七篇外既谓之逸，何以下文郑注又引《逸奔丧礼》，似此《奔丧礼》外更有《逸礼》者。但此《奔丧礼》对十七篇为《逸礼》内，录入于《记》，其不入于《记》者，又比此为逸也。故二逸不同，其实只是一篇也。（第2131页）

孔疏遵从郑君《礼记目录》，认为《奔丧》《投壶》两篇，出自《古礼》五十七篇，系《仪礼》十七篇正经之外的《逸礼》。《礼记正义序》曰"洎乎姬旦，负扆临朝，述《曲礼》以节威仪，制《周礼》而经邦国"，《正义》卷首解题曰"周公摄政六年，制礼作乐，颁度量于天下。但所制之礼，则《周官》《仪礼》也"④。认为周公作《周礼》《仪礼》，则《奔丧》《投壶》自当出自周公之手。以《奔丧》《投壶》是《礼古经》之逸篇甚是，认为是周公作则不可信。

---

① 吕思勉：《经子解题》，华东师范大学出版社1995年版，第56页。
② 任铭善：《礼记目录后案》，齐鲁书社1982年版，第61页。
③ 王锷：《〈礼记〉成书考》，中华书局2007年版，第206页。
④ （汉）郑玄注，（唐）孔颖达正义，吕友仁整理：《礼记正义》，上海古籍出版社2008年版，第2—3页。

10. 《投壶》，"周公正经"，《礼古经》之逸篇

（1）筭多少，视其坐。……矢，以柘若棘，毋去其皮。

孔疏：以《仪礼》准之，此亦正篇之后记者之言也。今录记者既陈正礼于上，又以此诸事继之于下。（第2208页）

（2）鲁令弟子辞曰……薛令弟子辞曰……

孔疏：此一篇是周公正经，而有鲁、薛之事者，录记之人以周衰之后，鲁之与薛有当时投壶号令弟子之异，未知孰是，故因以记之也。（第2210页）

孔疏认为《投壶》《奔丧》皆周公所作，经后世记者补充、整理，最终成篇于周末。以《投壶》周公作，自然失当；论《投壶》由经、传组成甚是。任铭善曰："其文在《逸礼》三十九篇中，《大戴礼记》中亦传之，而自'筭多少，视其坐'以上无大异同，盖是本经；以下则二记舛异颇多，盖是记文。"① 王锷将此《投壶》与《仪礼》《大戴礼记·投壶》比勘，并结合出土文物所刻投壶图案，曰"《投壶》的'经文'部分，约成篇于战国中期，后在流传中，出现两种不同的版本，附有各自的'记文'，'记文'也是战国时期之作。汉代，它们分别被收入大、小戴《礼记》"②，厘清了《投壶》的成篇历程。

11. 《儒行》，"《儒行》之作，盖孔子自卫初反鲁时也"

（1）鲁哀公问于孔子曰："夫子之服，其儒服与？"

孔疏：言夫子自卫反鲁，哀公馆于孔子，问以"儒行"之事。记者录之，以为《儒行》之篇。（第2217页）

（2）孔子至舍，哀公馆之，闻此言也，言加信，行加义："终没吾世，不敢以儒为戏。"郑注："《儒行》之作，盖孔子自卫初反鲁时也。"

孔疏：案《左传》哀十一年冬，卫孔文子之将攻大叔也，访于仲尼，仲尼曰："胡簋之事，则尝学之矣。甲兵之事，未之闻也。"退，命驾而行，文子遽止之。将止，鲁人以币召之，孔子乃归。（第2236页）

孔疏遵从郑注，以《儒行》系弟子记孔子之言，即孔子作之，弟子述

---

① 任铭善：《礼记目录后案》，齐鲁书社1982年版，第86页。
② 王锷：《〈礼记〉成书考》，中华书局2007年版，第127—128页。

之。后学多质疑其说。陈澔《集说》引前贤之言曰："《儒行》非孔子之言也，盖战国时豪士所以高世之节耳。"①孙希旦《集解》："此篇不类圣人气象，先儒多疑之。而哀公为人多妄，卒为三桓所逐。……盖战国时儒者见轻于世，故为孔子之学者托为此言，以重其道。其辞虽不粹，然其正大刚毅之意，恐亦非荀卿以下之所能及也。"②任铭善曰："窃意末世儒者将以自尊其教，谓孔子之言，殊可疑。"③而王锷认可郑、孔之说，"《儒行》是孔子的著作，是由当时在场的鲁国史官记录后，经孔门弟子整理而成，成篇最迟当在战国前期"④。

12.《冠义》《昏义》《乡饮酒义》《射义》《燕义》《聘义》六篇，"皆记者叠出《仪礼》经文"

（1）《乡饮酒义》："洗当东荣，主人之所以自絜而以事宾也。"

孔疏：从《冠义》以来，皆记者叠出《仪礼》经文，每于一事之下释明《仪礼》经义，每义皆举经文于上，陈其义于下以释之也。（第2288页）

（2）《燕义》："古者周天子之官，有庶子官。"

孔疏：此明"庶子"之义也。谓作《记》之人在于周末，追述周初之事，故云"古者"。（第2328页）

（3）《聘义》："故天子制诸侯，比年小聘，三年大聘，相厉以礼。"

孔疏：此经所云，谓诸侯自相聘也。……此经诸侯相聘是周公制礼之正法，《王制》所云，谓文、襄之法，故不同也。（第2341页）

归纳以上三例孔疏所论，其以《冠义》《昏义》《乡饮酒义》《射义》《燕义》《聘义》六篇"皆记者叠出《仪礼》经文"，成书当在"周末"。上文已揭示其所谓"周末"，当指西周末年、春秋之初。孙希旦认为《冠义》《昏义》《乡饮酒义》《射义》《燕义》《聘义》《丧服四制》七篇，"疑皆汉儒所为"⑤，论其成书过晚。又认为"皆据《仪礼》正经之篇而言其义，其辞气相似，疑一人所作"⑥，与孔疏以《冠义》等"皆记者叠出《仪礼》经

---

① （元）陈澔：《礼记集说》，上海古籍出版社1987年版，第322页。
② （清）孙希旦撰，沈啸寰等点校：《礼记集解》，中华书局1989年版，第1410页。
③ 任铭善：《礼记目录后案》，齐鲁书社1982年版，第89页。
④ 王锷：《〈礼记〉成书考》，中华书局2007年版，第52页。
⑤ （清）孙希旦撰，沈啸寰等点校：《礼记集解》，中华书局1989年版，第1446页。
⑥ （清）孙希旦撰，沈啸寰等点校：《礼记集解》，中华书局1989年版，第1411页。

文"近同。沈文倬考证《仪礼》，"是在公元前五世纪中期到四世纪中期这一百多年中，由孔子的弟子、后学陆续撰成的"①，王锷认为《冠义》等六篇的主体部分成书于战国中晚期②，其中有些篇中有汉人的写作内容③，二说可从。

总之，孔疏对《礼记》中21篇《记》文的成篇进行了讨论或考辨，既有合理的论述，也不乏失当之说。

三 论《礼记》的主要内容与写作方式

孔氏认为《礼记》是博物通人，"考前代之宪章，参当时之得失，俱以所见，各记旧闻。错总鸠聚，以类相附"，采用"或录旧礼之义，或录变礼所由，或兼记体履，或杂序得失"四种具体方式完成。《正义》具体疏文则发凡起例，与卷首解题形成呼应。

（一）"或录旧礼之义"

统观《礼记正义》，其曰"或录旧礼之义"，大意有二。其一，认为《冠义》《昏义》《乡饮酒义》《射义》《燕义》《聘义》六篇"皆记者叠出《仪礼》经文"：

> 《乡饮酒义》："洗当东荣，主人之所以自絜而以事宾也。"
> 孔疏：从《冠义》以来，皆记者叠出《仪礼》经文，每于一事之下释明《仪礼》经义，每义皆举经文于上，陈其义于下以释之也。他皆仿此也。（第2288页）

此说得到后学肯定，朱熹曰："《仪礼》是经，《礼记》是解《仪礼》。如《仪礼》有《冠礼》，《礼记》便有《冠义》；《仪礼》有《昏礼》，《礼记》便有《昏义》；以至燕、射之类，莫不皆然。"④ 孙希旦《冠义》解题曰："此下六篇，皆据《仪礼》正经之篇而言其义，其辞气相似，疑一人所作。此篇释《士冠礼》之义也。"⑤ 具体言之，即指《冠义》《昏义》《乡饮酒义》《射义》《燕义》《聘义》六篇，皆释古礼之义。此外，《丧服小记》

---

① 沈文倬：《菿闇文存——宗周礼乐文明与中国文化考论》，商务印书馆2006年版，第58页。
② 王锷：《〈礼记〉成书考》，中华书局2007年版，第210页。
③ 王锷：《〈礼记〉成书考》，中华书局2007年版，第220页。
④ （宋）朱熹撰，朱杰人等主编：《朱子语类》，《朱子全书》第17册，上海古籍出版社2002年版，第2899页。
⑤ （清）孙希旦撰，沈啸寰等点校：《礼记集解》，中华书局1989年版，第1411页。

《丧大记》《奔丧》《问丧》《服问》《间传》《三年问》《丧服四制》等篇的思想内容，与《仪礼·丧服》《士丧礼》也有着密切联系。

其二，认为《礼记》言"《记》曰"七例，言"《礼》曰"及"《曲礼》曰"三例，以及《礼记》中俯拾即是的"故曰"，皆系记者"录旧礼之义"：

(1)《曲礼上》："《礼》曰：'君子抱孙不抱子。'"

孔疏：凡称"《礼》曰"者，皆旧《礼》语也。为下事难明，故引旧《礼》为证。案此篇之首，作记之人引旧《礼》而言"《曲礼》曰"，此直言"礼曰"，不言"曲"者，从略可知也。（第96页）

孔疏认为，此"《礼》曰"之"《礼》"，即《曲礼上》开篇"《曲礼》曰"的"《曲礼》"之简称。"《礼》"或"《曲礼》"皆系旧礼之言，今《曲礼》录之。

(2)《文王世子》："《记》曰：'虞、夏、商、周，有师保，有疑丞。设四辅及三公，不必备，唯其人。'语使能也。"

孔疏：此作记之人更言"记曰"，则是古有此《记》，作记者引之耳。……后人作记者，取此古《记》天子之事，以成世子之《记》耳。……"设四辅及三公，不必备，唯其人"，此皆古《记》之文。"语使能"一句，是后作《记》者解前《记》之人所言。（第846页）

(3)《学记》："《记》曰：'蛾子时术之。'"

孔疏：谓旧人之《记》先有此语，记礼者引旧《记》之言，故云"蛾子时术之"。（第1428页）

例(2)，孔疏指出《文王世子》征引古《记》言"天子之事"，来阐释今"世子之《记》"。例(3)，孔疏指出《学记》征引古《记》"蛾子时术之"来诠释学者求学之道在于日积月累、长期不懈。又《曲礼上》"故君子式黄发，下卿位，入国不驰，入里必式"，郑注："发句言'故'，明此众篇杂辞也。"孔疏："谓他篇上旧礼杂辞，连上至下，所以有'故'。今作《曲礼》，记者引此他篇杂辞而来，为此篇发首有'故'也。"[1] 既然系"记者引此他篇杂辞"，则可归入"录旧礼之义"。邹昌林指出："《礼记》并非仅仅

---

[1] （汉）郑玄注，（唐）孔颖达正义，吕友仁整理：《礼记正义》，上海古籍出版社2008年版，第125、129页。

是《仪礼》的注脚，而且是对古礼的继承和发展。"①《礼记》的最重要价值亦在于此。

（二）"或录变礼所由"

西周末年，维系周天子统治秩序的周礼开始衰败，至战国周礼崩溃又远甚春秋。顾炎武《日知录》"周末风俗"条："春秋时，犹尊礼重信，而七国则绝不言礼与信矣。春秋时，犹宗周王，而七国则绝不言矣。春秋时，犹严祭祀、重聘飨，而七国则无其事矣。春秋时，犹论宗姓氏族，而七国则无一言及之矣。春秋时，犹宴会赋诗，而七国则不闻矣。春秋时，犹有赴告策书，而七国则无有矣。"②又"取妻不取同姓"条："春秋时最重族姓，至七国时，则绝无一语及之者。……百余年间，世变风移，可为长叹也已。"③《礼记》中《檀弓上》《檀弓下》《曾子问》《郊特牲》《坊记》等，关于"礼坏乐崩"的记载与讨论甚多，对诸侯、卿大夫以及士"违礼"现象进行溯源并予以批判。记者常以"自某某始也"进行批判。

1. 诸侯之失礼

《礼记》记诸侯之失礼处颇多，如鲁庄公诔士，齐桓公"庙有二主""庭燎之百"，鲁昭公丧慈母等。《檀弓上》记鲁庄公诔士："鲁庄公及宋人战于乘丘，县贲父御，卜国为右。马惊败绩，公队，佐车授绥。公曰：'末之卜也。'县贲父曰：'他日不败绩，而今败绩，是无勇也。'遂死之。圉人浴马，有流矢在白肉。公曰：'非其罪也。'遂诔之。士之有诔，自此始也。"郑注曰："记礼失所由来也。周虽以士为爵，犹无谥也。"④又《曾子问》："孔子曰：'……昔者齐桓公亟举兵，作伪主以行。及反，藏诸祖庙。庙有二主，自桓公始也。'"据孔子之言，批评齐桓公违礼。又如《郊特牲》："庭燎之百，由齐桓公始也。"郑注："僭天子也。庭燎之差，公盖五十，侯、伯、子、男皆三十。"孔疏曰："礼，天子百燎，上公五十，侯、伯、子、男三十。齐桓公是诸侯而僭用百，后世袭之，是失礼从齐桓公为始。"⑤又《曾子问》载子游问"丧慈母如母，礼与"，孔子曰："非礼也。古者，男子外有傅，内有慈母，君命所使教子也，何服之有？昔者，鲁昭公

---

① 邹昌林：《中国礼文化》，社会科学文献出版社2000年版，第44页。
② （清）顾炎武著，陈垣校注：《日知录校注》，安徽大学出版社2007年版，第715页。
③ （清）顾炎武著，陈垣校注：《日知录校注》，安徽大学出版社2007年版，第324页。
④ （汉）郑玄注，（唐）孔颖达正义，吕友仁整理：《礼记正义》，上海古籍出版社2008年版，第249页。
⑤ （汉）郑玄注，（唐）孔颖达正义，吕友仁整理：《礼记正义》，上海古籍出版社2008年版，第1039页。

少丧其母，有慈母良，及其死也，公弗忍也，欲丧之，有司以闻，曰：'古之礼，慈母无服，今也君为之服，是逆古之礼而乱国法也；若终行之，则有司将书之以遗后世。无乃不可乎！'公曰：'古者天子练冠以燕居。'公弗忍也，遂练冠以丧慈母。丧慈母，自鲁昭公始也。"记者、郑注以及孔疏，对以上违礼予以批评。

2. 卿大夫之失礼

《礼记》记卿大夫之失礼，可以季桓子丧有二孤、赵文子奏《肆夏》与三桓私设公庙等为例。《曾子问》记孔子曰："丧之二孤，则昔者卫灵公适鲁，遭季桓子之丧，卫君请吊，哀公辞不得命，公为主，客人吊。康子立于门右，北面；公揖让升自东阶，西乡；客升自西阶吊。公拜，兴，哭；康子拜稽颡于位，有司弗辩也。今之二孤，自季康子之过也。"郑注："邻国之君吊，君为之主，主人拜稽颡，非也，当哭踊而已。"① 《郊特牲》："大夫之奏《肆夏》也，由赵文子始也。"郑注曰"僭诸侯，赵文子，晋大夫"②。《郊特牲》又曰："诸侯不敢祖天子，大夫不敢祖诸侯。而公庙之设于私家，非礼也，由三桓始也。"记者、郑注对卿大夫失礼皆直言批评。

3. 士之失礼

《礼记》记士之失礼，可以子思不丧出母为例，《檀弓上》："子上之母死而不丧。门人问诸子思曰：'昔者子之先君子丧出母乎？'曰：'然。''子之不使白也丧之。何也？'子思曰：'昔者吾先君子无所失道；道隆则从而隆，道污则从而污。伋则安能？为伋也妻者，是为白也母；不为伋也妻者，是不为白也母。'故孔氏之不丧出母，自子思始也。"郑注："记礼所由废，非之。"③

总之，《礼记》对"礼坏乐崩"的记载是自上而下全方位的。《檀弓上》疏阐释失礼所在曰："以周公制礼，永世作法，时经幽厉之乱，又遇齐晋之强，国异家殊，乐崩礼坏，诸侯奢僭，典法讹舛，是以普天率土，不闲礼教。"④《礼记》还记载因特殊情况不能遵礼而权宜现象，如《檀弓上》记邾娄和鲁国失礼事："邾娄复之以矢，盖自战于升陉始也。鲁妇人之髽而吊也，自败于台鲐始也。"而且，更重要的是，随着时代的发展，礼亦随之演变，

---

① （汉）郑玄注，（唐）孔颖达正义，吕友仁整理：《礼记正义》，上海古籍出版社2008年版，第775页。
② （汉）郑玄注，（唐）孔颖达正义，吕友仁整理：《礼记正义》，上海古籍出版社2008年版，第1039页。
③ （汉）郑玄注，（唐）孔颖达正义，吕友仁整理：《礼记正义》，上海古籍出版社2008年版，第229页。
④ （汉）郑玄注，（唐）孔颖达正义，吕友仁整理：《礼记正义》，上海古籍出版社2008年版，第264页。

《礼记》记载了大量变礼，体现了礼顺应时代发展而演变的一面。《礼器》所谓"礼，时为大，顺次之，体次之，宜次之，称次之"，《曲礼上》《曲礼下》《檀弓上》《檀弓下》《王制》《曾子问》《礼运》等篇，对"变礼"均有记载。因此，《礼记》具体记载了一系列对礼制及礼学发展具有重要影响的历史事件，如上文所列鲁庄公诔士，显然是在春秋战国时代，士阶层逐渐崛起并对国家、社会产生重要影响的背景下出现的一个事件。又如《檀弓下》记鲁人勿殇卫国献身的童子汪踦：

> 战于郎，公叔禺人遇负杖入保者息，曰："使之虽病也，任之虽重也，君子不能为谋也，士弗能死也。不可，我则既言矣。"与其邻重汪踦往，皆死焉。鲁人欲勿殇重汪踦，问于仲尼。仲尼曰："能执干戈以卫社稷，虽欲勿殇也，不亦可乎！"
>
> 孔疏：依礼，童子为殇。鲁人见其死寇，欲勿殇童汪踦，意以为疑，问于仲尼。仲尼报之云：汪踦能执干戈以卫社稷。勿，犹不也。虽欲不以为殇，不亦可乎？言其可为不殇也。（第408页）

鲁哀公十一年（前484），齐国伐鲁。公叔禺人看见一位为了避乱而逃至城堡的鲁人，痛斥上层贵族在外敌入侵之际不能保家卫国："君子不能为谋也，士弗能死也。"然后，愤而与邻童汪踦一道抵御齐师战死。《仪礼·丧服传》："年十九至十六为长殇，十五至十二为中殇，十一至八岁为下殇，不满八岁以下为无服之殇。"[1] 据此，汪踦将得不到成人逝后的礼遇。汪踦的勇敢卫国赢得鲁人的尊重，而不以之为殇，孔子盛赞汪踦之勇，亦主张不殇。《曲礼下》"国君死社稷，大夫死众，士死制"，当上层贵族因腐化而不能担当国事时，自然要由下层民众承担此重任并做出积极贡献，相关礼制也应随之而变，正所谓"《仪礼》皆古经，《礼记》则多志其变"（《日讲礼记解义》六十四卷）[2]。

（三）"或兼记体履"

孔颖达继承郑玄说，认为礼分"体履"，所谓《周礼》为体，《仪礼》为履，《正义》卷首解题：

> 《礼记·明堂位》云："周公摄政六年，制礼作乐，颁度量于天

---

[1] （清）阮元校刻：《十三经注疏·仪礼注疏》，中华书局1980年版，第1111页下栏。
[2] （清）永瑢等：《四库全书总目》，中华书局1965年版，第172页上栏。

下。"但所制之礼,则《周官》《仪礼》也。郑作序云:"礼者,体也,履也。"统之于心曰体,践而行之曰履。郑知然者,《礼器》云:"礼者,体也。"《祭义》云:"礼者,履此者也。"《礼记》既有此释,故郑依而用之。礼虽合训体、履,则《周官》为体,《仪礼》为履,故郑序又云,然则三百三千虽混同为礼,至于并立俱陈,则曰此经礼也,此曲礼也,或云此经文也,此威仪也。是《周礼》《仪礼》有体、履之别也。所以《周礼》为体者,《周礼》是立治之本,统之心体,以齐正于物,故为体。……其《仪礼》但明体之所行,践履之事,物虽万体,皆同一履,履无两义也。(第3页)

据此,记载具体礼节仪式者为"履",所谓"威仪三千";记载基本礼乐制度和官职设立者为"体",所谓"经礼三百"。《礼记》兼记有《周礼》《仪礼》二经的相关内容,如《王制》《月令》《礼器》《郊特牲》《明堂位》《玉藻》《祭法》等篇内容多可视为"体",其他如《曲礼》《檀弓》《曾子问》《内则》《少仪》《投壶》《冠义》《昏义》《乡饮酒义》《射义》《燕义》《聘义》等篇内容多可视为"履",其中又杂记了"体"的内容。其实,礼既是体,又是履,本不可分割。《仲尼燕居》:"子曰:'师,尔以为必铺几筵,升降、酌献、酬酢,然后谓之礼乎?……言而履之,礼也。'"孔疏曰:"言为礼之体,不在于几筵、升降、酬酢乃谓之礼,但在乎出言履践行之谓之礼也。"[1] 此即以"礼之履"训释"礼之体"。

(四)"或杂序得失"

《檀弓上》疏曰:"以周公制礼,永世作法,时经幽厉之乱,又遇齐晋之强,国异家殊,乐崩礼坏,诸侯奢僭,典法讹舛,是以普天率土,不闲礼教。故子思,圣人之胤,不丧出母;随武子,晋之贤相,不识殽烝。作记之人,随后撰录,善恶兼载,得失备书。"[2] 阐释了《礼记》作者"或杂序得失"的历史背景,就是礼坏乐崩的西周末年直至春秋战国时代。上文论述"或录变礼所由",已就其中诸侯以下各阶层的"礼之失"展开讨论。现仅就《礼记》关于严守礼制、即"礼之得"现象的记载予以探讨,如《檀弓上》"曾子寝疾""孟献子禫""子夏既除丧""子张既除丧"等,《檀弓下》"颜丁居丧""延陵季子葬子"等。以"曾子寝疾"为例:

---

[1] (汉)郑玄注,(唐)孔颖达正义,吕友仁整理:《礼记正义》,上海古籍出版社2008年版,第1938页。

[2] (汉)郑玄注,(唐)孔颖达正义,吕友仁整理:《礼记正义》,上海古籍出版社2008年版,第264页。

曾子寝疾，病。乐正子春坐于床下，曾元、曾申坐于足，童子隅坐而执烛。童子曰："华而睆，大夫之箦与？"子春曰："止！"曾子闻之，瞿然曰："呼！"曰："华而睆，大夫之箦与？"曾子曰："然。斯季孙之赐也。我未之能易也。元，起易箦！"曾元曰："夫子之病革矣，不可以变。幸而至于旦，请敬易之。"曾子曰："尔之爱我也不如彼。君子之爱人也以德，细人之爱人也以姑息。吾何求哉？吾得正而毙焉，斯已矣。"举扶而易之，反席未安而没。

孔疏：此一节论曾子临死守礼不变之事，各依文解之。曾参谓曾元曰：尔之爱我也，不如彼童子。何者？君子之爱人也，必以善事成己之德，则童子是也。细小之人爱人也，不顾道理，且相宁息，即汝是也。吾今更何求焉？唯求正道，易换其箦，而即仆焉。"斯已矣"者，斯，此也。已，犹了也。此则正一世事了，不陷于恶，故君子慎终如始。（第251—252页）

此节记曾子逝前易箦，通过简单的人物语言与行为的叙述，将曾子谨守礼制、善始善终的形象刻画得极为生动。其言"君子之爱人也以德，细人之爱人也以姑息"，既是对童子的褒扬，也是对曾元的批评，更是曾子对自身的严格要求。

总之，孔氏从四个方面论述《礼记》各篇的写作方式，大体与其内容一致，也很好地解释了《礼记》众手杂出的特点。《礼记》之内容，实非以上四方面所能涵盖。黄乾行《礼记日录·自序》："其间或传古来圣贤文字，至为纯粹，如《大学》《中庸》《乐记》是也。或记小学之仪，如《曲礼》《少仪》《内则》是也。或言大学之义，如《学记》是也。或释古礼之义，如《冠义》《昏义》《乡饮酒义》《射义》《燕义》《聘义》是也。或专记丧葬之仪，如《奔丧》《丧大记》《杂记》《丧服小记》《服问》《大传》《间传》《问丧》《三年问》《丧服四制》是也。或专言祭礼，如《郊特牲》《祭法》《祭义》《祭统》是也。或错存经礼，如《投壶》是也。或独举变礼，如《檀弓》《曾子问》是也。或记圣王之制，如《王制》《月令》《文王世子》《玉藻》是也。或记圣贤之言，如《礼运》《礼器》《经解》《哀公问》《仲尼燕居》《孔子闲居》《坊记》《表记》《缁衣》《儒行》是也。"[1] 将

---

[1] （清）朱彝尊撰，林庆彰等主编：《经义考新校》第6册，上海古籍出版社2010年版，第2664—2665页。

《礼记》内容分为十类，所论具体而又深入。

四 论《礼记》一书的性质

陆德明言《礼记》性质与内容曰"此记二礼之遗阙，故名《礼记》"①，以《礼记》是《周礼》《仪礼》的"记"，内容就只是补充二经遗阙而已。有学者认为此言"循名核实，堪为《礼记》一名之的当解释"②。今按，此论值得一辨。《礼记》《仪礼》关系密切，而与《周礼》无甚干系。朱熹曰："《礼记》要兼《仪礼》读，如冠礼、丧礼、乡饮酒礼之类，《仪礼》皆载其事，《礼记》只发明其理。读《礼记》而不读《仪礼》，许多理皆无安著处。"③ 又曰："荆公废《仪礼》而取《礼记》，舍本而取末也。""《礼记》只是解《仪礼》，如《丧服小记》便是解《丧服传》（推之每篇皆然）。"④ 强调《礼记》《仪礼》之关联，甚是。

与陆氏论调相近，孔疏坚信《周礼》《仪礼》乃周公所作，《礼记》地位不能与之并提。《玉藻》疏曰："'故郑据《王制》之法，与周异者多，当以经为正。'如郑此言，《记》多错杂，不与经同。"⑤ 不过，孔疏论《礼记》的性质又有值得肯定之处。

（一）孔子礼学知识和礼学思想的记录

据孔疏对《礼记》的作者、主要内容，诸篇之作者、来源或成篇之时代与具体写作方式等方面的论述可知，孔疏认为《礼记》一书与孔子密切相关。《正义》卷首解题直言："《礼记》之作，出自孔氏。……七十二子之徒共撰所闻，以为此《记》。"所谓"共撰所闻"，当然共撰孔子所传授的礼学知识和礼学思想。孔子在先秦礼学发展史上具有极其重要的意义："春秋时期礼崩乐坏的历史内涵，是以周礼为核心的传统社会政治秩序和道德规范的全面瓦解。这一危机促使一些思想家从理论上对礼的本质、功能及意义进行了思考和探索，孔子的礼论挖掘和增强了礼的内在精神价值，将礼由制度典章层面提升到思想学术层面，实现了礼的理论化、意识形态化。"⑥ 明儒刘宗

---

① （唐）陆德明撰，黄焯断句：《经典释文》，中华书局1983年版，第162页上栏。
② 李曰刚等：《礼记名实考述》，《三礼研究论集》，台北黎明文化事业股份有限公司1981年版，第1—12页。
③ （宋）朱熹撰，朱杰人等主编：《朱子全书》第17册，上海古籍出版社2002年版，第2940页。
④ （宋）朱熹撰，朱杰人等主编：《朱子全书》第17册，上海古籍出版社2002年版，第2941页。
⑤ （汉）郑玄注，（唐）孔颖达正义，吕友仁整理：《礼记正义》，上海古籍出版社2008年版，第1181页。
⑥ 张平、纪兴：《论礼崩乐坏与礼学的形成》，《燕山大学学报》（哲学社会科学版）2002年第2期。

周则直接将《礼记》的著作权归于孔子,《礼经考次自序》:

> 《仪礼》者,周公所以佐《周礼》致太平之书。而《礼记》者,孔子所以学周礼及夏、殷之礼,进退古今,垂宪万世之书也。盖先王之礼,至周而大备矣,而犹必折衷于孔子而后定。故其居恒与门弟子雅言,一则曰"吾从周",一则曰"子善殷",又曰:"虞夏之道,寡怨于民;殷周之道,不胜其敝。"至他日以告之颜子,亦曰:"行夏之时,乘殷之辂,服周之冕,乐则韶舞。"则孔子门墙岂斤斤为《仪礼》作注脚乎?①

换言之,"出自孔氏"的《礼记》,是七十子之徒对孔子礼学知识和礼学思想的记录,是孔子损益三代、择善而从的结果,是一部"垂宪万世之书"。加之"正《礼》残缺",而《礼记》完整,其地位与价值自然极其重要。

(二) 内容庞杂的儒家丛书

《礼记》四十九篇,内容驳杂,所载之礼非一时一地,亦非一朝一代。自刘向以来,时有学者对其诸篇进行分类,然多不尽如人意。孔颖达等对其庞杂内容认识深刻,《正义》卷首解题:"案《论语》云'殷因于夏礼''周因于殷礼',则《礼记》总陈虞、夏、商、周。则是虞、夏、商、周各有当代之礼,则夏、商亦有五礼。……或录旧礼之义,或录变礼所由,或兼记体履,或杂序得失,故编而录之,以为《记》也。"论其内容庞杂,事实上已正确地指出《礼记》丛书的性质,远较"记二礼之阙遗"精确。《礼记》一书如此,其具体各篇内容亦芜杂,尤以《曲礼上》《曲礼下》《檀弓上》《檀弓下》等为甚。即使被视为"圣贤传道之经训"的《中庸》②,也呈现杂的特点,朱熹曰:"其书始言一理,中散为万事。"③ 孔疏多次以"杂"论《礼记》诸篇:

> (1)《礼运》解题:"事类既烦杂,不可以一理目篇。"(第874页)
> 《礼运》疏:"其言杂乱,或先或后,其文不次,举其大纲,不可

---

① (清)朱彝尊撰,林庆彰等主编:《经义考新校》第6册,上海古籍出版社2010年版,第2679页。
② (汉)郑玄注,(唐)孔颖达疏,(唐)陆德明音义,(清)齐召南等考证:《礼记注疏》,文渊阁《四库全书》第116册,台湾商务印书馆2008年版,第534页下栏。
③ (宋)朱熹:《四书章句集注》,中华书局1983年版,第17页。

以一代定其法制，不可以一概正其先后，若审此理，则无所疑惑。"（第900页）

(2)《玉藻》疏：如郑此言，《记》多错杂，不与经同。（第1181页）

(3)《少仪》疏：此一篇杂明细小威仪，不复局以科段。（第1369页）

以上三篇《记》文之四例疏文，分别用"烦杂""杂乱""错杂""杂明"等词概括该篇内容。《礼记》庞杂，学界似无异议。黄侃以"纷错"一词概括《礼记》①。杨天宇曰："杂乱而无伦次，是《礼记》四十九篇所记内容的主要特点。"② 不过，换个角度看，内容的庞杂正是其一大优点。清齐召南《礼经注疏考证跋语》：

二礼、古经之学反俱不及，其故何耶？《记》本丛书也，撰录非一人，荟萃非一说，自孔门弟子下逮秦汉诸儒所记，并采兼收，故虽不能有存无杂，然其大者如《大学》《中庸》，广博精深，为圣贤传道之经训；《曲礼》《少仪》《内则》，实小学之支流余裔；《玉藻》《郊特牲》《文王世子》，实朝庙之文物典章也；《冠》《昏》《乡饮酒》《射》《聘》《燕》诸义，《丧服》小大、《杂记》、《服问》、《间传》、《曾子问》、《三年问》诸篇，既皆《仪礼》之正解余论；而《深衣》《奔丧》《投壶》，则又古经之剩简佚篇，可以补《仪礼》所不及者。《记》以兼收并采而纯杂相半，亦以兼收并采而巨细不遗，选言宏富便于诵习。视《仪礼》难读，《周官》不全，相去故有间也。此《记》之以丛书得称为经也。③

故梁启超认为《礼记》"为儒家者流一大丛书"④。又曰："它的性质是孔门论礼丛书。它是儒家思想，尤其是礼教思想最发达到细密时的产品。"⑤ 总之，《礼记》是"儒家叙述礼论形成和礼制变迁、既有理论又有史实的一

---

① 黄侃：《礼学略说》，《黄侃论学杂著》，中华书局上海编辑所1964年版，第454页。
② 杨天宇：《礼记译注·前言》，上海古籍出版社2004年版，第21页。
③ （汉）郑玄注，（唐）孔颖达疏，（唐）陆德明音义，（清）齐召南等考证：《礼记注疏》，文渊阁《四库全书》第116册，台湾商务印书馆2008年版，第534页下栏。
④ 梁启超：《梁启超国学讲录二种·要籍解题及其读法》，中国社会科学出版社1997年版，第88页。
⑤ 梁启超：《梁启超国学讲录二种·古书真伪及其年代》，中国社会科学出版社1997年版，第235页。

部综合性著作"①。

五　兼论《周礼》《仪礼》的成书

《礼记正义》还讨论了《周礼》《仪礼》的成书，主要观点就是周公所作：

(1)《礼记正义序》：洎乎姬旦，负扆临朝，述《曲礼》以节威仪，制《周礼》而经邦国。

(2)《正义》卷首解题：又《礼记·明堂位》云："周公摄政六年，制礼作乐，颁度量于天下。"但所制之礼，则《周官》《仪礼》也。（第2—3页）

(3)《礼器》："故经礼三百，曲礼三千，其致一也。"郑注："经礼谓《周礼》也，《周礼》六篇，其官有三百六十。曲，犹事也。事礼谓《今礼》也。礼篇多亡，本数未闻，其中事仪三千。"

孔疏：周公摄政七年，制礼作乐，为设官分职之法，亦名《周官》，有六卿，每卿下各有属官六十，凡三百六十。经秦焚烧之后，至汉孝文帝时，求得此书，不见《冬官》一篇，乃使博士作《考工记》补之，非上之义，唯证《周礼》三百六十职也。（第988页）

例（1）孔疏云"《曲礼》"指《仪礼》，例（3）其谓《礼器》所云"《经礼》"指《周礼》，即《周官》。正如杨天宇曰："《礼器》所谓'经礼'，乃指礼之大纲，'曲礼'则指其细目，而三百、三千之数，不过极言其多且盛。"②郑注则分别释为《周礼》《仪礼》，失当。孔疏遵从郑注，亦误。郑注、孔疏立论的基本依据是《明堂位》："武王崩，成王幼弱，周公践天子之位，以治天下。六年，朝诸侯于明堂，制礼作乐，颁度量，而天下大服。"孔疏又认为《周礼》所载是"周之正礼"，《曲礼下》"岁凶，年谷不登。君膳不祭肺，马不食谷"，郑注："天子食，日少牢，朔月大牢。诸侯食，日特牲，朔月少牢。"孔疏："此《玉藻》文，引之者，证天子诸侯非凶年常食杀牲之事。案《周礼·膳夫》云'王日一举'太牢。不引《膳夫》而引《玉藻》者，以《膳夫》祇有王礼，《玉藻》兼载天子、诸侯。此经云'君膳不祭肺'，又连言大夫、士，是其文既广，故引《玉藻》天子、诸侯

---
① 陈克明：《中国的经学》，山东教育出版社1991年版，第38页。
② 杨天宇：《郑玄三礼注研究》，中国社会科学出版社2008年版，第58页。

为证也。《玉藻》所以异《膳夫》者，《膳夫》是周之正礼，《玉藻》是衰世之法。故《郑志》云：'作《记》之时，或诸侯同天子，或天子与诸侯同，作《记》者乱之耳。'"① 足见郑注、孔疏迷信周公作《周礼》《仪礼》至深。当然，孔疏亦有难自圆其说处，《杂记下》"恤由之丧，哀公使孺悲之孔子，学士丧礼。《士丧礼》于是乎书"，郑注："时人转而僭上，士之丧礼已废矣，孔子以教孺悲，国人乃复书而存之。"《仪礼》中重要的一篇《士丧礼》应系孔子口述、孺悲记录而成。

郑注、孔疏坚信周公作《周礼》《仪礼》的观念，显然是因为"在经学家那里，价值判断要高于事实判断"，而"历史真实并不一定构成价值，而价值却要主导真实的历史"。这就是所谓的"经学的根本立场"："并不是追询历史的真实，而是追询价值的真实、意义的真实。"② 故考察《礼记》成书，孔疏之说值得参考而绝不可盲从。周公制礼作乐，应指其参与制定了西周王朝包括礼乐教化在内的一些重要典章制度。杨向奎曰："说礼乐出自某一位圣贤的制作，是不可能的，但谓周公对于传统的礼乐有过加工、改造，是没有疑问的。"又曰："《仪礼》《周礼》及《礼记》中的部分篇章反映了宗周的典章制度、风俗人情；而其中重要的制度与礼乐是和周公分不开的。当然不是说周公是'三礼'的作者，但礼的具体内容及其实施，某些乐章的制定，肯定是周初统治者所为，而主要是周公。"③ 也就是说，"三礼"的内容与周公有着一定关系，而其写作成书则与周公无直接联系。詹子庆也认为，"《礼经》《周官》，它们最早的蓝本，应包括'周公制礼'留下的残篇断简"④。二说具有一定的合理性。

总之，孔疏论《礼记》成书，大体上体现出尊重郑学、恪守郑注的学术倾向。如采用《六艺论》戴圣编纂《礼记》四十九篇说，而不同意《释文》"小戴删大戴"说、魏徵《隋志》"马融足三篇"说。又据郑玄《目录》推断诸篇成书：《王制》"盖在秦汉之际"，《月令》出自《吕氏春秋》，《奔丧》《投壶》"实逸《曲礼》之正篇"，"《儒行》之作，盖孔子自卫初反鲁时也"，等等。其次，认为"《礼记》之作，出自孔氏"，大大提升了《礼记》的经学地位。不仅如此，还认为《经解》《儒行》等直接出自孔子之

---

① （汉）郑玄注，（唐）孔颖达正义，吕友仁整理：《礼记正义》，上海古籍出版社2008年版，第159—161页。
② 姜广辉：《经学思想研究的新方向及其相关问题》，《义理与考据：思想史研究中的价值关怀与实证方法》，中华书局2010年版，第141页。
③ 杨向奎：《宗周社会与礼乐文明》，人民出版社1992年版，第352、355页。
④ 詹子庆：《对礼学的历史考察》，《古史拾零》，东北师范大学出版社2015年版，第379页。

手。最后，认为《礼记》是由"或录旧礼之义，或录变礼所由，或兼记体履，或杂序得失"四种形式写作而成，很好地解释了其内容驳杂的性质。

第二节　论《礼记》各篇的题旨与要义

《礼记》众手杂出，内容庞杂，具体篇名亦复杂多样，命名不乏带有较大随意性，甚而与其主要内容并无多少关联。杨天宇曰："《礼记》各篇，一部分是依据其所记内容来命名的，……多数篇的命名，带有很大的随意性，因此许多篇的篇名，都只可视为该篇的代号，而并不能反映该篇的实际内容。"并将四十九篇命名分为五种："依据篇中所记主要内容命名""仅据首节或仅据篇中部分内容命名""取篇首或首句中若干字，或取篇中若干字命名""以所记内容的性质命名""命名之由不详者"①。至于诸篇要义，更是众说纷纭。郑氏《目录》、孔氏《正义》对其诸篇的题旨与要义一般皆进行了归纳，是构成《礼记》文本考释的重要内容。郑氏《目录》对诸篇题旨与要义的总结，得失参半，孔氏《正义》或阐释其说，或补充、弥缝其失，基本继承郑氏之说，体现出鲜明的尊郑倾向，故得失并存。古今学者对郑、孔之失，亦多有补充、辩驳或校正。

1.《曲礼上》第一

> 孔疏：案郑《目录》云："名曰《曲礼》者，以其篇记五礼之事。祭祀之说，吉礼也。丧荒去国之说，凶礼也。致贡朝会之说，宾礼也。兵车旌鸿之说，军礼也。事长敬老、执贽纳女之说，嘉礼也。此于《别录》属《制度》。"案郑此说，则此《曲礼》篇中有含五礼之义。是以经云"祷祠祭祀"之说，当吉礼也。"送丧不由径""岁凶，年谷不登"，又云"大夫士去国"，如此之类，是丧荒去国之说，当凶礼也。"五官致贡曰飨""天子当宁而立曰朝""相见于邻地曰会"，如此之类，是致贡朝会之说，当宾礼也。"兵车不式""前有水，则载青旌"，如此之类，是兵车旌鸿之说，当军礼也。"侍坐于长者""故君子式黄发""妇人之贽，椇榛枣栗""纳女于天子"，如此之类，是事长敬老、执贽纳女之说，当嘉礼也。……此篇既含五礼，故其篇名为《曲礼》。《曲礼》之与《仪礼》，其事是一。以其屈曲行事则曰《曲礼》，见于威仪则曰《仪礼》。但曲之与仪相对。《周礼》统心为号，若总而言之，则

---

① 杨天宇：《礼记译注·前言》，上海古籍出版社2004年版，第22—23页。

《周礼》亦有曲名。故《艺文志》云："帝王为政，世有损益，至周曲为之防，事为之制，故曰，经礼三百，威仪三千。"是《二礼》互而相通，皆有曲称也。（第5页）

此疏据郑君《目录》阐释《曲礼》题旨，"此篇既含五礼，故其篇名为《曲礼》"，并列举篇中具体内容以诠释"五礼"，然后论《曲礼》与《周礼》《仪礼》之关系。《曲礼》作为《礼记》首篇，"编纂者将其置于全书之首，可能有总括全书之意"[1]，孔疏对其题旨与要义也进行了详细疏解，实欲以此贯通全书。又尊崇郑义，以"《周礼》为体，《仪礼》为履"论来训释《礼记》。须明确的是，郑玄《目录》所谓"五礼"，实散见于《曲礼》篇中，且不以类相次。还有大量内容，远非"五礼"所能概括。杨天宇以《曲礼上》前五节为例，论其内容皆非"五礼"所能涵盖[2]。郑玄以"五礼"涵盖天下之礼，实受先秦以来颇为流行的五行学说之影响。孔疏以此篇涵盖"五礼"故取名"曲礼"，其说失当。

孙希旦《集解》对郑、孔之论予以驳斥，任铭善亦持孙说："孙希旦《集解》曰：'《曲礼》者，古礼篇之名。《礼记》多以简端之语名篇，此篇名《曲礼》者，以篇首引之也。郑氏谓篇中记五礼之事，故名"曲礼"，非是。'又曰：'此篇所引之《曲礼》，则别为古礼篇之名，非《礼器》所言之曲礼。盖"曲礼三千"即《仪礼》中之曲折，而此所引"毋不敬"以下，其文与《仪礼》不类也。而此篇之为《曲礼》，则特以篇首引《曲礼》而名之，不可谓此篇皆《曲礼》之言。'今按：孙氏驳郑君之义是也，而以'曲礼三千'为《仪礼》，则仍循郑注之非。此篇杂取诸书，如'若夫坐如尸，立如齐'二句取之《曾子》，而失删若夫二字，其迹最显。盖出之西汉儒者之撷拾，且杂出汉人之制，首引《曲礼》之文，故取以为一篇之名耳。"[3] 此说甚是。任氏又考"曲礼"之义曰："按'曲礼'之名见于《礼器》，曰：'经礼三百，曲礼三千'，而《中庸》作'礼仪''威仪'，郑君以礼经为《周官》，曲礼为《仪礼》，盖尊尚《周宫》以成《三礼》之名。然《周官》战国之书，不成于姬孔；且三百特官名耳，不得傅会仪文，臣瓒已尝讥之。朱子独取叶梦得'经，礼制之凡；曲，礼文之目'之说，而谓《仪礼》为经礼。所谓曲礼则皆礼之微文小节，如今《曲礼》《少仪》《内则》《玉藻》

---

[1] 王锷：《〈礼记〉成书考》，中华书局2007年版，第104页。
[2] 杨天宇：《礼记译注·前言》，上海古籍出版社2004年版，第19—20页。
[3] 任铭善：《礼记目录后案》，齐鲁书社1982年版，第4页。

《弟子职》所记者是也。以之通《礼器》之文，亦为确矣。"① 《曲礼》之"曲"，当指"微文小节"之义。

2.《曲礼下》第二

> 孔疏：案郑《目录》云："义与前篇同，简策重多，分为上下。"（第133页）

《曲礼》《檀弓》《杂记》三篇，因"简策重多"皆分为上、下篇，郑氏《目录》所言甚是。此"盖亦古书之恒例矣"②。

3.《檀弓上》第三

> 孔疏：案郑《目录》云："名曰《檀弓》者，以其记人善于礼，故著姓名以显之。姓檀名弓，今山阳有檀氏。此于《别录》属《通论》。"……案子游讥司寇惠子废适立庶，又檀弓亦讥仲子舍適孙而立庶子，其事同。不以子游名篇，而以檀弓为首者，子游是孔门习礼之人，未足可嘉，檀弓非是门徒，而能达礼，故善之以为篇目。（第223页）

此篇题旨，郑氏所言已非，孔疏所言更谬。孙希旦："篇首记檀弓事，故以《檀弓》名篇，非因其善礼著之也。篇中多言丧事，可以证《士丧礼》之所未备，而天子诸侯之礼，亦略有考焉。"③ 此说确当。任铭善曰："此亦以首章之名名篇也。"④ 杨天宇、吕友仁、陈戍国等亦从此说。

4.《檀弓下》第四

孔疏："案郑《目录》云：'义同前篇，以简策繁多，故分为上下二卷。'"⑤ 所论甚是。

5.《王制》第五

> 孔疏：案郑《目录》云："名曰《王制》者，以其记先王班爵、授

---

① 任铭善：《礼记目录后案》，齐鲁书社1982年版，第4页。
② 任铭善：《礼记目录后案》，齐鲁书社1982年版，第7页。
③ （清）孙希旦撰，沈啸寰等点校：《礼记集解》，中华书局1989年版，第163页。
④ 任铭善：《礼记目录后案》，齐鲁书社1982年版，第8页。
⑤ （汉）郑玄注，（唐）孔颖达正义，吕友仁整理：《礼记正义》，上海古籍出版社2008年版，第347页。

禄、祭祀、养老之法度。此于《别录》属制度。"(第449页)

《王制》之名，既缘于该篇内容，又由首句"王者之制"而来。孙希旦："其中言封建、授田、巡守、朝觐、丧祭、田猎、学校、刑政，皆王者之大经大法。……汉人采辑古制，盖将自为一代之典，其所采以周制为主，而亦或杂有前代之法，又有其所自为损益，不纯用古法者。郑氏见其与《周礼》不尽合，悉目为夏、殷之制，误矣。"① 论《王制》要义，较郑氏《目录》精确。吕友仁认为《王制》"是一篇完整的施政大纲"②。

6.《月令》第六

> 孔疏：按郑《目录》云："名曰《月令》者，以其记十二月政之所行也。本《吕氏春秋》十二月纪之首章也，以礼家好事抄合之，后人因题之名曰《礼记》，言周公所作。其中官名时事多不合周法。此于《别录》属《明堂阴阳记》。"(第591页)

孔疏引郑氏《目录》"后人因题之名曰《礼记》"，据浦镗校，"礼记"当作"月令"③。郑氏言《月令》称名，"以其记十二月政之所行也"，孔疏从之甚当。孔疏论《月令》大义多有卓见："《月令》者，包天地阴阳之事。然天地有上下之形，阴阳有生成之理，日月有运行之度，星辰有次舍之常。……其天高地下，日盈月阙，觜星度少，共斗度多，日月右行，星辰左转，四游升降之差，二仪运动之法，非由人事所作，皆是造化自然。先儒因其自然，遂以人事为义。"④ 又疏解"岁且更始，专而农民，毋有所使"，曰"此修《月令》之人为国家戒令之法"⑤，恰当阐释了《月令》的性质与要义。任铭善曰："令，谓禁也，告也。……本篇孟春之月'命相布德和令'注：'令，谓时禁也。'"⑥ 与郑、孔训"令"为"时禁""戒令"甚合。吕

---

① （清）孙希旦撰，沈啸寰等点校：《礼记集解》，中华书局1989年版，第309页。
② 吕友仁：《〈礼记〉讲读》，华东师范大学出版社2009年版，第5页。
③ （汉）郑玄注，（唐）孔颖达正义，吕友仁整理：《礼记正义》，上海古籍出版社2008年版，第610页。
④ （汉）郑玄注，（唐）孔颖达正义，吕友仁整理：《礼记正义》，上海古籍出版社2008年版，第591—595页。
⑤ （汉）郑玄注，（唐）孔颖达正义，吕友仁整理：《礼记正义》，上海古籍出版社2008年版，第741页。
⑥ 任铭善：《礼记目录后案》，齐鲁书社1982年版，第15页。

友仁认为《月令》"是以阴阳五行学说为指导的全年施政纲领"①，高度概括其大义。

7.《曾子问》第七

孔疏：按郑《目录》云："名为《曾子问》者，以其记所问多明于礼，故著姓名以显之。曾子，孔子弟子曾参。此于《别录》属《丧服》。"（第749页）

任铭善曰："此亦以篇首字名篇也。皆曾子问于孔子者，而子游问一事、子夏问二事附之。"② 概括简明。以下《文王世子》《礼器》《郊特牲》《玉藻》《明堂位》《经解》《哀公问》《仲尼燕居》《孔子闲居》等篇命名，皆与《曾子问》相似。郑、孔皆未归纳此篇大义。孙希旦曰："此篇多记吉凶冠昏所遭之变。"③ 任铭善曰："凡丧祭吉凶之错见，及天子诸侯丧礼不见于《仪礼》丧祭诸篇者，《曾子问》皆及焉。亦有因礼文而引申其义者，虽事之不恒见，而皆顺其情以行其所当然。"④ 吕友仁认为："全篇采取曾子问、孔子答的形式，所涉及的问题则是遇到丧葬之礼中的某些突发情况应如何处置。从这个意义上来说，本篇补充了《仪礼·士丧礼》之所未备。"⑤ 认识越发到位。

8.《文王世子》第八

孔疏：案郑《目录》云："名曰《文王世子》者，以其记文王为世子时之法。此于《别录》属《世子法》。"此篇之内，凡有五节：……为第一节，论文王、武王为世子之礼、下之事上之法。……为第二节，论在上教下，说庠序，释奠先圣、先师，养老东序，并明三王教世子，又更论周公践阼，抗世子法于伯禽之事。……为第三节，明庶子正理，族人燕饮及刑罚之事，殊于异姓，又更覆说殊于异姓之义。……为第四节，论天子视学，养三老五更，并明公侯伯子男反归，养老于国。……为第五节，以其文王为世子，圣人之法，非凡人所行，故更明寻常世子法。（第825页）

---

① 吕友仁：《〈礼记〉讲读》，华东师范大学出版社2009年版，第5页。
② 任铭善：《礼记目录后案》，齐鲁书社1982年版，第20页。
③ （清）孙希旦撰，沈啸寰等点校：《礼记集解》，中华书局1989年版，第506页。
④ 任铭善：《礼记目录后案》，齐鲁书社1982年版，第20页。
⑤ 吕友仁：《〈礼记〉讲读》，华东师范大学出版社2009年版，第5页。

孔疏据郑玄《目录》释《文王世子》题旨失之偏颇，概括要义则较为适当。其实，"文王为世子"仅为此篇六节内容之一节而已。孙希旦曰："此篇合众篇而成。首言文王、武王为世子及周公教成王之事；次言大学教士之法；次言三王教世子之法；次言庶子正公族之法；次言养老之事；末引世子之记以终之。盖其初本各为一篇之书，各有篇名，而记者集合之者也。记者之意，本主于教世子，故以《文王世子》居首，而因总为六篇之大名焉。"① 孙氏据文中遗留的各初本之名，认为《文王世子》原有六篇，甚当。任铭善曰："此篇所记文王、武王、成王诸为世子之法，而但云文王者，亦以篇首云'文王之为世子'，因以名篇也。"② 此说可从。

9.《礼运》第九

孔疏：按郑《目录》云："名曰《礼运》者，以其记五帝三王相变易、阴阳转旋之道。此于《别录》属《通论》。"不以子游为篇目者，以曾子所问，事类既烦杂，不可以一理目篇；子游所问唯论礼之运转之事，故以《礼运》为标目耳。（第874页）

孔疏补充《目录》极是，《目录》云"记五帝三王相变易、阴阳转旋之道"，亦是言礼之运行。孙希旦曰："礼运者，言礼之运行也。盖自礼之本于天地者言之，四时五行，亭毒流播，秩然粲然，而礼制已自然运行于两间矣。然必为人君者体信达顺，然后能则天道，治人情，而礼制达于天下，此又礼之待圣人而后运行者也。周衰礼坏，孔子感之而叹，因子游之问，而为极言礼之运行，圣人所恃以治天下国家者以告之。"③ 所言与《礼运》思想甚合。任铭善曰："运，行也。谓礼义之行，而天下因之以治，郊社庙祀山川咸若也。……以其通论礼义之大本，礼制之运行，故于《别录》属通论。"④ 吕友仁曰："盖'礼运'者，礼之发展演变也。"⑤ 概括要义甚是。

10.《礼器》第十

孔疏：案郑《目录》云："名为《礼器》者，以其记礼使人成器之

---

① （清）孙希旦撰，沈啸寰等点校：《礼记集解》，中华书局1989年版，第551页。
② 任铭善：《礼记目录后案》，齐鲁书社1982年版，第21页。
③ （清）孙希旦撰，沈啸寰等点校：《礼记集解》，中华书局1989年版，第581页。
④ 任铭善：《礼记目录后案》，齐鲁书社1982年版，第23页。
⑤ 吕友仁：《〈礼记〉讲读》，华东师范大学出版社2009年版，第5页。

义也。故孔子谓子贡：'汝，器也。'曰：'何器也?'曰：'瑚琏也。'此于《别录》属《制度》。"（第955页）

郑君归纳《礼器》题旨与要义失当。孙希旦曰："此以'礼器'名篇，亦以其在简端耳，非有他义也，诸家多从'礼器'二字立说，似非本旨。"① 任铭善曰："适于用之谓器。……孙氏谓以篇首字名篇固然，然二字实足以举一篇之旨；……一篇之大义有二：先王立礼有本有文，一也；时为大，顺次之，体次之，宜次之，称次之，二也。全文皆根此而发，多言陈设器用之宜，故属制度。"② 吕友仁曰："本篇所讲的礼，不是抽象的礼，而是具体的礼，故以'器'称之。"③ 所论可从。

11.《郊特牲》第十一

孔疏：案郑《目录》云："名《郊特牲》者，以其记郊天用骍犊之义。此故《别录》属《祭祀》。"（第1023页）

《目录》所释失当。孙希旦曰："此篇多记祭事，而中杂以冠、昏两段，间又及于朝、觐、燕、飨之礼，其语颇与《礼器》相出入。"④ 任铭善曰："今按此篇所记祭祀、飨食、冠昏诸事，盖本非一篇。首篇说飨礼，而篇端云'郊特牲'，因取以为名耳。《别录》属祭祀者，专指言郊礼一篇。"⑤ 陈成国曰："这一篇分明是用正文最前面的三个字做标题，这个标题并无概括全篇的意义。"⑥ 吕友仁曰："本篇内容较杂。以解说祭天、社祭、蜡祭、庙飨等祭礼为主，另外还有涉及朝觐、燕礼的内容，涉及冠礼、昏礼的内容。"⑦ 三家论此篇题旨和要义甚是。

12.《内则》第十二

孔疏：按郑《目录》云："名曰《内则》者，以其记男女居室、事父母舅姑之法。此于《别录》属《子法》。"以闺门之内，轨仪可则，

---

① （清）孙希旦撰，沈啸寰等点校：《礼记集解》，中华书局1989年版，第624页。
② 任铭善：《礼记目录后案》，齐鲁书社1982年版，第26—27页。
③ 吕友仁：《〈礼记〉讲读》，华东师范大学出版社2009年版，第5页。
④ （清）孙希旦撰，沈啸寰等点校：《礼记集解》，中华书局1989年版，第670页。
⑤ 任铭善：《礼记目录后案》，齐鲁书社1982年版，第28页。
⑥ 陈成国：《礼记校注》，岳麓书社2004年版，第178页。
⑦ 吕友仁：《〈礼记〉讲读》，华东师范大学出版社2009年版，第6页。

故曰《内则》。（第 1113 页）

郑、孔所释甚是。陈戍国曰："这个标题有概括全篇内容的作用，而郑君《目录》道出了本篇的主要内容。"① 吕友仁曰："所谓'内则'，即家庭之内，儿子、媳妇如何伺候父母、公婆的细则。这是本篇的主要内容。"② 二说可补充郑注、孔疏。

13.《玉藻》第十三

孔疏：按郑《目录》云："名曰《玉藻》者，以其记天子服冕之事也。冕之旒，以藻纰为之，贯玉为饰。此于《别录》属《通论》。"（第1175 页）

《目录》所释未当。孙希旦曰："此篇首记天子诸侯衣服、饮食、居处之法，中间自'始冠缁布冠'至'其它则皆从男子'，专记服饰之制；始冠，次衣服，次笏，次鞸，次带，次及后、夫人、命妇之服，其前后又杂记礼节、容貌、称谓之法。"③ 概括要义甚是。任铭善曰："此篇乃杂采缀缉而成，故文理或不属。篇首云：'天子玉藻。'故以'玉藻'名篇耳。"④ 所释题旨甚是。陈戍国曰："这篇文章也只是由编辑者选取正文开头的两个字作标题罢了，并无概括全篇大意的作用。因为不可随便用最前面的'天子'两个字命题，所以采用了接在'天子'后面的第三个第四个字'玉藻'作标题。"⑤ 论述透辟。

14.《明堂位》第十四

孔疏：按郑《目录》云："名曰《明堂位》者，以其记诸侯朝周公于明堂之时所陈列之位也。在国之阳，其制东西九筵，南北七筵，堂崇一筵，五室，凡室二筵。此于《别录》属《明堂阴阳》。"（第 1257 页）

《目录》所释失之偏颇。《明堂位》篇名由首句"昔者周公朝诸侯于明堂之位"而来。孙希旦曰："此篇记周公相成王朝诸侯于明堂以致太平，而

---

① 陈戍国：《礼记校注》，岳麓书社 2004 年版，第 192 页。
② 吕友仁：《〈礼记〉讲读》，华东师范大学出版社 2009 年版，第 6 页。
③ （清）孙希旦撰，沈啸寰等点校：《礼记集解》，中华书局 1989 年版，第 774 页。
④ 任铭善：《礼记目录后案》，齐鲁书社 1982 年版，第 31 页。
⑤ 陈戍国：《礼记校注》，岳麓书社 2004 年版，第 210 页。

成王赐鲁以天子之礼乐也。"① 吕友仁曰:"此篇首记周公摄政,诸侯相率来朝,朝周公于明堂,各就其位。次记成王以周公有功,赐鲁以天子之礼乐。"② 概括要义甚是。

15.《丧服小记》第十五

孔疏:按郑《目录》云:"《丧服小记》者,以其记《丧服》之小义也。此于《别录》属《丧服》。"(第1289页)

《目录》所释确当。孙希旦引朱熹、吴澄言曰:"朱子曰:《仪礼·丧服》,子夏作《传》,此篇是解《传》中之曲折。吴氏澄曰:《丧服》正经之后有《记》,盖以补经文之所不备。"又曰:"此篇内所记《丧服》各章,又以补《丧服经》后《记》之所未备,又广记丧礼杂事,其事琐碎,故名《小记》,所以别于《经》后之《记》也。"③ 任铭善曰:"今按此篇是传注之体,盖前人治《丧服经》者随文为记。而'别子为祖'一章,'从服'一章,乃释子夏《丧服传》之文。"④ 揭示出该篇题旨与要义。

16.《大传》第十六

孔疏:案郑《目录》云:"名曰《大传》者,以其记祖宗人亲之大义。此于《别录》属《通录》。"(第1349页)

《目录》言《大传》题旨与大义较为适当。任铭善曰:"宗法之说,惟《大传》言之为详,而其为说则本之《丧服传》。"⑤ 王梦鸥曰:"本篇列于《丧服小记》之后,且其中文句颇有相同者,故前人多疑其与《小记》有关,皆为《仪礼·丧服》篇之传记。惟因所记之大小不同,题名亦因而异。……《小记》因丧服而涉及庙制,本篇盖亦如是而已。"⑥ 陈戍国曰:"本篇标题也不是随便从正文选取若干字而成的,而应该是编者经过思索拟就的,实用以概括原文大义。……论祭祀、人道、政治、丧服与宗法大原则

---

① (清)孙希旦撰,沈啸寰等点校:《礼记集解》,中华书局1989年版,第839页。
② 吕友仁:《〈礼记〉讲读》,华东师范大学出版社2009年版,第6页。
③ (清)孙希旦撰,沈啸寰等点校:《礼记集解》,中华书局1989年版,第859页。
④ 任铭善:《礼记目录后案》,齐鲁书社1982年版,第37页。
⑤ 任铭善:《礼记目录后案》,齐鲁书社1982年版,第40页。
⑥ 王梦鸥:《礼记今注今译》,台湾商务印书馆1979年版,第449页。

的文章，标题为'大传'，应该是适当的。"① 吕友仁曰"本篇主要讲丧服制度，讲宗法制度"②。诸说甚是。

17.《少仪》第十七

> 孔疏：案郑《目录》云："名曰《少仪》者，以其记相见及荐羞之少威仪。少，犹小也。此于《别录》属《制度》。"……此一篇杂明细小威仪。（第1369页）

孔疏归纳题旨与要义遵从《目录》。任铭善发挥郑、孔之说："谓之细小威仪者，盖对《仪礼》十七篇经文而言。凡言相见、吉、祭、荐羞诸末节经所未及者，旁及仆御献遗之事，故谓之少仪。少、小音义俱通。"③ 孙希旦征引陆佃、朱熹两说："陆氏佃曰：《内则》曰'十岁学幼仪'，此篇其类也。朱子曰：此篇言少者事长之节，疏以为细小威仪，非也。"又曰："此篇固多为少者事长之事，而亦有不专为少时者，但其礼皆于少时学之，所谓'见小节，践小义'也。名篇之义，朱子之说为确，而郑、孔所谓'细小威仪'者，其义亦未尝不兼之焉。"④ 折中汉宋，所论通达。

18.《学记》第十八

> 孔疏：按郑《目录》云："名曰《学记》者，以其记人学教之义。此于《别录》属《通论》。"（第1423页）

郑氏《目录》所释较为合理。孙希旦征引朱熹之说，概括《学记》要义甚当："此篇言古者学校教人传道授受之次序，与其得失兴废之所由，盖兼大、小学言之。"⑤ 陈戍国曰："《学记》所论，一是学、教之重要意义，二是'大学之法'即学习途径，而'大学之法'为本篇重点。"⑥ 吕友仁曰："《学记》主要记两个方面：学者应该怎样学，教者应该怎样教。"⑦ 二家之

---

① 陈戍国：《礼记校注》，岳麓书社2004年版，第244—245页。
② 吕友仁：《〈礼记〉讲读》，华东师范大学出版社2009年版，第6页。
③ 任铭善：《礼记目录后案》，齐鲁书社1982年版，第44页。
④ （清）孙希旦撰，沈啸寰等点校：《礼记集解》，中华书局1989年版，第919页。
⑤ （清）孙希旦撰，沈啸寰等点校：《礼记集解》，中华书局1989年版，第956页。
⑥ 陈戍国：《礼记校注》，岳麓书社2004年版，第264页。
⑦ 吕友仁：《〈礼记〉讲读》，华东师范大学出版社2009年版，第6页。

说，言简意赅。

19.《乐记》第十九

> 孔疏：按郑《目录》云："名曰《乐记》者，以其记乐之义。此于《别录》属《乐记》。盖十一篇合为一篇，谓有《乐本》、有《乐论》、有《乐施》、有《乐言》、有《乐礼》、有《乐情》、有《乐化》、有《乐象》、有《宾牟贾》、有《师乙》、有《魏文侯》。今虽合此，略有分焉。"（第1455页）

郑氏《目录》所释甚是。孙希旦曰："乐以义理为本，以器数为用。古者乐为六艺之一，小学、大学莫不以此为教，其器数，人人之所习也，独其义理之精有未易知者，故此篇专言义理而不及器数。"[①] 孙氏所论深刻，可从。

20.《杂记上》第二十

> 孔疏：按郑《目录》云："名曰《杂记》者，以其杂记诸侯以下至士之丧事。此于《别录》属《丧服》。分为上下，义与《曲礼》《檀弓》分别不殊也。"（第1571页）

郑氏《目录》归纳《杂记》题旨与要义，大体可从。孙希旦将《杂记》与《丧服小记》《丧大记》并提："《丧服小记》者，以其所记之琐碎而名之也。《丧大记》者，以其所记之繁重而名之也。此篇所记，有与《小记》相似者，有与《大记》相似者，又有非丧事而亦记之者，以其所记者杂，故曰《杂记》。"[②] 任铭善曰："此篇所记，诸侯大夫丧礼及权礼所施，为《仪礼·士丧礼》所未及者，而又间记冕服祭祀杂事。"[③] 吕友仁曰："本篇所记，有可补《仪礼》之《士丧礼》《丧服》二篇之未备者。"[④] 三家之说较《目录》精确。

21.《杂记下》第二十一

上引郑氏《目录》"分为上下，义与《曲礼》《檀弓》分别不殊也"，

[①] （清）孙希旦撰，沈啸寰等点校：《礼记集解》，中华书局1989年版，第975—976页。
[②] （清）孙希旦撰，沈啸寰等点校：《礼记集解》，中华书局1989年版，第1040页。
[③] 任铭善：《礼记目录后案》，齐鲁书社1982年版，第52页。
[④] 吕友仁：《〈礼记〉讲读》，华东师范大学出版社2009年版，第6页。

甚是。

22.《丧大记》第二十二

> 孔疏：案郑《目录》云："名曰《丧大记》者，以其记人君以下始死、小敛、大敛、殡葬之事。此于《别录》属《丧服》。"《丧大记》者，刘先云，"《记》谓之大者，言其委曲、详备、繁多，故云大"。（第1695页）

郑氏《目录》解释《丧大记》要义甚是，孔疏又引刘氏言解说"大"之义。孙希旦曰："《士丧礼》有《记》，专记《士丧礼》之所未备者也。此所记兼有君、大夫、士之礼，所记广大，故曰《丧大记》。"① 所释与孔疏一致。

23.《祭法》第二十三

> 孔疏：案郑《目录》云："名曰《祭法》者，以其记有虞氏至周天子以下所制祀群神之数。此于《别录》属《祭祀》。"（第1783页）

陈戍国曰："所谓'祀群神之数'，数者理也，礼也，也就是有关制度。"② 吕友仁曰："《汉书》中称引此篇又叫做《祀典》，本篇备记天神、地祇、人鬼之大中小祀典，并论述其所以能够被列入祀典的原因。"③ 二说可证郑氏《目录》言此篇题旨与要义甚是。任铭善曰："名曰'祭法'者，此篇首之字名篇也。……其说祖宗之义虽为汉人所用，实鲁人傅合之言，不与殷周之制合，盖谬误难信也。至于亲庙之名，坛墠之制，天子诸侯月祭之说，七祀五祀三祀二祀一祀之等，皆绝妄不能究其义者。大抵此篇之文极其驳杂。"④ 言《祭法》称名甚是，言其驳杂亦是，言其"不可信"，则失之偏颇。

24.《祭义》第二十四

> 孔疏：案郑《目录》云："名曰《祭义》者，以其记祭祀斋戒荐羞之义也。此于《别录》属《祭祀》。"（第1806页）

---

① （清）孙希旦撰，沈啸寰等点校：《礼记集解》，中华书局1989年版，第1128页。
② 陈戍国：《礼记校注》，岳麓书社2004年版，第353页。
③ 吕友仁：《〈礼记〉讲读》，华东师范大学出版社2009年版，第6页。
④ 任铭善：《礼记目录后案》，齐鲁书社1982年版，第57页。

郑氏《目录》较为确当，然而《祭义》内容实非"记祭祀斋戒荐羞之义"所能涵盖。孙希旦曰："此篇自篇首至'公桑蚕室'章，皆明祭祀之义。次言礼乐之养人，次言孝亲之道，次言尚齿之义。篇末又专以祭祀言之。"① 任铭善曰："此篇亦杂采以明祭祀主敬之义……此篇之体，与《冠义》以下诸篇同，而《祭义》独位乎此不与相属者，盖以《祭法》《祭统》为一类连举之，又非切说《仪礼·士虞》《少牢馈食》《特牲馈食》之义故耳。"② 吕友仁曰："本篇意在通过祭祀活动以揭示孝悌之义。"③ 全篇内容实围绕"孝悌"二字展开。

25.《祭统》第二十五

孔疏：案郑《目录》云："名曰《祭统》者，以其记祭祀之本也。统，犹本也。此于《别录》属《祭祀》。"（第1865页）

郑氏《目录》之说确当，后儒多承其说。孙希旦曰："统犹本也。祭有物有礼，有乐有时，而其本则统于一心，故以《祭统》名篇。篇中凡五段：首言祭礼之重，又自未祭之先，以及于祭末，次第言之，而皆归本于心之自尽，以明《祭统》之义。"④ 任铭善曰："此篇之文曰：'夫祭者，非物自外至者也，自中而出，生于心也。'篇名'祭统'者，谓祭之义统于心而为之本耳。"⑤ 吕友仁曰："说得更明白点，这个'本'就是一片孝心。祭祀先祖，并不是迷信鬼神，而是出于饮水思源的孝心。就是祭祀过程中的种种仪节，也无不贯穿着孝心。"⑥ 所释简明得当。

26.《经解》第二十六

孔疏：案郑《目录》云："名曰《经解》者，以其记《六艺》政教之得失也。此于《别录》属《通论》。"……皇氏云："解者分析之名，此篇分析《六经》体教不同，故名曰《经解》也。《六经》其教虽异，总以礼为本，故记者录入于礼。"（第1903—1904页）

---

① （清）孙希旦撰，沈啸寰等点校：《礼记集解》，中华书局1989年版，第1207页。
② 任铭善：《礼记目录后案》，齐鲁书社1982年版，第58页。
③ 吕友仁：《〈礼记〉讲读》，华东师范大学出版社2009年版，第7页。
④ （清）孙希旦撰，沈啸寰等点校：《礼记集解》，中华书局1989年版，第1236页。
⑤ 任铭善：《礼记目录后案》，齐鲁书社1982年版，第59页。
⑥ 吕友仁：《〈礼记〉讲读》，华东师范大学出版社2009年版，第7页。

孔疏引皇疏释《经解》题旨与要义极是。孙希旦曰:"此篇凡为三段:首论《六经》教人之得失,次言天子之德,终言礼之正国。"又曰:"孔氏赞《周易》,删《诗》《书》,定《礼》《乐》,修《春秋》,因举六者而言其教之得失。……孔子没后,七十子之徒尊孔子之所删定者名之为'经',因谓孔子所语六者之教为'经解'尔。"① 持论与孔疏甚合。

27.《哀公问》第二十七

孔疏:案郑《录目》云:"名曰《哀公问》者,善其问礼,著谥显之也。此于《别录》属《通论》。"但此篇哀公所问凡有二事,一者问礼,二者问政。问礼在前,问政在后。(第 1911 页)

孔疏概括《哀公问》要义甚确,而篇名实由篇首"哀公问于孔子"而来。任铭善曰"文同《大戴礼·哀公问于孔子》,盖皆以篇首字名篇也"②,甚是。

28.《仲尼燕居》第二十八

孔疏:案郑《目录》云:"名曰《仲尼燕居》者,善其不倦,燕居犹使三子侍之,言及于礼。著其字,言事可法。退朝而处曰燕居。此于《别录》属《通论》。"此之一篇是仲尼燕居,子张、子贡、言游三子侍侧,孔子为说礼事。(第 1924 页)

郑氏《目录》言《仲尼燕居》要义是,而又过于笼统。此篇名实由首句"仲尼燕居"四字而来。任铭善曰"此篇记孔子泛言礼乐之事,而多及郊社禘尝食飨之义。飨礼既亡,其义惟此篇为详矣"③,吕友仁认为,此篇记孔子为弟子讲"礼的内容、本质及作用"④。二家之说可从。

29.《孔子闲居》第二十九

孔疏:案郑《目录》云:"名曰《孔子闲居》者,善其无倦而不亵,犹使一弟子侍,为之说《诗》。著其氏,言可法也。退燕避人曰闲

---

① (清)孙希旦撰,沈啸寰等点校:《礼记集解》,中华书局 1989 年版,第 1254 页。
② 任铭善:《礼记目录后案》,齐鲁书社 1982 年版,第 62 页。
③ 任铭善:《礼记目录后案》,齐鲁书社 1982 年版,第 64 页。
④ 吕友仁:《〈礼记〉讲读》,华东师范大学出版社 2009 年版,第 7 页。

居。此于《别录》属《通论》。"（第1939页）

郑氏《目录》言此篇要义为"说《诗》"，失之偏颇。任铭善曰："此篇记孔子为子夏引《诗》以论礼乐之原，明'五至''三无''五起'之目，而兼及三王之德。……案'闲居'义与'燕居'同，前篇曰'仲尼燕居'，此曰'孔子闲居'者，记者或称子，或称字，遂各以其篇首语名篇耳。"[1]吕友仁曰"本篇取篇首四字名篇。……由讲诗而及于礼"[2]。二家所释精确。

30.《坊记》第三十

孔疏：案郑《目录》云："名《坊记》者，以其记《六艺》之义，所以坊人之失者也。此于《别录》属《通论》。"（第1953页）

郑氏《目录》言《坊记》题旨与要义甚是。孙希旦曰"此篇言先王以制度坊民之事"[3]，所释简明。任铭善曰："以制度坊民者，此篇文曰：'君子礼以坊德，刑以坊淫，命以坊欲。'云'六艺之义'者，以篇中多引《易》《书》《诗》《春秋》《论语》之文。"[4]吕友仁曰："本篇是记防备人们做种种错误、种种坏事的道理，而这些道理，就蕴含在《六经》里面。"[5]二家所释甚是。

31.《中庸》第三十一

孔疏：案郑《目录》云："名曰《中庸》者，以其记中和之为用也。庸，用也。孔子之孙子思伋作之，以昭明圣祖之德。此于《别录》属《通论》。"（第1987页）

郑氏《目录》所释确当。后儒所释虽有不同，实亦发挥之。朱熹曰"中者，不偏不倚、无过不及之名。庸，平常也"[6]，任铭善曰，"此篇义理致广大尽精微，皆实学也。为孔氏之学者，此其尤要者焉。'中庸'之

---

[1] 任铭善：《礼记目录后案》，齐鲁书社1982年版，第66页。
[2] 吕友仁：《〈礼记〉讲读》，华东师范大学出版社2009年版，第7页。
[3] （清）孙希旦撰，沈啸寰等点校：《礼记集解》，中华书局1989年版，第1280页。
[4] 任铭善：《礼记目录后案》，齐鲁书社1982年版，第67页。
[5] 吕友仁：《〈礼记〉讲读》，华东师范大学出版社2009年版，第7页。
[6] （宋）朱熹：《四书章句集注》，中华书局1983年版，第17页。

'中'，包中和为言；'中和'之'中'，合诚明之名"①。吕友仁曰"本篇记中庸之道"②，可谓一语中的。

32.《表记》第三十二

> 孔疏：按郑《目录》云："名曰《表记》者，以其记君子之德见于仪表。此于《别录》属《通论》。"……此一篇总论君子及小人为行之本，并论虞、夏、殷、周质文之异，又论为臣事君之道。（第2052页）

孔疏所释要义较《目录》确当。本篇实以部分内容命题，卫湜引吕大临说："此篇论仁为多，而篇中有云'仁者，天下之表'，恐取此义以名篇。"③ 任铭善曰："此篇文曰：'子言之：仁者，天下之表也；义者，天下之制也；报者，天下之利也。'名曰'表记'者，盖一篇之精义在此，故取以为名耳。"④ 二说甚是。

33.《缁衣》第三十三

> 孔疏：案郑《目录》云："名曰《缁衣》者，善其好贤者厚也。《缁衣》，《郑诗》也。其诗曰：'缁衣之宜兮，敝，予又改为兮。適子之馆兮，还，予授子之粲兮。'……此于《别录》属《通论》。"（第2101页）

郑氏《目录》所释题旨与要义失当。孙希旦曰："此篇言君上化民，人臣事君，及立身行己之道。其曰《缁衣》者，取次章之语以名篇。"⑤ 任铭善曰："此篇实《表记》之下篇，分为二篇而异其名者，取《仪礼·士丧礼》《既夕》《少牢馈食礼》《有司彻》之例，以篇中有'贤如缁衣'语，因取以为名也。亦因《诗》《书》之文，发君臣克治之大义。"⑥

吕友仁曰："郭店简本《缁衣》首章（今本为第二章）有'好贤如《缁衣》'句，盖取以名篇。"⑦ 以出土文献比对传世文献，此说可从。

---

① 任铭善：《礼记目录后案》，齐鲁书社1982年版，第69—70页。
② 吕友仁：《〈礼记〉讲读》，华东师范大学出版社2009年版，第7页。
③ （宋）卫湜：《礼记集说》，文渊阁《四库全书》第120册，台湾商务印书馆2008年版，第352页下栏。
④ 任铭善：《礼记目录后案》，齐鲁书社1982年版，第71页。
⑤ （清）孙希旦撰，沈啸寰等点校：《礼记集解》，中华书局1989年版，第1322页。
⑥ 任铭善：《礼记目录后案》，齐鲁书社1982年版，第73页。
⑦ 吕友仁：《〈礼记〉讲读》，华东师范大学出版社2009年版，第7页。

34.《奔丧》第三十四

孔疏：案郑《目录》云："名曰《奔丧》者，以其居他国，闻丧奔归之礼。此于《别录》属《丧服》之礼矣，实《逸曲礼》之正篇也。汉兴后得古文，而礼家又贪其说，因合于《礼记》耳。奔丧礼属凶礼也。"……此《奔丧》一篇，兼天子、诸侯，然以士为主。（第2131页）

郑氏《目录》、孔疏归纳此篇题旨与要义甚是，而《奔丧》之名则缘于开篇"奔丧之礼"四字。陈戍国曰："《奔丧》篇名，说是取正文首二字名篇，……然而这个标题实有概括全篇的作用，因为这一篇所记都是奔丧之礼。"① 甚是。

35.《问丧》第三十五

孔疏：案郑《目录》云："名曰《问丧》者，以其记善问居丧之礼所由也。此于《别录》属《丧服》也。"（第2153页）

郑氏《目录》归纳《问丧》题旨与要义大体得当。孙希旦曰："此篇设为问答，以发明居丧之礼，故曰《问丧》。"② 任铭善曰："此篇言始死、敛、虞、庐苫、哭泣之义，又设答问以明免杖之义。盖本《丧服》《士丧礼》经文而作，以其谓'三日而后敛'，敛谓大敛也，明其为士礼也。"③ 吕友仁曰："本篇是记居丧之礼的问答。前半篇是寓问答于叙述中，后半篇则是设为问答。"④ 所释全面。

36.《服问》第三十六

孔疏：案郑《目录》云："名曰《服问》者，以其善问，以知有服而遭丧所变易之节。此于《别录》属《丧服》也。"（第2160页）

郑氏《目录》对此篇题旨与要义所释较为恰当。孙希旦曰："上篇广言居丧之礼，此篇专言丧服之义，故因上篇之名而谓之《服问》。"⑤ 任铭善

---

① 陈戍国：《礼记校注》，岳麓书社2004年版，第449页。
② （清）孙希旦撰，沈啸寰等点校：《礼记集解》，中华书局1989年版，第1349页。
③ 任铭善：《礼记目录后案》，齐鲁书社1982年版，第78页。
④ 吕友仁：《〈礼记〉讲读》，华东师范大学出版社2009年版，第7页。
⑤ （清）孙希旦撰，沈啸寰等点校：《礼记集解》，中华书局1989年版，第1355页。

曰："盖言礼者引《传》文以答变服之问，故名曰'服问'。"① 吕友仁曰："《服问》，犹言关于丧服制度的问答。本篇实际上是采取论述的形式，不是设为问答。对此，王夫之《礼记章句》解释道：'未尝有问答之文而言"问"者，条析疑义以待问也。'《仪礼》有《丧服》一篇，本篇可补《丧服》之所未备。"② 所释尤为精确。

37.《间传》第三十七

孔疏：案郑《目录》云："名曰《间传》者，以其记丧服之间轻重所宜。此于《别录》属《丧服》。"（第2172页）

郑氏《目录》归纳《间传》要义甚是。孙希旦引吴澄《礼记纂言》曰："'间'当读为'间厕'之'间'。此篇总论丧礼哀情之发，非释经之正传，而厕于《丧服》之正传者也。"③ 任铭善曰："此篇自'斩衰何以服苴'至'禫而纤无所不佩'，记哀之发于容体、声音、言语、饮食、居处、衣服及变除之宜；'易服者何'以下，记易服、兼服之宜。"④ 论其要义甚是。陈戍国曰："篇名《间传》，表现了记者的自谦。《史记·黥布传》司马贞《索隐》引邹氏：'间犹闲也，谓私也。'《汉书·韩王信传》师古注：'间，私也。'记者记其所闻，间以私意，故名之曰'间传'。"考释"间"之内涵甚当。孙诒让《墨子间诂·自序》："昔许叔重注《淮南王书》，题曰《洪烈间诂》。间者，发其疑牾；诂者，正其训释。今于字谊多遵许学，故遂用题署，亦以两汉经儒本说经家法，笺释诸子，固后学所睎慕而不能逮者也。"⑤ 论《间传》篇名由来甚是。

38.《三年问》第三十八

孔疏：案郑《目录》云："名曰《三年问》者，善其问以知丧服年月所由。此于《别录》属《丧服》。"（第2185页）

郑氏《目录》所释确当。孙希旦曰："此篇设问，以发明丧服年月之

---

① 任铭善：《礼记目录后案》，齐鲁书社1982年版，第79页。
② 吕友仁：《〈礼记〉讲读》，华东师范大学出版社2009年版，第7页。
③ （清）孙希旦撰，沈啸寰等点校：《礼记集解》，中华书局1989年版，第1364页。
④ 任铭善：《礼记目录后案》，齐鲁书社1982年版，第80页。
⑤ （清）孙诒让撰，孙启志点校：《墨子间诂》，中华书局2001年版，第3页。

义。"① 吕友仁曰："丧服的不同，守丧的时间长短也不同，……守丧时间的长短，是根据与死者血缘关系的远近、哀痛程度的深浅来决定的。本篇就是通过问答的形式来说明这个道理。因为是以三年之丧的问答为主，故以《三年问》为名。"② 阐释透辟。

39.《深衣》第三十九

孔疏：案郑《目录》云："名曰《深衣》者，以其记深衣之制也。深衣，连衣裳而纯之以采者。素纯曰长衣，有表则谓之中衣。大夫以上，祭服之中衣用素。……士祭以朝服，中衣以布明矣。此于《别录》属《制度》。"（第2191—2192页）

郑氏《目录》归纳《深衣》要义甚是，篇名由首句"古者深衣"四字而来。吕友仁曰："本篇不仅记其制，而且也记这样制作的含义。"③ 所论极当。

40.《投壶》第四十

孔疏：案郑《目录》云："名曰《投壶》者，以其记主人与客燕饮，讲论才艺之礼。此于《别录》属《吉礼》，亦实《曲礼》之正篇。"是投壶与射为类。此于五礼皆属嘉礼也。或云宜属宾礼。（第2197页）

郑氏《目录》、孔疏归纳《投壶》要义甚当，其篇名应由首句"投壶之礼"四字而来。任铭善曰："'《别录》属吉礼'，'礼'乃'事'字之误。《仪礼·乡饮酒礼》《乡射礼》《燕礼》《大射仪》目录皆云于五礼属嘉礼，《礼记·冠义》《昏义》《乡饮酒义》《射义》《燕义》《聘义》目录皆云于《别录》属吉事。是《别录》所谓吉事者，兼《周官》五礼中嘉礼、宾礼而言。投壶以司射执事，则是与射为类，故不得云吉礼，当云吉事也。"④ 此说允当。

41.《儒行》第四十一

孔疏：案郑《目录》云："名曰《儒行》者，以其记有道德者所行也。儒之言优也，柔也，能安人、能服人。又儒者濡也，以先王之道能濡其身。此于《别录》属《通论》。"案下文云，儒有过失可微辨而不

---

① （清）孙希旦撰，沈啸寰等点校：《礼记集解》，中华书局1989年版，第1372页。
② 吕友仁：《〈礼记〉讲读》，华东师范大学出版社2009年版，第8页。
③ 吕友仁：《〈礼记〉讲读》，华东师范大学出版社2009年版，第8页。
④ 任铭善：《礼记目录后案》，齐鲁书社1982年版，第86页。

可面数，搏猛引重，不程勇力。此皆刚猛得为儒者。但《儒行》不同，或以逊让为儒，或以刚为儒，其与人交接常能优柔，故以"儒"表名。（第2215页）

郑、孔归纳《儒行》题旨和要义极是。孙希旦曰"孔子为鲁哀公陈儒者之行也"，①，吕友仁曰："《儒行》记儒者值得称道的品行。全篇通过哀公问、孔子答的形式，历述儒者十六项值得称道的品行。"② 所释明白。

42.《大学》第四十二

孔疏：案郑《目录》云："名曰《大学》者，以其记博学可以为政也。此于《别录》属《通论》。"此《大学》之篇，论学成之事，能治其国，章明其德于天下，却本明德所由，先从诚意为始。（第2236页）

郑、孔据"学而优则仕"为说，所释要义甚当。朱熹曰"《大学》之书，古之大学所以教人之法也"③，将"大学"视为与"小学"相对的教育机构。又分《大学》为经、传两部分：经"盖孔子之言，而曾子述之"；传"曾子之意而门人记之"④。今按"大学"之义当以郑、孔所释为优。任铭善认为篇名是"以篇首有'大学'字，即取以为名耳"⑤。吕友仁曰："本篇着重阐述个人道德修养与社会治乱的关系。"⑥ 概括要义甚当。

43.《冠义》第四十三

孔疏：案郑《目录》云："名曰《冠义》者，以其记冠礼成人之义。此于《别录》属《吉事》。"（第2269页）

44.《昏义》第四十四

孔疏：案郑《目录》云："名曰《昏义》者，以其记娶妻之义，内教之所由成也。此于《别录》属《吉事》也。"（第2273页）

---

① （清）孙希旦撰，沈啸寰等点校：《礼记集解》，中华书局1989年版，第1398页。
② 吕友仁：《〈礼记〉讲读》，华东师范大学出版社2009年版，第8页。
③ （宋）朱熹：《四书章句集注》，中华书局1983年版，第1页。
④ （宋）朱熹：《四书章句集注》，中华书局1983年版，第4页。
⑤ 任铭善：《礼记目录后案》，齐鲁书社1982年版，第90页。
⑥ 吕友仁：《〈礼记〉讲读》，华东师范大学出版社2009年版，第8页。

45.《乡饮酒义》第四十五

孔疏：案郑《目录》云："名曰《乡饮酒义》者，以其记乡大夫饮宾于庠序之礼，尊贤养老之义。此于《别录》属《吉事》也。"《仪礼》有其事，此《记》释其义也。（第2284页）

46.《射义》第四十六

孔疏：案郑《目录》云："名曰《射义》者，以其记燕射、大射之礼，观德行取于士之义。此于《别录》属《吉事》也。"案此篇中有乡射，又云"不失正鹄"，正则宾射，然则乡射、宾射俱有之矣。……但此篇广说天子、诸侯大射、燕射之义，不专于乡射、宾射，故郑《目录》特举大射、燕射。（第2305页）

47.《燕义》第四十七

孔疏：案郑《目录》云："名曰《燕义》者，以其记君臣燕饮之礼，上下相尊之义。此于《别录》属《吉事》。"（第2327页）

48.《聘义》第四十八

孔疏：案郑《目录》云："名曰《聘义》者，以其记诸侯之国交相聘问之礼，重礼轻财之义也。此于《别录》属《吉事》。"此《聘义》释《仪礼·聘礼》之义。……此《聘义》所释，包五等之卿，故此经云"上公七介，侯伯五介，子男三介"，皆谓其卿也。（第2334页）

郑氏《目录》、孔疏归纳《冠义》等六篇题旨与要义甚是。《乡饮酒义》"洗当东荣"，孔疏曰："从《冠义》以来，皆记者叠出《仪礼》经文，每于一事之下释明《仪礼》经义，每义皆举经文于上，陈其义于下以释之也。他皆仿此也。"[1] 所释甚是。朱熹曰："《仪礼》是经，《礼记》是解《仪礼》。

---

[1] （汉）郑玄注；（唐）孔颖达正义，吕友仁整理：《礼记正义》，上海古籍出版社2008年版，第2288页。

如《仪礼》有《冠礼》，《礼记》便有《冠义》；《仪礼》有《昏礼》，《礼记》便有《昏义》；以至燕、射之类，莫不皆然。"① 孙希旦于《冠义》解题曰："此下六篇，皆据《仪礼》正经之篇而言其义，其辞气相似，疑一人所作。此篇释《士冠礼》之义也。"② 揭示《礼记》与《仪礼》之密切所在。

49. 《丧服四制》第四十九

> 孔疏：案郑《目录》云："名曰《丧服四制》者，以其记丧服之制，取于仁、义、礼、知也。此于《别录》旧说属《丧服》。"……云"丧服四制"者，但以上诸篇皆记《仪礼》当篇之义，故每篇言"义"也。此则记者别记丧服之四制，非记《仪礼·丧服》之篇，故不云"丧服之义"也。（第2349—2350页）

郑氏《目录》、孔疏归纳《丧服四制》要义甚是。吕友仁曰："换言之，仁、义、礼、知是制定丧服的四条原则。"③

如上所论，孔疏对《礼记》题旨与要义的讨论，在很大程度上是继承前人，尤其是郑玄《目录》的观点。对郑玄《目录》近乎全盘的接受，导致孔颖达等初唐经师思想受到极大束缚，对《礼记》具体篇章的解说，较之四五百年前汉儒的认识，并没有取得突破性进展。注疏之学，要求尊重师说从而造成对思想的束缚，亦可见一斑。而自清儒以降，学界对《礼记》及其具体篇章题旨与要义的认识与诠释，越发全面而深刻。

第三节　论具体《记》文或章节的结构

《礼记》诸篇之间多数缺乏必然联系，前贤谓其"书各为篇，篇各为体"④。故其"篇目编次，也最无义例"可寻⑤。梁启超曰，"它的性质是孔门论礼丛书。……它是一篇一篇可以独立，和上篇下篇没有连络的"⑥。因

---

① （宋）朱熹撰，朱杰人等主编：《朱子语类》，《朱子全书》第17册，上海古籍出版社2002年版，第2899页。
② （清）孙希旦撰，沈啸寰等点校：《礼记集解》，中华书局1989年版，第1411页。
③ 吕友仁：《〈礼记〉讲读》，华东师范大学出版社2009年版，第9页。
④ （清）陈寿祺撰：《左海文集》，《续修四库全书》第1496册，上海古籍出版社2002年版，第181页。
⑤ 杨天宇：《礼记译注·前言》，上海古籍出版社2004年版，第16页。
⑥ 梁启超：《梁启超国学讲录二种·古书真伪及其年代》，中国社会科学出版社1997年版，第235—236页。

此，其整书的编排结构无法划分。不仅如此，即使一篇之中，亦庞杂居多。郑玄《曲礼目录》："名曰《曲礼》者，以其篇记五礼之事。祭祀之说，吉礼也。丧荒去国之说，凶礼也。致贡朝会之说，宾礼也。兵车旌鸿之说，军礼也。事长敬老、执贽纳女之说，嘉礼也。"《曲礼》内容实非"五礼"所能囊括之。因此，孔颖达《正义》对《礼记》中的大部分篇章未进行结构分析。郑注、孔疏训释，皆采取随文而释，所谓"不复局以科段，各随文解之"①。对于较有层次感的篇章，孔疏则先予以科段而后解析。而且，部分篇文如《文王世子》《乐记》等，原非单独一篇文献构成，是记者从不同的先秦文献中摘录、整合而成。另有部分记文非一人一时完成，成篇有"层累"痕迹，皆须辨析一二。概言之，孔疏论《礼记》诸篇结构，一是对某一整篇进行划分，二是对篇中的具体章节进行划分。

一　论具体《记》文的结构

孔疏对《文王世子》《礼运》《乐记》《经解》《孔子闲居》《坊记》《儒行》七篇，进行了细致的结构分析。

（一）论《孔子闲居》《坊记》的结构

1. 《孔子闲居》

> 孔子闲居，子夏侍。子夏曰："敢问《诗》云：'凯弟君子，民之父母'，何如斯可谓民之父母矣？"孔子曰："夫民之父母乎！必达于礼乐之原，以致五至，而行三无，以横于天下。四方有败，必先知之。此之谓民之父母矣。"

> 孔疏：此篇子夏之问，大略有二。从此至"施于孙子"，问"民之父母"之事；自"三王之德，参于天地"以下，问三王之德何以参于天地以终篇末。但上节问民之父母，"以致五至而行三无"，子夏覆问五至、三无之事。（第1940页）

孔疏实将《孔子闲居》分为两大部分，分别由子夏的两个问题领起，二者当为并列关系，所释大体可行。

---

① （汉）郑玄注，（唐）孔颖达正义，吕友仁整理：《礼记正义》，上海古籍出版社2008年版，第1369页。

2.《坊记》

子言之："君子之道，辟则坊与？坊民之所不足者也。大为之坊，民犹逾之。故君子礼以坊德，刑以坊淫，命以坊欲。"

孔疏：但此篇凡三十九章，此下三十八章悉言"子云"，唯此一章称"子言之"者，以是诸章之首、一篇总要，故重之，特称"子言之"也。余章其意稍轻，故皆言"子云"也。（第1953页）

孔疏将《坊记》三十九章分为两大部分，第一章即第一部分，"发端起首，总明所坊之事""是诸章之首、一篇总要"，后三十八章具体展开，合为第二部分，与第一章构成总分关系。孔疏的划分是可行的。

（二）论《文王世子》《礼运》《乐记》《经解》《儒行》五篇的结构

1.《文王世子》

孔疏：此篇之内，凡有五节。从"文王之为世子"，下终"文王之为世子也"为第一节，论文王、武王为世子之礼、下之事上之法。从"凡学世子"至"周公践阼"为第二节，论在上教下，说庠序，释奠先圣、先师，养老东序，并明三王教世子，又更论周公践阼，抗世子法于伯禽之事。自"庶子之正于公族"至"不翦其类"为第三节，明庶子正理，族人燕饮及刑罚之事，殊于异姓，又更覆说殊于异姓之义。自"天子视学"至"典于学"为第四节，论天子视学，养三老五更，并明公侯伯子男反归，养老于国。自"世子之记"以终篇末为第五节，以其文王为世子，圣人之法，非凡人所行，故更明寻常世子法。（第825页）

孔疏划分实有商榷之处。比勘此疏与篇中郑注，亦有不一致处。孙希旦指出，《文王世子》本由六篇记文组成："此篇合众篇而成，首言文王、武王为世子及周公教成王之事，次言大学教士之法，次言三王教世子之法，次言庶子正公族之法，次言养老之事，末引《世子之记》以终之。盖其初本各为一篇之书，各有篇名，而记者集合之者也。记者之意，本主于教世子，故以《文王世子》居首，而因总为六篇之大名焉。"[①] 只因"自第一篇至第三篇，其篇名题于篇末，第六篇则引于篇首，惟第四篇、第五篇不可考耳"[②]，导致孔疏之误。今据经文、郑注、孔疏及孙氏《集解》等作以下划分。

[①] （清）孙希旦撰，沈啸寰等点校：《礼记集解》，中华书局1989年版，第551页。
[②] （清）孙希旦撰，沈啸寰等点校：《礼记集解》，中华书局1989年版，第555页。

（1）第一节：从篇首"文王之为世子"至"文王之为世子也"，郑注曰"显上事"，孔疏："从篇首以至于此，是文王之为世子，及武王、成王之法。其武王、成王为世子之礼，皆上法文王，故以'文王之为世子'总结之也。"① 此节划分甚是。

（2）第二节：从"凡学世子"至"教世子"，郑注曰"亦题上事"，孔疏曰："从上'凡学世子'至此，皆是教世子之法。其间虽有王子、公卿大夫元士之子，及国之俊选，诸侯之事，及释奠养老之事，虽非一也，以世子为主，故云'教世子'以总之。"又曰："题，谓题目。前'文王之为世子'，文在于下，题目以上之事。今'教世子'之文又在于下，亦是题目以上所设诸事，故云'亦题上事'也。"② 此节划分甚是。

（3）第三节：从"凡三王教世子"至"周公践阼"，郑注曰"亦题上事"，孔疏："从上'三王教世子'至此，皆周公践阼之事，故注云'亦题上事'也。"③ 孔疏上文曰"此一节是第三节中，论三王教世子礼乐，及立师传教以道德既成，教尊、官正、国治之事"④，显然将此节视为第三节之第一部分，实则不妥。

（4）第四节：从"庶子之正于公族"至"不亵其类"，孔疏曰："此谓第三节中之下节，覆明在上公族九条之义。"⑤ 将此节仍划入第三节，与"凡三王教世子"至"周公践阼"同划为第三节，实误。孙希旦曰"此为一篇，明庶子正公族之法"⑥，此节应独立为第四节。

（5）第五节：从"天子视学"至"念终始典于学"，孔疏将此节分为两层甚是，而归为第四节不当。孙希旦曰"此为一篇，记天子养老之礼"⑦，今从孙氏划分，为第五节。自"天子视学"至"终之以仁也"，孔疏曰"此一节是第四节中之上节，论天子视学，必遂养老之法则。养老既毕，乃命诸

---

① （汉）郑玄注，（唐）孔颖达正义，吕友仁整理：《礼记正义》，上海古籍出版社2008年版，第829—830页。
② （汉）郑玄注，（唐）孔颖达正义，吕友仁整理：《礼记正义》，上海古籍出版社2008年版，第841—843页。
③ （汉）郑玄注，（唐）孔颖达正义，吕友仁整理：《礼记正义》，上海古籍出版社2008年版，第845、848页。
④ （汉）郑玄注，（唐）孔颖达正义，吕友仁整理：《礼记正义》，上海古籍出版社2008年版，第845页。
⑤ （汉）郑玄注，（唐）孔颖达正义，吕友仁整理：《礼记正义》，上海古籍出版社2008年版，第863页。
⑥ （清）孙希旦撰，沈啸寰等点校：《礼记集解》，中华书局1989年版，第576页。
⑦ （清）孙希旦撰，沈啸寰等点校：《礼记集解》，中华书局1989年版，第579页。

侯群吏令养老之事"①；自"是故圣人之记事也"至"念终始典于学"，孔疏曰"此亦是第四节中之下节，覆说养老"②。

（6）第六节：从"世子之记曰"至篇末"然后亦复初"

孔疏划为一节甚是，曰"此第五节也。以文王为世子，是圣人之法也，不可以为常行，故此记寻常世子之礼也"③，归为第五节失当。孙希旦曰"此篇名《世子之记》，言为世子之常礼"④，甚是。

纵观全篇，孔疏曰"从'凡学世子'至'周公践阼'为第二节，论在上教下，说庠序，释奠先圣、先师，养老东序，并明三王教世子，又更论周公践阼，抗世子法于伯禽之事"，误将"教世子""周公践阼"两篇视作一篇。

2.《礼运》

> 孔疏：皇氏云："从'昔者仲尼'以下至于篇末，凡为四段。自初至'是谓小康'为第一，明孔子为礼不行而致发叹。发叹所以最初者，凡说事必须因渐，故先发叹，后使弟子因而怪问，则因问以答也。又自'言偃复问曰：如此乎礼之急'至'天下国家可得而正也'为第二，明须礼之急。前所叹之意，正在礼急，故以礼急次之也。又自'言偃复问曰：夫子之极言礼也'至'此礼之大成也'为第三，明礼之所起。前既言礼急，急则宜知所起之义也。又自'孔子曰：呜呼哀哉'讫篇末为第四，更正明孔子叹意也。以前始发，未得自言叹意，而言偃有问，即随问而答，答事既毕，故更备述所怀也。"（第876页）

孔疏以皇疏为据，将《礼运》全文分为四段。孔疏下文又曰，"但《礼运》之作，因鲁之失礼，孔子乃为广陈天子诸侯之事，及五帝三王之道，其言杂乱，或先或后，其文不次，举其大纲，不可以一代定其法制，不可以一概正其先后"⑤，揭示《礼运》层次之乱。皇氏的划分，显然以文中"言偃

---

① （汉）郑玄注，（唐）孔颖达正义，吕友仁整理：《礼记正义》，上海古籍出版社2008年版，第867页。
② （汉）郑玄注，（唐）孔颖达正义，吕友仁整理：《礼记正义》，上海古籍出版社2008年版，第872页。
③ （汉）郑玄注，（唐）孔颖达正义，吕友仁整理：《礼记正义》，上海古籍出版社2008年版，第873页。
④ （清）孙希旦撰，沈啸寰等点校：《礼记集解》，中华书局1989年版，第580页。
⑤ （汉）郑玄注，（唐）孔颖达正义，吕友仁整理：《礼记正义》，上海古籍出版社2008年版，第900页。

在侧,曰""言偃复问""孔子答曰"等字样为标志的外在形式而划分,未能据具体内容分层,故划分有失当之处。自"于呼哀哉"以后,看似皆"孔子曰"内容,但亦可分作三层,且与前面三段内容相并列:"孔子曰鸣呼哀哉"至"大夫死宗庙谓之变",主要论礼与政治的关系;自"故圣人耐以天下为一家"至"得之者尊",围绕"故圣人耐以天下为一家,以中国为一人者,非意之也,必知其情,辟于其义,明于其利,达于其患,然后能为之"展开,论礼之意义;自"故治国不以礼"至篇末"故此顺之实也",论以礼治国。

3.《乐记》

《乐记》解题:按郑《目录》云:"名曰《乐记》者,以其记乐之义。此于《别录》属《乐记》。盖十一篇合为一篇,谓有《乐本》、有《乐论》、有《乐施》、有《乐言》、有《乐礼》、有《乐情》、有《乐化》、有《乐象》、有《宾牟贾》、有《师乙》、有《魏文侯》。今虽合此,略有分焉。"……今《乐记》所断取十一篇,余有十二篇,其名犹在。二十四卷《记》,无所录也。其十二篇之名,案《别录》十一篇,下次《奏乐》第十二,《乐器》第十三,《乐作》第十四,《意始》第十五,《乐穆》第十六,《说律》第十七,《季札》第十八,《乐道》第十九,《乐义》第二十,《招本》第二十一,《昭颂》第二十二,《窦公》第二十三是也。……其二十三篇之目,今总存焉。(第1455页)

孔疏罗列《乐记》十一篇名目,以及原二十四卷《记》中未入《乐记》的十二篇名目。又据皇疏所划分十一篇起止,并对其中部分篇之称名、题旨、要义予以考释。

(1)从"凡音之起"至"则王道备矣"

孔疏曰:"此一节论《乐本》之事,……名为《乐本》者,乐以音声为本,音声由人心而生,此章备论音声起于人心,故名《乐本》。此《乐本》之中,论人心感于物而有声,声相应而生变,变成方而为之音,比音而为乐,展转相因之势。"[1] 此论《乐本》题旨与要义甚是。

(2)从"乐者为同"至"则此所与民同也"

孔疏曰:"皇氏云:'从"则王道备矣"以上为《乐本》,从此以下为

---

[1] (汉)郑玄注,(唐)孔颖达正义,吕友仁整理:《礼记正义》,上海古籍出版社2008年版,第1460页。

《乐论》.'今依用焉。此十一篇之说事不分明，郑《目录》十一篇略有分别，子细不可委知。熊氏云：'十篇郑可具详。依《别录》十一篇，所有《宾牟贾》，有《师乙》，有《魏文侯》。今此《乐记》有《魏文侯》，乃次《宾牟贾》，《师乙》为末，则是今之《乐记》十一篇之次，与《别录》不同。推此而言，其《乐本》以下亦杂乱，故郑略有分别。'案熊氏此说，不与皇氏同。"[1] 熊氏亦指出《乐记》与《别录》记载次序不同。

（3）从"王者功成作乐"至"圣人曰'礼乐'云"

孔疏曰："此章是《乐记》第三章，名曰《乐礼》章也。章中明王者为治，必制礼作乐，故名《乐礼》章也。案郑《目录》云：'第三是《乐施》，第四是《乐言》，第五是《乐礼》。'今记者以《乐礼》为第三言，郑《目录》当是旧次未合之时。此今所列，或记家别起意，意趣不同故也。"[2] 孔疏释此章题旨与要义甚当。任铭善曰"郑氏《目录》云'今虽合此，略有分焉'，正谓今十一篇之合不同旧次耳"[3]，孔疏曰"郑《目录》当是旧次未合之时"，与《目录》不合。

（4）从"昔者舜作五弦之琴"至"故先王著其教焉"

孔疏曰："此一节论《乐记》第四章，名为《乐施》。施者，用于天下。此章中明乐施被之事也。本是第三，前既推《礼》章为第三，此为第四，亦明礼乐既备，后乃施布天下也。"[4] 孔疏释此章题旨与要义甚是。

（5）从"夫民有血气心知之性"至"君子贱之也"

孔疏曰："皇氏以为自此以下至'君子贱之也'，是《乐言》之科。"[5] 郑、孔皆未明章名《乐言》之义。今按此篇皆论乐之音，曰："是故志微、噍杀之音作，而民思忧。啴谐、慢易、繁文、简节之音作，而民康乐。粗厉、猛起、奋末、广贲之音作，而民刚毅。廉直、劲正、庄诚之音作，而民肃敬。宽裕、肉好、顺成、和动之音作，而民慈爱。流辟、邪散、狄成、涤滥之音作，而民淫乱。"或应名为《乐音》。陈戍国曰"这一段论乐之音及

---

[1]（汉）郑玄注，（唐）孔颖达正义，吕友仁整理：《礼记正义》，上海古籍出版社2008年版，第1471页。

[2]（汉）郑玄注，（唐）孔颖达正义，吕友仁整理：《礼记正义》，上海古籍出版社2008年版，第1480页。

[3] 任铭善：《礼记目录后案》，齐鲁书社1982年版，第49页。

[4]（汉）郑玄注，（唐）孔颖达正义，吕友仁整理：《礼记正义》，上海古籍出版社2008年版，第1493页。

[5]（汉）郑玄注，（唐）孔颖达正义，吕友仁整理：《礼记正义》，上海古籍出版社2008年版，第1500页。

其影响之巨，所以先王必制礼作乐以导民"①，甚是。

（6）从"凡奸声感人"至"则所以赠诸侯也"

孔疏曰："皇氏云：'自此以下至"赠诸侯也"，为《乐象》之科。'"②亦未明此章题旨与要义。其名当由"逆气成象，而淫乐兴焉。正声感人，而顺气应之。顺气成象，而和乐兴焉""乐者，心之动也。声者，乐之象也"等句而来。

（7）从"乐也者"至"有制于天下也"

孔疏曰："皇氏云：'自此以下名为《乐情》。'"③《乐情》之名由"乐也者，情之不可变者也"而来，本章主要围绕"乐情"展开。

（8）从"魏文侯问于子夏"至"亦有所合之也"

孔疏曰："自此以下至'有所合之也'，明魏文侯问古乐、今乐之异，并子夏之答，辨明古乐今乐之殊。"④ 此为《魏文侯》章，孔疏论其要义甚是。

（9）从"宾牟贾侍坐"至"不亦宜乎"

孔疏："此一经《别录》是'宾牟贾问'章，自此以下至'不亦宜乎'，总是宾牟贾与夫子相问答之事。"⑤ 其名由章首而来，宾牟贾与孔子的问答，围绕《武》舞展开。

（10）从"君子曰"至"可谓盛矣"

孔疏曰："自此以下至'可谓盛矣'，名为《乐化》。言乐能化人，始至于善，故名《乐化》。"⑥ 此章论述乐的重要意义在于教化之功。

（11）从"子赣见师乙"至"《子贡问乐》"

孔疏曰："'子赣见师乙'，依《别录》是《师乙》之章。"⑦ 按《师乙》章名实为《子赣问乐》，且上文《宾牟贾》应为"宾牟贾问"，一问舞，一

---

① 陈戍国：《礼记校注》，岳麓书社2004年版，第280页。
② （汉）郑玄注，（唐）孔颖达正义，吕友仁整理：《礼记正义》，上海古籍出版社2008年版，第1508页。
③ （汉）郑玄注，（唐）孔颖达正义，吕友仁整理：《礼记正义》，上海古籍出版社2008年版，第1517页。
④ （汉）郑玄注，（唐）孔颖达正义，吕友仁整理：《礼记正义》，上海古籍出版社2008年版，第1521页。
⑤ （汉）郑玄注，（唐）孔颖达正义，吕友仁整理：《礼记正义》，上海古籍出版社2008年版，第1541页。
⑥ （汉）郑玄注，（唐）孔颖达正义，吕友仁整理：《礼记正义》，上海古籍出版社2008年版，第1553页。
⑦ （汉）郑玄注，（唐）孔颖达正义，吕友仁整理：《礼记正义》，上海古籍出版社2008年版，第1564页。

问乐。曰"《师乙》",当为后人所题。孙希旦曰:"古书篇题皆在篇末,此十一篇盖皆有之。先儒合十一篇为一篇,而删去其每篇末篇题之名,独此失于删去,故尚存耳。"① 甚是。

张守节《史记正义》:"以前刘向《别录》篇次与郑《目录》同,而《乐记》篇次又不依《郑目》。今此文篇次颠倒者,以褚先生升降,故今乱也。今逐旧次第随段记之,使后略知也。"② 刘向《别录》、郑玄《礼记目录》所录篇目、《礼记·乐记》与《史记·乐书》四者,次序多有不同:

篇章次序	《别录》	《礼记目录》	《礼记》	《史记》
1	乐本	乐本	乐本	乐本
2	乐论	乐论	乐论	乐论
3	乐施	乐施	乐礼	礼乐
4	乐言	乐言	乐施	乐施
5	乐礼	乐礼	乐言	言乐
6	乐情	乐情	乐象	乐象篇
7	乐化	乐化	乐情	乐情
8	乐象	乐象	魏文侯	乐化
9	宾牟贾问章	宾牟贾	宾牟贾	魏文侯
10	师乙	师乙	乐化	宾牟贾
11	魏文侯	魏文侯	师乙	师乙

孔疏将《乐记》各篇次序与郑氏《目录》比对,曰"此今所列,或记家别起意,意趣不同故也"③。孙希旦曰:"十一篇之次,《礼记》与刘向《别录》《史记·乐书》皆不同。盖《别录》乃二十三篇之旧次,而《礼记》则取以入《礼》者之所更定,《乐书》本取诸《礼记》,而褚少孙又自以其意升降之也。郑氏注《礼记》,一依经文,而《目录》之次又不同。观其于《宾牟贾》《师乙》《魏文侯》三篇,皆以年代次之,则其意似以《礼记》之旧次为未善,又以经文次第,不欲辄更,而于《目录》见其意也。又郑谓'十一篇略有分',则自《魏文侯》《宾牟贾》《师乙》三篇确然可见者之

---

① (清) 孙希旦撰,沈啸寰等点校:《礼记集解》,中华书局 1989 年版,第 1039 页。
② (汉) 司马迁撰,(宋) 裴骃集解,(唐) 司马贞索隐,张守节正义:《史记》,中华书局 1959 年版,第 1234 页。
③ (汉) 郑玄注,(唐) 孔颖达正义,吕友仁整理:《礼记正义》,上海古籍出版社 2008 年版,第 1480 页。

外，其余分篇，郑氏原无明说，孔疏亦言'仔细不可的知'。"① 其说较为合理。

4.《经解》

（1）孔疏："此之谓也"，从篇首"孔子曰：入其国，其教可知也"，至此"长幼有序"，事相连接，皆是孔子之辞，记者录之而为记。其理既尽，记者乃引孔子所作《孝经》之辞以结之，故云"此之谓也"。

（2）孔疏："故朝"至"乱患"此一经明礼之所用各有所主，又明旧礼不可不用之意。但自此以下，上承"孔子曰""此之谓也"，以后则是记者广明安上治民之义，非复孔子之言也。（第1908—1909页）

孔疏将《经解》分为孔子之言与记者之言两个内容。王锷将《经解》与《孔子家语·问玉》《庄子·天下》《论语·学而》《泰伯》以及《孝经·广要道章》等传世文献比对，并结合上博简《从政》（乙篇）认为："《经解》所载孔子言论，明确说'孔子曰'，绝非向壁虚造，当必有根据。"② 可证孔疏之说可信。孙希旦曰："此篇凡为三段：首论《六经》教人之得失，次言天子之德，终言礼之正国，其义各不相蒙，盖记者杂采众篇而录之者也。"③ 据思想内容将《经解》划为三段，甚是。

5.《儒行》

孔疏："鲁哀公问于孔子"者，言夫子自卫反鲁，哀公馆于孔子，问以"儒行"之事，记者录之，以为《儒行》之篇。孔子说儒凡十七条，其从上以来至下十五条，皆明贤人之儒。其第十六条，明圣人之儒，包上十五条贤人儒也。其十七条之儒，是夫子自谓也。今此一节，明哀公至孔子之家，见孔子衣服之异，疑其儒服，遂问儒行。为孔子命席，方说儒行之事也。（第2217页）

孔子论"儒行"之具体表现为该篇主体内容，篇首叙述哀公问"儒服"起因，作为铺垫之节，文末则叙述哀公闻"儒行"之后所感、所行。故《儒行》可分三大段甚明：孔子言"儒行"起因、言"儒行"内容与哀公听

---

① （清）孙希旦撰，沈啸寰等点校：《礼记集解》，中华书局1989年版，第986页。
② 王锷：《〈礼记〉成书考》，中华书局2007年版，第207页。
③ （清）孙希旦撰，沈啸寰等点校：《礼记集解》，中华书局1989年版，第1254页。

闻"儒行"之结果。孔疏又据郑注"此兼上十有五儒，盖圣人之儒行也""孔子自谓也"①，将孔子论儒行十七条分为三层：第一条至第十五条明贤人之儒，第十六条明圣人之儒，第十七条夫子自谓。孙希旦驳之曰："愚谓从上十五条所言，未见其专为贤人之事；而第十六条所言，亦未见足以尽圣人之道也。且圣人之儒，非孔子固不足以当之，而又专以十七条为孔子自谓，亦恐不然也。"②今以孙氏所解为上。

孔、孙皆言孔子说儒"十七条"，今覆核全文仅十六条。俞樾《群经平议》卷二二《小戴礼记四》"儒有不陨获于贫贱，不充诎于富贵，不恩君王，不累长上，不闵有司，故曰儒"条曰：

> 上文所陈十五儒，皆以"儒有"起，"有如此者"结。此文亦以"儒有"起，而以"故曰儒"结之，既不与上文一律，且义亦未足。岂所谓儒者止以其"不恩君王，不累长上，不闵有司"乎？疑传写错误。"儒有不陨获"至"不闵有司"，当在上文"其尊让有如此者"之前，与前所列十五儒一律。孔子说儒者之行，盖十有六也。不烦恩其君王，不负累其长上，不忧闵其有司，故谓之尊让矣。上文"温良者，仁之本也"至"犹且不敢言仁也"，当在此文"故曰儒"之上，乃孔子总论儒行也。自传写错误，而十六儒止存十五儒。郑君说"温良者"一节为"圣人之儒行"，说"儒有不陨获于贫贱"一节为"孔子自谓"。异义横生，大非经旨矣。今订正如左：
>
> 儒有不陨获于贫贱，不充诎于富贵，不恩君王，不累长上，不闵有司，其尊让有如此者。
>
> 温良者，仁之本也；敬慎者，仁之地也；宽裕者，仁之作也；孙接者，仁之能也；礼节者，仁之貌也；言谈者，仁之文也；歌乐者，仁之和也；分散者，仁之施也。儒皆兼此而有之，犹且不敢言仁也。故曰儒。③

经俞氏校定后，此两节内容文从字顺，与孔疏"孔子说儒凡十七条"甚合。

---

① （汉）郑玄注，（唐）孔颖达正义，吕友仁整理：《礼记正义》，上海古籍出版社2008年版，第2233—2234页。
② （清）孙希旦撰，沈啸寰等点校：《礼记集解》，中华书局1989年版，第1409—1410页。
③ （清）俞樾：《群经平议》，《续修四库全书》第178册，上海古籍出版社2002年版，第364页。

二　论《记》文具体章节的结构

为便于疏通经义，孔疏对部分篇中的一些具体章节进行层次划分，类似于今之自然段。其法显然受"章句"体的影响，既有利于训释，也有利于学者研习。如将《乐记·乐论》分作四节疏解："此章凡有四段。自此至'民治行矣'为第一段，论乐与礼同异。将欲广论，先论其同异也。自'乐由中出'至'天子如此，则礼行矣'为第二段，论乐与礼之功。论同异既辨，故次宜有功也。自'大乐与天地同和'至'述作之谓也'为第三段，论乐与礼唯圣人能识。既有其功，故宜究识也。自'乐者，天地之和'至'则此所与民同也'为第四段，论乐与礼使上下和合，是为同也；礼使父子殊别，是为异也。"①此划分《乐论》层次较为合理，并一一揭示四者之间的逻辑关系。

此外，孔疏还对具体的小节，即今日谓之自然段者，随文疏通时进行细致的结构划分。如《礼运》"故圣人作则，必以天地为本，以阴阳为端，以四时为柄，以日星为纪，月以为量，鬼神以为徒，五行以为质，礼义以为器，人情以为田，四灵以为畜"，孔疏曰："凡十句，分为三重：此至'五行以为质'七句，明圣人制教所法象也；又自'礼义''人情'二句，明圣人为治政之时事也；又'四灵'一句，明征报之功也。"②此类较多，因篇幅简短，内容相对集中，孔疏的结构分析一般值得肯定或借鉴。

第四节　论《礼记》的文法

孔疏对《礼记》诸篇的写作特点，亦有所总结，前贤似未论及。孔疏多于随文疏解中发凡起例，而非特意阐释。其总结《礼记》文法，概言之，有对用词的发凡起例，有对修辞的揭示，有对部分片段体例的归纳，也有对整篇体例的总结等。其论《礼记》修辞，将于第七章"《礼记正义》训诂思想与方法考论"进行具体讨论，此不赘言。

一　对《礼记》用词（词组）的发凡起例

孔疏对《礼记》中某些词（词组）的使用规律进行随文归纳，其多以"凡称……者"或"更言……"等形式总结之。此现象俯拾皆是，试以孔疏

---

① （汉）郑玄注，（唐）孔颖达正义，吕友仁整理：《礼记正义》，上海古籍出版社2008年版，第1471页。
② （汉）郑玄注，（唐）孔颖达正义，吕友仁整理：《礼记正义》，上海古籍出版社2008年版，第929页。

对《礼记》中"《记》曰","故""故曰","或曰""盖","视","凡"等词的总结为例明之：

1. "《记》曰"

《文王世子》："《记》曰：'虞、夏、商、周，有师保，有疑丞。设四辅及三公，不必备，唯其人。'"

孔疏：此作《记》之人更言"记曰"，则是古有此《记》，作《记》者引之耳。……后人作《记》者，取此古《记》天子之事，以成世子之《记》耳。（第846页）

《礼记》言"《记》曰"凡七例。孔疏以"《记》曰"与"《曲礼》曰""《礼》曰"相似，皆系《记》人引古《礼》、古《记》为说，相当于今日之引证法。此说大体可信。

2. "故""故曰"

《曲礼上》："故君子式黄发，下卿位，入国不驰，入里必式。"
孔疏：谓他篇上旧礼杂辞，连上至下，所以有"故"。今作《曲礼》，记者引此他篇杂辞而来，为此篇发首有"故"也。（第129页）

孔疏所释大体可信。如《曲礼上》："故曰：礼者不可不学也。""故曰：疑而筮之，则弗非也；日而行事，则必践之。"此二例之中的"故曰"，可视为"众篇杂辞"。然而，翻检《礼记》全书，计有"故"及"故曰"凡六百二十一例，不可皆视为"谓他篇上旧礼杂辞"。《曲礼上》"夫唯禽兽无礼，故父子聚麀。是故圣人作，为礼以教人"，此二"故"字，当为"所以"之义。孔疏亦明此理，如《乐记》"乐者，乐也"，孔疏曰"'故'者，因上起下，所以言'故曰'"[1]，实指出其连词性质。

3. "或曰""盖"

《檀弓上》："大功废业。或曰：大功，诵可也。"
孔疏：言"或曰"者，以其事疑，故称或曰。……今检《礼记》，多有不定之辞。仲尼门徒亲承圣旨，子游裼裘而吊，曾子袭裘而吊；又

---

[1] （汉）郑玄注，（唐）孔颖达正义，吕友仁整理：《礼记正义》，上海古籍出版社2008年版，第1511页。

小敛之奠，或云东方，或云西方；同母异父昆弟，鲁人或云为之齐衰，或云大功。其作记之人，多云"盖"，多云"或曰"，皆无指的。……作记之人，随后撰录，善恶兼载，得失备书。但初制礼之时，文已不具，略其细事，举其大纲。况乃时经离乱，日月县远，数百年后，何能晓达？记人所以不定，止为失礼者多。推此而论，未为怪也，亦兼有或人之言也。（第264页）

《礼记》全文言"或曰"凡十三例，一般来说，"或曰"所引领的内容，是对前文内容进行补充，讲述的是礼之权变。如《檀弓上》："从母之夫，舅之妻，二夫人相为服，君子未之言也。或曰：'同爨缌。'""盖"字在《礼记》中的用法复杂一些：

（1）《檀弓上》："有子盖既祥而丝屦、组缨。"
孔疏："盖"是疑辞，录记之人传闻有子既祥而丝屦，未知审否，意以为实，故云"盖既祥而丝屦"，以组为缨也。（第258页）
（2）《檀弓上》："南宫绦之妻之姑之丧，夫子诲之髽，曰：'尔毋从从尔，尔毋扈扈尔。盖榛以为笄，长尺，而总八寸。'"
孔疏：《丧服》箭笄长一尺，吉笄长尺二寸，榛笄长尺，斩衰、齐衰笄同一尺，降于吉笄二寸也。但恶笄或用栉，或用榛，故《丧服》有栉笄，故夫子称"盖"以疑之。（第255页）

例（1）之"盖"，孔疏言其系疑辞，甚是。例（2）孔疏言夫子"恶笄或用栉，或用榛"，故"称'盖'以疑之"，不合经义。夫子教诲晚辈妇人为"舅姑服髽与笄总之法"，如何又"疑之"？夫子有"榛以为笄"之教，而与"《丧服》有栉笄"之经不同，孔疏遂因二者不一而揣测曰，此"盖"字含有"恶笄或用栉，或用榛"之意。此例"盖"系发语辞。

4."视"

（1）《檀弓下》："公室视丰碑，三家视桓楹。"
孔疏：凡言"视"者，不正相当，比拟之辞也。故《王制》云"天子之三公视公侯，卿视伯，大夫视子男"是也。（第402页）

孔疏以"不正相当，比拟之辞也"阐释"视"之用词，即比照高贵者的礼制举行礼仪，是僭越礼制之举。不过，《礼记》中言"视"者，亦有合乎礼制之例：

（2）《檀弓上》："池视重霤。"
孔疏：重霤者，屋承霤也。以木为之，承于屋霤，入此木中，又从木中而霤于地，故谓此木为"重霤"也。天子则四注，四面为重霤。诸侯四注，重霤则差降，去后余三。大夫唯余前后二，士则唯一，在前。……方面之数，各视生时重霤。（第329页）

此例曰"方面之数，各视生时重霤"，意即死者所用柳车之"池"，其重霤之数比照生前所居宫室之数。《礼记》全文凡有"视"字九十五例，此用法者达三十余例。

5．"凡"

《曲礼上》："凡与客入者，每门让于客。"
孔疏：言"凡"者，通贵贱也。（第49页）

孔疏以此"凡"领起的内容，所论之礼"通贵贱"。《曲礼上》"凡为人子之礼""凡为长者粪之礼""凡进食之礼""凡遗人弓者""凡为君使者""凡祭于公者，必自彻其俎""凡卜筮日"等语，《曲礼下》"凡奉者当心，提者当带""凡执主器，执轻如不克""凡家造：祭器为先，牺赋为次，养器为后""凡非吊丧、非见国君，无不答拜者""凡祭，有其废之莫敢举也，有其举之莫敢废也""凡祭宗庙之礼"等，此说甚是。"凡"在《礼记》中还有表示总数之例。《王制》"王者之制禄爵，公侯伯子男，凡五等""诸侯之上大夫卿、下大夫、上士、中士、下士，凡五等""凡四海之内九州，州方千里""凡九州，千七百七十三国"等，皆是。

二　对部分《记》文体例的总结

孔疏还对《月令》《曾子问》《坊记》《表记》《聘义》等篇体例进行归纳，以《坊记》《表记》《月令》三者为例明之。

1．《坊记》

子言之："君子之道，辟则坊与？坊民之所不足者也。大为之坊，民犹逾之。故君子礼以坊德，刑以坊淫，命以坊欲。"

> 孔疏：此一节发端起首，总明所坊之事。但此篇凡三十九章，此下三十八章悉言"子云"，唯此一章称"子言之"者，以是诸章之首、一篇总要，故重之，特称"子言之"也。余章其意稍轻，故皆言"子云"也。诸书皆称"子曰"，唯此一篇皆言"子云"，是录记者意异，无义例也。但此篇所"坊"，体例不一。或数经共论一事，每称"子云""以此坊民"；或有一经之内发初言"子云"，唯说一事，下即云"以此坊民"结之；或有一经之内虽说一事，即称"民犹犯齿""民犹犯贵""民犹犯君"；或有每事之下引《诗》《书》结之者；或有一事之下，不引《诗》《书》者。如此之属，事义相似，体例不同，是记者当时之意，无义例也。（第1953页）

孔疏曰"但此篇所'坊'，体例不一。……如此之属，事义相似，体例不同，是记者当时之意，无义例也"，总结《坊记》文法甚是。又曰"此篇凡三十九章，此下三十八章悉言'子云'，唯此一章称'子言之'者，以是诸章之首、一篇总要，故重之，特称'子言之'也"，将全篇划分为总分结构。其曰"无义例"，实则亦是归纳义例，即作《记》者阐释防备诸多违礼之义，主要是依据思想内容需要，采用自由灵活的行文方式。后三十八章皆以"子云"领起，构成颇有气势的铺排效果。

2.《表记》：

> 子言之："归乎，君子隐而显，不矜而庄，不厉而威，不言而信。"
> 孔疏曰：此一篇总论君子及小人为行之本，并论虞、夏、殷、周质文之异，又论为臣事君之道。……称"子言之"，凡有八所。皇氏云："皆是发端起义，事之头首，记者详之，故称'子言之'。若于'子言之'下更广开其事，或曲说其理，则直称'子曰'。"今检上下例，或如皇氏之言。（第2052页）

孔疏据皇说论《表记》体例，并云"今检上下体例，或如皇氏之言"，然而，皇说实有偏颇处。孙希旦曰："今按'后世虽有作者'一章，结前章'凯弟君子'之义，非发端之辞，而称'子言之曰'。'君子不以辞尽人'一章，与前数章不相蒙，乃更端之辞，而称'子曰'。岂传写之误与？"[①] 孙说甚是。

---

① （清）孙希旦撰，沈啸寰等点校：《礼记集解》，中华书局1989年版，第1297页。

3.《月令》是《礼记》中结构最为严谨，层次最为清晰的一篇："战国晚期以《礼记·月令》为代表的月令文体，在知识资源上集前代天学知识之大成，在话语方式上建立了'以月系事'的新范式。"[1] 孔疏对《月令》体例的阐释颇为翔实，概言之主要有四：一是总结首章的文法；二是讨论有关四时物候描写的体例；三是归纳文中"是月也"句式之体例；四是总结"政失致灾之事"之体例。

论《月令》首章之文法。

> 孟春之月，日在营室，昏参中，旦尾中。其日甲乙。其帝大皞，其神句芒。其虫鳞。其音角，律中大蔟。其数八。其味酸，其臭膻。其祀户，祭先脾。东风解冻，蛰虫始振，鱼上冰，獭祭鱼，鸿雁来。
>
> 孔疏：自"孟春之月"讫"其日甲乙"，明于天道，其事略竟。从此以下至"鸿雁来"，明圣人奉天时及万物节候也。故蔡邕云："法象莫大乎天地，变通莫大乎四时，县象著明莫大乎日月。故先建春以奉天，奉天然后立帝，立帝然后言佐，言佐然后列昆虫之列。物有形可见，然后音声可闻，故陈音。有音，然后清浊可听，故言钟律。均声可以章，故陈酸膻之属也。群品以著，五行为用于人，然后宗而祀之，故陈五祀。此以上者，圣人记事之次也。'东风'以下者，效初气之序也。二者既立，然后人君承天时行庶政，故言帝者居处之宜，衣服之制，布政之节，所明钦若昊天，然后奉天时也。"（第599页）

孔疏将此章分为二层：首明"天道"，次明"圣人奉天时及万物节候"。又以蔡邕说，阐释开篇"孟春之月"章之叙述逻辑，其论"圣人记事之次"，深得《月令》文法。此为《月令》首章，故详释之，下文"仲春之月""季春之月"，连同三夏、三秋、三冬诸节叙述逻辑，大体可以此类推。

论《月令》物候描写之体例。

> 东风解冻，蛰虫始振，鱼上冰，獭祭鱼，鸿雁来。
>
> 孔疏：此记正月之时候。然十二月之时候，体例不一。而正月、七月记时候，凡有五句，自余皆四句。多少不同者，时候多则五句，少则四句，无义例也。其二至、二分之月，皆再记于时候者，以二至是阴阳之始终，二分是阴阳之交会，是节之大者，故再记之。季春亦记时候

---

[1] 林甸甸：《先秦月令文体研究》，《北京师范大学学报》（社会科学版）2014年第4期。

者，蚕之将生，故记其蚕候也。故季春"鸣鸠拂其羽，戴胜降于桑"，注"蚕将生之候"是也。凡记时候，先言者则气候在前，后言者则气候在后。（第608页）

郑、孔所谓"时候"，即物候现象。孔疏认为《月令》对一年十二月的物候进行选择性的描写，体例不一，归纳其特点有三：其一，四句、五句不等。此孟春之月，记物候之语五句；孟秋之月，记物候之语亦五句："凉风至，白露降，寒蝉鸣，鹰乃祭鸟，用始行戮。"其余月份，记物候之语皆四句。覆核经文，所言大体可从。而仲冬之月，第二次记物候曰"芸始生，荔挺出，蚯蚓结，麋角解，水泉动"，亦五句。其二，《月令》于二至、二分之月，一般分别两次记物候：

（1）春分之月

"始雨水，桃始华，仓庚鸣，鹰化为鸠。"郑注："皆记时候也。"（第628页）

"是月也，玄鸟至。"郑注："燕以施生时来，巢人堂宇而孚乳，嫁娶之象也，媒氏之官以为候。"（第631页）

"是月也，日夜分，雷乃发声，始电。蛰虫咸动，启户始出。"郑注："又记时候。"（第633页）

（2）夏至之月

"小暑至，螳螂生，鵙始鸣，反舌无声。"郑注："皆记时候也。"（第663页）

"鹿角解，蝉始鸣，半夏生，木堇荣。"郑注："又记时候也。"（第670页）

（3）秋分之月

"盲风至，鸿雁来，玄鸟归，群鸟养羞。"郑注："皆记时候也。"（第694页）

"是月也，日夜分，雷始收声，蛰虫坯户，杀气浸盛，阳气日衰，水始涸。"郑注："又记时候也。"（第697页）

（4）冬至之月

"冰益壮，地始坼，鹖旦不鸣，虎始交。"郑注："皆记时候也。"（第729页）

"芸始生，荔挺出，蚯蚓结，麋角解，水泉动。"郑注："又记时候也。"（第732页）

孔疏认为"二至、二分之月，皆再记于时候"，覆核经文大体符合。而春分之月，实则三记物候。其三，"先言者则气候在前，后言者则气候在后"，即按照物候时间顺序记之，其说可从。《月令》关于四季物候的描写具有高度的概括性，极为简洁传神，且大致合乎自然规律。其记录物候的书写方式，"对时序文学产生了重要的影响"①，理应在中国文学史上占据一席之地。孔疏的阐释，有助于中国文章学理论的发展。

归纳"是月也"句式之体例。《月令》全篇言"是月也"凡五十八例，言"是月之末"一例。孔疏分别于"是月也，以立春""是月也，安萌牙，养幼少，存诸孤""是月也，天子乃荐鞠衣于先帝""是月也，霜始降，则百工休"四句经文处，归纳《月令》"是月也"体例，同时揭示经文未采用"是月也"句式之因。仅以"是月也，以立春"句孔疏为例：

> 云"是月"者，谓是月之气，不谓是月之日也。凡四立之月，天子车服之下皆云"是月"，以其为下立春、立夏、立秋、立冬事重，故云"是月"。其非四立之月，仲夏即云"养壮佼"，季夏云"命渔师"，十一月云"饬死事"，十二月云"命有司大难"，皆不云"是月"者，或是事为细小，或是事通他月，故不云"是月"。季冬难事虽大，惟此月为之，亦不云"是月"者，以年事既终，惟难而已，故不须云"是月"。……凡言"是月"者，"是月"之后，若是事相连接，辞有首尾，则因前"是月"，不别起"是月"之文；若别事异端，则更云"是月"也。他皆仿此。此云"是月"，下至"以初为常"，是皆立春之时告命之事，故不更云"是月"。次云"祈谷于上帝"，至"命曰劳酒"，论祈谷、耕藉反回劳饮，是其一事，故不更云"是月"。次云"是月也，命乐正入学习舞"至"埋骴"，论习舞修祭，毋用牝牲，是含养之事，故"毋覆巢"及"掩骼埋骴"，中间小异，事亦相连，故不别云"是月"。次云"是月也，不可以称兵"，与上事别，又论天地人之大道，故别云"是月"。（第615—616页）

孔疏归纳《月令》行文"是月"体例有二：其一，"凡四立之月，天子车服之下，皆云'是月'"，若"其非四立之月"，则"皆不云'是月'"；其二，"凡言'是月'者""若是事相连接，辞有首尾，则因前'是月'，不别起'是

---

① 汪超：《岁时传统的词学剪影——论历代十二月令组词的书写流变》，《词学》2020年第2期。

月'之文；若别事异端，则更云'是月'也"。孔疏虽偶有强解处，但基本符合《月令》文本。今按，《月令》"是月"的使用可以分作两类：一类系作《记》者有意为之，如"凡四立之月，天子车服之下，皆云'是月'，以其为下立春、立夏、立秋、立冬事重，故云'是月'"，即标志重要的节气及其相关事宜；另一类则具有很大的随意性，因而不必强解其体例。从文法上看，大量"是月"一词的使用，于行文之中构成呼应，错落有致，生动流畅。

总结"政失致灾之事"之体例。《月令》充斥着天人感人思想，孔疏于《月令》"孟春行夏令则雨水不时，草木蚤落，国时有恐。行秋令则其民大疫，飙风暴雨总至，藜莠蓬蒿并兴。行冬令则水潦为败，雪霜大挚，首种不入"节，具体总结该篇论述"政失致灾之事"体例：

> 故自此而下，论政失致灾之事。上既云"毋变天之道，毋绝地之理，毋乱人之纪"，今若施之不失，则三才相应，以人与天地共相感动故也。施令有失，三才俱应者，则此"孟春行夏令，雨水不时"，天也；"草木蚤落"，地也；"国时有恐"，人也。十二月之节内，三才俱应者多，就三才俱应之中，论天地及人，亦先后不逮。或先言天者，则此"孟春行夏令，雨水不时"是也；或先言民者，则孟春"行秋令，其民大疫"是也；或先言地者，则孟春"行冬令，水潦为败"是也。所以然者，为害重者则在先言之，为害轻者后言之。……行令失之于前，气则应之于后。至如春夏及秋，施令有失，气来为应，惟在当年，则"孟春行夏令，雨水不时，草木蚤落"之类是也。若其冬时失令，则气应在于后年。故仲冬"行秋令，则天时雨汁，瓜瓠不成。行春令，蝗虫为败"。仲冬非瓜瓠不成之时，又非蝗虫为败之日，是据来年。又录记之人，序行令之事，各次第先后，则有夏、有秋、有冬。孟春举夏为始，仲春举秋为始，季春举冬为始。至于夏时之下，则有秋、有冬，次有来年之春。孟夏则举秋为始，仲夏举冬为始，季夏举春为始。以此推例，秋冬亦然。（第626—627页）

孔疏具体揭示了《月令》中的"天地人感应"思想，以解释其论"政失致灾之事"，认为"十二月之节内，三才俱应者多"，揭示《月令》思想内容，甚是。其归纳《月令》"政失致灾之事"的行文体例有三：其一，或先言天，或先言地，或先言人，即"为害重者则在先言之，为害轻者后言之"。其二，"行令失之于前，气则应之于后"。其三，"至如春夏及秋，施令有失，气来为应，惟在当年，……若其冬时失令，则气应在于后年"。考察《月令》文本，孔疏之说大体可行。

三 对《记》文具体片段体例的总结

孔疏还重视对《礼记》诸篇中具体片段的体例进行总结，今略举《檀弓下》《礼运》中片段为例，前者明其叙事之妙，后者明其议论之法。

1.《檀弓下》

> 有子问于曾子曰："问丧于夫子乎？"曰："闻之矣：丧欲速贫，死欲速朽。"有子曰："是非君子之言也。"
>
> 孔疏：以曾子云"丧欲速贫，死欲速朽"，有子云："如是之语，非君子之言也。"夫子既是君子，必不为此言。时有子唯问丧，不问死，曾子以丧、死二事报有子者，以丧、死俱为恶事，贫、朽又事类相似。既言"丧欲速贫"，遂言"死欲速朽"。案此"速贫"在前，"速朽"在后，而下子游之对，先云"死欲速朽"，后言"丧欲速贫"，随孔子所见言之先后也。且孔子为中都宰之时，制其棺椁，不用速朽，其事在前。夫子失鲁司寇，使子夏、冉有先适楚，不欲速贫，其事在后。故子游先言"速朽"，后言"速贫"，亦随夫子之事前前后。（第312—313页）

"有子问于曾子"节，有子问丧一事，曾子则以丧、死二事回答，因"丧"而连带"死"，故言"'速贫'在前，'速朽'在后"。下文又曰："子游曰：'甚哉，有子之言似夫子也。昔者夫子居于宋，见桓司马自为石椁，三年而不成。夫子曰："若是其靡也，死不如速朽之愈也。"死之欲速朽，为桓司马言之也。南宫敬叔反，必载宝而朝。夫子曰："若是其货也，丧不如速贫之愈也。"丧之欲速贫，为敬叔言之也。'"子游先言"死"事而后言"丧"事，则是"随孔子所见言之先后也"。而且，孔子其事以"为中都宰，制其棺椁"在前，"失鲁司寇"而"不欲速贫"在后。孔疏所释甚是，亦可见《檀弓》行文之谨严。

2.《礼运》

> 故圣人作则，必以天地为本，以阴阳为端，以四时为柄，以日星为纪，月以为量，鬼神以为徒，五行以为质，礼义以为器，人情以为田，四灵以为畜。
>
> 孔疏曰：自"天地为本"至此凡十句，上四句皆以"以"字在于事

上，从"月以为量"以下六句，"以"字置于事下者，上明天道，事远，故"以"字在事上，连于天也。后明地道，事近，故"以"字居下，欲连于人。按前经云"人者，天地之德，阴阳之交，鬼神之会，五行之秀气"，备论四者。此经云"天秉阳"，覆说天有日星；次经云"地秉阴"，地有四时，并有月也；次经云"五行之动"，覆说五行也。于前天地、阴阳、鬼神、五行之中，唯说天地与五行，举其大者。此经总覆前事，故云"以天地为本，以阴阳为端，以四时为柄，以日星为纪，月以为量，鬼神以为徒，五行以为质"，皆覆说前事。"礼义以为器"，覆说上"舍礼何以哉"也。"人情以为田"，覆说上"人情"也。"四灵以为畜"一句，论若行以前诸事，施之得所，则四灵报应也。（第930页）

孔疏总结本节文法，揭示其与前文照应，甚确。孔疏释"以"字在"事"上下，是因为"天道""地道"远近，过于附会，不足为据。后六句实乃行文变换，不过是句式倒装而已。其实，此节不仅"总覆前事"，而且引领下文："以天地为本，故物可举也；以阴阳为端，故情可睹也；以四时为柄，故事可劝也；以日星为纪，故事可列也；月以为量，故功有艺也；鬼神以为徒，故事有守也；五行以为质，故事可复也；礼义以为器，故事行有考也；人情以为田，故人以为奥也；四灵以为畜，故饮食有由也。"故承上启下。

孔疏论《礼记》文法时有精当之说，只是所论多类似点评性质，而缺乏宏观把握。陈寿祺总结《礼记》诸篇文法特点曰："《左氏》文多叙事，……不如《礼记》书各为篇，篇各为体，微［原文如此，当为"徵"（征）之误——引者注］之在仁义性命，质之在服食器用，扩之在天地民物，近之在伦纪纲常，博之在三代之典章，远之在百世之治乱。其旨远，其词文，其声和以平，其气淳以固，其言礼乐丧祭也，使人孝弟之心油然而生，哀乐之感浡然而不能自已。则文词之精也，学者沉浸于是，苟得其一端，则抒而为文，必无枝多游屈之弊。"[①] 所论高屋建瓴，可补充孔疏之不足。

[①] （清）陈寿祺撰：《左海文集》，《续修四库全书》第1496册，上海古籍出版社2002年版，第181—182页。

第七章 《礼记正义》训诂思想与方法考论

　　训诂，又曰训故、故训、古训、解诂、解故等。《说文》："训，说教也。"段注："说教者，说释而教之，必顺其理，引申之，凡顺皆曰训。"《说文》又曰："诂，训故言也。"段注："故言者，旧言也，十口所识前言也，训故言者，说释故言以教人，是之谓诂。"① 古人治经尤重训诂之学。顾炎武《述古》曰："六经之所传，训诂为之祖。"又《答李子德书》曰："愚以为读九经自考文始，考文自知音始。以至诸子百家之书，亦莫不然。"② 其后，戴震、钱大昕、阮元、王念孙、桂馥、卢文弨、"江藩"等辈，对训诂于治经的重要意义皆有精彩论述，尤以戴震、阮元、"江藩"之说最为精当。戴震《六书音韵表序》曰："夫六经字多假借，音声失而假借之意何由得？故训音声，相为表里，故训明，六经乃可明。"其《与是仲明论学书》曰："经之至者道也，所以明道者其词也，所以成词者字也。由字通其词，由词通其道，必有渐。"又于《题惠定宇先生授经图》曰："惟空凭胸臆之卒无当于贤人圣人之理义，然后求之古经；求之古经而遗文垂绝、今古县隔也，然后求之故训。故训明则古经明，古经明则贤人圣人之理义明，而我心之所同然者，乃因之而明。"③ 阮元《拟国史儒林传序》曰："圣人之道，譬若宫墙，文字训诂，其门径也。门径苟误，跬步皆歧，安能升堂入室乎？学人求道太高，卑视章句，譬犹天际之翔，出于丰屋之上，高则高矣，户奥之间未实窥也。"④ "江藩"《经学入门》："据《尔雅》分篇之义，诂通古今异言，训则皆言形貌，而说经之道，不外此二字。通古言，通古音，而古义无不通矣；知形训，知声训，而古训无不明矣。"⑤ 强调训诂的重要意义，且极具方

---

① （汉）许慎撰，（清）段玉裁注：《说文解字注》，上海古籍出版社1988年版，第91—92页。
② （清）顾炎武，华忱之点校：《顾亭林诗文集》，中华书局1983年版，第384、73页。
③ （清）戴震著，赵玉新点校：《戴震文集》，中华书局1980年版，第153、140、168页。
④ （清）阮元著，邓经元点校：《揅经室集》，中华书局1993年版，第37页。
⑤ （清）江藩撰，周春健校注：《经解入门》，华东师范大学出版社2010年版，第81页。

法论价值。故欲治经学，必重视并精通训诂之学。

历代经学家多为训诂学大师，汉唐经师，马融、郑玄、王肃、陆德明、颜师古、孔颖达等莫不如此。孔颖达《五经正义》，于训诂体式采取最基本的随文注释体。孔疏常曰"各随文解之"，时而曰"今各随文解之"或"亦各随文解之"，其法即随经典原文进行注释疏通，一般是逐篇、逐段（节）、逐句、逐字予以注释。虽然疏文与经文可以分编单行，但并不改变注释随原文而出的特点。此体实乃训诂体式中的正宗。孔氏作为领衔者，其训诂思想对《五经正义》的修撰影响至关重要。今从孔颖达的训诂思想入手，具体讨论《礼记正义》训诂方法及其成就、学术特点，并对部分训诂之失提出商榷。

第一节 孔颖达的训诂思想

隋唐之际，随着经史注疏的大量出现，涉及训诂理论的讨论也逐渐丰富。不过，多散见于各种经史注疏之中，需要一番梳理，其面貌才能清晰展露。《五经正义》作为此期最重要的经学巨著，集两汉以降训诂成果之大成，而且充分体现了孔颖达等的训诂思想。其《上五经正义表》曰："以万国文明，久仰缉熙之学；五经简奥，曷彰训诂之功？"[1] 在前贤丰富的训诂实践上，孔氏作了一系列富有见地的理论探讨，完整揭示了"训诂"一词的内涵，概括多种注解体例的义旨与特点，系统地论述了注解经典的基本原则与具体主张等，极大丰富和发展了中国古代训诂学理论。

一 阐释"训诂"之内涵

"训""诂"二字，皆有疏通、理顺"故言"之义。"训"，《说文》："训，说教也。从言，川声。""诂"，《说文》："诂，训故言也。从言，古声。"[2] 在中国学术史上，孔氏首次对"训诂"的具体内涵进行了较完整的概括与表述，《毛诗正义·周南·关雎》孔疏："'诂训传'者，注释之别名。毛以《尔雅》之作多为释《诗》，而篇有《释诂》《释训》，故依《尔雅》训而为《诗》立传。传者，传通其义也。《尔雅》所释十有九篇，独云'诂''训'者，诂者，古也，古今异言，通之使人知也；训者，道也，道物之貌以告人也。《释言》则《释诂》之别。故《尔雅序篇》云：'《释诂》

---

[1] （明）郑真：《荥阳外史集》（外二种），上海古籍出版社1991年版，第410—411页。
[2] （汉）许慎撰，（清）段玉裁注：《说文解字注》，上海古籍出版社1988年版，第91、93页。

《释言》,通古今之字,古与今异言也。《释训》,言形貌也。'然则诂训者,通古今之异辞,辨物之形貌,则解释之义尽归于此。《释亲》已下,皆指体而释其别,亦是诂训之义。故唯言诂训,足总众篇之目。今定本作'故',以《诗》云'古训是式',《毛传》云'古,故也',则故训者,故昔典训,依故昔典训而为传,义或当然。"①

孔氏详尽论述了《毛诗诂训传》的称名缘由,辨析了"诂"与"训"的不同涵义,厘清了"诂训"即"训诂"一词的来源,由此完整地揭示了"训诂"的具体内涵。孔氏认为,"诂训传"即注解之别名,汉人毛亨解《诗》,据《尔雅》前三篇之名"释诂""释言""释训",命名其书曰"诗故训传"。把训释词语叫做"诂"(故)、"训",以"诂"统"言",把《尔雅》形式上的三类合并为二②,"训诂"一词由此产生。"诂训者,通古今之异辞,辨物之形貌,则解释之义尽归于此。《释亲》已下,皆指体而释其别,亦是诂训之义,故唯言诂训,足总众篇之目",从而简要揭示了"训诂"的内涵。有学者指出:"由'诂训传'概括为别名'注解'构成了一个术语,这是一次对学科认识的质的飞跃。又由'诂训'总括其对象:'通古今之异辞,辨物之形貌。'最后又加以补充道:'故唯言诂训,足总众篇之目。'可见,孔颖达在训诂领域中已初步进入了术语的确定及对象的划分领域中,已由具体的对象初步上升为了抽象的概括。可以说,到孔颖达这里,传统的训诂学观念已形成了。从孔颖达到清代乾嘉学派,这一观念一直流传了下来,时至今日,这一训诂学的传统观念仍然有着极大的影响,支配着许多人的工作实践。"③ 可见孔氏训诂说影响深远。

二 具体辨析多种注解体例之义旨与特点

传统解经体例名目甚繁,如故(诂)、训、传、序、注、笺、赞、章句、义疏、讲疏、疏、解、集解、集说、说、记、正义等,体现了传统诠释学的蓬勃发展。名目不同,解经义旨、解经方法往往有所差异,与经典的关系也有着亲疏之别。孔氏一般采取比较的方式,对一些重要体例作以简明辨析与诠释。如《毛诗正义》关于"故""训""传"三体的辨析,"序""谱""赞"三体的辨析,还有"笺""注""传"三体的辨析;《尚书正义》对"序""赞"二体的辨析;《礼记正义》关于"传""注"二体的辨析;《春

---

① (清)阮元校刻:《十三经注疏·毛诗正义》,中华书局1980年版,第269页上栏。
② 洪诚:《训诂学》,江苏古籍出版社2000年版,第2页。
③ 杨光荣:《训诂学的现代观念》,《山西大学学报》(社会科学版)1995年第2期。

秋左氏正义》关于两种"集解"的辨析；等等。

（一）故、训、传

孔氏认为《毛诗故训传》中"故""训""传"三者为不同的注解体例："《释诂》《释言》，通古今之字，古与今异言也。《释训》言形貌也。"则"故"，"通古今之字，古与今异言也"，主要解说词语；"训"，"言形貌也"，主要描述形貌。所谓"异言"，指"同一事物因时代不同或地域不同而有不同的称呼"；所谓"道形貌"，指"对文献语言的具体含义进行形象的描绘、说明"①。孔氏曰"传者，传道其义也"，"传"是一种阐释、发挥经典义理的体例。《曲礼上》孔疏曰"传谓传述为义，或亲承圣旨，或师儒相传，故云传"②，强调解经重在师承圣人意旨。先师所言为经，弟子所言为传。皮锡瑞曰："孔子所定谓之经；弟子所释谓之传，或谓之记；弟子展转相授谓之说。"③"传"与孔圣的关系远较一般体例亲密，因而更具权威性。《春秋左传正义》孔疏曰"传者，传也，博释经意，传示后人"④，"传"具有明确的传承意识。

（二）序、赞

孔氏解说孔安国《尚书序》、郑玄《书赞》称名时，辨析"序""赞"两种体例，曰："'序'者，言序述《尚书》起、存亡、注说之由。序为《尚书》而作，故曰'尚书序'。《周颂》曰：'继序思不忘。'《毛传》云：'序者，绪也。'则绪述其事，使理相胤续，若茧之抽绪。但易有《序卦》，子夏作《诗序》，孔子亦作《尚书序》，故孔君因此作序名也。郑玄谓之'赞'者，以序不分散，避其序名，故谓之'赞'。赞者，明也，佐也。佐成序义，明以注解故也。安国以孔子之序分附篇端，故己之总述亦谓之'序'。事不烦重，义无所嫌故也。"⑤

据此，"序"之内涵有三：其一，"序述"经典的"起、存亡、注说之由"，考据经典产生、存亡历程，梳理其学说发展脉络。其二，"绪述其事，使理相胤续，若茧之抽绪"，借助对经典所载史实及其体例的叙述，达到传承义理之目的。《春秋左传正义》关于"序"的阐释，与此论形成互补："序与叙，音义同。《尔雅·释诂》云：'叙，绪也。'然则举其纲要，若茧

---

① 苏宝荣、武建宇：《训诂学》，语文出版社2004年版，第4页。
② （汉）郑玄注，（唐）孔颖达正义，吕友仁整理：《礼记正义》，上海古籍出版社2008年版，第6页。
③ （清）皮锡瑞著，周予同注释：《经学历史》，中华书局1959年版，第67页。
④ （清）阮元校刻：《十三经注疏·春秋左传正义》，中华书局1980年版，第1712页中栏。
⑤ （清）阮元校刻：《十三经注疏·尚书正义》，中华书局1980年版，第113页上栏。

之抽绪。孔子为《书》作《序》，为《易》作《序卦》，子夏为《诗》作《序》，故杜亦称《序》，序《春秋》名义、经传体例及己为解之意也。"①为经典发凡起例、借以阐发微言大义，是"序"之体例的基本目的。其三，"序"之地位等同于传，只有亲受圣人旨意，才可以为经作序："子夏亲承圣旨，齐之君世，号谥未亡，若有别责余君，作叙无容不悉，何得阙其所刺，不斥言乎？"② 因而具有极高的权威性。《毛诗·周颂·丝衣》孔疏："子夏说受圣旨，不须引人为证。"③ 甚而依据"序"证经，《诗谱序》"故孔子录懿王、夷王时诗，讫于陈灵公淫乱之事，谓之变风、变雅"，孔疏曰："据今者及亡诗六篇，凡有三百一十一篇，皆子夏为之作序，明是孔子旧定，而《史记》《汉书》云'三百五篇'者，阙其亡者，以见在为数也。"④《毛诗·商颂·那》孔疏又曰："子夏作序，已无七篇，明是孔子之前已亡灭也。"⑤

"赞"，"佐成序义，明以注解故也"，是一种起着辅助性作用的解经体例，含有"谦让"意味。《周易正义·说卦第九》"幽赞于神明而生蓍"，王注："赞，明也。"孔疏："赞者，佐而助成，而令微者得著，故训为明也。"⑥《尚书·皋陶谟》："予未有知思，曰赞赞襄哉！"孔疏援引郑玄语，曰"赞，明也""谦也"⑦。"赞"一般需要依附于其他体例，孔颖达"受诏撰《五经义训》凡百余篇，号《义赞》"，"义赞"所具有的局限性与唐太宗统一经学的宏愿不合，故"诏改为《正义》"⑧。潘重规曰"冲远尊崇前人，故书名'义赞'；朝廷矜尚体制，故改名'正义'也"⑨，一语道出《五经正义》称名之缘由。

（三）谱

"谱"作为注解体例由来已久。郑玄《诗谱序》曰："夷、厉已上，岁数不明。大史《年表》自共和始，历宣、幽、平王而得春秋次第，以立斯《谱》。"孔疏："郑于'三礼'、《论语》为之作序，此《谱》亦是序类，避子夏序名，以其列诸侯世及《诗》之次，故名'谱'也。……此《诗》不

---

① （清）阮元校刻：《十三经注疏·春秋左传正义》，中华书局1980年版，第1703页上栏。
② （清）阮元校刻：《十三经注疏·毛诗正义》，中华书局1980年版，第348页下栏。
③ （清）阮元校刻：《十三经注疏·毛诗正义》，中华书局1980年版，第603页中栏。
④ （清）阮元校刻：《十三经注疏·毛诗正义》，中华书局1980年版，第263页。
⑤ （清）阮元校刻：《十三经注疏·毛诗正义》，中华书局1980年版，第620页下栏。
⑥ （清）阮元校刻：《十三经注疏·周易正义》，中华书局1980年版，第93页中栏。
⑦ （清）阮元校刻：《十三经注疏·尚书正义》，中华书局1980年版，第139页下栏。
⑧ （宋）欧阳修、宋祁：《新唐书》，中华书局1975年版，第5644页。
⑨ 潘重规：《五经正义探源》，《华冈学报》（台北"中国文化学院"出版）1965年第1期。

谓之'赞',而谓之'谱',谱者,普也,注序世数,事得周普,故《史记》谓之'谱牒'是也。"① 归纳孔疏之大意,"谱"之内涵有三:从本质上说,谱系序类;从解经的内容与目的来说,其"列诸侯世及《诗》之次",力求"事得周普";从解经者态度来说,亦有谦让之意。

(四)笺、注

《毛诗·周南·关雎》"郑氏笺",孔疏:"郑于诸经皆谓之'注',此言'笺'者,吕忱《字林》云:'笺者,表也,识也。'郑以毛学审备,遵畅厥旨,所以表明毛意,记识其事,故特称为'笺'。余经无所遵奉,故谓之'注'。注者,著也,言为之解说,使其义著明也。"② "笺"之内涵亦有三:其一,"郑以毛学审备,遵畅厥旨,所以表明毛意","笺"借助阐明、补充"传"义以说经,而非直接释经。其二,"记识其事",己意若与《毛传》不同则标记出来。其三,有谦让之意。郑玄自谓:"注《诗》宗毛为主,其义若隐略,则更表明,如有不同,即下己意,使可识别也。"③ 孔疏承袭郑说,更强调了"遵奉"之意。陈澧发挥之曰:"此数语,字字精要。'为主'者,凡经学必有所主。所主者之外,或可以为辅,非必入主出奴也。'表明'者,使其深者毕达,晦者易晓,古人所赖后儒者,惟在于此。若更为深晦之语,则著书何为哉!'如有不同'者,以毛意为非也,然而不敢言其非;'下己意使可识别'者,易毛义也,然而不敢言易毛,尊敬先儒也。读者当字字奉以为法。"④

此条孔疏解释"注",与《曲礼上》孔疏可互补:"注者,即解书之名。……今谓之注者,谦也,不敢传授,直注己意而已。"⑤ 作为"解书之名"的"注"之内涵有二:"注"重在以己说阐明经义;题名为"注",又是谦慎之举,表明学说并非"或亲承圣旨,或师儒相传",实不具备传授生徒的资格。无独有偶,贾公彦《周礼注疏》曰"'注'者,于经之下自注己意,使经义可申,故云'注'也"⑥,《仪礼注疏》则曰,"言'注'者,注义于经下,若水之注物。亦名为著。……云著者,取著明经义者也"⑦。

---

① (清)阮元校刻:《十三经注疏·毛诗正义》,中华书局1980年版,第263—264页。
② (清)阮元校刻:《十三经注疏·毛诗正义》,中华书局1980年版,第269页中栏。
③ (清)阮元校刻:《十三经注疏·毛诗正义》,中华书局1980年版,第269页中栏。
④ (清)陈澧撰,杨志刚编校:《东塾读书记》(外一种),中西书局2012年版,第85页。
⑤ (汉)郑玄注,(唐)孔颖达正义,吕友仁整理:《礼记正义》,上海古籍出版社2008年版,第6页。
⑥ (清)阮元校刻:《十三经注疏·周礼注疏》(附校勘记),中华书局1980年版,第639页上栏。
⑦ (清)阮元校刻:《十三经注疏·周礼注疏》(附校勘记),中华书局1980年版,第945页中栏。

（五）"集解"二体

"集解"之体，创自何晏，《论语叙》曰："前世传授师说，虽有异同，不为训解。中间为之训解，至于今多矣。所见不同，互有得失。今集诸家之善，记其姓名，有不安者颇为改易，名曰《论语集解》。"① 即 "集诸家之善"以训释一部经典，并对诸家得失予以裁断。而杜预《春秋序》指出，其《春秋经传集解》是将《春秋》《左传》二者，"分经之年，与传之年相附，比其义类，各随而解之，名曰《经传集解》"②。故"集解"时有二体，孔疏曰："丘明作传，不敢与圣言相乱，故与经别行。何止丘明、公羊、穀梁？及毛公、韩婴之为《诗》作传，莫不皆尔。经传异处，于省览为烦，故杜分年相附，别其经传，聚集而解之。杜言'集解'，谓聚集经传为之作解，何晏《论语集解》乃聚集诸家义理以解《论语》，言同而意异也。"③

以上，孔氏以及贾公彦等分别对"故""训""传""注""序""笺""赞""集解"诸体例作以精当论述，或论其历史起源与称名由来，或探讨其内涵与特点，或辨析体例之异同。首先，初唐经师对不同训诂体例的明确认识，是训诂思想趋于深刻的标志之一。今人的辨析仍大致如此："大体上讲，它们的区分主要是，'经'是原始文本，'传'是原始文本的载体和对原始文本的解说。'经'多附'传'而行，'传'多依'经'而解，两者是相翼而行。它们是古书传授中比较原始的东西。'记'是学案性质的参考资料，'说'则可能是对'经传'的申说，它们是对'传'的补充。'章句'是对既定文本所含各篇的解析，包括每篇所含章节的划分和句读的划分。'解故'，则关乎词句的解释。"④ 其次，同一部经典，历代学者往往采取不同的体例诠释，据此可梳理经典训诂变迁之脉络。此外，孔氏继承汉儒传统，认为越是悠久的著述越具有权威性，体现出鲜明的尊古倾向。

三 系统论述经典训释之基本原则与具体主张

《五经正义》覆审完毕，孔颖达亲作五篇序文，阐释经典的政教意义，梳理汉以来诸经学术源流。在批判"近代"义疏学者诸多弊端的基础上，阐述了训释经典应遵循的基本原则及具体主张：必须以经解经，以捍卫儒学的正统地位；对两汉魏晋旧注则学有专宗，在尊崇的基础上追求创新以服务于当下政治；注重严谨的名物制度考证，并强调精深义理的阐发；主张简明朴

---

① （清）阮元校刻：《十三经注疏·论语注疏》，中华书局1980年版，第2456页。
② （清）阮元校刻：《十三经注疏·春秋左传正义》，中华书局1980年版，第1707页下栏。
③ （清）阮元校刻：《十三经注疏·春秋左传正义》，中华书局1980年版，第1707页下栏。
④ 李零：《郭店楚简校读记》，中国人民大学出版社2007年版，第93—94页。

实的训诂语言，追求文质彬彬的文风；等等。孔氏不但在具体训诂方法上矫正前贤之失，而且力图扭转天下学术长期迷失歧途、流于空疏之弊。

（一）以经解经，维护儒学的正统地位

这是《五经正义》修撰的目的，也是孔氏训诂思想的核心。汉末以降，儒学中衰，并深受释老渗透与冲击。摆在初唐经师面前的一个紧迫重任就是重振儒学正统地位，而欲重振儒学须从净化儒学开始，所以孔氏明确反对"近世"义疏以释老之义训释儒经。《周易正义序》尖锐批判江南义疏援引释老，"辞尚虚玄，义多浮诞"，即崇尚玄虚之语训诂经典，阐发空虚荒诞义理。《周易正义》的训诂主张是"考察其事，必以仲尼为宗；义理可诠，先以辅嗣为本"，若援引"外义""非为教于孔门"，即为"背本"之举；若违背王弼注解，则属"妄作异端"[1]。《礼记正义序》将熊安生《义疏》以释老解说《礼记》，斥为南辕北辙之举："违背本经，多引外义，犹之楚而北行，马虽疾而去逾远矣。"[2]

孔氏维护儒学正统的努力，正是对唐太宗以儒治国策略的响应。贞观二年（628），太宗以史为鉴，比对儒、释、道三家，定下以儒治国的决策："至如梁武帝父子，志尚浮华，惟好释氏、老氏之教，武帝末年，频幸同泰寺，亲讲佛经，百寮皆大冠高履，乘车扈从，终日谈说苦空，未尝以军国典章为意。及侯景率兵向阙，尚书郎已下，多不解乘马，狼狈步走，死者相继于道路。武帝及简文卒被侯景幽逼而死。孝元帝在于江陵，为万纽于谨所围，帝犹讲《老子》不辍，百寮皆戎衣以听，俄而城陷，君臣俱被囚縶。……此事亦足为鉴戒。朕今所好者，惟在尧舜之道，周孔之教，以为如鸟有翼，如鱼依水，失之必死，不可暂无耳。"[3] 看似将萧梁覆亡完全归罪于佛老，实则是从萧梁君臣沉溺佛老、谈玄尚虚，而不思进取并最终误国的史实，清醒认识到释老在维护皇权、振兴国家方面难以发挥重要作用的深刻教训。

须说明的是，王弼《易注》开创以老庄说《易》之先河，本为玄学化的经学著述，时人甚而斥其"罪浮于桀纣"（《范宁传》）[4]，而完全无视王注在理论、体例、方法上的创新。汤用彤《王弼大衍义略释》曰："王弼注《易》，摈落象数而专敷玄旨。其推陈出新，最可于其大衍义见之。……立论

---

[1] （清）阮元校刻：《十三经注疏》，中华书局1980年版，第6页。
[2] （汉）郑玄注，（唐）孔颖达正义，吕友仁整理：《礼记正义》，上海古籍出版社2008年版，第2页。
[3] （唐）吴兢撰，谢保成集校：《贞观政要集校》，中华书局2003年版，第331页。
[4] （唐）房玄龄等：《晋书》，中华书局1974年版，第1984页。

极精,扫除象数之支离,而对于后世之易学并有至深之影响,诚中华思想史上之一大事因缘也。"① 又于《王弼之〈周易〉〈论语〉新义》曰,"魏晋经学之伟绩,首推王弼之《易》,杜预之《左传》,均源出古学"②。孔氏"义理可诠,先以辅嗣为本"的抉择,体现出非凡的学术卓识。

(二) 学有专宗,充分尊重前贤传注

对于"近代"义疏违背甚至肆意攻击旧注之举,孔氏五篇序文无一例外予以批评。《周易正义序》斥责江南《义疏》为"异端":"辅嗣注之于前,诸儒背之于后,考其义理,其可通乎?……而又不顾其注,妄作异端。"③《尚书正义序》认为刘焯《义疏》"诡其新见,异彼前儒",刘炫《述义》则"好改张前义"④。《毛诗正义序》批评"二刘""负恃才气,轻鄙先达,同其所异,异其所同",而"准其绳墨,差忒未免,勘其会同,时有颠踬"⑤。《礼记正义序》虽曰皇侃《义疏》"章句详正",仍斥其"既遵郑氏,乃时乖郑义。此是木落不归其本,狐死不首其丘"⑥。《春秋正义序》批评苏宽《义疏》"不体本文,惟傍攻贾、服",刘炫《春秋规过》"意在矜伐,性好非毁""犹蠹生于木,而还食其木,甚非其理也"⑦。

充分尊重旧注,是《五经正义》的一条重要修撰原则,所谓"疏不破注"。皮锡瑞总结《正义》的"著书之例",曰"注不驳经,疏不驳注;不取异义,专宗一家"⑧。《正义》"专宗一家",正是执行唐太宗统一学术以便科举取士的策略:"以儒学多门,章句繁杂,诏国子祭酒孔颖达与诸儒撰定《五经义疏》,凡一百七十卷,名曰《五经正义》,令天下传习。"⑨ 事实上,"疏不破注"与"疏可破注","二者兼备""才合乎孔颖达编纂《五经正义》时的原始设计"⑩。其更注重折中诸家、择善而从。

(三) 严谨的名物考据,精深的义理阐发

孔氏取舍旧注的标准,是"必取文证详悉,义理精审;翦其繁芜,撮其

---

① 汤用彤:《魏晋玄学论稿》,《汤用彤全集》,河北人民出版社2000年版,第54页。
② 汤用彤:《魏晋玄学论稿》,《汤用彤全集》,河北人民出版社2000年版,第72页。
③ (清) 阮元校刻:《十三经注疏》,中华书局1980年版,第6页。
④ (清) 阮元校刻:《十三经注疏》,中华书局1980年版,第110页。
⑤ (清) 阮元校刻:《十三经注疏》,中华书局1980年版,第261页。
⑥ (汉) 郑玄注,(唐) 孔颖达正义,吕友仁整理:《礼记正义》,上海古籍出版社2008年版,第2页。
⑦ (清) 阮元校刻:《十三经注疏》,中华书局1980年版,第1698—1699页。
⑧ (清) 皮锡瑞著,周予同注释:《经学历史》,中华书局1959年版,第201页。
⑨ (后晋) 刘昫等:《旧唐书》,中华书局1975年版,第4941页。
⑩ 吕友仁:《〈礼记〉研究四题》,中华书局2014年版,第198页。

机要"①，即严谨的名物考据与精深的义理阐发二者并重。孔氏认为训诂首先应力求严谨平实，如《周易正义序》曰"去其华而取其实，欲使信而有徵"②，《尚书正义序》曰"考定是非，谨罄庸愚，竭所闻见，鉴古今之传记，质近代之异同，存其是而去其非，削其烦而增其简。此亦非敢臆说，必据旧闻"③。解经必言之有据，批驳旧注必言之有据，即皆立足于儒家经史典籍。因此，他反对说经穿凿附会、标新立异，甚而借助训诂经注卖弄才学。如斥责刘焯《尚书义疏》："织综经文，穿凿孔穴，诡其新见，异彼前儒，非险而更为险，无义而更生义。……使教者烦而多惑，学者劳而少功，过犹不及，良为此也。"④孔氏之言既是对魏晋以来以释老说经的拨正，也是对汉儒以谶纬说经的拨正。

经世致用是经典学习的目的，所以孔氏强调解经应顺应时代有所创新，即阐发经典蕴含的精深义理，为解决现实问题提供理论支撑。其批评蔡大宝、巢猗、费甝、顾彪、刘焯、刘炫等"近世"《尚书》学者，"诸公旨趣，多或因循，帖释注文，义皆浅略"⑤，通病在于思想创新的缺失。即使堪称学界翘楚的刘炫，其《尚书义疏》《春秋述义》也均存在严重局限，前者"义更太略，辞又过华""义既无义，文又非文"⑥，后者"探赜钩深，未能致远。其经注易者，必具饰以文辞；其理致难者，乃不入其根节"⑦，即皆未能提供有价值的思想，更遑论其他。

说名物制度，立足言之有据；而阐发义理，则务求精深。孔氏所论符合经典诠释的实质，因为"经学之名物制度与深层义理的互释依存、平衡一致，是儒家内圣外王理想的内在要求之一，亦是其发皇展现的内在依据，凡于义理不通的名物制度，则不可能落实展现为现实；凡是诂训无据的义理，即属空泛无根的游谈"⑧。换言之，说经从"字词"开始，目的则是通向经典的"意义"，为了理解"意义"，需要从"经典所涉及的每一个名物开始"，这样后学研读经典，"不仅是一种抽象意义上的思想洗礼，而且还是一

---

① （汉）郑玄注，（唐）孔颖达正义，吕友仁整理：《礼记正义》，上海古籍出版社2008年版，第2页。
② （清）阮元校刻：《十三经注疏》，中华书局1980年版，第6页。
③ （清）阮元校刻：《十三经注疏》，中华书局1980年版，第110页。
④ （清）阮元校刻：《十三经注疏》，中华书局1980年版，第110页。
⑤ （清）阮元校刻：《十三经注疏》，中华书局1980年版，第110页。
⑥ （清）阮元校刻：《十三经注疏》，中华书局1980年版，第110页。
⑦ （清）阮元校刻：《十三经注疏》，中华书局1980年版，第1698页。
⑧ 汤一介、李中华主编，陈启智著：《中国儒学史·隋唐卷》，北京大学出版社2011年版，第15页。

种实用意义上的知识学习"①。特别是杰出的训诂著述，还能不断地给经典增加新的内容，与经典相辅相成，密不可分，一道成为知识与思想的渊薮。

（四）简明朴实、文质彬彬的语言

南北朝时期，学术亦分南学、北学。彼此虽互有影响，但整体上南学浸染北学，所谓"人情既厌故喜新，学术又以华胜朴。当时北人之于南学，有如'陈相见许行而大悦，尽弃其学而学焉'矣"②。初唐政治家、思想家们认为，继承南北学术，"各去所短，合其两长，则文质斌斌，尽善尽美矣"③。作为《隋书》的重要撰者之一，孔氏自然深明此理，他痛斥南北义疏的华而不实、繁琐杂乱，倡导简明朴实、详略得当的文风：修撰《周易正义》，以江南《义疏》"皆辞尚虚玄"，故"去其华而取其实，欲使信而有征，其文简，其理约，寡而制众，变而能通"④；修撰《尚书正义》，因刘焯《义疏》"织综经文，穿凿孔穴，……使教者烦而多惑，学者劳而少功"，刘炫《义疏》又矫枉过正，"嫌焯之烦杂，就而删焉。……义更太略，辞又过华，虽为文笔之善，乃非开奖之路"，故"削其烦而增其简"⑤；修撰《毛诗正义》，因"二刘"详略失当，"或应略而反详，或宜详而更略"，故"削其所烦，增其所简"⑥；修撰《礼记正义》，因熊氏《义疏》"欲释经文，唯聚难义，犹治丝而棼之，手虽繁而丝益乱也"，溺于疑难经义之中而训释杂乱，而皇侃"微稍繁广"，故"翦其繁芜，撮其机要"⑦。文质彬彬，就是孔氏对解经语言的基本要求。

（五）尊重诸儒，倡导合作的谦慎态度

作为领衔经师，孔氏深知修撰《五经正义》的重大意义，而充分发挥诸贤专长，集思广益，是保障其学术成就的基础。在五篇序文中，都可以看到孔氏反复强调参与学者的功绩及其"不敢自专"的谦慎态度。以《周易正义序》为例，孔氏曰"仍恐鄙才短见，意未周尽"，与经师马嘉运、赵乾叶等"对共参议，详其可否"，贞观十六年（642），又与"前修疏人"及苏德融等，同敕使赵弘智"覆更详审"⑧。一言以蔽之，《五经正义》是初唐修撰

---

① 葛兆光：《中国思想史》（第一卷），复旦大学出版社 2000 年版，第 460 页。
② （清）皮锡瑞著，周予同注释：《经学历史》，中华书局 1959 年版，第 196 页。
③ （唐）魏徵等：《隋书》，中华书局 1973 年版，第 1730 页。
④ （清）阮元校刻：《十三经注疏》，中华书局 1980 年版，第 6 页。
⑤ （清）阮元校刻：《十三经注疏》，中华书局 1980 年版，第 110 页。
⑥ （清）阮元校刻：《十三经注疏》，中华书局 1980 年版，第 261 页。
⑦ （汉）郑玄注，（唐）孔颖达正义，吕友仁整理：《礼记正义》，上海古籍出版社 2008 年版，第 2 页。
⑧ （清）阮元校刻：《十三经注疏》，中华书局 1980 年版，第 6 页。

经师集体智慧与心血的结晶。由孔氏在学术著述上的谦逊，可窥其道德素养，与"二刘"等人的矜才使气形成了鲜明对比。同时我们还认为，孔氏的训诂学思想，也体现了众多经师关于经典训诂的理念或认识。

综上所论，孔氏的训诂思想，体现了唐太宗编纂《五经正义》的政治目的，即统一天下学术，服务于"大一统"的政局。孔氏深知其意："（《五经》）非但人君致治之本，抑且为下学立心之基。更秦氏乱亡以来，不胜灰烬；迨汉儒补缀之后，仅免遗亡。且论说之纷然，于指归之何在？百家裒集，宜明去取之公；万理同归，当著是非之正。"[1] 既然《正义》修撰主要以"幼蒙""后进"，即封建王朝未来的各级行政人才为对象，那么五经的训诂不仅承担着学术传播的重任，也担负着育人的历史使命，至于"复恃才气""轻鄙先达"，以及标新立异之举，实将贻害无穷。孔氏良苦用心，由此可领略一二。孔氏对"训诂"内涵的完整揭示，对常见体例的义旨与特点的辨析、概括，对历代前贤训诂得失的批判，特别是关于经典训诂的基本原则与具体主张的论述等，在中国训诂学史上具有重要的学术地位。

第二节 《礼记正义》训诂方法论（一）
——释词之义训法

《五经正义》总结两汉以来经学成就，具有集大成的特点，故其训诂内容丰富，方法多样，完全可视为训诂学著作之典范。"江藩"《经解入门》："诂者，古言也，谓以今语解古语也；训者，顺也，谓顺其语气以解之也。以今语解古语，则逐字解释者也；顺其语气以解之，则逐句解释也。"[2] 今具体论《礼记正义》的训诂，主要包括释词、释句、释段和释篇四个层面的内容。本书"《礼记正义》文本考释"章已论述其释篇得失，此则就释词、释句、释段三个层面讨论《礼记正义》的训诂方法与成就，以释词为重点。孔疏释词之法，主要有义训、声训、形训三种，尤以义训为最。此外，对于一些特殊的词语采用考证法以揭示其确切内涵。本节即以孔疏释词为考察对象，归纳其具体释法并举例明之。

一 专门义训法

孔疏主要从词义角度出发，直接确定被训词的含义，即采用专门义训

---

[1] （明）郑真：《荥阳外史集》（外二种），上海古籍出版社1991年版，第410—411页。
[2] （清）江藩撰，周春健校注：《经解入门》，华东师范大学出版社2010年版，第112页。

法。所释之词据词性划分，主要可归纳为十一类。

（一）专释名词

可以从训释内容与训释形式两方面，来考察孔疏训诂名词的具体方式。从训诂内容看，其专释名词大致分为释人、释物两类；而释人采用的具体训诂方式有 9 种，释物的具体训诂方式有 11 种，凡 20 种。

1. 释人

（1）释其姓氏、名、字、号等称谓。孔疏一般对《礼记》中首次出现的人物进行简明介绍，如《檀弓》篇涉及人物颇多，孔疏皆逐一训释。试以对曾子、子夏、狐突、季子皋四人的训诂为例明之。

①《檀弓上》："曾子曰：'朋友之墓，有宿草而不哭焉。'"
孔疏：曾子，孔子弟子，姓曾，名参，字子舆，鲁人也。（第 233 页）
②《檀弓上》："子夏丧其子而丧其明。"
孔疏：案《仲尼弟子传》云，子夏姓卜，名商，魏人也。（第 272 页）

此二例分别介绍曾子、子夏的姓、名、字号与国籍，并交代曾子、子夏最重要的社会关系，即孔子弟子。

③《檀弓上》：（申生）"使人辞于狐突曰：'申生有罪，不念伯氏之言也，以至于死。'"郑注："狐突，申生之傅，舅犯之父也。前此者，献公使申生伐东山皋落氏，狐突谓申生，欲使之行。今言此者，谢之。伯氏，狐突别氏。"
孔疏：既言"辞狐突"，又云"伯氏"，故云"狐突别氏"。狐是总氏，伯、仲者是兄弟之字，字伯者谓之伯氏，字仲者谓之仲氏。故《传》云"叔氏，其忘诸乎"？又下云"叔氏专以礼许人"，是一人身，字则别为氏也。（第 244 页）
④《檀弓下》："季子皋葬其妻，犯人之禾。"郑注："季子皋，孔子弟子高柴，孟氏之邑成宰，或氏季。"
孔疏：案《史记·仲尼弟子传》云："高柴，字子皋，少孔子三十岁。"郑人也。知为成宰者，下文云："子皋为成宰。"云"季"者，高是其正氏，今言"季子皋"，故郑云"或氏季"。以身处季少，故以字为氏而称季也，犹若子游称叔氏，仲由称季路，皆其例也。（第 417 页）

此二例皆涉及先秦时"字别为氏"现象，与后世姓氏大不同，故重点训释。郑注虽然已加以注解，孔疏因郑注过于简洁而详加训释。孔疏训释"狐突伯氏"，本已疏解明白，又举《左传》昭公十五年"叔氏，其忘诸乎"，以及下文县子称子游为"叔氏"为例。孔疏以《仲尼弟子列传》结合此经下文训释"季子皋"，先介绍其人，然后解释"季子皋"三字内涵，又以"子游称叔氏，仲由称季路"为例证。此二例孔疏不仅详加训释，并发凡起例。

（2）释其国籍或籍贯

上引"释人"第①、第②两例，孔疏云曾子"鲁人也"，子夏"魏人也"，便是释其国籍。孔疏又有先释其国籍再释其字号者：

①《檀弓上》："高子皋之执亲之丧也，泣血三年，未尝见齿，君子以为难。"

孔疏：案《史记·孔子弟子传》，高柴，郑人，字子皋。（第273页）

（3）释以亲属及交游等社会关系

马克思《关于费尔巴哈的提纲·关于费尔巴哈》指出，人的本质"在其现实上，它是一切社会关系的总和"①。人存在于一定社会关系之中。在以农耕为主要经济基础的中国古代社会，早在殷商时即已形成并在西周得以确立以血缘关系为基础的宗法制度，对中国传统学术文化影响尤为深远。先秦诸家以儒学格外重视血缘关系，《礼记》对基于血缘、婚姻的亲属关系的介绍颇为丰富，故孔疏对亲属关系往往训释详尽。

①《曲礼上》："姑、姊、妹、女子子，已嫁而反，兄弟弗与同席而坐，弗与同器而食。"

孔疏："女子子"者，谓已嫁女子子，是己之女。不直云"女子"，而云"女子子"者，凡男子女子皆是父生，同为父之子。男子则单称子，女子则重言子者，案郑注《丧服》云，重言女子子，是"别于男子"，故云女子子。（第65—66页）

"女子子"其义即"女子"，因为"男子"称"子"，故"女子"称"女子子"，是为了"别于男子"。

---

① 中共中央马克思恩格斯列宁斯大林著作编译局编译：《马克思恩格斯选集》（第1卷），人民出版社2012年版，第135页。

②《曲礼上》:"故日月以告君,齐戒以告鬼神,为酒食以召乡党僚友,以厚其别也。"郑注:"《周礼》'凡取判妻、入子者',媒氏书之以告君,谓此也。"

孔疏:妻是判合,故云"判"也。"入子"者,郑康成注云:"入子者,谓容媵及侄娣不聘者也。"妾既非判合,但广其子胤而已,故云"入子"。(第66页)

孔疏训释郑注"判妻""入子"之义,妻是判合,故曰"判妻";纳妾是为了"广其子胤",故曰"入子","入子"即妾。

③《曲礼上》:"故州闾乡党称其孝也,兄弟亲戚称其慈也,僚友称其弟也,执友称其仁也,交游称其信也。"郑注:"《周礼》二十五家为闾,四闾为族,五族为党,五党为州,五州为乡。僚友,官同者。执友,志同者。"

孔疏:《周礼·司徒》:去王城百置远郊,远郊之内为六乡。六乡之民,"五家为比,使之相保。五比为闾,使之相受。四闾为族,使之相葬。五族为党,使之相救。五党为州,使之相赒。五州为乡,使之相宾"。……亲指族内,戚言族外。慈者,笃爱之名。兄弟,外内通称。亲疏交接,并见其慈而称之。……僚友,同官者也。弟者,事长次弟之名。孝子能接同官,有所次序,不敢逾越等级,故同官之友称之。……执友,执志同者也。同师之友,意趣相得,绸缪切瑳,故其见仁恩之心而称之。……交游,泛交也。结交游往,本资信合,故称信也。(第32—33页)

此例郑君注解"闾""族""党""州""乡""僚友""执友"等词义,过于简略,没有揭示"闾""族""党""州""乡"之社会关系,且未明"兄弟亲戚"之义。孔疏征引《周礼》原原本本,将"闾""族""党""州""乡"之间的关系梳理清楚。又通过对举方式训释两组近义词:"亲指族内"与"戚言族外";"僚友,同官者也"与"执友,执志同者也"。

(4)释以官爵、职务、职业、身份等社会角色与地位

①《檀弓下》:"公之丧,诸达官之长杖。"

孔疏:公者,五等诸侯也。(第349页)

此例释官爵。

②《曲礼上》："为大夫累之，士捷之，庶人龁之。"
孔疏：庶人，府史之属也。（第 82 页）

"庶人"，一般指无官爵者，《论语·季氏》："天下有道，则庶人不议。"① 此则特指"府史之属"，即有职务者，亦即《周礼·天官冢宰》："府六人，史十有二人。"郑注曰："府，治藏；史，掌书者。凡府、史皆其官长所自辟除。"②"府史"，即小吏。

③《曲礼上》："史载笔，士载言。"郑注："谓从于会同，各持其职以待事也。"
孔疏："史"谓国史，书录王事者。王若举动，史必书之。王若行往，则史载书具而从之也。……士谓司盟之士。言，谓盟会之辞，旧事也。（第 105 页）

孔疏训释"史""士"之职，"史"，"书录王事者"；"士"，"司盟之士"。以上二例释人物之职务。

④《曲礼下》："天子之六工，曰土工、金工、石工、木工、兽工、草工，典制六材。"郑注："土工，陶、旊也。金工，筑、冶、凫、栗、锻、桃也。石工，玉人、磬人也。木工，轮、舆、弓、庐、匠、车、梓也。兽工，函、鲍、韗、韦、裘也。唯《草工》职亡，盖谓作萑苇之器。"
孔疏：《考工记》陶人为甗，实二鬴；又甑，实二鬴，七穿。《旊人》职云："旊人为簋。"旊是放法，陶是陶冶，互文耳。……云金工谓筑氏，掌为削。……冶谓煎金石者，冶铸为之，冶氏掌为戈戟，故因呼煎金为冶。凫氏世能为钟，以供乐器，故因呼作钟为凫氏也。栗氏为量器，为豆、区、鬴、钟之属也，栗氏世能为之。段氏主作钱镈田器。桃氏为刃，刃谓刀剑之属。云"石工，玉人、磬人"者，玉人谓作圭璧

---

① （清）阮元校刻：《十三经注疏·论语注疏》（附校勘记），中华书局 1980 年版，第 2521 页中栏。
② （清）阮元校刻：《十三经注疏·周礼注疏》（附校勘记），中华书局 1980 年版，第 640 页中栏。

者,磬人作磬也。玉及磬同出于石,故谓石工也。云"木工,轮、舆、弓、庐、匠、车、梓"者,此七物并用木,故曰木工也。轮,车轮也。舆,车床也。车难,不能一人独成,各有所善,故轮、舆不同也。弓,能作弓者也。庐,能作戈戟柲者也。匠,能作宫室之属者。车,谓能作大车及羊车也。梓,谓杯勺为筍虡之属也。"兽工,函、鲍、韗、韦、裘"者,此物并用兽皮,故曰兽工。函,谓能作甲铠者。鲍,谓能治皮供作甲者。韗,谓《考工记》韗人,为皋陶鼓木,谓能以皮冒鼓者。韦,熟皮为衣及靺鞈者。裘,谓带毛狐裘之属者。《考工记》韦、裘二职存。"唯《草工》职亡",《考工》无。"盖谓作萑苇之器",盛食之器及苇席之属也。(第175页)

郑注据《周官·考工记》训释《曲礼下》,过于简洁。孔疏又据《考工记》详释土工、金工、石工、木工、兽工等先秦时代各种工匠所从事的职业及其更加细化的具体分工,从中可以了解当时主要手工产业的发展情形,亦可窥见先秦时代社会分工之细化与社会生产之复杂。因《考工记》"草工职"散佚,故据郑注疏解其事。

⑤《曲礼上》:"长者赐,少者、贱者不敢辞。"郑注:"贱者,僮仆之属。"

孔疏:少谓幼稚,贱谓僮仆之属也。(第80页)

孔疏从郑注训释"贱者"之义,此例释人物身份之贵贱。

(5) 释以品质、专长或所好等特点

①《曲礼上》:"贤者狎而敬之,畏而爱之。"

孔疏:贤是有德成之称。……贤者身有道艺,朋类见贤思齐焉,必须附而近之,习其德艺。(第9页)

孔疏训释"贤者"之义,强调其系"有德成之称"以及对他人的积极影响。

②《曲礼上》:"从于先生,不越路而与人言。"

孔疏:先生,师也。谓师为先生者,言彼先己而生,其德多厚也。自称为弟子者,言己自处如弟子,则尊师如父兄也。(第46页)

孔疏不仅以"师"训释"先生",而且揭示称"师"为"先生"在于"彼先己而生,其德多厚也",即突出其品质,并顺势训释"弟子"之义。

③《曲礼上》:"天子有后,有夫人,有世妇,有嫔,有妻,有妾。"

孔疏:嫔,妇人之美称,可宾敬也。(第171页)

孔疏以"妇人之美称""可宾敬"训释"嫔",强调其品质。又《曲礼下》"生曰父,曰母,曰妻;死曰考,曰妣,曰嫔",郑注曰:"嫔,妇人有法度者之称也。《周礼》:'九嫔掌妇学之法,教九御妇德、妇言、妇容、妇功。'"[1] 可与孔疏互证。以上三例皆释品德优良者。

④《曲礼上》:"君抚仆之手,而顾命车右就车。"郑注:"车右,勇力之士备制非常者。"

孔疏:车右,勇力之士也。(第128页)

郑注曰"备制非常者",系车右职责所在。孔疏曰"勇力之士",特释其专长。

(6) 释为某类人之特殊称谓

①《曲礼上》:"献民虏者操右袂。"郑注:"民虏,军所获也。"

孔疏:民虏,谓征伐所获彼民,以为外虏,故云"民虏"也。(第90页)

②《曲礼上》:"故君子式黄发,下卿位。"

孔疏:黄发,太老人也。(第129页)

"民虏"指战俘,"黄发"指老迈者,两词皆属于对某类人的特殊之称。

(7) 释特定人或特定场合下之称谓

①《曲礼下》:"国君不名卿老、世妇,大夫不名世臣、侄娣,士

---

[1] (汉)郑玄注,(唐)孔颖达正义,吕友仁整理:《礼记正义》,上海古籍出版社2008年版,第210页。

不名家相、长妾。"郑注:"虽贵,于其国家犹有所尊也。卿老,上卿也。世臣,父时老臣。"

孔疏:卿老,谓上卿,上卿贵,故曰"卿老"。世妇者,谓两媵也,次于夫人而贵于诸妾也。言诸侯虽贵,不得呼其名也。……世臣,父在时老臣也。姪是妻之兄女,娣是妻之妹,从妻来为妾也。大夫不得呼世臣及贵妾名也。……家相,谓助知家事者也。长妾,妾之有子者也。士不得呼此二等人名也。(第138页)

"卿老"系上卿称谓,"世妇"系两媵称谓,"世臣"系"父在时老臣"之称谓,"姪娣"系贵妾之称谓,"家相"系"助知家事者"之称谓,"长妾"系"妾之有子者"之称谓。之所以不直呼其名,尊之也。

②《曾子问》:"曾子问曰:'君薨而世子生,如之何?'"

孔疏:凡天子、诸侯称世子,《春秋经》称王世子、曹世子是也。卿大夫以下谓之適子,《丧服》云"大夫之適子"是也。若在丧,诸侯之子亦称適子,《檀弓》云"君之適长殇"是也。天子诸侯亦谓之大子,则《王制》云"王大子",及《檀弓》云"大子申生"是也。冢子则上下通名。故《内则》云:"其非冢子,则皆降一等。"注则言天子以下至庶人,是其通名也。(第750页)

同为冢子,因身份的贵贱而又有不同的具体称谓:天子诸侯的冢子称"世子""大(太)子";卿大夫以下的冢子称"適(嫡)子";庶人只能称"冢子"。

(8)详释人物,即将人物的诸多方面情况详加训释

①《曲礼上》:"礼记郑氏注"

孔疏:郑氏者,姓郑名玄,字康成,北海高密县人,前汉仆射郑崇八世之孙也,后汉征为大司农,年七十四乃卒。(第6页)

由于孔颖达等尊崇郑氏礼学,采取郑玄《礼记注》而为之《正义》,故有必要对郑玄作以介绍。此例对郑玄之姓、名、字、籍贯以及家族情况、飨年等诸多方面进行介绍,并强调了朝廷对郑君的尊崇。此疏言简意赅,基本涵盖郑玄主要信息。

②《曲礼上》："凡为人子之礼，冬温而夏凊，昏定而晨省，在丑夷不争。"郑注："四皓曰：'陛下之等夷。'"
孔疏：四皓，汉时隐人高士也。其四人，一东园公，二绮里季，三夏黄公，四角里先生。皆老，发白皓素，因呼为四皓。隐商山不仕，高祖数召不出。后为高祖欲废吕后之子盈，而立戚夫人之子赵王如意为大子，张良使太子卑辞安车，遣辨士以请四皓，四皓果来，舍建城侯所。（第30页）

此例详释一组人物"四皓"。郑注引四皓所言"等夷"训释"丑夷"，孔疏不仅训释其内涵，而且详释"四皓"的具体姓氏及其得名。接着又详细介绍四皓协助刘盈巩固太子地位、维护天下安定所发挥的重要作用。

（9）在人物训释之中进行一定的考辨

孔疏训诂部分存在诸多异说的人物或其事迹，进行了一定的考辨，如《曲礼上》疏对"三皇五帝"的考释，《月令》疏对伏羲氏的考释，以及散见于诸篇疏文中对周公、孔子事迹的考释等。

2. 释物

（1）以今日常用语训释

《说文》曰"训，说教也""诂，训故言也"，段注："故言者，旧言也，十口所识前言也，训故言者，说释故言以教人，是之谓诂。"① 以今语训释古语是训诂的基本内容。张舜徽曰："郑氏注书，复好举汉时语言、习俗、礼制、器物以证说古义。每言'如今'以比况之。"② 孔疏解经疏注常遵从此法，时曰"如今"者：

①《曲礼上》："入竟而问禁，入国而问俗，入门而问讳。"郑注："国，城中也。"
孔疏："入国而问俗"者，国，城中。城中，如今国门内也。（第117页）

郑注以"城中"训释"国"，即以"今语"（汉时语）释古语，孔疏则以"国门内"训释"城中"，又以"今语"（初唐语）释汉时语。由郑、孔的训释中，可窥见汉语由单音词向双音化的发展痕迹。

---

① （汉）许慎撰，（清）段玉裁注：《说文解字注》，上海古籍出版社1988年版，第91—92页。
② 张舜徽：《郑学丛著》，齐鲁书社1984年版，第131页。

②《曲礼下》:"书方、衰、凶器,不以告不入公门。"

孔疏:书谓条录送死者对象数目多少,如今死人移书也。方,板也。百字以上用方板书之,故云"书方"也。(第152页)

③《曲礼下》:"岁凶,年谷不登。君膳不祭肺,马不食谷,驰道不除,祭事不县;大夫不食梁;士饮酒不乐。"

孔疏:驰道,正道,如今御路也。是君驰走车马之处,故曰"驰道"也。(卷6,第160页)

孔疏以"死人移书"训释"书方"之"书",以"御路"训释"驰道",皆以今之语言、礼制训释古义。

(2) 以异名训释

①《曲礼上》:"前有挚兽,则载貔貅。"郑注:"貔貅亦挚兽也。"

孔疏:貔一名曰豹,虎类也。《尔雅》云:"貔,白狐也。"(第106页)

郑注以"挚兽"训释"貔貅"过于笼统,孔疏以其异名"豹""白狐"训释之。

②《曲礼上》:"前朱鸟而后玄武,左青龙而右白虎,招摇在上,急缮其怒。"

孔疏:玄武,龟也。……招摇,北斗七星也。(第106—107页)

以"龟"训释"玄武",以"北斗七星"训释"招摇",皆系异名训释。

(3) 释以类属

中国古代思想家很早就关注事物的分类与命名,并且给予理论总结。如《墨子·经上》曰:"名,达、类、私。"① 即名称可分达名、类名、私名三个层次。《经说上》篇释之曰:"物,达也,有实必待文多也。命之马,类也,若实也者必以是名也。命之臧,私也,是名也止于是实也。"② 《荀子·正名》:"故万物虽众,有时而欲遍举之,故谓之物。物也者,大共名也。推而共之,共则有共,至于无共然后止。有时而欲遍举之,故谓之鸟

---

① (清) 孙诒让撰,孙启志点校:《墨子间诂》,中华书局2001年版,第315页。
② (清) 孙诒让撰,孙启志点校:《墨子间诂》,中华书局2001年版,第349页。

兽。鸟兽也者,大别名也。推而别之,别则有别,至于无别然后止。"① 先秦诸子对万物分类的认识已达到了相当高度。孔疏以类属释物,又可分为两种:释以类名与释以某属、某类者。各举二例明之:

① 《曲礼上》:"饰羔雁者以缋。"
孔疏:羔,羊也。(第93页)

孔疏以羊释"羔"。《说文》"羔,羊子也"②,羔,本指新生小羊,此以其类释之。

② 《郊特牲》:"周人尚臭,灌用鬯臭,郁合鬯,臭阴达于渊泉。"
孔疏:郁,郁金草也。(第1100页)

此例以类名"草"训释"郁"。

③ 《曲礼上》:"前有挚兽,则载貔貅。"
孔疏:挚兽,猛而能击,谓虎狼之属也。……貔一名曰豹,虎类也。(第106页)

孔疏以"虎狼"训释"挚兽",虎、狼是"挚兽"中的两种,以之作为代表。

④ 《曲礼上》:"君赐余,器之溉者不写,其余皆写。"郑注:"溉,谓陶梓之器。不溉,谓萑竹之器。"
孔疏:……陶是瓦甒之属,梓是杯杆之属,并可涤絜之者。何胤云:"梓,漆也。"……萑,苇也,是织萑为之器,竹是织竹为之器,并谓筐筥之属,并不可澡絜者。(第80页)

郑注以"陶梓之器"代表"器之溉者",孔疏曰"陶是瓦甒之属,梓是杯杆之属",陶、梓皆系一类器物,而非特指某一器物。同理,郑注以"萑竹之器"代表"器之不溉者",孔疏曰"萑,苇也,织萑为之器,竹是织竹

---

① (清)王先谦撰,沈啸寰等点校:《荀子集解》,中华书局1988年版,第419页。
② (汉)许慎撰,(清)段玉裁注:《说文解字注》,上海古籍出版社1988年版,第145页。

为之器"，萑、竹皆系一类器物，而非特指某一器物。

（4）释以外形、色泽、味道、大小等外在特征

①《曲礼下》："妇人之挚，椇、榛、脯、修、枣、栗。"

孔疏：椇，即今之白石李也，形如珊瑚，味甜美。榛，似栗而小也。（第217页）

孔疏以今语"白石李"训释"椇"，又从形状、味道两方面释之。从形状、大小两方面训释"榛"。

②《王制》："有虞氏皇而祭，深衣而养老。夏后氏收而祭，燕衣而养老。殷人冔而祭，缟衣而养老。周人冕而祭，玄衣而养老。"郑注："有虞氏质，深衣而已。夏而改之，尚黑而黑衣裳。殷尚白而缟衣裳。周则兼用之，玄衣素裳。"

孔疏：云"有虞氏质，深衣而已"者，深衣，谓白布衣。以质，用白布而已。其冠未闻。……云"夏而改之，尚黑而黑衣裳"者，以殷人尚白用缟衣，夏既尚黑，燕衣黑衣也。云"殷尚白而缟衣裳"者，缟，白色生绢，亦名为素。此缟衣谓白，白布深衣也。云"周则兼用之，玄衣素裳"者，以经云"玄衣而养老"，若衣裳俱玄，则与夏不异。（第577页）

据经文，四代养老之服不同，首先体现在服装色彩上，孔疏亦以其色释之：有虞氏深衣，"谓白布衣"；夏后氏燕衣，"黑衣也"；殷人缟衣谓白，"白布深衣也"；周人"玄衣素裳"。

（5）兼释类属和特征

①《曲礼上》："凡以弓剑、苞苴、箪笥问人者，操以受命，如使之容。"郑注："箪笥，盛饭食者，圆曰箪，方曰笥。"

孔疏：箪圆笥方，俱是竹器，亦以苇为之。（第94页）

郑注从用途和形状训释箪笥，孔疏则从形状和类属（竹器）训释之。

②《月令》："天子乃荐鞠衣于先帝。"郑注："鞠衣，黄桑之服。"

孔疏：菊者，草名，花色黄，故季秋之月云"菊有黄华"，是鞠衣

黄也。与桑同色，又当桑生之时，故云"黄桑之服"也。（第647页）

此例孔疏从类属草、花色和生长季节训释"菊"。
（6）释以用途或作用

①《曲礼上》："奋衣由右上，取贰绥。"
孔疏：绥，登车索。绥有二，一是正绥，拟君之升，一是副绥，拟仆右之升。（第127页）

训释"绥"之用途为"登车"，并以其具体所用而分为正、副两种，一为君用，一为仆右用。

②《王制》："鸠化为鹰，然后设罻罗。"
孔疏：按《说文》云："罻，捕鸟网也。"又《尔雅》云："鸟罟谓之罗。"罻罗，总是捕鸟之网。（第508页）

孔疏据《说文》训释"罻"之用于"捕鸟"，据《尔雅》训释"罗"亦用于"捕鸟"。则"罻罗"即捕鸟之网。

③《曲礼上》："以足蹙路马刍有诛，齿路马有诛。"
孔疏：刍，食马草也。（卷5，第132页）

孔疏以"食马草"训释"刍"。
（7）用处和类属兼释

上文"释以用途或作用"三例，皆属于兼以用处和类属训释：绥，属于索类；罻罗，属于网类；刍，属于草类。
（8）释以规格、度量

随着社会发展或因时过境迁，曾经的日常器用及其规格、度量，早已有所变更，甚至弃而不用，后人不能识别，故有必要对其加以训释。

①《曲礼上》："若非饮食之客，则布席，席间函丈。"郑注："函，犹容也。讲问宜相对，容丈，足以指画也。"
孔疏：既来讲说，则所布两席，中间相去使容一丈之地，足以指画也。《文王世子》云："侍坐于大司成，远近间三席。"席之制，三尺三

寸三分寸之一,则三席是一丈,故郑云容丈也。(第 56 页)

古人席地而坐,据孔疏可知席之规格为边长"三尺三寸三分寸之一",故三席距离为一丈。孔疏又以《文王世子》为证。

②《曲礼上》:"尸必式,乘必以几。"
孔疏:古者车箱长四尺四寸而三分,前一后二,横一木,下去车床三尺三寸,谓之为式。又于式上二尺二寸横一木,谓之为较。较去车床凡五尺五寸。(第 97 页)

孔疏此例训释古车之"式""较":车箱长凡四尺四寸而三分,于前三分之一处分为前、后两部分,在两者之间,离车床三尺三寸高处横一木,即为式;再往上离式二尺二寸高处再横一木,即为较。因此,较离车床为五尺五寸。

③《曲礼上》:"门间、沟渠必步。"
孔疏:门间,谓凡所过门间处也。沟,广深四尺者,渠亦沟也。(第 128 页)

此"沟渠"特指人工挖掘之水道,其制广深均四尺。其说本之《周礼·考工记·匠人》:"九夫为井,井间广四尺、深四尺,谓之沟。"①

(9) 释所在,地名或位置等

①《曲礼上》:"将适舍,求毋固。"郑注:"谓行而就人馆。"
孔疏:舍,主人家也。(第 46 页)

此例训释所在。《说文》"舍,市居曰舍",段注曰:"仓部曰:'馆,客舍也。'客舍者何也,谓市居也。"② 此"舍"特指主人家。

②《檀弓下》:"成人有其兄死而不为衰者,闻子皋将为成宰,遂为衰。"

---

① (清)阮元校刻:《十三经注疏·周礼注疏》(附校勘记),中华书局 1980 年版,第 931 页下栏。
② (汉)许慎撰,(清)段玉裁注:《说文解字注》,上海古籍出版社 1988 年版,第 223 页。

孔疏：成，孟氏所食采地也，即前犯禾之邑也。（第442页）

孟氏乃鲁国"三桓"之一，"成"，地名，乃孟氏采邑。孔疏又结合此经上文证之："季子皋葬其妻，犯人之禾，申祥以告曰：'请庚之。'子皋曰：'孟氏不以是罪予，朋友不以是弃予，以吾为邑长于斯也。买道而葬，后难继也。'"此例训释地名。

（10）释其制作材料或制作过程

①《曲礼上》："为人子者，父母存，冠衣不纯素。"郑注："《玉藻》曰：'缟冠玄武，子姓之冠也。缟冠素纰，既祥之冠也。'"

孔疏：缟冠者，薄绢为之。玄武者，以黑缯为冠卷也。（第37页）

缟冠由薄绢制成，冠卷由黑缯制成，故曰"缟冠玄武"。此例释其材料。

②《玉藻》："深衣三袪，缝齐倍要，衽当旁，袂可以回肘。"郑注："衽，谓裳幅所交裂也。"

孔疏："衽，谓裳幅所交裂也"者，裳幅下广尺二寸，上阔六寸，狭头向上，交裂一幅而为之。（第1203页）

郑注训释何谓"衽"，孔疏则训释其尺度以及制作过程。

（11）规格、材料及制作兼释

①《王制》："制：三公一命卷，若有加，则赐也，不过九命。"郑注："《周礼》曰：'诸公之服，自衮冕而下，如王之服。'"

孔疏：凡冕之制，皆玄上纁下。故注《弁师》云"皆玄覆朱里"。师说以木版为中，以三十升玄布衣之于上，谓之延也。以朱为里，但不知用布、缯耳。当应以缯为之，以其前后旒用丝故也。按《汉礼器制度》广八寸，长尺六寸也。（第482页）

此例孔疏训释天子之冕：其规格包括颜色（玄上纁下）、尺度（广八寸，长尺六寸）、材料（木版、玄布、前后旒用丝）以及制作。

②《月令》："命农计耦耕事，修耒耜，具田器。"郑注："耜者，耒之金也，广五寸。"

孔疏：耒者，以木为之，长六尺六寸，庇长尺有一寸，中央直者三尺有三寸，勾者二尺有二寸。庇，谓耒下向前曲接耜者，头而著耜。耜，金铁为之，故云"耜者，耒之金"。（第738页）

郑注从材料和规格两方面训释"耜"，过于简单，尤其是未能训释"耒"，而"耜"作为"耒"之一部分，"耒"之不明，"耜"亦难明。较之郑注，孔疏可谓详尽：先说明耒之材料（木）、规格（六尺六寸），接着分别介绍其三部分包括庇、勾及其两者中间直木之规格：庇长尺有一寸，中央直者三尺有三寸，勾者二尺有二寸。然后，说明耜之安装位置（庇，头而著耜）与材料（金铁为之）。

3. 训释形式

从训释形式来看，孔疏训诂名词又可分为单训、连训、详解三种具体方式。

（1）单训法，即一个被训词只有一个训语。

①孔疏：羔，羊也。（第93页）
②孔疏：刍，食马草也。（第132页）

此法简洁明了，尤其适用于训释一些相对简单的事物或问题，孔疏采用此法甚多。

（2）连训法，即由多个角度或多个训语训释被训对象。如以上释人中"详释人物""在人物训释中进行考辨"；释物中"释其制作材料或制作过程""规格、材料及制作兼释"，实则皆为连训法。再举二例明之：

①《曲礼上》："君赐余，器之溉者不写，其余皆写。"郑注："溉，谓陶梓之器，不溉，谓苴竹之器。"
孔疏：陶是瓦瓯之属，梓是杯杆之属，并可涤絜之者。……苴，苇也，是织苴为之器。竹是织竹为之器，并谓筐筥之属，并不可澡絜者。（第80页）

训其类属与制作材料，又训其使用上是否可洗之特点。

②《礼器》："其在人也，如竹箭之有筠也，如松柏之有心也。"
孔疏：竹，大竹也。箭，篠也。言人情备德由于有礼，譬如竹箭，

四时葱翠由于外有筠也。筠是竹外青皮。《顾命》云："敷重笋席。"郑云："笋，析竹青皮也。《礼记》曰：'如竹箭之有筠。'"按郑引《礼记》之"筠"以为"青皮"，是知呼笋为筠。（第956页）

孔疏训释"筠"，先释以类属，又以郑注《古文尚书》为例证"筠"又名"笋"。

（3）详解法，此法训语一般比较复杂，其特点是形式自由灵活，训义内容丰富，相当于名词解释。具体而言，又有五种形式。

其一，具体义项详解，注重对特定上下文中的名词进行诠释。

①《曲礼上》："三十曰壮，有室。"郑注："有室，有妻也。妻称室。"

孔疏："三十曰壮，有室"者，三十而立，血气已定，故曰壮也。壮有妻，妻居室中，故呼妻为室。若通而言之，则宫室通名。故《尔雅》云："宫谓之室，室谓之宫。"别而言之，论其四面穹隆则宫，因其贮物充实则曰室，室之言实也。今不云"有妻"而云"有室"者，妻者，齐也，齐为狭局，云"室"者，含妾媵，事类为广。案《媒氏》云："男三十，女二十。"郑康成云："二三者，天地相承覆之数也。"《易》曰"参天两地而倚数"焉。《白虎通》云："男三十，筋骨坚强，任为人父。女二十，肌肤充盛，任为人母。合为五十，应大衍之数生万物也。"（第26页）

此例具体详释"室"。较之郑注直接以"妻"训"室"，孔疏不仅诠释以"室"呼"妻"之原由（妻居室中，故呼妻为室），而且比较"宫""室"之异同，并由此诠释"有妻"与"有室"之不同在于"'室'者，含妾媵，事类为广"，补充郑注之不足。最后广引《周礼·媒氏》《周易·系辞下·说卦》以及《白虎通·嫁娶》，诠释男子三十"有室"之义理。

②《曲礼下》："君使士射，不能，则辞以疾。"

孔疏：射法，每两人相对，以决胜负，名之曰耦。耦，贵贱必对，故卿与卿耦，大夫与大夫耦。或奇余不足，则使士备耦。案《大射》君与宾耦，卿大夫自相耦，又有"士御于大夫"。又司射誓耦："卑者与尊者为耦，不异侯。"是言士得备预为耦，故此有使士射之礼也。"不能，则辞以疾"者，士若不能，不得云不能，但当自称有疾也。所以然

者,夫射以表德,士既升朝,必宜有德;若不能,则是素餐之辱,兼辱君不知人,误用己也。(第140页)

此详释射法之礼仪,"两人相对""贵贱必对"。并以《仪礼·大射》证大夫射,使士备耦的礼制。接着,重点训释"辞以疾"之"疾"的内涵:"所以然者,夫射以表德,士既升朝,必宜有德;若不能,则是素餐之辱,兼辱君不知人,误用己也。"

其二,释一物数名或一实多名。此类孔疏的训释,涉及语言禁忌现象:"传统礼教也规定了很多要人们遵守的'礼'数,……经过孔夫子的儒家的进一步宣扬,在中国已是根深蒂固,民间的不少禁忌现象,都直接来源于传统礼教。"①《礼记》作为一部礼学典籍,记载了大量的因为言语禁忌造成的"一物数名"或"一实多名"现象。如《曲礼下》"论祭庙牲币告神之法":"凡祭宗庙之礼,牛曰一元大武,豕曰刚鬣,豚曰腯肥,羊曰柔毛,鸡曰翰音,犬曰羹献,雉曰疏趾,兔曰明视,脯曰尹祭,槁鱼曰商祭,鲜鱼曰脡祭。水曰清涤,酒曰清酌。黍曰芗合,粱曰芗萁,稷曰明粢,稻曰嘉蔬,韭曰丰本。盐曰咸鹾。玉曰嘉玉,币曰量币。"郑注曰:"号牲物者,异于人用也。"②孔疏时常针对"一物数名"或"一实多名"的言语现象展开详尽训释。

①《曲礼上》:"兵车不式,武车绥旌,德车结旌。"郑注:"尚威武,不崇敬。……武车亦兵车。不尽饰也。……德车,乘车。"

孔疏:"'武车绥旌'者,武车,亦革路也。取其建戈刃,即云兵车。取其威猛,即云武车也。……'德车结旌'者,德车,谓玉路、金路、象路、木路,四路不用兵,故曰德车。(第104页)

据郑注、孔疏可知,"武车",即"革路""兵车",因为"取其建戈刃,即云兵车。取其威猛,即云武车也"。本系一物,只因用意不同,而装饰不同,称呼亦不同。

②《曲礼下》:"天子死曰'崩',诸侯曰'薨',大夫曰'卒',士曰'不禄',庶人曰'死'。"

---

① 林伦伦:《中国言语禁忌和避讳》,中华书局(香港)有限公司1994年版,第17页。
② (汉)郑玄注,(唐)孔颖达正义,吕友仁整理:《礼记正义》,上海古籍出版社2008年版,第207页。

孔疏：" 崩 "者，坠坏之名，譬若天形坠压，然则四海必睹。古之王者登假也，则率土咸知，故曰崩。"诸侯曰薨"者，薨者，崩之余声也。……诸侯卑，死不得效崩之形，但如崩后之余声，远劣于形压，诸侯之死，知者亦局也。"大夫曰卒"者，卒，毕竟也。大夫是有德之位，仕能至此，亦是毕了平生，故曰卒也。"士曰不禄"者，士禄以代耕，而今遂死，是不终其禄。"庶人曰死"者，死者，澌也。澌是消尽无余之目。庶人极贱，生无令誉，死绝余芳，精气一去，身名俱尽，故曰死。（第210页）

此记自天子至庶人之死的不同称呼，分别为"崩""薨""卒""不禄""死"，孔疏分别详释其内涵及其中的礼制。

③《王制》："丧三年不祭，唯祭天地社稷，为越绋而行事。"郑注："绋，輴车索。"

孔疏：云"绋，輴车索"者，以停住之时，指其绳体，则谓之绋。若在涂，人挽而行之，则谓之引。故郑注《杂记》云："庙中曰绋，在涂曰引。"（第511页）

此例孔疏训释"绋"，即輴车索于车停之际称谓，若"人挽而行之"则谓之引，并引郑注证之。以上第①例、第③例，皆为一物数名，而第②例乃一实多名。

其三，释以得名由来。

①《曲礼上》："猩猩能言，不离禽兽。"

孔疏：禽者，擒也，言鸟力小，可擒捉而取之；兽者，守也，言其力多，不易可擒，先须围守，然后乃获，故曰兽也。（第21页）

孔疏分别训释鸟名曰"禽"、兽名曰"兽"之得名缘由。

②《曲礼上》："为人子者，居不主奥，坐不中席，行不中道，立不中门。"

孔疏：奥者，室内西南隅也。室乡南，户近东南角，则西南隅隐奥无事，故呼其名为奥。（第35页）

此例不仅训释"奥"之处所，还释其得名："西南隅隐奥无事，故呼其名为奥。"

其四，释名称或内涵的演变。语言的发展变化，由于"旧词不断消亡，新词不断产生，词义不断演变"①，以语汇的变化最为显著，王充《论衡·自纪》："经传之文，圣贤之语，古今言殊，四方谈异。"② 因此，对一些名词的演变现象有必要进行训释。

①《曲礼上》："户外有二屦，……毋践屦，毋踏席，抠衣趋隅，必慎唯诺。"
孔疏：案《屦人注》云："复下曰舄，禅下曰屦。古人言屦以通于複，今世言屦以通于禅。"如郑此言，古人之言，无问禅之与复，皆名为屦。今人言屦，正谓禅者也。（第47页）

孔疏依据郑氏《周礼注》训释"屦"，古义包括禅与複两种。

②《曲礼上》："烛不见跋。"
孔疏：古者未有蜡烛，唯呼火炬为烛也。（第60页）

孔疏训释古之"烛"即火炬（火把），非指后世之蜡烛。

③《王制》："千里之内曰甸，千里之外曰采，曰流。"
孔疏：流谓九州之外，或贡或否，流移不定。殷则面别千五百里之外、二千五百里之内谓之为流。周三千五百里之外、五千里之内为流也。（第470页）

孔疏训释"流"之义，认为其具体内涵在殷、周两代不尽相同。
(二) 专释动词
《礼记正义》训释动词，以训释形式来看，主要有以下九种。
1. "A（者），B也"式

（1）《曲礼上》："大夫士出入君门，由闑右，不践阈。"
孔疏："不践阈"者，践，履也。（第48页）

---

① 王力：《古代汉语》第1册，中华书局1999年版，第82页。
② 黄晖：《论衡校释》，中华书局1990年版，第1196页。

此例以"履"训释践。

  (2)《曲礼上》:"是以君子恭敬、撙节、退让以明礼。"
  孔疏:撙者,趋也。(第21页)

"A者,B也"式,可视为"A,B也"式之变体。
2. "A,BC也"式

  (1)《曲礼上》:"《曲礼》曰:'毋不敬,俨若思,安定辞。'"
  孔疏:思,计虑也。(第6页)

孔疏以"计虑"训释"思",即以双音节近义词释单音节词。

  (2)《檀弓下》:"晋献文子成室,晋大夫发焉。"
  孔疏:献,谓庆贺也。(第431页)

此"献"非《谥法》"聪明叡哲曰献"之"献"[①],而是"庆贺"之义。
3. "A,B也,C也"式

  (1)《曲礼上》:"贤者狎而敬之,畏而爱之。"
  孔疏:狎,谓近也,习也。(第9页)

孔疏接连用近义词"近""习"训释"狎",其为接近、亲近之义。

  (2)《曲礼上》:"贫贱而知好礼,则志不慑。"郑注:"慑,犹怯惑。"
  孔疏:慑,怯也,惑也。(第24页)

孔疏将"怯惑"分为"怯也,惑也"。此二例孔疏皆遵从郑注。
4. "A,谓B(也)"式

  (1)《曲礼上》:"负、剑,辟咡诏之,则掩口而对。"郑注:"负,谓置之于背。剑,谓挟之于旁。"

[①] 佚名撰,袁宏点校:《二十五别史·逸周书》,齐鲁书社2000年版,第69页。

孔疏：负，谓致儿背上也。剑，谓挟于胁下，如带剑也。（第 39 页）

孔疏训释"负""剑"并补充郑注。

(2)《曲礼上》："主人跪正席，客跪，抚席而辞。"郑注："抚之者，答主人之亲正。"
孔疏：抚，谓以手按止之也。（第 56 页）

郑注训释客"抚"之意图，孔疏则训释"抚"之动作，补充郑注。

5. "A，（读）为 B。B，C 也"或"A，B 也，谓 C 也"式

《曾子问》："不归肉。其辞于宾曰：'宗兄、宗弟、宗子在他国，使某辞。'"郑注："辞犹告也。宿宾之辞，与宗子为列，则曰'宗兄'若'宗弟'；昭穆异者，曰'宗子'而已。"
孔疏："不归肉"者，归，馈也，谓不归俎肉于宾也。……云"宿宾之辞"，按《特牲》云："乃宿尸。"注云："宿读为肃。肃，进也。进者，使知祭日当来。"下云"宿宾"，故云"宿宾之辞"。（第 804—805 页）

孔疏一般以此方式训释动词之中的通假现象。此例孔疏训释动词通假二例："归"通"馈"，并具体解释其义；孔疏征引郑注《仪礼·特牲馈食礼》对"宿"的训释，亦是先指出其所通之词为"肃"，再训释"肃"之义，以达到训释"宿"义。

6. "A，犹 B"式

(1)《曲礼上》："童子不衣裘、裳，立必正方，不倾听。"
孔疏：衣，犹著也。（第 39 页）
(2)《曲礼上》："毋践屦，毋踖席，抠衣趋隅，必慎唯诺。"
孔疏：踖，犹躐也。（第 47 页）

以上二例，孔疏皆以"犹"训释近义词。

7. "B 曰（为）A"式

(1)《曲礼上》："见父之执，不谓之进不敢进，不谓之退不敢退，不问不敢对，此孝子之行也。"

孔疏：自上诣下曰见，自下朝上曰见。（第33页）

此法与以上训法不同之处，是将被训词置后。

(2)《曲礼上》："不登高，不临深，不苟訾，不苟笑。"
孔疏：相毁曰訾。……不乐而笑为苟笑。（第35页）

此先以"曰"训释动词，后以"为"训释动词。

8. 专释近义动词

(1)《曲礼上》："是以君子恭敬、撙节、退让以明礼。"
孔疏：应进而迁曰退，应受而推曰让。（第21页）

此例辨析"退""让"之别。

(2)《少仪》："洗、盥、执食饮者，勿气。"
孔疏：洗，谓与尊长洗足也。盥，谓与尊长洗手也。（第1415页）

此例辨析"洗""盥"之别。孔疏训释近义动词，一般皆辨析其程度轻重或细微差别。

9. 释词义内涵之演变

(1)《曲礼上》："侍坐于长者，屦不上于堂，解屦不敢当阶。"
孔疏："解屦不敢当阶"者，解，脱也。……今云"解屦"是解系也。（第63页）

此例训释"解屦"义即"脱屦"，而非后世之解系。

(2)《曲礼上》："贺取妻者，曰：'某子使某，闻子有客，使某羞。'"郑注："羞，进也，言进于客。古者谓候为进。"
孔疏：古时谓迎客为进，汉时谓迎客为候。此记是古法，故饮食与彼迎接呼为进也。郑注《周礼·候人》，云"候，候迎宾客之来"是也。（第68页）

此例训释古之"羞""进"之义，即汉时之"候"。

（三）专释形容词

孔疏训释形容词，以训释形式来看，主要可分为以下五种类型。

1. 以"A，B 也"式为释

  （1）《曲礼上》："凡为人子之礼，冬温而夏凊，昏定而晨省。"
  孔疏：定，安也。（第 29 页）

孔疏以"定"释"安"。

  （2）《曲礼下》："振书、端书于君前有诛。"
  孔疏：端，正也。（第 151 页）

孔疏以"正"释"端"。此二例释形容词，在经文中系使动用法。

2. 以"A，B 貌也"式为释

  《曲礼上》："毋不敬，俨若思，安定辞。"
  孔疏：俨，矜庄貌也。（第 6 页）

此方式即于释语后加"貌""貌也"，表示状貌。

3. 以"A，犹（如）B 也"式为释

  （1）《曲礼上》："将适舍，求毋固。"郑注："固，犹常也。"
  孔疏：固，犹常也。（第 46 页）

孔疏遵从郑注训释"固"之义。

  （2）《檀弓上》："门人问诸子思曰：'昔者子之先君子丧出母乎？'曰：'然。'"
  孔疏：然，犹如是也。（第 229 页）

孔疏训释"然"，应答之词，相当于"是"。

4. "A，B也；B，C也"式

(1)《乐记》："五者不乱，则无怗懘之音矣。"郑注："怗懘，敝败不和貌。"
孔疏：怗，敝也。懘，败也。敝败，谓不和之貌也。（第1464页）

此例孔疏训释"怗懘"，先分别释二字之义，再借训释词以明被训释词之义。此类又用于训释通假字，先释以本字，再训释其义。

(2)《曾子问》：孔子曰："接祭而已矣。如牲至未杀，则废。"
孔疏：接，捷也。捷，速也，速而祭之。（第783页）

"接"通"捷"，再以"速"释"捷"。
5. 专释叠词，孔疏注重训释叠词，其法亦多样。
(1) 以"AA（者），B之貌也"式为释

《曲礼下》："天子穆穆，诸侯皇皇，大夫济济，士跄跄，庶人僬僬。"
孔疏：云"天子穆穆"者，威仪多貌也。……"诸侯皇皇"者，自庄盛也。……"大夫济济"者，济济，徐行有节。……"士跄跄"者，郑注《聘礼》云"容貌舒扬也"。……"庶人僬僬"者，卑尽之貌也。（第194—195页）

此例五个叠词，孔疏分别释之，其中"穆穆""僬僬"，皆以"AA（者），B（B）之貌也"式为释。
(2) 以"AA，犹B（B）也"式为释

①《檀弓上》："既葬，皇皇如有望而弗至。"
孔疏：皇皇，犹栖栖也。（第252页）

此例孔疏用"犹"加叠词"栖栖"训释叠词"皇皇"。

②《檀弓上》："南宫绦之妻之姑之丧，夫子诲之髽，曰：'尔毋从从尔，尔毋扈扈尔。'"
孔疏：从从，是高之貌状。……扈扈，犹广也。（第255页）

此例孔疏以"犹"加释词训释被训之叠词,"犹"亦可用作"是"。
(3) 以"言(谓)……然"式详释

《祭义》:"齐齐乎其敬也,愉愉乎其忠也,勿勿诸其欲其飨之也!"
孔疏:愉愉,和悦之貌。忠,谓忠心。言孝子颜色愉愉然和悦,尽忠心。……勿勿,犹勉勉也。言孝子之心与貌勉勉然,欲得亲之歆飨也。(第1811页)

此例孔疏训释"愉愉""勿勿",本已训释明白,又以"言……然"补充之。
(4) 杂采以上多种形式为释

《玉藻》:"丧容累累,色容颠颠,视容瞿瞿、梅梅,言容茧茧。"
孔疏:"丧容累累"者,谓容貌瘦瘠累累然。"色容颠颠"者,颜色忧思颠颠然,不舒畅也。"视容瞿瞿、梅梅"者,瞿瞿,惊遽之貌。梅梅,犹微微,谓微昧也。孝子在丧,所视不审,故瞿瞿、梅梅然。茧茧,犹绵绵,声气微细茧茧然。(第1247—1248页)

此例经文连用五个叠词,孔疏则采用多种方式释之,其中有"谓……然"式、"AA,犹BB"式、"AA,B之貌也"式等。
(5) 从语义或音韵角度训释

《乡饮酒义》:"孔子曰:'吾观于乡,而知王道之易易也。'"
孔疏:不直云"易"而云"易易"者,取其简易之义,故重言"易易"。犹若《尚书》"王道荡荡""王道平平",皆重言,取其语顺故也。(第2294页)

此例孔疏所释,不但揭示"易易"之"简易之义",而且指出其"语顺"之功。

(四) 专释数量词

《左传》庄公十八年曰:"名位不同,礼亦异数。"陈戍国认为"三礼"以及《大戴礼记》皆重视以礼数揭示礼义:"一部《仪礼》,准确无误地反映了数与义的关系。……《周官》一书的数字不尽可信,但作者不曾乱用数字，光看五篇序官之数，那些数字的安排确是煞费苦心的。孔门后学纂辑《礼记》，时用数字阐发礼义，都不敢颠倒错乱；而数与义的关系处理得最好的，莫过于《礼器》。"① 《礼记》诸篇涉及数字甚夥，因与礼义关系密切，孔疏重视训释数量词，以训释对象来看，主要有以下六种类型。

1. 一般数词训法

(1)《曲礼上》第一
孔疏："'第一'者，《小尔雅》云：'第，次也。'吕靖云：'一者，数之始。'"（第 6 页）

此例引《小尔雅》和吕靖之言训释序数词"第一"，亦释基数词"一"。

(2)《王制》："庶人县封，葬不为雨止，不封不树，丧不贰事。"郑注："贰之言二也。庶人终丧无二事，不使从政也。"
孔疏：上贰是副贰之贰，下二是二三之二。丧不贰事者，谓不为两事，故读从二三之二也。（第 515—516 页）

孔疏遵从郑注，以"二"训释"丧不贰事"之"贰"，"贰"通"二"，即"读从二三之二"。《礼记》又有"二"通"贰"之例：

(3)《坊记》："子云：'孝以事君，弟以事长，示民不贰也。故君子有君不谋仕，唯卜之日称二君。'"郑注："不贰，不自贰于尊者也。自贰，谓若郑叔段者也。……二，当为'贰'，唯卜之时，辞得曰'君之贰某'尔。"
孔疏：云"二，当为贰"者，小二是一二之二，大贰是副贰之贰。此取副贰之贰，不取一二之二，故转二为贰也。（第 1975 页）

孔疏遵从郑注，将经文"二"训释为"贰"，因为"此取副贰之贰，不取一二之二"。今按，"二"，数词；"贰"，名词，副贰之义。

2. 数量词训法
《礼记正义》训释或征引大量数词以及数量词，其中包括一般数量词词组训释和特殊的数量词词组训释。

---

① 陈戍国：《中国礼制史》（先秦卷），湖南教育出版社 1991 年版，第 19 页。

(1) 一般数量词词组训释，即"训释中只说明该数量词词组所包括的具体数量"①。

① 《曲礼上》："主人固辞，然后客复就西阶。"

孔疏："客固辞"者，固，如故也。礼有三辞，初曰礼辞，再曰固辞，三曰终辞。（第51页）

所谓"固辞"，依据孔疏训释"三辞"涵义，意即第二次辞让。

② 《曲礼上》："立视五巂，式视马尾，顾不过毂。"郑注："巂犹规也，谓轮转之度。"

孔疏："立视五巂"，车上依礼。巂，规也。车轮一周为一规。乘车之轮，高六尺六寸，径一围三，三六十八得一丈八尺，又六寸，为一尺八寸，总一规为一丈九尺八寸，五规为九十九尺。六尺为步，总为十六步半。在车上所视，则前十六步半地。（第131页）

此例训释"五巂"即"五规"，车轮周长即一规，即一丈九尺八寸，"五巂"则九十九尺，即十六步半。

(2) 特殊的数量词词组训释

古汉语中还有某些词组虽非数量词所构成，"但却具有数量词组的含义与作用，这类词组可称为准数量词词组"②，训诂时尤须表明其特定数量。

① 《曲礼上》："贺取妻者，曰：'某子使某，闻子有客，使某羞。'"郑注："羞，进也，言进于客。古者谓候为进，其礼盖壶酒、束修若犬也。"

孔疏：束修，十脡脯也。（第68页）

"束"即以十为单位捆在一起之物。

② 《曲礼上》："国君抚式，大夫下之。大夫抚式，士下之。"郑注："乘车必正立。"

---

① 冯浩菲：《中国训诂学》，山东大学出版社1995年版，第253页。
② 冯浩菲：《中国训诂学》，山东大学出版社1995年版，第253页。

孔疏：乘车，驷马之车也。（第 103 页）

《说文》"驷，一乘也"，段注曰："《周礼·校人》郑司农注云：'四马为乘。'"① 孔疏释"乘车"为驷马之车，甚是。

③《曲礼上》："四郊多垒，此卿大夫之辱也。"
孔疏：四郊者，王城四面并有郊，近郊五十里，远郊百里。（第 113 页）

王城之"郊"包含"五十里""百里"之数量关系。

④《曲礼上》："入国不驰，入里必式。"
孔疏：二十五家为里。（第 129 页）

"里"包括"二十五家"。

⑤《曾子问》："大祝裨冕，执束帛，升自西阶，尽等，不升堂，命毋哭。"
孔疏：束帛，十端也，端则二丈。鬼神质，故用偶数也。（第 751 页）

孔疏训释"束帛"之义为"十端"，一端二丈，则"束帛"为二十丈之帛。

3. 分数训法

《月令》："其音商，律中无射。"
孔疏：夹钟之律长七寸二千一百八十七分寸之千七十五，下生者三分去一。今夹钟七寸，取六寸，三分去一，有四寸在。夹钟以一寸为二千一百八十七分，今更三分之，则一寸者分为六千五百六十一分。夹钟二千一百八十七分寸之千七十五者，又三分之，则为三千二百二十五。其夹钟整寸有六千五百六十一，又以三千二百二十五益之，总为九千七百八十六分。三分去一，则去三千二百六十二，余有六千五百二十四在，故云"无射律长四寸六千五百六十一分寸之六千五百二十四"也。（第 703 页）

---

① （汉）许慎撰，（清）段玉裁注：《说文解字注》，上海古籍出版社 1988 年版，第 465 页。

孔疏云"三分去一",即将该数减去其三分之一,余三分之二也。"三分之",即将该数平均分为三份,得其三分之一,或曰分子不变,而分母则扩为三倍。

4. 倍数训法

《文王世子》:"春夏学干戈,秋冬学羽籥,皆于东序。"
孔疏:案《考工记》:"戈广二寸,内倍之,胡三之,援四之。"(第831页)

与分数训法相反的是倍数训法。此例引《考工记》释戈,"戈广二寸,内倍之,胡三之,援四之",意即戈广二寸,内广四寸,胡广六寸,援广八寸。

5. 约数训法

(1)《檀弓下》:"既葬而封,广轮揜坎,其高可隐也。"郑注:"隐,据也。封可手据,谓高四尺所。"
孔疏:云"谓高四尺所"者,言坎之高,可四尺之所,以人长八尺,低而据之,半为四尺,且约上"坟崇四尺",故云四尺所。"所"是不定之辞。(第424页)

对于难以精确数量训释者,孔疏采取约数训法。此例郑注、孔疏以"四尺所"释"可隐"之高度,因难以精确释之,加"所"字表示约数。

(2)《月令》第六解题
孔疏:南极去北极一百二十一度余,若逐曲计之,则一百八十一度余。若以南北中半言之,谓之赤道,去南极九十一度余,去北极亦九十一度余,此是春、秋分之日道也。(第593页)

孔疏推算南北极之间以及赤道与南北极之间的度数,因时代局限难以得出精确数字,连用四个"余"字释约数。所测算之数据,较之今日之地理学,已相当接近,古人对地理学的钻研、测算所达到的水准令人叹服。

6. 全数训法

《檀弓下》:"虞人致百祀之木,可以为棺椁者斩之。"郑注:"百祀，畿内百县之祀也。"

孔疏：百祀者，王畿内诸臣采地之祀也。言"百"者，举其全数也。（第 428 页）

据孔疏，"百祀"之"百"，举其全数，泛言各种祭祀。

（五）专释代词

《礼记正义》训释代词主要有四种方式。

1. 自称代词的训法

（1）《曲礼下》："君天下曰'天子'，朝诸侯，分职授政任功，曰'予一人'。"郑注："余、予古今字。"

孔疏：予，我也。（第 165 页）

"予一人"为天子谦称，"予"，即"余"。郑注以"余"为古字，"予"为今字。

（2）《曲礼下》："其与民言自称曰'寡人'。"

孔疏：寡人者，言己是寡德之人。（第 192 页）

"寡人"为诸侯之谦称。

2. 对称代词训法

（1）《曲礼上》："曰：'为日，假尔泰龟有常，假尔泰筮有常。'"

孔疏：尔，汝也。尔，谓指蓍龟也。（第 121 页）

据孔疏，此"尔"指代蓍、龟。

（2）《檀弓上》："南宫縚之妻之姑之丧，夫子诲之髽，夫子诲之髽，曰：'尔毋从从尔，尔毋扈扈尔。'"

孔疏："曰：尔毋从从尔，尔毋扈扈尔"者，上"尔"为女，下"尔"语辞。（第 255 页）

此例上"尔"指"女"（汝），即南宫縚之妻，亦即孔子之侄女。

(3)《月令》:"命有司曰:'土事毋作,慎毋发盖,毋发室屋及起大众,以固而闭。'"

孔疏:而,汝也。(第731页)

"而"即汝,此指称"有司"。
3. 指称代词训法

(1)《檀弓上》:"子路曰:'吾闻诸夫子:丧礼,与其哀不足而礼有余也,不若礼不足而哀有余也。'"

孔疏:诸,之也。据所闻事于孔子也。(第289页)

孔疏训释"诸"为"之",即指代所闻之言,未当。此例"诸"是兼词,即合音词,是"之于"的合音。杨树达归为"代名词兼介词"[①]。

(2)《檀弓下》:"爱之,斯录之矣;敬之,斯尽其道焉耳。"
孔疏:斯,此也。故于此为重,以存录其神也。(第365页)

孔疏训释"斯"为"此"。
4. 不定代词

《檀弓下》:"朝亦如之,哀次亦如之。"郑注:"孝子至此而哀,君或于是吊焉。"

孔疏:君来吊或晚,有邂逅,于是吊焉,故云"或"。"或"是不定之辞。(第256页)

孔疏以"或"为不定之辞,即不定代词。
(六) 专释副词

(1)《曲礼上》:"不登高,不临深,不苟訾,不苟笑。"
孔疏:苟,且也。(第36页)

孔疏训释"苟","苟""且"以及"苟且",皆为副词。

[①] 杨树达:《词诠》,中华书局1978年版,第203页。

(2)《曲礼上》:"国君去其国,止之曰:'奈何去社稷也?'"
孔疏:奈何,犹言如何也。(第122页)

"奈何"为疑问副词。

以上讨论了孔疏对六大类词的训诂情况,皆以实词为训释对象。孔颖达《五经正义》对虚词的训释也具有极高的学术价值。虞万里曰:"今人习于语法学名词,知词为与实词相对之虚词,复以其在语法结构中位置与功能,乃知有介词、连词、助词、语气词之别。而古人之认识、理解、表述则另有一途。……至孔冲远删定《五经正义》,始以语法为标准,界定'辞'乃'假辞以为助'且'不为义'之词。"① 肯定了《五经正义》于虚词研究的重要意义。以下讨论《礼记正义》关于介词、连词、助词、叹词以及拟声词等的训释。

(七)专释介词

(1)《曲礼上》:"奋衣由右上,取贰绥。"
孔疏:由,从也。从右边上升也。(第126页)
(2)《曾子问》:"自启及葬不奠,行葬不哀次。"
孔疏:自,从也。(第760页)

此两例孔疏训释介词"由""自",皆表示起点也。

(八)专释连词

(1)《檀弓上》:"季武子曰:'周公盖祔。'"
孔疏:武子去周公不远,无可疑,亦云"盖"者,意有谦退,不敢指斥,事虽不疑,亦云"盖"也。故《孝经》夫子云"盖天子之孝也""盖诸侯之孝也",非是不知,谦为疑辞。(第262页)

孔疏以"盖"为疑辞,杨树达《词诠》概括为提起连词②,今以后者更为精确。

---

① 虞万里:《〈经传释词〉整理本序》,(清)王引之撰,李花蕾校点:《经传释词》,上海古籍出版社2016年版,第1页。
② 杨树达:《词诠》,中华书局1978年版,第90页。

(2)《檀弓下》:"晋献公之丧,秦穆公使人吊公子重耳,且曰:'寡人闻之……孺子其图之。'"
　　孔疏:言且者,非特吊耳。且者,兼有余事。(第360页)

此"且"字表递进关系。

　　(3)《学记》:"故君子之于学也,藏焉,修焉,息焉,游焉。"
　　孔疏:故,谓因上起下之辞。(第1434页)

孔疏又曰"'故'者,因上起下,所以言'故曰'。诸例皆然矣"①,实指出其连词性质。

(九) 专释助词

孔疏训释虚词,尤以助词训释居多,且有特定的形式,归纳之有五种。

1. 以"A,(是)疑辞也"式为释

　　(1)《檀弓上》:"饰棺墙,置翣,设披,周也。"郑注:"翣,以布衣木,如摄与?"
　　孔疏:与,疑辞。郑恐人不识翣体,故云如今摄与?(第285页)

此"与"通"欤",系疑问助词。

　　(2)《檀弓上》:"子游曰:'其大功乎?'"
　　孔疏:乎,是疑辞也。(第316页)

此"乎"用于句尾,系疑问助词。

2. 以"A,(是)语辞"式为释

　　(1)《檀弓上》:"檀弓曰:'何居?我未之前闻也。'"郑注:"居,读为姬姓之姬,齐鲁之间语助也。"
　　孔疏:居,是语辞。(第224页)

---

① (汉)郑玄注,(唐)孔颖达正义,吕友仁整理:《礼记正义》,上海古籍出版社2008年版,第1511页。

"居",郑注读为"姬",孔疏以"语辞"释之。"居"是"问词之助也"①。

(2)《檀弓上》:"南宫縚之妻之姑之丧。"
孔疏:之,并是语辞也。(第255页)

"之"系助词,表示领有、连属关系。

(3)《曾子问》:"其祭也,尸入,三饭不侑、酳不酢而已矣。"
孔疏:而已,是语辞也。皇氏云:"已,止也。"(第788页)

"而已"表示语气之助词。孔疏所谓"语辞",即今谓之文言虚词也。孔疏不从皇疏,甚是。孔疏所指出的语辞还有"与""诸""已""兮"等。

3. 以"A,语助"式,或"A,(是)助语句也"式为释

(1)《檀弓下》:"人喜则斯陶,陶斯咏,咏斯犹,犹斯舞,舞斯愠,愠斯戚,戚斯叹,叹斯辟,辟斯踊矣。"
孔疏:斯,语助也。(第386页)
(2)《檀弓下》:"孔子闻之曰:'……虽微晋而已,天下其孰能当之。'"
孔疏:而已,是助语句也。(第435页)
(3)《杂记下》:"非为人丧问与?赐与?"
孔疏:与,语助也。(第1654页)
(4)《中庸》:"子曰:'南方之强与?北方之强与?抑而强与?'"
郑注:"抑,辞也。"
孔疏:抑,语助也。(第1995页)
(5)《表记》:"是故君子以义度人,则难为人。以人望人,则贤者可知已矣。"
孔疏:已矣,语助也。(第2066页)

孔疏采取指明其助词功能之法训释,分别训释"斯""而已""与""抑""已矣"五个助词。

---

① (清)王引之撰,李花蕾校点:《经传释词》,上海古籍出版社2016年版,第111页。

4. 以"A 是助句（之）辞"式为释

(1)《玉藻》"君子之饮酒也，受一爵而色洒如也，二爵而言言斯"，郑注："斯，犹耳也。"

孔疏：斯，耳也。"耳"是助句之辞。（第 1197 页）

(2)《乐记》："嗟叹之不足，故不知手之舞之，足之蹈之也。"

孔疏："之"是助句辞也。（第 1567 页）

(3)《三年问》："然则何以三年也？曰：加隆焉尔也。"

孔疏："焉尔也"，语助之辞也。（第 2189 页）

孔疏亦采取指明其助词词性之法训释，分别训释"耳""之""焉尔也"三个助词。

5. 以"A，发语（之）端（也）"式为释

(1)《礼运》："夫礼之初，始诸饮食，其燔黍捭豚，污尊而抔饮，蒉桴而土鼓，犹若可以致其敬于鬼神。"

孔疏："夫"者，发语之端。（第 891 页）

(2)《杂记下》："《赞大行》曰：圭，公九寸，侯、伯七寸，子、男五寸；博三寸，厚半寸，剡上左右各寸半，玉也。"

孔疏：曰，发语端也。（第 1682 页）

此"曰"，《词诠》归之为"语首助词"[①]。

由以上可知，《礼记正义》训释对助词的训释相当重视。可贵的是，孔氏等还从语法功能与句中位置来判定其词性，对虚词的认识达到了一定的高度。

（十）专释叹词的训法

(1)《缁衣》："《大雅》曰：'穆穆文王，于缉熙敬止！'"

孔疏：言穆穆然美者乃是文王。于，谓呜呼。（第 2109 页）

(2)《大学》："《诗》云：'于戏前王不忘！'"

孔疏：于戏，犹言呜呼矣。（第 2244 页）

此二例训释叹词。刘淇《助字辨略》："呜呼，叹词，一作于戏、呜嚱、

[①] 杨树达：《词诠》，中华书局 1978 年版，第 447 页。

乌乎、乌虖、呜乎、于乎。《小尔雅·广训》篇云：'乌乎，吁嗟也，吁嗟呜呼也。有所叹美，有所伤痛，随事有义也。'愚按：如《大学》'于戏前王不忘'，此叹美之辞也。"① 结合孔疏可知，"于缉熙敬止"，"于"亦是叹美之词。

（十一）专释拟声词的训法

（1）《曲礼下》："天子死曰'崩'，诸侯曰'薨'。"
孔疏：薨者，崩之余声也。而《诗》云"虫飞薨薨"，是声也。（第210页）

（2）《月令》："始雨水，桃始华。仓庚鸣，鹰化为鸠。"郑注："鸠，搏谷也。"
孔疏：云"鸠，搏谷"者，《释鸟》云："鸣鸠，鹘鵃。"郭景纯云："今之布谷也。"谢氏云："布谷者近之。"彼云"布"，此云"搏"者，布、搏声相近，谓之搏谷，以声呼之。或以为此鸟鸣"布种其谷"。（第630页）

此"薨""薨薨"及"搏谷"，皆为拟声词。

二 通用义训法

孔疏除采取专门义训法外，又大量运用较为复杂的通用义训法，其中最多的是以定义法为释，可分为直接定义法与间接定义法两类②。

（一）直接定义法

1. 正面定义法，此法简明，孔疏一般以"A者，B也"形式释之。

（1）《礼记正义》解题
孔疏：礼者，理也。（第1页）

孔疏以"理"训释"礼"，源于《仲尼燕居》："子曰：'礼也者，理也；乐也者，节也。君子无理不动，无节不作。'"孔疏曰："理，谓道理。言礼者，使万事合于道理也。"③《正义》卷首解题："郑作序云：'礼者，体也，

---

① （清）刘淇著，章锡琛校注：《助字辨略》，中华书局1954年版，第53页。
② 冯浩菲：《中国训诂学》，山东大学出版社1995年版，第260页。
③ （汉）郑玄注，（唐）孔颖达正义，吕友仁整理：《礼记正义》，上海古籍出版社2008年版，第1935页。

履也。'统之于心曰体，践而行之曰履。郑知然者，《礼器》云：'礼者，体也。'《祭义》云：'礼者，履此者也。'《礼记》既有此释，故郑依而用之。礼虽合训体、履，则《周官》为体，《仪礼》为履。"① 则强调礼的践行意义。

（2）《正义》卷首解题："《礼记》，郑氏注。"

孔疏："注"者，即解书之名。但释义之人，多称为传。传谓传述为义，或亲承圣旨，或师儒相传，故云传。今谓之注者，谦也，不敢传授，直注己意而已。（第6页）

孔疏训释解经之体"注"，并与"传"加以比较，认为"注"之内涵有二："注"重在以己说阐明经义；题名为"注"，是谦慎之举，言己之学并非"亲承圣旨""不敢传授"。

2. 确释具体义项法

由于词语具有多义性，所以孔疏常常结合上下文语境训释该词的具体含义，一般以"A者，B也"或"A者，谓B也"形式释之。

（1）《曲礼上》："凡以弓剑、苞苴、箪笥问人者，操以受命，如使之容。"

孔疏：然苞者，以草苞裹鱼肉之属也。……苴者，亦以草藉器而贮物也。（第94页）

《说文》"苞，草也"②，而此"苞"非指苞草，实指以苞草所裹之鱼肉。与之相似，《说文》"苴，履中草"③，此"苴"则指"以草藉器而贮物"，所贮藏之物也。

（2）《檀弓下》："仲遂卒于垂，壬午犹绎，《万》入去《籥》。"

孔疏：《万》是执干而舞，武舞也，即《文王世子》云"春夏学干戈"是也。《籥》舞，执羽吹籥而舞，文舞也，《文王世子》云"秋冬学羽籥"是也。（第401页）

---

① （汉）郑玄注，（唐）孔颖达正义，吕友仁整理：《礼记正义》，上海古籍出版社2008年版，第3页。

② （汉）许慎撰，（清）段玉裁注：《说文解字注》，上海古籍出版社1988年版，第31页。

③ （汉）许慎撰，（清）段玉裁注：《说文解字注》，上海古籍出版社1988年版，第44页。

此"万"非数字千万之"万","籥"非古时管乐器之"籥",此"万""籥"皆为舞蹈之名,而且一为武舞,一为文舞。

(3)《三年问》:"称情而立文,因以饰群,别亲疏贵贱之节,而弗可损益也。"

孔疏:亲,谓大功以上;疏,谓小功以下;贵,谓天子诸侯绝期、卿大夫降期以下;贱,谓士庶人服族。(第 2186 页)

此"亲疏贵贱"皆非形容词,皆代指各种血缘或社会关系。

3. 以今释古法

专指在训语中明显含有"今""今语"之类词语的训诂方法,即狭义的以今释古法①。此法与上文"释物"之"以今日常用语训释"近同。

(1)《曲礼上》:"父召无诺,先生召无诺,唯而起。"

孔疏:唯,咿也,不得称诺。其称诺,则似宽缓骄慢。但今人称诺,犹古之称唯,则其意急也。今之称咿,犹古之称诺,其意缓也,是今古异也。(第 59 页)

孔疏以今之"诺"释古之"唯",以今之"咿"释古之"诺"。

(2)《曲礼上》:"前有尘埃,则载鸣鸢。"

孔疏:鸢,今时鸱也。(第 106 页)

此以今语"鸱"释古语"鸢"。

4. 以通语释方言法

(1)《檀弓下》:"杀其人,坏其室,洿其宫而猪焉。"郑注:"猪,都也。南方谓都为猪。"

孔疏:案孔注《尚书》云:"都,谓所聚也。"此经云"洿其宫而猪焉",谓掘洿其宫,使水之聚积焉,故云"猪,都也"。郑恐猪不得为都,故引南方之人谓都为猪,则"彭蠡既猪",猪是水聚之名也。(第 430 页)

---

① 冯浩菲:《中国训诂学》,山东大学出版社 1995 年版,第 261 页。

郑注以"都"训释"猪",因为"猪"是南人之方言。孔疏又引孔注《尚书》以"所聚"释"都"。

　　(2)《玉藻》:"一命缊韨幽衡,再命赤韨幽衡,三命赤韨葱衡。"
　　孔疏:《毛诗》云:"靺韐,茅蒐染。"齐人谓"茅蒐"为"靺韐"声也。茅蒐,则蒨草也。以蒨染之,其色浅赤,则缊为赤、黄之间色。(第1223页)

据孔疏,齐人读"茅蒐"为"靺韐",此例亦可归之为声训法。

　　(3)《杂记上》:"委武玄缟而后蕤。"
　　孔疏:委、武皆冠卷也。秦人呼卷为委,齐人呼卷为武也。(第1611页)

"委""武"义同,前者系秦人说法,后者系齐人说法。

5. 比况训法,此法特点在于生动形象

　　(1)《曲礼上》:"负、剑,辟咡诏之,则掩口而对。"
　　孔疏:负,谓致儿背上也。剑,谓挟于胁下,如带剑也。(第39页)

此例中"剑"指如带剑一般将儿童挟于胁下。

　　(2)《曾子问》:"下殇土周,葬于园,遂舆机而往,涂迩故也。"
　　郑注:"机,舆尸之床也。"
　　孔疏:机者,以木为之,状如床,无脚及轵簟也。(第816页)

郑注曰"机,舆尸之床",实则不确,如孔疏所释,机"状如床"而已。

6. 点明词义法
　　一般用"言""谓""曰""指"字等开头的训释法,此系"直接定义法中古今最为常用的训诂方法"[①]。

[①] 冯浩菲:《中国训诂学》,山东大学出版社1995年版,第265—268页。

(1)《曲礼上》："主人与客让登，主人先登，客从之，拾级聚足，连步以上。"

孔疏：拾，涉也。级，等也。聚足，谓每阶先举一足，而后足并之，不得后过前也。涉等聚足，谓前足蹑一等，后足从而并之也。（第52页）

此例孔疏具体训释"聚足"之义，接着又释"涉等聚足"之义。

(2)《王制》："不能五十里者，不合于天子，附于诸侯曰附庸。"郑注："小城曰附庸。附庸者，以国事附于大国，未能以其名通也。"

孔疏：庸，城也。谓小国之城，不能自通，以其国事附于大国，故曰附庸。（第452页）

郑注释"附庸"为城，孔疏释之为"小国之城"，即城国，补充郑注。

7. 字义与文义区别训法

此法尤其运用于训释先秦文献引《诗》之"断章取义"现象。

(1)《孔子闲居》："孔子曰：'夙夜其命宥密'，无声之乐也。"郑注："《诗》读'其'为'基'，声之误也。基，谋也。"

孔疏：此《诗·周颂·昊天有成命》之篇。其诗云：在上昊天有成实之命，"二后受之"，谓文武二君承受之。"成王不敢康"，言文、武成此王功，不敢康宁。"夙夜基命宥密"者，夙，早也；夜，暮也；基，始也；命，信也；宥，宽也；密，静也，言文、武早暮始信顺天命行宽弘仁静之化。今此言以"基"为"谋"，言文、武早暮始信顺天命，行宽弘仁静之化。今此言以"基"为"谋"，言早夜谋为政教，于国民得宽和宁静，民喜乐之。于是无钟鼓之声而民乐，故为"无声之乐"也。（第1942—1943页）

孔疏先陈述"基"在《诗·周颂·昊天有成命》中之义本为"始也"，然后训释在《孔子闲居》语境之中其义当为"谋也"，辨析二者之别。

(2)《中庸》："君子所不可及者，其唯人之所不见乎？《诗》云：'相在尔室，尚不愧于屋漏。'"郑注："言君子虽隐居，不失其君子之容德也。"

孔疏：此《大雅·抑》之篇，刺厉王之诗。诗人意称，王朝小人不敬鬼神，瞻视女在庙堂之中，犹尚不愧畏于屋漏之神。记者引之断章取义，言君子之人，在室之中，屋漏虽无人之处，不敢为非，犹愧惧于屋漏之神，况有人之处，君子愧惧可知也。言君子虽独居，常能恭敬。（第2050页）

据郑注、孔疏可知，"相在尔室"之"室"，《诗》中本指庙堂，记者断章取义，谓之一般宫室。《诗》意在讽刺"小人不敬鬼神""在庙堂之中，犹尚不愧畏于屋漏之神"，《中庸》意在赞美"君子虽独居，常能恭敬"。孔疏训释，将字义和文义皆与《诗·大雅·抑》原文进行区别。

8. 推训词义法，即根据具体的上下文而推求所训之词的含义

（1）《曲礼上》："主人与客让登，主人先登，客从之，拾级聚足，连步以上。"

孔疏：上，上堂也。在级未在堂，后足不相过，故云"连步"也。涉而升堂，故云"以上"。（第52页）

孔疏据下文"堂上不趋""堂上接武""堂下布武"等句推知，此"上"意为"上堂也"。

（2）《月令》："命有司省囹圄，去桎梏，毋肆掠，止狱讼。"郑注："桎梏，今械也，在手曰梏，在足曰桎。"

孔疏：按《掌囚》云"上罪梏拲而桎"，拲为在手，梏与拲连文，故知梏亦在手，则桎在足也。（第632页）

孔疏据《周礼·掌囚》，揭示郑注训释"桎梏"时所作的推测："梏亦在手，则桎在足也。"

（3）《乐记》："是故先鼓以警戒，三步以见方，再始以著往，复乱以饬归，奋疾而不拔，极幽而不隐，独乐其志，不厌其道，备举其道，不私其欲。"郑注："奋疾，谓舞者也。极幽，谓歌者也。"

孔疏：云"奋疾，谓舞者也"者，以奋迅速疾，故为舞者，谓《武》舞者。云"极幽，谓歌者也"者，以"极幽"与"奋疾"相对，

"歌"与"舞"相次,以歌者不动,经称"极幽",故知是歌者也。(第1514页)

此例孔疏据《乐记》上下文对歌舞的描述,推测"奋急"为舞,又以"'极幽'与'奋疾'相对,'歌'与'舞'相次",推测"极幽"为歌。

9. 引旧解为释法

引旧解为释,也是孔疏训诂常用之法,其主要是征引儒家典籍及其相关注疏为释,所谓以经证经法。

(1)《王制》:"鸠化为鹰,然后设罻罗。"
孔疏:"设罻罗"者,按《说文》云:"罻,捕鸟网也。"又《尔雅》云:"鸟罟谓之罗。"(第508页)

孔疏引《说文》训释"罻",引《尔雅》训释"罗"。

(2)《杂记上》:"上介赗,执圭将命曰:'寡君使某赗。'"
孔疏:凡赗,隐元年《公羊传》云:"赗者,盖以马,以乘马、束帛。车马曰赗,货财曰赙,衣被曰襚。"《穀梁》云:"乘马曰赗,衣衾曰襚,贝玉曰含,钱财曰赙。"(第1627页)

孔疏先后征引《公羊传》《穀梁传》训释"赗",同时还揭示"襚""含""赙"三词的含义。

(3)《王制》:"大夫杀则止佐车。佐车止,则百姓田猎。"郑注:"佐车,驱逆之车。"
孔疏:案《大司马》云"乃设驱逆之车",注云:"驱,驱出禽兽,使趋田者也。逆,逆要,不得令走。"(第508页)

郑注以《周礼·大司马》"驱逆之车"训释《王制》"佐车",孔疏则以郑氏《周礼注》训释此注"驱逆之车",并以此疏解《王制》。以上三例,例(1)、例(2)孔疏分别征引《说文》《尔雅》和《公羊传》《穀梁传》训释《礼记》。孔疏征引前贤经注训释,又以征引郑义为主,体现出尊郑倾向,如例(3)皆以《周礼》及其郑注训释其《礼记注》,并借以疏解《礼记》。

10. 总分与分总训释法

(1)《王制》:"司徒修六礼以节民性,明七教以兴民德,齐八政以防淫。"

孔疏:"修六礼以节民性"者,六礼,谓冠一、昏二、丧三、祭四、乡五、相见六。……"明七教以兴民德"者,七教,即父子一、兄弟二、夫妇三、君臣四、长幼五、朋友六、宾客七也。……"齐八政以防淫"者,八政,一曰饮食,二曰衣服,三曰事为,四曰异别,五曰度,六曰量,七曰数,八曰制。(第547页)

《王制》结尾揭示"六礼""七教""八政"的具体内涵:"六礼:冠、昏、丧、祭、乡、相见。七教:父子、兄弟、夫妇、君臣、长幼、朋友、宾客。八政:饮食、衣服、事为、异别、度、量、数、制。"孔疏以之训释此节中的"六礼""七教""八政"。此系由总而分,下面再举由分而总例:

(2)《王制》:"千里之外设方伯,五国以为属,属有长。十国以为连,连有帅。三十国以为卒,卒有正。二百一十国以为州,州有伯。"郑注:"属、连、卒、州,犹聚也。伯、帅、正,亦长也。"

孔疏:属是系属,连是连接,卒是卒伍,州是聚居,故云"属、连、卒、州,犹聚也"。伯、帅、正俱是长,但异其名。(第468页)

孔疏先分别训释"属""连""卒""州"的具体之义,再总释之曰"俱是长"。

(3)《月令》:"命乐师修鞀鞞鼓,均琴瑟管箫,执干戚戈羽,调竽笙篪簧,饬钟磬柷敔。"郑注:"修、均、执、调、饬者,治其器物,习其事之言。"

孔疏:修者,修理旧物。均者,均平其声。执者,操持营为。调者,调和音曲。饬者,整顿器物。故云"治其器物,习其事之言"也。(第666页)

孔疏先分别训释"修""均""执""调""饬"之具体内涵,再以"故云'治其器物,习其事之言'也"总结之。

11. 先概括再详解之法

冯浩菲曰："概括为释是定义性的，能提供一个总认识，但一般比较简略，因此又加以详解。"① 孔疏也常常采用此法训释。

（1）《杂记上》："委武玄缟而后蕤。"
孔疏：委、武皆冠卷也。秦人呼卷为委，齐人呼卷为武也。（第1611页）

孔疏先以"冠卷"总释"委""武"之义，再具体疏解二者之别。

（2）《丧大记》："君、夫人卒于路寝。"
孔疏：诸侯三寝，一正者曰路寝，余二曰小寝。卒归于正，故在路寝也。夫人亦有三寝，一正二小，亦卒正者也。（第1697页）

孔疏先训释诸侯"三寝"，接着训释其"正寝"即"路寝"，余二曰"小寝"。

12. 先释义后举证之法

冯浩菲指出，"这是一种义与证结合为用的释词方法"，优点是"自训自证，牢不可破"②。

（1）《乐记》："王者功成作乐，治定制礼。其功大者其乐备，其治辩者其礼具。"
孔疏：乐云"作"，礼云"制"者，作是动用，制是裁断。礼是形化，故言"制"；乐是气化，故言"作"。亦相互也。《白虎通》云："乐者，阳也，动作倡始，故言作也。礼者，阴也，系制于阳，故云制也。"（第1480页）

孔疏辨析"作乐"之"作"与"制礼"之"制"的细微区别，并以《白虎通》为例证。

（2）《祭义》："齐齐乎其敬也，愉愉乎其忠也，勿勿诸其欲其飨之也。"

---

① 冯浩菲：《中国训诂学》，山东大学出版社1995年版，第290页。
② 冯浩菲：《中国训诂学》，山东大学出版社1995年版，第291页。

孔疏：齐齐，谓整齐之貌，故《玉藻》云"庙中齐齐"。（第1811页）

孔疏训释"齐齐"之义，再以《玉藻》为例证。

13. 先举证后释义之法

此法与"先释义后举证之法"本质上相同，皆系"义与证"相结合，不过形式上是先举证，再揭示其义。

(1)《文王世子》："文王曰：'非也。古者谓年龄，齿亦龄也。我百，尔九十。吾与尔三焉。'"郑注："年，天气也。齿，人寿之数也。"

孔疏：《尔雅·释天》云："周曰年。"年，稔也。稔孰，谓岁谷一孰，是年为天气也。《大戴礼》云："男，八月生齿，八岁而龀齿。"是"人寿之数也"。又年谷一孰而零落，人之年老，齿亦零落，是年之与齿，俱有零落之义。（第828页）

孔疏以《尔雅·释天》为例证，揭示"年"指"天气"；以《大戴礼》为例证，揭示"齿"指"人寿之数"，最后总结"年""齿"皆有"零落之义"。

(2)《乐记》："致乐以治心，则易、直、子、谅之心油然生矣。"郑注："子，读如不子之子。"

孔疏：按《尚书》云："启呱呱而泣，予弗子。"是子爱之义。而此经"子"亦是慈爱，故读如"不子"之子。（第1554页）

孔疏征引《尚书》训释"子"为"子爱"之义，以释《乐记》"易、直、子、谅之心"中"子"之义。

14. 详释典故法

用典是常用的一种修辞手段，"古书中的典故比较多，它们跟一般的词语不同，都代表着一段特定的故事，在文章中发挥着特殊的效用"[①]。加之时代久远，古人熟悉的典故，后人或已陌生，故训释典故亦是注疏的一项重要内容。

《曲礼上》："若夫，坐如尸，立如齐。"郑注："言若欲为丈夫也。《春秋传》曰：'是谓我非夫。'"

[①] 冯浩菲：《中国训诂学》，山东大学出版社1995年版，第296—297页。

孔疏：案《左传》宣十二年，邲之战，楚侵郑，晋救之。及河，闻郑既及楚平，中军将荀林父欲还，不济。上军将士会曰："善。"中军佐先縠曰："不可，成师以出，闻敌强而退，非夫也。"又哀十一年，齐伐鲁，鲁武叔初不欲战，为冉求所非。武叔曰："是谓我不成丈夫也。"退而搜乘。二传之言，当是先縠之辞也。（第11—12页）

孔疏训释郑注所引《左传》宣十二年晋楚邲之战。不过，郑注、孔疏训释此"若夫"之义，值得商榷，可参见本章第五节"《礼记正义》训诂商榷"相关讨论。又《曲礼上》之疏还详释"商山四皓""重耳""宋乐氏"等历史典故，此不赘言。

（二）间接定义法

相对于直接定义法训释，《礼记正义》又以间接定义法训释。具体来说，孔疏主要采取以下六种具体间接定义法释词。

1. 举例为解法

冯浩菲曰："不直接训释被训词的含义，只是举用有关事例加以说明，让读者根据所举事例自行理解被训词的含义。"① 郑玄《礼记注》多用此法，并以"是"或"若"言之。《曲礼上》"积而能散，安安而能迁"，郑注："谓己有蓄积，见贫穷者，则当能散以周救之，若宋乐氏。"孔疏曰："郑不言'是'而言'若'者，但礼与诸经，事实是一，惟文字不同，郑则言'是'。若《檀弓》云：'诸侯伐秦，曹桓公卒于会。'郑注引《春秋传》云：'曹伯庐卒于师是也。'以其一事，故云'是'也。此礼本不为乐氏而作，但事类相似，引以为证，故云'若'也。"② 孔疏亦效法郑注此法。

《曲礼下》："为人臣之礼，不显谏。"郑注："显，明也。谓明言其君恶，不几微。"

孔疏：何休云"谏有五，一曰讽谏"者，案定十二年《公羊传》云，孔子以季氏之强，谓季孙曰："家不藏甲，邑无百雉之城。"季孙闻之，堕费邑。是讽谏也。何休又云："二曰顺谏，曹羁是也。"即上谏曹君无以戎敌，三谏不从，遂出奔陈。所谓"以道事君，不可则止"，此是顺谏也。何休又云："三曰直谏，子家驹是也。"案昭二十五年《公

---

① 冯浩菲：《中国训诂学》，山东大学出版社1995年版，第300页。
② （汉）郑玄注，（唐）孔颖达正义，吕友仁整理：《礼记正义》，上海古籍出版社2008年版，第8、10页。

羊传》云，昭公将弑季氏，子家驹谏曰："诸侯僭于天子，大夫僭于诸侯久矣。"是不辟君僭而言之，是直谏也。何休又云："四曰争谏，子反请归是也。"案宣十五年《公羊》云，楚庄王围宋，子反、华元乘堙相对语。华元谓子反云："易子而食之，析骸而炊之。"子反谓华元："吾军有七日之粮。"子反劝楚王赦宋而归，楚王不可。子反频谏不听，乃引师去，楚王亦归。是争谏也。何休又云："五曰赣谏，百里子、蹇叔子是也。"案僖三十三年《公羊》云，秦穆公将袭郑，百里子、与蹇叔子谏。穆公不从，百里子、蹇叔子从其子而哭之。是赣谏也。（第199页）

孔疏虽未直接训释"显谏"之义，而以何休所论"五谏"并列举《公羊传》四例为据，可知"不显谏"当包括"讽谏""顺谏"二者，"显谏"则包括"直谏""争谏""赣谏"三者。

2. 举译词而释法

此法不直接训释被训词，而对被训词的训词进行再训，间接训释被训词。例如，孔疏不直接训释经文，而是通过训释郑注以释经文。

(1)《曲礼上》："贫贱而知好礼，则志不慑。"郑注："慑，犹怯惑。"

孔疏：何胤云："惮所行为怯，迷于事为惑。"义或当然。（第24页）

郑注以"怯惑"训经文"慑"字，孔疏则征引何胤语，分别训释"怯""惑"之义，借以之训释"慑"。

(2)《曲礼上》："八十、九十曰'耄'。"郑注："耄，惛忘也。"

孔疏："惛忘"即僻谬也。（第27页）

郑注以"惛忘"训经文"耄"，孔疏则以"僻谬"训释"惛忘"，间接训释"耄"。

3. 问答为释法

问答为释法，其采用一问一答形式为释，"承自口头训诂阶段，先秦传体训诂著作中使用颇广"[①]，如《春秋公羊传》《春秋穀梁传》等运用此法最为广泛。孔疏时有用设问形式训释者。

---

① 冯浩菲：《中国训诂学》，山东大学出版社1995年版，第303页。

(1)《王制》："岁二月，东巡守，至于岱宗。"郑注："岱宗，东岳。"

孔疏：岳者何？岳之为言桷也，桷功德也。（第492页）

孔疏以问答法揭示"岳"之特殊内涵，非指一般"山岳"之义。

(2)《曾子问》："君子礼以饰情，三年之丧而吊哭，不亦虚乎？"
孔疏：言虚者，吊与服并虚也。何者？若己有丧，吊彼而哭，哀彼则忘己本哀，是己服为虚也。若心存于己哀，忘彼而哭彼，则是于吊为虚也。（第791页）

孔疏以问答法训释"虚"，认为其有两方面含义：于己服为虚；于彼吊为虚。

4. 揭示"互文"为训法

孔疏以"互文"揭示《礼记》使用同义词或近义词的现象，与今日一般修辞学意义上的互文手法有所不同。孔疏将今日学者所谓"变言"亦称为"互文"："在相同句式的相同位置上使用同义词或近义词，错落成文，避免重复，称为'变言'或'变文'。"[①] 举例明之：

(1)《曲礼上》："长者不及，毋儳言。"
孔疏：长者，犹先生也，互言耳。（第58页）

此例上下文皆曰"先生"，此处言"长者"，孔疏谓之"互言"。孔疏曰"长者犹先生"，则上下文中"先生"，亦可训释为"长者"。

(2)《曲礼上》："效马效羊者右牵之，效犬者左牵之。"
孔疏：效，呈见也。此亦是遗人，而言效，亦互文也。（第93页）

此承上文"凡遗人弓者，张弓尚筋，弛弓尚角"而来，"效"即"遗"，皆赠送之义。

---

① 冯浩菲：《中国训诂学》，山东大学出版社1995年版，第486页。

(3)《曲礼下》:"君无故,玉不去身;大夫无故,不彻县;士无故,不彻琴瑟。"

孔疏:彻,亦去也。(第161页)

孔疏以"君无故玉不去身"中"去"训释后文"彻"字,亦为"互文"法训释。以上三例,皆系孔疏对《礼记》中简单用词之"互文"法训释。《礼记》中还有较为复杂的"互文"句式运用,下文将论述之。

5. 反言训释法

孔疏时有借助否定词或被训释词的反义词进行训释者。

(1)《曲礼上》第一。
孔疏:云"上"者,对下生名。(第5页)

孔疏举"下"以训"上"。

(2)《檀弓上》:"子皋曰:'若是野哉!'"
孔疏:野,不达礼也。(第320页)

孔疏以"不达礼"训释"野","野"即不合"礼"。

6. 辨析词义法

孔疏于训诂之际,还对词义相近者进行细致辨析,即不仅训释其基本意义,且分析彼此细微差别。孔氏《五经正义》于训诂方面,"创造性地运用'对文''散文'等一类术语来分析经传中同义词之间的同与异、通与别,开启了对同义词进行综合训诂的先河"①。除了"散文""对文",孔疏常用的训诂术语还有"散言""总(言)""通言(语)""统言""兼言""并言"等,与之相对的是"离言""析言""分言"等。辨析词义,是孔疏训诂的一项重要内容,例证颇多,仅举《曲礼上》疏四例言之。

(1)《曲礼上》:"分争辨讼,非礼不决。"
孔疏:《周礼·司寇》"以两造禁民讼",又云"以两剂禁民狱",故郑云:"争罪曰狱,争财曰讼。"争则万事通名。故《左传》云"凡

---

① 钟明立:《〈五经正义〉的"对文"和"散文"》,《江西师范大学学报》(哲学社会科学版) 1999年第4期。

有血气,皆有争心",又云"锥刀之末,将尽争之"是也。此"争财曰讼",对文异耳,散则通名。故《左传》云"卫侯与元咺讼",是争罪亦曰讼也。(第20页)

此例孔疏征引《周礼》及其郑注、《左传》等文献,辨析"争""狱""讼"之同异。"争"为通名,争财、争罪皆可曰讼,而只有争罪为狱。此例辨析动词中的近义现象。

(2)《曲礼上》:"是以君子恭敬、撙节、退让以明礼。"
孔疏:恭敬者,何胤云:"在貌为恭,在心为敬。"……夫貌多心少为恭,心多貌少为敬。所以知者,《书》云:"奉先思孝,接下思恭。"又云:"貌曰恭。"又《少仪》云:"宾客主恭,祭祀主敬。"《论语》云:"巧言令色足恭。"又云:"至于犬马,皆能有养,不敬何以别乎?"又《孝经说》:"君父同敬,为母不同敬。"以此诸文言之,凡称敬多为尊,故知貌多为恭,心多为敬也。又通而言之,则恭敬是一。《左传》云"敬恭父命",《士昏礼》云"敬恭听宗父母之言",《孝经》云"恭敬安亲",此并"恭""敬"连言,明是一也。(第21页)

此例详细辨析"恭""敬"异同,其异在于"貌多心少为恭,心多貌少为敬",若"通而言之,则恭敬是一"。此例辨析形容词的近义词。

(3)《曲礼上》:"三十曰壮,有室。"
孔疏:若通而言之,则宫室通名,故《尔雅》云:"宫谓之室,室谓之宫。"别而言之,论其四面穹隆则宫,因其贮物充实则曰室,室之言实也。(第26页)

此例辨析"宫""室"之同异,通言"宫""室"相同,别言则"宫"系建筑,而"室"则强调其内"贮物充实"。

(4)《曲礼上》:"效马效羊者右牵之,效犬者左牵之。"
孔疏:然通而言之,狗、犬通名;若分而言之,则大者为犬,小者为狗。故《月令》皆为犬,而《周礼》有《犬人》职,无《狗人》职也,故《尔雅》云"未成毫,狗"是也。但《燕礼》亨狗,或是小者,或通语耳。(第93页)

此例辨析"狗""犬"同异：二者皆系犬名，一般"大者为犬，小者为狗"。以上第（3）、第（4）两例辨析名词中的近义词。

第三节　《礼记正义》训诂方法论（二）
——释词之声训法与形训法

声训和形训也是《礼记正义》采取的两种重要释词法，只是相对于义训这种基本训诂法来说，声训和形训是作为辅助性的训诂法使用的。而就声训和形训而言，孔疏对声训的运用又远多于形训的运用。

一　声训法

清代通俗小说中的人物，已有"要读书必先识字，要识字必先知音"之说①，足见"由知音而识字"已广为流传并成为普遍的认识。其实，古人对于声训法早有论述，《颜氏家训·音辞第十八》对声训法的产生及其发展进行了理论总结：

> 夫九州之人，言语不同，生民已来，固常然矣。自《春秋》标齐言之传，《离骚》目《楚词》之经，此盖其较明之初也。后有扬雄著《方言》，其言大备。然皆考名物之同异，不显声读之是非也。逮郑玄注《六经》，高诱解《吕览》《淮南》，许慎造《说文》，刘熹制《释名》，始有譬况假借以证音字耳。而古语与今殊别，其间轻重清浊，犹未可晓；加以内言外言、急言徐言、读若之类，益使人疑。孙叔言创《尔雅音义》，是汉末人独知反语。至于魏世，此事大行。②

唐前关于《五经》音义著述甚多，《五经正义》包括为《五经》"正音"之内容，其释音理应得到重视。冯浩菲曰，"到了唐代，以《五经正义》为中心的群籍注疏集前人声训法之大成，注意到了文字的形、音、义三要素，并揭明了音义关系的三纲，即声同、声近、声转与三要素的交织关系，还使用了表现这种交织关系的各种训法和训式，通音义，明正

---

① （清）李汝珍：《镜花缘》，人民文学出版社 1996 年版，第 74—75 页。
② （北齐）颜之推撰，王利器集解：《颜氏家训集解》，中华书局 2014 年版，第 499 页。

借"①，并将其运用的声训法归纳为两种主要方式：一般性以声通义法；明正字和借字法。

（一）一般性以声通义法

此法"指在一次声训中只沟通一个被训词的音义的声训法"②，孔疏具体采用六种方式进行。

1. 以"A，B也"式训释法

(1)《曲礼上》："游毋倨，立毋跛，坐毋箕，寝毋伏。"
孔疏：伏，覆也。卧当或侧或仰而不覆也。（第61页）
(2)《檀弓上》："君子曰终，小人曰死。吾今日其庶几乎？"
孔疏：几，冀也。言吾若平生为恶，不可幸冀为君子之人，吾即平生以善自修，今日将死，其幸冀为君子乎！（第265页）

"伏，覆也"，即俯卧。"几，冀也"，即幸冀。以上第（1）、第（2）两例，皆系同音异字相通为训，孔疏运用此法较为普遍。

(3)《曲礼上》："敛发毋髢，冠毋免。"
孔疏：髢，髲也，垂如髲也。（第62页）
(4)《檀弓上》："父母之丧，哭无时，使必知其反也。"
孔疏：反，还也。（第332页）

以上第（3）、第（4）两例，则系以叠韵字相通为训。

(5)《曲礼上》："将即席，容毋怍。"
孔疏：即，就也。（第57页）
(6)《曲礼上》："前朱鸟而后玄武，左青龙而右白虎，招摇在上，急缮其怒。"
孔疏：急，坚也。（第107页）

以上第（5）、第（6）两例，则系以双声字相通为训。

---

① 冯浩菲：《中国训诂学》，山东大学出版社1995年版，第336页。
② 冯浩菲：《中国训诂学》，山东大学出版社1995年版，第336页。

2. 释以"A之(为)言B也"式

(1)《曲礼上》:"三十曰壮,有室。"

孔疏:因其贮物充实则曰室,室之言实也。(第26页)

此例训"室"之得名与"实"相关。

(2)《曲礼下》:"天子有后,有夫人,有世妇,有嫔,有妻,有妾。"

孔疏:郑注《内则》云"妻之言齐也,以礼见问,得与夫敌体"也。……郑注《内则》云"妾之言接也,闻彼有礼,走而往焉,以得接见于君子也"。(第172页)

此例以"齐"训"妻"、以"接"训"妾",并揭示其音义。

3. 释以"A谓B也"式

《王制》:"三公一命卷,若有加,则赐也,不过九命。"

孔疏:《尚书》皋陶云"予欲观古人之象,日、月、星、辰、山、龙、华虫作会;宗彝、藻、火、粉米、黼、黻绨绣"是也。……黼谓斧也,取其决断之义。(第480页)

此例以"斧"训释"黼"之音义。

4. 释以"A犹B"式

《檀弓下》:"始死,皇皇焉如有求而弗得。"

孔疏:皇皇,犹彷徨,如所求物不得。(第390页)

此例以"彷徨"通"皇皇"之音义。

5. 释以"言A者,B也"式

《檀弓下》:"父死之谓何?或敢有他志,以辱君义。"

孔疏:言义者,宜也。(第360页)

此例以"宜"训释"义"之音义。

6. 以"A（者），B也，言（谓）……"式训释法

此类可谓之"先单训，再详解"之方式①，实为单训与详解两种方式的结合运用。

（1）《曲礼上》："猩猩能言，不离禽兽。"

孔疏：禽者，擒也，言鸟力小，可擒捉而取之。兽者，守也，言其力多，不易可擒，先须围守，然后乃获，故曰兽也。（第21页）

此例以"擒"训"禽"、以"守"训"兽"，并揭示其得名之因。

（2）《曲礼下》："天子有后，有夫人，有世妇，有嫔，有妻，有妾。"

孔疏：后，后也，言其后于天子，亦以广后胤也。……夫，扶也，言扶持于王也。……妇，服也，言其进以服事君子也。（第171页）

此例训释"后""夫人""世妇"之义，分别以"后也""扶也""服也"声训"后""夫""妇"三字内涵，并从经学角度阐发其义理，其说实不可信。

（二）明正字和借字法

王引之《经义述闻自序》引王念孙言曰："训诂之指，存乎声音。字之声同声近者，经传往往假借。学者以声求义，破其假借之字而读以本字，则焕然冰释；如其假借之字而强为之解，则诘籥为病矣。"② "本字"即正字，与之相对者即"借字"："训诂学上所谓的正字，是指按约定俗成的形义搭配关系正常使用的字。所谓的借字，是指代替正字而行用的假借字。"③ 其实，汉儒已注意到古汉语产生通假现象并揭示其因，陆德明曰："郑康成云，其始书之也，仓卒无其字，或以音类比方，假借为之，趣于近之而已。受之者非一邦之人，人用其乡，同言异字，同字异言，于兹遂生矣。"④《礼记正义》训释词语假借现象，包括因声同而假借、因声近而假借以及方音现象三种情况，前二者孔疏一般以"读从""读如""读为"表示假借关系。

---

① 冯浩菲：《中国训诂学》，山东大学出版社1995年版，第341页。
② （清）王引之撰，虞思征等校点：《经义述闻》，上海古籍出版社2018年版，第1页。
③ 冯浩菲：《中国训诂学》，山东大学出版社1995年版，第358页。
④ （唐）陆德明撰，黄焯断句：《经典释文·序录》，第2页上栏。

1. 因声同而假借者

（1）《王制》："丧不贰事，自天子达于庶人。"郑注："贰之言二也。"

孔疏：上"贰"是副贰之贰，下"二"是二三之二。丧不贰事者，谓不为两事，故读从二三之二也。（第515—516页）

据郑注、孔疏可知，"贰"系借字，"二"系本字。

（2）《明堂位》："灌尊，夏后氏以鸡夷，殷以斝，周以黄目。"郑注："夷，读为彝。"

孔疏：夷即彝。彝，法也。与余尊为法，故称彝。（第1279页）

《说文》："彝，宗廟常器也。从糸；糸，綦也。卄，持之。米，器中实也。从彑，象形。此與爵相似。《周礼》：'六彝：鸡彝、鸟彝、黄彝、虎彝、蜼彝、斝彝。以待裸将之禮。'"①"鸡夷"即"鸡彝"，"夷"通"彝"。

2. 因声相近而假借者

(1) 以"A，读从B"式为释

①《曲礼上》："立视五巂，式视马尾，顾不过毂。"《释文》："巂，本又作'雟'，惠圭反，规也。车轮转一周为巂，一周丈九尺八寸地。"

孔疏：知巂为规者，以巂、规声相近，故为规，规是圆，故读从规。（第131页）

据《释文》，巂，"惠圭反"。规，《说文》曰"规巨，有法度也"，段注曰"居随切，十六部"②。"巂""规"音近。巂，《说文》曰"巂周，燕也"，段注曰："户圭切，十六部。……《曲礼》'立视礼五巂'，借为规字。"③

②《檀弓下》："有司曰：'诸侯之来辱敝邑者，易则易，于则于，

---

① （汉）许慎撰，（清）段玉裁注：《说文解字注》，上海古籍出版社1988年版，第662页下栏。

② （汉）许慎撰，（清）段玉裁注：《说文解字注》，上海古籍出版社1988年版，第499页下栏。

③ （汉）许慎撰，（清）段玉裁注：《说文解字注》，上海古籍出版社1988年版，第141页。

易于杂者，未之有也。'"郑注："易，谓臣礼。于，谓君礼。"
孔疏：君礼谓之"于"者，"于"音近迂，迂是广大之义。（第426页）

"于"因音近假借为"迂"。
(2) 以"A，读为B"式为释

①《月令》解题
孔疏：四曰昕天，昕读为轩，言天北高南下，若车之轩。（第592页）

"昕"通"轩"。

②《乐记》："天地䜣合，阴阳相得，煦妪覆育万物。"郑注："䜣读为'熹'。熹，犹蒸也。"
孔疏：䜣、熹，声相近，故读为熹。（第1519页）

"䜣"通"熹"。
(3) 以"A，读如B"式为释

《大学》："如恶恶臭，如好好色，此之谓自谦。"郑注："谦，读为慊，慊之言厌也。厌，读为黡，黡，闭藏貌也。"
孔疏：谦，读如慊，慊然，安静之貌。……云"厌读为黡"，黡为黑色，如为闭藏貌也。（第2242页）

依据郑注、孔疏，"谦"通"慊"，"厌"通"黡"。
(4) 指明假借字法

《儒行》："虽危，起居竟信其志，犹将不忘百姓之病也。"郑注："信，读如'屈伸'之'伸'，假借字也。"
孔疏：此是"信"字，义当如"舒伸"之伸，但古之字皆假借此"信"字以为"屈伸"之伸也。（第2226页）

此例揭示"信"假借为"伸"。
(5) 指出声转字异法

《檀弓下》"公叔禺人遇负杖入保者息"，郑注："禺人，昭公之子。

《春秋传》曰'公叔务人'。"

　　孔疏:"务人"即"公为"也,故云"昭公子"。此作"禺人"者,禺、务声相近,声转字异也。(第408页)

"公叔禺人"本为"公叔务人",因"禺、务声相近,声转字异"。

3. 释方音

　　(1)《檀弓下》:"杀其人,坏其室,洿其宫而猪焉。"郑注:"猪,都也。南方谓都为猪。"

　　孔疏:案孔注《尚书》云:"都,谓所聚也。"此经云"洿其宫而猪焉",谓掘洿其宫,使水之聚积焉,故云"猪,都也"。郑恐猪不得为都,故引南方之人谓都为猪,则"彭蠡既猪",猪是水聚之名也。(第430页)

此"猪"字系方音,实指"都"也。

　　(2)《玉藻》:"一命缊韨幽衡,再命赤韨幽衡,三命赤韨葱衡。"郑注:"缊,赤黄之间色,所谓韎也。"

　　孔疏:《毛诗》云:"韎韐,茅蒐染。"齐人谓"茅蒐"为"韎韐"声也。(第1223页)

齐语"韎韐",即指"茅蒐",即"茅蒐"。

二　形训法

所谓形训,即从该字体外形或结构角度解释其义的训诂方法。孔疏运用形训法训释字词不多,具体言之,主要采取以形说义法和说明字体法两种方式。

(一) 以形说义法

冯浩菲曰:"以形说义法是按照字形的构造情况推说文字的本义的训释方法,也是形训法的正宗。"[①] 孔疏以形训训诂字词,又以此法居多。

　　(1)《檀弓下》:"子张问曰:'《书》云:"高宗三年不言,言乃讙。"有诸?'

---

① 冯浩菲:《中国训诂学》,山东大学出版社1995年版,第367页。

孔疏：《尚书·无逸》云："言乃雍。"雍、䳆字相近，义得两通。（第391页）

《古文尚书·无逸》作"雍"，《檀弓》所引之《尚书》作"䳆"，二者形近。

(2)《檀弓下》："其毋以尝巧者乎？则病者乎？"郑注："毋，无也。"

孔疏：依《说文》，上"毋"是禁辞，故《说文》"毋"字从女，有人从中欲干犯，故禁约之。故郑注《论语》云："毋，止其辞议也。"故《曲礼上》篇多言"毋"，毋犹勿也，谓勿得如此。下"无"是无有之无，此经中之义，是有无之无，故转毋作无也。（第403—404页）

此例由"毋"字形训释其义，又结合声训法，认为"无"因音转为"毋"。

(3)《王制》："有圭璧、金璋，不粥于市。"

孔疏：皇氏以为用金为印璋。案定本"璋"字从玉，圭璧之类也。（第562页）

孔疏依据"璋"字形旁训释其义。

(4)《礼运》："故龙以为畜，故鱼鲔不淰。"郑注："淰之言闪也。"

孔疏：读淰为闪者，淰是水中之形状，故字从水。闪是忽有忽无，故字从门中人也。人在门，或见或不见。（第934页）

孔疏依据字形分别训释"淰""闪"之义："淰是水中之形状，故字从水""闪是忽有忽无，故字从门中人"。

(二) 说明字体法

1. 说明古今字法

段玉裁注解《说文》"谊"字曰："凡读经传者，不可不识古今字。古今无定时，周为古则汉为今，汉为古则晋宋为今，随时异用者谓之古今字。非如今人所言古文籀文为古字，小篆隶书为今字也。"[①] 冯浩菲曰："古今字

---

① （汉）许慎撰，（清）段玉裁注：《说文解字注》，上海古籍出版社1988年版，第94页上栏。

一般是指同一个词的古今两种书写形式。"① 古之书写形式曰"古字",其通行之书写形式曰"今字"。

(1)《曲礼上》:"幼子常视毋诳。"郑注:"视,今之示字。"

孔疏:古者观视于物及以物视人,则皆作"示"傍着"见"。后世已来,观视于物,作"示"傍着"见",以物示人,单作"示"字。故郑注经中"视"字者,是今之以物示人之"示"也。是举今以辨古。(第39页)

此例"视"字系古字,今为"示"字。

(2)《祭统》:"铺筵设同几,为依神也。"郑注:"同之言詷也。"

孔疏:若单作"同"字,是"齐同"之同,非"詷共"之詷,所以物有异类而同时也,则同死同生、同出同入之类,不废其物异也。若詷共之詷,则言旁作同,故古文、《字林》皆训"詷"为"共",是汉魏之时字义如此,是以读"同"为"詷",今则总为一字。(第1880页)

此例"同"字,汉魏以前皆作"詷",其后"詷""同"皆作"同"字。

2. 表明异体字法

有些字音义皆同,而书写形式不同,谓之异体。"训诂中表明所解字的异体,往往有助于读者理解原文"②,《礼记》郑注、孔疏对于异体字一一标明。

(1)《檀弓下》:"般,尔以人之母尝巧,则岂不得以?"郑注:"以,'已'字。……'以'与'已'字本同。"

孔疏:言经中以用之"以",义是休已之字。所以以用之"以"得为休已之字者,以其本同,谓古昔之本,用字本同,乃得通用。谓其两字本昔是同,故得假借而用,后世始"以""已"义异也。(第403页)

古时"以""已"异体同义,后世则异体异义。

---

① 冯浩菲:《中国训诂学》,山东大学出版社1995年版,第373页。
② 冯浩菲:《中国训诂学》,山东大学出版社1995年版,第377页。

(2)《王制》："老而无妻者谓之矜，老而无夫者谓之寡。"

孔疏：按《孝经》注云："男子六十无妻曰鳏，妇人五十无夫曰寡。"舜年三十而《尚书》谓之鳏者，以其父顽母嚚，无为娶之端，故虽三十而亦称鳏。《诗》云："何草不玄，何人不矜。"据久役在外，嫁娶失时，亦谓之为矜。矜与鳏同。其男子无妻，亦谓之寡。（第 579 页）

孔疏据《孝经》《尚书》用"鳏"，《诗》《王制》借用"矜"，指出"矜"系"鳏"之异体。

(3)《坊记》："君子之道，辟则坊与？坊民之所不足者也。"

孔疏：但言"坊"字，或土旁为之，或阜旁为之，古之通用也。（第 1954 页）

此例指出土旁"坊"与阜旁"防"，古之通用，系异体字。

三 其他三种释词法

除了义训、声训和形训三种基本释词法，《礼记正义》还采用另外三种训释法亦值得关注：辨析字同而词异、引用前人训释而间接训释法与考据训释法，此三种释词法可视作以上诸具体释词法之补充。

（一）辨析字同而词异现象

1. 辨析字同而词异：

(1)《曲礼下》："天子建天官，先六大，曰大宰、大宗、大史、大祝、大士、大卜，典司六典。"郑注："典，法也。"

孔疏：上"典"是守典，下"典"是典则之典。言立此六官，以守主于六事之法。（第 173 页）

郑注曰"典，法也"，实训释"典司六典"中"六典"之"典"。据孔疏可知，"典司六典"，"典司"之"典"，其义为"守典"，即主持、主管之义，二者词义不同，前者为动词，后者为名词，孔疏补充郑注。

(2)《檀弓上》："夫子诲之髽，曰：'尔毋从从尔，尔毋扈扈尔。'"

孔疏：上"尔"为女，下"尔"语辞。（第 255 页）

郑、孔皆指出二"尔"之义不同，前者为"女"（汝），系代词；后者为语气助词。

(3)《檀弓下》："葬于北方，北首，三代之达礼也，之幽之故也。"
孔疏：上"之"训往，下"之"语助。（第369页）

孔疏训释"之幽之故也"，指出前"之"义为往，系动词；后"之"系结构助词。

(4)《学记》："《兑命》曰：'学学半。'"
孔疏：上"学"为教，音敩。下"学"者，谓习也，谓学习也。言教人乃是益己学之半也。（第1426页）

孔疏揭示二"学"之义，前者是"教学"，后者即"学习"。

(5)《表记》："《甫刑》曰：'德威惟威，德明惟明。'非虞帝其孰能如此乎？"郑注："德所威则人皆畏之，言服罪也。德所明则人皆尊宠之，言得人也。"
孔疏：下"威"训畏，下"明"训尊。言舜之道德欲威惧于人，则在下之民惟畏惧之，故云"德威惟威"。"德明惟明"者，谓舜以德标明善人，惟能得善人，惟天下之人皆所以尊重之。（第2085页）

据郑、孔训释，"德威惟威，德明惟明"，前"威"系本字，后"威"为"畏"，意即"畏惧"；前"明"系本字，后"明"为"尊"，意即"尊重"。皆由形容词转化为动词。以上五例，孔疏训释形同而词性不同现象，甚当。不过孔疏训释偶有值得商榷者：《哀公问》："公曰：'寡人固，不固，焉得闻此言也？'"郑注："固不固，言吾由鄙固故也。"孔疏："上'固'是鄙固，下'固'，故也。言寡人由鄙固之故，所以得闻此言。由其固陋，殷重问之，故得闻此言。皇氏用王肃之义，二'固'皆为固陋，上固言己之固陋，下固言若不鄙固则不问，不问，焉得闻此言哉！"① 孔疏遵从郑注，将"寡人固，不固"中前"固"训释为鄙固，后"固"训释

---

① （汉）郑玄注，（唐）孔颖达正义，吕友仁整理：《礼记正义》，上海古籍出版社2008年版，第1918—1919页。

为"故",实为不妥。皇疏采王肃注,以为两"固"皆当训为鄙固。孙希旦曰:"固,谓固陋也。哀公自言固陋,故不知大昏之重,然若不固陋,则不问,不得闻孔子此言也。盖公欲再问,而先为谦辞以发其端也。"① 二者所释融通,可从。

2. 辨析具体内涵所指不同

孔疏不仅揭示字同词异现象,还对同一字词在不同语境中的具体内涵进行辨析。

> (1)《礼运》:"人情以为田,故人以为奥也。"
> 孔疏:上"人"是人民,下"人"是圣人。……田无主则荒废,故用人为主。今以人情为田,用圣人以为田主,则人情不荒废也。(第933页)

此例将"人情"喻为"田",则"人"指一般民众;"人以为奥",将"圣人"喻为"田主",则"人"指圣人。

> (2)《杂记上》:"凡讣于其君,曰:'君之臣某死。'父、母、妻、长子,曰:'君之臣某之某死。'"
> 孔疏:"父、母、妻、长子,曰:'君之臣某之某死。'"者,上"某"是生者臣名,下"某"是臣之亲属死者。(第1578页)

孔疏揭示"君之臣某之某死"中二"某"之不同,前者指"生者臣名",后者指该臣子之"亲属死者",诸如"父、母、妻、长子"等。孔疏训释明白,且以之与上文"君之臣某死"中"某"区别,此"某"指死者。

(二)引用前人训释而间接为释法

孔疏还借助大量引用典籍训释词义以达到间接训释的目的,可以《月令》解题对"天""地""阴""阳""日""月""星"等的训诂为例:

> 《春秋说题辞》云:"天之为言颠也。"《说文》云:"天,颠也。"刘熙《释名》云:"天,显也。"又云:"坦也。""地,底也。其体底下戴万物。"又云:"地,谛也。五土所生,莫不信谛。"《元命包》云:"日之为言实也。月,阙也。"刘熙《释名》云:"日,实也,大明盛

---

① (清)孙希旦撰,沈啸寰等点校:《礼记集解》,中华书局1989年版,第1262页。

实。月,阙也,满则缺也。"《说题辞》云:"星,精阳之荣也。阳精为日,日分为星,故其字日下生也。"《释名》云:"星,散也,布散于天。"又云:"阴,荫也,气在内奥荫也。阳,扬也,阳气在外发扬。"此等是天地阴阳日月之名也。(第595页)

孔疏直接大量征引《春秋说题辞》《说文》《释名》《元命包》四种典籍为释,如释"天"之名,引《春秋说题辞》《说文》《释名》为释,则天之名有"颠""显""坦"三种含义;释"地"之名,则引《释名》为说,其则有"底""谛"二义。

(三)考据训释法

《礼记正义》训诂疑难词语,有采取考辨法(即考证法、考据法)之例。考辨法,"指考论辨正一类的训诂方法,也包括考证法在内""属于高难训诂,即所谓专家之学,训诂著作的学术价值主要由此类训法来体现"[①]。今以孔疏训释"禽兽""黔首"二例,探讨其释词之考辨法,其对人物、名物与礼制的考据,将于"《礼记正义》考据刍论"章探讨。

(1)《曲礼上》:"鹦鹉能言,不离飞鸟;猩猩能言,不离禽兽。"

孔疏:今按禽兽之名,经记不同。《尔雅》云:"二足而羽谓之禽,四足而毛谓之兽。"今鹦鹉是羽,曰禽;猩猩四足而毛,正可是兽。今并云"禽兽"者,凡语有通、别。别而言之,羽则曰禽,毛则曰兽。所以然者,禽者,擒也,言鸟力小可擒捉而取之;兽者,守也,言其力多,不易可擒,先须围守,然后乃获,故曰兽也。通而为说,鸟不可曰兽,兽亦可曰禽,故鹦鹉不曰兽,而猩猩通曰禽也。故《易》云:"王用三驱,失前禽。"则驱走者亦曰禽也。又《周礼·司马》职云:"大兽公之,小禽私之。"以此而言,则禽未必皆鸟也。又康成注《周礼》云:"凡鸟兽未孕曰禽。"《周礼》又云:"以禽作六挚,卿羔,大夫雁。"《白虎通》云:"禽者,鸟兽之总名。"以此诸经证禽名通兽者,以其小兽可擒,故得通名禽也。(第21—22页)

此例孔疏详释"禽兽"一词以及"禽""兽"之联系与区别:据《尔雅》"禽""兽"内涵所指明确,在于"禽者,擒也,言鸟力小可擒捉而取之;兽者,守也,言其力多,不易可擒,先须围守,然后乃获,故曰兽也"。

---

① 冯浩菲:《中国训诂学》,山东大学出版社1995年版,第513页。

接着，指出"兽亦可曰禽"，并据《周易》《周礼》指出"禽未必皆鸟"。最后以郑玄《周礼注》"凡鸟兽未孕曰禽"以及《周礼》"禽作六挚"、《白虎通》"禽者，鸟兽之总名"，证明"禽名通兽"。今按《后汉书》华佗本传记载"五禽戏"曰："吾有一术，名五禽之戏：一曰虎，二曰鹿，三曰熊，四曰猿，五曰鸟。亦以除疾，兼利蹄足，以当导引。体有不快，起作一禽之戏，怡而汗出，因以著粉，身体轻便而欲食。"① 其中虎、鹿、熊、猿四兽，亦名之曰"禽"，可证孔疏之说甚确。然而，孔疏又曰"鸟不可曰兽"，实则不妥，下文有商榷。

（2）《祭义》：子曰："因物之精，制为之极，明命鬼神，以为黔首则，百众以畏，万民以服。"郑注："黔首，谓民也。"

孔疏：黔，谓黑也。凡人以黑巾覆头，故谓之"黔首"。案《史记》云："秦命民曰黔首。"此纪作在周末秦初，故称"黔首"。此孔子言，非当秦世，以为黔首，录记之人在后变改之耳。汉家仆隶谓苍头，以苍巾为饰，异于民也。（第1835页）

孔疏据《史记》考证，民众称为"黔首"是在秦世，而《祭义》记孔子之言有"黔首"一词，则是"录记之人在后变改之耳"。孔疏又辨析"苍头""黔首"之不同。金春峰以《史记》《祭义》并结合《战国策·魏策二》之《魏惠王死》篇，所载魏国惠公之言"先王必欲少留而扶社稷、安黔首也，故使雪甚"，认为"黔首"一词"出于魏国惠公之口，其时间至迟在公元前三三四年，即战国中期偏前。在此之前，'黔首'必早被使用和流传"②。所论较孔疏可信。

第四节 《礼记正义》训诂方法论（三）
——释句与释节

《礼记正义》对《礼记》经文及其郑注之句、节、篇进行的训释，也是其训诂的主要内容。其释篇的情形已于上文"《礼记正义》文本考释"章进行了讨论，在此不赘言。本节仅对其释句、释节两方面加以讨论，并以释

---

① （宋）范晔撰，（唐）李贤等注：《后汉书》，中华书局1965年版，第2739—2740页。又见《三国志·魏志·方技·华佗传》，参见（晋）陈寿撰，（宋）裴松之注《三国志》，中华书局1959年版，第804页。

② 金春峰：《汉代思想史》，中国社会科学出版社1987年版，第47页。

句为重点。

一 《礼记正义》释句法

孔疏一般采取"随文而释"的疏通方式训释经、注,今将孔疏诠释经、注句子的具体之法,大致归纳为揭示语法法、翻译疏解法、说明性解句法与综合性解句法四类。

(一) 揭示语法法

即从语法角度训释句子,具体言之,孔疏主要采取揭示断句、揭示修辞、揭示文法三种。

1. 揭示断句法

因注疏家不同的句读,所释经文的内涵亦不同。孔疏对《礼记》中前贤有争议或容易导致歧义的一些句读进行了辨析。

(1)《曾子问》:"周公曰:'岂。不可。'史佚行之。"郑注:"言是岂,于礼不可,不许也。失指以为许也。遂用召公之言。"

孔疏:周公闻召公之问,故答云"岂"。"岂"者,怪拒之辞。先怪拒之,又云"不可"。"不可"是不许之辞。"史佚行之"者,召公述周公曰"岂,不可"之辞以语史佚,史佚不达其指,犹言周公"岂不可"是许之辞,故行棺衣官中之礼也。(第817页)

孔疏辨析周公曰"岂。不可",郑注、孔疏断句一致,并指出史佚之误,在于将周公所言三字连读为:"岂不可?"所辨甚当。

(2)《丧大记》:"自小敛以往用夷衾,夷衾质杀之裁犹冒也。"

孔疏:言夷衾所用,上齐于手,下三尺,所用缯色及长短制度,如冒之质杀也。但不复为囊及旁缀也。熊氏分"质"字属上,"杀"字属下为句,其义非也。(第1744页)

孔疏指正熊氏断句之误。孙希旦曰:"质,正也。冒之在上者,上下方正,故曰质。杀,削也。冒之在下者,向足而渐削,故曰杀。"[1] 据此可知,"质""杀"并举,不应断开。此二例,孔疏断句甚是。孔疏亦有断句失当者,下文有所商榷。

---

[1] (清)孙希旦撰,沈啸寰等点校:《礼记集解》,中华书局1989年版,第1165页。

2. 揭示修辞法

吕思勉曰:"《礼记》一书,荟萃诸经之传及儒家诸子而成。文字亦极茂美。"① 较之《周礼》《仪礼》以及《大戴礼记》,《礼记》与文学关系最为紧密,部分《记》文善于修辞。孔疏训释经、注,对其修辞手法也多有揭示,主要有明比喻法、明举偏概全法、明互文法、明连言法和明双关法五种。

(1) 明比喻法

① 《曲礼上》:"毋剿说,毋雷同。"

孔疏:凡为人之法,当自立己心,断其是非,不得闻他人之语辄附而同之。若闻而辄同,则似万物之生,闻雷声而应,故云"毋雷同"。(第59页)

孔疏训释"雷同"之义,其比喻"闻他人之语,辄附而同之""则似万物之生,闻雷声而应",即无是非之心。此例实为对比喻句的翻译,对于一些复杂的比喻句,孔疏则明其具体喻体、本体以释之。

② 《檀弓下》:"成人有其兄死而不为衰者,闻子皋将为成宰,遂为衰。成人曰:'蚕则绩而蟹有匡,范则冠而蝉有緌,兄则死而子皋为之衰。'"

孔疏:"兄则死而子皋为之衰"者,以是合譬也。蚕则须匡以贮茧,而今无匡,蟹背有匡,匡自着蟹,则非为蚕设。蜂冠无緌,而蝉口有緌,緌自着蝉,非为蜂设。譬如成人兄死,初不作衰,后畏于子皋方为制服。服是子皋为之,非为兄施,亦如蟹匡、蝉緌,各不关于蚕、蜂也。(第442页)

成人连用比喻讽刺"有其兄死而不为衰者",其语义因连用比喻而不易理解,故而孔疏详释之。此例喻体为"蟹匡""蝉緌"与"蚕""蜂"之无关联,其本体则是兄死者"为衰"与其兄之无关联,即以彼之无关联喻此之无关联。

(2) 明举偏概全法

经文简洁,而郑注简奥,孔疏训释经、注力图补充之。试举孔疏揭示

---

① 吕思勉:《经子解题》,华东师范大学出版社1995年版,第12页。

经、注以偏概全者各一例明之：

①《曲礼上》："尊客之前不叱狗。"

孔疏：若有尊客至，而主人叱骂于狗，则似厌倦其客，欲去之也。卑客亦当然，举尊为甚。（第60页）

客人面前，无论尊卑皆不应叱骂牲畜，有指桑骂槐之嫌。经文言"尊客"系以偏概全，言"狗"亦是。

②《曲礼上》："毋咤食，毋啮骨。"郑注："为有声响，不敬。"

孔疏："毋啮骨"者，一则有声；二则嫌主人食不足，以骨致饱，故庾云"为无肉之嫌"；三则啮之口唇可憎，故不啮也。"为有声响，不敬"，郑举一隅也。（第77页）

郑注曰"为有声响，不敬"，孔疏另补二条，"为有声响"于三者最易令人生嫌。

（3）明互文法

上文论释词已涉及互文现象，此释句之互文，与上文所论释词之互文（"互言"）有所不同。释词所论互文，主要是同义词或近义词的变换运用，而释句所论互文则主要是互相补充，孔疏谓之"互见为义""互相挟""互相兼""互相备"等。孔疏揭示"互文"训释法极为精彩，有助于后学研读。

①《曲礼上》："若不得谢，则必赐之几杖，行役以妇人，适四方，乘安车。"

孔疏：行役，谓本国巡行役事。妇人能养人，故许自随也。……"适四方"，谓远聘异国时，乘安车。安车，小车也，亦老人所宜。然此养老之具，在国及出，皆得用之。今言"行役妇人""四方安车"，则相互也，从语便，故离言之耳。（第25页）

据孔疏所释可知，经文大意是：大夫七十若不得致仕，君主必赐予极高的待遇，包括几杖、妇人的侍奉、安车等。由孔疏的详释，可领略经文之文约义丰。

②《曲礼上》:"凡为人子之礼,冬温而夏凊,昏定而晨省。"

孔疏:"昏定而晨省"者,上云"冬温夏凊",是四时之法;今说一日之法。……先昏后晨,兼示经宿之礼。(第29页)

经文采用互文手法,极其简洁。据孔疏可知,此经既有"四时之法",又含"一日之法",且兼"经宿之礼"。宋人方悫承孔疏之说曰:"冬则温之以御其寒,夏则凊之以辟其暑,昏则定之以奠其居,晨则省之以问其安也。"① 甚是。

③《祭义》:"霜露既降,君子履之,必有凄怆之心,非其寒之谓也。春,雨露既濡,君子履之,必有怵惕之心,如将见之。"郑注:"非其寒之谓,谓凄怆及怵惕,皆为感时念亲也。"

孔疏:春秋二时,于文相互。上云"凄怆",下云"非其寒之谓",此"怵惕之心"下,宜云"非其暖之谓"。今"怵惕之心"下"如将见之",则"凄怆之心"下亦宜云"如将见之",是其互也。但作记以秋是物去,寒为甚,故不云"如将见之",但言寒也。春是物来,暖轻于寒,故云"如将见之",故不言"暖之谓"也。先秋后春,以凉,凄怆之甚,故先言之。(第1807页)

《祭义》此二句运用互文行文,孔疏训释甚当。较之郑注,孔疏阐发义理精深,揭示出孝子感时念亲之情。于训释之中,以情动人。

(4) 明连言法

"古人行文,往往言A而连B,只取A义,不取B义,连B协句而已",此现象叫作"连言"②。孔疏于此亦有揭示:

①《曲礼上》:"贤者狎而敬之,畏而爱之。"郑注:"狎,习也,近也,谓附而近之,习其所行也。《月令》曰'虽有贵戚近习'。"

孔疏:贵戚,谓王之姑姊妹。近习,谓王之所亲幸嫔御之属。言近习者,王附而近之,习其色。引之者,证贤者附而近之,习其道艺。连引"贵戚",于义无所当也。(第9页)

---

① (清)孙希旦撰,沈啸寰等点校:《礼记集解》,中华书局1989年版,第17页。
② 冯浩菲:《中国训诂学》,山东大学出版社1995年版,第486页。

此例揭示郑注引文连言现象，其引《月令》实取其中"近习"之义，因原文"虽有贵戚近习"，故连引"贵戚"二字，而与此《曲礼上》经义并不相干。

②《檀弓上》："邾娄复之以矢，盖自战于升陉始也。"郑注："战于升陉，鲁僖二十二年秋也。时师虽胜，死伤亦甚，无衣可以招魂。"

孔疏：然招魂唯据死者，而郑兼云"伤"者，以其虽胜，故连言"死伤"以浃句耳。（第 253 页）

揭示郑注"死伤亦甚"之"伤"字，因"死"而连言，因为"招魂唯据死者"。

（5）明双关法

简言之，"言 A 指 B，语义两涉，称为'双关'"①。双关语句真正要表达的意思一般隐于语言表面意思之下，因而有必要予以揭示。

①《檀弓下》："季武子寝疾，蟜固不说齐衰而入见，曰：'斯道也，将亡矣，士唯公门说齐衰。'"

孔疏：此一节论季武子无礼，蟜固正之事。武子，鲁之执政上卿，时人畏之，事之如君，入其门皆说衰。唯蟜固不说齐衰而入见武子，谓武子曰："我所以着齐衰而入者，以此着齐衰之道将绝矣。"以时人畏尔，入门者皆说齐衰，故此着齐衰入大夫之门其道将绝。又语武子，若依正礼，士唯入公门乃说齐衰，而入大夫之门不合说也。（第 352 页）

据孔疏可知，"蟜固不说齐衰而入见"季武子，是不满其为人之专横，"时人畏尔，入门者皆说齐衰"，将导致"着齐衰入大夫之门其道将绝"。其真正目的则是告诫季武子："若依正礼，士唯入公门乃说齐衰，而入大夫之门不合说也。"所谓"季武子无礼，蟜固正之"也。

②《檀弓下》："晋献文子成室，晋大夫发焉。张老曰：'美哉轮焉！美哉奂焉！歌于斯，哭于斯，聚国族于斯。'"郑注："心讥其奢也。……祭祀、死丧、燕会于此足矣。言此者，欲防其后复为。"

孔疏："张老曰：美哉轮焉"者，张老亦往庆之一大夫也。心讥文

---

① 冯浩菲：《中国训诂学》，山东大学出版社 1995 年版，第 487 页。

子宫室饰丽，故伴而美之也。（第432页）

文子新居告成，晋大夫前往祝贺，张老借盛赞其美而予以规谏，文子明了张老之意，故曰"武也得歌于斯，哭于斯，聚国族于斯，是全要领以从先大夫于九京也"，并"北面再拜稽首"，向张老致谢。郑注、孔疏揭明了经文的丰富内涵。

3. 揭示文法法

《礼记正义》还采取揭示文法法训释语句，主要是通过揭示句子的结构层次、行文之意、立言角度，与句中的省文、断章取义等五种具体方式训诂语句。

（1）揭示句子的层次结构

孔疏对《礼记》诸多篇章及其具体段落的层次结构，进行了辨析、划分，以之揭示篇章或段落大意，本书已于"《礼记正义》文本考释"章有所讨论，现对孔疏关于经文或郑注具体语句及其上下文的层次结构展开讨论。孔疏主要依据行文的顺承关系与文意的内在逻辑两方面，来揭示语句的层次结构。

①《曲礼上》："人生十年曰幼，学。二十曰弱，冠。"

孔疏：二十成人，初加冠，体犹未壮，故曰弱也。并至二十九，通得名弱冠，以其血气未定故也。不曰"人生"，并承上可知也。（第25页）

孔疏训释"二十曰弱，冠"，特指出此句不曰"人生"二字，因承上句可知。

②《曲礼下》："自称于诸侯，曰'天子之老'；于外，曰'公'；于其国，曰'君'。"

孔疏："于其国曰君"者，其国，采地内也。若与采地内臣民言，则自称曰君。其既主分陕，又在王朝，嫌不正为采地君，故明之也。不云"自称"，承上可知也。（第178页）

此例训释"于其国曰君"，特指出经文不云"自称"，因承上句可知。此二例皆据行文的顺承关系来揭示层次结构。而依据文意的内在逻辑揭示句子的层次结构，主要在于揭示该语句内在逻辑所蕴藏的意义。

③《曲礼上》："八十、九十曰耄，七年曰悼。悼与耄虽有罪，不加刑焉。"

孔疏："七年曰悼"者，悼，怜爱也。未有识虑，甚可怜爱也。年七岁而在九十后者，以其同不加刑，故退而次之也。（第27页）

此例训释"七年曰悼"，并揭示此句叙述列于"八十、九十曰耄"之后的内在逻辑，在于"以其同不加刑，故退而次之"。因为，按照一般对人生历程的叙述顺序，"七年曰悼"，应置于"十年曰幼，学"之前。

④《曲礼上》："凡为人子之礼，冬温而夏清，昏定而晨省。"

孔疏：上云冬温夏清，是四时之法，今说一日之法。定，安也。定，安也。晨，旦也。应卧，当齐整床衽，使亲体安定之后退。至明旦，既隔夜，早来视亲之安否何如。先昏后晨，兼示经宿之礼。（第29页）

据常理一般先言"晨"而后言"昏"，所谓"晨昏"，即"晨省而昏定"。此言"昏定而晨省"，"先昏后晨"之内在逻辑，在于"兼示经宿之礼"。

（2）揭示用词之意法

所谓用词之意，即行文中"对某些词语的运用往往有专门的意图"①。由于此类用词须置于特定文句之中方具备专门用意，故亦归之于释句。郑玄注书于此有所发明，如《曲礼上》："夫为人子者，出必告，反必面。"郑注曰："告、面同耳，反言面者，从外来，宜知亲之颜色安否。"冯浩菲曰："意谓子女出外回来，应该知道双亲的面色是否安好，故《记》文讲到出外回来看望双亲时用了一个'面'字。其实，这里用'面'字还有一层意思，即让双亲亲眼看到子女回来，安然无事，心里才踏实。"② 意即"面"包含父母与子双方的面见，从而深刻地揭示出经义之内涵。孔疏对经、注的此类用词体现出来的精深经义多有揭示。

①《曲礼上》："大夫七十而致事。"

孔疏：七十曰老，在家则传家事于子孙，在官致所掌职事还君，退还田里也。不云"置"而云"致"者，置是废绝，致是与人，明朝廷必有贤代己也。《白虎通》云："臣年七十悬车致仕者，臣以执事趋走

---

① 冯浩菲：《中国训诂学》，山东大学出版社1995年版，第498页。
② 冯浩菲：《中国训诂学》，山东大学出版社1995年版，第499页。

为职,七十耳目不聪明,是以退老去避贤也,所以长廉远耻,悬车示不用也。致事,致职于君。君不使退而自去者,尊贤也。"(第 27 页)

上文曰"七十曰老,而传",此句曰"大夫七十而致事","致事"用意,是"在官致所掌职事还君",而且还有"致是与人,明朝廷必有贤代己"之意。

②《曲礼上》:"不胜丧,乃比于不慈不孝。"
孔疏:不胜丧,谓疾不食酒肉,创疡不沐浴,毁而灭性者也。……不云"同"而云"比"者,此灭性本心实非为不孝,故言"比"也。(第 98 页)

"不胜丧"者,本意是孝子为了尽孝而"疾不食酒肉,创疡不沐浴",导致"毁而灭性者",即因尽孝过度而导致不孝之结果,并非居丧者之本意所在,故经文用"比"而不用"同"。

(3) 揭示行文之意法

冯浩菲曰:"古人行文,这样写,而不那样写,往往有一定的用意,这叫做行文之意。"① 孔疏训诂,时因《记》文中行文有变而特意揭示记者之意。如《曲礼上》篇有"凡为人子之礼,冬温而夏凊,昏定而晨省,在丑夷不争"句,其下文则有"为人子者"云云,而无"凡"字,其中另有深意。

①《曲礼上》:"为人子者,居不主奥,坐不中席,行不中道,立不中门。"
孔疏:此明孝子居处闺门之内。不言"凡"者,或异居,礼则不然。(第 35 页)
②《曲礼上》:"为人子者,父母存,冠衣不纯素。"
孔疏:不言"凡"者,若仕者或遇凶荒,虽亲存亦须素服,非要在亲没,故不言"凡"。(第 37 页)

孔疏训释并补充经文,指出"不言凡者",皆本于日常生活中的一般情况下说礼,而不涉及特殊情况。

---

① 冯浩菲:《中国训诂学》,山东大学出版社 1995 年版,第 499 页。

(4) 揭示立言角度法

章学诚曰:"古人不著书,古人未尝离事而言理,六经皆先王之政典也。""若夫六经,皆先王得位行道,经纬世宙之迹,而非托于空言。"(《易教上》)① 视六经为"先王政典",是汉以来经学家的一个基本观念。《礼记正义》亦往往揭示经文依据何人角度立言,以发明其中大义。

> ①《曲礼上》:"《曲礼》曰:毋不敬,俨若思,安定辞。安民哉!"
> 孔疏:此一节明人君立治之本,先当肃心谨身,慎口之事。"毋不敬"者,人君行礼,无有不敬,行五礼皆须敬也。"俨若思"者,……夫人计虑,状必端悫。今明人君矜庄之貌,如人之思也。"安定辞"者,……人君出言,必当虑之于心,然后宣之于口,是详审于言语也。"安民哉"者,但人君发举,不离口与身心,既心能肃敬,身乃矜庄,口复审慎,三者依于德义,则政教可以安民也。(第6—7页)

孔疏训释《礼记》开篇《曲礼上》首节四句,从"人君"立言角度解说曰"此一节明人君立治之本",并四次明言"人君"以训释之,足以表明孔疏解经的一个基本观点:《礼记》经义是人君治理天下的法则。

> ②《曲礼上》:"敖不可长,欲不可从,志不可满,乐不可极。"郑注:"四者慢游之道,桀、纣所以自祸。"
> 孔疏:此一节承上人君敬慎之道。此亦据人君恭谨节俭之事,故郑引桀、纣以证之。(第8页)

孔疏训释此节,认为其系记者为人君而作,并以此揭示郑注以桀、纣为反证的原因。

(5) 揭示省文法

古人行文力求简洁,郑注简奥亦有省文之处,孔疏训释有所揭示,有助于后学。

> ①《曲礼上》:"主人与客让登,主人先登,客从之,拾级聚足,连步以上。"
> 孔疏:"主人先登"者,让必以三,三竟而客不从,故主人先登,

---

① (清)章学诚著,叶瑛校注:《文史通义校注》,中华书局1985年版,第1、3页。

亦肃客之义。不言"三"者，略可知也。（第51页）

据此经上文："凡与客入者，每门让于客。客至于寝门，则主人请入为席，然后出迎客。客固辞，主人肃客而入。主人入门而右，客入门而左。主人就东阶，客就西阶，客若降等，则就主人之阶。主人固辞，然后客复就西阶。"孔疏曰："'然后出迎客'者，入铺席竟，后更出迎客也。'客固辞'者，……礼有三辞，初曰礼辞，再曰固辞，三曰终辞。主人入铺席竟。出而迎客，再辞不先入也。'主人肃客而入'者，……谓先导之也。客以再辞，故主人进道客也。故《公食大夫礼》云'公揖入，宾从'是也。'客若降等，则就主人之阶'者，……卑下之客也。不敢亢礼，故就主人阶，是继属于主人。"此即为"让门"之礼的"三让三辞"。

②《曲礼下》："天子之六府，曰司土、司木、司水、司草、司器、司货，典司六职。"郑注："司土，土均也。司木，山虞也。司水，川衡也。司草，稻人也。司器，角人也。司货，卝人也。"

孔疏："司土，土均也"，案《周礼》，土均，上士二人。"司木，山虞"，每大山中士四人，中山下士六人，小山下士二人。不言林衡者，略举山虞耳。司水于周为川衡，川衡，每大川下士十有二人，中川下士六人，小川下士二人。不言泽虞者，亦略举川衡耳。（第174页）

郑注以《周礼·地官司徒》注释此节，而《周礼》"土均"以下，本有"草人""稻人""土训""诵训""山虞""林衡""川衡""泽虞""迹人""卝人""角人"等职①，郑注仅举其中六者以训释"天子之六府"，故"草人""土训""泽虞"等职皆略而未举。

（6）明断章取义法

古人常据己意引用经典说理，即断章取义而不顾原文整体思想表述。《礼记》引《诗》《书》《易》等典籍，其中尤以引《诗》多为断章取义，孔疏训释皆揭明记者之义。

①《檀弓下》："孔子闻之，曰：'善哉觇国乎！《诗》云："凡民有丧，扶服救之。"'虽微晋而已，天下其孰能当之？"

---

① （清）阮元校刻：《十三经注疏·周礼注疏》（附校勘记），中华书局1980年版，第699页下栏—700页中栏。

孔疏：引《诗·邶·谷风》之篇也。时有爱其新昏，弃其旧室，旧室恨之：我初来之时，为女尽力。所以尽力者，以凡人家死丧，邻里尚扶服尽力往救助之，况我于女夫家，而何得不尽力？今此引《诗》断章，云"凡民有丧"，则"阳门之介夫死"是也。在上扶服而救助之，则"子罕哭之哀"是也。（第434页）

孔疏先指出引《诗》之所出及其大意，然后揭示其断章取义，即在此《檀弓下》中所表达之大意："凡民有丧"，指"阳门之介夫死"；"扶服救之"，指"司城子罕入而哭之哀"。其深层之义，"言介夫匹庶之贱人，而子罕是国之卿相，以贵哭贱，感动民心，皆喜悦，与上共同死生。若有人伐，民必致死"①。

②《祭义》："《诗》云：'明发不寐，有怀二人。'文王之诗也。"郑注："明发不寐，谓夜至旦也。祭之明日，谓绎日也，言绎之夜不寐也。二人，谓父母。"

孔疏："文王之诗也"者，此幽王《小雅·小宛》之篇，而云"文王诗也"者，记者引《诗》，断章取义；且诗人陈文王之德以刺幽王，亦得为文王之诗也。（第1812—1813页）

《毛诗传》曰："《小宛》，大夫刺宣（幽）王也。"② 故孔疏曰"此幽王《小雅·小宛》之篇"。《祭义》曰"文王之诗"，系记者引《诗》断章取义。其中，"明发不寐"，指"祭之明日，谓绎日也，言绎之夜不寐也"；"有怀二人"，指思念父母也。

（二）翻译释句法

翻译法为《礼记正义》训诂常用方法之一，孔疏具体采取直译、意译、补充译、以否定句意翻译、并言训义翻译等方法。仅以《曲礼上》《檀弓上》疏明之。

1. 直译法

（1）《曲礼上》："奉席如桥衡。"

孔疏：所奉席席头，令左昂右低，如桥之衡。（第54页）

---

① （汉）郑玄注，（唐）孔颖达正义，吕友仁整理：《礼记正义》，上海古籍出版社2008年版，第434页。

② （清）阮元校刻：《十三经注疏·毛诗正义》，中华书局1980年版，第451页下栏。

(2)《曲礼上》:"君子欠伸。"

孔疏:君子志疲则欠,体疲则伸。(第61页)

此二例经文叙述日常情境,本无深意,孔疏直接翻译之。

2. 意译法

(1)《曲礼上》:"贤者狎而敬之,畏而爱之。"

孔疏:贤者身有道艺,朋类见贤思齐焉,必须附而近之,习其德艺。侪伦易相亵慢,故戒令相敬也。……贤者有其德行,人皆心服畏之。既有所畏,必当爱其德义,不可疏之。(第9页)

此例孔疏训释详尽,揭示其深刻蕴意,故用意译法。

(2)《曲礼上》:"毋侧听。"

孔疏:凡人宜当正立,不得倾欹侧听人之语,嫌探人之私。(第61页)

孔疏以"不得倾欹侧听人之语"直译"毋侧听"之意,而"凡人宜当正立""嫌探人之私",皆从正面意译"毋侧听"。此例直译结合意译。

3. 补译法

孔疏解经疏注,还依据上下文意,增补相关内容以补充经、注之不足。

(1)《曲礼上》:"二十曰弱,冠。"

孔疏:二十成人,初加冠,体犹未壮,故曰弱。并至二十九,通得名弱冠,以其血气未定故也。(第25页)

孔疏训释经文,以"体犹未壮"补充翻译原文。其义本已翻译完毕,又曰"至二十九,通得名弱冠,以其血气未定故也",补充之。

(2)《曲礼上》:"若不得谢,则必赐之几杖。"

孔疏:君若许其罢职,必辞谢云:"在朝日久,勤劳岁积。"是许其致事也。今不得听,是其有德尚壮,犹堪掌事,不听去也。(第28页)

经文本言大夫致事不得,而孔疏则先补充君主"许其致事"的情形,然后再训释"若不得谢"。
　　4. 以相反句式翻译法

　　　　(1)《曲礼上》："户开亦开，户阖亦阖。"
　　　　孔疏：既入户，不以后来变先，若户本开，则今入者不须阖也。……户若本阖，则今入者不须开也。(第47页)

原经文系肯定句，孔疏以两个"不须"之否定句翻译肯定句。

　　　　(2)《曲礼上》："男女非有行媒，不相知名。非受币，不交不亲。"
　　　　孔疏：相知男女名者，先须媒氏行传昏姻之意，后乃知名。见媒往来传婚姻之言，乃相知姓名也。……先须礼币，然后可交亲也。(第66页)

经文系双重否定句，孔疏以肯定句翻译之。
　　5. 并言训义翻译法
　　并言训义翻译法，是"将被训词和训词合并成一个词语，组成译文"①，即以训词结合被训词来翻译被训释句。

　　　　(1)《檀弓上》："南宫縚之妻之姑之丧，夫子诲之髽，曰：'尔毋从从尔，尔毋扈扈尔。'"郑注："从从，谓大高。扈扈，谓大广。"
　　　　孔疏：言期之髽稍轻，自有常法。女造髽时，无得从从而大高，又无得扈扈而大广。(第255页)

郑注曰"从从，谓大高。扈扈，谓大广"，"从从""扈扈"为被训词，"大高""大广"为训词，孔疏运用并言训义翻译法，将二者合为"从从而大高""扈扈而大广"。

　　　　(2)《檀弓上》："故骚骚尔则野，鼎鼎尔则小人，君子盖犹犹尔。"
　　　　郑注："谓大疾。谓大舒。疾舒之中。"
　　　　孔疏：故丧事骚骚尔，过为急疾，则如田野之人，急切无礼。若吉事鼎鼎尔，不自严敬，则如小人然，形体宽慢也。若君子之人，于丧事之内得疾之中，于吉事之内得舒之中。(第303页)

---

① 冯浩菲：《中国训诂学》，山东大学出版社1995年版，第397页。

郑注以"谓大疾"训"骚骚尔",以"谓大舒"训"鼎鼎尔",以"疾舒之中"训"犹犹尔"。孔疏将以上被训词与训词结合起来,翻译经文大意。

(三) 说明法

1. 介绍背景法

《礼记正义》疏通部分篇章之际,对其成篇背景、作者情况、命名缘由大多有所考辨,本书已于"《礼记正义》文本考释"章予以探讨。在训释某些具体句子时,孔疏亦采用此法。

(1)《曲礼上》:"天子有后,有夫人,有世妇,有嫔,有妻,有妾。"

孔疏:《周礼》则嫔在世妇上,又无"妾"之文也。今此所陈,与《周礼》杂而不次者,记者之言,不可一依《周礼》,或可杂夏、殷而言之。(第172页)

孔疏将《周礼》与《曲礼》比对,认为《曲礼》系记者杂取夏、商、周三代之礼成篇。孔氏之所以有此判断,显然受郑玄影响,认为《周礼》所记是周代制度。

(2)《儒行》:"孔子至舍,哀公馆之,闻此言也,言加信,行加义:'终没吾世,不敢以儒为戏。'"郑注:"《儒行》之作,盖孔子自卫初反鲁时也。"

孔疏:案《左传》哀十一年冬,卫孔文之将攻大叔也,访于仲尼。仲尼曰:"胡簋之事,则尝学之矣。甲兵之事,未之闻也。"退,命驾而行,文子遽止。将止,鲁人以币召之,孔子乃归。以《传》文无馆事,故郑称"盖"以疑之也。(第2236页)

此例孔疏征引《左传》甚详,重点训释郑注"盖孔子自卫初反鲁时也"之背景。

2. 指明出处法

《礼记正义》疏通经、注,作为一项极为重要的内容就是指明经、注引文出处。

(1) 指明经文引文出处，仅列孔疏指明引《诗》二例明之：

①《檀弓下》："孔子闻之曰：'善哉觇国乎！《诗》云："凡民有丧，扶服救之。"'虽微晋而已，天下其孰能当之？"
孔疏：引《诗·邶·谷风》之篇也。（第434页）
②《祭义》："《诗》云：'明发不寐，有怀二人。'文王之诗也。"
孔疏：此幽王《小雅·小宛》之篇。（第1812—1813页）

(2) 指明注文引书出处

郑君通儒，注书旁征博引，然而又力图简洁，多有不指明征引出处者。如《礼记注》征引《论语》凡27例，不标出处者即达15例，郑注不明征引出处，因汉人对《论语》甚为熟识。今以郑注《曲礼上》二例明之：

①《曲礼上》："礼不妄说人，不辞费。"郑注："为近佞媚也。'君子说之不以其道，则不说也。'"
孔疏：此《论语》文。孔子曰："君子说之不以其道，则不说也。"不以其道说之，是妄说，故君子不说也，引证经"礼不妄说人"之事。（第14页）

孔疏指出郑注引《论语·子路》篇为证："子曰：'君子易事而难说也。说之不以道，不说也。及其使人也，器之。小人难事而易说也。说之虽不以道，说也。及其使人也，求备焉。'"明"不妄说人之事"。夫子论君子、小人之"悦"，郑注引其一。

②《曲礼上》："不苟訾，不苟笑。"郑注："人之性，不欲见毁訾，不欲见笑。君子乐然后笑。"
孔疏：引《论语》证不苟笑之事也。此是公明贾答孔子云："夫子乐然后笑，人不厌其笑也。"（第36页）

孔疏指出郑注引《论语·宪问》证君子"不苟笑之事"："子问公叔文子于公明贾曰：'信乎夫子不言、不笑、不取乎？'公明贾对曰：'以告者过也。夫子时然后言，人不厌其言；乐然后笑，人不厌其笑；义然后取，人不厌其取。'""夫子"指公叔文子。

3. 点明句意法

此与释词之义训法中点明词义法的方式"大致相同，只不过彼用于释词，此用于解句而已"①。孔疏常以"言""明""谓"等字开头点明居多，据《曲礼上》疏各举一例明之。

(1)《曲礼上》："坐如尸。"

孔疏：言人虽不为尸，若所在坐法，必当如尸之坐，故郑云"视貌正"也。（第12页）

(2)《曲礼上》："遭先生于道，趋而进，正立拱手。"

孔疏：此明道路与师长相逢之法。（第46页）

(3)《曲礼上》："授立不跪，授坐不立。"

孔疏：谓尊者立之时，卑者以物授尊者，不得跪，烦尊者俯俛。（第53页）

孔疏运用点明法具有随意性，有时会杂用以上词语释句，仍以《曲礼上》疏为例：

(4)《曲礼上》："使从俗。"郑注："《礼器》曰：'天不生，地不养，君子不以为礼，鬼神不飨。'"

孔疏：《礼器》曰"天不生"者，谓天不以四时而生，若李梅冬实。"地不养"者，谓居山以鱼鳖，居泽以鹿豕；"君子不以为礼"者，谓天不生、地不养之等，君子不将为飨礼；"鬼神不飨"者，言君子不以为礼者，只由鬼神不歆飨此非常之物，明鬼神依人也。（第12—13页）

此例以点名法疏解郑注，其中训释郑注引《礼器》语，运用"谓"字3次，"言"字1次，"明"字1次。

4. 重点阐明法

对《礼记》与其他相关文献以及《礼记》自身内容或内涵有出入者，孔疏一般皆着重阐明。如《曲礼上》孔疏辨别儒、道二家"道""德"之内涵：

《曲礼上》："道德仁义，非礼不成。"

孔疏：道者通物之名，德者得理之称，仁是施恩及物，义是裁断合

---

① 冯浩菲：《中国训诂学》，山东大学出版社1995年版，第402页。

宜，言人欲行四事，不用礼无由得成，故云"非礼不成"也。道德为万事之本，仁义为群行之大，故举此四者为用礼之主，则余行须礼可知也。道是通物，德是理物，理物由于开通，是德从道生，故道在德上。此经"道"谓才艺，"德"谓善行，故郑注《周礼》云："道多才艺，德能躬行。"非是《老子》之道德也。熊氏云："此是《老子》'失道而后德，失德而后仁，失仁而后义'。"今谓道德，大而言之则包罗万事，小而言之则人之才艺善行。无问大小，皆须礼以行之，是礼为道德之具，故云"非礼不成"。然人之才艺善行得为道德者，以身有才艺，事得开通，身有美善，于理为得，故称道德也。（第20页）

孔疏本已分别训释"道""德""仁""义"四字，并疏通"道德仁义，非礼不成"大意，接着重点阐释"道德"一词。因为"道德"一词来自《老子》，故须详细阐释儒家"道德"之具体内涵，所谓"此经道谓才艺，德谓善行"。然后，并举郑玄《周礼注》"道多才艺，德能躬行"、熊氏《义疏》"此是《老子》'失道而后德，失德而后仁，失仁而后义'"两说，明确主张郑说，曰"非是《老子》之道德也"，而批评熊氏"违背本经，多引外义"（《礼记正义序》）的学术倾向。最后，总结"道德"内涵曰"今谓道德，大而言之则包罗万事，小而言之则人之才艺善行"，不厌其烦。

5. 补释法

冯浩菲将补释法概括为"针对所解文句，根据各种资料和传闻，补述有关内容，用以加详和证发文意"，并将之归纳为"补释史料和补释制度"两大类[①]。试以《曲礼上》疏明之：

（1）《曲礼上》："人生十年曰幼，学。"
孔疏：谓初生之时至十岁。依《内则》，子生"八年，始教之让。九年，教之数日。十年出就外傅，居宿于外，学书计"。故以十年为节也。（第25页）

孔疏诠释经文之后，又举《内则》相关材料进行补充训释，此系补释制度。

[①] 冯浩菲：《中国训诂学》，山东大学出版社1995年版，第410页。

（2）《曲礼上》："悼与耄，虽有罪，不加刑焉。"

孔疏：幼无识虑，则可怜爱，老已耄，而可尊敬，虽有罪，而同不加其刑辟也。《周礼·司刺》有三赦，一曰"幼弱"，二曰"老旄"，三曰"蠢愚"。郑注云："若今时律令，未满八岁、八十以上，非手杀人，他皆不坐。"故《司刺》有三赦，皆放免不坐也。（第27页）

孔疏征引《周礼·秋官·司刺》及其郑注为证，以《司刺》补释制度，而征引郑注，既补以制度，又补释史料。

6. 举例诠释法

所谓举例诠释，"即举用有关事例，对所解文句加以印证诠释"①。《礼记正义》以举例法释句，大致可分为举例印证与先解说再举证两种。

（1）举例印证法

① 《曲礼上》："名子者，不以国。"

孔疏：不以本国为名，故杜氏注《春秋》桓六年传云："不以本国为名。"如是他国，即得为名。故桓十二年"卫侯晋卒"，襄十五年"晋侯周卒"是也。（第68页）

孔疏先以杜预注《春秋》桓六年传印证《曲礼上》，接着补充经义曰"如是他国，即得为名"，再举《春秋》经文"卫侯晋卒""晋侯周卒"印证之：此"晋""周"分别是卫侯、晋侯之名，印证可以他国名名子。

② 《曲礼上》："父前子名，君前臣名。"

孔疏：成十六年鄢陵之战，公陷于淖，栾书欲载晋侯，针曰："书退。"针是书之子，对晋侯而称书，是于君前臣名其父也。（第69页）

孔疏举栾书之子栾针于其君晋厉公前直呼父名"书"，印证"君前臣名"之礼。以上，孔疏分别以《春秋》《左传》及其杜注印证《礼记》。

（2）先解说再举证法

① 《曲礼上》："悼与耄，虽有罪，不加刑焉。"

孔疏：幼无识虑，则可怜爱，老已耄，而可尊敬，虽有罪，而同不

---

① 冯浩菲：《中国训诂学》，山东大学出版社1995年版，第422页。

加其刑辟也。《周礼·司刺》有三赦，一曰"幼弱"，二曰"老旄"，三曰"蠢愚"。郑注云："若今时律令，未满八岁、八十以上，非手杀人，他皆不坐。"（第27页）

此例孔疏释句，本已解说清楚，又据《周礼》及其郑注所举"今时律令"证之，解经可谓有理有据。据孔疏之例证，可分为事实之例与假设之例，以上可视作实例。

②《曲礼上》："礼从宜，使从俗。"郑注："牲币之属，则当从俗所出。《礼器》曰：'天不生，地不养，君子不以为礼，鬼神不飨。'"

孔疏："《礼器》曰：天不生"者，谓天不以四时而生，若李梅冬实；"地不养"者，谓居山以鱼鳖，居泽以鹿豕。（第12页）

孔疏训释郑注所引《礼器》"天不生，地不养"句，"若李梅冬实""居山以鱼鳖，居泽以鹿豕"系假设之例。

7. 分析文意法

《礼记正义》还运用分析文意法，"即对所解文句之间的意义联系进行分析说明，用以加深读者的理解"①。具体言之，孔疏采取了一般分析、推导分析与问答式分析三种方式。以《曲礼上》疏为例明之：

（1）一般分析法

《曲礼上》："请席何乡？请衽何趾？"
孔疏：既奉席来，当随尊者所欲眠坐也。（第55页）

孔疏分析经文疑问所在，即子弟"随尊者所欲眠坐"而铺展衽席等。

（2）推导分析法

孔疏训释往往使用"若""故""则"等关联词语，可谓之推导分析法。

①《曲礼上》："离坐离立，毋往参焉。"
孔疏：若见彼或二人并坐，或两人并立，既唯二人，恐密有所论，则己不得辄往参预也。（第64页）

---

① 冯浩菲：《中国训诂学》，山东大学出版社1995年版，第423页。

孔疏由"既唯二人,恐密有所论"推导出"毋往参焉"。

②《曲礼上》:"嫂叔不通问,诸母不漱裳。"
孔疏:诸母,谓父之诸妾有子者。……裳,卑亵也,欲尊崇于兄弟之母,故不可使漱裳耳,又欲远别也。(第65页)

孔疏以裳为卑亵之物,不使诸母洗漱,推导其因有二:一则欲尊崇兄弟之母;二则欲远别。

(3)问答式分析法

①《曲礼上》:"女子许嫁,缨,非有大故,不入其门。"郑注:"女子许嫁系缨,有从人之端也。"
孔疏:缨有二时,一是少时常佩香缨,二是许嫁时系缨,此则为许嫁时系缨。何以知然者?《内则》云:"男女未冠笄,纷缨。"郑以为佩香缨,不云缨之形制。此云"许嫁,有从人之端也"。又《昏礼》:"主人入,亲说妇缨。"郑注云:"妇人十五许嫁,笄而礼之,因著缨,明有系也……"又《内则》云:"妇事舅姑,纷缨。"郑云:"妇人有缨,示系属也。"以此而言,故知有二缨也。(第65页)

孔疏先指出女子佩"缨有二时",然后以设问方式揭示其推导依据:《内则》所记与此《曲礼上》不同,又以《昏礼》及其郑注与《内则》及其郑注为据,得出"故知有二缨也"的结论。

②《曲礼上》:"行,前朱鸟而后玄武,左青龙而右白虎,招摇在上,急缮其怒。"
孔疏:案崔并画四旗皆为北斗星,于义不安。何者?天唯一斗以指四方,何用四斗乎?(第107页)

孔疏驳斥崔氏之误,并据常识以问答式推导其误所在。

8. 以大意结合大义阐明法

冯浩菲曰:"文章既有其大意,又有其大义,二者不同。"① 大意指主要内容,大义则指其蕴含义理。换言之,前者为具体内容,后者为抽象思想。

---

① 冯浩菲:《中国训诂学》,山东大学出版社1995年版,第428页。

孔疏训释经文，不仅释其大意，更明其大义。

  （1）《曲礼上》："俨若思。"
  孔疏：夫人计虑，状必端悫。今明人君矜庄之貌，如人之思也。（第6页）

"夫人计虑，状必端悫"为经文大意，"今明人君矜庄之貌，如人之思也"为经文大义。

  （2）《曲礼上》："不践阈。"
  孔疏：出入不得践履门限，所以尔者，一则自高，二则不净，并为不敬。（第48页）

"出入不得践履门限"为此经大意，"一则自高，二则不净，并为不敬"为大义。

9. 阐发义理法

  《礼记》重在阐发礼义，孔颖达《正义》不仅继承汉儒重视训诂之传统，而且善于阐发义理，故深得《礼记》精髓。孔疏对经文及其郑注思想加以发挥，即采用阐发义理法训释。陈澧尝以孔疏对《中庸》《乐记》《礼运》三篇的训释为例，盛赞孔疏善言义理之学："孔疏非但详于考典制，其说性理亦甚精。……观此可见唐以前论性理者已多，孔冲远作疏，已遍览之，而为折中之说。冲远非但深于礼学，其于理学亦不浅也。"[①] 孔疏阐释义理，俯拾即是。

  （1）《曲礼上》："敖不可长。"
  孔疏：夫矜我慢物，中人不免。若有心而无迹，则于物无伤；若迹著而行用，则侵虐为甚，倾国亡家，必由乎此，故戒不可长。（第8页）

此例孔疏重在阐发义理，因为较之一般人，人君之傲后果极其严重："若迹著而行用，则侵虐为甚"，甚至于"倾国亡家"，所以必须警戒之。

  （2）《曲礼上》："临难毋苟免。"郑注："为伤义也。"
  孔疏：难，谓有寇仇谋害君父，为人臣子，当致身授命以救之。故

[①] （清）陈澧撰，杨志刚编校：《东塾读书记》（外一种），中西书局2012年版，第142—143页。

记人戒之云，若君父有难，臣子若苟且免身而不斗，则陷君父于危亡，故云"毋苟免"。（第10页）

郑注训释此句仅曰"为伤义也"，此经及其郑注皆未明"难"之具体所指。然而，孔疏则将"难"限定为"寇仇谋害君父"，并认为此系记人告诫臣子：若君父有难，臣子不可苟且免身而不斗，不可陷君父于危亡。以上二例，前者警诫人君，后者告诫人臣。若非孔疏，今日读者难以从中读出如此义理。

10. 辨证诠释法

《礼记正义》释句，对一些看似简单的经文，举一反三，或兼顾正反，力求全面、正确地阐释其丰富内涵。

（1）《曲礼上》："四十曰强，而仕。"

孔疏：三十九以前通曰壮，壮久则强，故"四十曰强"。强有二义，一则"四十不惑"，是智虑强；二则气力强也。（第26页）

此例既揭示"强"之因，又揭示"强"之具体内涵有二："智虑强"和"气力强"。

（2）《曲礼上》："凡进食之礼，左殽右胾。食居人之左，羹居人之右。"郑注："皆便食也。"

孔疏：此中有三便，一则纯肉在右，先取为便也；二则羹饭并近，人之食，先取羹饭，亦便；三则饭在左，羹在右，右手取羹，羹重于右，亦便。故云"皆便食"。（第73页）

此例孔疏据郑注并阐发之，揭示其"便"有三，思虑周密。

11. 连类推证法

所谓连类推证法，冯浩菲曰"解甲事，连类推及乙事丙事，互相证发，达到解一知二、知三的效果"，并以《祭义》孔疏为例曰："'周人祭日，以朝及闇。'孔颖达《正义》：'以其尚文，祭百神，礼多，故以朝及闇也。故季氏之祭，大夫之家，礼仪应少，而亦以朝及暗，故夫子讥之。'"[①] 孔疏训诂典赡，说礼博通，与此法的运用密切相关。

---

① 冯浩菲：《中国训诂学》，山东大学出版社1995年版，第433页。

（1）《曲礼上》："三十曰壮，有室。"郑注："有室，有妻也。妻称室。"

孔疏："'三十曰壮，有室'者，三十而立，血气已定，故曰壮也。壮有妻，妻居室中，故呼妻为室。若通而言之，则宫室通名。故《尔雅》云：'宫谓之室，室谓之宫。'别而言之，论其四面穹隆则宫，因其贮物充实则曰室，室之言实也。今不云'有妻'而云'有室'者，妻者，齐也，齐为狭局，云'室'者，含妾媵，事类为广。案《媒氏》云：'男三十，女二十。'郑康成云：'二三者，天地相承覆之数也。'《易》曰'参天两地而倚数'焉。《白虎通》云：'男三十，筋骨坚强，任为人父。女二十，肌肤充盛，任为人母。合为五十，应大衍之数生万物也。'"（第26页）

孔疏释句，由"有室"意为"有妻"，而连类推及对"室""妻"，以及男女昏龄的训释。换言之，其一，由对人的训释而连类对物的训释，其训释"室"曰，通而言之，"宫室通名"；别而言之，"其四面穹隆则宫""因其贮物充实则曰室，室之言实也"。其二，由训释"妻室"而连类对"妻""室"之义的辨析。其三，由男子三十有室，连类推及女子二十出嫁。

（2）《曲礼上》："齐戒以告鬼神。"

孔疏：并厚重远别也。齐戒，谓嫁女之家，受于六礼，并在于庙布席告先祖也。明女是先祖之遗体，不可专辄许人。而取妇之家，父命子亲迎，乃并自齐絜，但在己寝，不在庙也。所以尔者，《白虎通》云："娶妻不告庙者，示不必人女也。"然夫家若无父母，则三月庙见，亦是告鬼神，故云"齐戒以告鬼神"。（第66—67页）

据孔疏可知，经文本谓嫁女之家"齐戒以告鬼神"。接着，孔疏又论及"取妇之家"迎娶"在寝"、而非"在庙"之礼，并进一步论"夫家若无父母，则三月庙见"之礼，皆连类推及也。

12. 以今明古法

汉人注经，已运用以今释古法。张舜徽言："郑氏注书，复好举汉时语言、习俗、礼制、器物以证说古义。每言'如今'以比况之。"[①] 孔疏师之，

---

① 张舜徽：《郑学丛著》，齐鲁书社1984年版，第131页。

上文论其以此法释词，今举例明其释句。

(1)《郊特牲》："既蜡而收，民息已。故既蜡君子不兴功。"郑注："息民与蜡异，则黄衣黄冠而祭，为腊必矣。"

孔疏：前"黄衣黄冠"在蜡祭之下，故知是腊也，是以云"为腊必矣"，故《月令》腊在"祈天宗"之下，但不知腊与蜡祭相去几日。准隋礼及今礼，皆蜡之后日。（第1081页）

郑注判定"既蜡""息民"之后，将举行腊祭。而《郊特牲》及其郑注皆未明腊祭于蜡后何日举行，孔疏遂以隋唐之礼况之，即腊祭于"蜡之后日"。

(2)《冠义》："见于母，母拜之；见于兄弟，兄弟拜之，成人而与为礼也。"

孔疏：今唐礼，母见子但起立，不拜也。案《仪礼》庙中冠子，以酒脯奠庙讫，子持所奠酒脯以见于母，母拜其酒脯，重从尊者处来，故拜之，非拜子也。（第2272页）

孔疏特揭示唐礼与古礼之不同：唐礼，母见子不拜，而此经明言"母拜之"，孔疏据《仪礼》认为"庙中冠子""子持所奠酒脯以见于母，母拜其酒脯"，而"非拜子"，认为唐礼与《冠义》不矛盾，实为弥缝二者之异。

13. 推算诠释法

《礼记正义》运用此法多集中于《曲礼上》《曲礼下》《王制》《月令》四篇疏，尤以《王制》《月令》两篇疏有着大量的复杂推算诠释。本章已于《训诂方法论之一：释词之义训法》节举《曲礼上》疏二例明之，今再以《王制》疏为例，考察其中复杂的推算诠释法：

《王制》："制：农田百亩。百亩之分，上农夫食九人，其次食八人，其次食七人，其次食六人，下农夫食五人。"郑注："农夫皆受田于公。田肥墝有五等，收入不同也。"

孔疏：按《周礼》地有九等，故《司徒》"上地家七人，中地家六人，下地家五人"，注云："有夫有妇，然后为家。自二人以至于十人，为九等。一家男女七人以上，则授之以上地，所养者众也。男女五人以下，则授之以下地，所养者寡也。正以七人、六人、五人为率者，举中而言。"如郑此言，上地家七人者，为中地之上；家六人者，谓中地之中；家五人者，谓中地之下。以此推之，下地之上，家四人；下地之中，家三人；下地之下，家二人；则上地之上，家十人；上地之中，家九人；上地之下，家八人。是则有九等，从十人而以至于二人。此经地惟五等，自九人而下至五人。不同者，《大司徒》所云农夫授田，实有九等。此据准庶人在官之禄，最下者犹五人，故从上农夫至五人而已。《司徒》"上地家七人"，此云"上农夫食九人"者，谓上中之地亦为上地，即上农夫不言上上者，欲取九人当下士禄，亦与《司徒》不异也。（第455—456页）

此例孔疏据《周礼·司徒》"上地家七人，中地家六人，下地家五人"及其郑注"以七人、六人、五人为率者，举中而言"，即"家七人者，为中地之上；家六人者，谓中地之中；家五人者，谓中地之下"，推算"地有九等"："下地之上，家四人；下地之中，家三人；下地之下，家二人；则上地之上，家十人；上地之中，家九人；上地之下，家八人。"即从"十人而以至于二人"，正好九等。不过，《王制》言"上农夫食九人，……下农夫食五人"，只有五等，孔疏弥缝之曰，"不同者，《大司徒》所云农夫授田，实有九等。此据准庶人在官之禄，最下者犹五人，故从上农夫至五人而已"。

以上对《礼记正义》释句的具体方法，进行简单的发凡起例。须指出的是，《礼记正义》作为义疏体训诂著作，其随文而释的注疏形式，具有极大的灵活性。孔疏往往据疏解对象，而采取综合法训释。正是由于大量训诂方法的成功运用，《礼记正义》成为训诂学典范。黄侃《礼学略说》："孔疏虽依傍皇疏，然亦时用弹正，采撷旧文，词富理博，说礼之家，钻研莫尽。故清世诸经悉有新疏，独《礼记》阙如者，亦以襄驾其上之难也。"[①] 此论诚然！

二 《礼记正义》释节法

孔疏继承前人章句之法，把经文划分为若干章节进行训释，有利于从微观上深入理解、把握经文内涵。大致说来，其法主要有二：划分章节，概括大意；采用总分式训释结构。

（一）划分章节，概括大意

孔疏训释经文，一般先划分章节，总结大意；然后再释词、释句。即先

---

① 黄侃：《礼学略说》，《黄侃论学杂著》，中华书局上海编辑所1964年版，第450页。

整体把握章节大意或揭示大义，接着详细训释词、句。孔疏还注重对上下章节之间大意的贯通，文脉的梳理。

1. 直接概括章节大意

(1)《曲礼上》："《曲礼》曰：'毋不敬，俨若思，安定辞。'安民哉！"

孔疏：此一节明人君立治之本，先当肃心、谨身、慎口之事。（第6页）

此例直接揭明层意"明人君立治之本"，再以"肃心、谨身、慎口"三词分别概括"毋不敬，俨若思，安定辞"大意。

(2)《曲礼上》："贤者狎而敬之，畏而爱之。爱而知其恶，憎而知其善。积而能散，安安而能迁。临财毋苟得，临难毋苟免。很毋求胜，分毋求多。疑事毋质，直而勿有。"

孔疏：此一节总明爱敬、安危、忠信之事。（第9页）

此例简明概括层意："爱敬"指"贤者狎而敬之，畏而爱之。爱而知其恶，憎而知其善"四句，"安危"指"积而能散，安安而能迁。临财毋苟得，临难毋苟免"四句，"忠信"指"很毋求胜，分毋求多。疑事毋质，直而勿有"四句，可谓言简意赅。

2. 注重上下章节的贯通

(1)《曲礼上》："敖不可长，欲不可从，志不可满，乐不可极。"

孔疏：此一节承上人君敬慎之道，此亦据人君恭谨节俭之事。（第8页）

孔疏所谓"承上人君敬慎之道"，即承接上文"《曲礼》曰：'毋不敬，俨若思，安定辞。'安民哉"四句。孔疏既概括本节大意，又贯通前后章节大意。

(2)《曲礼上》："夫为人子者，出必告，反必面，所游必有常，所习必有业，恒言不称老。年长以倍则父事之，十年以长则兄事之，五年以长则肩随之。群居五人，则长者必异席。"

孔疏：此一节亦明人子事亲之法，游方习业，及泛交之礼。（第33页）

此经上文曰"凡为人子之礼，冬温而夏清，昏定而晨省，在丑夷不争"，孔疏曰"此一节明人子事亲奉养之礼，又去争讼"。此两节经文大意，皆以事亲奉养之礼为中心，故此疏曰"此一节亦明人子事亲之法"，以"亦"字关联上下文。

（二）总分式训释结构

孔疏释章节主要采取总分式（包括总分总式）训释结构，疏通经义可谓有条不紊。例如《曲礼上》："《曲礼》曰：'毋不敬，俨若思，安定辞。'安民哉！"孔疏采用总分式结构训释。先概括此节大意："明人君立治之本，先当肃心、谨身、慎口之事。"然后具体训释以下各句经文，所谓"'《曲礼》曰'者""'毋不敬'者""'俨若思'者""'安定辞'者""'安民哉'者"，有条不紊。而且，孔疏在对此节各句的训释中，又采用总分总结构：如结合"安民哉"训释"《曲礼》曰"句，指出"记人引《仪礼》正经'毋不敬'以下三句而为实验也"，总释"毋不敬"以下三句引文出处及其目的。最后训释"安民哉"句，孔疏则曰"但人君发举，不离口与身心，既心能肃敬，身乃矜庄，口复审慎，三者依于德义，则政教可以安民也。云'哉'者，记人美此三句者也"，总结"毋不敬"以下三句要旨并揭示记者之态度，环环相扣[①]。又如：

《曲礼下》："君无故，玉不去身；大夫无故，不彻县；士无故，不彻琴瑟。"

孔疏：此明无灾者也。君，诸侯也。玉，谓佩也。君子于玉比德，故恒佩玉，明身恒有德也。且以玉为容饰，无故则有容饰，故佩玉也。"大夫无故不彻县"者，彻亦去也，无灾变则不去乐也。"士无故不彻琴瑟"者，此无灾则亦不去也。故郑前注"士不乐，去琴瑟"，取此文"琴瑟"。此是不命之士尔，若其命士，则特县也。自士以上，皆有玉佩。上云"君无故不去玉"，则知下通于士也。下言"士不去琴瑟"，亦上通于君也。但比德为重，故君上明之也。又大夫言"县"，士言"琴瑟"，亦互言耳。但县胜，故大夫言之也。（第161页）

---

① （汉）郑玄注，（唐）孔颖达正义，吕友仁整理：《礼记正义》，上海古籍出版社2008年版，第6—7页。

此例孔疏释节采用总分总式结构：先曰"此明无灾者也"，总疏此节；然后，曰"君，诸侯也。……故佩玉也"，训释"君无故，玉不去身"句；"彻亦去也……不去乐也"，训释"大夫无故，不彻县"句；"此无灾则亦不去也……则特县也"，训释"士无故，不彻琴瑟"句；"自士以上，皆有玉佩……故大夫言之也"，总结此节行文之"互言"法。孔疏解经，层次分明。

第五节 《礼记正义》训诂商榷

在论述《礼记正义》训诂成就的同时，还必须指出的是，其训诂之失亦偶有所见，且不乏因袭郑注者。今据前贤高见并结合研读心得，就其中失误之处商榷数例。论孔疏训诂之失误，概言之主要是因误解经、注而误，因强解或弥缝经、注而误，因过于尊重郑注而误，并由此导致概括章节大意失当。此外，孔疏训释经、注还存在自相矛盾者数例，理应予以简要辨析。

一 因误解经文或郑注而误训

考察孔疏训诂经、注之失，分析其中致误原因，归纳之主要有以下六种因素：不明名物、不明构词、不明经意、不明经中人物、不明礼制和断句有误等。

1. 不明名物而误训

（1）《曲礼上》："为大夫累之，士疐之，庶人龁之。"《释文》："疐，音帝。"

孔疏："'士疐之'者，疐，谓脱华处。"（第81页）

此例孔疏以"脱华处"训释"疐"，实有不妥，且与《玉藻》疏矛盾。《玉藻》"瓜祭上环，食中，弃所操"，郑注曰"上环，头忖也"，孔疏曰："'瓜祭上环'者，食瓜亦祭先也。环者，横断形如环也。断则有上下环也。上环是疐间，下环是脱华处也。祭时取上环祭之也。……忖，切，谓切瓜头切去疐。此庶人法也。"[①] 此谓"上环是疐间，下环是脱华处"，"疐"与"脱华处"显系两端。《释文》曰"疐，音帝"，"帝"通蒂。《说文》收录有"蔕"字，与"蒂"相通，曰"瓜当也"，段注曰："《曲礼》削瓜：'士

[①] （汉）郑玄注，（唐）孔颖达正义，吕友仁整理：《礼记正义》，上海古籍出版社2008年版，第1236—1237页。

蔕之。'《释木·枣李》曰：'蔕之。''蔕'者，蒂之假借字。《声类》曰：'蒂，果鼻也。'瓜当、果鼻正同类。《老子》：'深根固柢。''柢'亦作蔕。《西京赋》：'蔕倒茄于藻井。'皆假借为柢字。"①蔕当指瓜果的蒂，非谓脱华（花）处。孙希旦曰："蔕，瓜之连蔓处也。"② 由"蒂"而衍生"帝"义，杨志刚曰："根据义由声得的道理，从'蒂'及其语族可知'帝'本表示万物所由生的根本和原始。"③ 孔疏前后矛盾，当以《玉藻》疏为是。

（2）《乐记》："乐者，非谓黄钟、大吕、弦歌、干扬也，乐之末节也，故童者舞之。"

孔疏：此等之物，唯是乐器，播扬乐声，非乐之本……皇氏云："扬，举也。干扬，举干以舞也"。（第1519页）

此例孔疏"播扬"训释"干扬"，皇疏曰"扬，举也"，皆视"扬"为动词。《诗·大雅·公刘》："弓矢斯张，干戈戚扬，爰方启行。"《毛传》："戚，斧也；扬，钺也。"孔疏亦曰"弓矢于此张之，又秉其干戈戚扬之兵器"④。皆与此疏不同。孙希旦曰："愚谓扬，戚也。干、扬皆舞者之所执。"⑤ 今由"黄钟、大吕、弦歌、干扬"四者并列，可知"干扬"当为名词词组。孔氏从皇氏，皆误。

2. 不明构词而误训

（1）《曲礼上》："所以使民决嫌疑，定犹与也。"

孔疏：《说文》云："犹，兽名，玃属。豫，亦是兽名，象属。"此二兽皆进退多疑，人多疑惑者似之，故谓之"犹与"。（第124页）

《说文》将"犹""豫"皆训为兽名，失当。孔疏据以阐释曰"二兽皆进退多疑，人多疑惑者似之，故谓之'犹与'"，更谬。朱彬《礼记训纂》引段玉裁说："按古有以声不以义者，如'犹豫'双声，亦作'犹与'，亦作'尤豫'，皆迟疑之说。"⑥ 甚是。谢纪锋《汉语联绵词词典》"犹与"

---

① （汉）许慎撰，（清）段玉裁注：《说文解字注》，上海古籍出版社1988年版，第38页下栏。
② （清）孙希旦撰，沈啸寰等点校：《礼记集解》，中华书局1989年版，第63页。
③ 杨志刚：《中国礼仪制度研究》，华东师范大学出版社2001年版，第262页。
④ （清）阮元校刻：《十三经注疏·毛诗正义》，中华书局1980年版，第541页下栏。
⑤ （清）孙希旦撰，沈啸寰等点校：《礼记集解》，中华书局1989年版，第1012页。
⑥ （清）朱彬撰，饶钦农点校：《礼记训纂》，中华书局1996年版，第46页。

条："双声。《广韵》：犹，以周切；与，羊洳切。[古音]犹，余母幽部；与，余母鱼部。按：幽部与鱼部旁转。"①"犹与"或"犹豫"，又作"犹预""由豫""犹夷""犹疑"等。

(2)《学记》："君子知至学之难易，而知其美恶，然后能博喻。"郑注："美恶，说之是非也。"

孔疏："君子知至学之难易"者，三王、四代所以敬师，随器与之，是至学之易；随失而救之，是至学之难。（第1442页）

《学记》此句上承"学者有四失，教者必知之。人之学也，或失则多，或失则寡，或失则易，或失则止"，既曰"四失"，实发明"至学之难"。孔疏曰"三王、四代所以敬师，随器与之，是至学之易；随失而救之，是至学之难"②，或束缚于尚古思想，或受郑注以"是非"释"美恶"影响。对"难""易"分别训释，实未妥帖。宋元以降诸说纷纭，皆拘泥于文字而不得正解。钱锺书指出："'君子知至学之难易'；'难易'即'难'，因难而兼言'易'也，《正义》分别解释，失之。"③甚是。

3. 不明经意而误训

(1)《檀弓下》："子亢曰：'以殉葬，非礼也。虽然，则彼疾当养者，孰若妻与宰？得已，则吾欲已。不得已，则吾欲以二子者之为之也。'"

孔疏：子亢既见兄家谋殉葬非礼之事，自度不能止，故云"殉葬，非礼也"。又云虽非礼，"彼疾当养者"，彼死者疾病，当须养侍于下者，以外人疏，谁若妻之与宰？言妻、宰最亲，当须侍养。若得休已，不须侍养，吾意欲休已。若其不止，必须为殉葬，则吾欲以妻之与宰二子为之。（第397页）

据子亢言"则彼疾当养者，孰若妻与宰"推之，"二子"当指"其妻与其家宰"二人，而非"二人之子"。陈澔曰："二子，谓妻与宰也。子亢若

---

① 谢纪锋：《汉语联绵词词典》，外语教学与研究出版社2011年版，第1022页。
② （汉）郑玄注，（唐）孔颖达正义，吕友仁整理：《礼记正义》，上海古籍出版社2008年版，第1442页。
③ 钱锺书：《管锥编》，生活·读书·新知三联书店2007年版，第81—82页。

但言非礼,未必能止之。今以当养者为当殉,则不期期止而自止也。"① 孙希旦承其说:"子亢度二人不可以理争,故言欲以二人为殉,所以使其惧而自止。"② 陈氏、孙氏之说简明得当。

(2)《文王世子》:"况于其身以善其君乎?周公优为之。"
孔疏:"周公优为之",其周公比杀身之人,则优饶为之。言周公自优饶光益也。所以光益者,古人益君,则身处危亡;周公益君,身居尊显。又古人益君则勤苦,周公益君则逸乐。是于身有优饶,于德又广大也。(第846—847页)

孔疏训释"周公优为之",实则未妥。曰"周公益君则逸乐",以"逸乐"训"优为",显与《尚书·无逸》"周公曰:'呜呼!君子所其无逸'",《史记·鲁周公世家》"然我一沐三捉发,一饭三吐哺,起以待士,犹恐失天下之贤人"不合③。孙希旦引刘彝说曰:"以《世子法》教世子,直道也。今举《世子法》于伯禽以教成王,则迂曲矣。盖人臣杀身为国,犹尚为之,况不过迂曲其身之所行以成其君之德乎!宜乎周公优为之。"④ 朱彬则引黄氏说曰:"迂回委曲之义。优者,优胜之义也。谓周公迂回委屈设教,如成王有过,挞伯禽之类。"⑤ 孙、朱二家,各引刘彝、黄氏之说,较孔疏为胜,但仍未明确揭示"优为"之义。王文锦曰"周公自然乐于去做"⑥、杨天宇曰"周公在这方面是做得很出色的"⑦,今以杨先生所解为上。

4. 不明经中人物而误训

(1)《檀弓上》:"曾子曰:'……子思之哭嫂也为位。'"郑注:"善之也。礼,嫂叔无服。"
孔疏:此子思哭嫂,是孔子之孙,以兄先死,故有嫂也。皇氏以为原宪,字子思。若然,郑无容不注,郑既不注,皇氏非也。孔氏《连丛》云:"一子相承,以至九世。"及《史记》所说亦同者,不妨虽有

---

① (元)陈澔:《礼记集说》,上海古籍出版社1987年版,第55页。
② (清)孙希旦撰,沈啸寰等点校:《礼记集解》,中华书局1989年版,第278页。
③ (汉)司马迁撰,(宋)裴骃集解,(唐)司马贞索隐,张守节正义:《史记》,中华书局1959年版,第1518页。
④ (清)孙希旦撰,沈啸寰等点校:《礼记集解》,中华书局1989年版,第565页。
⑤ (清)朱彬撰,饶钦农点校:《礼记训纂》,中华书局1996年版,第320页。
⑥ 王文锦:《礼记译解》,中华书局2001年版,第276页。
⑦ 杨天宇:《礼记译注》,上海古籍出版社2004年版,第254页。

二子，相承者唯存一人，或其兄早死，故得有嫂。且杂说不与经合，非一也。（第266页）

孔疏以"子思"为孔子之孙，而皇氏以为"子思"为孔门弟子原宪。孔疏以"郑既不注"裁断"皇氏非也"，显然不合逻辑。《史记·仲尼弟子列传》："原宪，字子思。"司马贞《索隐》："郑玄曰：'鲁人。'《家语》云：'宋人。少孔子三十六岁。'"①《檀弓上》曰："仲宪言于曾子曰：'夏后氏用明器，示民无知也。'"郑注："仲宪，孔子弟子原宪。"孔疏曰："案《仲尼弟子传》云：'原宪，字子思。'彼注云'鲁人也'。"②上疏将《连丛》《史记》并称为"杂说"，此据《史记》而训释郑注，自相矛盾，二说必有一失。又按《仲尼弟子列传》：曾参"少孔子四十六岁"③，又据《家语》，原宪"少孔子三十六岁"，则长曾子十岁。孔子生于"鲁襄公二十二年"④，即公元前551年，则曾子生于公元前505年。钱穆认为子思（孔伋）生于公元前483年，卒于公元前402年⑤。所以，曾子长子思二十二岁。此云"子思哭嫂"，若此子思为孔伋，而郑注曰"善之也"，曾子恐难引其事作为楷模也。因此，以长曾子十岁的原宪为此子思更为合适，皇疏可信。

（2）《檀弓下》："孔子之故人曰原壤，其母死，夫子助之沐椁。原壤登木曰：'久矣，予之不托于音也。'歌曰：'狸首之班然，执女手之卷然。'夫子为弗闻也者而过之。从者曰：'子未可以已乎？'夫子曰：'丘闻之，亲者毋失其为亲也，故者毋失其为故也。'"

孔疏：今原壤是夫子故旧，为日已久，或平生旧交，或亲属恩好，苟无大恶，不可辄离。故《论语》云："故旧无大故，则不相遗弃。"彼注云："大故，谓恶逆之事。"杀父害君，乃为大故。虽登木之歌，未至于此。且夫子圣人，诲人不倦。宰我请丧亲一期，终助陈桓之乱，互

---

① （汉）司马迁撰，（宋）裴骃集解，（唐）司马贞索隐，张守节正义：《史记》，中华书局1959年版，第2207页。
② （汉）郑玄注，（唐）孔颖达正义，吕友仁整理：《礼记正义》，上海古籍出版社2008年版，第315页。
③ （汉）司马迁撰，（宋）裴骃集解，（唐）司马贞索隐，张守节正义：《史记》，中华书局1959年版，第2205页。
④ （汉）司马迁撰，（宋）裴骃集解，（唐）司马贞索隐，张守节正义：《史记》，中华书局1959年版，第1905页。
⑤ 钱穆：《先秦诸子系年》，《钱宾四先生全集》，台湾联经出版事业公司1998年版，第199—202页。

乡童子，许其求进之情，故志在携奖，不简善恶。原壤为旧，何足怪也？而皇氏云：'原壤是上圣之人，或云是方外之士，离文弃本，不拘礼节，妄为流宕，非但败于名教，亦是误于学者。'义不可用。其云"原壤中庸下愚"，义实得矣。（第437页）

孔疏训释顾此失彼：既斥责原壤"在丧而歌，非礼之甚"，又为孔子与之交游辩护："既是故旧，身无杀父害君之故，何以绝之？""且夫子圣人，诲人不倦，……故志在携奖，不简善恶，原壤为旧，何足怪也。"既斥责皇疏"离文弃本，不拘礼节，妄为流宕，非但败于名教，亦是误于学者""义不可用"，又肯定皇疏"原壤中庸下愚""义实得矣"[1]。孙希旦曰："原壤母死而歌，与子桑户死、孟子反、琴张临丧而歌相类，盖当时为老氏之学者多如此。然壤之心实非忘哀也，特以为哀痛在心而礼有所不必拘耳，故夫子原其心而略其迹，而姑以是全其交也。"[2]儒、道居丧皆哀痛于心，唯表象不同而已。钱锺书曰："有哀乐而感不过甚，此儒家言也，有哀乐而感非切实，此道家言也；前所流露者、真情而中节得当，后所流露者、浅迹以安时应物。"[3]可与孙氏互证。

5. 不明礼制而误训

（1）《檀弓上》："从母之夫，舅之妻，二夫人相为服，君子未之言也。"郑注："二夫人犹言此二人也。时有此二人同居，死相为服者，甥居外家而非之。"

孔疏：云"甥居外家而非之"者，以言从母及舅，皆是外甥称谓之辞，故知甥也。若他人之言，应云"妻之兄弟妇、夫之姊妹夫"相为服，不得云"从母之夫，舅之妻"也。言"甥居外家而非之"者，谓甥来居在外姓舅氏之家，见有此事而非之。或云"外家"者，以二人同住，甥居外旁之家，遥讥之。（第301—302页）

郑注曰"二夫人犹言此二人"，以"二夫人"当为"夫二人"，甚是。王引之曰："正文、注文之'二夫人'，皆当作'夫二人'，写者误倒耳。"[4]

---

[1] （汉）郑玄注，（唐）孔颖达正义，吕友仁整理：《礼记正义》，上海古籍出版社2008年版，第436—437页。
[2] （清）孙希旦撰，沈啸寰等点校：《礼记集解》，中华书局1989年版，第303页。
[3] 钱锺书：《管锥编》，生活·读书·新知三联书店2007年版，第1756—1757页。
[4] （清）王引之撰，虞思征等校点：《经义述闻》，上海古籍出版社2018年版，第793页。

然而，郑、孔所释节外生枝，难以令人信服。邹昌林认为此系母系社会时期之礼："从母就是母亲的姊妹，从母之夫，即现代所谓姨父。舅之妻，就是舅母。姨父与舅母，……按母系昭穆制，姨父实际是与父亲在同一氏族中，为父亲之兄弟。而舅之妻，也是与父亲在一个氏族中，为父之姊妹。这说明，在母系制下，'从母之夫''舅之妻'，实际是兄弟姊妹的关系。"① 所释符合经义，可从。

(2)《冠义》："见于母，母拜之；见于兄弟，兄弟拜之，成人而与为礼也。"

孔疏：今唐礼，母见子但起立，不拜也。案《仪礼》庙中冠子，以酒脯奠庙讫，子持所奠酒脯以见于母，母拜其酒脯，重从尊者处来，故拜之，非拜子也。(第2272页)

孔疏特揭示唐礼与古礼之不同：唐礼，母见子不拜，而此经明言"母拜之"。孔疏据《仪礼》以"庙中冠子""子持所奠酒脯以见于母，母拜其酒脯"，而"非拜子"。认为唐礼与《冠义》不矛盾，实为弥缝二者之异。孙希旦引吕大临说曰："孔疏：'冠子，以酒、脯奠庙，子持所奠脯以见母，母以脯从庙来，故拜之，非拜子也。'此说未然，冠礼所荐脯、醢，为醴子设，非奠庙也。盖礼有斯须之敬，母虽尊，有从子之道，故当其冠也，以成人之礼礼之。若谓'脯自庙来，拜而受之'，则子拜送之后，母又拜，何居？"② 吕说实据《仪礼·士冠礼》"冠者奠觯于荐东，降筵，北面坐，取脯，降自西阶，适东壁，北面见于母。母拜受，子拜送，母又拜"③，所言极是。

6. 因断句有误而误训

《丧大记》："君拜寄公、国宾、大夫、士。拜卿大夫于位，于士旁三拜。夫人亦拜寄公夫人于堂上、大夫内子、士妻。特拜命妇，泛拜众宾于堂上。"

孔疏：以上皆是皇氏所说。熊氏以为："大夫、士拜卿大夫、士者，是卿大夫、士家自遭丧，小敛后拜卿大夫于位，士旁三拜。大夫内子、士妻，亦谓大夫、士妻家自遭丧，小敛后拜命妇及拜士妻之礼。大夫、

---

① 邹昌林：《中国礼文化》，社会科学文献出版社2000年版，第150页。
② (清)孙希旦撰，沈啸寰等点校：《礼记集解》，中华书局1989年版，第1413页。
③ (清)阮元校刻：《十三经注疏·仪礼注疏》(附校勘记)，中华书局1980年影印版，第953页上栏。

士各自遭丧，并言之者，以其大夫、士家丧，小敛后拜宾同故也。"此即君、大夫、士之丧，小敛后拜宾，且与上文未小敛时文类，其义逾于皇氏矣。（第1711页）

此例皇、熊二家解经，实因断句有异而不同。孔疏虽云熊氏"其义逾于皇氏"，仍采用皇说解经，皇疏断句实则有误。黄以周云："皇氏谓君拜大夫士，误。谓君拜大夫于其位，更误。当以熊读为长。"① 此经依熊氏说可标为："君拜寄公、国宾。大夫、士拜卿大夫于位，于士旁三拜。夫人亦拜寄公夫人于堂上。大夫内子、士妻特拜命妇，泛拜众宾于堂上。"孙希旦《集解》②、朱彬《训纂》③ 亦主熊氏说。

二　因强解经文或郑注而误训

《礼记》诸篇富含珍贵史料，但亦不乏附会穿凿之说。如《檀弓上》记齐太公"比及五世，皆反葬于周"、《王制》记"凡九州，千七百七十三国"等说，皆不可以史实视之。观郑注、孔疏训释，皆以史实言之，实有强解经义之嫌。

（1）《檀弓上》："大公封于营丘，比及五世，皆反葬于周。"郑注："齐大公受封，留为大师，死葬于周，子孙生焉，不忍离也。五世之后，乃葬于齐，齐曰营丘。"

孔疏："太公封于营丘"者，周之大师大公封于营丘，及其死也，反葬于镐京，陪文武之墓。其大公子孙，比及五世，虽死于齐，以大公在周，其子孙皆反葬于周也。言"反葬"者，既从周向齐，今又从齐反往归周。君子善其反葬似礼乐之意。……知"留为大师"者，案《诗·大雅》云："维师尚父。"《毛传》云："师，大师也。"《史记·齐世家》云："大公望吕尚者，东海上人也。四岳之后。尚佐武王伐纣，为大师。"云"死葬于周"，子孙是大公所生焉，故不忍离其先祖，非谓子孙生在于周。……必五世者，五世之外则服尽也。然观经及注，则太公之外为五世，便是玄孙之子服尽亦反者。其实反葬正四世，知者，案《世本》："大公望生丁公伋，伋生乙公得，得生癸公慈母，慈母生哀公

---

① （清）黄以周撰，王文锦点校：《礼书通故》，中华书局2007年版，第496页。
② （清）孙希旦撰，沈啸寰等点校：《礼记集解》，中华书局1989年版，第1141—1142页。
③ （清）朱彬撰，饶钦农点校：《礼记训纂》，中华书局1996年版，第664页。

不臣。"案《齐世家》，哀公荒淫，被纪侯谮之周，周夷王烹哀公，亦葬周也。哀公是大公玄孙，哀公死，弟胡公靖立。靖死，献公山立。山死，武公寿立。若以相生为五世，则武公以上皆反葬于周；若以为君五世，则献公以上反葬周。（第260—261页）

此例孔疏所释不违经注，然而，经、注所言，令人难以信服。顾炎武《日知录》"太公五世反葬于周"条驳之曰："史之所言，已就封于齐矣。其复入为太师，薨而葬于周，事未可知。使其有之，亦古人因薨而葬，不择地之常尔。《记》以首丘喻之，亦已谬矣，乃云'比及五世，皆反葬于周'。夫齐之去周，二千余里，而使其已化之骨，跋履山川，触冒寒暑，自东徂西，以葬于封守之外，于死者为不仁。古之葬者，'祖于庭，塴于墓'，反哭于其寝，故曰：'葬日虞，弗忍一日离也。'使齐之孤，重趼送葬，旷月淹时，不获遵五月之制，速反而虞，于生者为不孝。且也入周之境，而不见天子则不度；离其丧次，而以衰绖见则不祥；若其孤不行，而使卿摄之则不恭；劳民伤财则不惠。此数者无一而可。禹葬会稽，其后王不从，而毂之南陵有夏后皋之墓，岂古人不达礼乐之义哉？体魄则降，知气在上，故古之事其先人于庙，而不于墓。圣人所以知幽明之故也。然则太公无五世反葬之事明矣。"[①] 其说据现实推测，合乎情理。孙希旦亦持此论："愚谓五世，盖谓太公至其玄孙哀公也。《周礼》虽有族葬之法，然古之天子诸侯皆即其所国而葬，不必皆从其祖宗也。文王葬丰，武王葬镐，亦可见矣。太公为周太师，丁公为虎贲氏，盖仕于王朝而死，而因葬焉者也。哀公则被烹死于周，而因葬焉者也。乙公、癸公无可考，使果葬周，亦必其死于周耳。若死于其国，岂有越数千里而以柩往葬者？谓五世反葬为不忘本，实附会之说尔。又按《皇览》，吕尚冢在临淄城南十里，与《记》所言不合。《史记》田和亦谥太公，岂《皇览》所言者乃和之冢，而误以为尚与？"[②] 孙氏质疑《檀弓》经文，又云"古之天子诸侯皆即其所国而葬，不必皆从其祖宗也"，且以文、武二王为证，甚是。

（2）《王制》："凡九州，千七百七十三国，天子之元士、诸侯之附庸不与。"郑注："《春秋传》云：'禹会诸侯于涂山，执玉帛者万国。'言执玉帛，则是唯谓中国耳。中国而言万国，则是诸侯之地，有方百

---

① （清）顾炎武著，陈垣校注：《日知录校注》，安徽大学出版社2007年版，第328—329页。
② （清）孙希旦撰，沈啸寰等点校：《礼记集解》，中华书局1989年版，第184—185页。

里，有方七十里，有方五十里者。禹承尧舜而然矣。要服之内，地方七千里乃能容之。夏末既衰，夷狄内侵，诸侯相并，土地减，国数少。殷汤承之，更制中国方三千里之界，亦分为九州岛，而建此千七百七十三国焉。"……《孝经说》曰："周千八百诸侯，布列五千里内。"

孔疏：此经总明殷之畿内畿外，故云"凡九州，千七百七十三国"。……商王大计地方三千里，畿外八州，每一州二百一十国，封爵三等，八州一千六百八十国，并王畿内九十三国，计千七百七十三国。……云"《孝经说》曰'周千八百诸侯，布列五千里内'"者，此《孝经纬》文。云"千八百"者，举成数，其实亦千七百七十三诸侯也，布列在中国五千里之内。……《异义》："《公羊》说，殷三千诸侯，周千八百诸侯。《古春秋左氏传》说，禹会诸侯于涂山，执玉帛者万国。唐虞之地万里，容百里地万国。其侯伯七十里，子男五十里，余为天子间田。许慎谨按：《易》曰'万国咸宁'，《尚书》云'协和万邦'。从《左氏》说。"郑驳之云："而诸侯多少，异世不同。万国者，谓唐虞之制也。武王伐纣，三分有二，八百诸侯，则殷末诸侯千二百也。至周公制礼之后，准《王制》千七百七十三国，而言周千八百者，举其全数。"（第464—467页）

经、注所云，不仅"万国"之说系虚指，以及"千八百""三千""千二百""千七百七十三国"等数，皆不可视为史实。孙希旦曰："郑氏谓夏时万国，地方七千里，夏末减少，'殷汤承之，更制中国，方三千里之地界，亦分为九州，而建此千七百七十三国。至周公复唐虞之旧域，其要服之内方七千里。'此不经之说也。禹会诸侯于涂山，执玉帛者万国，唯《左传》鲁大夫之言，实不可据。天子巡守，朝于方岳者，不过当方诸侯，未有举天下之诸侯而尽朝于是者也。郑推万国之数，地方七千里乃能容之，而在畿内者四百。然《禹贡》五服，不过五千里耳。且王畿方千里，封方五十里之国四百，而地已适尽，而天子将安所容乎？"[①] 此例孔疏解经，申郑强解，煞费苦心。"协和万邦"或"万邦来朝"云云，实为儒家崇高的理想，不可视为远古之史实。

三　因遵从郑注而误训

孔疏据郑义解经，若郑义有误，孔疏以讹传讹不可避免，综观孔疏之

---

① （清）孙希旦撰，沈啸寰等点校：《礼记集解》，中华书局1989年版，第317页。

误，多与过于尊崇郑注相关。郑注、孔疏或望文生义而误，或不明礼制而误，今借鉴前贤成果辨正之。

1. 望文生义而误训

（1）《曲礼上》："若夫，坐如尸，立如齐。礼从宜，使从俗。"郑注："言若欲为丈夫也。《春秋传》曰：'是谓我非夫。'"

孔疏：此一节论为丈夫之法，当"坐如尸"以下四行并备，乃可立身。……"若夫"者，凡人若为丈夫之法，必当如下所陈，故目丈夫于上，下乃论其行以结之。（第11页）

郑注、孔疏释"夫"为丈夫，误。孙希旦曰："今按夫当音扶，发语辞。旧读为'丈夫'之夫，非是。"其大意，孙氏引朱熹说："刘原父云：'《大戴礼记·曾子事父母》篇曰"孝子惟巧变，故父母安之。若夫坐如尸，立如齐，弗讯不言，言必齐色，此成人之善者也，未得为人子之道也。"此篇盖取彼文，而"若夫"二字失于删去。郑氏不知其然，乃谓二句为丈夫之事，误矣。'"① 据此，此节大意言"成人之善"也。又此经下文曰"夫为人子者，三赐不及车马"，孔疏曰"言'夫'者，贵贱悉然也"②，亦误。

（2）《月令》："命有司省囹圄，去桎梏，毋肆掠，止狱讼。"郑注："肆，谓死刑暴尸也。《周礼》曰：'肆之三日。'掠，谓捶治人。"

孔疏："肆，谓死刑暴尸"者，肆，陈也，谓陈尸而暴之，故《周礼·乡士》《县士》皆"肆之三日"。然春阳既动，理无杀人，何得更有死尸而禁其肆者？盖是大逆不孝罪甚之徒，容得春时杀之，杀则埋之，故禁其陈肆。（第632页）

郑注将"毋肆掠"之"肆"训释为"死刑暴尸"，并以《周礼》证之。孔疏遵从郑注，又因《月令》仲春之月，"春阳既动，理无杀人"，而采用折中之，以"大逆不孝罪甚之徒，容得春时杀之，杀则埋之，故禁其陈肆"弥缝之。孙希旦引高诱《吕氏春秋注》曰"肆，极。掠，笞也"③，甚是。现代学

---

① （清）孙希旦撰，沈啸寰等点校：《礼记集解》，中华书局1989年版，第5—6页。
② （汉）郑玄注，（唐）孔颖达正义，吕友仁整理：《礼记正义》，上海古籍出版社2008年版，第31页。
③ （清）孙希旦撰，沈啸寰等点校：《礼记集解》，中华书局1989年版，第424页。

者多从此说,王文锦曰"不许任意拷打"①,王梦鸥曰"春不行死刑,何来暴尸?《淮南子》此句作'毋笞掠'"②,杨天宇译为"不可肆意鞭笞犯人"③。

(3)《内则》:"国君世子生,告于君,接以大牢,宰掌具。"郑注:"接,读为'捷',捷,胜也。谓食其母,使补虚强气也。"

孔疏:王肃、杜预并以为接待夫人以大牢。郑必读为"捷",为"补虚强气"者,以妇人初产,必困病虚羸,当产三日之内,必未能以礼相接,应待负子之后。今在前为之,故知补虚强气宜速故也。(第1157页)

《内则》下文又曰:"凡接子择日,冢子则大牢,庶人特豚,士特豕,大夫少牢,国君世子大牢。"郑注曰:"虽三日之内,尊卑必皆选其吉焉。"所言显与此经、注不合。郑注"接,读为捷",实为臆说。孔疏据郑校而释,亦误。王肃、杜预并以为接待夫人,亦不妥。孙希旦曰:"接,如字。接,接子也。就子生之室,陈设馔具,以礼接待之也。"④据其说郑注前后矛盾问题迎刃而解,可从。

(4)《乐记》:"是故先鼓以警戒,三步以见方,再始以著往,复乱以饬归,奋疾而不拔,极幽而不隐,独乐其志,不厌其道,备举其道,不私其欲。"郑注:"复乱以饬归,谓鸣铙而退,明以整归也。"

孔疏:"复乱以饬归"者,乱,治也。复,谓舞曲终,舞者复其行位而整治,象武王伐纣既毕,整饬师旅而还归也。(第1513页)

此例郑注、孔疏训"乱"为"治",又《乐记》下文"《武》乱皆坐,周、召之治也",郑注曰:"《武》舞,象战斗也。乱,谓失行列也。失行列则皆坐,象周公、召公以文止武也。"孔疏:"乱,谓失行列。作此《武》舞,回移转动,乱失行列,皆坐。所以坐者,象周公、召公以文德治之,以文止武,象周、召之治也。"⑤又以"失行列"训释"乱",皆误。陈澔曰

---

① 王文锦:《礼记译解》,中华书局2001年版,第203页。
② 王梦鸥:《礼记今注今译》,台湾商务印书馆1979年版,第207页。
③ 杨天宇:《礼记译注》,上海古籍出版社2004年版,第178页。
④ (清)孙希旦撰,沈啸寰等点校:《礼记集解》,中华书局1989年版,第762页。
⑤ (汉)郑玄注,(唐)孔颖达正义,吕友仁整理:《礼记正义》,上海古籍出版社2008年版,第1541、1544页。

"乱，终也。如云《关雎》之乱"，又曰"乱，乐之卒章也"①。孙希旦发挥曰："乱，终也。'复乱以饬归'者，舞者之终，从末表复于第一表，以整饰其归，所谓'六成复缀以崇天子'也。"② 又曰："《武》乱者，《武》舞之终也。皆坐，舞者皆坐也。《武》舞至五成，而分周公左、召公右，于此时，舞者皆坐，象周公、召公以文止武也。"③朱彬引王念孙之说："乐之终、诗之终有乱，皆理之义也。"④ 结合先秦诗歌以"乱"结尾现象，四家所释甚当。

（5）《缁衣》："苟有车，必见其轼；苟有衣，必见其敝。人苟或言之，必闻其声；苟或行之，必见其成。"郑注："言凡人举事，必有后验也。……敝，败衣也。"

孔疏：此明人言行必慎其所终也。将欲明之，故先以二事为譬喻也。"苟有其车，必见其轼"者，言人苟称家有车，必见其车有载于物，不可虚也。言有车无不载也。"苟有其衣，必见其敝"者，言人苟称家有衣，必见其所著之衣有终敝破也，不虚称有衣而无敝也。……今乃云"必见其敝"，以衣初新著时，或在内里，人不见也。其敝破弃时乃始见，故云"必见其敝"。（第2126—2127页）

孔疏以"破敝"训释"必见其敝"之"敝"，实则不妥。郑注曰"敝，败衣也"，孔疏从之，曰"言人苟称家有衣，必见其所著之衣，有终敝破也"，所释不通。孙希旦曰："'敝'字当从庾氏读。敝当作'蔽'，车成则必驾之，而见其轼之高；衣成则必衣之，而见其蔽于体。人有言行，不可得而掩，亦犹是也。引《葛覃》者，证有衣必见其蔽之义。"⑤ 训解合乎情理，可从。朱彬曰："古者先知蔽前，后知蔽后。有衣必见其蔽，举在前者言之。上文'苟有车，必见其轼'，轼在车前也。郑注以敝为败，则时尚有待，与上下文不合。"⑥ 其说与庾氏、孙氏同。

（6）《缁衣》："小人溺于水，君子溺于口，大人溺于民，皆在其所

---

① （元）陈澔：《礼记集说》，上海古籍出版社1987年版，第214、218页。
② （清）孙希旦撰，沈啸寰等点校：《礼记集解》，中华书局1989年版，第1007页。
③ （清）孙希旦撰，沈啸寰等点校：《礼记集解》，中华书局1989年版，第1023—1024页。
④ （清）朱彬撰，饶钦农点校：《礼记训纂》，中华书局1996年版，第583页。
⑤ （清）孙希旦撰，沈啸寰等点校：《礼记集解》，中华书局1989年版，第1331—1332页。
⑥ （清）朱彬撰，饶钦农点校：《礼记训纂》，中华书局1996年版，第815页。

亵也。夫水近于人而溺人,德易狎而难亲也,易以溺人。口费而烦,易出难悔,易以溺人。夫民闭于人而有鄙心,可敬不可慢,易以溺人。"郑注:"言水,人所沐浴自洁清者,至于深渊、洪波,所当畏慎也,由近人之故,或泳之游之,亵慢而无戒心,以取溺焉。有德者亦如水矣,初时学其近者小者,以从人事;自以为可,则侮狎之,至于先王大道,性与天命,则遂扞格不入,迷惑无闻,如溺于大水矣。"

孔疏:"'小人溺于水'者,谓卑贱小人居近川泽者,爱玩于水。溺,覆没也。多为水所覆,故云'小人溺于水'。'君子溺于口'者,言卿大夫之君子,以口伤人而致怨恨,遂被覆没,亦如溺于水,不能自治也。'大人溺于民'者,大人,谓人君也。由君在上,陵虐下民,则人众离叛,君无所尊,故'溺于民'也。……'德易狎而难亲也,易以溺人'者,'德易狎'者,言有德之人,初时学其近者、浅者,谓言可得,是易可亲狎。至大者、远者,莫测其理,是难可亲也。初时易狎,是易也,终则难亲,是溺人也,故云'易以溺人'也。(第2119页)

经文并道"小人""君子""大人"之溺,分别指出三者易溺在于:水"德易狎而难亲也"、口"易出难悔"、民"可敬不可慢",与"有德者"实不相干。郑注望文生义,孔疏据之强解经义:"'德易狎'者,言有德之人,初时学其近者、浅者,谓言可得,是易可亲狎。……初时易狎,是易也。终则难亲,是溺人也,故云'易以溺人'也。"钱锺书以《老子》"天下柔弱莫过于水,而攻坚强者莫之能胜"、《文子·道原》"夫水所以能成其德者,以其绰约滑润也"、《左传》昭公二十年子产语"夫火烈,民望而畏之,故鲜死;水懦,民狎而玩之,则多死焉"为例,指出古人言"德"其义有二:"一指行为之美善者,……一指性能之固特者,如《礼记·缁衣》:'子曰:"小人溺于水。……夫水近于人而溺人,德易狎而难亲也,易以溺人"';……'德'正指水性,郑玄注误。"[①] 郑、孔知其一而不知其二。

(7)《聘义》:"《诗》云:'言念君子,温其如玉。'故君子贵之也。"郑注:"言,我也。"

孔疏:言襄公出兵征伐西戎,妇人思念其夫,言我念此君子,颜色温然如玉。引之者,证玉以比德之事。(第2349页)

---

① 钱锺书:《管锥编》,生活·读书·新知三联书店2007年版,第1482—1483页。

郑、孔将"言"训释为"我",不妥。此"言"无实义,《诗经》等先秦典籍常见其例,此为语首助词。王引之曰:"言,云也。语词也。'话言'之'言'谓之'云',语词之'云'亦谓之'言'。若《诗·葛覃》之'言告师氏,言告言归',……《小戎》之'言念君子',《七月》之'言私其豵'……皆与语词之'云'同义。而毛、郑释《诗》,悉用《尔雅》'言,我也'之训,或解为'言语'之'言',揆之文义,多所未安,则施之不得其当也。"① 另可参见杨树达《词诠》"言"字条②。

2. 不明礼制而误训

《王制》:"天子三公、九卿、二十七大夫、八十一元士。"郑注:"此夏制也。《明堂位》曰'夏后氏之官百',举成数也。"

孔疏:以《周礼》其官三百六十,此官百二十,故云夏制。以夏制不明,更引《明堂位》"夏后氏之官百"以证之,直云"百",不云百二十,故云"举成数也"。《王制》之文,郑皆以为殷法。此独云夏制者,以《明堂》殷官二百,与此百二十数不相当,故不得云殷制也。(第470—471页)

郑君以《王制》皆为殷制,本不足信,而孔疏从之。《朱子语类》卷八四:"看汉儒注书,于不通处,即说道这是夏商之制,大抵且要赖将去。"③ 孙希旦曰:"汉人采辑古制,盖将自为一代之典,其所采以周制为主,而亦或杂有前代之法,又有其所自为损益,不纯用古法者。郑氏见其与《周礼》不尽合,悉目为夏、殷之制,误矣。"④ 吕思勉曰:"若如《郑注》,凡度制与《周官》不合者,即强指为夏、殷,以资调停。则愈善附会而愈不可通矣。细看此篇《注疏》便知郑氏牵合今古文之误。"⑤ 任铭善曰:"兹篇所记者十事:班爵,禄田,任官,巡狩,朝聘,教学,养老,国用,丧祭,职方,盖损益四代以定一王之法,而未必时行者也。"⑥ 所论甚是。

---

① (清)王引之撰,李花蕾校点:《经传释词》,上海古籍出版社2016年版,第97—98页。
② 杨树达:《词诠》,中华书局1978年版,第395页。
③ (宋)朱熹撰,朱杰人等主编:《朱子语类》,《朱子全书》第17册,上海古籍出版社2002年版,第2881页。
④ (清)孙希旦撰,沈啸寰等点校:《礼记集解》,中华书局1989年版,第309页。
⑤ 吕思勉:《经子解题》,华东师范大学出版社1995年版,第53页。
⑥ 任铭善:《礼记目录后案》,齐鲁书社1982年版,第11页。

3. 不明经义而误训

《乐记》:"乐著大始,而礼居成物。著不息者天也,著不动者地也。一动一静者,天地之间也。"郑注:"言礼乐之法天地也,乐静而礼动,其并用事,则亦天地之间耳。"

孔疏:"乐著大始,而礼居成物"者,言乐象于天,天为生物之始。……礼法于地,言礼以禀天气以成于物,故云"礼居成物"。……"著不息者天也,著不动者地也"者,言乐法于天,动而不息,礼象于地,静而不动。……"言礼乐之法天地也,乐静而礼动,其并用事,则亦天地之间耳",释礼乐所以亦是天地之间物义也。若离而言之,则乐静礼动。若礼乐合用事,则同有动静,故知天地之间物有动静也。(第1488页)

郑注曰"言礼乐之法天地也,乐静而礼动","乐静而礼动"显然有误。据经义可知,乐法天,礼法地,故应注解为"乐动而礼静"。孔疏曰,"言乐法于天,动而不息,礼象于地,静而不动",本有矫正郑注失当之意。又疏解郑注"言礼乐之法天地也,乐静而礼动,其并用事,则亦天地之间耳",曰"释礼乐所以亦是天地之间物义也。若离而言之,则乐静礼动"。前后不一。又《乐记》上文曰"乐由天作,礼以地制",郑注曰"言法天地也",孔疏曰:"乐生于阳,是法天而作也。礼主于阴,是法地而制。"[1]《乐记》又曰"圣人作乐以应天,制礼以配地",皆明言以天地之关系比况乐与礼,足见郑注此例之失。孙希旦曰:"愚谓乐者阳之动,故气之方出而为物之大始者,乐之所著也。礼者阴之动,故质之有定而为物之已成者,礼之所居也。著不息者,天之动也。著不动者,地之静也。一动一静,充周乎天地之间,以始物而成物者,自然之礼乐也。"[2] 所释较郑注、孔疏通透。

4. 因断句之失而误训

《祭义》:"八十九十者东行,西行者弗敢过;西行,东行者弗敢过。"郑注:"'弗敢过'者,谓道经之则见之。"

---

[1] (汉)郑玄注,(唐)孔颖达正义,吕友仁整理:《礼记正义》,上海古籍出版社2008年版,第1477—1478页。

[2] (清)孙希旦撰,沈啸寰等点校:《礼记集解》,中华书局1989年版,第994—995页。

孔疏："八十九十者东行，西行者弗敢过"者，既未满百岁，不可一一就见。若天子、诸侯因其行次，或东行、西行至八十九十者，或闾里之旁，不敢过越而去，必往就见之。（第1856页）

郑注曰"'弗敢过'者，谓道经之则见之"，意指天子或诸侯道经八十九十者，"不敢过越而去，必往就见之"，孔疏遵从郑注。又，《王制》"岁二月，东巡守至于岱宗，柴而望祀山川，觐诸侯，问百年者就见之"，孔疏曰："此谓到方岳之下，见诸侯之后，问百年者就见之。若未至方岳，于道路之上有百年者，则亦王先见之。故《祭义》云：'天子巡守，诸侯待于竟，天子先见百年者。'下云'八十九十者东行，西行者弗敢过'，道经之，则见之。则知百年者，道虽不经所在，就见之，与此少别。"① 孔疏认为天子诸侯出巡，就见百年者甚是。然而，郑、孔训释"弗敢过"，皆误。孙希旦曰："八九十者，齿之尊次乎百年者也。其行乎道路之中，若东行，则西行之人皆驻立以待之，而不敢过；若西行，则东行之人皆驻立以待之，而不敢过也。前言'见老者则车、徒辟'，谓辟之而旁行也。此遇之而弗敢过，则不但辟之而已。"② 所解简明。朱彬亦曰："郝楚望曰：'老者东去，则西来者弗敢过，西行则东来者弗敢过，引却道旁，俟老者过而后行也。'"③ 郑注、孔疏之误，当在断句失当，故此句应标为："八十九十者，东行，西行者弗敢过；西行，东行者弗敢过。"如此则无歧义也。

四 前后训释自相矛盾

《礼记正义》出自众手，解经疏注时有自相矛盾自当难免，试对其"鸟不可曰兽"与"虎豹之属"为"倮虫"二说进行辨析。

(1)《曲礼上》："猩猩能言，不离禽兽。"

孔疏：今案禽兽之名，经记不同。《尔雅》云："二足而羽谓之禽，四足而毛谓之兽。"今鹦鹉是羽曰禽，猩猩四足而毛，正可是兽。今并云"禽兽"者，凡语有通、别，别而言之，羽则曰禽，毛则曰兽。所以然者，禽者，擒也，言鸟力小，可擒捉而取之；兽者，守也，言其力多，不易可擒，先须围守，然后乃获，故曰兽也。通而为说，鸟不可曰

---

① （汉）郑玄注，（唐）孔颖达正义，吕友仁整理：《礼记正义》，上海古籍出版社2008年版，第494页。
② （清）孙希旦撰，沈啸寰等点校：《礼记集解》，中华书局1989年版，第1232页。
③ （清）朱彬撰，饶钦农点校：《礼记训纂》，中华书局1996年版，第718页。

兽，兽亦可曰禽，故鹦鹉不曰兽，而猩猩通曰禽也。故《易》云："王用三驱，失前禽。"则驱走者亦曰禽也。又《周礼·司马》职云："大兽公之，小禽私之。"以此而言，则禽未必皆鸟也。又康成注《周礼》云："凡鸟兽未孕曰禽。"《周礼》又云："以禽作六挚，卿羔，大夫雁。"《白虎通》云："禽者，鸟兽之总名。"以此诸经证禽名通兽者，以其小兽可擒，故得通名禽也。（第21—22页）

此例孔疏训释"禽兽"，曰"通而为说，鸟不可曰兽，兽亦可曰禽，故鹦鹉不曰兽，而猩猩通曰禽也"，并举《周易》《周礼》及郑注、《白虎通》为证，认为"禽"可作为鸟兽通名，"兽"则不可指鸟。而《曲礼上》"行，前朱鸟而后玄武，左青龙而右白虎，招摇在上，急缮其怒"，郑注曰："以此四兽为军陈，象天也。"孔疏曰："朱鸟、玄武、青龙、白虎，四方宿名也。……今之军行，画此四兽于旌旗，以标左右前后之军陈。"又曰"此朱雀是禽，而总言'兽'者，通言耳。言'为君陈'者，则四兽各有军陈之法"①。孔疏言"四兽"凡三，皆包括"朱鸟"，"兽"可指鸟甚明。

（2）《月令》："其虫倮。"郑注："象物露见不隐藏，虎豹之属恒浅毛。"

孔疏：《大戴礼》及《乐纬》云："麟虫三百六十，龙为之长。羽虫三百六十，凤为之长。毛虫三百六十，麟为之长。介虫三百六十，龟为之长。倮虫三百六十，圣人为之长。"云"象物露见不隐藏"者，案仲夏云"可以居高明，可以处台榭"，至六月土王之时，物转盛大，露见不隐藏也。云"虎豹之属，恒浅毛"者，诸郑之所云，皆象四时之物，与鳞、羽、毛、介相似者言之，不取五灵之长，故中央不言人，西云"狐貉之属"，东方兼言蛇，北方兼言鳖，是不取五灵也。（第686页）

郑注曰"象物露见不隐藏，虎豹之属恒浅毛"，以"露见不藏"为"倮"，以"虎豹之属"为"倮虫"。孔疏引《大戴礼礼》《乐纬》等为释，甚是，而又承袭郑注，曰"至六月土王之时，物转盛大，露见不隐藏也。……诸郑之所云，皆据四时之物与鳞、羽、毛、介相似者言之，不取

---

① （汉）郑玄注，（唐）孔颖达正义，吕友仁整理：《礼记正义》，上海古籍出版社2008年版，第105—107页。

五灵之长，故中央不言人，西云'狐貉之属'，东方兼言蛇，北方兼言鳖，是不取五灵也"①，前后矛盾。又《礼运》"麟凤龟龙，谓之四灵"，孔疏曰："四灵配四方，如上所说。若其取象，理有多途。虎虽属西方，以其浅毛，得属中央土也。故《月令》：'中央土，其虫倮。'注云：'虎豹之属恒浅毛。'又于阴阳，虎属寅是也。"② 其以"四灵配四方"，仍以《月令》郑注为证。钱锺书曰："郑注未当，孔疏尤乖。《月令》谓时气温暖，'虫'皆'露见'不潜伏，非言衣毛之深浅有无，郑妄举虎豹为'倮'之例；下文'孟秋之月，……其虫毛'，郑注：'狐貉之属'，盖以狐貉为'毛'之例，强生分别，一若虎豹孟秋不'毛'而狐貉孟夏不'倮'者！"③ 按鳞、羽、毛、介、倮"五虫"，"虎豹""狐貉"等，皆系毛虫。至于倮虫，当包括人类也。

训释失误导致了孔疏对部分章节的大意概括亦误。以《曲礼上》"若夫，坐如尸，立如齐"节为例，孔疏曰"此一节论为丈夫之法，当'坐如尸'以下四行并备，乃可立身"④，朱熹曰："刘原父云：'《大戴礼记·曾子事父母》篇曰："孝子惟巧变，故父母安之。若夫坐如尸，立如齐，弗讯不言，言必齐色，此成人之善者也，未得为人子之道也。"此篇盖取彼文，而"若夫"二字失于删去。郑氏不知其然，乃谓二句为丈夫之事，误矣。'"⑤ 此节大意当言"成人之善"，非谓"为丈夫之法"。所谓"失之毫厘，谬以千里"。

---

① （汉）郑玄注，（唐）孔颖达正义，吕友仁整理：《礼记正义》，上海古籍出版社2008年版，第686页。
② （汉）郑玄注，（唐）孔颖达正义，吕友仁整理：《礼记正义》，上海古籍出版社2008年版，第935页。
③ 钱锺书：《管锥编》，生活·读书·新知三联书店2007年版，第1840—1841页。
④ （汉）郑玄注，（唐）孔颖达正义，吕友仁整理：《礼记正义》，上海古籍出版社2008年版，第11页。
⑤ （清）孙希旦撰，沈啸寰等点校：《礼记集解》，中华书局1989年版，第5—6页。

第八章 《礼记正义》考据刍论

戴震《与是仲明论学书》："诵《尧典》数行，至'乃命羲和'，不知恒星七政所以运行，则掩卷不能卒业。诵《周南》《召南》，自《关雎》而往，不知古音，徒强以协韵，则龃龉失读。诵古《礼经》，先《士冠礼》，不知古者宫室、衣服等制，则迷于其方，莫辨其用。不知古今地名沿革，则《禹贡》职方失其处所。不知少广旁要，则《考工》之器不能因文而推其制。不知鸟兽、虫鱼、草木之状类名号，则比兴之意乖。"① 所论揭示了考据于经学研究具有极其重要之意义。"江藩《经解入门》："考据者，考历代之名物象数、典章制度，实而有据者也。此其学至博至大，而至难（至）精。古人有考一事而聚讼至数十百家，积千载而不能晰者。学者非熟读《十三经》、纵览诸子各史及先儒传注记载之属，不足以语于此。"又曰："余列目录之学，示人以读书之门径；列校勘之学，示读书之当细心。由是而通训诂，精考据，则经学之事尽矣，即凡为学之事亦尽矣。"② 对考据推崇甚高。考据于礼学研究尤为重要，皮锡瑞曰："'三礼'本是实学，非可空言"③。黄侃曰："则'三礼'名物，必当精究。辨是非而考异同，然后礼意可得而明也。今夫堂、庭、房、室，古宫室之制，不与今同者也；冠、弁、带、绂，古衣服之制，不与今同者也；饮、羞、珍、酱，古饮食之制，不与今同者也；几、席、尊、彝，古器用之制，不与今同者也。考之未明，则礼文触处窒碍矣。"④ 治礼须实事求是，故尤重考据学。

《礼记》诸篇，固然以阐释礼义为重，同时涉及礼之末节者亦时时有，又包含上古政治、经济、文化等多方面内容，具有资料汇编的性质。《礼记正义》疏通《礼记》及其郑注，并借以贯通"三礼"，重视对名物、礼制的训释和考据。其关于礼之起源、"三礼"成书、相关历史以及传说人物、诸

---

① （清）戴震著，赵玉新点校：《戴震文集》，中华书局1980年版，第140页。
② （清）江藩撰，周春健校注：《经解入门》，华东师范大学出版社2010年版，第113页。
③ （清）皮锡瑞著，周予同注释：《经学历史》，中华书局1959年版，第256页。
④ 黄侃：《礼学略说》，《黄侃论学杂著》，中华书局上海编辑所1964年版，第465页。

多名物和礼仪制度等,进行了大量的考证,并有所发明。关于礼之起源与《礼记》成书方面的考据,本书分别于"《礼记正义》思想考论""《礼记正义》文本考释"二章论之,今列"《礼记正义》考据刍论"章以专论孔疏对人物、名物、礼制三者的考据成就,力图与相关章节形成互补。

第一节　《礼记正义》人物考据

据统计,《礼记》所记历史人物多达138人,大体包括历史人物和传说人物两大类。而涉及孔子的记载内容最为丰富,另记载孔门主要弟子19人,亦颇丰富①。孔疏对《礼记》及其郑注中的人物,一般皆给予简介,其数不下百位;又择其中与《礼记》思想内容尤为重要者或诸家解说存在较大争议者,进行详细考据。其中,传说人物以"三皇五帝"为代表,历史人物则以孔子、周公为代表。

一　传说人物考

孔疏对传说人物进行的考据,涉及伏牺、女娲、神农氏、高禖(媒神)、炎帝、黄帝、颛顼、鲧、少昊、蓐收、祝融、舜等。孔疏考据主要包括两类:对群体的考据;对某一个体的考据。前者以"三皇五帝"考据最为详尽,后者以伏牺考据最为详尽。

(1)《曲礼上》:"太上贵德,其次务施报。"郑注:"大上,帝皇之世,其民施而不惟报。三王之世,礼始兴焉。"

孔疏:大上,谓三皇五帝之世也。……皇是三皇,帝是五帝,不云"皇帝"者,恐是一事不分,故郑升"帝"于"皇"上,以殊异代矣。然五帝虽有三礼五玉,陟方朝会,而犹是揖让,故上同三皇,是以《礼运》注谓五帝为大道之时也。熊氏云:"三皇称皇者,皆行合天皇之星。故《诗纬·含神雾》宋均注云:'北极天皇大帝,其精生人。'然则称皇者,皆得天皇之气也。郑玄意则以伏牺、女娲、神农为三皇,故注《中候·敕省图》引《运斗枢》伏牺、女娲、神农为三皇也。然宋均注《援神契》引《甄耀度》燧人、伏牺、神农为三皇,谯周《古史考》亦然。《白虎通》取伏牺、神农、祝融为三皇,孔安国则以伏牺、神农、黄帝为三皇。并与郑不同。此皆无所据,其言非也。郑数伏牺、女娲、

---

① 卢静:《〈礼记〉文学研究》,西安交通大学出版社2013年版,第60页。

神农，非谓其人身自相接，其间代之王多矣。《六艺论》云：'燧人至伏牺一百八十七代。'宋均注《文耀钩》云：'女娲以下，至神农七十二姓。'谯周以为伏牺以次有三姓始至女娲，女娲之后五十姓至神农，神农至炎帝一百三十三姓。是不当身相接。谯周以神农、炎帝为别人，又以神农为木德，女娲为水德，皆非郑义也。

其五帝者，郑注《中候·敕省图》云：'德合五帝坐星者称帝。'则黄帝、金天氏、高阳氏、高辛氏、陶唐氏、有虞氏是也。实六人而称五者，以其俱合五帝坐星也。五帝所以称帝者，《坤灵图》云：'德配天地，在正不在私，称之曰帝。'……散而言之，则三皇亦称帝，则《月令》云'其帝太昊'是也。五帝亦称皇，则《吕刑》云'皇帝清问下民'是也。……此云'大上贵德'，郑云'帝皇之世'，则帝皇以上皆行德也。所以《中候·握河纪》云：'皇道帝德，非朕所事。'是三皇行道，五帝行德。……既三皇行道，五帝行德，以次推之，则三王行仁，五霸行义。五帝虽行德，亦能有仁，故《大学》云'尧舜率天下以仁'是也。案《老子》云：'道常无名。'河上公云：'能生天地人，则当大《易》之气也。'《道德经》云'上德不德'。其德稍劣于常道，则三皇之世，法大易之道行之也。然则可行之道，则伏牺画八卦之属是也，三皇所行者也。'下德不失德'，河上公云：'下德谓号谥之君。'则五帝所行者也。但三皇则道多德少，五帝则道少德多。"此皆熊氏之说也。（第22—23页）

关于"三皇五帝"，自古众说纷纭。此例孔疏主要征引熊疏以考据"三皇五帝"。孔疏先训释郑注"帝皇"之义，再分别论述"三皇""五帝"称谓之内涵："三皇称皇者，皆行合天皇之星""德合五帝坐星者称帝"。重点考辨了分别以郑玄、宋均和谯周、《白虎通》、孔安国为代表的关于"三皇"的四种说法：郑玄据《运斗枢》以伏牺、女娲、神农为三皇；宋均和谯周以燧人、伏牺、神农为三皇；《白虎通》以伏牺、神农、祝融为三皇；孔安国以伏牺、神农、黄帝为三皇。熊氏则主郑氏之说，且认为"伏牺、女娲、神农，非谓其人身自相接，其间代之王多矣"。今按此说颇合上古史的发展情况。孔疏广引熊疏，实主其说。然后，再据郑义详释"五帝"，郑君以"黄帝、金天氏、高阳氏、高辛氏、陶唐氏、有虞氏"六者是也。因"实六人而称五者，以其俱合五帝坐星也"。"五帝"亦有多种说法，此仅列郑氏之说。孔疏博引熊疏，而取郑玄之说，自然尊崇此"三皇五帝"之说。最后，考证"帝"称"皇"，"皇"亦称"帝"，曰"散而言之，则三皇亦称帝，……五帝亦称皇",此言甚是。然而,孔疏又曰"三皇则道多德少,五帝则道少德多",此言则过于牵强。

此例尤其体现孔疏对郑注据纬书解经遵从的一面。清齐召南批评汉唐诸儒以纬书解经曰:"汉人注经,大有功于圣籍,其过则在执纬以诬经。唐人疏经亦大有功于前贤,其过则在屈经以从注。"① 孔疏从郑亦受非议,皮锡瑞辩之曰:"谶纬多存古义,原本今文;杂引释经,亦非巨谬。"② 吕友仁考察《五经正义》体例,指出"《五经正义》在处理谶纬问题上有'各从其家而为之说'之例",而前人不识,故有非议③。

(2)《月令》:"其帝大皞,其神句芒。"郑注:"大皞,宓戏氏。"

孔疏:以东方立德,则谓之大皞;德能执伏牺牲,谓之伏牺,即宓戏也。《律历志》云:"大皞作罔罟以田渔,取牺牲,故天下号曰庖牺氏。"又《帝王世纪》云:"取牺牲以供庖厨,食天下,故号曰庖牺氏。"或作密戏氏者,密字误也,当"宀"下着"必",是古之伏字。按《帝王世纪》云:"大皞帝庖牺氏,风姓也,母曰华胥。遂人之世,有大人之迹出于雷泽之中,华胥履之,生庖牺于成纪,蛇身人首,有圣德,为百王先。帝出于震,未有所因,故位在东,主春,象日之明,是以称大皞,一号黄熊氏。"(第600页)

伏羲为"三皇"之首,《月令》以太皞为"五帝"之首,孔疏故考据之。此例孔疏先揭示伏羲称名"大皞""伏牺"之因,强调其道德色彩。接着,征引《律历志》《帝王世纪》言其称号"庖牺氏"之因,亦强调道德因素,并校正"密戏"当为"宓戏"。然后,以《帝王世纪》考伏羲身世并揭示其作为春季之帝及其称"大皞"之因。孔疏对"三皇五帝"以及伏羲等古圣王的考据,明显体现出传统儒学对远古时代理想化的色彩。

二 历史人物考

历史人物,孔疏考释的有孔子、文王、武王、周公、成王、子亢、子柳、帝乙、老聃、延陵季子、叔誉(叔向)、少连、大连,孔门弟子曾子、子夏、子路、子贡等。其中,以对周公、孔子两位大儒的考据最为详尽。唐

---

① (汉)孔安国传,(唐)孔颖达疏,(唐)陆德明音义,(清)齐召南等考证:《尚书注疏》,文渊阁《四库全书》第54册,台湾商务印书馆2008年版,第19页下栏。
② (清)皮锡瑞著,周予同注释:《经学历史》,中华书局1959年版,第201页。
③ 吕友仁:《孔颖达〈五经正义〉义例研究》,上海古籍出版社2019年版,第118—124页。

前儒学，周、孔并称。《淮南子·要略》："周公继文王之业，持天子之政，以股肱周室，辅翼成王。……周公受封于鲁，以此移风易俗。孔子修成、康之道，述周公之训，以教七十子，使服其衣冠，修其篇籍，故儒者之学生焉。"① 结合《礼记》文本可知，周、孔对中国礼乐文化贡献最为突出。孔颖达《礼记正义序》曰："洎乎姬旦，负扆临朝，述《曲礼》以节威仪，制《周礼》而经邦国。礼者，体也，履也，郁郁乎文哉！三百三千，于斯为盛。……夫子虽定礼正乐，颓纲暂理，然国异家殊，异端并作。……于是博物通人，知今温古，考前代之宪章，参当时之得失，俱以所见，各记旧闻。错总鸠聚，以类相附，《礼记》之目，于是乎在。"极力表彰周、孔对礼乐文化的突出贡献，重点考据二者，实属当然。

1. 周公考

周公是周初的一位伟大政治家，是周代礼乐文化的奠基者，也是中国政治与学术嬗变的关键人物，韩愈《原道》："由周公而上，上而为君，故其事行。由周公而下，下而为臣，故其说长。"② 夏曾佑曰："孔子之前，黄帝之后，于中国大有关系者，周公一人而已。"③ 杨向奎盛赞周公的历史功绩曰："没有周公不会有武王灭殷后的一统天下；没有周公不会有传世的礼乐文明；没有周公就没有儒家的历史渊源，没有儒家，中国传统的文明可能是另一种精神状态。"④ 詹子庆则将周公视为中国古代"第一位大政治家、大思想家"⑤。《礼记·檀弓上》《曾子问》《文王世子》《礼运》《明堂位》《乐记》《祭统》《中庸》《表记》九篇，皆载周公事迹，尤其以《文王世子》《明堂位》两篇最为重要。

《正义》卷首解题："《礼记·明堂位》云，周公摄政六年，制礼作乐，颁度量于天下。"⑥ 关于周公考据，孔疏主要围绕摄政之事展开。《文王世子》："成王幼，不能莅阼。周公相，践阼而治。"郑注："代成王履阼阶，摄王位，治天下也。"孔疏则主要据郑玄注《金縢》立说：武王驾崩，时成王十岁，服丧三年后，即十三岁，周公欲代成王摄政；周公居洛二年，成王十五岁，周公开始真正摄政。此后，周公摄政七年，在成王二十二岁时，归

---

① 张双棣：《淮南子校释》，北京大学出版社1987年版，第2150页。
② （唐）韩愈撰，马其昶校注：《韩昌黎文集校注》，上海古籍出版社1986年版，第18页。
③ 夏曾佑：《中国上古史》，河北教育出版社2000年版，第37页。
④ 杨向奎：《宗周社会与礼乐文明》，人民出版社1992年版，第136页。
⑤ 詹子庆：《第一位大政治家、大思想家》，《古史拾零》，东北师范大学出版社2015年版，第94—108页。
⑥ （汉）郑玄注，（唐）孔颖达正义，吕友仁整理：《礼记正义》，上海古籍出版社2008年版，第2—3页。

政成王①。《明堂位》盛赞周公"有勋劳于天下",其中最为称道者有二:摄政与制礼作乐。孔疏又于《明堂位》疏结合多种文献详考之:

> 《明堂位》:"昔殷纣乱天下,脯鬼侯以飨诸侯。是以周公相武王以伐纣。武王崩,成王幼弱,周公践天子之位,以治天下。六年,朝诸侯于明堂,制礼作乐,颁度量,而天下大服。七年,致政于成王。成王以周公为有勋劳于天下。"
>
> 孔疏:《家语》云:"武王崩,成王年十三。"郑康成则以为武王崩,成王年十岁,是幼弱也。……周公摄政三年,天下太平,六年而始制礼作乐者,《书传》云:"周公将制礼作乐,优游三年,而不能作。将大作,恐天下莫我知也。将小作,则为人子不能扬父之功烈德泽。然后营洛邑,以期天下之心。于是四方民大和会。周公曰:'示之以力役且犹至,而况导之以礼乐乎?'"其度量六年则颁,故郑注《尚书·康王之诰》云:"摄政六年,颁度量,制其礼乐。成王即位,乃始用之。"故《洛诰》云:"王肇称殷礼,祀于新邑。"是摄政七年冬也。郑云"犹用殷礼者,至成王即位,乃用周礼"是也。其周公制礼摄政,孔、郑不同。孔以武王崩,成王年十三,至明年摄政,管叔等流言。故《金縢》云:"武王既丧,管叔及其群弟流言于国,曰:'公将不利于孺子。'"时成王年十四,即位。摄政之元年,周公东征管、蔡,后二年克之。故《金縢》云:"周公居东二年,则罪人斯得。"除往年,时成王年十六,摄政之三年也。故《诗序》云:"周公东征,三年而归。"摄政七年,营洛邑,封康叔而致政,时成王年二十。故孔注《洛诰》,以时"成王年二十"是也。郑则以为,武王崩,成王年十岁。《周书》以武王十二月崩,至成王年十二,十二月丧毕,成王将即位,称己小求摄,周公将代之,管、蔡等流言,周公惧之,辟居东都。故《金縢》云:"武王既丧,管叔等流言。周公乃告二公曰:'我之不辟,无以告我先王。'"既丧,谓丧服除。辟,谓辟居东都。时成王年十三。明年,成王尽执拘周公属党,故《金縢》云:"周公居东二年,则罪人斯得。"罪人,谓周公属党也。时成王年十四。至明年,秋,大熟,有雷风之异。故郑注《金縢》云:"秋,大熟,谓二年之后。"明年秋,迎周公而反。反则居摄之元年,时成王年十五。《书传》所谓"一年救乱"。

---

① (汉)郑玄注,(唐)孔颖达正义,吕友仁整理:《礼记正义》,上海古籍出版社2008年版,第830页。

明年诛武庚、管、蔡等，《书传》所谓"二年克殷"。明年，自奄而还，《书传》所谓"三年践奄"。四年，封康叔，《书传》所谓"四年建侯卫"，时成王年十八也。故《康诰》云"孟侯"，《书传》云"天子太子十八称孟侯"。明年，营洛邑，故《书传》云"五年营成周"。六年，制礼作乐。七年，致政于成王，时成王年二十一。明年乃即政，时年二十二也。礼既是郑学，故具详焉。（第1262—1263页）

孔疏结合《孔子家语》、孔安国《尚书传》、《古文尚书》及其郑注考释《明堂位》，以"礼既是郑学"，故从郑说。今比勘孔安国、郑玄二说之异有三：一是武王卒时，成王之年不同：《家语》、孔安国《书传》主十三岁，郑玄主十岁。二是周公摄政、归政之际，成王之年亦有不同：孔安国主成王十四岁，周公摄政，凡摄政七年，周公归政，时成王二十岁。郑玄以成王十岁，武王崩，"十二月丧毕"（与上例孔疏所引郑注《金縢》曰"服丧三年毕"不同），成王十二岁时，"将即位，称己小求摄，周公将代之"。成王年十三，周公避居洛邑。两年之后，成王十五年，迎周公反，周公摄政。七年后，周公归政，时成王二十一岁。第二年，成王即政，时二十二岁。三是周公摄政是否出于本人意愿：据孔安国说，周公审时度势，主动摄政；以郑氏说，则是成王自知年幼，请求周公摄政，周公受命于成王而摄政。二说实则涉及周公摄政合法性的敏感问题。

廖平尝指出，周公摄政以及归政成王，体现了王位继承由兄终弟及至父死子继的历史演变："周公、成王事为经学一大疑。武王九十以后乃生子，成王尚有四弟，何以九十以前不一生？继乃知成王非幼，周公非摄，此《尚书》成周公之意，又有语增耳。武王克殷后即以天下让周公，《逸周书》所言是也。当时周公直如鲁隐公、宋宣公，兄终弟继，即位正名，故《金縢》称'余一人''余小子'，下称二公，称'王曰'，《檀弓》：'文王舍伯邑考而立武王。'盖商法，兄终弟及。武王老，周公立，常也。当时初得天下，犹用殷法。自周公政成之后，乃立周法，以传子为主。周家法度皆始于公，欲改传子之法，故归政成王。"① 此说与上古历史较为符合。而郑氏之说，显然更赋予周公儒家理想之忠臣色彩。杨向奎说："周公元圣，先孔子而圣，是道德规范，于是周公之执政称王不仅是政治问题，也是道德问题。"② 又曰

---

① 廖平撰：《经话》，舒大刚、杨世文主编：《廖平全集》第1册，上海古籍出版社2015年版，第234页。
② 杨向奎：《宗周社会与礼乐文明》，人民出版社1992年版，第138页。

"正统派史学家与经师于此遂百般为周公辅政事作正面解释"①，而郑君是其中的一个代表。

2. 孔子考

杨向奎赞誉孔子的历史功绩曰："孔子以'诗书礼乐'教，以六经传六艺，遂构成两千年来中国封建社会礼乐文明的核心，周公后，孔子为中国之至圣先师。"②《礼记》作为一部礼学文献汇编，其思想内容与孔子密切相关，孔颖达曰"其《礼记》之作，出自孔氏"，又曰"七十二子之徒共撰所闻，以为此《记》"。《檀弓上》《檀弓下》《曾子问》《礼运》《礼器》《郊特牲》《玉藻》《乐记》《杂记下》《经解》《哀公问》《仲尼燕居》《孔子闲居》《中庸》《儒行》《射义》等篇，或记孔子言行，或与孔子相关。孔疏对孔子的身世、行迹和逝后之事等进行详考。

（1）《檀弓上》："孔子少孤，不知其墓，殡于五父之衢。人之见之者，皆以为葬也。其慎也，盖殡也。问于郰曼父之母，然后得合葬于防。"郑注："孔子之父郰叔梁纥与颜氏之女徵在野合而生孔子，徵在耻焉，不告。"

孔疏：按《史记·孔子世家》云："叔梁纥与颜氏女野合而生孔子。"郑用《世家》之文，故注言"野合"，不备于礼也。若《论语》云"先进于礼乐，野人也"及"野哉！由也"，非谓草野而合也。但徵在耻其与夫不备礼为妻，见孔子知礼，故不告言。"不知其墓"者，谓不委曲适知柩之所在，不是全不知墓之去处。其或出辞入告，总望本处而拜。今将欲合葬，须正知处所，故云"不知其墓"。今古不知墓处，于事大有，而讲者喧喧，竟为异说，恐非经记之旨。案《家语》云，叔梁纥年余七十无妻，颜父有三女，颜父谓其三女曰："邹大夫身长七尺，武力绝伦，年余七十，谁能与之为妻？"二女莫对。徵在进曰："从父所制，将何问焉？"父曰："即尔能矣。"遂以妻之。为妻而生孔子，三岁而叔梁纥卒。王肃据《家语》之文，以为《礼记》之妄。《论语纬·撰考》云："叔梁纥与徵在祷尼丘山，感黑龙之精以生仲尼。"今郑云叔梁纥与颜氏之女徵在野合，于《家语》文义亦无殊。何者？七十之男，始取徵在，灼然不能备礼，亦名野合。又徵在幼少之女而嫁七十之夫，是以羞惭，不能告子。又叔梁纥生子三岁而后卒，是孔子少孤。又与

---

① 杨向奎：《宗周社会与礼乐文明》，人民出版社1992年版，第140页。
② 杨向奎：《宗周社会与礼乐文明》，人民出版社1992年版，第359页。

《撰考》之文祷尼丘山而生孔子,于野合之说亦义理无妨,郑与《家语》《史记》并悉符同。王肃妄生疑难,于义非也。(第 235—236 页)

此例考据孔子身世,洋洋洒洒,可谓详备。郑注征引《孔子世家》,认为孔子系叔梁纥与颜徵在"野合"而生,孔疏考据亦围绕"野合"二字展开:首先,指出"野合"系"不备于礼也",接着征引《论语》"野人""野哉"之义,得出"野合""非谓草野而合也"的结论。其次,将"不知其墓",解释为"谓不委曲适知柩之所在"。再次,征引《家语》《论语纬》之说,认为与郑氏之说并无殊义。此即孔疏对郑注据《孔子世家》曰孔子系"野合"而生的疏解大意。最后指责王肃据《家语》疑难《礼记》是"妄生疑难"。《家语·本姓解》"徵在既往,庙见,以夫之年大,惧不时有男,而私祷尼丘之山以祈焉。生孔子,故名丘而字仲尼"云,诚如论者言:"为孔子的后人,《家语》作者将孔子之母的身份合法化,包含了对孔子嫡子身份的解释,讳饰之意自是情理所难免。"[①] 孔疏反复强调"郑与《家语》《史记》并悉符同",实与《家语》所言意图一致,皆为避尊者讳也。

其后,司马贞《史记索隐》即采用孔疏说:"《家语》云'梁纥娶鲁之施氏,生九女。其妾生孟皮,孟皮病足,乃求婚于颜氏徵在,从父命为婚'。其文甚明。今此云'野合'者,盖谓梁纥老而徵在少,非当壮室初笄之礼,故云野合,谓不合礼仪。故《论语》云'野哉由也',又'先进于礼乐,野人也',皆言野者是不合礼耳。"张守节《史记正义》进一步曰:"男八月生齿,八岁毁齿,二八十六阳道通,八八六十四阳道绝。女七月生齿,七岁毁齿,二七十四阴道通,七七四十九阴道绝。婚姻过此者,皆为野合。故《家语》云'梁纥娶鲁施氏女,生九女,乃求婚于颜氏,颜氏有三女,小女徵在'。据此,婚过六十四矣。祷于尼丘得孔子。鲁襄公二十二年而孔子生。"[②] 匡亚明《孔子评传》又采司马贞、张守节二家说[③]。诸家言叔梁纥年已七十,即年过六十四而娶妻颜氏为"不合礼",其说与《礼记·曾子问》合:"孔子曰:'宗子虽七十,无无主妇;非宗子,虽无主妇可也。'"孔疏曰:"宗子,大宗子也。凡人年六十无妻者,不复娶,以阳气绝故也。而宗子领宗男于外,宗妇领宗女于内,昭穆事重,不可废阙,故虽年七十亦犹娶

---

① 侯文学:《孔子早年的身份认同——从〈史记·孔子世家〉之孔子殡母、合葬、要绖说起》,《中国典籍与文化》2015 年第 1 期。

② (汉)司马迁撰,(宋)裴骃集解,(唐)司马贞索隐,张守节正义:《史记》,中华书局 1959 年版,第 1906 页。

③ 匡亚明:《孔子评传》,南京大学出版社 1990 年版,第 22 页。

也。故云'无无主妇',言必须有也。然此谓无子孙及有子而年幼小者。若有子孙,则传家事于子孙,故《曲礼》'七十老而传'是也。"①由叔梁纥之名可知,其非宗子甚明。

孔疏考孔子行迹主要有二:一是考孔子仕宦与周游列国;二是考孔子观礼季札。

(2)《檀弓上》:"有子曰:'夫子制于中都,四寸之棺,五寸之椁,以斯知不欲速朽也。昔者夫子失鲁司寇,将之荆,盖先之以子夏,又申之以冉有,以斯知不欲速贫也。'"郑注:"中都,鲁邑名也。孔子尝为之宰,为民作制。孔子由中都宰为司空,由司空为司寇。"

孔疏:《孔子世家》:"定公九年,孔子年五十。定公以孔子为中都宰,一年,四方皆则之。由中都宰为司空,由司空为司寇。定公十年,会于夹谷,摄相事。"此云"司寇"者,崔灵恩云:"诸侯三卿,司徒兼冢宰,司马兼宗伯,司空兼司寇。三卿之下,则五小卿为五大夫。故《周礼·太宰》职云诸侯立三卿、五大夫也。五大夫者,司徒之下立二人,小宰、小司徒,司马之下,以其事省,立一人为小司马,兼宗伯之事;司空之下立二人,小司寇、小司空。今夫子为司空者,为小司空也,从小司空为小司寇也。"崔所以知然者,鲁有孟、叔、季三卿为政,又有臧氏为司寇,故知孔子为小司寇,崔解可依。

按《世家》,定十四年,齐人归女乐,孔子去鲁适卫,从卫之陈,过匡邑,匡人围之。又复去,过蒲。又反于卫,又去卫,过曹适宋。时定公卒,宋桓魋欲杀孔子,伐夫子所过之树,削夫子所过之迹。去宋适郑,去郑适陈。居三岁,又适卫。既不见用,将西见赵简子,至河而闻杀窦鸣犊与舜华也,又反于卫。复行,如陈。时哀公三年,孔子年六十。明年,孔子自陈迁于蔡,三岁。孔子在陈、蔡之间,楚使人聘孔子,陈、蔡乃围孔子,绝粮乏食七日。于是使子贡至楚,楚昭王兴师迎孔子,将书社七百里封孔子,楚令尹子西谏而止之。是岁,楚昭王卒,孔子自楚反于卫,孔子年六十三,是鲁哀公六年。以此言之,失司寇在定十四年,之楚在哀公六年,其间年月甚远。且失司寇之后,向宋不向楚。而云"失鲁司寇,将之荆"者,谓失鲁司寇之后,将往之荆,则哀公六年之荆,亦是失司寇之后,非谓失司寇之年即之荆也。(第313页)

---

① (汉)郑玄注,(唐)孔颖达正义,吕友仁整理:《礼记正义》,上海古籍出版社2008年版,第761页。

孔疏据《孔子世家》考证"夫子制于中都""为司寇""失鲁司寇",以及"应聘于楚"未果而又"自楚反于卫"等事,分别是在"定公九年""定公十年""定公十四年""哀公六年"。对于孔子来说,年五十为中都宰,五十一为司寇,五十四周游列国,六十三应聘于楚,未果。故云"失鲁司寇,将之荆"者,非谓"失司寇之年即之荆"。孔疏又据崔灵恩说,认为孔子为司空、司寇,实乃"小司空""小司寇",以大夫身份任,非卿。然而,《孔子世家》曰:"其后定公以孔子为中都宰,一年,四方皆则之。由中都宰为司空,由司空为大司寇。"① 与崔氏不同。钱穆《先秦诸子系年》"孔子仕鲁考"条,博引诸家之说,而主"为鲁司寇"说②。

(3)《檀弓下》:"延陵季子适齐,于其反也,其长子死,葬于嬴、博之间。孔子曰:'延陵季子,吴之习于礼者也。'往而观其葬焉。"郑注:"季子名札,鲁昭二十七年,'吴公子札聘于上国'是也。季子让国居延陵,因号焉。《春秋传》谓延陵、延州来。"

孔疏:知"季子名札"者,案襄二十九年"吴公子札来聘",是名札也。又案襄二十九年季札来聘于鲁,遂往聘齐、卫及晋。知非此时子死,而云"昭二十七年聘上国"者,此云孔子闻之,"往而观其葬焉"。若襄二十九年,孔子才年九岁,焉得观其葬而善之?故为昭二十七年也。云"让国,居延陵"者,《春秋》襄二十九年,"吴公子札来聘"。《公羊》云:"吴无君,无大夫,此何以有君,有大夫?贤季子也。何贤乎?季子让国也。谒也,余祭也,夷昧也,与季子同母者四。季子弱而才,兄弟皆爱之,同欲立之以为君。兄弟迭为君,而致国乎季子,皆曰'诺'。故诸为君者,皆轻死为勇,饮食必祝曰:'天苟有吴国,尚速有悔于予身。'及阖庐使专诸刺僚,而致国乎季子,季子不受,去之延陵,终身不入吴国。"此即季子本封延陵,后让国,又居之。郑举后事言耳。延陵,一名延州来,故《左传》云"延州来季子聘于上国",所以郑又引以会之云:"《春秋传》谓延陵、延州来。"即此经延陵,即《左传》延州来,明是一也。(第424页)

---

① (汉)司马迁撰,(宋)裴骃集解,(唐)司马贞索隐,张守节正义:《史记》,中华书局1959年版,第1915页。

② 钱穆:《先秦诸子系年》,《钱宾四先生全集》第5册,台湾联经出版事业公司1998年版,第25页。

此例主要考据延陵季子聘齐与葬子事，而涉及孔子观礼一说。孔疏之失有二：其一，是孔子的生年。以上论孔子身世、仕宦，孔疏主要据《孔子世家》。司马迁认为孔子生于襄公二十二年（又见《鲁世家》《十二诸侯年表》），即公元前551年，则襄公二十九年孔子八岁，而非九岁。此曰"若襄二十九年，孔子才年九岁"，则以孔子诞生于襄公二十一年，即公元前552年。司马贞《史记索隐》曰："《公羊传》'襄公二十一年十有一月庚子，孔子生'。今以为二十二年，盖以周正十一月属明年，故误也。后序孔子卒，云七十二岁，每少一岁也。"① 可知，此疏据《公羊传》《穀梁传》为说，则孔疏上文据《世家》考孔子仕宦、周游列国的时间与年纪，故与此疏依据的生年有所出入②。

其二，谓延陵与延州来，"明是一也"，即指同一地名。另据《左传》襄公三十一年："赵文子问焉，曰：'延州来季子，其果立乎？'"杜注曰："延州来，季札邑。"孔疏曰："《释例·土地名》'延州来'阙，不知其处，则杜谓'延州来'三字共为一邑。服虔云：'延，延陵也。州来，邑名。季子让王位，升延陵为大夫，食邑州来。传家通言之。'案：传文谓之'延陵季子'，则是'延陵'与'州来'必不得为一，但不知何以呼为延陵耳。或延陵亦是邑名，盖并食二邑，故连言之。"③ 又以"延陵与州来必不得为一"。关于"延陵""延州来"的讨论，又见于《左传》昭公二十七年："使延州来季子，聘于上国。"杜注曰："季子本封延陵，后复封州来，故曰延州来。"孔疏曰："《檀弓》云：'延陵季子适齐。于其反也，其长子死，葬于嬴愽（博）之间。'郑玄云：'鲁昭二十七年，吴公子札聘于上国是也。'如郑之言，此时或聘齐也。……襄三十一年注云：'延州来，季札邑。'此又分坼之，言本封延陵，后复封州来，故曰延州来。成七年'吴入州来'，注云：'楚邑，淮南下蔡县是也。'十三年，'吴灭州来'。二十三年传云'吴伐州来，楚远越救之'。则州来未为吴有，不可以封札也。《释例·土地名》'延州来'阙。则延陵、州来并阙不知其处。杜意当谓吴地别有州来，非楚邑也。郑玄云：'季子让国居延陵，因号焉。'襄二十九年《公羊传》曰，季

---

① （汉）司马迁撰，（宋）裴骃集解，（唐）司马贞索隐，张守节正义：《史记》，中华书局1959年版，第1906页。

② 钱穆：《先秦诸子系年》，《钱宾四先生全集》第5册，台湾联经出版事业公司1998年版，第1—2页。

③ （清）阮元校刻：《十三经注疏·春秋左传正义》，中华书局1980年版，第2015页中栏—下栏。

子'去之延陵，终身不入吴国'。然则季子虽则让国，犹尚仕为吴卿，非自窜于彼地。《吴世家》云：'季札封于延陵，故号曰延陵季子。'杜言封，是也。封，谓赐之为采邑耳。"① 可见关于"延陵""延州来"诸说纷纭，孔疏实难裁断，故有两说。

(4)《檀弓上》：孔子之丧，有自燕来观者，舍于子夏氏。子夏曰："圣人之葬人与？人之葬圣人也。子何观焉？昔者夫子言之曰：'吾见封之若堂者矣，见若坊者矣，见若覆夏屋者矣，见若斧者矣。从若斧者焉。'马鬣封之谓也。今一日而三斩板，而已封，尚行夫子之志乎哉！"郑注："板，盖广二尺，长六尺。斩板，谓断其缩也。三断上之，旁杀。盖高四尺，其广袤未闻也。"

孔疏：知"板，盖广二尺"，案《祭义》曰"筑宫仞有三尺"，是墙高一丈。《公羊传》云"五板为堵"，则板广二尺，故五板高一丈也。知板长六尺者，以《春秋左氏》说雉长三丈，高一丈，《公羊传》云"五板为堵，五堵为雉"，按五堵而为雉，则堵长六尺。故《诗笺》云"雉长三丈，则板六尺"。知"盖高四尺"者，以上合葬于防，崇四尺，今葬夫子不可过之，又板广二尺，三板斜杀，唯高四尺耳。其东西之广，南北之袤，则未闻也。引《诗》"缩板以载"，是《大雅·绵》之篇也。引之者，证缩为约板之绳。孙毓难云："孔子墓，鲁城北门外西，坟四方，前高后下，形似卧斧，高八九尺。今无马鬣封之形，不止于三板。"《记》似误者，孙毓云据当时所见，其坟或后人增益，不与元葬坟同，无足怪也。（第327—328页）

此考孔子坟之规模。孔疏先考"板"之大小：长六尺，宽二尺。又以经文"一日而三斩板"及其郑注"三断上之，旁杀。盖高四尺"，并结合此节上文所言孔子合葬父母坟墓高度"孔子既得合葬于防，……于是封之，崇四尺"，考据出孔子坟墓"唯高四尺耳"。关于孙毓对《檀弓上》及其郑注的质疑，孔疏认为孔子之坟经后人增益，已"不与元葬坟同"。后人凭吊圣人，增其旧制，亦在情理之中。

总之，郑注、孔疏关于周公、孔子的考据，皆带有一定理想化的色彩。因为"在经学家那里，价值判断要高于事实判断"，而"历史真实并不一定构成价值，而价值却要主导真实的历史"。这就是所谓"经学的根本立场"：

---

① （清）阮元校刻：《十三经注疏·春秋公羊传注疏》，中华书局1980年版，第2116页上栏。

"并不是追询历史的真实,而是追询价值的真实、意义的真实。"①

第二节 《礼记正义》名物考据

"名物"一词,最初出自《周礼·天官·庖人》:"掌共六畜、六兽、六禽,辨其名物。"其基本之义指事物的名称、特征,又包含对事物专有名词进行研究、辨析。《论语·阳货》篇载孔子尝教导弟子学《诗》曰:"小子何莫学夫诗?诗,可以兴,可以观,可以群,可以怨。迩之事父,远之事君,多识于鸟兽草木之名。"② 夫子论学《诗》之意义,其中之一就是"多识于鸟兽草木之名",即有助于对自然界动植物的认知。《墨子·经上》曰"名,达、类、私"③,即名称可分三个层次:达名、类名、私名。《经说上》释之曰:"物,达也,有实必待文多也。命之马,类也,若实也者必以是名也。命之臧,私也,是名也止于是实也。"④《荀子·正名》曰:"故万物虽众,有时而欲遍举之,故谓之物。物也者,大共名也。推而共之,共则有共,至于无共然后止。有时而欲遍举之,故谓之鸟兽。鸟兽也者,大别名也。推而别之,别则有别,至于无别然后止。"⑤ 可见,先秦诸子对万物的分类认识已达到了相当高度。董仲舒《天地施》发展前人之说曰:"名者,所以别物也。亲者重,疏者轻,尊者文,卑者质,近者详,远者略,文辞不隐情,明情不遗文,人心从之而不逆,古今通贯而不乱,名之义也。……万物载名而生,圣人因其象而命之。然而可易也,皆有义从也,故正名以名义也。物也者,洪名也,皆名也,而物有私名,此物也,非夫物也。"⑥ 精辟地论述了"名"之意义以及"名""物"之辩证关系。名物考据,其实质也就是关于名物学的研究。

由于古礼涉及古人生活的方方面面,《周礼》《仪礼》《礼记》作为礼学文献,包含名物极其繁多。据刘兴均等统计,"三礼"含有名物词凡4595个(去其重复者),其中《周礼》2121个、《仪礼》1216个、《礼记》2473

---

① 姜广辉:《经学思想研究的新方向及其相关问题》,《义理与考据——思想史研究中的价值关怀与实证方法》,中华书局2010年版,第141页。
② (清)阮元校刻:《十三经注疏·论语注疏》(附校勘记),中华书局1980年版,第2525页中栏。
③ (清)孙诒让撰,孙启志点校:《墨子间诂》,中华书局2001年版,第315页。
④ (清)孙诒让撰,孙启志点校:《墨子间诂》,中华书局2001年版,第349页。
⑤ (清)王先谦撰,沈啸寰等点校:《荀子集解》,中华书局1988年版,第419页。
⑥ (汉)董仲舒撰,曾振宇、傅永聚注:《春秋繁露新注》,商务印书馆2010年版,第360页。

个①。与《礼记》内容极其丰富一致，其涉及名物亦何其之多。清儒有言："古圣王经世之道，莫切于礼。然必悉其名物，而后可求其制度；得其制度而后可语其精微。"（"《礼说》十四卷"条）② 名物特别是其中的礼器，与礼制往往密不可分，所谓"簠簋俎豆，制度文章，礼之器也"（《乐记》）。《左传》成公二年，又有"器以藏礼"之说③。换言之，礼器是礼仪制度及其蕴含礼义的物质载体。故名物考据，于礼学研究尤为重要。《礼记正义》对相关名物的考据，范围极广，种类众多，可谓"上至天文，下至地理，中涉人事"④。今据其文本，将孔疏考据略分为天文、地理、人事三大类，而以人事为重点。需明确的是，儒经中"天""地""日""月""星"，以及山河川泽等概念，既是自然意义的客观世界，也是祭祀对象中的天神、地祇，亦与礼制密切相关。

一 天文类考

《礼记正义·月令》解题，主要考据了包括宇宙、天及其四游、二十八宿、日、月、星等天体及其运行等天文现象。《祭法》孔疏考据"六宗"，与"天文"相关。今举其对天、日、月、星和"六宗"的考据为例，以讨论孔疏天文考。

1. 天考

> 孔疏：分为天地，说有多家，形状之殊，凡有六等：一曰盖天，文见《周髀》，如盖在上。二曰浑天，形如弹丸，地在其中，天包其外，犹如鸡卵白之绕黄。杨雄、桓谭、张衡、蔡邕、陆绩、王肃、郑玄之徒并所依用。三曰宣夜，旧说云殷代之制，其形体事义，无所出以言之。四曰昕天，昕读为轩，言天北高南下，若车之轩。是吴时姚信所说。五曰穹天，云穹隆在上，虞氏所说，不知其名也。六曰安天，是晋时虞喜所论。注《考灵耀》用浑天之法，今《礼记》是郑氏所注，当用郑义，以浑天为说。按郑注《考灵耀》云："天者纯阳，清明无形。圣人则之，制璇玑玉衡，以度其象。"如郑此言，则天是大虚，本无形体，但指诸星运转以为天耳。但诸星之转，从东而西，必三百六十五日四分日之一，星复旧处。星既左转，日则右行，亦三百六十五日四分日之一，

---

① 刘兴均：《"三礼"名物词研究》，商务印书馆2016年版，第9页。
② （清）永瑢等：《四库全书总目》，中华书局1965年版，第156页下栏。
③ 杨伯峻：《春秋左传注》，中华书局2018年版，第675页。
④ 刘兴均等：《"三礼"名物词研究》，商务印书馆2016年版，第45页。

至旧星之处。即以一日之行而为一度，计二十八宿一周天，凡三百六十五度四分度之一，是天之一周之数也。天如弹丸，围圜三百六十五度四分度之一。按《考灵曜》云："一度二千九百三十二里千四百六十一分里之三百四十八，周天百七万一千里者。"是天圆周之里数也。以围三径一言之，则直径三十五万七千里。此为二十八宿周回直径之数也。然二十八宿之外，上下东西各有万五千里，是为四游之极，谓之四表。据四表之内，并星宿内，总有三十八万七千里。然则天之中央上下正半之处，则一十九万三千五百里，地在其中，是地去天之数也。"（第592页）

孔疏先枚举关于"天"之形体的六种之说及其文献所出：盖天、浑天、宣夜、昕天、穹天和安天。其中，以浑天说为主要代表。孔疏遵从杨雄、桓谭、张衡、蔡邕、陆绩、王肃、郑玄等所主张的浑天说，尤其据郑氏说为本，曰"天是大虚，本无形体，但指诸星运转以为天耳"。此说颇符合宇宙的客观现实。又曰"但诸星之转，从东而西，必三百六十五日四分日之一，星复旧处。星既左转，日则右行，亦三百六十五日四分日之一，至旧星之处"，其说与今日观念不同者有二：一是以面南背北、左东右西为方位，而不同于今日之上北下南、左东右西。二是曰"星既左转，日则右行"，实则系地球公转、自转造成之假象。又据《考灵曜》以天为弹丸，则其圆周度数为"三百六十五度四分度之一"，周长为"百七万一千里"，直径为"三十五万七千里"，天地距离为"一十九万三千五百里"云云，其偏颇皆是局限于时代而致。

2. 日、月、星考

孔疏：但月是阴精，日为阳精。故《周髀》云："日犹火，月犹水，火则外光，水则含景。故月光生于日所照，魄生于日所蔽。当日则光盈，就日则明尽。"京房云："月与星辰，阴者也。有形无光，日照之乃有光。"先师以为日似弹丸，月似镜体。或以为月亦似弹丸，日照处则明，不照处则暗。……《元命包》云："日之为言实也。月，阙也。"刘熙《释名》云："日，实也，大明盛实。月，阙也，满则缺也。"《说题辞》云："星，精阳之荣也。阳精为日，日分为星，故其字日下生也。"《释名》云："星，散也，布散于天。"（第594—595页）

孔疏征引《周髀》及前贤为说，揭示日发光发热、月有明有暗之因，基本符合客观现实。又据《元命包》、刘熙《释名》与《说题辞》等，考释日、月、星之得名，其说大体可从，也体现了先民对诸天象的一定认知。

3. 六宗考

《祭法》："埋少牢于泰昭，祭时也。"郑注："时，四时也，亦谓阴阳之神也。"

孔疏：案《圣证论》王肃"六宗"之说，用《家语》之文，以此四时也，寒暑也，日也，月也，星也，水旱也，为六宗。孔注《尚书》亦同之。伏生与马融以天、地、四时为六宗。刘歆、孔晁以为乾、坤之子六，为六宗。贾逵云："天宗三，日、月、星也。地宗三，河、海、岱也。"《异义》："今《尚书》欧阳、夏侯说：六宗，上及天，下及地，旁及四方，中央，恍惚助阴阳变化，有益于人者也。古《尚书》说：天宗日、月、北辰，地宗岱、河、海也。日、月为阴阳宗，北辰为星宗，河为水宗，海为泽宗，岱为山宗。"许君谨案：与古《尚书》同。郑驳之云："《书》云'类于上帝，禋于六宗，望于山川'，既六宗云禋，山川言望，则六宗无山川明矣。《太宗伯》云：'以禋祀祀昊天上帝，以实柴祀日月星辰，以槱燎祀司中、司命、飚师、雨师。凡此所祭，皆天神也。'《郊特牲》曰：'郊之祭也，大报天而主日也。'又《祭义》曰：'郊之祭，大报天而主日，配以月。'则郊天并祭日、月可知。其余星也、辰也、司中也、司命也、风师也、雨师也，此之谓'六宗'亦明矣。"如郑此言，六宗称禋，则天神也。日月也在郊祀之中，又类于上帝之内，故以其余为六宗也。案《礼论》六宗，司马彪等各为异说，既非郑义，今略而不论。（第1790页）

孔疏罗列诸家关于"六宗"的说法，主要有：其一，王肃《圣证论》说：四时、寒暑、日、月、星、水旱为六宗。孔注《尚书》（实系《伪古文尚书》）与之同。其二，伏生、马融"以天、地、四时"说，即天、地、春、夏、秋、冬为六宗。其三，刘歆、孔晁说："以为乾、坤之子六，为六宗。"即巽、离、兑、震、坎、艮（即风、火、泽、雷、水、山）为六宗。其四，贾逵说：天宗日、月、星，地宗河、海、岱。其五，《今文尚书》学者说：六宗包括天、地、四方，即天、地、东、南、西、北为六宗。其六，《古文尚书》学者说：天宗日、月、北辰，地宗岱、河、海。许慎《五经异义》持此说。其七，郑玄《驳五经异义》说，以"星也、辰也、司中也、司命也、风师也、雨师也，此之谓'六宗'亦明"。此外，还有"司马彪等各为异说"，可谓众说纷纭。

二 地理类考

孔疏关于地理类的考据主要有两大类：一是关于地球和地名的考据，包括地、地之四极，山川河流以及营丘、苍梧、延陵、曲阜等地名；二是关于生活于地理环境中的各种动物和植物考据。

（一）地与地名考

1. 地考，可以《月令》解题为例：

> 孔疏：郑注《考灵耀》云："地盖厚三万里。春分之时，地正当中。自此地渐渐而下，至夏至之时，地下游万五千里，地之上畔与天中平。夏至之后地渐渐向上，至秋分地正当天之中央。自此地渐渐而上，至冬至上游万五千里，地之下畔与天中平。自冬至后，地渐渐而下。"此是地之升降于三万里之中。但浑天之体，虽绕于地，地则中央正平，天则北高南下。北极高于地三十六度，南极下于地三十六度。然则北极之下三十六度常见不没，南极之上三十六度常没不见。南极去北极一百二十一度余，若逐曲计之，则一百八十一度余。若以南北中半言之，谓之赤道，去南极九十一度余，去北极亦九十一度余。此是春秋分之日道也。赤道之北二十四度，为夏至之日道，去北极六十七度也。赤道之南二十四度，为冬至之日道，去南极亦六十七度。（第592—593页）

此例考据地，实为探讨地球的相关基本知识，充分体现了当时人们对地（地球）的认知：所谓"地盖厚三万里"，实言地球的直径；所谓"地之升降于三万里之中"，实言地球一年之公转，不过，古时又似以地居宇宙中央；所谓"北极高于地三十六度，南极下于地三十六度"，实言地球自转之倾斜角度；所谓"南极去北极一百二十一度余，若逐曲计之，则一百八十一度余"，实言地球纬度；所谓"若以南北中半言之，谓之赤道，去南极九十一度余，去北极亦九十一度余"，实言南北半球之纬度；所谓"赤道之北二十四度，为夏至之日道，去北极六十七度也。赤道之南二十四度，为冬至之日道，去南极亦六十七度"，分别指南、北回归线与南、北极圈。

孔疏云："日月右行，星辰左转，四游升降之差，二仪运动之法，非由人事所作，皆是造化自然。先儒因其自然，遂以人事为义。"[1] 郑注、孔疏对

---

[1] （汉）郑玄注，（唐）孔颖达正义，吕友仁整理：《礼记正义》，上海古籍出版社2008年版，第595页。

"天""地"的考据，既体现了古人对大自然的积极探索，也包含着对未知世界的大胆想象，并带有浓厚的伦理色彩。对于其他经学家来说，亦是如此，可以许慎等对"天""地"的训释为例。《说文》："天，颠也。至高无上，从一大。"段注曰："至高无上，是其大无有二也，故从一大。"① 《说文》："地，元气初分，轻清阳为天，重浊阴为地。万物所陈列也。从土。"段注曰："按地之重浊而包举乎轻清之气中，是以不坠。……地以土生物，故从土。"② 由于时代的局限，孔疏的考释有极不科学的地方，然而，孔疏主张天、地运动之说，符合客观规律，体现出朴素的唯物论思想。其考释四季变化、南北极圈、赤道、冬夏二至之日道（南、北回归线）等，认识程度已接近今日的地理科学，具有科学的一面。对于孔疏的考释，理当一分为二地对待。

2. 山川考

高山的巍峨威严，令先民们景仰崇拜，又如《祭法》曰，"山林川谷丘陵，民所取材用也"，山为先民们提供了必要的物质保障，故受到民众祭祀。今以《王制》疏关于涂山、五岳考为例，明其考据之功。

（1）《王制》："凡九州，千七百七十三国。天子之元士，诸侯之附庸不与。"郑注："《春秋传》云：'禹会诸侯于涂山，执玉帛者万国。'"

孔疏：杜预云"涂山在寿春东北"，与会稽别也。若郑康成之意，涂山则会稽也，故注《尚书》云："禹朝群臣于会稽，执玉帛者万国。"是以张逸疑而问郑："按《左传》'禹会诸侯于涂山，执玉帛者万国'，《外传》云'禹朝群臣于会稽，防风氏后至'，不与注相应何？"郑答云"欲明诸侯守土之祀，故兼用《外传》《内传》语"者，郑意以涂山、会稽为一，以诸侯为守土之祀，故云"禹朝群臣"，群臣则诸侯也。（第464页）

郑玄注《尚书》认为涂山即会稽，杜预注《左传》认为位于"寿春东北"，二说不同，并详细征引《郑志》以明郑氏之说。郑玄曰"以诸侯为守土之祀"，明显带有经学家的政治理想。

---

① （汉）许慎撰，（清）段玉裁注：《说文解字注》，上海古籍出版社1988年版，第1页上栏。
② （汉）许慎撰，（清）段玉裁注：《说文解字注》，上海古籍出版社1988年版，第682页上栏。

(2)《王制》:"五月,南巡守,至于南岳,如东巡守之礼。"

孔疏:孔注《尚书》云:"自东岳南巡守,五月至",则是从东岳而去。……其南岳、西岳、北岳者,按《尔雅·释山》云"泰山为东岳",郭景纯注云"泰山为东岳,在奉高县西北"。"霍山为南岳",郭注"山在衡阳湘南县南"。郭又云:"今在庐江潜县西,汉武帝以说衡山辽旷,因谶纬皆以霍山为南岳,故移其神于此,其土俗人皆呼为南岳。南岳本自两山为名,非从近也。"如郭此言,则南岳衡山自有两名,一名衡山,一名霍山。自汉武帝以来,始徙南岳之神于庐江霍山耳。"华山为西岳",郭注云:"在弘农华阴县西南。""恒山为北岳",郭注云:"在常山上曲阳县西北。"(第 495 页)

此例考据四岳所在,孔疏据《尔雅》及其郭注:东岳为泰山;南岳有二,衡山和霍山;西岳为华山;北岳为恒山。由此可知"四岳"具体所指及其历史变迁。

3. 地名考

上文已对孔疏关于延陵考据有所论述,今以孔疏苍梧、曲阜考据为例,以明地名考据之功。

(1)《檀弓上》"舜葬于苍梧之野",郑注:"苍梧,于周,南越之地,今为郡。"

孔疏:郑案《淮南子》云:"舜征三苗,而遂死苍梧。"《史记》云:"舜践帝位三十九年,南巡守,崩于苍梧之野,葬于九疑山,是为零陵。"案《尚书》"窜三苗于三危",在西裔。今舜征有苗,乃死于苍梧者,张逸答焦氏问云:"初窜西裔,后分之在南野。《汉书·地理志》有苍梧郡,是今为郡名也。"(第 262—263 页)

郑注苍梧过于简洁,孔疏考释之。其据《史记》不仅交代舜死于苍梧之野,而且明其葬于九疑山,同时还据张逸之说,以三苗"初窜西裔,后分之在南野",解释了舜征伐三苗不在"西裔"而在苍梧的原因。

(2)《明堂位》:"是以封周公于曲阜,地方七百里,革车千乘。"郑注:"曲阜,鲁地。上公之封,地方五百里,加鲁以四等之附庸,方百里者二十四,并五五二十五,积四十九,开方之得七百里。"

孔疏:云"曲阜,鲁地"者,按《费誓序》云:"鲁侯伯禽,宅曲阜。"又按定四年《左传》:"封于少暐之虚。"臣瓒注《汉书》云:"鲁城内有曲阜,逶迤长八九里。"云"加鲁以四等之附庸"者,鲁受上公五百里之封,又加四等附庸,四等谓侯、伯、子、男也。按《大司徒》注云:"公无附庸,侯附庸九同,伯附庸七同,子附庸五同,男附庸三同。"总为二十四同。同,谓百里也。既受五百里之封,五五二十五,为二十五同。又加二十四同,故云"积四十九,开方计之,得七百里"。(第1269页)

郑注仅以"鲁地"二字训释曲阜,具体训释"地方七百里"。孔疏则结合《尚书序》《左传》以及臣瓒注《汉书》考据曲阜具体所在。然后据郑氏《周礼注》,具体揭示出此郑注曲阜"地方七百里"之言所本。据孔疏所考,可知曲阜之义有二:其一,泛指方七百里之地域;其二,具体指方八九里之城邑。

(二) 动植物考

《礼记》记载大量动植物,多与上古祭祀相关。《祭统》:"水草之菹,陆产之醢,小物备矣;三牲之俎,八簋之实,美物备矣;昆虫之异,草木之实,阴阳之物备矣。凡天之所生,地之所长,苟可荐者,莫不咸在,示尽物也。外则尽物,内则尽志,此祭之心也。"据此可知,"上古时候有一种制度,也就是把各种鸟兽草木用于祭祀仪式,一方面敬神,另一方面为未知的、新发现的物品立名",小物备""美物备""阴阳之物备"等,"说的就是仪式对博物的要求"①。

1. 动物考

孔疏对动物的考据较多,具体有猩猩、貔貅、豻、鹙、鸣鸠、戴胜、鹍、匹(鹙)、反舌、鲔、蟪蛄(蟾蜍)等,大致可分为兽类、鸟类、昆虫类、鱼类、两栖类五种,而以前三类为主。

(1) 兽类考,上文已对孔疏以考据法训释"禽兽"一词进行讨论,并辨其得失。今则就其具体禽、兽考据予以讨论,试以传说之兽麒麟考为例。

《礼运》:"何谓四灵?麟、凤、龟、龙谓之四灵。"

孔疏:《释兽》云:"麐,麕身,牛尾,一角。"京房《易传》云:"麟,麕身,牛尾,马蹄,有五采,腹下黄,高丈二。"《广雅》云:"麒麟,狼头,肉角,含仁怀义,音中钟吕,行中规矩,游必择地,详而后处,不履生虫,不折生草,不群居,不侣行,不入槛阱,不入罗

---

① 王小盾:《经典之前的中国智慧》,北京大学出版社2016年版,第328页。

网，文章斌斌。"故呼为大角之兽也。（第 936 页）

麒麟本是古代传说中的一种动物，其出现被视为祥瑞。《尔雅·释兽》和京房《易传》的训释，将其视作不同寻常的一种兽类，至于《广雅》所言，已完全站在谶纬之学的角度，赋予其完美的伦理道德特色。

（2）鸟类考，以孔疏考"搏劳""反舌"为例：

> 《月令》："小暑至，螳螂生，䴗始鸣，反舌无声。"郑注："䴗，博劳也。反舌，百舌鸟。"
>
> 孔疏：云"搏劳"者，《诗》云："七月鸣䴗。"笺云："伯劳鸣，将寒之候。五月则鸣，豳地晚寒，鸟物之候，从其气焉。"云"百舌鸟"者，蔡云："虫名，蛙也。今谓之虾蟆，其舌本前着口侧，而末乡内，故谓之反舌。"《通卦验》曰："搏劳鸣，蝦蟇无声。"又糜信云："昔于长安中，与书生数十，凡往城北水中，取蝦蟇屠割视之，其舌反乡后。如此，郑君得不通乎？"蟜凤问曰："诚如纬与子言为蝦蟇，五月中始得水，适当聒人耳，何反无声？此者著时候，今犹昔也，是以知蝦蟇非反舌。"反舌鸟春始鸣，至五月稍止，其声数转，故名反舌。时候言之，今人识之，故不从纬与俗儒也。或蝦蟇舌性自然，不必为反舌也。（第 664 页）

此疏首先考证"搏劳"，又曰"伯劳"，即"䴗"。扬之水曰："䴗，一作鵙，即伯劳，亦作博劳，今俗称虎伯拉子。伯劳科伯劳属中，尚有许多细的分别。与一般鸣禽不同，伯劳的嘴非常锐利，并且尖端钩曲如猛禽，……上古时代，它仍只是应候之鸟。《左传·昭公十七年》'伯赵氏，司至者也'，杜注：'伯赵，伯劳也。以夏至鸣，冬至止。'但《夏小正》五月'鵙则鸣'，《月令》小暑至，'鵙始鸣'，都比《七月》为早。"[1] 其次，孔疏又考据"反舌"即百舌鸟，而非"蝦蟇"。《吕氏春秋·仲春纪·功名》："善为君者，蛮夷反舌殊俗异习皆服之，德厚也。"梁玉绳曰："反舌即鵙舌。"[2] 沈约《反舌鸟赋》对反舌之鸣有着生动的描绘："有反舌之微禽，亦班名于庶鸟。乏佳容之可玩，因繁声以自表。其声也，惊诡遒嚼，萦

---

[1] 扬之水：《诗经名物新证》，天津教育出版社 2012 年版，第 89—90 页。
[2] （战国）吕不韦撰，陈奇猷校释：《吕氏春秋新校释》，上海古籍出版社 2002 年版，第 112—114 页。

纤离乱；骈浮回合，岩危琐散。或发曲无渐，或收音云半。既含意于将晓，亦流妍于始旦。杂沓逶迤，嗷跳参差；攒娇动叶，促啭萦枝。分宫析徵，万矩千规，因风起啧，曳响生奇。"① 皆可证孔疏考据主郑氏说，甚是。

（3）昆虫类考，以孔疏考"螳螂""蟋蟀"为例明之：

①《月令》"小暑至，螳螂生"，郑注："螳螂，螵蛸母也。"
孔疏：按《释虫》云"不蜩，螳蠰，其子蜱蛸。"舍人云："不蜩，名螳蠰，今之螳螂也。"孙炎云："螳蠰，螳螂，一名不蜩。"李巡云："其子名蜱蛸，一名螵蛸。"故云"螵蛸母"。《郑志》云："谭、鲁以南，谓之螳蠰；三河之域，谓之螳螂；燕、赵之际，谓之食厖；齐、杞以东，谓之马谷。然名其子，同云螵蛸也。"（第664页）

此例考据螳螂，据《尔雅》其名"不蜩""螳蠰"，又据舍人、孙炎二家注考据其名，据李巡注考其幼虫，据《郑志》指出其在各地的不同称名。

②《月令》："温风始至，蟋蟀居壁，鹰乃学习，腐草为萤。"
孔疏："蟋蟀居壁"者，此物生在于土中，至季夏羽翼稍成，未能远飞，但居其壁。至七月，则能远飞在野。按《尔雅·释虫》云："蟋蟀，蛬也。"孙炎曰："蜻蛚也。梁国谓蛬。"郭景纯云："今促织。"蔡以为"蟋蟀，斯螽"，非也。（第678页）

此例考据蟋蟀，先论其生长过程，再以《尔雅》及其孙炎、郭璞两家注考其异名，然后驳斥蔡邕之误。

2. 植物考

较之动物，孔疏关于植物考据相对不多且较为简略，主要有萍、王瓜、菊、葑、菲、苣、椇等。以其考据葑、菲二者为例明之：

《坊记》："《诗》云：'采葑采菲，无以下体。'"郑注："葑，蔓菁也，陈、宋之间谓之葑。菲，蒠类也。"
孔疏：案《诗传》云："葑，须也。"《尔雅·释草》云："须，葑苁。"陆玑云："又谓之苁，吴人谓葑苁，蔓菁，幽州人或谓之芥。"云："芥，蒠类"者，《释草》云："菲，蒠菜。"郭景纯云："菲草生下

---

① （梁）沈约著，陈庆元校笺：《沈约集校笺》，浙江古籍出版社1995年版，第19页。

湿地，似芜菁，华紫赤色，可食。"（第1978页）

孔疏结合《毛诗传》、《尔雅》及其郭注与陆玑《毛诗草木鸟兽虫鱼疏》，考据"葑""菲"的多种称名或习性及特征。

整体看，孔疏考释禽兽、草木、虫鱼等，主要围绕释其生活习性、形体特征、不同称名以及功用等展开，其说具有一定的学术参考价值。不过，孔疏考据主要是据文献互证，甚而出现了循环论证的例子。如《月令》疏考据鸠，征引孙炎之说，而孙说则引此《月令》为证："《月令》云'鸣鸠拂其羽'是也。"① 陷于循环论证，降低了说服力。

三 人事类考

《礼记》是"一部积累起来的学术史"，也是"秦汉以前的一部社会生活史"（《序》）②。其中，关于古人的衣食住行、养生送死、丧葬祭祀等内容记载甚繁，涉及名物器具五花八门。由于古人生活的方方面面无不与礼相关，人事类的名物又多和礼仪制度关联，故讨论人事类名物往往兼及礼制。与《礼记》内容相一致，孔疏对人事类的名物考据最为繁复，归纳其对人事类名物的考据，主要有服饰、宫室、玉器、酒器、丧葬和祭祀器物等类型。而且须明确的是，古人"事死如事生，事亡如事存"（《中庸》），玉器、酒器等生活器具又作为丧葬、祭祀之用。今据《正义》文本，择要论之。

（一）服饰考释

服饰包括服装和佩饰。前者孔疏考据有天子祭服、弁服、玄冠、玄端，深衣、缁衣，以及天子六冕，后者孔疏重点考据了女子所佩之缨，男女皆佩之鞶。至于玉器，在古人礼仪活动中占据极其重要的地位，并非仅仅作为佩饰而已。

1. 六冕考

《王制》"制：三公一命卷，若有加则赐也，不过九命。次国之君，不过七命。小国之君，不过五命"条孔疏，详细考据衣服起源、虞夏天子祭服、周天子祭服、弁服以及天子六冕之制度等③。洋洋洒洒数千言，不厌其

---

① （汉）郑玄注，（唐）孔颖达正义，吕友仁整理：《礼记正义》，上海古籍出版社2008年版，第650页。
② 王锷著，赵逵夫序：《〈礼记〉成书考》，中华书局2007年版。
③ （汉）郑玄注，（唐）孔颖达正义，吕友仁整理：《礼记正义》，上海古籍出版社2008年版，第479—485页。

烦。孔疏关于衣服起源黄帝、其制作取法天地之说，明显带有儒家对上古时代理想的想象成分，并注入浓厚的礼教思想，皆不可简单地视为史实。另如黄以周《衣服通故》曰："礼家旧说，《礼运》'昔者衣羽皮，后圣治其麻丝以为布帛'，后圣谓神农，一说黄帝。以周案：《白帖》云：'伏羲作布，是以神农有不织之令。'《路史》引《皇图要览》云：'伏羲化蚕桑为繐布。'则治麻丝以为布帛，自伏羲始也。"[①] 所论亦不可视为历史实情。然而，皆认为历代服制有所演化，则是符合历史发展规律的。今摘录其中关于天子六冕考据以明孔疏之博赡：

> 其衣服首饰，大裘之冕，其冕无旒。故注《弁师》云："冕服有六，而言五冕者，大裘之冕盖无旒，不联数也。"凡冕之制，皆玄上纁下。故注《弁师》云"皆玄覆朱里"。师说以木版为中，以三十升玄布衣之于上，谓之延也。以朱为里，但不知用布、缯耳，当应以缯为之，以其前后旒用丝故也。按《汉礼器制度》广八寸，长尺六寸也。又董巴《舆服志》云："广七寸，长尺二寸。"皇氏谓此为诸侯之冕。应劭《汉官仪》"广七寸，长八寸"，皇氏以为卿大夫之冕服也。若如皇氏言，岂董巴专记诸侯，应劭专记卿大夫？盖冕随代变异，大小不同。今依《汉礼器制度》为定也。今天子五冕之旒，皆用五采之丝为旒，垂五采之玉，故《弁师》云："掌王之五冕。五采缫十有二就，皆五采玉十有二。"郑注云："每就间盖一寸，旒别有五采玉十有二。衮冕，故前后各十二旒，用玉二百八十八。鷩冕九旒，用玉二百一十六。毳冕七旒，用玉一百六十八。絺冕五旒，用玉百二十。玄冕三旒，用玉七十二。"……自此以前皆王者之服。祭服则以衣名冕，象上古先有衣后有冕。皮弁以下，则以弁名衣。（第482—483页）

六冕指大裘之冕、衮冕、鷩冕、毳冕、絺冕、玄冕。孔疏以《周礼·弁服》及其郑注为释六冕，冕服制度因古制难明，遂以《汉礼器制度》为标准，又曰"今天子五冕之旒"，盖指隋唐之冕旒，欲以今况古。所论包含冕制"皆玄上纁下"，以木版为之中，外"以三十升玄布衣之于上，谓之延也"，而"以朱为里"。其大小，"按《汉礼器制度》广八寸，长尺六寸"。并以"今天子五冕之旒，皆用五采之丝为旒，垂五采之玉"与文献互证，又据《周礼·弁师》及其郑注，介绍五冕之用玉数目。

---

① （清）黄以周撰，王文锦点校：《礼书通故》，中华书局2007年版，第75页。

2. 深衣考

《深衣》解题：案郑《目录》云："……深衣，连衣裳而纯之以采者。素纯曰长衣，有表则谓之中衣。大夫以上祭服之中衣用素。……士祭以朝服，中衣以布明矣。"……其长衣、中衣及深衣，其制度同。《玉藻》云"长、中继掩尺"，若深衣，则缘而已，下云"缘广寸半"。凡深衣，皆用诸侯、大夫、士夕时所着之服。故《玉藻》云："朝玄端，夕深衣。"庶人吉服亦深衣，皆着之在表也。其中衣在朝服、祭服、丧服之下。知丧服亦有中衣者，《檀弓》云"练衣黄里"，注云"练中衣，以黄为内"是也。但丧服中衣不得继掩尺也。故《丧服仪》云"带缘各视其冠"，注云："缘如深衣之缘。"是丧服中衣用深衣，则深衣缘之以采。故下云"具父母、大父母，衣纯以缋、以青"之属也。唯孤子深衣纯以素，但以缘而已，不与长衣同。其吉服中衣，亦以采缘。其诸侯得绡黼为领，丹朱为缘。《郊特牲》云："绡黼丹朱中衣，大夫之僭礼。"则知大夫、士不用绡黼丹朱，但用采纯而已矣，无文以明之。其长衣以素缘，知者，若以采缘，则与吉服中衣同，故知以素缘也。若以布缘，则曰麻衣。知用布缘者，以其称麻衣故知也。其丧服之中衣，其纯用布，视冠布之粗细。至葬，可以用素缘也，练则用䋃也。其《诗》之麻衣，则以此别，彼谓吉服之衣也。所以此称深衣者，以余服则上衣、下裳不相连，此深衣衣、裳相连，被体深邃，故谓之深衣。（第2191—2192页）

《深衣》曰"古者深衣，盖有制度，以应规、矩、绳、权、衡"，全篇已经详细介绍深衣之制。此例孔疏主要考据诸侯、大夫、士、庶人以及孤子着深衣之制，极为详尽。首先，"凡深衣，皆用诸侯、大夫、士夕时所著之服"，则是诸侯、大夫、士等贵族阶级家居休闲时所着，而对于庶人来说则是吉服，即礼服。其次，"丧服中衣用深衣，则深衣缘之以采""吉服中衣，亦以采缘""长衣以素缘"，又曰"若以布缘，则曰麻衣"。"深衣"之得名，依据郑氏《目录》"深衣，连衣裳而纯之以采者"，孔疏则曰"衣、裳相连，被体深邃，故谓之深衣"。《目录》又曰"素纯曰长衣，有表则谓之中衣"，故孔疏又曰"长衣、中衣及深衣，其制度同"。

3. 缨考

《曲礼上》："女子许嫁，缨。"郑注："女子许嫁系缨，有从人之端也。"

　　孔疏：妇人质弱，不能自固，必有系属，故恒系缨。缨有二时，一是少时常佩香缨，二是许嫁时系缨。此则为许嫁时系缨。何以知然者？《内则》云："男女未冠笄，纚缨。"郑以为佩香缨，不云缨之形制。此云"许嫁，有从人之端也"。又《昏礼》"主人入，亲说妇缨"，郑注云："妇人十五许嫁，笄而礼之，因着缨，明有系也。盖以五采为之，其制未闻。"又《内则》云："妇事舅姑，纚缨。"郑云："妇人有缨，示系属也。"以此而言，故知有二缨也。但妇人之纚缨即是五采者，故郑云"示系属"也。今此"许嫁"，谓十五时。（第65页）

　　《曲礼上》曰"女子许嫁，缨"，言女子待嫁佩戴缨以示身份的变化，此系婚礼。孔疏则考据女子系缨有二：少时所配"香缨"与许嫁之年，即十五系缨。其说分别依据《内则》及其郑注与《昏礼》及其郑注。孔疏又曰"妇人质弱，不能自固，必有系属，故恒系缨"，以"妇人质弱"作为系缨之因，以及《内则》"男女未冠笄，纚缨"，从中亦可见古礼对弱势群体的关注与呵护。

　　（二）宫室考

　　《礼记正义》关于宫室类考据，包括对一般意义上的宫室制度进行考据，尤其是重点考据明堂、中霤、复穴、五门等具体建筑制度及其构成部分，还对"宁""屏""三朝""射宫"等与宫室相关的场所进行考据。以孔疏考据宫室、明堂为例明之：

　　1. 宫室考

　　孔疏关于一般意义上的宫室考据，包括宫室之名和宫室之制两方面。《曲礼上》疏考释宫室之名曰："若通而言之，则宫室通名，故《尔雅》云：'宫谓之室，室谓之宫。'别而言之，论其四面穹隆则宫，因其贮物充实则曰室，室之言实也。"[1]孔疏具体考据宫室一般制度有二，皆见于《内则》疏：

　　（1）天子之阁，左达五，右达五。公、侯、伯于房中五，大夫于阁三，士于坫一。

　　孔疏：崔氏云："宫室之制，中央为正室，正室左右为房，房外有序，序外有夹室。天子尊，庖厨远，故左夹室五阁，右夹室五阁。诸侯

---

[1] （汉）郑玄注，（唐）孔颖达正义，吕友仁整理：《礼记正义》，上海古籍出版社2008年版，第26页。

卑，庖厨宜稍近，故于房中，减降于天子，唯在一房之中而五阁也。大夫既卑，无嫌，故亦于夹室而阁三也。……士卑，不得作阁，但于室中为土坎庋食也。"（第1147页）

（2）妾将生子，……子生三月之末，漱浣夙齐，见于内寝，礼之如始入室。

孔疏：凡宫室之制，前有路寝，次有君燕寝，次夫人正寝。卿大夫以下，前有适室，次有燕寝，次有适妻之寝。但夫之燕寝，对夫人及适妻之寝及侧室等。其燕寝在外，亦名外寝。（第1165页）

此二例孔疏考据宫室一般规格，例（1）言"中央为正室，正室左右为房，房外有序，序外有夹室"，天子至士之宫室因地位不等而有相应差别，以阁而言：天子夹室左右各一，而阁分别设于夹室，凡十阁；诸侯有嫌疑于天子，庖厨设于房中，凡一房五阁；大夫之阁凡三，亦设于夹室；士则不得有阁，食物置于正室。例（2）言君、卿大夫以下及其妻妾之寝之位置：君之路寝即正寝，作为正殿在前，其后是君之燕寝，接着是夫人正寝。卿大夫以下，其适室即正寝，作为正室在前，其后是燕寝，接着是适妻之寝。夫之燕寝居外，则夫人及适妻之寝及侧室则居内。

2. 明堂考

关于明堂，其名目古有"合宫""阳馆""衢室""重屋""辟雍"等诸称，至现代又有"大房子"之说，其制度"是中国古代学术史上那些数量不多但极其重要且难度极大的著名难题之一"[①]。孔颖达《礼记正义》考据明堂最为详尽者有二处：其一，《玉藻》："天子……玄端而朝日于东门之外，听朔于南门之外，闰月则阖门左扉，立于其中。"郑注："天子庙及路寝，皆如明堂制。明堂在国之阳，每月就其时之堂而听朔焉，卒事反宿路寝亦如之。"孔疏于此详考明堂。其二，《明堂位》解题。二者考据明堂，其义大体相同，今以后者为例，孔疏征引郑玄《礼记目录》《驳五经异义》、许慎《五经异义》、蔡邕《明堂月令章句》、袁准《正论》等文献，凡列举了关于明堂的十种解说[②]：

（1）郑玄：在国之阳，其制东西九筵，南北七筵，堂崇一筵，五

---

① 张一兵：《明堂制度研究·引言》，中华书局2005年版，第3页。
② （汉）郑玄注，（唐）孔颖达正义，吕友仁整理：《礼记正义》，上海古籍出版社2008年版，第1257—1258页。

室，凡室二筵。

（2）《大戴礼记·盛德记》：明堂者，自古有之。凡九室，室四户八牖，共三十六户，七十二牖。以茅盖屋，上圆下方，所以朝诸侯。其外有水，名曰辟雍。

（3）《明堂月令说》：明堂高三丈，东西九仞，南北七筵，上圆下方，四堂十二室，室四户八牖，其宫方三百步，在近郊三十里。

（4）讲学大夫淳于登：明堂在国之阳，三里之外，七里之内，丙巳之地，就阳位。上圆下方，八窗四闼。布政之宫，故称明堂。明堂，盛貌。周公祀文王于明堂，以配上帝五精之神。太微之庭，中有五帝坐位。

（5）古《周礼》《孝经》：明堂，文王之庙。夏后氏曰世室，殷人曰重屋，周人曰明堂。东西九筵，南北七筵，堂崇一筵，五室，凡室二筵，盖之以茅。周公所以祀文王于明堂，以昭事上帝。

（6）许慎：今礼古礼，各以义说，无明文以知之。

（7）蔡邕《明堂月令章句》：明堂者，天子大庙，所以祭祀。夏后氏世室，殷人重屋，周人明堂。飨功养老，教学选士，皆在其中。故言取正室之貌，则曰大庙；取其正室，则曰大室；取其堂，则曰明堂；取其四时之学，则曰大学；取其圆水，则曰辟雍。虽名别而实同。

（8）袁准《正论》：明堂、宗庙、大学，礼之本物也。事义不同，各有所为。而世之论者，合以为一体，取《诗》《书》放逸之文，经典相似之语，推而致之。考之人情，失之远矣。宗庙之中，人所致敬，幽隐清净，鬼神所居，而使众学处焉，飨射其中，人鬼慢黩，死生交错，囚俘截耳，疮痍流血，以干鬼神，非其理也。茅茨采椽，至质之物，建日月，乘玉路，以处其中，非其类也。夫宗庙，鬼神所居，祭天而于人鬼之室，非其处也。王者五门，宗庙在一门之内，若射在于庙而张三侯。又辟雍在内，人物众多，殆非宗庙之中所能容也。

（9）《考工记》：明堂，南北七筵，每室二筵。

（10）《多士传》：天子堂广九雉，三分其广，以二为内，五分其内，以一为高。东房、西房、北堂各三雉。

比对诸说可知：其一，郑玄之说，实本于古《周礼》《孝经》以及《考工记》。故而此四家之说大同。其二，《大戴礼记》、《明堂月令说》、淳于登和蔡邕《明堂月令章句》四家，说法皆不同，且相去甚远。其三，许慎《五经异义》仅罗列异说，而未裁断。其四，袁准《正论》之言，颇合乎人情。孔疏罗列诸说，实留待后贤裁断。黄以周曰："夏曰世室，室之至大者也。殷曰重屋，屋之至高者也。周人用夏氏堂修二七之制以作寝庙，谓之夏屋；用殷人重屋四阿之制以祀天帝，谓之明堂。……且明堂太室四达，东西九筵，南北七筵，较寝庙之室为大，寝庙禘祫于室，群主数十，明堂以祀五帝，而犹嫌其隘乎！明堂本止一堂，必分四隅室者，以四隅既分，而太室祀五帝之位乃定，非于四隅室祀四帝也。故隅室二筵，不嫌其狭。"又曰："明堂必有四隅室，而太室祀五帝之位乃分，故别称之曰青阳、明堂、总章、玄堂，其实同一太室也，故又称之曰太庙。凡庙，主于室。诸太庙皆谓当太室祀帝处也，故谓之庙可也，谓之室亦可也……太室虽有四太室之分而实一室，明堂虽有五室之分而实一堂，故《匠人》记五室不记四堂也。……左右个为太庙之左右偏，不在隅室，当以郑注为正。"① 另外，《乐记》"祀乎明堂，而民知孝"孔疏，考释明堂产生时代曰："以周公摄政六年始朝诸侯于明堂，当武王伐纣之时未有明堂。今云'祀乎明堂'，故知是文王之庙制耳，非正明堂也。"② 认为明堂周公时建造，文武时尚未有之。《月令》"天子居大庙大室"疏曰："今中央室称大室者，以中央是土室，土为五行之主，尊之故称大。以夏之世室，则四旁之室，皆南北三步，东西三步三尺；中央土室，南北四步，东西四步四尺。则周之明堂，亦应土室在中央，大于四角之室也，但文不具耳。"③ 皮锡瑞《三礼通论》"论明堂辟雍封禅当从阮元之言为定论"条曰："古礼有聚讼千年，至今日而始明者，明堂、辟雍、封禅是也。"④ 清儒考据明堂用功极深，与孔疏考据类似，皆依据文献立说，故存在严重不足。张一兵结合考古学成果以考察传世文献，认为："明堂制度的产生，是出于对于天神崇拜的需要，初为扫地而祭，再为坛，再为祭台，再为（早期的）'灵台'（或类似的祭天台），再与祭祖功能合并而为夏之世室，再为商代'明堂'而称重屋，再与朝觐功能合并而为周代明堂。总体的趋势是，形制上越来越高，功能越来越复杂。"⑤ 可补前贤之不足。

（三）生活、丧葬、祭祀等器物考据

《礼记正义》对各种生产、生活以及丧葬、祭祀等器物的考据，种类繁

---

① （清）黄以周撰，王文锦点校：《礼书通故》，中华书局2007年版，第708—710页。
② （汉）郑玄注，（唐）孔颖达正义，吕友仁整理：《礼记正义》，上海古籍出版社2008年版，第1257—1258页。
③ （汉）郑玄注，（唐）孔颖达正义，吕友仁整理：《礼记正义》，上海古籍出版社2008年版，第688页。
④ （清）皮锡瑞：《经学通论·三礼》，中华书局1954年版，第42页。
⑤ 张一兵：《明堂制度研究》，中华书局2005年版，第162页。

多。若以材料分类，主要有石器、竹器、木器、玉器、青铜器、瓦器等；若以使用分类，则有酒器、丧器、明器、祭器、车驾、乐器、兵器等。对待亲人"事死如事生，事亡如事存"（《中庸》），对于某一具体器物，其用途往往多样，故有时又难以截然分开。今据孔疏文本，择其关于玉器、酒器、丧葬器具、祭器等的考据为例明之一二。

1. 玉器考

玉器在古人的政治活动与日常生活中占据了重要的角色，并积极影响了中国人的思想观念，形成中国文化中独特的玉文化。《周礼·春官宗伯·大宗伯》职曰："以玉作六瑞，以等邦国：王执镇圭，公执桓圭，侯执信圭，伯执躬圭，子执谷璧，男执蒲璧。……以玉作六器，以礼天地四方：以苍璧礼天，以黄琮礼地，以青圭礼东方，以赤璋礼南方，以白琥礼西方，以玄璜礼北方。"[1]《荀子·大略》："聘人以珪，问士以璧，召人以瑗，绝人以玦，反绝以环。"[2]《玉藻》："君子无故，玉不去身，君子于玉比德焉。"《聘义》亦曰"昔者君子比德于玉焉"。吴大澂《古玉图考·叙》："古之君子比德于玉，非以为玩物也。典章制度，于是乎存焉；宗庙、会同、裸献之礼，于是乎备；冠冕、佩服、刀剑之饰，君臣上下等威之辨，于是乎明焉。……三代以来，圣帝明王，不宝金玉，而玉瑞、玉器之藏未尝不贵之重之。"[3] 玉与礼乐文化紧密相连，用玉之礼、佩玉之仪在古代礼仪生活中占据重要角色。吴氏又曰"所可考者"，有"《玉藻》《明堂位》之所纪载"[4]，其实，《礼记·曲礼》《檀弓》《月令》《曾子问》《郊特牲》等篇，亦不乏对用玉之礼的记载。玉器可分为执器与佩器。以执器言之，主要有币玉、圭、璧、璋、琮等，用于朝觐之时；以佩玉言之，有玉镯、玉簪、玉环、玉觿、玉珏等。

今以《曲礼下》"执玉，其有藉者则裼，无藉者则袭"条孔疏所释执玉为例，明其玉器考据，以其所疏解佩玉所藉之"藻"为例，明其佩饰考据。

> 凡执玉，天子执冒，故《玉人》职云"执冒四寸，以朝诸侯"。注云："德能覆盖天下。四寸者方，以尊接卑，以小为贵。"又孔安国注《顾命》云："方四寸，邪刻之，用以冒诸侯之圭，以为瑞信。"子男执璧，盖亦刻验覆之，但无以言焉。又执镇圭以朝日及祭天地宗庙。知

---

[1] （清）阮元校刻：《十三经注疏·周礼注疏》（附校勘记），中华书局1980年版，第761页下栏—762页中栏。
[2] （清）王先谦撰，沈啸寰等点校：《荀子集解》，中华书局1988年版，第487页。
[3] （清）吴大澂著，杜斌编：《古玉图考》，中华书局2013年版，第1页。
[4] （清）吴大澂著，杜斌编：《古玉图考》，中华书局2013年版，第1页。

者,《典瑞》云"王执镇圭以朝日",又《郑志》云"祭天地宗庙亦执之"。是朝日既执镇圭,则夕月亦当然也。《大宗伯》云"王执镇圭",注:"以四镇之山为瑑饰,圭长尺有二寸。"故《玉人》云"镇圭尺有二寸,天子守之"是也。其五等诸侯,《大宗伯》又云"公执桓圭",注云:"双植谓之桓。桓,宫室之象,所以安其上也。圭长九寸。"故《玉人》云"命圭九寸,公守之"是也。《宗伯》又云"侯执信圭,伯执躬圭",注云:"盖皆象以人形为瑑饰,文有粗缛耳,欲其慎行以保身。圭皆长七寸。"故《玉人》云:"命圭七寸,谓之信圭,侯守之。命圭七寸,谓之躬圭,伯守之。"江南儒者解云:"直者为信,其文缛细;曲者为躬,其文粗略。"义或然也。《宗伯》又云:"子执谷璧,男执蒲璧。"注云:"谷所以养人,蒲为席,所以安人。不执圭者,未成国也。"盖瑑以为谷稼及蒲苇之文,盖皆径五寸。故《大行人》云"子执谷璧,男执蒲璧,五寸"是也。凡圭,广三寸,厚半寸,剡上左右各寸半。知者,是《聘礼·记》文。其璧则内有孔,外有玉,其孔谓之好。故《尔雅·释器》云:"肉倍好谓之璧,好倍肉谓之瑗,肉好若一谓之环。"此谓诸侯所执圭璧,皆朝于王及相朝所用也。故《典瑞》前既陈玉,则云"朝、觐、宗、遇、会、同于王,诸侯相见亦如之"是也。

其公侯伯朝后皆用璋。知者,以《聘礼》聘君用圭,聘夫人以璋,则知于天子及后亦然也。其子男既朝王用璧,朝后宜用琮,以璧、琮相对故也。郑注《小行人》云:"其上公及二王之后,飨天子,圭以马;飨后,璋以皮。其侯伯子男,飨天子,璧以帛;飨后,琮以锦。"其玉小大,各如其命数。知者,《玉人》云"璧琮九寸,诸侯以飨天子"是也。其诸侯相朝所执之玉,与朝天子同。其飨玉,皆以璧飨君,以琮飨夫人。知者,《聘礼》璧以飨君,琮以飨夫人,明相朝礼亦当然。子男相飨,则降用琥以绣,璜以黼。故郑注《小行人》云"其于诸侯亦用璧琮耳。子男于诸侯则飨用琥璜,下其瑞"是也。其诸侯之臣聘天子及聘诸侯,其聘玉及飨玉,降其君瑞一等。故《玉人》云"瑑圭璋八寸,璧琮八寸,以眺聘"是也。(第135—136页)

此例详尽考释天子执瑁,诸侯执圭,子、男执璧,公、侯、伯朝后执璋,子、男朝后执琮等制度,并考释其规格:凡执玉,"天子执冒四寸,以朝诸侯""用之以冒诸侯之圭,以为瑞信";"子男执璧,盖亦刻验覆之";天子"又执镇圭以朝日及祭天地宗庙"。五等诸侯,"公执桓圭",圭长九寸;"侯执信圭,伯执躬圭","圭皆长七寸";"子执谷璧,男执蒲璧","盖皆径五寸"。凡圭广三寸,厚半寸,剡上左右各寸半,诸侯所执圭璧,皆朝于王及相朝所用也。另外,公、侯、伯朝后皆用璋,子、男既朝王用璧,朝后宜用琮,其玉小大,各如其命数。其诸侯相朝所执之玉,与朝天子同。其飨玉皆以璧飨君,以琮飨夫人。孔疏又曰:

> 其藉玉之藻,郑注《觐礼》云:"缫所以藉玉,以韦衣木,广袤各如其玉之大小。"天子则以五采画之,诸侯则三采,子男二采,其卿大夫亦二采。故《典瑞》云:"王五采五就,公侯伯三采三就,子男二采二就。"又云"瑗、圭、璋、璧、琮,缫皆二采一就"是也。熊氏云:"五采五就者,采别二行为一就,故五就也。三采三就者,亦采别二行为一就,故三就也。二采二就者,亦采别二行为一就,故再就也。二采一就者,以卿大夫卑。二采,采则别唯一行,共为一就。知然者,《杂记》及《聘礼·记》三采六等,则知天子诸侯采别为二等也。"此是周法。其殷以上,则《礼说·含文嘉》云:"天子、三公、诸侯,皆以三帛以荐玉。"宋均注云:"其殷礼三帛,谓朱白仓,象三正。其五帝之礼,荐玉用一色之帛。"故郑注《虞书》:"三帛,高阳氏之后用赤缯,高辛氏之后用黑缯,其余用白缯。"其余,谓尧舜之诸侯。既以采色画韦衣于板上,前后垂之,又有五采组绳以为系。其组,上以玄为天,下以黄为地,长尺,无事则以系玉,有事则垂为饰。故《聘礼·记》云"皆玄纁系,长尺,绚组",注云"采成文曰绚。系,无事则以系玉,因以为饰,皆用五采组。上以玄,下以绛为地"是也。其裼袭之义者,藻藉有二种,一者以韦衣木画之也,二者绚组垂之。若板之藻藉则当有,今言无者,据垂之也。其垂藻之时则须裼,屈藻之时则须袭。(第136—137页)

此例孔疏考据周与殷以上时代藉玉之藻的制度。先阐释藻之材料、大小、色彩多少、缠绕匝数,以及系藻之组绳的色彩、长度、用法,其实皆是明其用藻制度。所释极为详尽,当有不少内容出于后世儒家附会成分。孔疏又以纬书《礼说·含文嘉》考据殷商及其以前的五帝用藻制度,所言多出于儒家想象,故不可信。

2. 酒器考

其中觞、爵、觥、觚、觯、角、散等是饮酒之器,缶、壶、瓦甒等是盛酒之器,斯禁、椸禁则是盛酒器之座器,至于圭瓒应是取酒之器。试举孔疏二例明其考据之功,一为考祭祀之酒器,二为盛酒器之座器。

(1)《礼器》:"宗庙之祭,贵者献以爵,贱者献以散,尊者举觯,卑者举角。五献之尊,门外缶,门内壶,君尊瓦甒。此以小为贵也。"郑注:"凡觞一升曰爵,二升曰觚,三升曰觯,四升曰角,五升曰散。五献,子男之飨礼也。壶大一石,瓦甒五斗,缶大小未闻也。"

孔疏:按《异义》:"今《韩诗说》:一升曰爵。爵,尽也,足也。二升曰觚。觚,寡也,饮当寡少。三升曰觯。觯,适也,饮当自适也。四升曰角。角,触也,不能自适,触罪过也。五升曰散。散,讪也,饮不能自节,为人所谤讪也。总名曰爵,其实曰觞,觞者饷也。觥亦五升,所以罚不敬。觥,廓也,所以著明之貌。君子有过,廓然明著。非所以饷,不得名觞。古《周礼说》:'爵一升,觚三升,献以爵而酬以觚,一献而三酬则一豆矣。食一豆肉,饮一豆酒,中人之食。'《毛诗说》:'觥大七升。'许慎谨按:《周礼》云一献三酬当一豆,若觚二升,不满一豆。又觥罚不过一,一饮而七升为过多。"郑驳之云:"《周礼》'献以爵而酬以觚',觚,寡也。觯字角旁着氏,是与'觚'相涉误为觚也。南郡太守马季长说,'一献三酬则一豆,豆当为斗',与一爵三觯相应。"如郑此言,是《周礼》与《韩诗说》同一也。(第973页)

据孔疏可知,郑注、许慎《五经异义》皆采《韩诗说》为释,此疏征引之,不仅言明酒器之容量大小,还揭示爵、觚、觯、角、散、觥等酒器名称及其蕴含之礼义。许慎据古《周礼》"爵一升,觚三升,献以爵而酬以觚,一献而三酬则一豆矣",质疑《韩诗说》"二升曰觚",郑君则校勘之认为"爵一升,觚三升"之"觚"当为"觯"。孔疏持郑玄之说。

(2)《礼器》:"天子、诸侯之尊废禁,大夫、士棜禁。此以下为贵也。"郑注:"棜,斯禁也。谓之棜者,无足,有似于棜,或因名云耳。大夫用斯禁,士用禁。禁,如今方案,隋长局足,高三寸。"

孔疏:"棜,斯禁",此文谓之棜。按《乡饮酒》是大夫礼,谓之斯禁也。棜长四尺,广二尺四寸,深五寸,无足,赤中,画青云气,菱苕华为饰。禁长四尺,广二尺四寸,通局足高三寸,漆赤中,画青云气、菱苕华为饰,刻其足为褰帷之形也。云"谓之棜者,无足,有似于棜,或因名云耳"者,棜是舆名,故《既夕礼》云"设棜于东堂下",注云:"棜,今之舆也。"又注《特牲》云:"棜之制,如今大木舆矣。上有四周,下无足。"今大夫斯禁亦无足,似木舆之棜。故周公制礼,或因名此斯禁云棜耳。故《少牢》"司宫尊两甒于房户之间，同棜"，是周公时已名斯禁为棜也。今定本无"世人"二字，熊氏以为"后世人因名云耳，谓后世作记之人始名为棜"，其义非也。云"大夫用斯禁"者，按《玉藻》云"大夫侧尊用棜"，则斯禁也。按《乡饮酒》"两壶斯禁"，是大夫用斯禁也。《玉藻》云"士用禁"，又《士冠礼》《士昏礼》承尊皆用禁，是士用禁也。谓之禁者，郑注《士冠礼》云："名之禁者，因为酒戒也。"按《乡射》是士礼而用斯禁者，以礼乐贤，从大夫也。按《特牲》是士礼，而云"棜禁在东序"，士亦言棜者，郑注云："棜禁者，祭尚厌饫，故得与大夫同也。"云"禁，如今方案，隋长局足，高三寸"者，按《汉礼器制度》而知。今按郑注《仪礼》，棜，今无足舆。皇氏以为棜，一头足，一头无足。未知有何冯据。且高下不等，何以承尊？其义非也。（第974页）

此例主要考据盛酒器之两种座器：棜与禁。棜又曰斯禁，如《乡饮酒》是大夫礼，"谓之斯禁也"。棜与禁二者，尺寸、形状、图案、雕饰等制度一致，唯一区别是：棜"无足"，禁"通局足高三寸"且"刻其足为鏖帷之形也"。并认为棜，斯禁，即后世之舆，其名源自周公制礼。接着，以《玉藻》《乡饮酒礼》考证棜为大夫使用，以《玉藻》《士冠礼》《士昏礼》考证禁为士使用，以及二者权变之用。

3. 丧葬之器考

孔颖达《礼记正义》所考据的丧葬之器，主要有棺、椁，翣、旌、池等，以及送丧之车，如輴车、辁车、蜃车等。今以棺、椁考据为例明之：

《檀弓上》："有虞氏瓦棺，夏后氏堲周，殷人棺椁，周人墙置翣。"郑注："有虞氏上陶。火熟曰堲，烧土冶以周于棺也。……椁，……以木为之，言椁大于棺也。殷人上梓。"

孔疏：此一节论棺椁所起及用棺椁之差，……案《易·下系辞》云："古之葬者，厚衣之以薪，葬之中野，不封不树，丧期无数。后世圣人易之以棺椁，盖取诸《大过》。"《大过》者，巽下兑上之卦。初六在巽体，巽为木。上六位在巳，巳当巽位，巽又为木。二木在外，以夹四阳。四阳互体为二乾，乾为君为父，二木夹君父，是棺椁之象。今虞氏既造瓦棺，故云"始不用薪"。然虞氏瓦棺，则未有椁也。《系辞》何以云"后世圣人易之以棺椁"？连言"椁"者，以后世圣人其文开广，远探殷、周。而言丧期，有虞氏则然，故《尚书》云："三载，四海遏密八音。"云"有虞氏上陶"者，案《考工记》陶人造瓦器，故引之证瓦棺。……"火孰"者，以《弟子职》云折烛之炎烬名之曰堲，故知堲是火熟者。云"烧土冶以周于棺也"者，谓凿土为陶冶之形，大小得容棺，故云"烧土冶以周于棺"也。云"或谓之土周，由是也"者，《曾子问》云："下殇土周，葬于园。"云"由是"者，烧土周棺，得唤作土周。引《弟子职》者，证火孰曰堲之意。案《管子》书有《弟子职》篇，云"左手秉烛，右手正堲"。郑云折堲者，即是正除之义。……椁声与宽、廓相近，故云"大于棺"也。"殷人上梓"，亦《考工记》文，引之以证椁也。（第 237—238 页）

此例孔疏考据棺椁之起源以及虞、夏、商、周四代之演变，既是名物考据，也是礼制考据。孔疏依据《易·下系辞》说，认为棺椁起源于《大过》之象，实属附会之说，不足为据。而其言四代棺椁之演变，则符合礼顺应时代而发展的精神。关于孔疏考据天子、诸侯、大夫、士以及庶人等棺椁之制，参见下文丧礼考释。

《檀弓上》疏，还详细考释了翣、旌二物。孔疏据郑玄《丧大记》注释翣之具体规格，郑玄以"摄"（汉时之扇）喻之，可知其形制汉时已多不为人所识。孔疏依据《既夕礼》所载士礼有二旌：一为铭旌，上书死者之名，与茵伴随死者灵柩一并入墓穴。二为乘车之旌，即乘车所载之旐，于死者安葬后"载于柩车而还"。孔疏又依据士礼以及《周礼·司常》考证天子则有三旌：一铭旌，即大常；二明器之旌；三旐①。

4. 祭器考据

古人尤重祭礼，《祭统》曰"凡治人之道，莫急于礼。礼有五经，莫重于祭"。因此，古人又特重祭器，《曲礼下》："凡家造：祭器为先，牺赋为次，养器为后。""君子虽贫，不粥祭器；虽寒，不衣祭服。"《王制》："祭器未成，不造燕器。"何谓祭器？《坊记》"敬则用祭器"，郑注曰："祭器，笾、豆、簠、铏之属也。"② 古人祭礼仪式繁多，各种祭器名目甚多，既有名贵的钟、鼎、牺尊等青铜器与璧、琮、珪、璋、琥、璜等玉器，还有各种常见的陶器、瓷器、竹器、木器等。例如，《明堂位》所记禘祭周公之礼，就用了大量的祭器：

---

① （汉）郑玄注，（唐）孔颖达正义，吕友仁整理：《礼记正义》，上海古籍出版社 2008 年版，第 285—286 页。

② （汉）郑玄注，（唐）孔颖达正义，吕友仁整理：《礼记正义》，上海古籍出版社 2008 年版，第 1969 页。

（1）《明堂位》："季夏六月，以禘礼祀周公于大庙，牲用白牡，尊用牺、象、山罍，郁尊用黄目，灌用玉瓒大圭，荐用玉豆、雕篹，爵用玉琖仍雕，加以璧散、璧角，俎用梡、嶡。"郑注："尊，酒器也。牺尊，以沙羽为画饰。象，骨饰之。郁尊，郁鬯之器也。黄目，黄彝也。……瓒，形如盘，容五升，以大圭为柄，是谓圭瓒。篹，筥属也，以竹为之，雕刻饰其直者也。爵，君所进于尸也。……散、角，皆以璧饰其口也。梡，始有四足也，嶡为之距。"

孔疏：牺，牺尊也。《周礼》春夏之祭，朝践堂上荐血腥时，用以盛醴齐，君及夫人所酌以献尸也。象，象尊也。《周礼》春夏之祭，堂上荐朝事竟，尸入室，馈食时用以盛盎齐，君及夫人所酌以献尸也。山罍，谓夏后氏之尊，天子于追享、朝享之祭再献所用。今襃崇周公，于禘祭之时亦杂用山尊，但不知何节所用。……郁，谓郁鬯酒。黄目，尝、烝所用。今尊崇周公，故于夏禘用之。……灌，谓酌郁鬯献尸求神也。酌之所用玉瓒，以玉饰瓒，故曰玉瓒也；以大圭为瓒柄，故曰"大圭"也。……荐，谓祭时所荐菹醢之属也。以玉饰豆，故曰玉豆，下云"殷玉豆"是也。……篹，筥也，以竹为之，形似管，亦荐时用也。雕镂其柄，故曰雕篹也。……爵，君酌酒献尸杯也。琖，夏后氏之爵名也，以玉饰之，故曰玉盏。仍，因也，因用爵形而为之饰，故曰仍雕。……加，谓尸入室馈食竟，主人酌醴齐酳尸，名为朝献。朝献竟而夫人酌盎齐亚献，名为再献，又名为加，于时荐加豆笾也。此再献之时，夫人用璧角，内宰所谓"瑶爵"也。其"璧散"者，夫人再献讫，诸侯为宾用之，以献尸。虽非正加，是夫人加爵之后，总而言之，亦得称加。故此总云"加以璧散、璧角"。先"散"后"角"，便文也。……梡、嶡，两代俎也。虞俎名梡，梡形四足如案。《礼图》云："梡长二尺四寸，广一尺二寸，高一尺。诸臣加云气，天子牺饰之。"夏俎名嶡，嶡亦如梡，而横柱四足中央如距也。贺云："直有脚曰梡，加脚中央横木曰嶡。"（第1270—1271页）

其中，"牺"（牺尊）、"象"（象尊）、"山罍"、"黄目"、"玉瓒"、"大圭"、"玉豆"、"雕篹"、"玉琖"、"仍雕"、"璧散"、"璧角"、"梡"、"嶡"等，皆为祀周公于大庙之禘礼的祭器。依据孔疏可知，以禘礼祀周公，用"牺"（牺尊）、"象"（象尊）、"山罍"、"黄目"（黄彝）等铜器，目的是"襃崇周公"而采取天子之礼。此外，还考据了宗庙之主的制作规格及其具体材料。

(2)《曲礼下》:"措之庙,立之主曰'帝'。"

孔疏:王葬后,卒哭竟而祔,置于庙,立主使神依之也。《白虎通》云:"所以有主者,神无依据,孝子以继心也。主用木,木有始终,又与人相似也。盖记之为题,欲令后可知也。方尺,或曰尺二寸。"郑云:"周以栗。汉书(主)前方后圆。"《五经异义》云:"主状正方,穿中央,达四方。天子长尺二寸,诸侯长一尺。"(第168页)

孔疏以《白虎通》解说立"主"之意义,以郑氏之言汉代"主"之形状,以许慎《五经异义》言"主"之形状、大小。又《祭法》"大夫立三庙二坛,曰考庙,曰王考庙,曰皇考庙,享尝乃止"。郑注曰:"唯天子、诸侯有主,禘祫;大夫有祖考者,亦鬼其百世,不禘祫,无主尔。"孔疏曰:"宗庙之主,所用之木,案《异义》:'今《春秋公羊》说,祭有主者,孝子之主系心。夏后氏以松,殷人以柏,周人以栗。又《周礼》说,虞主用桑,练主以栗,无夏后氏以松为主之事。'许君谨案:'从《周礼》说。《论语》所云,谓社主也。'郑氏无驳,从许义也。其主之制,案《汉仪》:'高帝庙主九寸,前方后圆,围一尺。后主七寸。'文二年'作僖公主',何休云:'主状正方,穿中央,达四方。天子长一尺二寸,诸侯长一尺。'此是木主之制也。"① 两相补充,"主"之制甚明,而汉制早已不同古制。

此外,《礼记正义》还考据了一般生活或生产中的大量器具,如锁门的管键,翻土的耒,捕获鸟兽的罝罦,盛酒的缶,祭祀时放置兽、馔或酒樽的方形木盘等。还有对乐器的考据,如《王制》疏考释柷、敔,《月令》疏考释乐器有鞀、鞞、鼓,均琴、瑟、管、箫等,《乐记》疏考据柎、雅等乐器,从中可知一定的礼乐制度。"国之大事,在祀与戎"②,《月令》孔疏考据五兵的制作。杨向奎认为,"礼"起源于原始交往③,礼仪活动与经济生产密切相关。《檀弓上》疏考据数种货币类名物,如泉布、刀币、贝、龟等。

总之,孔疏考据范围极其广泛,内容极其丰富,从中可以更好地认识唐前,特别是秦汉以前的社会历史生活。然而,正如上文所指出的,孔疏的考据基本上是依据文献,甚而出现循环论证的现象。而且,其解说存在一些不

---

① (汉)郑玄注,(唐)孔颖达正义,吕友仁整理:《礼记正义》,上海古籍出版社2008年版,第1797页。
② 杨伯峻:《春秋左传注》,中华书局2018年版,第737页。
③ 杨向奎:《礼的起源》,《孔子研究》1986年创刊号。

符合客观规律与现实社会的一面,如对占卜之器龟蓍的考据。占卜在先民们的生活中占据重要的地位,《曲礼上》:"龟为卜,策为筮。卜筮者,先圣王之所以使民信时日,敬鬼神,畏法令也,所以使民决嫌疑,定犹与也。故曰:疑而筮之,则弗非也;日而行事,则必践之。"揭示了占卜于先民之重要意义。孔疏解此条经文之际,详细考据了占卜之龟、蓍二物,孔疏虽据刘向、许慎《说文》、陆玑《草木疏》和《洪范五行传》《史记》《淮南子》《白虎通》七家之说,唯有陆玑《草木疏》出于客观的认知,许慎《说文》则主客观参半,其余诸家之说皆系臆想而已,本无客观依据①。

第三节 《礼记正义》礼制考据

陈戍国曰:"礼上升为制度规程,就是礼制。……它一方面必须顺乎人情,为人们所接受;一方面又必须有约束力,为人们所遵循。"② 甘怀真认为,礼制"可以包含两种理念":一是"礼制作为一套仪式,可以用来强调实践者的教养、象征其权力与标帜其正当性的来源";二是"礼制的主要目的是教化",即"指在一套信念的引导下,改造人间以臻一合理的秩序"③。陈戍国又曰:"维护礼制,实际上就是维护政治权力和经济利益,维护当时的生产关系。"④ 张一兵指出:"古代礼制虽然看似属于精神文明领域,但却一直左右着物质文明的进程。"⑤ 可以说,探讨礼制并为当朝制礼作乐提供必备的理论依据,并以此维护历代王朝的统治秩序,正是古代经学家研究礼学的主要意义所在。而古礼渺茫,后世多不可行,加之相关文献散佚颇多,若论上古礼仪制度可谓难乎其难。

《礼记正义》关于礼仪制度的考据,贯通"三礼",出入经史子集,论述典赡,是孔疏极为用功之处,也是其大有功于礼学之处。《周礼·春官宗伯·大宗伯》职:"大宗伯之职,掌建邦之天神、人鬼、地示之礼,以佐王建保邦国。以吉礼事邦国之鬼神示,以禋祀祀昊天上帝,以实柴祀日、月、星、辰,以槱燎祀司中、司命、飌师、雨师,以血祭祭社稷、五祀、五岳,以狸沈祭山

---

① (汉)郑玄注,(唐)孔颖达正义,吕友仁整理:《礼记正义》,上海古籍出版社2008年版,第119—120页。
② 陈戍国:《中国礼制史》(先秦卷),湖南教育出版社1991年版,第16页。
③ 甘怀真:《皇权、礼仪与经典连释:中国古代政治史研究》,华东师范大学出版社2008年版,第59页。
④ 陈戍国:《中国礼制史》(先秦卷),湖南教育出版社1991年版,第16页。
⑤ 张一兵:《明堂制度研究·引言》,中华书局2005年版,第3页。

林川泽，以疈辜祭四方百物。以肆献祼飨先王，以馈食飨先王，以祠春飨先王，以禴夏飨先王，以尝秋飨先王，以烝冬飨先王。以凶礼哀邦国之忧，以丧礼哀死亡，以荒礼哀凶札，以吊礼哀祸灾，以襘礼哀围败，以恤礼哀寇乱。以宾礼亲邦国，春见曰朝，夏见曰宗，秋见曰觐，冬见曰遇，时见曰会，殷见曰同，时聘曰问，殷覜曰视。以军礼同邦国，大师之礼，用众也；大均之礼，恤众也；大田之礼，简众也；大役之礼，任众也；大封之礼，合众也。以嘉礼亲万民，以饮食之礼，亲宗族兄弟；以婚冠之礼，亲成男女；以宾射之礼，亲故旧朋友；以飨燕之礼，亲四方之宾客；以脤膰之礼，亲兄弟之国；以贺庆之礼，亲异姓之国。"① 又《小宗伯》职曰："掌五礼之禁令，与其用等。"郑玄注曰："郑司农云：'五礼，吉、凶、军、宾、嘉。'"② 郑玄将"五礼"概念引入《仪礼注》《礼记注》中，得到孔颖达等后学的认同。《礼记·祭统》："礼有五经，莫重于祭。"郑注曰："礼有五经，谓吉礼、凶礼、宾礼、军礼、嘉礼也。莫重于祭，谓以吉礼为首也。《大宗伯》职曰：'以吉礼事邦国之鬼、神、祇。'"孔疏曰："案《大宗伯》：吉礼之别十有二，凶礼之别五，宾礼之别八，军礼之别五，嘉礼之别六。五礼之别，总三十有六。"③ 足见具体礼制种类之杂，数目之繁。孔氏《正义》卷首解题也据《周礼》及其郑注，分别考释吉、凶、宾、军、嘉等"五礼"起源④。《礼记正义》所考据礼制极其繁杂，然其主要内容仍可以"五礼"概括之。

一 吉礼考

《祭统》"礼有五经，莫重于祭"，吉礼为"五礼"之冠。据《周礼·春官宗伯·大宗伯》职可知，吉礼祭祀对象主要有昊天上帝、日、月、星、辰、司中、司命、飌（风）师、雨师等天神，社稷、五祀、五岳，山林川泽，四方百物等地祇，以及先王、先公等人鬼。因此，可以将吉礼简单分为祭祀天神、地祇、人鬼三大类。

（一）祭祀天神

祭祀天神制度，孔疏主要考据有祭天（含祭地）的郊天、圜丘、封禅之

---

① （清）阮元校刻：《十三经注疏·周礼注疏》（附校勘记），中华书局1980年版，第757页上栏—761页上栏。

② （清）阮元校刻：《十三经注疏·周礼注疏》（附校勘记），中华书局1980年版，第766页中栏。

③ （汉）郑玄注，（唐）孔颖达正义，吕友仁整理：《礼记正义》，上海古籍出版社2008年版，第1865—1866页。

④ （汉）郑玄注，（唐）孔颖达正义，吕友仁整理：《礼记正义》，上海古籍出版社2008年版，第1—2页。

礼，以及祭祀日月、雩祭等。

1. "六天"与"二地"考

《曲礼上》曰："天子祭天地，祭四方，祭山川，祭五祀，岁偏。诸侯方祀，祭山川，祭五祀，岁偏。大夫祭五祀，岁偏。士祭其先。"

孔疏："天子祭天地"者，祭天谓四时迎气，祭五天帝于四郊，各以当方人帝配之。《月令》春曰"其帝太皞"，夏曰"其帝炎帝"，季夏曰"其帝黄帝"，秋曰"其帝少皞"，冬曰"其帝颛顼"，明为配天及告朔而言之。……天地有覆载大功，天子王有四海，故得总祭天地以报其功。其天有六，祭之一岁有九：昊天上帝，冬至祭之，一也。苍帝灵威仰，立春之日祭之于东郊，二也。赤帝赤熛怒，立夏之日祭之于南郊，三也。黄帝含枢纽，季夏六月土王之日，亦祭之于南郊，四也。白帝白招拒，立秋之日祭之于西郊，五也。黑帝汁光纪，立冬之日祭之于北郊，六也。王者各禀五帝之精气而王天下，于夏正之月祭于南郊，七也。四月龙星见而雩，总祭五帝于南郊，八也。季秋大飨五帝于明堂，九也。地神有二，岁有二祭。夏至之日，祭昆仑之神于方泽，一也。夏正之月，祭神州地祇于北郊，二也。或云建申之月祭之，与郊天相对。冬至祭昊天上帝者，《春秋纬》云"紫微为天帝北极耀魄宝"是也。其配之人，以帝喾配之，故《祭法》云"周人禘喾"是也。其五帝则《春秋纬·文耀钩》云："苍帝曰灵威仰，赤帝曰赤熛怒，黄帝曰含枢纽，白帝曰白招拒，黑帝曰汁光纪。"（第205页）

此例考据天之主神，郑玄据纬书《春秋纬·文耀钩》主"六天"说，即昊天上帝，又曰"紫微为天帝北极耀魄宝"，苍帝曰灵威仰、赤帝曰赤熛怒、黄帝曰含枢纽、白帝曰白招拒、黑帝曰汁光纪六者。又据《地统书·括地象》认为地祇有二：昆仑之神和神州地祇。可见郑注、孔疏直接本自纬书。孔疏《月令》解题曰天"凡有六等"：一曰盖天，二曰浑天，三曰宣夜，四曰昕天，五曰穹天，六曰安天。所言倾向于自然之天。此例言"天"则指天神。孔疏又将《月令》春曰"其帝太皞"、夏曰"其帝炎帝"、季夏曰"其帝黄帝"、秋曰"其帝少皞"、冬曰"其帝颛顼"之五帝，解释为祭天帝而所配天而祭的"当方人帝"。黄以周曰："天有六帝，《周礼》文可据。浑言之，五帝为天神，帝即天，昊天亦称帝，天即帝，有六帝即有六天。析言之，五帝得与昊天同称上帝，不得与昊天同称天。"① 此"六天"之说，实深受阴阳五行思想影响，又夹杂神学思想，若从客观或自然科学的角度看，当然不足为信。

孔氏等疏解《月令》《郊特牲》等仍弥缝郑义。《月令》："立春之日，天子亲帅三公、九卿、诸侯、大夫以迎春于东郊。"郑注："迎春，祭苍帝灵威仰于东郊之兆也。"孔疏曰："按贾、马、蔡邕皆为迎春祭大皞及句芒，以上云'其帝大皞，其神句芒'故也。今郑独以为苍帝灵威仰者，以《春秋文耀钩》云'苍帝灵威仰'，《礼器》云'飨帝于郊而风雨节、寒暑时'，是人帝，何能使风雨寒暑得时？又《诗》及《尚书》云上帝，皆为天也。《周礼·司服》云：'王祀昊天上帝则服大裘而冕，祀五帝亦如之。'五帝若是人帝，何得与天帝同服？故以为灵威仰。上云'盛德在木'者，盛德，则灵威仰之盛德也。"② 据郑注以"五帝"为"五天帝"，而非"三皇五帝"之"五人帝"。按《月令》经义，"迎春"实指祭祀"其帝大皞，其神句芒"，即当如贾、马、蔡所言，"皆为迎春祭大皞及句芒"。《月令》一文之五帝，春曰"其帝太皞"，夏曰"其帝炎帝"，季夏曰"其帝黄帝"，秋曰"其帝少皞"，冬曰"其帝颛顼"，与此"苍帝曰灵威仰，赤帝曰赤熛怒，黄帝曰含枢纽，白帝曰白招拒，黑帝曰汁光纪"之五帝本来毫无干系。郑注、孔疏据纬书说经，其考据郊天和圜丘与此"六天"说一致。

2. 郊礼与圜丘考

《郊特牲》："郊特牲而社稷大牢。"

孔疏：先儒说郊，其义有二：案《圣证论》以天体无二，郊即圜丘，圜丘即郊。郑氏以为天有六天，丘、郊各异，今具载郑义，兼以王氏难。郑氏谓天有六天，天为至极之尊，其体只应是一。而郑氏以为六者，指其尊极清虚之体，其实是一；论其五时生育之功，其别有五，以五配一，故为六天。据其在上之体，谓之天，……因其生育之功，谓之帝。帝为德称也，故《毛诗传》云："审谛如帝。"故《周礼·司服》云："王祀昊天上帝，则大裘而冕，祀五帝亦如之。"五帝若非天，何为同服大裘？又《小宗伯》云："兆五帝于四郊。"《礼器》云："飨帝于郊，而风雨寒暑时。"帝若非天，焉能令风雨寒暑时？又《春秋纬》

---

① （清）黄以周撰，王文锦点校：《礼书通故》，中华书局2007年版，第611页。
② （汉）郑玄注，（唐）孔颖达正义，吕友仁整理：《礼记正义》，上海古籍出版社2008年版，第615—617页。

"紫微宫为大帝",又云"北极耀魄宝",又云"大微宫有五帝坐星,青帝曰灵威仰,赤帝曰赤熛怒,白帝曰白招拒,黑帝曰汁光纪,黄帝曰含枢纽"。是五帝与大帝六也。又五帝亦称上帝,故《孝经》曰"严父莫大于配天,则周公其人也"。下即云"宗祀文王于明堂,以配上帝"。帝若非天,何得云"严父配天"也?而贾逵、马融、王肃之等,以五帝非天,唯用《家语》之文,谓大皞、炎帝、黄帝五人之帝属,其义非也。……又王肃以郊、丘是一,而郑氏以为二者,……故郑以云苍璧、苍犊、圜钟之等,为祭圜丘所用,以四圭有邸、骍犊及奏黄钟之等,以为祭五帝及郊天所用。王肃以《郊特牲》"周之始郊,日以至",与圜丘同配以后稷。郑必以为异,圜丘又以帝喾配者,郑以"周郊,日以至"自是鲁礼,……又知圜丘配以帝喾者,案《祭法》云:"周人禘喾而郊稷。"禘喾在郊稷之上,稷卑于喾,以明禘大于郊。又《尔雅》云:"禘,大祭也。"大祭莫过于圜丘,故以圜丘为禘也。圜丘比郊,则圜丘为大。(第1023—1025页)

圜丘是天子于冬至祭天礼。而《郊特牲》曰"郊之祭也,迎长日之至也",郑注曰:"此言迎长日者,建卯而昼夜分,分而日长也。"孔疏曰:"明郊祭用夏正建寅之月意。以二月建卯,春分后日长,今正月建寅郊祭天,而迎此长日之将至。"[1] 据此,认为圜丘与郊祭为二也。黄以周曰:"圜丘之祭在南郊,西汉师说并如是。而祈谷之郊非即圜丘,当从郑说。王肃谓'圜丘即郊',可;谓'郊即圜丘',不可。圜丘与祈谷郊二祭之礼,经传画然有分。"[2] 黄氏又曰:"祈谷曰郊,圜丘曰禘。析言各别,浑言之皆曰郊。……圜丘与郊实有两祭,亦不得如王肃所说。"[3] 杨志刚考据文献指出:"郊"至少有三层含义:其一,"在城郊举行的各种祭祀,包括祭天地、祭日月、祭山川等";其二,"泛指郊天之礼";其三,"专指南郊(圜丘)祭天,或再连带指北郊(方丘)祭地"。又曰:"冬至'圜丘'与正月南郊都是客观存在的。'圜丘'是郊,正月祈谷也可称为郊(都是在南郊进行)。只是,圜丘大典唯有周天子才可举行。……王肃以'郊'特指'圜丘',不误,但排斥正月祈谷也是'郊',非也。郑玄分禘(圜丘)、郊为二,亦未

---

[1] (汉)郑玄注,(唐)孔颖达正义,吕友仁整理:《礼记正义》,上海古籍出版社2008年版,第1061—1062页。

[2] (清)黄以周撰,王文锦点校:《礼书通故》,中华书局2007年版,第612页。

[3] (清)黄以周撰,王文锦点校:《礼书通故》,中华书局2007年版,第621页。

能全面把握'郊'的含义。"① 指出郑、王二说不足，全面阐释"禘""郊"之内涵。

关于郑、王之争，李中华等认为："在王肃反对'六天说'的议论中，潜在地渗透着一种自然主义精神，若以五帝为灵威仰之属，无疑是谶纬神学的复活，因为郑玄的说法，六天之说皆源自纬书，不仅'五帝'为灵威仰、赤熛怒、含枢纽、白招拒、汁光纪等神学虚构，就连'玉皇大帝'之'耀魄宝'亦属虚渺之谈。王肃力图清除谶纬迷雾，故通过否定六天说，坚持'一天说'，以恢复礼学的人间现实性。因为在王肃看来，其所坚持的'一天'之'天'，亦非人格之天。"又曰："王肃礼学思想的再一个重要表现，是其'丘郊一祭'说。这一问题，实际上与'五帝非天'说是一个问题的两个方面。"② 所论甚是。日人乔秀岩通观郑、王异说，认为："郑玄的思维紧贴文本，从经纬文献的文字出发，根据这些文字展开一套纯粹理论性的经学体系；王肃则从我们现实生活的角度出发，考虑礼说的可实践性以及合情合理性，对郑玄的经学体系进行改造。"③ 从经学诠释的角度看，二说无疑达到了一种新高度。

3. 祭祀日月

祭祀日月，也是古人重要的两项祭祀活动，在上古时代尤为重要。王小盾指出："太阳是天底下最重要的东西。它不仅是所有生命的本源，而且是一切知识的本源。不仅各种生物都要靠它生长，而且，关于时间、空间的所有知识都是从太阳引申出来的——比如，如果没有太阳，人类就不会知道东、西、南、北，也不会知道春、夏、秋、冬。关于这一点，上古人比现代人理解得更深刻。所以太阳祭祀是上古时候最重要的仪式。"④ 郑注所谓"天之神，日为尊"，祭祀日月，是古代极其重要的礼仪活动。

> 《郊特牲》："大报天而主日也。兆于南郊，就阳位也。"郑注："天之神，日为尊。日，太阳之精也。"
>
> 孔疏：天之诸神莫大于日，祭诸神之时，日居诸神之首，故云"日为尊"也。凡祭日月之礼，崔氏云："一岁有四，迎气之时，祭日于东，祭月于西。故《小宗伯》云'兆五帝于四郊，四望、四类亦如之'，是

---

① 杨志刚：《中国礼仪制度研究》，华东师范大学出版社2001年版，第269—271页。
② 汤一介、李中华主编，李中华著：《中国儒学史·魏晋南北朝卷》，第373—374页。
③ ［日］乔秀岩：《论郑王礼学异同》，［日］乔秀岩、叶纯芳：《学术史读记》，生活·读书·新知三联书店2019年版，第58页。
④ 王小盾：《经典之前的中国智慧》，北京大学出版社2016年版，第185页。

其一也。春分朝日，秋分夕月，是其二也。此等二祭，日之与月各祭于一处。日之与月，皆为坛而祭，所谓'王宫祭日，夜明祭月'，皆为燔柴也。夏正郊天之时而主日，配以月。《祭义》云'大报天而主日，配以月'，是其三也。孟冬大蜡之时，又祭日月。故《月令》'孟冬，祈来年于天宗'，是其四也。此二祭并祭日月，共在一处，则祭日于坛，祭月于坎。坛则实柴，坎则瘗埋也。其牲皆用犊，故《小司徒》云：'凡小祭祀，奉牛牲。'郑云'小祭祀，王玄冕所祭'是也。若所祈祷，则用少牢。故《祭法》云'埋少牢于泰昭，祭时'及日月等，郑注云'凡以此下，皆祭用少牢'是也。"皇氏云："以为日月合祭之时用犊，分祭之时用少牢。"其义非也。（第1062页）

此例孔疏据崔灵恩《三礼义宗》考祭日，认为一年有四：四时迎气与春分朝日、秋分夕月，此二者"日之与月各祭于一处。日之与月，皆为坛而祭"。并引《祭法》"王宫，祭日也；夜明，祭月也"为证。夏正郊天与孟冬大蜡，"此二祭并祭日月，共在一处，则祭日于坛，祭月于坎"。崔氏曰"迎气之时，祭日于东，祭月于西"，当指立春迎气，即《月令》孟冬之月，"立春之日，天子亲帅三公、九卿、诸侯、大夫以迎春于东郊"。孔疏考据祭日月之礼，从崔氏而不从皇疏。

（二）祭祀地祇

由上文可知，祭祀天神之礼，时常亦包含地祇在内。《礼记正义》考据祭祀地祇之礼，主要包括祭祀社稷、祭祀五岳、祭祀山林川泽、祭祀路神（軷祭）等，仅以孔疏考据社稷祭与軷祭二例言之。

1. 祭社稷考

关于社稷，"社是土地神，稷为五谷之神。社、稷又是祭社和祭稷的祭名、场所名"[①]。《郊特牲》："社祭土而主阴气也。君南乡于北墉下，答阴之义也。日用甲，用日之始也。天子大社必受霜露风雨，以达天地之气也。……薄社北牖，使阴明也。社所以神地之道也。地载万物，天垂象。取财于地，取法于天，是以尊天而亲地也，故教民美报焉。家主中霤而国主社，示本也。唯为社事，单出里。唯为社田，国人毕作。唯社，丘乘共粢盛，所以报本反始也。"孔疏疏通此节，考据社稷之神、社稷制度、天子和诸侯之社、卿大夫及其以下立社及其演变、社祭时间等，极为详尽。因孔疏篇幅过长，择要论之。

---

① 杨志刚：《中国礼仪制度研究》，华东师范大学出版社2001年版，第326页。

其一，关于社稷主神。孔疏曰"社稷之义，先儒所解不同"，其主要罗列两说。一为郑玄说："以社为五土之神，稷为原隰之神，句龙以有平水土之功，配社祀之；稷有播五谷之功，配稷祀之。郑必以为此论者，案《郊特牲》云'社祭土而主阴气'，又云'社，所以神地之道'。又《礼运》云：'命降于社之谓殽地。'又《王制》云：'祭天地社稷，为越绋而行事。'据此诸文，故知社即地神，稷是社之细别，别名曰稷。稷乃原隰所生，故以稷为原隰之神。"二为贾逵、马融、王肃等说，"以社祭句龙，稷祭后稷，皆人鬼也，非地神"①。

其二，关于社稷制度，孔疏主要讨论天子、诸侯之社的规模，以及立二社之义："《白虎通》云：'天子之社坛，方五丈，诸侯半之。'说者又云：'天子之社，封五色土为之。若诸侯受封，各割其方色土与之，则东方青、南方赤之类是也。上皆以黄土也。'其天子、诸侯皆有二社者，《祭法》云：'王为群姓立社，曰大社。王自为立社，曰王社。诸侯为百姓立社，曰国社。诸侯自为立社，曰侯社。'是各有二社。又各有胜国之社，故此云'丧国之社屋之'，是天子有之也。案《春秋》'亳社灾'，《公羊》云：'亡国之社盖揜之。揜其上而柴其下。'是鲁有之也。襄三十年《左传》云：'鸟鸣于亳社。'是宋有之也。此是天子、诸侯二社之义。"②

其三，关于社之位置，孔疏分别论王社或侯社、大社或国社与亡国之社三者位置："《小宗伯》云：'右社稷，左宗庙。'郑云：'库门内、雉门外之左右。'为群姓立社者，在库门内之西。自为立者，在藉田之中。其亡国之社，《穀梁传》云：'亡国之社，以为庙屏，戒。'或在庙，或在库门内之东。"③

其四，关于卿、大夫及其以下之社，孔疏主要论其立社条件及其演变，并论立社之木："其卿大夫以下，案《祭法》云：'大夫以下，成群立社曰置社。'注云：'大夫不得特立社，与民族居，百家以上则共立一社。今时里社是也。'如郑此言，则周之政法，百家以上得立社。其秦汉以来，虽非大夫，民二十五家以上则得立社，故云'今之里社'。又《郑志》云：'《月令》"命民社"，谓秦社也。自秦以下，民始得立社也。'其大夫以下所置社

---

① （汉）郑玄注，（唐）孔颖达正义，吕友仁整理：《礼记正义》，上海古籍出版社2008年版，第1056页。
② （汉）郑玄注，（唐）孔颖达正义，吕友仁整理：《礼记正义》，上海古籍出版社2008年版，第1057页。
③ （汉）郑玄注，（唐）孔颖达正义，吕友仁整理：《礼记正义》，上海古籍出版社2008年版，第1057页。

者，皆以土地所宜之木。则《论语》云：'夏后氏以松，殷人以柏，周人以栗。'故《大司徒》云'而树之田主，各以其野之所宜木'是也。"①

其五，关于社祭时间与所用社主，孔疏曰："其社之祭，一岁有三：仲春'命民社'，一也；《诗》云'以社以方'，谓秋祭，二也；孟冬云'大割祠于公社'，是三也。其社主用石，故郑注《宗伯》云：'社之主盖用石。'"②

2. 軷祭

《曾子问》："诸侯适天子，必告于祖，奠于祢。冕而出视朝，命祝史告于社稷、宗庙、山川，乃命国家五官而后行，道而出。"郑注："祖道也。《聘礼》曰'出祖释軷，祭酒脯'也。"

孔疏：经言"道而出"，明诸侯将行，为祖祭道神，而后出行。引《聘礼》者，证祖道之义。按《聘礼·记》云："出祖释軷，祭酒脯。"彼注云："祖，始也。行出国门，止，陈车骑，释酒脯之奠于軷，为行始也。《春秋传》曰：'軷涉山川。'然则軷，山行之名也。道路以险阻为难，是以委土为山，或伏牲其上，使者为軷祭酒脯祈告也。礼毕，然后乘车轹之而遂行。其有牲，犬羊可也。"此城外之軷祭也。其五祀行神则在宫内。故郑注《聘礼》云："行，谓行者之先其古人之名未闻。天子、诸侯有常祀在冬也。《丧礼》'有毁宗躐行，出于大门'，则行神之位，在庙门外西方。"又郑注《月令》："軷坛，厚二寸，广五尺，轮四尺。"《周礼》注云："以菩刍棘柏为神主。"此郑释为軷祭之义。此軷亦有尸，故《诗·生民》云："取羝以軷。"注"燔烈其肉为尸羞"是也。其牲，天子軷用犬，故《犬人》云："伏、瘞亦如之。"注云："伏，谓伏犬于軷上。"诸侯用羊，《诗》云"取羝以軷"，谓诸侯也。卿大夫以酒脯。既行祭軷竟，御者以酒祭车轼前及车左右毂末。故《周礼·大驭》云："及犯軷，王自左驭，驭下祝，登，受辔，犯轵，遂驱之。"又云："及祭，酌仆。仆左执辔，右祭两轵，祭轨，乃饮。"轵即毂末，轨谓车轼前是也。其祭宫内行神之軷，及城外祖祭之軷，其制不殊。崔氏云："宫内之軷，祭古之行神。城外之軷，祭山川与道路之神。"义或然也。坛象山，其神曰累。（第 758 页）

---

① （汉）郑玄注，（唐）孔颖达正义，吕友仁整理：《礼记正义》，上海古籍出版社 2008 年版，第 1058 页。

② （汉）郑玄注，（唐）孔颖达正义，吕友仁整理：《礼记正义》，上海古籍出版社 2008 年版，第 1058 页。

此例孔疏考据較祭，分为"此城外之較祭"与"五祀行神，则在宫内"两种，孔疏详考其义与祭祀之法。考释前者，孔疏主要据《仪礼·聘礼·记》及其郑注为说。至于"五祀行神"，当指祭祀中霤、门、户、灶、行五者之神。孔疏广引《聘礼》及其郑注、《月令》及其郑注、《毛诗》及其郑笺与《周礼》及其郑注等为说。孔疏的考据建立在坚实的文献梳理之上。

（三）祭祀人鬼

此以祭祀先祖为主，对于王室来说，所祭先祖往往又是先王或先公。《礼记正义》考据祭祀人鬼制度，主要有天子七庙、祫、禘等宗庙礼与明堂礼等制度。仅以天子七庙与立尸制度考据为例明之：

（1）《王制》："天子七庙，三昭三穆，与大祖之庙而七。诸侯五庙，二昭二穆，与大祖之庙而五。大夫三庙，一昭一穆，与大祖之庙而三。"郑注："此周制。七者，大祖及文王、武王之祧，与亲庙四。大祖，后稷。殷则六庙，契及汤与二昭二穆。夏则五庙，无大祖，禹与二昭二穆而已。"

孔疏：郑氏之意，天子立七庙，唯谓周也。郑必知然者，按《礼纬·稽命征》云："唐虞五庙，亲庙四，始祖庙一。夏四庙，至子孙五。殷五庙，至子孙六。"《钩命决》云："唐尧五庙，亲庙四，与始祖五。禹四庙，至子孙五。殷五庙，至子孙六。周六庙，至子孙七。"郑据此为说，故谓七庙周制也。周所以七者，以文王、武王受命，其庙不毁，以为二祧，并始祖后稷及高祖以下亲庙四，故为七也。若王肃则以为天子七庙者，谓高祖之父及高祖之祖庙为二祧，并始祖及亲庙四为七。故《圣证论》肃难郑云："周之文武受命之王，不迁之庙，权礼所施，非常庙之数。殷之三宗，宗其德而存其庙，亦不以为数。凡七庙者，皆不称周室。《礼器》云：'有以多为贵者，天子七庙。'孙卿云：'有天下者事七世。'又云：'自上以下，降杀以两。'今使天子诸侯立庙，并亲庙四而止，则君臣同制，尊卑不别。礼，名位不同，礼亦异数，况其君臣乎？又《祭法》云'王下祭殇五'，及五世来孙。则下及无亲之孙，而祭上不及无亲之祖，不亦诡哉！《穀梁传》云：'天子七庙，诸侯五。'《家语》云：'子羔问尊卑立庙制，孔子云：礼，天子立七庙，诸侯立五庙，大夫立三庙。'又云：'远庙为祧，有二祧焉。'"……难郑之义，凡有数条，大略如此，不能具载。郑必为天子七庙唯周制者，马昭难王义云："按《丧服小记》'王者立四庙'，又引《礼纬》：'夏无大祖，宗禹而已，则五庙。殷人祖契而宗汤，则六庙。周尊后稷，宗文王武王，则七庙。自夏及周，少不减五，多不过七。'《礼器》云'周旅酬六尸'，一人发爵，则周七尸七庙明矣。今使文武不在七数，既不同祭，又不飨尝，岂礼也哉！故汉侍中卢植《说文》云'二祧，谓文武'。《曾子问》'当七庙，无虚主'，《礼器》'天子七庙，堂九尺'，《王制》'七庙'，卢植云：'皆据周言也。'《穀梁传》'天子七庙'，尹更始说，天子七庙，据周也。《汉书》韦玄成四十八人议，皆云：'周以后稷始封，文武受命。'《石渠论》《白虎通》云：'周以后稷、文、武特七庙。'"又张融谨按："《周礼·守祧》职'奄八人，女祧每庙二人'。自太祖以下与文、武及亲庙四，用七人，姜嫄用一人，適尽。若除文、武，则奄少二人。《曾子问》孔子说周事而云'七庙无虚主'。若王肃数高祖之父、高祖之祖庙，与文、武而九，主当有九，孔子何云'七庙无虚主'乎？以《周礼》、孔子之言为本，《穀梁》说及《小记》为枝叶，韦玄成《石渠论》《白虎通》为证验，七庙斥言，玄说为长。"是融申郑之意。且天子七庙者，有其人则七，无其人则五。若诸侯庙制，虽有其人，不得过五。则此天子诸侯七、五之异也。（第517—518页）

关于天子庙数，先秦以来有七庙、六庙、五庙之说。魏晋南北朝之际，战乱不断，更迭频繁，皆不立七庙。《新唐书·礼乐三》曰："《书》曰：'七世之庙，可以观德。'而礼家之说，世数不同。然自《礼记·王制》《祭法》《礼器》，大儒荀卿、刘歆、班固、王肃之徒，以为七庙者多。盖自汉、魏以来，创业之君特起，其上世微，又无功德以备祖宗，故其初皆不能立七庙。"[1] 唐初亦然。孔疏考七庙制度，主要据郑义立说。黄以周曰："汉韦玄成等议云：'周之所以有七庙者，以后稷始封，文王、武王受命而王，是以三庙不毁，与亲庙四而七。'《石渠论》《白虎论》并云'周以后稷、文、武特七庙'，是即郑说所本也。王肃据刘歆说，谓文武非常庙之数。然刘歆据《王制》《穀梁传》以为天子三昭三穆，与太祖之庙而七，与韦玄成二昭二穆、文武世室及太祖庙而七之说异。其云宗不在正庙数中者，举殷三宗，斥言周成王，而谓文武受命之王亦如三宗，不在七庙正数。此王肃之臆说，刘歆无此言也。"[2] 郑玄所谓周天子七庙（太祖后稷、文、武、亲庙四），实与

---

[1] （宋）欧阳修、宋祁：《新唐书》，中华书局1975年版，第339页。
[2] （清）黄以周撰，王文锦点校：《礼书通故》，中华书局2007年版，第724页。

诸侯五庙（太祖、亲庙四）近同。王肃谓之"君臣同制，尊卑不别"。上文已经指出，《礼记正义》论定天子七庙，系朱子奢斟酌古今之变，综合郑、王两说，所论符合时代变迁且便于操作。

(2)《曲礼上》："《礼》曰：'君子抱孙不抱子。'此言孙可以为王父尸，子不可以为父尸。"

孔疏："抱孙不抱子"者，谓祭祀之礼必须尸，尸必以孙。今子孙行并皆幼弱，则必抱孙为尸，不得抱子为尸。……《曾子问》云："祭成丧者必有尸，尸必以孙，孙幼则使人抱之，无孙则取于同姓可也。"是有抱孙之法也。言"无孙取于同姓可"者，谓无服内之孙，取服外同姓也。天子至士皆有尸，《特牲》是士礼，《少牢》是大夫礼，并皆有尸。又《祭统》云："君执圭瓒祼尸。"是诸侯有尸也。又《守祧》职云："若将祭祀，则各以其服授尸。"是天子有尸也。天子以下，宗庙之祭，皆用同姓之嫡。故《祭统》云："祭之道，孙为王父尸。所使为尸者，于祭者为子行，父北面而事之。"注云："子行，犹子列也。祭祖则用孙列，皆取于同姓之適孙也。天子诸侯之祭，朝事延尸于户外，是以有北面事尸之礼也。"虽取孙列，用卿大夫为之。故《既醉》注云："天子以卿。"郑笺云："诸侯入为天子卿大夫，故云公尸。"天子既然，明诸侯亦尔。故大夫士亦用同姓嫡者。《曾子问》云："无孙取于同姓可也。"又郑注《特牲礼》"大夫士以孙之伦为尸"是也。言"伦"，明非己孙。皇侃用崔灵恩义，以大夫用己孙为尸，恐非也。天子祭天地、社稷、山川、四方百物及七祀之属，皆有尸也。故《凫鹥》并云"公尸"。推此而言，诸侯祭社稷、竟内山川，及大夫有菜(采)地祭五祀，皆有尸也。外神之属，不问同姓异姓，但卜吉则可为尸。案《曾子问》祭成人必有尸，则祭殇无尸。若新丧虞祭之时，男女各立尸，故《士虞礼》云："男，男尸。女，女尸。"至祔祭之后，正用男之一尸，以其祔祭渐吉故也。凡吉祭祇用一尸，故《祭统》云"设同几"是也。若祭胜国之社稷，则士师为尸。知者，《士师》职文，用士师者，略之。故《异义》："《公羊》说祭天无尸。《左氏》说晋祀夏郊，以董伯为尸。《虞夏传》云：'舜入唐郊，以丹朱为尸。'是祭天有尸也。"许慎引《鲁郊礼》曰"祝延帝尸"，从《左氏》之说也。（第96—97页）

孔疏此例广议立尸制度，概言之，立尸制度主要有六：一是"祭祀之礼必须尸，尸必以孙"；二是"天子至士皆有尸"，而且"天子以下，宗庙之祭，皆用同姓之嫡"；三是天子、诸侯、大夫祭祀天神或地祇，皆有尸；四是"祭殇无尸"；五是"新丧虞祭之时，男女各立尸"，而"至祔祭之后，正用男之一尸"；六是"祭胜国之社稷，则士师为尸"。孔疏所论基本涵盖了古礼立尸制度。

二 凶礼（丧礼）考

《周礼·春官·大宗伯》："以凶礼哀邦国之忧，以丧礼哀死亡，以荒礼哀凶札，以吊礼哀祸灾，以禬礼哀围败，以恤礼哀寇乱。"凶礼是对各种不幸事件进行悼念、慰问方面的礼仪制度。广义的凶礼包括丧礼、荒礼、吊礼、禬礼、恤礼五种，狭义则特指丧礼。丧礼在古礼中极为重要，其核心是通过各种仪式以表达对死者的敬爱与孝心。《礼记》关于丧礼的论述颇多，据刘向《别录》，其中有《曾子问》《丧服小记》《杂记上》《杂记下》《丧大记》《奔丧》《问丧》《服问》《间传》《三年问》《丧服四制》凡十一篇属于《丧服》，内容多关乎丧礼。另外，其他篇言丧礼者亦不少，如《曲礼上》《曲礼下》《檀弓上》《檀弓下》等。以《曲礼下》为例，曰："居丧，未葬，读丧礼；既葬，读祭礼；丧复常，读乐章。居丧不言乐，祭事不言凶，公庭不言妇女。"又曰："丧礼，与其哀不足而礼有余也，不若礼不足而哀有余也。祭礼，与其敬不足而礼有余也，不若礼不足而敬有余也。"不仅言丧礼之制，还论其要义。孔疏于丧礼考释的有祥禫、复、浴尸、饭含、辟踊、迁庙、天子之殡、免、髽、上杀、下杀、徒从、属从、服术、绖、带、杖以及棺制、筑坟等。今主要以孔疏考据"三年丧"祥、禫之制，免、髽之服以及棺、椁之制三者为例，明其有关凶礼的考据之功。

1. "三年丧"祥、禫考

《檀弓上》："孟献子禫，县而不乐，比御而不入。"

孔疏：其祥、禫之月，先儒不同，王肃以二十五月大祥，其月为禫，二十六月作乐。所以然者，以下云"祥而缟，是月禫，徙月乐"，又与上文"鲁人朝祥而莫歌"，孔子云"逾月则其善"，是皆祥之后月作乐也。又《间传》云："三年之丧，二十五月而毕。"又《士虞礼》"中月而禫"，是祥月之中也，与《尚书》"文王中身飨国"谓身之中间同。又文公二年冬，公子遂如齐纳币，是僖公之丧至此二十六月。左氏云："纳币，礼也。"故王肃以二十五月禫除丧毕。而郑康成则二十五月大祥，二十七月而禫，二十八月而作乐，复平常。郑必以为二十七月禫者，以《杂记》云："父在为母、为妻十三月大祥，十五月禫。"为母、为妻尚祥、禫异月,岂容三年之丧乃祥、禫同月?若以父在为母,屈而不申,故延禫月,其为妻当亦不申,祥、禫异月乎?若以"中月而禫"为月之中间,应云"月中而禫",何以言"中月"乎?案《丧服小记》云"妾祔于妾祖姑,亡则中一以上而祔",又《学记》云"中年考校",皆以中为间,谓间隔一年,故以中月为间隔一月也。下云"祥而缟,是月禫,徙月乐"是也。谓大祥者缟冠,是月禫,谓是此禫月而禫,二者各自为义,事不相干。故《论语》云:"子于是日哭,则不歌。"文无所继,亦云"是日"。文公二年公子遂如齐纳币者,郑《箴膏肓》:"僖公母成风主婚,得权时之礼。"若《公羊》,犹讥其丧娶。其"鲁人朝祥而莫歌",及《丧服四制》云"祥之日,鼓素琴",及"夫子五日弹琴不成声,十日成笙歌",并此"献子禫县"之属,皆据省乐忘哀,非正乐也。其八音之乐,工人所奏,必待二十八月也,即此下文"是月禫,徙月乐"是也。其"朝祥莫歌",非正乐,歌是乐之细别,亦得称乐,故郑云"笑其为乐速也"。其《三年问》云:"三年之丧,二十五月而毕。"据丧事终,除衰去杖,其余哀未尽,故更延两月,非丧之正也。王肃难郑云:"若以二十七月禫,其岁末遭丧,则出入四年,《丧服小记》何以云'再期之丧三年'?"如王肃此难,则为母十五月而禫,出入三年,《小记》何以云"期之丧二年"?明《小记》所云,据丧之大断也。又肃以"月中而禫",案《曲礼》"丧事先远日",则大祥当在下旬,禫祭又在祥后,何得云"中月而禫"?又禫后何以容吉祭?故郑云二十七月也。戴德《丧服变除礼》"二十五月大祥,二十七月而禫",故郑依而用焉。(第256—257页)

孔疏先以郑义疏解经文曰:"依礼,禫祭暂县省乐而不恒作也。至二十八月,乃始作乐。又依礼,禫后吉祭,乃始复寝。"接着,主要考释了自汉以来,礼学关于祥、禫的主要两说,分别以郑玄"二十五月大祥,二十七月禫"与王肃"二十五月大祥,其月为禫"为代表。郑、王礼学关于"三年丧"礼制的解说,其矛盾的焦点就是:禫究竟为二十五月,还是二十七月。王肃主张二十五月禫,主要文献依据有《檀弓上》《间传》《士虞礼》。王肃认为《檀弓上》"祥而缟,是月禫,徙月乐",以及《檀弓上》"鲁人朝祥而莫歌"并孔子云"逾月则其善",其要义"是皆祥之后月作乐"。而且,《间传》明言"三年之丧,二十五月而毕"。王肃又将《士虞礼》"中月而禫"之"中",训释为"中间",与《尚书》"文王中身飨国"之"中"义同。王肃还以"文公二年冬,公子遂如齐纳币,是僖公之丧至此二十六月"的史料为据，证明二十五月禫。而郑玄认为二十七月禫，主要文献依据有《杂记》"父在为母、为妻十三月大祥，十五月禫"，其言为母、为妻祥、禫异月，且间隔一月，以此类推，则三年丧亦当二十五月祥，二十七月禫。郑氏又认为《士虞礼》"中月而禫"之"中"，与《丧服小记》"亡则中一以上而祔"、《学记》"中年考校"之"中"同为"间隔"之意，则"中月而禫"，意即"间隔一月而禫"。至于"文公二年冬，公子遂如齐纳币，是僖公之丧至此二十六月"，则是权礼而已。

孙希旦曰："郑、王二说各有据依，而先儒多是王氏，朱子亦以为然。然鲁人朝祥暮歌，孔子谓'逾月则善'，而孔子既祥十日而成笙歌，祥后十日已为逾月，则孔氏据丧事先远日，谓祥在下旬者，确不可易，而祥、禫之不得同月亦可见矣。祥后所以有禫者，正以大祥虽除衰杖，而余哀未忘，未忍一旦即吉，故再延余服，以伸其未尽之哀，以再期为正服，而以二月为余哀，此变除之渐而制礼之意也。若祥、禫吉祭同在一月，则祥后禫前不过数日，初无哀之可延，而一月之间频行变除，亦觉其急遽而无节矣。"① 黄以周曰："中月而禫，当如郑解。《檀弓》'是月禫'，是与寔通，寔月者，实月也，谓实足一月也。《公羊传》云：'是月者何？仅逮是月也。何以不日，晦日也，谓自朔至晦适匝一月。'义与此同。是月禫即中月禫，徙月乐即逾月歌。是月、徙月，对文成义。大祥当卜二十五月下旬，必足一月，斯可禫祭，则在二十七月上旬矣。"② 孙、黄皆主郑氏。有学者指出："两汉实行的三年之丧丧期都是二十五月，王肃正是以这一历史事实为依据，提出祥禫同月。但对于郑玄来说，理论上的合理性较之事实上的现实性更为重要，这样的合理性在他看来就是应该坚持礼称情立文的本义，具体到三年之丧就是要通过祥禫异月确立的丧服变除来体现服丧者哀情的逐渐减轻。这种变除并非是孤立的现象，而是与整个丧礼协调一致。"③ 孔疏——揭示郑玄之说文献依据，实亦主张其说。

2. 免、髽考

《丧服小记》："男子冠而妇人笄，男子免而妇人髽。"

孔疏：免者，郑注《士丧礼》云："以布广一寸，自项中而前交于额上，却绕紒也，如着幓头矣。"髽者，形有多种，有麻、有布、有露

---

① （清）孙希旦撰，沈啸寰等点校：《礼记集解》，中华书局1989年版，第181—182页。
② （清）黄以周撰，王文锦点校：《礼书通故》，中华书局2007年版，第602页。
③ 张焕君：《从郑玄、王肃的丧期之争看经典与社会的互动》，《清华大学学报》（哲学社会科学版）2006年第6期。

紒也。其形有异，同谓之髽也。今辨男女并何时应着此免、髽之服。男子之免乃有两时，而唯一种，妇人之髽则有三别。其麻髽之形，与括发如一，其着之以对男子括发时也。前云"斩衰，括发以麻"，则妇人于时髽亦用麻也。何以知然？按《丧服》："女子子在室为父，髽，衰三年。"郑玄云："髽，露紒也，犹男子之括发。斩衰，括发以麻，则髽亦用麻。以麻者，自项而前交于额上，却绕紒如着幓头焉。"依如彼注，既云"犹男子括发"，男子括发，先去冠，縰用麻，妇人亦去笄，縰用麻，故云"犹"也。又同云用麻，不辨括发形异，则知其形如一也。以此证据，则知有麻髽以对男括发时也。又知有布髽者，按此云"男子免"对"妇人髽"，男免既用布，则妇人髽不容用麻也，是知男子为母免时，则妇人布髽也。又若成服后，男或对宾，必踊免，则妇人理自布髽对之。知有露紒髽者，《丧服传》云："布总、箭笄、髽、衰，三年。"明知此服并以三年。三年之内，男不恒免，则妇人不用布髽，故知恒露紒也。故郑注《丧服》云："髽，露紒也。"且《丧服》所明皆是成服后，不论未成服麻、布髽也。何以知然？《丧服》既不论男子之括免，则不容说女服之未成义也。既言"髽、衰，三年"，益知恒髽是露紒也。又就齐衰轻期，髽无麻、布，何以知然？按《檀弓》："南宫縚之妻之姑之丧，夫子诲之髽曰：'尔无总总尔，尔无扈扈尔。'"是但戒其高大，不云有麻、布别物，是知露紒悉名髽也。又按《奔丧》云："妇人奔丧，东髽。"郑云："谓姑、姊、妹女子子也。去纚大紒曰髽。"若如郑旨，既谓是"姑、姊、妹女子子"等，还为本亲父母等，唯云"去纚大紒"，不言"布麻"，当知期以下无麻、布也。然露紒恒居之髽则有笄，何以知之？按笄以对冠，男在丧恒冠，妇则恒笄也。故《丧服》："妇为舅姑，恶笄有首以髽。"郑云："言以髽，则髽有着笄者明矣。"以兼此经注，又知恒居笄而露紒髽也。此三髽之殊，是皇氏之说。今考校以为正有二髽，一是斩衰麻髽，二是齐衰布髽，皆名露紒。必知然者，以《丧服》"女子子在室为父箭笄、髽、衰"，是斩衰之髽用麻。郑注以为露紒，明齐衰髽用布，亦谓之露紒髽也。（第1290—1291页）

孔疏此例，先征引皇疏考据男女着免、髽之制，认为"男子之免乃有两时，而唯一种。妇人之髽则有三别"。男子之免，"斩衰，括发以麻"，齐衰，"括发以麻，免而以布"，意即为父斩衰，以麻束发；为母齐衰，先以麻束发，至小敛后改着布免。女子之髽有三，即"有麻、有布、有露紒"：其一，"其麻髽之形，与括发如一，其着之以对男子括发时也"；其二，"男免既用布，则妇人髽不容用麻也，是知男子为母免时，则妇人布髽也"；其三，"三年之内，男不恒免，则妇人不用布髽，故知恒露紒也"。皇疏解说繁琐，且将"露紒"视为"髽"之一种。孔疏据《丧服》及其郑注，认为髽仅有二："一是斩衰麻髽，二是齐衰布髽，皆名露紒。"孔疏未裁断皇疏之失。

黄以周曰："'括发'，《士丧礼》作'髺发'，髺、括通用字，谓束发也。……髽有麻髽，有布髽。《奔丧》云'男子东括发，妇人东髽'，以髽对括发言，则髺发用麻，髽亦麻也。《小记》云'男子免而妇人髽'，以髽对免言，则免用布，髽亦布也。《小记》又云'其义为男子则免，为妇人则髽'，明髽免之义只以别男女，则髽髺发无甚殊也。妇人麻髽以当男子之髺发，妇人布髽以当男子之免。故郑注《三礼》或据髺发以释髽，或据免以释髽，本两通也。孔疏云：'妇人将斩衰者，于男子括发之时，则以麻为髽；齐衰者于男子免时，妇人则以布为髽。'是也。"① 黄氏考辨甚明，可证皇疏之失。

3. 棺椁制度考

《檀弓上》："天子之棺四重；水、兕革棺被之，其厚三寸，杝棺一，梓棺二，四者皆周。棺束缩二衡三，衽每束一。柏椁以端长六尺。"

孔疏：此一节论天子诸侯以下棺椁厚薄长短之事。"天子之棺四重"者，尊者尚深邃也。四重者，水牛、兕牛皮二物为一重也，又杝为第二重也，又属为第三重也，又大棺为第四重也。四重，凡五物也。以次而差之，上公三重，则去水牛，余兕、杝、属、大棺也。侯伯子男再重，又去兕，余杝、属、大棺。大夫一重，又去杝，余属、大棺也。士不重，又去属，唯单用大棺也。天子大棺厚八寸，属六寸，椑四寸，又二皮六寸，合二尺四寸也。上公去水牛之三寸，余兕、椑、属、大棺，则合二尺一寸。诸侯又去兕之三寸，余合一尺八寸也。列国上卿又除椑四寸，余合一尺四寸也。大夫大棺六寸，属四寸，合一尺。士则不重，但大棺六寸耳。故庶人四寸矣。而天子卿大夫文不见，有通者云，天子卿大夫并与列国君同，若天子之士，与诸侯大夫同也。……水、兕二皮并，不能厚三寸，故合被之，令各厚三寸也。二皮能湿，故最在里近尸也。"杝棺一"者，椴也，材亦能湿，故次皮也。杝唯一种，故云一也。诸侯无革，则杝亲尸。所谓椑棺也，即前言"君即位为椑"是也。……"梓棺二"者，杝棺之外，又有属棺，属棺之外，又有大棺。

---

① （清）黄以周撰，王文锦点校：《礼书通故》，中华书局2007年版，第378—379页。

大棺与属棺并用梓，故云二也。则《丧大记》云："属六寸，大棺八寸也。""四者皆周"者，四，四重也。周，帀也。谓四重之棺，上下四方，悉周帀也。唯椁不周，下有茵，上有抗席故也。"棺束"者，古棺木无钉，故用皮束合之。"缩二"者，缩，纵也。纵束者用二行也。"衡三"者，横束者三行也。"衽每束一"者，衽，小要也。其形两头广，中央小也。既不用钉棺，但先凿棺边及两头合际处作坎形，则以小要连之令固，棺并相对。每束之处，以一行之衽连之。若竖束之处，则竖着其衽，以连棺盖及底之木，使与棺头尾之材相固。汉时呼衽为小要也。"柏椁"者，谓为椁用柏也。天子柏，诸侯松，大夫柏，士杂木也。……"长六尺"者，天子椁材，每段长六尺而方一尺。天子以下，庶人以上，郑注《丧大记》具之。（第335—336页）

此例孔疏天子诸侯以下棺椁厚薄长短，极为详尽。又，《丧大记》"君松椁，大夫柏椁，士杂木椁"，郑注曰："天子柏椁以端长六尺。夫子制于中都，使庶人之椁五寸。五寸，谓端方也。此谓尊者用大材，卑者用小材耳。自天子、诸侯、卿、大夫、士、庶人六等，其椁长自六尺而下，其方自五寸而上，未闻其差所定也。"孔疏曰："天子既六尺，而下未知诸侯、卿、大夫、士、庶人节级之数；庶人自五寸，而上未知士及大夫、卿与诸侯、天子差益之数，故云'未闻其差所定'。案《檀弓》'柏椁以端长六尺'，注云：'其方盖一尺。'以此差之，诸侯方九寸，卿方八寸，大夫七寸，士六寸，庶人五寸。虽有此约，又无正文可定。"[①] 孔疏据郑注推测天子、诸侯、大夫及士椁之厚薄之制，虽无更坚实的文献依据，但也有合理之处。

三 宾礼考

《周礼·大宗伯》记天子之宾礼，名目主要有八："以宾礼亲邦国，春见曰朝，夏见曰宗，秋见曰觐，冬见曰遇，时见曰会，殷见曰同，时聘曰问，殷眺曰视。"《礼记·曲礼下》论诸侯宾礼曰："诸侯未及期相见曰遇，相见于郤地曰会。诸侯使大夫问于诸侯曰聘，约信曰誓，莅牲曰盟。"宾礼之中，最为重要者为朝觐之礼。孔疏还考据较详者还有会盟之礼、相见之礼、介摈制度、求辞之礼等，可以之复原古礼。今仅以朝觐、会盟二例明之。

[①] （汉）郑玄注，（唐）孔颖达正义，吕友仁整理：《礼记正义》，上海古籍出版社2008年版，第1778—1779页。

（1）《曲礼下》："天子当依而立，诸侯北面而见天子，曰觐。天子当宁而立，诸公东面，诸侯西面，曰朝。"郑注："诸侯春见曰朝，受挚于朝，受享于庙，生气，文也。秋见曰觐，一受之于庙，杀气，质也。朝者，位于内朝而序进。觐者，位于庙门外而序入。王南面，立于依宁而受焉。夏宗依春，冬遇依秋。……《觐礼》今存，《朝》《宗》《遇礼》今亡。"

孔疏：凡诸侯朝王，一年四时。案《宗伯》"春曰朝，夏曰宗，秋曰觐，冬曰遇"，郑注："朝犹朝也，欲其来之早。宗，尊也，欲其尊王。觐之言勤也，欲其勤王之事。遇犹偶也，欲其若不期而俱至。"若通而言之，悉曰朝，从初受名。《觐礼》云："诸侯前朝，皆受舍于朝。"又云："乘墨车，载龙旗弧韣，乃朝。"又《春秋》僖二十八年夏五月，经曰"公朝于王所"。知"朝"通名也。但朝、觐、宗、遇礼异耳。案《大行人》云："侯服岁壹见，甸服二岁壹见，男服三岁壹见，采服四岁壹见，卫服五岁壹见，要服六岁壹见。"随服更来，周而复始。然而六服分来，又每方服别分为四分，一分朝春，一分宗夏，一分觐秋，一分遇冬。四方并然。故郑注云："其朝贡之岁，四方各四分趋四时而来。或朝春，或宗夏，或觐秋，或遇冬。"要服之外，有夷、镇、藩三服。案《大行人》云："九州岛之外谓之藩国，世壹见。"郑注云："世，谓父死子立，及嗣王即位，乃一来耳。"六服之中，服数朝外，又有四名：一是"时见曰会"者，若诸侯有不服者，王将有征讨之事，若东方诸侯不服，则与东方诸侯共讨之；若南方诸侯不服，则与南方诸侯共讨之。诸方皆然。朝竟，王乃为坛于国外，与之会盟。春于国东，夏南，秋西，冬北。会则随事，无有定期，有时而然，故曰"时见曰会"也。二曰"殷见曰同"者，天子十二年一巡守，或应巡守之岁而天下未平，或王有他故不获自行，则四方诸侯并朝京师，朝竟，亦于国外为坛，以命之政事。殷，众也，其来既众，故曰"殷见曰同"也。三曰"时聘曰问"者，谓王有事，诸侯非朝王之岁不得自来，遣大夫来聘，因而问王起居。此亦无常期，故曰"时聘曰问"也。四曰"殷覜曰视"者，谓元年、七年、十一年，唯有侯服来朝，朝者既少，诸侯遣卿大夫以大礼来聘，聘者既众，故曰殷也。覜亦见也，为来见王起居，故曰覜也。殷覜亦并依时，春东、夏南、秋西、冬北，各随方逐时，但不每方分为四耳。故郑注《大行人》云，其"殷国，四方四时分来如平时"也。郑既云"四时分来如平时"，而前六服，初时唯云四时，虽不言四方，后又云"四方各分趋四时"，明其同也。然所以殷眺不须分见四时者，小礼不须更见四时法也。天子当依而立，是秋于庙受，觐礼也。诸侯来朝，至于近郊，王使大行人皮弁用璧以迎劳之。诸侯亦皮弁从使者以入。天子赐舍，诸侯受舍，听天子之命。其朝，日未出之前，诸侯上介受舍于庙门外，同姓西面，北上；异姓东面，北上。至朝日质明，诸侯裨冕，先释币于其齐车之行主。天子衮冕在庙，当依前南面而立，不迎宾。诸侯自庙门外位，天子使上摈进诸侯。诸侯入庙门右，坐，奠圭玉而再拜。所以奠圭玉者，卑见于尊，奠贽不授也。摈者命升西阶亲授，诸侯于是坐取圭玉，升堂，王受玉，是当依而立之时也。（第185—186页）

孔疏此例考释详尽，归纳其说内容主要有四：第一，据《周礼·春官·宗伯》及其郑注、《仪礼·觐礼》、《春秋经》等文献，论朝觐之名。朝为通名，析言之则"春曰朝，夏曰宗，秋曰觐，冬曰遇"。第二，主要依据《周礼·秋官司寇·大行人》及其郑注之说具体论朝觐制度，朝觐系宾礼之最重要制度。六服之中，"随服更来，周而复始"，而且"每方服别分为四分，一分朝春，一分宗夏，一分觐秋，一分遇冬。四方并然"。要服之外，夷、镇、藩三服，"世壹见"。第三，六服之中，"服数朝外，又有四名"说：一是"时见曰会"，二是"殷见曰同"，三是"时聘曰问"，四是"殷眺曰视"。第四，诸侯进京朝王之具体礼仪：诸如诸侯近郊，"王使大行人皮弁用璧以迎劳"；"天子赐舍，诸侯受舍"；朝日未出之前，"诸侯上介受舍于庙门外"；朝日质明，"诸侯裨冕，先释币于其齐车之行主"，然后准备进谏；"天子衮冕在庙，当依前南面而立"，准备接见；"天子使上摈进诸侯"；"诸侯入庙门右，坐奠圭玉而再拜"；摈者"亲授诸侯"圭玉；"诸侯于是坐取圭玉，升堂"，觐见天子；"王受玉"，接见诸侯；等等。综合其说，孔疏借助《周礼》及其郑注，详释诸侯觐见天子之礼，显然是为了构建"大一统"制度下中央王朝与四方诸侯国之交接礼仪，积极为贞观朝礼制建设提供支撑。

（2）《曲礼下》："诸侯使大夫问于诸侯曰聘，约信曰誓，莅牲曰盟。"

孔疏：盟者，杀牲歃血，誓于神也。若约束而临牲，则用盟礼，故云莅牲曰盟也。然天下太平之时，则诸侯不得擅相与盟。唯天子巡守至方岳之下，会毕，然后乃与诸侯相盟，同好恶，奖王室，以昭事神、训民、事君。凡国有疑，则盟诅其不信者，及殷见曰同，并用此礼。后至于五霸之道，卑于三王，有事而会，不协而盟。盟之为法，先凿地为方坎，杀牲于坎上，割牲左耳，盛以珠盘，又取血盛以玉敦，用血为盟。书成，乃歃血而读书。知坎血加书者，案僖二十五年《左传》云"坎血加书"，又襄二十六年《左传》云"歃用牲，加书"是也。知用耳者，《戎右》职云："赞牛耳。"知用左者，以馘者用左耳故也。知珠盘、玉敦者，《戎右》职云："以玉敦辟盟。"又《玉府》云："则共珠盘、玉敦。"知口歃血者，隐七年《左传》云："陈五父及郑伯盟，歃如忘。"又襄九年云"新与楚盟，口血未干"是也。……然盟牲所用，许慎据《韩诗》云："天子诸侯以牛豕，大夫以犬，庶人以鸡。"又云《毛诗说》"君以豕，臣以犬，民以鸡"。又《左传》云："郑伯使卒出豭，行出犬鸡，以诅射颖考叔者。"又云："卫伯姬盟孔悝以豭。"郑云《诗说》及郑伯皆谓诅小于盟。《周礼·戎右》职云："盟则以玉敦辟盟，遂役之。"郑注云："役之者，传敦血，授当歃者。"下云"赞牛耳、桃茢"。又《左传》云："孟武伯问于高柴曰：诸侯盟谁执牛耳？"然则盟者，人君以牛。伯姬盟孔悝以豭，下人君也。（第190页）

此例孔疏考据"盟"之演变及其具体礼仪。首先，孔疏认为天下太平，"诸侯不得擅相与盟""唯天子巡守至方岳之下，会毕，然后乃与诸侯相盟"。至春秋礼坏乐崩之际，诸侯争霸，"有事而会，不协而盟"，则诸侯会盟，实乃僭越天子之礼。接着，孔疏据《左传》《周礼》，重点考据盟之礼仪："盟之为法，先凿地为方坎，杀牲于坎上，割牲左耳，盛以珠盘，又取血盛以玉敦，用血为盟。书成，乃歃血而读书。"其次，征引许慎《五经异义》、郑玄《周礼注》以及《左传》等，考据"盟牲所用"，以"人君以牛"为正礼。

四 军礼考

《周礼·春官·大宗伯》职曰："以军礼同邦国，大师之礼，用众也；大均之礼，恤众也；大田之礼，简众也；大役之礼，任众也；大封之礼，合众也。"《左传》成公十三年曰"国之大事，在祀与戎"[1]，足见军礼在上古时代之重要。因为祭祀特权与军事实力，是上古天子或诸侯政治地位得以确立甚至存亡与否的关键保障。孔疏认为军礼起源于黄帝："《史记》云'黄

---

[1] 杨伯峻：《春秋左传注》，中华书局2018年版，第737页。

帝与蚩尤战于涿鹿'，则有军礼也。"① 今据《正义》文本可知，孔疏考据军礼主要有军阵、田猎、祃类、巡狩等，仅以田猎、祃类考据为例，明其军礼考据情况。《周礼·地官司徒·乡师之》职曰"四时之田"，《周礼·春官宗伯》又曰"甸祝，掌四时之田表貉之祝号"，郑注曰："田者，习兵之礼。"② 田猎亦为一种军事活动。孔疏考据田礼，主要围绕"三田""四田"展开。

（1）《王制》："天子、诸侯无事，则岁三田，一为干豆，二为宾客，三为充君之庖。"郑注："三田者，夏不田，盖夏时也。《周礼》春曰蒐，夏曰苗，秋曰狝，冬曰狩。"

孔疏："夏不田，盖夏时也"者，以夏是生养之时，夏禹以仁让得天下，又触其夏名，故夏不田。郑之此注，取《春秋纬·运斗枢》之文，故以为夏不田。若何休，稍异于此。故《穀梁传》桓四年"公狩于郎"，传曰："春曰田，夏曰苗，秋曰搜，冬曰狩。"何休云："《运斗枢》曰'夏不田'，《穀梁》有夏田，于义为短。"郑玄释之云："四时皆田，夏殷之礼。《诗》云：'之子于苗，选徒嚻嚻。'夏田明矣。孔子虽有圣德，不敢显然改先王之法以教授于世。若其所欲改，其阴书于纬，藏之以传后王。《穀梁》四时田者，近孔子故也。《公羊》正当六国之亡，讖纬见，读而传为三时田。作传有先后，虽异，不足以断《穀梁》也。"如郑此言，三时之田，不敢显露，阴书于纬。四时之田，显然在《春秋》之经，穀梁为传之时，去孔子既近，不见所藏之纬，唯睹《春秋》见经，故以为四时田也。《公羊》当六国之时，去孔子既远，纬书见行于世，《公羊》既见纬文，故以为三时田。又郑《释废疾》云："岁三田，谓以三事为田，即上一曰干豆之等。"是深塞何休之言，当以注为正。（第506—507页）

《曲礼下》"国君春田不围泽，大夫不掩群，士不取麛卵"，孔疏曰："而《王制》云'天子不合围，诸侯不掩群'，则与此异者，彼上云'天子诸侯无事，则岁三田'，郑云：'三田者，谓夏不田，谓夏时也。'案《周礼》四时田，而云'三田'者，下因云'不合围'，则知彼亦夏礼也。又

---

① （汉）郑玄注，（唐）孔颖达正义，吕友仁整理：《礼记正义》，上海古籍出版社2008年版，第2页。

② （清）阮元校刻：《十三经注疏·周礼注疏》（附校勘记），中华书局1980年版，第815页下栏。

《史记》汤立三面网而天下归仁,亦是不合围也。此间所明周制矣。"① 郑注、孔疏又以《周礼》训释《礼记》,故以"夏不田"极力弥缝之。其实,郑玄"夏不田"说,又以之为"夏礼",其说亦自相矛盾:驳斥何休之说,曰"四时皆田,夏殷之礼。《诗》云:'之子于苗,选徒嚻嚻。'夏田明矣";此注《王制》又曰"三田者,夏不田,盖夏时也"。而《释废疾》又将"岁三田"解释为"谓以三事为田",则与一年四季无直接相关。孔疏考据"三田""四田",虽曰"注为正",即遵从郑玄《礼记注》为正,实未能裁断孰是孰非。黄以周曰:"《左传》蒐、苗、狝、狩之名,与《周官》《尔雅》合,《公》《穀》说非。又《公羊》家说'夏不田',本诸纬书,郑引《车攻》'之子于苗'以驳之,当已。《月令》于孟夏云'驱兽,毋害五谷,毋大田猎'。曰'驱兽',明夏亦田矣。曰'毋大田猎',明夏狝较三时为小也。夏田较小,故《公羊》不举其文。郑以三时田为夏殷制者,据《王制》'天子诸侯无事岁三田'而言,《王制》多依夏殷制立文,何注以夏不田为春秋制,孔巽轩说诸侯制,皆非。"② 此说颇为合理。

(2)《王制》:"天子将出征,类乎上帝,宜乎社,造乎祢,祃于所征之地。"郑注:"祃,师祭也,为兵祷,其礼亦亡。"

孔疏:此一经论天子出征所祭之事……按《释天》云:"是类是祃,师祭也。"故知祃为师祭也。谓之祃者,按《肆师》注云:"貉,读如十百之百,为师祭造军法者,祷气势之增倍也。其神盖蚩尤,或曰黄帝。"郑既云"祭造军法者",则是不祭地。熊氏以祃为祭地,非。师祭皆称类,《尔雅》类既为师祭,所以上文云"天子将出巡守,类乎上帝"。及舜之摄位,亦"类乎上帝",并非师祭,皆称类者,但《尔雅》所释多为释《诗》,以《皇矣》云"是类是祃",止释《皇矣》"类祃"为师祭,不谓余文类皆为师祭。但类者,以事类告天。若以摄位事类告天,亦谓之为类;若以巡守事类告天,亦谓之为类。故《异义》:"夏侯、欧阳说,以类祭天者,以事类祭之。"《古尚书》说,非时祭天谓之类。许慎谨按:"《周礼》郊天无言类者,知类非常祭,从《古尚书》说。"郑氏无驳,与许同也。然《今尚书》及《古尚书》二说,其文虽异,其意同也。以事类告祭,则是非常。故孔注《尚书》亦

---

① (汉)郑玄注,(唐)孔颖达正义,吕友仁整理:《礼记正义》,上海古籍出版社2008年版,第159页。

② (清)黄以周撰,王文锦点校:《礼书通故》,中华书局2007年版,第1655—1656页。

云"以摄位事类告天"。郑又以类虽非常祭，亦比类正礼而为之。故《小宗伯》注云"类者，依其正礼而为之"是也。（第503—504页）

此例郑注曰"袷，师祭也"。此《王制》上文曰："天子将出，类乎上帝，宜乎社，造乎祢。诸侯将出，宜乎社，造乎祢。"郑注曰："类、宜、造，皆祭名，其礼亡。"孔疏曰："此一经论天子巡守之礼也。……'诸侯将出'者，谓朝王及自相朝、盟会、征伐之事也。"[1] 则袷类皆系军礼无疑。孔疏之说据《尔雅·释天》与《周礼·春官宗伯·肆师》职及其郑注，揭示袷之内涵和主神，然后揭示类之内涵有二：其一，"以事类告天"："若以摄位事类告天，亦谓之为类；若以巡守事类告天，亦谓之为类。"其二，"非时祭天谓之类"。

五 嘉礼考

《周礼·春官·大宗伯》职曰："以嘉礼亲万民，以饮食之礼，亲宗族兄弟；以婚冠之礼，亲成男女；以宾射之礼，亲故旧朋友；以飨燕之礼，亲四方之宾客；以脤膰之礼，亲兄弟之国；以贺庆之礼，亲异姓之国。"所谓嘉礼，主要包括昏冠、饮食、宾射、飨燕、脤膰与贺庆之礼六大类。《周礼》将嘉礼置于"五礼"之末，然而，以今天的眼光看，实则嘉礼与现实人生的关系最为密切，其具体内容也最为丰富。以下仅从昏礼、学校礼、燕飨礼等方面，举例以明孔疏考据嘉礼之功。

（一）昏礼考

《昏义》曰"昏礼者，将合二姓之好，上以事宗庙，而下以继后世也"，深刻地揭示了婚姻的社会意义。孔疏对昏礼的起源、演变进行考据，还围绕"天子亲迎"问题考据天子的昏礼。孔疏关于昏礼起源及其演变的考据以《昏义》解题最为集中：

> 谓之"昏"者，案郑《昏礼目录》云："娶妻之礼，以昏为期，因名焉。必以昏者，取其阴来阳往之义。日入后二刻半为昏。"以定称之，壻曰昏，妻曰姻，故《经解》注云"壻曰昏，妻曰姻"是也。谓壻以昏时而来，妻则因之而去也。若壻之与妻之属，名壻之亲属名之曰姻，女之亲属名之为昏。故郑注《昏礼》云"女氏称昏，壻氏称

---

[1] （汉）郑玄注，（唐）孔颖达正义，吕友仁整理：《礼记正义》，上海古籍出版社2008年版，第499页。

姻"。《尔雅》"婿之父为姻,妇之父为婚",又云"婿之党为姻兄弟,妇之党为婚兄弟"是也。其天地初分之后,遂皇之时,则有夫妇。故《通卦验》云"遂皇始出握机矩",是法北斗七星而立七政。《礼纬·斗威仪》之篇,七政则君、臣、父、子、夫、妇及政等。既称"夫妇",是始自遂皇也。谯周云"太昊制嫁娶俪皮为礼",是俪皮起于太昊也。……《孟子》云:"舜不告而娶。"是娶妻告父母,亦起于五帝也。其五帝以前为昏,不限同姓异姓。三王以来,文家异姓为昏,质家同姓为昏。其昏之年几,案《异义》:"《大戴》说,男三十、女二十,有昏娶,合为五十,应大衍之数。自天子达于庶人,同一也。故《春秋左氏》说,国君十五而生子,礼也。二十而嫁,三十而娶,庶人礼也。礼,夫为妇之长殇,长殇十九至十六,知夫年十四、十五,见《士昏礼》也。"许君谨案:"舜三十不娶,谓之鳏;文王十五而生武王,尚有兄伯邑考,知人君早昏娶,不可以年三十,非重继嗣也。"若郑意,依正礼,士及大夫皆三十而后娶。及《礼》云"夫为妇长殇"者,关异代也。或有早娶者,非正法矣。天子、诸侯昏礼则早矣。如《左氏》所释,《毛诗》所用,《家语》之说,以男二十而冠,女十五而笄,自此以后,可以嫁娶。至男三十,女二十,是正昏姻之时,与《家语》异也。(第 2273—2274 页)

孔疏主要考释昏礼其名、起源、演变以及男女具体昏龄四方面内容。昏之名义,孔疏据郑《昏礼目录》为说,所谓"取其阴来阳往之义",所谓"婿以昏时而来,妻则因之而去也"。并由此而揭示"昏""姻"之亲属关系:"名婿之亲属名之曰姻,女之亲属名之为昏。"昏姻之起源,孔疏据《易纬》《礼纬》为说,即"始自遂皇也"。昏礼之演变,据谯周《古史考》,"俪皮起于太昊";据《月令》疏,以高辛氏为禖神;据《孟子》,"娶告父母,亦起于五帝"。孔疏又曰"五帝以前为昏,不限同姓异姓。三王以来,文家异姓为昏,质家同姓为昏",即认为五帝以前为部落群婚制,自夏、商、周以来,逐渐遵循"同姓不婚"。关于昏姻年龄,孔疏主要罗列许慎和郑玄两说。许慎认为"人君早昏娶,不可以年三十,非重继嗣也",实则反对男子年三十之说。所谓"郑意,依正礼,士及大夫皆三十而后娶",主要依据《周礼》。《周礼·地官司徒·媒氏》职曰:"媒氏,掌万民之判。凡男女,自成名以上,皆书年月日名焉。令男三十而娶,女二十而嫁。"郑注曰:"二三者,天地相承覆之数也。《易》曰'参天两地而奇数'焉。"① 郑君笃信《周礼》，遂以"男三十，女二十，是正昏姻之时"，他说则系"非正法"。

孔疏论及"天子亲迎"主要有二例，分别见于《曲礼上》疏、《哀公问》疏，实为一个问题，即许慎《五经异义》主"天子无亲迎"与郑玄《驳五经异义》主"天子亲迎"之争。孔疏考据前后不一，故应有所辨正。一是《曲礼上》疏似主郑氏说，即天子亲迎：

(1)《曲礼上》："纳女，于天子曰'备百姓'，于国君曰'备酒浆'，于大夫曰'备扫洒'。"

孔疏：成九年，"夏，季孙行父如宋致女"。此云"纳女"，故云"纳女，犹致女"也。知婿不亲迎嫁女之家使人致女者，以成九年二月"伯姬归于宋"，时宋公不亲迎，故鲁季孙行父如宋致女是也。而天子亦有亲迎以否者，《异义》云："《礼》戴说天子亲迎。《左氏》说，天子不亲迎，使上卿迎之。诸侯亦不亲迎，使上大夫迎。"郑《驳异义》云："文王迎大姒，亲迎于渭。"又引孔子答哀公："合二姓之好，以继先圣之后，以为天地宗庙社稷之主，冕而亲迎，君何谓已重乎？"此天子、诸侯有亲迎也。若不亲迎，则宜致女云"备百姓也"。(第218页)

许慎曰"《礼》戴说天子亲迎"，当指《礼记·哀公问》(又见于《大戴礼记·哀公问于孔子》)。郑玄则以《毛诗·大雅·大明》"文定厥祥，亲迎于渭"与《哀公问》孔子之言，认为"天子、诸侯有亲迎"。据此孔疏似主郑说。又曰"若不亲迎，则宜致女云'备百姓也'"，此又据《曲礼》经义为说，则"不亲迎"。

二是《哀公问》孔疏直言，"以《左氏》义为长，郑驳未定"，主张"天子无亲迎"：

(2)《哀公问》："孔子对曰：'古之为政，爱人为大。所以治爱人，礼为大。所以治礼，敬为大。敬之至矣，大昏为大。大昏至矣！大昏既至，冕而亲迎，亲之也。亲之也者，亲之也。是故君子兴敬为亲，舍敬是遗亲也。弗爱不亲，弗敬不正，爱与敬，其政之本与！'公曰：'寡人愿有言然。冕而亲迎，不已重乎？'孔子愀然作色而对曰：'合二姓之

---

① (清)阮元校刻：《十三经注疏·周礼注疏》(附校勘记)，中华书局1980年版，第732页下栏—733页上栏。

好，以继先圣之后，以为天地宗庙社稷之主，君何谓已重乎？'"郑注："大昏，国君取礼也。至矣，言至大也。兴敬为亲，言相敬则亲。……怪亲迎乃服祭服。"

孔疏：此一节明哀公问政之事，并问为政何以必须亲迎……"大昏既至，冕而亲迎，亲之也"者，……言大昏既是至敬，故国君虽尊，而服其冕服，以自迎也。所以自迎者，欲亲此妇也，故云"亲之也"。……"是故君子兴敬为亲"者，言君子冕而亲迎，兴起敬心，为欲相亲也。"舍敬是遗亲也"者，若不冕而亲迎，则是舍夫敬心，是遗弃相亲之道也。"弗爱不亲"者，若夫不爱重，不自亲迎，则夫妇之情不相亲爱矣。"弗敬不正"者，若夫不冕服亲迎，是不敬于妇，则室家之道不正矣。……"冕而亲迎，不已重乎"者，冕则祭服也。天子则衮冕，诸侯以下各用助祭之服，故《士昏礼》主人爵弁服是也。……君身着祭服而亲迎，不亦大重乎？……昏礼迎妇，二《传》不同。《春秋公羊》说自天子至庶人皆亲迎；《左氏》说天子至尊无敌，故无亲迎之礼。诸侯有故，若疾病，则使上卿逆，上公临之。许氏谨案："高祖时，皇太子纳妃，叔孙通制礼，以为天子无亲迎，从《左氏》义。"玄驳之云："大姒之家，'在渭之涘，文王亲迎于渭'，即天子亲迎明文也。"引《礼记》："'冕而亲迎''继先圣之后，以为天地、宗庙、社稷之主'，非天子则谁乎？"如郑此言，从《公羊》义也。又《诗说》云："文王亲迎于渭，纣尚南面，文王犹为西伯耳。"以《左氏》义为长，郑驳未定。（第1917—1918页）

孔疏此例有两部分，第一部分疏解经义，反复阐释"亲迎"之意义。第二部分疏解郑注，围绕"天子亲迎"展开。主张"天子亲迎"者有《公羊传》《礼记·哀公问》和郑玄《驳五经异义》；主张"天子无亲迎"者有《左传》《诗说》和许慎《五经异义》。孔疏明言"以《左氏》义为长，郑驳未定"，实主张许氏之说。天子有无亲迎，后世仍争论不休。孙希旦主张"天子亲迎"："下文言'合二姓之好''以为天地、宗庙、社稷之主'，朱子以为通天子而言，则天子亦亲迎矣。"① 黄以周则主张"天子无亲迎"，曰："《左氏》说，天子聘后及嫁女，皆使同姓诸侯为主。祭公迎后，传云'礼也'。刘夏迎后，讥卿不行，不讥王不亲迎。文王亲迎，本诸侯礼。"② 吕友

---

① （清）孙希旦撰，沈啸寰等点校：《礼记集解》，中华书局1989年版，第1261页。
② （清）黄以周撰，王文锦点校：《礼书通故》，中华书局2007年版，第254页。

仁认为，"自古以来，天子不亲迎，诸侯不亲迎"①。有学者指出，"天子是否亲迎似乎仅是一个礼制问题，然其背后却关涉着儒家（尤其是今文学家）关于天道与君权的深刻思考。天子的权威是否可以超于普遍的礼的秩序，是否可以超越以亲亲为基础的切己的血缘伦理，君权是否可以超越天道，这才是天子亲迎与否的要害所在"②，所论甚是。按天子无亲迎之礼，更符合"大一统"政治思想。此例孔疏不但驳注，而且破经。

（二）学校礼考

儒家重视教育、倡导尊老。《礼记》极其重视对教育、养老的讨论，其中尤以《王制》为甚："有虞氏养国老于上庠，养庶老于下庠。夏后氏养国老于东序，养庶老于西序。殷人养国老于右学，养庶老于左学。周人养国老于东胶，养庶老于虞庠，虞庠在国之西郊。"郑注曰："皆学名也。"③足见上古教学机构名目之繁，且兼为养老机构。与之相应，孔疏亦重视关于学校礼制的考据，主要考释了各类学校名目及其制度。

（1）《王制》："天子命之教，然后为学。小学在公宫南之左，大学在郊。天子曰辟廱，诸侯曰頖宫。"郑注："《尚书传》曰：'百里之国，二十里之郊。七十里之国，九里之郊。五十里之国，三里之郊。'此小学、大学，殷之制。尊卑学异名。辟，明也。廱，和也。所以明和天下。頖之言班也，所以班政教也。"

孔疏：此一节论天子命诸侯立学及学名之事。……此经"小学在公宫南之左，大学在郊"，既是殷制，故引《书传》郊之所在以明之。若周制，则《司马法》云："百里郊，天子畿内方千里，百里为郊。"则诸侯之郊，皆计竟大小。故《聘礼》注云："远郊，上公五十里，侯伯三十里，子男十里也。近郊各半之。"……云"此小学大学，殷之制"者，以下文云"殷人养国老于右学，养庶老于左学"，则左学小，右学大。此经云"小学在公宫南之左"，故知殷制也。周则大学在国，小学在西郊，下文具也。……云"所以明和天下"者，谓于此学中习学道艺，欲使天下之人悉皆明达谐和，故云明和天下。云"頖之言班也，所以班政教也"者，頖是分判之义，故为班。于此学中施化，使人观之，

---

① 吕友仁：《礼记讲读》，华东师范大学出版社2009年版，第243页。
② 王康：《天子必亲迎——今文经学视域下的亲迎礼研究》，上海师范大学2020年硕士学位论文，第47页。
③ （汉）郑玄注，（唐）孔颖达正义，吕友仁整理：《礼记正义》，上海古籍出版社2008年版，第575页。

故云所以班政教也。按诗注云:"筑土雝水之外,圆如璧。"注又云:"頖之言半,以南通水,北无也。"二注不同者,此注解其义,《诗》注解其形。于此必解其义者,以上云"天子命之教",是政教治理之事,故以义解之。《诗》云:"王在灵沼,于牣鱼跃。"又云:"思乐泮水,薄采其芹。"皆论水之形状,故《诗》注以形言之。(第502—503页)

此疏考据小学、大学、辟廱、頖宫等教育制度,重点论述有二:一是大学、小学之位置;二是天子辟廱、诸侯頖宫之得名及其政教意义。关于辟廱,孔疏《明堂位》解题征引许慎《五经异义》曰,"今《戴礼说·盛德记》曰:'明堂者,自古有之。凡九室,室四户八牖,凡三十六户,七十二牖。以茅盖屋,上圆下方,所以朝诸侯。其外有水,名曰辟廱。'……其古《周礼》《孝经》说:'明堂,文王之庙,夏后氏世室,殷人重屋,周人明堂。'"又征引蔡邕《明堂月令章句》为据:"'明堂者,天子大庙,所以祭祀。夏后氏世室,殷人重屋,周人明堂,飨功养老,教学选士,皆在其中。'故言取正室之貌,则曰大庙;取其正室,则曰大室;取其堂,则曰明堂;取其四时之学,则曰大学;取其圆水,则曰辟雍。虽名别而实同。"① 据此,明堂即天子大学。黄以周曰:"辟廱之制,中曰大学,其外四学环之,大学四达于四学。《诗》曰:'镐京辟廱,自西自东,自南自北,无所不服。'志其制也。""虽与明堂五室相仿,而中学制如明堂,其四学仍分堂室,设牖户。《记·保傅》篇云:'春秋入学,坐国老于牖下,执酱而亲馈之。'养国老在东序,有牖,四学之分堂室,义见于此矣。"② 据此可知,上古学校既是教育中心,也是政治中心。张一兵考证认为:"'雍'的最基本含义是'雍起的土台',即古文字所会意的'坐',战国以后隶定为'堂'。由此可见礼制建筑术语'辟雍'发展演变的前进方向之一是礼制建筑术语'明堂'二字。"③ 可证孔疏关于"辟廱(雍)"考据大体可信。然而,郑注、孔疏以此经所言小学、大学为殷制,其说实不可为据。

关于"頖宫",孔疏比勘郑玄《礼记注》与《毛诗笺》之异,而弥缝其说,曰"二注不同者,此注解其义,《诗》注解其形"。实则郑君《礼记注》亦自相矛盾。《明堂位》"米廩,有虞氏之庠也。序,夏后氏之序也。瞽宗,

---

① (汉)郑玄注,(唐)孔颖达正义,吕友仁整理:《礼记正义》,上海古籍出版社2008年版,第1257—1258页。
② (清)黄以周撰,王文锦点校:《礼书通故》,中华书局2007年版,第1332—1335页。
③ 张一兵:《明堂制度研究》,中华书局2005年版,第76页。

殷学也。頖宫，周学也"，郑注曰："頖之言班也，于以班政教也。"① "頖宫"，《明堂位》明言"周学也"，正与郑注曰"殷之制"矛盾。朱子曰："看汉儒注书，于不通处，即说道这是夏、商之制，大抵且要赖将去。"② 故黄以周曰："辟廱、頖宫为周制，有《诗·雅》《记·明堂位》可证。……郑注似未足据也。"③ 孔疏考据頖宫，因从郑而误。

（2）《王制》："有虞氏养国老于上庠，养庶老于下庠。夏后氏养国老于东序，养庶老于西序。殷人养国老于右学，养庶老于左学。周人养国老于东胶，养庶老于虞庠，虞庠在国之西郊。"郑注："皆学名也。异者，四代相变耳。或上西，或上东，或贵在国，或贵在郊。上庠、右学，大学也，在西郊；下庠、左学，小学也，在国中王宫之东；东序、东胶，亦大学，在国中王宫之东；西序、虞庠亦小学也，西序在西郊，周立小学于西郊。"

孔疏：此四代养老之处，虽其名不同，以殷人云右学、左学，虞氏云上庠、下庠，《学记》云"党有庠"，《文王世子》云"学干戈羽籥于东序"，以此约之，故知"皆学名也"。养老必在学者，以学教孝悌之处，故于中养老。熊氏云："国老，谓卿大夫致仕者，庶老，谓士也。"皇氏云："庶老，兼庶人在官者。其致仕之老，大夫以上当养，从国老之法。士养，从庶老之法。故《外饔》云：'邦飨耆老，掌其割亨。'郑注引此'周人养国老于东胶，养庶老于虞庠'是也。"虞、殷尚质，贵取物成，故大学在西，小学在东。夏、周贵文，取积渐长养，故大学在东，小学在西。故云"上庠、右学，大学也，在西郊；下庠、左学，小学也，在国中王宫之东"。以虞、殷质，俱贵于西，故并言之；夏、周为文，皆上东，故亦并言之，云"东序、东胶，亦大学，在国中王宫之东；西序、虞序亦小学也。西序在西郊，周立小学于西郊"是也。云"周之小学，为有虞氏之庠制"者，庠则后有室，前有堂。若夏后氏之序，及周之学所在序者，皆与庠制同。其州党之序，则歇前而已。序则豫也。故《乡射》云："豫则钩楹内，堂则由楹外。"彼郑注"豫，读如'成周宣榭灾'之榭"是也。云"其立乡学亦如之"者，言乡学亦

---

① （汉）郑玄注，（唐）孔颖达正义，吕友仁整理：《礼记正义》，上海古籍出版社2008年版，第1267页。
② （宋）朱熹撰，朱杰人等主编：《朱子语类》，《朱子全书》第17册，上海古籍出版社2002年版，第2881页。
③ （清）黄以周撰，王文锦点校：《礼书通故》，中华书局2007年版，第1338—1339页。

为庠制。故上文云"耆老皆朝于庠"是也。周大学在国之西郊。郑《驳异义》云"三灵一雍在郊"者,熊氏云"文王之时犹从殷礼,故辟廱大学在郊"。刘氏以为周之小学为辟廱,在郊。(第 576—577 页)

孔疏曰《王制》此节"明养致仕老及庶人老给赐之事",其考论虞、夏、商、周四代养老之地,实则又考释学校之场所及其名目,即考据上、下庠,东、西序,左、右学,东胶、西郊。孔疏曰"养老必在学者,以学教孝悌之处,故于中养老",揭示出教学机构即养老机构的关联所在,则教学之礼必与养老之礼关联。

其中,关于"虞庠在国之西郊",阮元《十三经注疏校勘记》:"《读书脞录续编》云,'据《北史·刘芳传》引作"四郊",盖"西"字误也。四郊小学,即东西南北之四字,岂应偏置于西郊?《祭义》又云:"天子设四学,当入学,而太子齿。"注云"四学,谓周四郊之虞庠也"。《正义》引皇氏云"四郊虞庠,以四郊皆有虞庠",其为"四郊"之讹无疑'。又云'《文王世子》凡语于"郊"者,《正义》云:"郊,西郊也,周以虞庠为小学在西郊,以西方成就之地故也。"是孔氏所据本已误'。按孙志祖是也。上'大学在郊',《正义》云'周则大学在国,小学在四郊',下文具也,即据此文而言作'四郊',不作'西郊',此正文之仅存者。《文王世子》凡语于'郊',《正义》既说'西为西方成就',又云'或遍在四郊'亦两存其义尔。"[①] 其后,黄以周总结曰:"近之段懋堂、顾千里为'四''西'二字异同,争论不已。其征引处互有得失,而大致以段说为得。"[②] 据此,孔疏考释"周以虞庠为小学在西郊",实误。

(三)燕飨之礼

《周礼·春官·大宗伯》职曰"以飨燕之礼,亲四方之宾客",揭示了燕飨之礼的重要意义。《诗经·小雅·鹿鸣》:"呦呦鹿鸣,食野之苹。我有嘉宾,鼓瑟吹笙。"燕飨之礼的主要作用是可以增进君臣之谊、凝聚宗族情感,还可以睦邻友好甚至和谐万邦。

《王制》:"凡养老,有虞氏以燕礼,夏后氏以飨礼,殷人以食礼,周人修而兼用之。"

[①] (清)阮元校刻:《十三经注疏·礼记正义》(附校勘记),中华书局 1980 年版,第 1350 页中栏。

[②] (清)黄以周撰,王文锦点校:《礼书通故》,中华书局 2007 年版,第 1335 页。

第八章 《礼记正义》考据刍论 ‖ 541

孔疏：皇氏云："飨有四种：一是诸侯来朝，天子飨之，则《周礼·大行人》职云'上公之礼，其飨礼九献'是也。其牲则体荐，体荐则房烝。故《春秋》宣十六年《左传》云'飨有体荐'。又《国语》云'王公立饫，则有房烝'。其所云饫，即谓飨也。立而成礼，谓之为饫也。其礼亦有饭食，故《舂人》云：'凡飨食，共其食米。'郑云'飨有食米，则飨礼兼燕与食'是也。二是王亲戚及诸侯之臣来聘，王飨之。礼亦有饭食及酒者，亲戚及贱臣不须礼隆，但示慈惠，故并得饮食之也。其酌数亦当依命，其牲折俎，亦曰肴烝也。故《国语》云'亲戚宴飨，则有肴烝'，谓以燕礼而飨则有之也。又《左传》宣十六年云：'飨有体荐，宴有折俎，公当飨，卿当宴，王室之礼也。'时定王飨士会而用折俎。以《国语》及《左传》，故知王亲戚及诸侯之大夫来聘，皆折俎飨也。其飨朝廷之臣，亦当然也。三是戎狄之君使来，王飨之。其礼则委飨也。其来聘贱，故王不亲飨之，但以牲全体委与之也。故《国语》云'戎翟贪而不让，坐诸门外而体委与之'是也。此谓戎狄使臣，贱之，故委飨。若夷狄君来，则当与中国子男同。故《小行人》职掌小宾小客，所陈牲牢，当不异也。四是飨宿卫及耆老孤子，则以醉为度。故《酒正》云：'凡飨士庶子，飨耆老孤子，皆共其酒，无酌数。'郑云：'要以醉为度。'食礼者，有饭有肴，虽设酒而不饮，其礼以饭为主，故曰食也。其礼有二种，一是礼食，故《大行人》云诸公三食之礼有'九举'，及《公食大夫礼》之属是也。二是燕食者，谓臣下自与宾客旦夕共食是也。按郑注《曲礼》'酒浆处右'云：'此大夫士与宾客燕食之礼。'燕礼者，凡正飨，食在庙，燕则于寝。燕以示慈惠，故在于寝也。燕礼则折俎，有酒而无饭也，其牲用狗。谓为燕者，《诗毛传》云：'燕，安也。'其礼最轻，升堂行一献礼毕，而说屦升堂，坐饮以至醉也。《仪礼》犹有诸侯《燕礼》一篇也。然凡燕礼亦有二种，一是燕同姓，二是燕异姓。若燕同姓，夜则饮之；其于异姓，让之而止。故《诗·湛露》天子燕诸侯篇，郑笺云：'夜饮之礼，同姓则成之，其庶姓让之则止。'"（第570—571页）

此例孔疏主要采取皇疏考据飨礼、食礼与燕礼。具体言之，飨礼有四：其一，"诸侯来朝，天子飨之"。其二，"王亲戚及诸侯之臣来聘，王飨之"。其三，"戎狄之君使来，王飨之，其礼则委飨也"。其四，"飨宿卫及耆老孤子，则以醉为度"。或言"天子"，或言"王"，其义相通。据皇疏之说，当以第一种礼仪最为隆重；第二种次之，皆由王亲飨；第三种则"其来聘贱，故王不亲飨之";第四种大概亦不亲飨。四者皆应"有饭食及酒者"。食礼,"虽设酒而不饮,其礼以饭为主"。其礼有二:礼食与燕食。较之飨礼、食礼,燕礼最轻。燕礼亦有两种:燕同姓与燕异姓。

郑注据《周礼》"五礼"训释"礼有五经",实为尊崇《周礼》之意,而其根源则是阴阳五行学说对礼学的影响。孔氏《礼记正义》则又尊崇郑注,其考据礼制深受《周礼》影响。事实上,"五礼"并不能概括所有礼仪制度。孔疏还考释了其他相关礼仪与政治制度,重要的如卜筮、职官、货币、刑法、田赋、国城、采地、车制、衣服、音乐等,极具学术价值。同时,必须指出的是,孔疏对名物和礼制的考据一般皆停留在文献的梳理、语言的探索层面,故其考证不乏缺陷甚至讹误之处。检阅《正义》文本,唐前经学家考据名物,实有不仅仅满足于文献记载而实地调查之举。如曹魏时期的经师糜信对"反舌"的实物解剖:"昔于长安中,与书生数十,共往城北水中取虾蟇屠割视之,其舌反乡后。如此,郑君得不通乎?"① 如上文所论,其考据"反舌"实不得正解,而其法理应得到认可。乔秀岩颇为遗憾地说:"糜信解剖虾蟇,验其舌,是实事求是之显例。然其后义疏学家专为文字语言之探索,不更为如此实验也。"②

第四节 《礼记正义》考据商榷

黄侃曰:"礼学所以难治,其故可约说也。一曰,古书残缺;一曰,古制茫昧;一曰,古文简奥;一曰,异说纷纭。"③ 古礼不行甚久,古制于今渺远而茫昧。加之诸文献记载混淆,或残缺不全,甚至真假难辨,导致礼学家在诸多问题上聚讼纷纭。孔疏考据名物与礼制,尝多次感叹"古制难知,不可委识",罗列三例为证:

(1) 韠制大略如此。但古制难知,不可委识,或据《礼图》,天子韠制,形如要鼓也,以今参验,不附人情。故今依附《记》文,参验情事而为此说,以俟后贤。(第1222页)

(2) 但古制难识,不可委知。南北诸儒,亦无委曲解之。今依郑注,略为此意,未知是否。(第1283页)

---

① (汉)郑玄注,(唐)孔颖达正义,吕友仁整理:《礼记正义》,上海古籍出版社2008年版,第664页。

② [日]乔秀岩:《义疏学衰亡史论》,台湾万卷楼图书公司2013年版,第173页。

③ 黄侃:《礼学略说》,《黄侃论学杂著》,中华书局上海编辑所1964年版,第444页。

（3）此篇《投壶》是大夫、士之礼，故云"士则鹿中"。……知此投壶是大夫、士礼者，以经云主人请宾，是平敌之辞，与《乡饮酒》《乡射》同，故知是大夫、士也。……其诸侯相燕，亦有投壶，故《左传》云："晋侯与齐侯燕，投壶。"然则天子亦有之，但古礼亡，无以知也。（第2198页）

例（1），《玉藻》疏考据天子之韠，认为"古制难知"，而《礼图》所载，"不附人情"，即质疑其说。例（2），《明堂位》疏考据俎，因"南北诸儒"没有解说，仅以郑注为说，孤证不立。例（3），《投壶》疏由大夫、士投壶礼论及诸侯、天子之礼，孔疏由《左传》所记诸侯投壶推测"天子亦有之"，只是不见于文献记载而已。

乔秀岩指出："或以汉唐注疏为训诂、名物制度之考据学。其实义疏之学绝非所以实事求是，不可与清人学术等同视之。"[①] 以礼学宗师郑玄为例，其笃信《周礼》以及以谶纬解经，其说不合历史者时有，故颇遭后学批评。皮锡瑞认为，郑氏《王制注》在土地、封国、官制、征税、礼典、学制六方面的考据均有错误（《自序》）[②]。孔颖达等坚持"礼是郑学"，以讹传讹在所难免。清代学术昌盛，尤以考据学成就斐然，清儒对孔疏之误批驳较多，考辨甚详。今主要以黄以周《礼书通故》、孙希旦《礼记集说》、段玉裁《说文解字注》等为据，并结合当代学人诸成果，择取孔疏名物和礼制考据之失七例，予以辨析。

一 孔疏名物考据辨正

此类仅以孔疏关于"斧依"（斧扆）、"中霤"、"冲牙"、"门阈"四者的考据为例，予以辨正并明其之失。

（1）《曲礼下》："天子当依而立，诸侯北面而见天子，曰觐。"

孔疏：依，状如屏风，以绛为质，高八尺，东西当户牖之间，绣为斧文也。亦曰斧依。故《觐礼》云："天子设斧依于户牖之间，左右几，天子衮冕，负斧依。"郑注云："依，如今绨素屏风也。有绣斧文，所以示威也。"《尔雅》云："牖户之间谓之扆。"郭注云："窗东户西也。"依此诸解，是设依于庙堂户牖之间。天子见诸侯，则依而立负之，

[①] ［日］乔秀岩：《义疏学衰亡史论》，台湾万卷楼图书公司2013年版，第171页。
[②] 王锦民校笺：《〈王制笺〉校笺》，华夏出版社2005年版，第3—6页。

而南面以对诸侯也。(第 185 页)

黄以周曰:"邵晋涵云:'郑屡以屏风况依者,据汉制言之。《释名》云:"扆,依也,在后所依倚也。屏风,言可以屏障风也。"扆即屏风。斧扆,特画斧文于屏风耳。'以周案:斧扆之义,当从邵说。孔氏《诗》疏以斧为屏风名,误。"① 此《曲礼》疏考据亦误。

(2)《月令》:"其祀中霤,祭先心。"郑注:"中霤,犹中室也。土主中央而神在室。古者复穴,是以名室为霤云。"

孔疏:郑意言"中霤,犹中室",乃是开牖象中霤之取明,则其地不当栋,而在室之中央。故《丧礼》云:"浴于中霤,饭于牖下。"明中霤不关牖下也。"主中央而神在室"者,所以必在室中,祭土神之义也。土,五行之主,故其神在室之中央也,是明中霤所祭则土神也。故杜注《春秋》云"在家则祀中霤,在野则为社"也。又《郊特牲》云"家主中霤而国主社",社神,亦中霤神也。云"古者复穴,是以名室为霤云"者,解所以谓室中为中霤之由。古者,谓未有宫室之时也。复穴者,谓窟居也。古者窟居,随地而造。若平地则不凿,但累土为之,谓之为复,言于地上重复为之也。若高地则凿为坎,谓之为穴,其形皆如陶灶,故《诗》云"陶复陶穴"是也。故毛云:"陶其土而复之,陶其壤而穴之。"郑云"复者,复于土上,凿地曰穴,皆如陶然"。故庾蔚云"复谓地上累土,谓之穴则穿地也。复穴皆开其上取明,故雨霤之,是以后因名室为中霤也"。(第 687—688 页)

孔疏关于中霤的考释,实有不当处。黄以周比勘郑玄、刘熙、孔颖达三家言"中霤"之说,曰:"中室开窗纳明,以象古霤,谓之中霤,《说文》所谓'在墙曰牖,在屋曰窗',此也。窗字上从穴,取窐穴之义,下从囱,象其形。古寝堂甚深而室不至于暗者,以此。天子诸侯庙制,太室居中,中霤当今之栋北,刘熙说是。大夫士庙制,室居后楣,本无所谓中霤也。故天子诸侯有中霤之祀,大夫以下不祀。而时人虑室之暗,其诸亦为之与?'浴于中霤,饭于牖下',《礼·坊记》文。室中霤居庋楣之间,牖下当楣,太室中霤在栋北,牖下当栋,与'丧礼每加以远'之义皆合。孔疏未是。"②

---

① (清)黄以周撰,王文锦点校:《礼书通故》,中华书局 2007 年版,第 37 页。
② (清)黄以周撰,王文锦点校:《礼书通故》,中华书局 2007 年版,第 33—34 页。

所论较孔疏更合情理。

（3）《玉藻》："佩玉有冲牙。"郑注："居中央以前后触也。"

孔疏：凡佩玉，必上系于冲，下垂三道，穿以玭珠，下端前后，以县于璜，中央下端县以冲牙，动则冲牙前后触璜而为声。所触之玉，其形似牙，故曰"冲牙"。皇氏谓冲居中央，牙是外畔两边之璜，以冲、牙为二物。若如皇氏说，郑何得云牙"居中央以为前后触也"？（第1232页）

此例孔疏考据冲牙之制，并以郑注驳斥皇疏。黄以周则认可皇疏之说，其驳斥孔疏曰："皇说与郑意合。冲牙者，谓冲璜也。冲以中之本玉得名，牙以两旁之璜得名，非谓冲牙二物也。卢注《大戴》云：'冲在中，牙在旁。'是皇疏所本。"① 《说文》曰："珩，佩上玉也。"段玉裁注曰："《诗·毛传》曰：'杂佩者，珩、璜、琚、瑀、冲牙之类。'《韩传》曰：'佩玉上有葱衡，下有双璜、冲牙。玭珠以纳其间。'按衡，即珩字。……其制珩上横为组三，系于中组者曰冲牙，系于左右组者曰璜，皆以玉。璜似半璧而小，亦谓之牙。系于中者触牙而成声，故曰冲牙。"② 皆可证孔疏之说失当。

（4）《玉藻》："君入门，介拂闑，大夫中枨与闑之间，士介拂枨。"郑注："枨，门楔也。君入必中门，上介夹闑，大夫介、士介雁行于后，示不相沿也。"

孔疏：此一节论两君朝聘，卿大夫入门之仪。……"士介拂枨"者，士介卑，去闑远，故"拂枨"。闑，谓门之中央所竖短木也。枨，谓门之两旁长木，所谓门楔也。……崔氏、皇氏并云："君'必中门'者，谓当枨闑之中，主君在闑东，宾在闑西。主君上摈在君之后，稍近西而拂闑；宾之上介在宾之后，稍近东而拂闑；大夫摈、介各当君后，在枨闑之中央。"义或当然，今依用之。（第1243页）

郑注训释"枨"而未释"闑"，孔疏释"闑"曰"谓门之中央所竖短木"。并用崔氏、皇氏意，疏解"两君朝聘，卿大夫入门之仪"。依孔疏，

---

① （清）黄以周撰，王文锦点校：《礼书通故》，中华书局2007年版，第137页。
② （汉）许慎撰，（清）段玉裁注：《说文解字注》，上海古籍出版社1988年版，第13页下栏。

门止一阒。《说文》曰:"阒,门梱也。"段玉裁注曰:"木部曰梱,门橜也。相合为一义。《释宫》:'橜谓之阒。'古者门有二阒,二阒之间谓之中门。惟君行中门,臣由阒外。贾公彦《聘礼疏》所言是也。"① 据贾疏、段注,门有二阒。黄以周曰:"皇侃、孔颖达说,门止一阒,礼所云中枨与阒之间为中门。贾公彦说,门有东西两阒,两阒之间为中门。焦循云:'宾不中门,大夫中枨阒之间,岂大夫转中门乎?以偏为中,断无此理。且郑注云:"君入必中门,上介夹阒,大夫介、士介雁行于后,示不相沿也。"夹阒,言君与介夹阒之左右,若止一阒,是介与君并行矣。若中门即枨、阒之间,必大夫随君后,何以为不相沿?孔疏非也。'王引之、张惠言说,经于阒曰阒东,曰阒西,无东阒、西阒之文,注亦不云有东西二阒。贾疏引郑《论语》'立不中门'注,云'立行不当枨阒之中央',则郑以为一阒尤明。中门者,一扉之中也。以周案:门必两阒,所以表中门也。大夫士行立不中门,而《玉藻》云'大夫中枨与阒之间',则枨与阒之中央非中门矣。……《玉藻》:'宾入不中门,公事自阒西,私事自阒东。'公事用宾礼,私事用臣礼,宾自门西入,臣自门东入,于'入不中门'之下,曰阒东,曰阒西,此正门有两阒之证。如门止一阒,则阒东、阒西即是中门,上下文相触戾矣。"② 今按黄说,《玉藻》此经二阒为是。

彭林详细梳理了孔颖达、贾公彦、焦循、王引之、黄以周等说,剖析孔疏、贾疏之争症结所在,认为:"是《玉藻》所记,乃是诸侯国家层面之外交典礼,为体现双方匹敌与仪式隆重,故以二阒表中门。"又曰:"以《曲礼》门阒解读《玉藻》门阒,强以不同为同,始作俑者为崔灵恩与皇侃,此后一切混乱,皆起源于此。孔颖达不能分辨,采崔、皇之说为记说,企图以一门一阒说规范诸侯宫室。唐人《五经正义》,以《礼记》取代《仪礼》,故孔疏《礼记》为官疏,悬于令甲,故风行天下,从之者甚众。"③ 千年疑案,至此涣然冰释。

二 孔疏礼制考据辨正

孔疏关于《檀弓上》"为出母亦应十三月祥,十五月禫",《杂记上》"亲始死,孝子去冠,加环绖"与《冠义》"见于母,母拜之"三条的礼制

---

① (汉)许慎撰,(清)段玉裁注:《说文解字注》,上海古籍出版社1988年版,第588页上栏。
② (清)黄以周撰,王文锦点校:《礼书通故》,中华书局2007年版,第59—60页。
③ 彭林:《孔颖达、贾公彦门阒制度异说辨正》,彭林主编:《中国经学》(第26辑),广西师范大学出版社2018年版,第55—56页。

考据中，皆有所失当。

（1）《檀弓上》："伯鱼之母死，期而犹哭。夫子闻之曰：'谁与哭者？'门人曰：'鲤也。'夫子曰：'嘻！其甚也。'"郑注："嘻，悲恨之声。"

孔疏："悲恨之声"者，谓非责伯鱼悲恨之声也。时伯鱼母出，父在为出母，亦应十三月祥，十五月禫。言期而犹哭，则是祥后禫前。祥外无哭，于时伯鱼在外哭，故夫子怪之，恨其甚也。或曰，为出母无禫，期后全不合哭。（第261—262页）

《仪礼·丧服》曰："出妻之子为父后者。则为出母无服。"《礼记·丧服小记》亦曰："为父后者为出母无服。"孔鲤为孔子唯一之子，自当为出母无服。故孔疏之说不合《经》《记》，其失在未加考辨而以常礼论之。黄以周曰："孔颖达说，伯鱼之母出，父在为出母亦十三月祥，十五月禫。张载云：'此是父在为母之制当然。疏以为出母者，非。'以周按：张子此说极是。孔疏污圣，大谬。"① 力斥孔疏之误。

（2）《杂记上》："小敛环绖，公、大夫、士一也。"郑注："环绖者，一股，所谓缠绖也。士素委貌，大夫以上素爵弁，而加此绖焉，散带。"

孔疏："环绖"，一股而缠也。亲始死，孝子去冠，至小敛，不可无饰，士素委貌，大夫以上素弁，而贵贱悉得加于环绖，故云"公、大夫、士一也"。……知以"一股，所谓缠绖"者，若是两股相交，则谓之绞。今云环绖，是周回缠绕之名，故知是一股缠绖也。又郑注《弁师》云："环绖者，大如缌之麻绖，缠而不纠。"今此所谓彼经注也。知"士素委貌"者，武叔投冠括发，诸侯之大夫当天子之士也。云"大夫以上，素爵弁"者，《杂记》云："大夫与殡，亦弁绖。"以大夫与他殡尚弁绖，则天子弁绖明矣。诸侯以上尊，固宜弁绖。（第1621页）

孔疏以郑氏《周礼·弁师》注考此《杂记上》，实属失当。黄以周《礼书通故》辨之甚详，曰："《记·檀弓》篇有缪绖、环绖之分。郑玄说，缪当为'不撆垂'之撆。环绖，吊服之绖。环绖一股大如缌之麻绖，

---

① （清）黄以周撰，王文锦点校：《礼书通故》，中华书局2007年版，第313页。

缠而不纠。贾公彦云：'总之经则两股，此环经则一股，缠之不纠。'以周按：五服之经皆缪经，两股相绞。吊服则用环经，亦谓之带经，以一股麻为质，又别以麻周环经绕之，加于素冠之上，与五服之缪经迥然有别，故记者有讥于子柳也。《杂记》'小敛环经，公、大夫、士一也'，下即继以'公视大敛'云云，是言吊者之服弁经，必在主人小敛后，虽君、大夫亦然，非主人有环经制也。郑意小敛时主人亦一用环经，本失经义；崔灵恩、孔颖达等遂谓亲始死，孝子去冠，至小敛，士素委貌，大夫素弁，悉得加于环经，此说尤谬。且弁而加经，缪环一也，而谓素弁加于环经乎！"① 考辨有理有据，可从。

（3）《冠义》："见于母，母拜之；见于兄弟，兄弟拜之，成人而与为礼也。"

孔疏："'见于母，母拜之'，故不拜也。今唐礼，母见子，但起立不拜也。案《仪礼》庙中冠子，以酒脯奠庙讫，子持所奠酒脯以见于母，母拜其酒脯，重从尊者处来，故拜之，非拜子也。（第2272页）

孔疏之说值得商榷。孙希旦《礼记集解》引吕大临之说以驳孔疏，曰："此说未然，冠礼所荐脯、醢，为醴子设，非奠庙也。盖礼有斯须之敬，母虽尊，有从子之道，故当其冠也，以成人之礼礼之。若谓'脯自庙来，拜而受之'，则子拜送之后，母又拜，何居？"② 吕氏之说，实依据《仪礼·士冠礼》："冠者奠觯于荐东，降筵，北面坐，取脯，降自西阶，适东壁，北面见于母。母拜受，子拜送，母又拜。"综合诸说，吕氏所言极是，而孔氏以唐礼说《冠义》，又曰"非拜之"，实误。

总之，郑注、孔疏虽被视为杰出的《礼记》学著述，然而研治《礼记》，对郑注、孔疏亦不可轻易盲从。俞樾《礼书通故序》曰："自唐以前多有以礼学名家者，宋元以来，礼学衰息，儒者说经，喜言《易》而畏言《礼》，《易》可空谈，《礼》必征实也。"③ 自古以来，礼学难治。不过，有两点我们须明确：其一，时至今日，对一般读者而言，似不必过分拘泥于古制。黄侃曰："窃谓礼之仪文，古今不可强同；礼之名物，古今亦难齐一。鼎、俎、笾、豆，今非饮食之宜；弁、冕、带、裳，今非服用之物。高坐既

---

① （清）黄以周撰，王文锦点校：《礼书通故》，中华书局2007年版，第390—391页。
② （清）孙希旦撰，沈啸寰等点校：《礼记集解》，中华书局1989年版，第1413页。
③ （清）黄以周撰，王文锦点校：《礼书通故》，中华书局2007年版，第1页。

设,何取席地之仪;单骑已行,焉用车战之法?必谓礼具、礼文,事必如旧,盖亦难矣。"① 此论启示我们:相对于礼仪制度,明了礼之大义,于今日更为重要。其二,中国考古学历经一百年来的发展,至今大有繁荣之势,地不爱宝,先秦乃至上古文物大量出现,以实物比对传世文献,大有利于古礼研究。礼学研究,前景可谓光明。

① 黄侃:《礼学略说》,《黄侃论学杂著》,中华书局上海编辑所1964年版,第470页。

第九章 《礼记正义》思想考论

两汉以来，儒学先有今、古文之争，后有郑、王之争。至魏晋以降，南北对峙，学术随之分为"南学""北学"。唐太宗为构建"大一统"政治，着手从思想文化层面统一儒学。孔颖达《五经正义》的修撰，实现了经学的统一，意义重大、影响深远。

《礼记正义》修撰经师的礼学思想，集中体现于孔颖达《礼记正义序》与《正义》卷首解题中。孔氏不仅阐释了礼的起源、制作、发展、意义的认识，同时还批评了异端渐扇而使《礼记》出现学出多门的现象，表明统一礼学的目的，以及去繁就简的礼学思想。《礼记正义》作为义疏体，其随文而释的体例，致使孔颖达等修撰经师受制于经、注而难以自由阐释其学说思想，然而，孔氏等在四十九篇疏文中，或借题发挥，或以微言大义，注入了相当的经学（礼学）思想与政治思想。梳理其说，主要体现于三个方面：在学术倾向上，整合南北礼学，在"攘斥佛老"与援道入儒之相反相成的学术取舍中努力纯化儒学，同时有意迎合李唐"大一统"政治需要；在礼学思想上，不但从哲学层面论述礼之内涵、起源及其重要政治意义，还具体从礼的制作、礼的践行与礼学著述层面论述了圣王制礼作乐及其制礼作乐的依据，强调了践行礼仪时的敬畏之心与去繁就简、恪守法度的辩证关系，并明确提出"礼是郑学"的著述主张等；在政治思想上，以圣王礼治为核心，在对"王"的内涵、王权独尊的阐释与对诸侯僭越的批判中积极宣扬"大一统"思想，在与民同乐与好生之德的论述中强调施行仁政，在对古圣王的美化中讽喻当世帝王，并从正反两方面论述为臣之道等。还值得关注的是，孔疏在对经义的训诂与名物、礼制的考据中，时而体现出一定的朴素唯物论思想。

第一节 "攘斥佛老"与援道入儒
——兼论《礼记正义》纯化儒学的学术努力

孔氏《礼记正义》对前贤以《老子》《庄子》等道家思想解经进行取

舍，明确反对《老子》"失义而后礼"说、《庄子》"圣人无梦"说以及前贤以《老子》之"道"解经等，同时又积极吸取、利用《老子》《庄子》中有利于维护君主集权、构建"大一统"政治的思想成分。孔氏《正义》援道入儒的主要方式有三：直接利用，以道证儒；儒道互释，打通二家；旧瓶新酒，以儒解道。孔疏援道入儒，既是迎合唐高祖、太宗父子尊老抑佛的政治策略，也与郑玄不守家法、南北朝义疏以老解经的学术传统，以及孔颖达等"心存道党"相关。当然，《礼记》中部分篇文与道家尤其是《老子》思想的相通，则是内在契机。孔氏《正义》通过"攘斥佛老"与"援道入儒"的双向取舍，积极对儒家政治哲学进行探索与建构。

一 《五经正义》的修撰与攘斥释老

所谓"儒学多门"，以《礼记》学言之，"大小二戴，共氏而分门；王郑两家，同经而异注。爰从晋宋，逮于周隋，其为义疏者，南人有贺循、贺玚、庾蔚（之）、崔灵恩、沈重、范宣、皇侃等；北人有徐遵明、李业兴、李宝鼎、侯聪、熊安生等"（《礼记正义序》）[1]。而六朝义疏学者，或"辞尚虚玄，义多浮诞"[2]，或"负恃才气，轻鄙先达"[3]，或"好改张前义"[4]。师说纷纭，致使"教者烦而多惑，学者劳而少功"[5]。而且，崇尚老庄的玄风与宣扬大乘经典的佛学先后兴起并互相刺激[6]，儒学中衰并深受释、老二家浸染[7]。皮锡瑞以皇侃《论语义疏》为例曰："若唐人谓南人约简得其英华，不过名言霏屑，骋挥麈之清谈；属词尚腴，侈雕虫之余技。如皇侃之《论语义疏》，名物制度，略而弗讲，多以老、庄之旨，发为骈俪之文，与汉人说经相去悬绝。"[8]

净化儒学、统一经术，已上升为李唐王朝的政治事业。贞观二年（628），唐太宗对比儒、释、道三家而独取儒学："至如梁武帝父子，志尚浮

---

[1] （汉）郑玄注，（唐）孔颖达正义，吕友仁整理：《礼记正义》，上海古籍出版社2008年版，第2页。

[2] （清）阮元校刻：《十三经注疏》，中华书局1980年版，第6页。

[3] （清）阮元校刻：《十三经注疏》，中华书局1980年版，第261页。

[4] （清）阮元校刻：《十三经注疏》，中华书局1980年版，第110页。

[5] （清）阮元校刻：《十三经注疏》，中华书局1980年版，第110页。

[6] 梁启超：《论中国学术思想变迁之大势》，上海古籍出版社2001年版，第6—7页。梁氏以魏晋为"老学时代"，南北朝至隋唐为"佛学时代"。

[7] （清）皮锡瑞著，周予同注释：《经学历史》，中华书局1959年版，第141页。皮氏称汉末至西晋为"经学中衰时代"。

[8] （清）皮锡瑞，周予同注释：《经学历史》，中华书局1959年版，第176页。

华,惟好释氏、老氏之教。武帝末年,频幸同泰寺,亲讲佛经,百寮皆大冠高履,乘车扈从,终日谈论苦空,未尝以军国典章为意。及侯景率兵向阙,尚书郎已下,多不解乘马,狼狈步走,死者相继于道路。武帝及简文卒被侯景幽逼而死。孝元帝在于江陵,为万纽于谨所围,帝犹讲《老子》不辍,百寮皆戎衣以听,俄而城陷,君臣俱被囚絷。……此事亦足为鉴戒。朕今所好者,惟在尧舜之道,周孔之教。以为如鸟有翼,如鱼依水,失之必死,不可暂无耳。"(《慎所好》)① 此论并非唐太宗一己之见,而是"魏晋南北朝数百年来统治者和思想家对儒佛道三教进行比较遴择的结果"②。

修撰《五经正义》是由唐太宗发起的重大文化举措,攘斥佛老、纯化儒学,不仅是初唐经学家所面临的学术使命,也是修撰经师们肩负的重要政治任务。孔颖达等经师对此有着清醒的认识,所以明确反对以释老解经。孔颖达《周易正义序》集中体现其对前贤以释老解经的批判:"其江南义疏十有余家,皆辞尚虚玄,义多浮诞。原夫易理难穷,虽复玄之又玄,至于垂范作则,便是有而教有。若论住内住外之空,就能就所之说,斯乃义涉于释氏,非为教于孔门也。"③ 主张以经解经,维护儒学的正统地位,自觉服务于"大一统"政治,是《五经正义》修撰的目的,也是孔氏解经思想的核心。

孔疏取皇、熊二疏为底本,进行批判性继承。《礼记正义序》论二家之失曰:"熊则违背本经,多引外义,犹之楚而北行,马虽疾而去逾远矣。又欲释经文,唯聚难义,犹治丝而棼之,手虽繁而丝益乱也。皇氏虽章句详正,微稍繁广,又既遵郑氏,乃时乖郑义,此是木落不归其本,狐死不首其丘。"批评熊疏繁琐而不纯,批评皇疏时违郑义,表明孔疏净化礼学与尊崇郑学的学术追求。不过,孔氏等对待释老二家态度不同。如《周易》《礼记》易与佛学比附,又易与老庄相通,六朝所著《周易》《礼记》注疏中的佛理成分被孔氏等刊落殆尽④,却仍保留着对老庄较多的征引。陈澧批评孔疏以老庄解《周易》曰:"孔疏能扫弃释氏之说,而不能摒绝老、庄、列之说,此其病也。且所引《庄子》,尤非经意。"⑤ 其中,孔疏以《老子》说礼,是尤为值得关注并深入讨论的课题。

叶程义《〈礼记正义〉引书考》全面考索孔疏征引文献,用功极深,得

---

① (唐)吴兢撰,谢保成集校:《贞观政要集校》,中华书局2003年版,第331页。
② 洪修平:《儒释道三教关系与隋唐佛教宗派》,《佛教文化研究》2015年第1期。
③ (清)阮元校刻:《十三经注疏》,中华书局1980年版,第6页。
④ 张恒寿:《六朝儒经注疏中之佛学影响》,《中国社会与思想文化》,人民出版社1989年版,第389—410页。
⑤ (清)陈澧撰,杨志刚编校:《东塾读书记》(外一种),中西书局2012年版,第57页。

出孔疏征引道家文献五种，凡15条：其中，《老子》9条，河上公《老子注》2条，《庄子》2条，《鹖冠子》《邹子》各1条①。覆核《正义》文本，知叶氏辑录《老子》《庄子》各遗漏1条。孔疏征引《老子》《庄子》看似不多，但其隐用道家，特别是《老子》之言解经，远远不止16条。孔疏征引道家文献亦不止五种，还隐用《列子》解经。《月令疏》"'道生一'者，一则混元之气，与大初、大始、大素同"，其中"大初""大始""大素"等道家范畴，均出自《列子·天瑞》的论宇宙生成："夫有形者生于无形，则天地安从生？故曰：有太易，有太初，有太始，有太素。太易者，未见气也；太初者，气之始也；太始者，形之即时也；太素者，质之始也。"②梳理孔疏对老、庄等道家学说的征引可知，孔氏等经师一方面反对以老、庄等学说诠释儒经，另一方面对其加以改造利用，积极吸收其中有利于儒学的思想，可谓相反相成。

二 《礼记正义》对老庄的攘斥

首先，与最高层尊崇、净化儒学的意图以及孔氏的训诂思想一致，孔疏鲜明地反对以老、庄解经，主要表现于三方面：围绕礼之起源，驳斥《老子》"失义而后礼"说；围绕圣人"同人五情"论，驳斥《庄子》"圣人无梦"说；围绕"道"这一基本范畴，辨析儒、道二家"道德"之内涵，反对以《老子》之"道"解说儒经。

（一）驳斥《老子》"失义而后礼"说

《正义》卷首解题考论五礼的起源和发展，盛赞周公"述文武之德而制礼"与周礼"其文大备""礼道大用"，由此引发对《老子》"失义而后礼"的批判，并告诫学者"不可据之以难经"："何以《老子》云'失道而后德，失德而后仁，失仁而后义，失义而后礼。礼者，忠信之薄，道德之华，争愚之始'？故先师准纬候之文，以为三皇行道、五帝行德、三王行仁、五霸行义。若失义而后礼，岂周之成康在五霸之后？所以不同者，《老子》盛言道德质素之事，无为静默之教，故云此也。礼为浮薄而施，所以抑浮薄，故云'忠信之薄'。且圣人之王天下，道、德、仁、义及礼并蕴于心，但量时设教，道、德、仁、义及礼，须用则行，岂可三皇五帝之时全无仁、义、礼也？殷周之时全无道、德也？《老子》意有所主，不可据之以难经也。"③

---

① 叶程义：《〈礼记正义〉引书考》，台湾义声出版社1981年版，第1144—1153页。
② 杨伯峻：《列子集释》，中华书局1979年版，第5—6页。
③ （汉）郑玄注，（唐）孔颖达正义，吕友仁整理：《礼记正义》，上海古籍出版社2008年版，第3页。

此例孔疏先以纬书驳斥《老子》,认为其"失义而后礼"论礼之起源不合纬候文献所体现的"历史逻辑":"三皇行道、五帝行德、三王行仁、五霸行义";接着,指出《老子》意在"盛言道德质素之事,无为静默之教",故与儒学旨趣不同;并据常识认为"圣人之王天下,道、德、仁、义及礼并蕴于心",即三皇五帝至殷周之时,皆不失道、德、仁、义、礼,圣人"但量时设教,道、德、仁、义及礼,须用则行"而已。反对以《老子》批驳《礼记》,即"不可据之以难经"。孔疏又于《曲礼》"太上贵德,其次务施报"曰,"圣人之身,俱包五事,遇可道行道,可德行德,可仁行仁,可义行义,皆随时应物。其实诸事并有,非是有道德之时无仁义,有仁义之时无道德也"①,再次辩驳《老子》"失义而后礼"之说。

(二)驳斥《庄子》"圣人无梦"说

《檀弓上》记孔子向子贡述说梦见己死情状曰:"夏后氏殡于东阶之上,则犹在阼也;殷人殡于两楹之间,则与宾主夹之也;周人殡于西阶之上,则犹宾之也。而丘也,殷人也。予畴昔之夜,梦坐奠于两楹之间。夫明王不兴,而天下其孰能宗予?予殆将死也。"此节孔疏直斥庄子"圣人无梦"说:"案《庄子》'圣人无梦',庄子意在无为,欲令静寂无事,不有思虑,故云'圣人无梦'。但圣人虽异人者,神明;同人者,五情。五情既同,焉得无梦?故《礼记·文王世子》有九龄之梦,《尚书》有武王梦协之言。"②按《庄子·大宗师》曰"古之真人,其寝不梦",成玄英注曰:"绝思想,故寝寐寂泊。"③《刻意》又曰圣人"其寝不梦,其觉无忧,其神纯粹,其魂不罢。虚无恬淡,乃合天德"④,其所谓"圣人",意即"古之真人"。诚如孔疏所言,《庄子》"圣人无梦"是"意在无为",显然是站在道家立场解"梦"。孔氏站在儒者立场,指出圣人"同人者五情""焉得无梦"?并以儒经中武王"九龄之梦""梦协之言"为证。孔疏的解释,显然具有人情味。

(三)阐释儒、道二家"道德"之内涵

孔疏对儒、道二家"道德"多有辨析,既承袭前贤关于道家"道德"的阐释,即"道者通物之名,德者得理之称"⑤,又强调儒家"道德"与之

---

① (汉)郑玄注,(唐)孔颖达正义,吕友仁整理:《礼记正义》,上海古籍出版社2008年版,第23页。
② (汉)郑玄注,(唐)孔颖达正义,吕友仁整理:《礼记正义》,上海古籍出版社2008年版,第279页。
③ (清)王先谦撰,沈啸寰点校:《庄子集解》,中华书局1987年版,第55页。
④ (清)王先谦撰,沈啸寰点校:《庄子集解》,中华书局1987年版,第133页。
⑤ (汉)郑玄注,(唐)孔颖达正义,吕友仁整理:《礼记正义》,上海古籍出版社2008年版,第20页。

的根本差异。孔疏认为"道"有大小之别,《曲礼上》"太上贵德,其次务施报",孔疏曰:"今谓道者开通济物之名,万物由之而有,生之不为功,有之不自伐,虚无寂寞,随物推移,则天地所生,微妙不测。圣人能同天地之性,其爱养如此,谓之为道。此则常道,人行大道也。……此道德以大言之,则天地圣人之功也。以小言之,则凡人之行也。故郑注《周礼》云:'道多才艺,德能躬行。'谓于一人之上,亦能开通,亦于己为德。以此言之,则《周礼》三德六德、及《皋陶》九德、及《洪范》三德,诸经传道德皆有分域,小大殊名,不足怪也。"[①] 在不否定道家"道德"玄虚缥缈的前提下,转而集中阐释儒家"道德"之具体可感的一面,即"凡人之行"云云,由此揭示儒家"道德"之具体内涵,即才艺、善行与五常等。从而将抽象的形而上之"道德"阐释为具体的形而下之"道德"。

1. "道谓才艺,德谓善行"

《曲礼上》"道德仁义,非礼不成",孔疏:"道者通物之名,德者得理之称,仁是施恩及物,义是裁断合宜,言人欲行四事,不用礼无由得成,故云'非礼不成'也。道德为万事之本,仁义为群行之大,故举此四者为用礼之主,则余行须礼可知也。道是通物,德是理物,理物由于开通,是德从道生,故道在德上。此经道谓才艺,德谓善行,故郑注《周礼》云:'道多才艺,德能躬行。'非是《老子》之'道德'也。……今谓道德,大而言之则包罗万事,小而言之则人之才艺善行。无问大小,皆须礼以行之,是礼为道德之具,故云'非礼不成'。然人之才艺善行得为道德者,以身有才艺,事得开通,身有美善,于理为得,故称道德也。"[②] 孔疏"道者通物之名,德者得理之称""道德为万事之本""道是通物,德是理物"等说,依然站在道家立场阐释形而上之"道德",应承袭熊氏语。孔疏又曰"此经道谓才艺,德谓善行,故郑注《周礼》云'道多才艺,德能躬行',非是《老子》之道德也",已完全从儒家角度阐释形而下之"道德",将"道德"之内涵具体释为"才艺善行"。再阐释其与礼之关系:"今谓道德,大而言之则包罗万事,小而言之则人之才艺善行。无问大小,皆须礼以行之,是礼为道德之具,故云'非礼不成'。"并移花接木曰"以身有才艺,事得开通,身有美善,于理为得,故称道德",将儒学思想植入道家范畴。

孔氏辨析儒、道二家"道德",还散见于《礼记》其他篇疏文中。如

[①] (汉)郑玄注,(唐)孔颖达正义,吕友仁整理:《礼记正义》,上海古籍出版社2008年版,第23—24页。

[②] (汉)郑玄注,(唐)孔颖达正义,吕友仁整理:《礼记正义》,上海古籍出版社2008年版,第20页。

《文王世子》"师也者，教之以事而喻诸德者也。保也者，慎其身以辅翼之而归诸道者也"，孔疏曰："案《老子》先道后德，则道尊德卑。此师喻诸德，保归诸道，先德后道者，以道、德无定据，各有大小。《老子》谓无为自然之道，故在先；德谓人所法行，故在后。皆谓大道大德也。此谓教世子之身，先须于事得理，若身之有德，乃可通达流行，故德先道后，谓小道小德也。"① 又《表记》"道有至有义有考，至道以王，义道以霸，考道以为无失"，孔疏曰："但道之为义，取开通履蹈而行，兼包大小精粗。若大而言之，则天道造化，自然之理，谓之为道。则《老子》云：'道可道，非常道。'则自然造化，虚无之谓也。若小而言之，凡人才艺，亦谓之为道。"又曰"道无定分，随大小异言，皆是开通于物，其身履蹈而行也"②。皆抛弃道家虚无"道"或"道德"，而立足儒学诠释"道德"，强调其具体、实践的一面。要言之，"大道"指"天道造化，自然之理"，即《老子》"道可道，非常道"之"道"，"自然造化虚无之谓"；"小道"指"凡人才艺"，即儒家之"道"。

2. 道即"五常"

孔疏又以"五常"具体阐释"道"之具体内涵，《中庸》曰"天命之谓性，率性之谓道，修道之谓教"，孔疏："'天命之谓性'者，天本无体，亦无言语之命，但人感自然而生，有贤愚吉凶，若天之付命遣使之然，故云'天命'。老子云：'道本无名，强名之曰道。'但人自然感生，有刚柔好恶，或仁、或义、或礼、或知、或信，是天性自然，故云'谓之性'。"③ 此以"五常"诠释天性自然，将"道"的内涵诠释为儒家纲常，而非《老子》"无名"之"道"。换言之，即以儒学思想内容阐释本属于老庄哲学范畴"道德"。儒、道二家，"道德"内涵迥异，故不可据《老子》阐释礼。

汉扬雄尝对老子之"道"予以批判性取舍曰："老子之言道德，吾有取焉耳。及捣提仁义，绝灭礼学，吾无取焉耳。"（《问道》）④ 孔氏则直接以儒家"五常"阐释"道"之内涵，改造《老子》之说。中唐韩愈等发起古文运动以复兴儒学，首先探求"道"之本原，即受孔氏启发而有所发挥。《原

---

① （汉）郑玄注，（唐）孔颖达正义，吕友仁整理：《礼记正义》，上海古籍出版社2008年版，第846页。

② （汉）郑玄注，（唐）孔颖达正义，吕友仁整理：《礼记正义》，上海古籍出版社2008年版，第2061页。

③ （汉）郑玄注，（唐）孔颖达正义，吕友仁整理：《礼记正义》，上海古籍出版社2008年版，第1988页。

④ 汪荣宝撰，陈仲夫点校：《法言义疏》，中华书局1987年版，第114页。

道》:"博爱之谓仁,行而宜之之谓义,由是而之焉之谓道,足乎己而无待于外之谓德。仁与义为定名,道与德为虚位。"张无垢曰:"此正是退之辟佛老要害处。老子平日谈道德,乃欲搥提仁义,一味自虚无上去,曾不知道德自仁义中出。故以定名之实,主张仁义在此二字。既言行仁义,后必继曰,'由是而之焉之谓道,足乎己而无待于外之谓德'。亦未始薄道德也。特恶佛老不识仁义即是道德,故不得不表出之。"① 可见孔疏影响之大。

孔疏不仅攘斥老庄,而且有排斥儒家之外所有诸子学说之意。《学记》"大学之教也,教必有正业,退息必有居",何谓"正业",郑君并未注明。孔疏则将之落实为"先王正典":"正业,谓先王正典,非诸子百家,是教必用正典教之也。"② 按此说值得商榷,宋人陆佃曰:"正业,时教之所教也,若春诵夏弦,春秋教以礼乐,冬夏教以诗书是也。"③ 陆说既本于《学记》下文"学,不学操缦,不能安弦;不学博依,不能安《诗》;不学杂服,不能安礼;不兴其艺,不能乐学",又与《文王世子》相通:"凡学世子及学士,必时。春夏学干戈,秋冬学羽籥,皆于东序。小乐正学干,大胥赞之。籥师学戈,籥师丞赞之。胥鼓南。春诵夏弦,大师诏之。瞽宗秋学礼,执礼者诏之;冬读书,典书者诏之。"远较孔疏妥帖。孔氏或出于排斥儒学以外的诸子之学而特意忽略《学记》与《文王世子》之贯通,后来清儒将"先王政典"落实为六经,所谓"六经皆先王之政典也"(《易教上》)④。

三 《礼记正义》援道入儒的主要方式

其实,儒、道二家皆产于中国本土,本身有着千丝万缕的联系。《史记·太史公自序》:"《易大传》:'天下一致而百虑,同归而殊涂。'夫阴阳、儒、墨、名、法、道德,此务为治者也,直所从言之异路,有省不省耳。"⑤ 孔疏不仅未能全部刊落老庄,还对老庄思想中有利于维护封建制度,特别是君主集权的成分积极吸取、利用。其援道入儒的方式主要有三:直接利用老庄作为理论或史料依据,以道证儒;儒道互释,打通二家甚而彼此融合;旧

---

① (唐)韩愈著,马其昶校注:《韩昌黎文集校注》,上海古籍出版社1986年版,第13—14页。
② (汉)郑玄注,(唐)孔颖达正义,吕友仁整理:《礼记正义》,上海古籍出版社2008年版,第1433页。
③ (清)孙希旦撰,沈啸寰等点校:《礼记集解》,中华书局1989年版,第963页。
④ (清)章学诚著,叶瑛校注:《文史通义校注》,中华书局1985年版,第1页。
⑤ (汉)司马迁撰,(宋)裴骃集解,(唐)司马贞索隐,张守节正义:《史记》,中华书局1959年版,第3288—3289页。

瓶新酒,以儒家思想解说道之范畴。

(一)直接利用,以道证儒

孔疏以道证儒,首先是直接以《老子》作为"大一统"政治思想的理论依据。《曾子问》:"曾子问曰:'丧有二孤,庙有二主,礼与?'孔子曰:'天无二日,土无二王。尝、禘、郊、社,尊无二上,未知其为礼也。'"孔疏曰"天有二日,则草木枯萎;土有二王,则征伐不息。《老子》云'天得一以清,地得一以宁'是也"①,直接借助《老子》作为儒学政统学说的理论依据。不过,《曾子问》本言"丧不得有二孤,庙不得有二主之事",孔疏节取《老子》第三十九章发明之,实为断章取义。《老子》曰"昔之得一者,天得一以清,地得一以宁,神得一以灵,谷得一以盈,万物得一以生,侯王得一以为天下正",河上公注曰"一,无为,道之子也"②,陈鼓应曰:"得一,即得道(四十一章:'道生一')。林希逸注:'"一"者,道也。'严灵峰说:'"一"者,"道"之数。"得一",犹言得道也。'"③《老子》曰"一",意即"道",非言一二之"一",孔疏借以阐释"大一统"思想,实乃迎合时代需求。

其次,以《庄子》为史料依据。孔疏虽驳斥《庄子》"圣人无梦"之说,但仍以之为重要史料来源来证经,其例有二。《曾子问》篇孔子言与老聃论宗庙"虚主"之礼,"吾闻诸老聃曰"云云,郑注:"老聃,古寿考者之号也,与孔子同时。"孔疏:"按下文助葬于巷党,老聃曰:'丘!止柩。'又《庄子》称孔子与老聃对言,是'与孔子同时'也。按《史记》云:'老聃,陈国苦县赖乡曲仁里也。为周柱下史,或为守藏史。'郑注《论语》云:'老聃,周之大史,未知所出。'"④并以《曾子问》《史记·老子韩非列传》《庄子》与郑君《论语注》为据,以《庄子》"孔子与老聃对言"与经、史一样具有可信度并佐证本经,坐实"老聃"即为老子。

又《哀公问》:"身以及身,子以及子,妃以及妃,君行此三者,则忾乎天下矣,大王之道也。"郑注:"大王居幽,为狄所伐,乃曰:'土地所以养人也,君子不以其所养害所养。'乃去之岐。"孔疏引《庄子》《吕氏春秋》解注:"《庄子》及《吕氏春秋》称'大王亶父曰:"与人之兄居而杀

---

① (汉)郑玄注,(唐)孔颖达正义,吕友仁整理:《礼记正义》,上海古籍出版社2008年版,第775页。
② 王卡:《老子道德经河上公章句》,中华书局1993年版,第154页。
③ 陈鼓应:《老子今注今译》,商务印书馆2003年版,第221页。
④ (汉)郑玄注,(唐)孔颖达正义,吕友仁整理:《礼记正义》,上海古籍出版社2008年版,第776—777页。

其弟，与人之父居而杀其子，吾不忍也。且吾闻之，不以其所养害所养。"于是乃策杖而去，民相随而从之，遂成国于岐山之下。'……此注'君子不以其所养害所养'，取《庄子》《吕氏春秋》文也。"①《庄子·寓言》曰"寓言十九，重言十七，卮言日出，和以天倪"，王先谦引姚鼐说曰："庄生书，凡托为人言者，十有其九；就寓言中，其托为神农、黄帝、尧舜、孔颜之类，言足为世重者，又十有其七。"② 上文孔疏连同诸子一并排斥，此以《庄子》《吕氏春秋》为史料佐证经典，值得玩味。而这句"君子不以其所养害所养"，可谓意味深长。

（二）儒道互释，打通儒道

先秦诸子阐释宇宙生成的理论，最为完备者应数道家学说。《老子》第四十二章"道生一，一生二，二生三，三生万物"，将宇宙生成分为四个阶段。《列子·天瑞》提出"太易""太初""太始""太素"宇宙生成四阶段说③。孔疏《月令》解题广引《老子》《周易》《礼运》《易乾凿度》解说宇宙生成：

> 《月令》者，包天地阴阳之事。然天地有上下之形，阴阳有生成之理，日月有运行之度，星辰有次舍之常。今既赞释其文，不得不略言其趣。按《老子》云："道生一，一生二，二生三，三生万物。"《易》云："《易》有大极，是生两仪。"《礼运》云："礼必本于大一，分而为天地。"《易·乾凿度》云："大极者，未见其气；大初者，气之始；大始者，形之始；大素者，质之始。"此四者同论天地之前及天地之始。《老子》云"道生一"，道与大易，自然虚无之气，无象，不可以形求，不可以类取，强名曰道，强谓之大易也。"道生一"者，一则混元之气，与大初、大始、大素同。又与《易》之大极、《礼》之大一其义不殊，皆为气形之始也。"一生二"者，谓混元之气分为二，二则天地也，与《易》之两仪，又与《礼》之大一分而为天地同也。"二生三"者，谓参之以人为三才也。"三生万物"者，谓天地人既定，万物备生其间。（第591—592页）

孔疏解说宇宙生成，以《老子》"道生一，一生二，二生三，三生万

---

① （汉）郑玄注，（唐）孔颖达正义，吕友仁整理：《礼记正义》，上海古籍出版社2008年版，第1917、1920页。
② （清）王先谦撰，沈啸寰点校：《庄子集解》，中华书局1987年版，第245页。
③ 杨伯峻：《列子集释》，中华书局1979年版，第5—6页。

物"为纲,再结合另外三家分五步具体阐释其内涵:首先,道即大易,所谓"道与大易,自然虚无之气,无象,不可以形求,不可以类取,强名曰道,强谓之大易也"。此承袭《老子》第二十五章:"有物混成,先天地生。寂兮寥兮,独立而不改,周行而不殆,可以为天地母。吾不知其名,强字之曰道,强为之名曰大。"其次,"一"与"大初、大始、大素同",又与"《易》之大极、《礼》之大一其义不殊"。《易·乾凿度》"大极者,未见其气;大初者,气之始;大始者,形之始;大素者,质之始",则承袭《列子·天瑞》:"夫有形者生于无形,则天地安从生?故曰:有太易,有太初,有太始,有太素。太易者,未见气也;太初者,气之始也;太始者,形之即时也;太素者,质之始也。……视之不见,听之不闻,循之不得,故曰易也。"① 孔疏实以《天瑞》为桥梁疏解"道即大易",从而打通儒道。再次,"一生二"者,"二"即天、地,与"《易》之两仪,又与《礼》之大一分而为天地同"。又次,"二生三",谓"参之以人为三才"。《易·说卦》曰"立天之道曰阴与阳,立地之道曰柔与刚,立人之道曰仁与义,兼三才而两之,故易六画而成卦",儒道融合。最后,"三生万物""万物备生其间"。以《老子》解说宇宙生成,日人户川芳郎认为:"很可能《月令》疏的撰者对抗着佛教、道教教义,而要整理和统一自己的思想体系。"②

(三)旧瓶新酒,名道实儒

孔疏以儒学思想解说老庄之哲学范畴,或曰旧瓶新酒,名道实儒,可举二例言之。其一,儒、道皆言无为而治,而老庄言无为尤为精妙,孔疏以老庄立说而以儒学内涵具体阐释之,将老庄之名改头换面成儒学之实。《老子》第五十七章论无为而治:"我无为,民自化;我好静,民自正;我无事,民自富;我无欲,民自朴。"③ 《玉藻》《乐记》疏即隐用其说。《玉藻》曰"古之君子必佩玉,右徵角,左宫羽",郑注:"徵角在右,事也,民也,可以劳。宫羽在左,君也,物也,宜逸。"孔疏曰:"按《乐记》云:'宫为君,羽为物。'今宫、羽在左,是无事之方。君宜静而无为,物宜积聚,故在于左,所以逸也。"④ 又《乐记》"乐至则不怨,礼至则不争。揖让而治天

---

① 杨伯峻:《列子集释》,中华书局1979年版,第5—6页。
② 引自[日]古胜隆一《北朝经学与〈老子〉》,童岭主编:《秦汉魏晋南北朝经籍考》,中西书局2017年版,第291—300页。
③ 朱谦之:《老子校释》,中华书局2000年版,第232页。
④ (汉)郑玄注,(唐)孔颖达正义,吕友仁整理:《礼记正义》,上海古籍出版社2008年版,第1229—1230页。

下者，礼乐之谓也"，孔疏："……乐行于人，由于和，故无怨矣。……礼行于民，由于谦敬，谦敬则不争也。……民无怨争，则君上无为，但揖让垂拱而天下自治。其功由于礼乐，故云'礼乐之谓也'。"① 遂将"无为而治"完全归功于儒家的礼乐教化，实则"有为而治"。其二，儒道皆言道，亦以老庄所论精妙，孔疏亦以《老子》立说而以儒学释之。《中庸》疏："老子云：'道本无名，强名之曰道。'但人自然感生，有刚柔好恶，或仁、或义、或礼、或知、或信，是天性自然，故云'谓之性'。"② 以"五常"诠释天性自然，将"道"的内涵诠释为儒家的纲常，已非《老子》"无名"之"道"。

四 《礼记正义》援道入儒的多重因素

孔疏援道入儒，看似与其训诂思想相左，实则有着深层的历史文化与时代政治的多重因素。《正义》的修撰，本以继承前人成果为主而创新不足，因而深受学术传统影响；而作为一项由最高统治者发起的重大举措，孔颖达等经师有主动迎合当政者需要之举。大致说来，孔疏援道入儒，初唐李氏父子尊老的策略是政治背景；汉末以来的学术传统，特别是郑玄的不守家法、南北朝义疏的以老解经是文化背景；《礼记》部分篇章的与道家尤其是《老子》思想相通，则是援道入儒的内在契机。

（一）援道入儒的政治背景

李唐建国伊始，即有尊老之举。唐高祖一面高调宣布"三教虽异，善归一揆"，一面又诏令"老先、次孔、末后释宗"："武德八年，岁居协洽，驾幸国学，将行释奠。堂置三坐，拟叙三宗，众复乐推乘为导首。……天子下诏曰：'老教孔教，此土先宗，释教后兴，宜崇客礼。令老先，次孔，末后释宗。'当尔之时，相顾无色。乘虽登坐，情虑莫安。"③ 一改隋代佛先、道次、儒末的次序。唐太宗颁布《道士女冠在僧尼之上诏》抑佛，又宣称"自古皆贵中华，贱夷狄，朕独爱之如一"④，标榜兼容并包、华夷一家的文化政策。李氏父子对儒、释、道三家的态度可概括为尊老、用儒、抑佛。

李氏尊老子为始祖，利用道教制造舆论、谋取政治利益，并借以抬高李

---

① （汉）郑玄注，（唐）孔颖达正义，吕友仁整理：《礼记正义》，上海古籍出版社2008年版，第1473页。
② （汉）郑玄注，（唐）孔颖达正义，吕友仁整理：《礼记正义》，上海古籍出版社2008年版，第1988页。
③ （唐）道宣撰，郭绍林点校：《续高僧传》，中华书局2014年版，第940页。
④ （宋）司马光编著，（元）胡三省音注：《资治通鉴》，中华书局1956年版，第6247页。

唐宗室的社会地位①。道教在李渊父子起事之际、李唐创建之初起了笼络人心甚至推波助澜的作用。《唐会要》卷五〇《尊崇道教》载："武德三年五月，晋州人吉善，行于羊角山，见一老叟乘白马朱鬣，仪容甚伟，曰：'谓吾语唐天子：吾汝祖也。今年平贼后，子孙享国千岁。'高祖异之，乃立庙于其地。"②此谓老子为高祖显圣也。《旧唐书》载道士王远知事，则为太宗夺嫡造势："武德中，太宗平王世充，与房玄龄微服以谒之。远知迎谓曰：'此中有圣人，得非秦王乎？'太宗因以实告。远知曰：'方作太平天子，愿自惜也。'"③武德九年（626），"玄武门之变"前夕，李建成借高祖之手将李世民心腹房玄龄、杜如晦逐出秦王府，两人只好着道服潜入计事："时房玄龄、杜如晦皆被高祖斥出秦府，不得复入。太宗令长孙无忌密召之，玄龄等报曰：'有敕不许更事王，今若私谒，必至诛灭，不敢奉命。'太宗大怒，谓敬德曰：'玄龄、如晦岂背我耶？'取所佩刀授敬德曰：'公且往，观其无来心，可并斩其首持来也。'敬德又与无忌喻曰：'王已决计克日平贼，公宜即入筹之。我等四人不宜群行在道。'于是玄龄、如晦着道士服随无忌入，敬德别道亦至。"④此紧要关头，伪装道徒则不受猜忌，足见初唐道士深得皇室信任与尊崇，出入宫府习以为常。

　　李唐奉道教为国教、尊老子为先祖，对儒学不能说没有一点冲击。应明确的是，面对隋末以来常年战乱以及灾难频繁，李氏父子除了以儒治国，亦辅以黄老思想。太宗登基之初，天灾频仍、百姓饥饿⑤，贞观二年（628）提出"安人宁国"的治国思想："凡事皆须务本。国以人为本，人以衣食为本。凡营衣食，以不失时为本。夫不失时者，在人君简静乃可致耳。若兵戈屡动，土木不息，而欲不夺农时，其可得乎？""夫安人宁国，惟在于君。君无为则人乐，君多欲则人苦。朕所以抑情损欲，克己自励耳。"（《务农》）⑥贞观九年（635），太宗又以栽树为喻论清静无为，旨趣与《老子》第六十章"治大国，若烹小鲜"甚似："夫治国犹如栽树，本根不摇，则枝叶茂荣。君能清静，百姓何得不安乐乎？"（《政体》）⑦历史证明，黄老思想为

---

① 任继愈：《中国道教史》，上海人民出版社1990年版，第267—269页。
② （宋）王溥：《唐会要》，中华书局1955年版，第865页。
③ （后晋）刘昫等：《旧唐书》，中华书局1975年版，第5125页。
④ （后晋）刘昫等：《旧唐书》，中华书局1975年版，第2498页。
⑤ （后晋）刘昫等：《旧唐书》，中华书局1975年版，第32—35页。
⑥ （唐）吴兢撰，谢保成集校：《贞观政要集校》，中华书局2003年版，第423页。
⑦ （唐）吴兢撰，谢保成集校：《贞观政要集校》，中华书局2003年版，第41页。

"贞观之治"发挥了重要作用①。

（二）援道入儒的学术传统

从汉以来的《礼记》学传统来看，郑玄《礼记注》的不守家法、以道解经，皇、熊二疏的浸染玄学，陆德明《经典释文》的儒道兼收并蓄，皆影响了孔氏《正义》。

1. 郑注"不守家法"

钱锺书尝从《五经正义》中抽出具体例证，剥离旧说，雄辩指出孔疏以释老解经源自汉魏旧注，《管锥编·周易正义·艮》"注疏亦用道家言"条："王、韩《易》注早蕴老庄，孔氏疏通，自难回避……实则郑玄初不谨守家法，《礼记·礼运》'是谓小康'句郑注'大道之人以礼于忠信为薄'（隐用《老子》第三八章），《大学》'悖入悖出'句郑注'老子曰"多藏必厚亡"'，是其例。"②

郑氏注解"是谓小康"句，可视为以老解经的范例，其曰"以其违大道敦朴之本也。教令之稠，其弊则然。《老子》曰：'法令滋章，盗贼多有。'……大道之人，以礼于忠信为薄。"③ 此明引《老子》第五十七章"法令滋章，盗贼多有"；曰"大道之人，以礼于忠信为薄"，隐用《老子》第三十八章"夫礼者，忠信之薄，而乱之首"。又曰"以其违大道敦朴之本也"，隐用《老子》第十五章"古之善为道者……敦兮其若朴"；所违之"大道"，当如《老子》第五十七章言："我无为，而民自化；我好静，而民自正；我无事，而民自富；我无欲，而民自朴。"孔氏效仿郑君，亦隐用《老子》解经："今此三王之时，而云'兵由此起'者，兵设久矣，但上代之时，用之希少，时有所用，故虽用而不言也。三王之时，每事须兵，兵起烦数，故云'兵由此起'也。"④ 所谓"但上代之时，用之希少"云，隐用《老子》第三十章"以道佐人主者，不以兵强天下"、第三十一章"夫兵者，不祥之器，物或恶之，故有道者不处""兵者不祥之器，非君子之器，不得已而用之"。又如《礼运》："是故夫政，必本于天，殽以降命。命降于社之谓殽地，降于祖庙之谓仁义，降于山川之谓兴作，降于五祀之谓制度。此圣

---

① 倪正茂：《黄老思潮与汉初君臣之反熵治国》，徐炳主编：《黄帝思想与道、理、法研究》，社会科学文献出版社2013年版，第156—190页。
② 钱锺书：《管锥编》，生活·读书·新知三联书店2007年版，第57—58页。
③ （汉）郑玄注，（唐）孔颖达正义，吕友仁整理：《礼记正义》，上海古籍出版社2008年版，第875—876页。
④ （汉）郑玄注，（唐）孔颖达正义，吕友仁整理：《礼记正义》，上海古籍出版社2008年版，第881页。

人所以藏身之固也。"孔疏曰,"殽,效也。言人君法效天气以降下政教之命,效星辰运转于北极为昏媾姻亚,效天之阴阳寒暑为刑狱赏罚""命者,政令之命。降下于社,谓从社而来以降民也。……法社以下教令……地有五土,生物不同,人君法地,亦养物不一也"①,隐用《老子》第二十五章:"人法地,地法天,天法道,道法自然。"《孔子闲居》"天有四时,春秋冬夏,风雨霜露,无非教也。地载神气,神气风霆,风霆流形,庶物露生,无非教也",郑注:"言天之施化收杀,地之载生万物,此非有所私也。"孔疏:"此经论天地无私,圣人则之以为教。"② 郑、孔隐用《老子》第七章:"天地所以能长且久者,以其不自生,故能长生。是以圣人后其身而身先;外其身而身存。非以其无私邪?故能成其私。"皆以道解经,彼此打通。

2. 皇、熊《义疏》的征引

皇、熊《义疏》征引老庄,孔氏《正义》应有所承袭,特别是孔疏"据以为本"的皇侃《义疏》,作为南学著述难免浸染玄风。今遍检《礼记正义》,虽未见明言皇疏征引老庄之例,其隐用老庄解经或为孔氏沿袭,只是未加标明而已。

至于熊氏《义疏》,据孔氏《正义》稽考其征引《老子》3条、河上公《注》2条,主要以之阐释"道德"之内涵。《曲礼上》曰"道德仁义,非礼不成",熊氏云:"此是《老子》'失道而后德,失德而后仁,失仁而后义'。"③ 又"太上贵德,其次务施报",孔疏:"案《老子》云:'道常无名。'河上公云:'能生天地人,则当大易之气也。'《道德经》云'上德不德',其德稍劣于常道,则三皇之世,法大易之道行之也。然则可行之道,则伏牺画八卦之属是也,三皇所行者也。'下德不失德',河上公云:'下德谓号谥之君。'则五帝所行者也。但三皇则道多德少,五帝则道少德多。此皆熊氏之说也。"④ 可见熊氏作为北学,"只是征引其对于'道''德'的解说,并不涉及玄学内容"⑤,且不为孔氏采纳。

---

① (汉)郑玄注,(唐)孔颖达正义,吕友仁整理:《礼记正义》,上海古籍出版社2008年版,第908—910页。

② (汉)郑玄注,(唐)孔颖达正义,吕友仁整理:《礼记正义》,上海古籍出版社2008年版,第1946页。

③ (汉)郑玄注,(唐)孔颖达正义,吕友仁整理:《礼记正义》,上海古籍出版社2008年版,第20页。

④ (汉)郑玄注,(唐)孔颖达正义,吕友仁整理:《礼记正义》,上海古籍出版社2008年版,第23页。

⑤ 华喆:《礼是郑学:汉唐间经典诠释变迁史论稿》,生活·读书·新知三联书店2018年版,第301页。

3. 陆德明《经典释文》的儒道并重

陆德明受业于南陈博士周弘正，周氏"特善玄言，兼明释典"，著有《周易讲疏》《论语疏》《庄子疏》《老子疏》《孝经疏》①。陆氏治学似其师，亦善言玄理。武德八年（625），"高祖亲临释奠，时徐文远讲《孝经》，沙门惠乘讲《波若经》，道士刘进喜讲《老子》，德明难此三人，各因宗指，随端立义，众皆为之屈"②。陆氏《释文》集录群经音义，且有《老子音义》一卷、《庄子音义》三卷，将《老子》《庄子》与《周易》《古文尚书》《毛诗》"三礼""春秋三传"等儒经并重。杨向奎曰："从儒家的前后历史看来这是一个奇怪的目录，所谓经典，当指儒家的经典言，在魏晋以前，唐宋以后，儒家的经典中绝对容纳不下老庄；这是南朝的风尚，是王弼一派的支与流裔。"③ 唐太宗"尝阅德明《经典释文》，甚嘉之，赐其家束帛二百段"④，实则认可了陆氏兼收儒道的做法。皮锡瑞认为《释文》"为唐人义疏之先声"⑤，深刻影响了《五经正义》的编撰。

（三）《礼记》思想与老庄相通

孔氏《正义》援道入儒，还缘于《礼记》思想庞杂，其中部分篇章与老庄相通。《世说新语·言语》："刘尹与桓宣武凡听讲《礼记》。桓云：'时有入心处，便觉咫尺玄门。'刘曰：'此未关至极，自是金华殿之语。'"⑥ 桓温认为《礼记》经义与《老子》相近，而刘惔以为《礼记》经义未达玄远精妙之至，但均认可二者相关。仅以《月令》《礼运》《中庸》三篇为例论之一二。

1. 《月令》"记十二月政之所行"与老庄顺应自然相合

《月令》曾被吕不韦宾客割裂编入《吕氏春秋·十二月纪》，杨宽指出："《月令》一篇，当早有成说，吕不韦宾客乃割裂十二月以为《十二纪》之首章耳。《吕纪》每章以后俱附文四篇以发挥其哲理。春木德，正万物生长之时，故'禁止伐木，无覆巢，无杀孩虫''无焚山林''无伐桑柘''不可

---

① （唐）姚思廉：《陈书》，中华书局1972年版，第309—310页。《旧唐书·儒学传上》陆德明本传曰："撰《经典释文》三十卷、《老子疏》十五卷、《易疏》二十卷，并行于世。"参见（后晋）刘昫等《旧唐书》，中华书局1975年版，第4944—4945页。《经籍志》另载有"《庄子文句义》二十卷"，参见《旧唐书》，第2029页。

② （后晋）刘昫等：《旧唐书》，中华书局1975年版，第4944—4945页。

③ 杨向奎：《唐宋时代的经学思想：经典释文、十三经正义等书所表现的思想体系》，《文史哲》1958年第5期。

④ （后晋）刘昫等：《旧唐书》，中华书局1975年版，第4945页。

⑤ （清）皮锡瑞著，周予同注释：《经学历史》，中华书局1959年版，第207页。

⑥ （南朝宋）刘义庆撰，徐震堮校笺：《世说新语校笺》，中华书局1984年版，第68页。

以称兵……不变天之道，无绝地之理，无乱人之纪'，而其所附论诸篇若《本生》《重己》《贵生》《情欲》《尽数》《先己》，亦多言养生之理，用道家言。"①《四库全书总目》"《吕氏春秋》二十六卷"条曰"大抵以儒为主而参以道家、墨家，故多引六籍之文与孔子、曾子之言"②。《月令》与道家相合是其被编入《吕氏春秋》的关键因素。

2. 《礼运》与《老子》思想相通

《礼运》以孔圣之口阐释儒家政治理想"大同"及次之的"小康"，内涵与《老子》"小国寡民"颇相似。陈澔《礼记集说》引"石渠王氏"（王时潜）言曰："以五帝之世为大同，以禹、汤、文武、成王、周公为小康，有老氏意。而注又引以实之，且谓礼为忠信之薄。皆非儒者语。"③学者亦多以老庄解说"大同""小康"，如郑注："以其违大道敦朴之本也。教令之稠，其弊则然。《老子》曰：'法令滋章，盗贼多有。'……大道之人，以礼于忠信为薄。"或以"小康"与《庄子·骈拇》思想相合④。又《礼运》论礼之起源："是故夫礼，必本于大一，分而为天地，转而为阴阳，变而为四时，列而为鬼神。其降曰命，其官于天也。夫礼必本于天，动而之地，列而之事，变而从时，协于分艺。"此论源自《老子》"道生一"之宇宙生成思想。孔疏曰："谓天地未分，混沌之元气也。极大曰大，未分曰一，其气既极大而未分，故曰大一也。"⑤《月令疏》曰，"《老子》云'道生一'，道与大易，自然虚无之气，无象，不可以形求，不可以类取，强名曰道，强谓之大易也。'道生一'者，一则混元之气，与大初大始大素同。又与《易》之大极，《礼》之大一其义不殊，皆为气形之始也"⑥，与此呼应。

3. 《中庸》与《老子》密切关联

《中庸》与《老子》《庄子》甚至佛经皆有相通处，魏晋以降不乏学者以释老解说其义理。王夫之曰："《中庸》之义，自朱子之时，已病夫程门诸子之背其师说而淫佛、老，盖此书之旨，言性、言天、言隐，皆上达之蕴奥，学者非躬行而心得之，则固不知其指归之所在，而佛、老之诬性命以惑

---

① 杨宽：《月令考》，《杨宽古史论文选集》，上海人民出版社 2003 年版，第 494 页。
② （清）永瑢等：《四库全书总目》，中华书局 1965 年版，第 1008 页下栏—1009 页上栏。
③ （元）陈澔：《礼记集说》，上海古籍出版社 1987 年版，第 120 页。
④ 陈开先：《〈礼运〉主题思想研究》，《华南师范大学学报》2005 年第 4 期。
⑤ （汉）郑玄注，（唐）孔颖达正义，吕友仁整理：《礼记正义》，上海古籍出版社 2008 年版，第 939 页。
⑥ （汉）郑玄注，（唐）孔颖达正义，吕友仁整理：《礼记正义》，上海古籍出版社 2008 年版，第 592 页。

人者亦易托焉。"① 孙以楷深刻论述了《中庸》与道家的关系，认为"《中庸》的作者之所以能够赋予'中庸'以毫不含糊的本体含义，全得力于道家"："中庸"概念源于道家，源于老子的"中和"；《中庸》"天命之谓性，率性之谓道"，正是《老子》的"法自然"与《庄子》的"任其性命之精"；《中庸》认为"致中和"即可"天地位焉，万物育焉"，完全是老子的观点；《中庸》"君子之道费而隐""君子语大，天下莫能察；语小，天下莫能破焉"，分别源自《老子》的"道隐无名""衣养万物而不为主，可名为小；万物归焉而不为主，可名为大"；《中庸》"道不远人""道也者，不可须臾离也。可离，非道也"，也是老子的基本观点；等等②。《月令》《礼运》《中庸》系《礼记》中重要的三篇，表明《礼记》与老庄关系之密切。

五　孔颖达等初唐经师的"心存道党"

《五经正义》修撰经师，唐前经历多有坎坷，而入唐后被委以重用，故对李唐怀有特殊之情。孔颖达堪称其中的代表。李唐尊奉老子为始祖，以道教为国教，孔氏对李氏父子的政治意图心知肚明，对佛道之争则"心存道党"：

> 皇储久餐德素，乃以贞观十三年集诸宫臣及三教学士于弘文殿，延净开阐《法华》。道士蔡晃讲论好，独秀玄宗，下令遣与抗论。……时有国子祭酒孔颖达，心存道党，潜扇蝇言，曰："佛家无诤，法师何以构斯？"净启令曰："如来存日，已有斯事。佛破外道，外道不通，反谓佛曰：'汝常自言平等，今既以难破我，即是不平，何谓平等？'佛为通曰：'以我不平，破汝不平，汝若得平，即我平也。'而今亦尔。以净之诤，破彼之诤，彼得无诤，即净无诤也。"于时皇储语祭酒曰："君既剿说，真为道党。"净启令曰："慧净常闻'君子不党'，其知祭酒亦党乎！"皇储怡然大笑，合坐欢踊，令曰："不徒法乐，已至于斯！"③

修撰、修定《礼记正义》的经师中，还有贾公彦及其弟子李玄植，与道家思想颇有渊源。贾氏礼学师承渊源，可经过张士衡、刘焯而上溯至熊安生。日人古胜隆一指出："贾公彦两位儿子的名字是十分具有道家意味的'玄赞''大隐'（原注曰：贾公彦《仪礼疏》序亦云：'窃闻道本冲虚、非

---

① （清）王夫之：《礼记章句》，岳麓书社2010年版，第1245页。
② 孙以楷：《道家与〈中庸〉》，《江淮论坛》1999年第3期。
③ （唐）道宣撰，郭绍林点校：《续高僧传》，中华书局2014年版，第79—80页。

言无以表其疏．'此一文也含有道家味道），李玄植爱好老庄之学，贾大隐撰述《老子述义》，这些现象莫不是遵循于北学重视道家思想这条脉络的结果。"① 由此《礼记正义》中蕴含老庄思想就不足为奇了。

总之，《五经正义》修撰经师在对前贤义疏进行删削，难免会迎合最高统治者的意志。《五经正义》既表现出纯化儒学的学术取向，又必然会受到《老子》《庄子》甚至玄学的影响，可谓相反相成。《礼记正义》自不例外。其实，以老庄文学甚至释家解经亦未尝不可，关键是解经的出发点，即坚持儒学正统地位的学术立场才是根本。李唐时代，儒释道"以两个并行而又纠结在一起的过程表现出来，一是佛教在儒道排拒压力的影响下，通过对印度佛学的改造而逐渐中国化；一是儒道两学经过因应佛教挑战的磨砺，增强并完成了各自学说体系的哲理性建设"② 透过孔氏以义疏体支离破碎的解经疏注形式与其"攘斥佛老""援道入儒"的双向取舍，依然能够发现孔颖达等经师在师承汉儒的基础上，对儒家政治哲学的进一步建构所做出的努力与探索。

第二节 《礼记正义》的礼学思想

《礼记正义》不仅大量考释各种礼仪制度，而且蕴含着较为丰富的礼学思想，可以从四个层面进行归纳：哲学层面，论述了礼的内涵、礼的起源及其重要政治意义；礼乐制作层面，主要论述了圣王制礼作乐以及圣王制礼作乐的依据，诸如依据人性（"本之情性"）、取法天地与顺应时代发展等；礼的践行层面，强调心存敬畏，主张去繁就简与恪守法度；礼学著述层面，则明确提出"礼是郑学"的宗郑思想。

一 论礼的内涵、起源与政治意义

孔疏主要据《礼记》、《周礼》、《仪礼》、诸礼纬以及郑氏礼学，并结合《左传》《周易》《尚书》等儒经以及《史记》《汉书》等史书，剖析礼的内涵，追述礼的起源，考稽尊卑之礼和五礼的起源，并总结礼的政治意义。

（一）揭示礼的内涵

孔氏《礼记正义序》和《正义》卷首解题综合《礼记》诸篇所论，分

---

① ［日］古胜隆一：《北朝经学与〈老子〉》，童岭主编：《秦汉魏晋南北朝经籍考》，中西书局2017年版，第291—300页。

② 汤一介、李中华主编，陈启智著：《中国儒学史·隋唐卷》，北京大学出版社2011年版，第19页。

别从"礼者,理也"与"礼者,体也,履也"两方面来揭示"礼"的内涵。其一,《正义》解题提出了"礼者,理也"说:"夫礼者,经天地,理人伦。本其所起,在天地未分之前。故《礼运》云:'夫礼必本于大一。'是天地未分之前已有礼也。礼者,理也。其用以治,则与天地俱兴。"其说本自《仲尼燕居》"礼也者,理也;乐也者,节也"。《乐记》亦曰"礼也者,理之不可易者也"。礼,就是起源于宇宙生成之初的、不可变易的天理。孔疏于此强调了礼的终极意义。勾承益曰:"'礼'是人类社会特有的文化现象,而'理'却并不为人类社会所特有。因此,针对《仲尼燕居》和《乐记》中关于礼本体的定义,合理的理解应该是:'礼'是永恒不变的'理'在人类社会的存在形态。根据这一定义,则无论人类的思维是否达到了认识'礼'或把握'礼'的水平,'礼'都客观地存在于人类的生活中。"① 贺更粹曰:"《礼记》'礼者理也'的命题奠定了'礼'的基本依据,其内在逻辑是以'大一'为出发点,在具体展开上则是把至善至高的'天理'作为终极依据、把有形可状的'天地'作为直观依据和把'人情'作为生命依据,从而构建了一个系统严密的礼的依据学说体系。"② 孔疏的相关阐释,体现了"礼者,礼也"论的精髓。

其二,"礼者,体也,履也"。孔疏此说源自《礼器》《祭义》等,《礼器》:"礼也者,犹体也。体不备,君子谓之不成人。"《祭义》曰:"礼者,履此者也。"皆系孔子"不学礼,无以立"(《季氏》)③ 思想的提升。《荀子·大略》亦曰,"礼者,人之所履也,失所履,必颠蹶陷溺"④。其后,刘熙、许慎等文字学家亦承《礼记》《荀子》之说。《释名·释言语》:"礼,体也,得事体也。"⑤《说文》:"礼,履也。所以事神致福也。"⑥ 孔氏整合为"体履"说,强调礼具有知行合一的实践性、一体性特点,所谓"统之于心曰体,践而行之曰履"也。

(二)追述礼的起源

《礼记正义序》:"夫礼者,经天纬地,本之则大一之初;原始要终,体之乃人情之欲。"《正义》卷首解题:"本其所起,在天地未分之前。故《礼

---

① 勾承益:《先秦礼学》,巴蜀书社2002年版,第279—280页。
② 贺更粹:《〈礼记〉"礼者理也"说初探》,《理论月刊》2009年第4期。
③ (清)阮元校刻:《十三经注疏·论语注疏》(附校勘记),中华书局1980年版,第2522页下栏。
④ (清)王先谦撰,沈啸寰等点校:《荀子集解》,中华书局1988年版,第495页。
⑤ (汉)刘熙:《释名》,中华书局1985年版,第52页。
⑥ (汉)许慎撰,(清)段玉裁注:《说文解字注》,上海古籍出版社1988年版,第2页下栏。

运》云：'夫礼必本于大一。'"梳理其说，孔氏认为礼之起源有二：一是"本之大一"；二是"体之人情"。孔颖达继承"礼起源于太一"的先验论思想，将礼置于至高无上的宇宙终极的位置，同时又肯定了礼缘于人情，使其起源说具有了坚实的现实基础。故可将孔氏之论概括为"二元论"的起源说。然后，在此基础上又具体论述了尊卑之礼与五礼的起源。

1. "本之则大一之初"

此种先验论在先秦已颇为流行，可谓源远流长。《左传》昭公二十五年："夫礼，天之经也，地之义也，民之行也。天地之经，而民实则之。"[①] 还有战国末的荀子，《礼论》篇提出著名的"礼有三本"说："礼有三本：天地者，生之本也；先祖者，类之本也；君师者，治之本也。无天地恶生？无先祖恶出？无君师恶治？三者偏亡焉，无安人。故礼，上事天，下事地，尊先祖而隆君师，是礼之三本也。"[②]《礼运》亦曰："是故夫礼，必本于天，殽于地，列于鬼神，达于丧祭、射御、冠昏、朝聘。"又曰"是故夫礼，必本于大一，分而为天地，转而为阴阳，变而为四时，列而为鬼神。其降曰命。其官于天也"，将礼之起源又推前至宇宙起点。孔颖达继承前人的先验论思想提出："夫礼者，经天地，理人伦，本其所起，在天地未分之前。"总之，诸说皆认为礼的产生具有天经地义性，即强调了礼的制定与建设之天然合理性，也为圣王制礼作乐提供了理论基础。

《礼运》："是故夫礼，必本于大一，分而为天地，转而为阴阳，变而为四时，列而为鬼神，其降曰命，其官于天也。"

孔疏："必本于大一'者，谓天地未分，混沌之元气也。极大曰大，未分曰一，其气既极大而未分，故曰大一也。礼理既与大一而齐，故制礼者用至善之大理以为教本，是"本于大一"也。"分而为天地"者，混沌元气既分，轻清为天，在上，重浊为地，在下，而制礼者法之，以立尊卑之位也。"转而为阴阳"者，天地二形既分，而天之气运转为阳，地之气运转为阴。而制礼者贵左以象阳，贵右以法阴。又因阳时而行赏，因阴时而行罚也。"变而为四时"者，阳气则变为春夏，阴气则变为秋冬。而制礼者，吉礼则有四面之坐，凶时有恩理节权，是法四时也。"列而为鬼神"者，鬼神，谓生成万物鬼神也。四时变化，生成万物，皆是鬼神之功。圣人制礼，则陈列鬼神之功以为教也。"其降曰命"

---

① 杨伯峻：《春秋左传注》，中华书局2018年版，第1271页。
② （清）王先谦撰，沈啸寰等点校：《荀子集解》，中华书局1988年版，第349页。

者,……言圣人制礼,皆仰法大一以下之事,而下之以为教命也。"其官于天也"者,结之也。官,犹法也。言圣人所以下为教命者,皆是取法于天也。(第939—940页)

孔疏阐释经义有条不紊:认为"礼理既与大一而齐",将"礼理"置于至高无上的宇宙终极的位置,并由此得出"制礼者用至善之大理以为教本",即将礼置于人世间至高无上的位置;混沌元气分为天地,"制礼者"取法天地,"以立尊卑之位";天、地之气运转为阳、阴,"制礼者"以之施行赏罚;阴、阳二气又变为秋冬春夏,制礼者取法四时,"礼则有四面之坐,凶时有恩理节权";孔疏将"鬼神"释为"生成万物"的天神、地祇;"圣人制礼,则陈列鬼神之功以为教也",当指"五礼"之首的吉礼。总之,"制礼者"即圣人取法于天而行礼。此例孔疏集中阐释了礼的先验论思想,其目的在于揭示圣人制礼之依据,即"本于大一",法于天地、四时。

2. 礼缘于人情

《礼记》同时又认为礼缘于人情。《礼运》:"夫礼之初,始诸饮食,燔黍捭豚,蕢桴而土鼓。"《丧服四制》:"凡礼之大体,体天地,法四时,则阴阳,顺人情,故谓之礼。"而《乐记·乐本》篇集中讨论了圣人依据人性之不足而制礼作乐:"人生而静,天之性也;感于物而动,性之欲也。物至知知,然后好恶形焉。好恶无节于内,知诱于外,不能反躬,天理灭矣。夫物之感人无穷,而人之好恶无节,则是物至而人化物也。人化物也者,灭天理而穷人欲者也。于是有悖逆诈伪之心,有淫泆作乱之事。是故强者胁弱,众者暴寡,知者诈愚,勇者苦怯,疾病不养,老幼孤独不得其所,此大乱之道也。是故先王之制礼乐,人为之节;衰麻哭泣,所以节丧纪也;钟鼓干戚,所以和安乐也;昏姻冠笄,所以别男女也;射乡食飨,所以正交接也。礼节民心,乐和民声,政以行之,刑以防之,礼乐刑政,四达而不悖,则王道备矣。"受其影响,《荀子·礼论》据现实社会生活对礼的起源、制作进行了学术总结:"礼起于何也?曰:人生而有欲,欲而不得,则不能无求。求而无度量分界,则不能不争;争则乱,乱则穷。先王恶其乱也,故制礼义以分之,以养人之欲,给人之求。使欲必不穷于物,物必不屈于欲,两者相持而长,是礼之所起也。……君子既得其养,又好其别。曷谓别?曰:贵贱有等,长幼有差,贫富轻重皆有称者也。"[①] 荀子礼论包含可贵的朴素唯物论思想,又对社会的阶级差别、等级制度的合理性进行了解释。孔颖达等继承

---

① (清)王先谦撰,沈啸寰等点校:《荀子集解》,中华书局1988年版,第346—347页。

前人礼缘于人情的思想，将礼的先验论与现实性结合起来讨论。《礼记正义序》：

> 夫礼者，经天纬地，本之则大一之初；原始要终，体之乃人情之欲。夫人上资六气，下乘四序，赋清浊以醇醨，感阴阳而迁变。故曰："人生而静，天之性也；感物而动，性之欲也。"喜怒哀乐之志于是乎生，动静爱恶之心于是乎在。精粹者虽复凝然不动，浮躁者实亦无所不为。是以古先圣王鉴其若此，欲保之以正直，纳之于德义。犹襄陵之浸，修堤防以制之；骙驾之马，设衔策以驱之。故乃上法圆象，下参方载，道之以德，齐之以礼。①

《礼记正义序》的可贵之处，在于更强调的是后者，即指出人性天生的弱点所在，正因如此才需要礼来规范，所谓"保之以正直，纳之于德义。犹襄陵之浸，修堤防以制之；骙驾之马，设衔策以驱之"。礼因为人情而生成，其生成则又是为了更好地规范人情，这就为礼的起源理论奠定了扎实的现实基础。孔疏还驳斥那种纯粹的先验论思想：

> 《礼器》："礼也者，合于天时，设于地财，顺于鬼神，合于人心，理万物者也。是故天时有生也，地理有宜也，人官有能也，物曲有利也。"
>
> 孔疏："礼也者，合于天时"者，……夫君子行礼，必须使仰合天时，俯会地理，中趣人事，则其礼乃行也。仰合天时，即依于四时，及丰俭随时也。"设于地财"者，……所设用物为礼，各是其土地之物也。"顺于鬼神"者，鬼神，助天地为化之鬼神也，祀之必顺，不滥逆也。"合于人心"者，中趣人事也。虽合天会地，顺于鬼神，又须与人心符合，其神乃行也。是以《书》云"谋及卿士，谋及庶人，谋及卜筮"是也。"理万物者也"者，若能使事事如上，则行苇得所，豚鱼戴赖，是万物各得其理也。"是故天时有生也"者，言天四时自然，各有所生，若春荐韭卵，夏荐麦鱼是也。"地理有宜也"者，地之分理自然，各有所宜，若高田宜黍稷，下田宜稻麦是也。"人官有能也"者，人居其官，各有所能，若司徒奉牛，司马奉羊，及庖人治庖，祝治尊俎是也。"物

---

① （汉）郑玄注，（唐）孔颖达正义，吕友仁整理：《礼记正义》，上海古籍出版社2008年版，第1页。

曲有利也"者，谓万物委曲，各有所利，若曲蘖利为酒醴，丝竹利为琴笙，皆自然有其性，各异也。皇氏云："有圣人制礼得宜，故致天时有生，地理有宜之等。"非其义也。（第958页）

孔疏曰"夫君子行礼，必须使仰合天时，俯会地理，中趣人事，则其礼乃行也"，强调了行礼必立足于客观现实，使主观愿望顺应外在天时、地利等客观条件、客观规律，才能达到"行苇得所，豚鱼戴赖，是万物各得其理"的目的。孔疏驳斥了皇疏"有圣人制礼得宜，故致天时有生，地理有宜之等"的主观唯心之说，认为是圣人顺应天时、地利，并顺应人情方能"制礼得宜"，民众践行礼义方能各得其所。

3. 论尊卑之礼与"五礼"的起源

围绕礼之起源，孔疏于卷首解题论述了尊卑之礼与"五礼"的起源，认为尊卑之礼取法天地而生成，所谓"三才既判，尊卑自然而有"：

> 但于时质略，物生则自然而有尊卑，若羊羔跪乳，鸿雁飞有行列，岂由教之者哉！是三才既判，尊卑自然而有。但天地初分之后，即应有君臣治国。但年代绵远，无文以言。案《易纬·通卦验》云："天皇之先，与乾曜合元。君有五期，辅有三名。"注云："君之用事，五行王，亦有五期。辅有三名，公、卿、大夫也。"又云："遂皇始出，握机矩。"注云："遂皇，谓遂人，在伏牺前，始王天下也。矩，法也，言遂皇持斗机运转之法，指天以施政教。"既云"始王天下"，是尊卑之礼起于遂皇也。持斗星以施政教者，即《礼纬·斗威仪》云："宫主君，商主臣，角主父，徵主子，羽主夫，少宫主妇，少商主政。是法北斗而为七政。"七政之立，是礼迹所兴也。郑康成《六艺论》云："《易》者，阴阳之象，天地之所变化，政教之所生，自人皇初起。"人皇即遂皇也。既政教所生，初起于遂皇，则七政是也。（第1页）

孔疏实质上亦是礼之先验论思想的发挥，强调了君主制与君臣治国合乎自然法则。其曰"物生则自然而有尊卑""三才既判，尊卑自然而有"，认为尊卑是一种自然现象，则君臣治国亦是一种天然的现象。杨向奎曰，"尊尊是伦理概念，也是政治概念"①。此疏则将伦理的尊卑转化为政治的尊卑。而具体的尊卑之别，需要礼来体现，《曲礼上》曰"君臣上下，父子兄弟，

---

① 杨向奎：《大一统与儒家思想》，北京出版社2011年版，第66页。

非礼不定",孔疏依据《易纬》及其郑注、《礼纬》与郑玄《六艺论》等文献,认为遂(燧)人氏"始王天下",遂人氏时代始有尊卑之礼。遂人氏"法北斗而为七政",是人世"政教所生"。孔颖达等将君臣尊卑之礼置于"五礼"之前,强调其重要的地位。孔疏以羊羔跪乳、雁行有序来比附人际关系,虽有一定的历史局限性,但站在维护李唐王朝君统天下的角度看,此论亦无可厚非。

《周礼·春官宗伯·小宗伯》职曰"掌五礼之禁令,与其用等",郑注曰:"郑司农云:'五礼,吉、凶、军、宾、嘉。'"[①]《礼记·祭统》曰:"礼有五经,莫重于祭。"郑注曰:"礼有五经,谓吉礼、凶礼、宾礼、军礼、嘉礼也。"[②] 孔氏尊崇郑氏礼学,故以"五礼"为纲阐释礼制,并论述五礼起源:

> 然伏牺之时,《易》道既彰,则礼事弥著。案谯周《古史考》云:"有圣人以火德王,造作钻燧出火,教民熟食,人民大悦,号曰遂人。次有三姓,乃至伏牺,制嫁娶以俪皮为礼,作琴瑟以为乐。"……以此言之,则嫁娶嘉礼始于伏牺也。……案《易·系辞》云:"包牺氏没,神农氏作。"……《世纪》又云:神农始教天下种谷,故人号曰神农。案《礼运》云:"夫礼之初,始诸饮食,燔黍捭豚,蕢桴而土鼓。"又《明堂位》云:"土鼓苇籥,伊耆氏之乐。"又《郊特牲》云:"伊耆氏始为蜡。"蜡即田祭,与种谷相协,土鼓苇籥又与蕢桴土鼓相当。故熊氏云"伊耆氏即神农也"。既云始诸饮食,致敬鬼神,则祭祀吉礼起于神农也。又《史记》云黄帝与蚩尤战于涿鹿,则有军礼也。《易·系辞》"黄帝九事"章云古者葬诸中野,则有凶礼也。又《论语撰考》云:"轩知地利,九牧倡教。"既有九州岛之牧,当有朝聘,是宾礼也。若然,自伏牺以后至黄帝,吉、凶、宾、军、嘉五礼始具。……五礼其文,亦见经也。案《舜典》云"类于上帝",则吉礼也;"百姓如丧考妣",则凶礼也;"群后四朝",则宾礼也;"舜征有苗",则军礼也;"嫔于虞",则嘉礼也。是舜时五礼具备。(第1—2页)

此例主要考据五礼起源,其主要据谯周《古史考》、郑玄《六艺论》、

---

① (清)阮元校刻:《十三经注疏·周礼注疏》(附校勘记),中华书局1980年版,第766页中栏。

② (汉)郑玄注,(唐)孔颖达正义,吕友仁整理:《礼记正义》,上海古籍出版社2008年版,第1865页。

皇甫谧《帝王世纪》、《礼记·礼运》、《郊特牲》及其熊氏疏、《周易》、《论语撰考》、《古文尚书》等文献记载，得出"自伏牺以后至黄帝，吉、凶、宾、军、嘉五礼始具""舜时五礼具备"的结论。具体言之：嘉礼始于伏牺；吉礼起于神农；宾礼、凶礼、军礼皆始于黄帝。此实质上正是"古先圣王制礼作乐"说的具体体现。值得肯定的是，孔疏认为"五礼"之兴在遂人氏之后，换言之，即将人工取火视作人类文明进程中具有伟大里程碑意义的活动。此与《礼运》思想一致："夫礼之初，始诸饮食，其燔黍捭豚，污尊而抔饮，蒉桴而土鼓，犹若可以致其敬于鬼神。"可见，古人将人类由饮血茹毛到用火熟食的饮食革命视作礼之发端，将礼视为人类进入文明时代的重要标志。值得肯定的是，孔氏论"五礼"起源于三皇五帝，显然是建立在物质生产发展的基础之上的，充分考虑到生产力对人类礼仪制度起源、发展的决定意义。

（三）论礼的政治意义

孔疏论礼的意义，尤其强调了礼对于政治的意义，即礼在治国安邦方面极其重要，突出了儒学以礼治国的政治思想。《礼记正义序》提出"礼之时义大矣"："纲纪万事，雕琢六情。非彼日月照大明于寰宇，类此松筠负贞心于霜雪。顺之则宗祐固，社稷宁，君臣序，朝廷正；逆之则纪纲废政，政教烦，阴阳错于上，人神怨于下。故曰：'人之所生，礼为大也。非礼无以事天地之神，辩君臣长幼之位。'是礼之时义大矣哉！"[①]又《正义》卷首解题："礼者，理也。其用以治，则与天地俱兴。故昭二十六年《左传》称晏子云：'礼之可以为国也久矣，与天地并。'"[②]皆围绕政治意义展开。再以《祭义》疏为例明之：

> 《祭义》："天下之礼，致反始也，致鬼神也，致和用也，致义也，致让也。致反始，以厚其本也。致鬼神，以尊上也。致物用，以立民纪也。致义，则上下不悖逆矣。致让，以去争也。合此五者以治天下之礼也。"
>
> 孔疏：此一节明礼之大用，凡有五事，若能行之得理，则天下治矣。"天下之礼"者，言天下所用之礼，所致凡有五事也。"致反始也"者，……言礼之至极于天，反报初始，言人始于天，反而报之。

---

① （汉）郑玄注，（唐）孔颖达正义，吕友仁整理：《礼记正义》，上海古籍出版社2008年版，第1页。

② （汉）郑玄注，（唐）孔颖达正义，吕友仁整理：《礼记正义》，上海古籍出版社2008年版，第1页。

"致鬼神也"者，言礼之致极，至于鬼神，谓祭宗庙之等。"致和用也"者，……言礼之至极，治理于民，使百姓和谐，财用富足也。"致义也"者，义，谓断割得宜，治恶讨暴，言礼之至极于义也。"致让也"者，让谓递相推让，言礼之至极于让也。"致反始，以厚其本也"者，天为人本，今能反始以报于天，是厚重其本也。上能厚本教下，下亦能厚本也。"致鬼神，以尊上也"者，谓至于祭祀鬼神，是尊严其上也。以此教民，民亦尊上也。"致物用，以立民纪也"者，民丰物用，则知荣辱礼节。故至于物用，可以立人纪也。"致义，则上下不悖逆矣"者，义能除凶去暴，故上下不有悖逆也。"致让，以去争也"者，以让，故无争。"合此五者，以治天下之礼也"者，言能和合此五者以治理天下之礼。（第1831—1832页）

此疏借助对《祭义》经文的疏解，具体从五个方面阐述以礼治国、治天下的意义，比较系统地论述了礼之大用：反报天地（即祭祀天地）、祭祀宗庙、治理于民、治恶讨暴和恭敬谦让。以礼可以"和合此五者以治理天下"，即礼从五个方面教化天下而达到天下大治的目的：上下厚本、民能尊上、树立民纪、除凶去暴和制止争斗。

总之，孔疏论礼之内涵、礼之起源和礼之意义，一言以蔽之，"礼是维护上下尊卑秩序的一种'天理'，自古一致，不能改易。他正是用这种思想为《礼记》作《正义》的"[①]。

二 论礼乐制作

孔疏论礼乐制作，主要内容有相辅相成的三方面构成：其一，论唯有圣王制礼作乐及其制作的功绩条件；其二，论圣王必须取法天地、依据人性制礼作乐；其三，论圣王必须顺应时代发展制礼作乐。

（一）唯有圣王制礼作乐

《礼记》诸篇明确提出"先王制礼""先王之制礼""先王之立礼"等说。孔氏《正义》卷首解题发挥其说，认为礼的制作者是诸古圣王，如燧人氏、伏牺氏、神农氏、黄帝、尧舜等。另外，还有一位代表人物就是周公，《礼记正义序》："洎乎姬旦，负扆临朝，述《曲礼》以节威仪，制《周礼》而经邦国。"孔疏甚至认为，制礼作乐系先王特权。《乐记》："论伦无患，乐之情也；欣喜欢爱，乐之官也。中正无邪，礼之质也；庄敬恭顺，礼之制

[①] 章权才：《魏晋南北朝隋唐经学史》，广东人民出版社1996年版，第259页。

也。若夫礼乐之施于金石，越于声音，用于宗庙社稷，事乎山川鬼神，则此所与民同也。"孔疏曰："'则此所与民同也'者，言施于金石，越于声音，用于宗庙社稷，事乎山川鬼神，此等与民共同有也。前经论乐之情，乐之官，礼之质，礼之制，是先王所专有也，言先王独能专此四事。"[①] 此论是"大一统"思想的体现。

郑注、孔疏论圣王礼乐制作，可贵之处是提出了制作必须具备的基本条件。一是"制礼者，本己所由得民心也"，取得民心是制礼作乐的首要条件。

(1)《礼器》："礼也者，反其所自生。乐也者，乐其所自成。是故先王之制礼也以节事，修乐以道志。"郑注："制礼者，本己所由得民心也。作乐者，缘民所乐于己之功。舜之民乐其绍尧而作《大韶》，汤、武之民乐其濩伐而作《濩》《武》。"

孔疏："'礼也者，反其所自生'者，……言王者制礼，各反其本业所由生以制礼也。犹若殷、周为民除害，以得民心，初生王业，其制礼还以得民心之事而为礼本。'乐也者，乐其所自成'者，……言王者制乐，乐己所由成者以制乐。若殷、周之等，民乐其用武除残讨恶，以成王业，故作乐以尚其威武也。但礼之与乐，俱是象其王业所由，但礼据王业之初，乐据王业之末。但太平功成治定之后，制礼本论其初，故云'反其所自生'，作乐论其末，故云'乐其所自成'。'是故先王之制礼也以节事'者，以礼为反本，故用礼以节万事，动皆反本。以初生王业，用此礼以得民心，故用民心之义以节事宜。'修乐以道志'者，王者修治所作之乐，以道达己志。由己用此乐以成王业，故修正其乐以劝道己志，使行之不倦。……'制礼者，本己所由，得民心'者，若舜元由能绍尧之功，得民心，而初王业全，制礼之时，还基本初时得民心之事而制礼。……'作乐者，缘民所乐于己之功'者，作乐章功成之事，己之功成，人之所乐，故云'所乐于己之功'也。'舜之民乐舜绍尧而作《大韶》，汤、武之民乐其濩伐而作《濩》《武》'者，此亦因其所由，与礼不异。但礼虽治定乃作，则本其初始得民心之时，乐以成功乃为，即歌当时喜乐之事，所以与礼异也。但礼是初始得民心而已，乐是乐其末，故其民心乐其绍尧，乐其濩伐。（第1008—1009页）

[①]（汉）郑玄注，（唐）孔颖达正义，吕友仁整理：《礼记正义》，上海古籍出版社2008年版，第1479页。

此例郑注仅一言"民心",而孔疏则九言"民心"。其要义即在反复论述圣王制礼作乐必须顺应民心,所谓"初生王业,其制礼还以得民心之事而为礼本""民乐其用武除残讨恶,以成王业,故作乐以尚其威武也"。一言以蔽之,能否制礼作乐取决于天下民心的向背。制礼与作乐之不同,在于"礼据王业之初,乐据王业之末",即制礼在"治定乃作,则本其初始得民心之时",作乐在"成功乃为,即歌当时喜乐之事"。此疏由制礼作乐而论民心向背的重要性,是对西周以来儒家民本思想的继承和发展。郑、孔之说,与《孟子·离娄上》一致:"得天下有道,得其民,斯得天下矣。得其民有道,得其心,斯得民矣。得其心有道,所欲与之聚之,所恶勿施尔也。"① 此疏阐发义理,同时讽喻当世帝王,可谓用心良苦。

二是"事与时并,名与功偕""其功大者其乐备,其治辩者其礼具",圣王制作的另一前提是必须顺应时代并建立了丰功伟绩。

(2)《乐记》:"故事与时并,名与功偕。"郑注:"举事在其时也。《礼器》曰:'尧授舜,舜授禹,汤放桀,武王伐纣,时也。'为名在其功也。……尧作《大章》,舜作《大韶》,禹作《大夏》,汤作《大濩》,武王作《大武》,各因其得天下之大功。"

孔疏:"故事与时并"者,事,谓圣人所为之事,与所当时而并行。若尧、舜揖让之事,与淳和之时而并行;汤、武干戈之事,与浇薄之时而并行。此一句明礼也。"名与功偕"者,名,谓乐名。偕,俱也。言圣王制乐之名,与所建之功而俱作也。若尧之《大章》,舜之《大韶》。尧章明之功,舜绍尧之德,及禹、汤等乐名,皆与功俱立也。此一句明乐。圣王虽同礼乐之情,因而修述,但时与功不等,故礼与乐亦殊。(第1475页)

(3)《乐记》:"其功大者其乐备,其治辩者其礼具。"

孔疏:夫礼乐必由其功治,功治有大小,故礼乐亦应以广狭也。若以一代而言,则武王功治尚小,故礼乐未得备遍。至周公功成治大,故礼乐应之而备也。若异代言之,则尧、舜功大治辩,乐备礼具。若汤、武比于尧、舜,则功小治狭,乐不备,礼不具也。……言礼乐之体,皆以德为备具也。(第1480页)

---

① (清)阮元校刻:《十三经注疏·孟子注疏》(附校勘记),中华书局1980年版,第2721页上栏。

此以"圣王所为之事，与所当时而并行"训释"事与时并"，亦即《礼器》所云："礼，时为大，顺次之，体次之，宜次之，称次之。尧授舜，舜授禹，汤放桀，武王伐纣，时也。"郑注曰："言受命改制度。"① 此以"圣王制乐之名，与所建之功而俱作"，训释"名与功偕"。亦即《乐记·乐施》："《大章》，章之也。《咸池》，备矣。《韶》，继也。《夏》，大也。"孔疏曰："'《大章》，章之也'者，章，明也。尧乐谓之《大章》者，言尧之德章明于天下也。'《咸池》，备矣'者，咸，皆也。池，施也。《咸池》，黄帝之乐名。言黄帝之德皆施被于天下，无不周遍，是为备具矣。'《韶》，继也'者，韶，舜乐名。言舜之道德能继绍于尧也。'《夏》，大也'者，《夏》，禹乐名，言禹能光大尧、舜之德。"殷，周之乐尽矣"者，殷乐，谓汤之《大濩》也。周乐，谓周之《大武》也。言于人事尽极矣。但自夏以前，皆以文德王有天下，殷、周二代，唯以武功为民除残伐暴，民得以生，人事道理尽极矣。"② 意即制礼作乐，既要顺应天时，赢得民心，还要与自己的历史功绩相匹配。

（二）圣王取法天地、依据人性制礼作乐

上文已论述孔疏对礼之起源的考释，认为礼之起源既"本之太一"，又"体之人情"。据此，孔疏又认为圣王制礼作乐必须取法天地、依据人性。圣王取法天地以制礼，其说则由《礼运》"夫礼，先王以承天之道，以治人之情"而来：

（1）《礼运》："夫礼，先王以承天之道，以治人之情。……是故夫礼，必本于天，殽于地，列于鬼神，达于丧、祭、射、御、冠、昏、朝、聘。"郑注："圣人则天之明，因地之利，取法度于鬼神，以制礼下教令也。"

孔疏：故云"夫礼必本于天"，言圣人制礼，必则于天。礼从天出，故云"必本于天"。非但本于天，又"殽于地"。殽，效也。言圣人制礼，又效于地。……"列于鬼神"，言圣人制礼，布列效法于鬼神，谓法于鬼神以制礼。圣人既法天地鬼神以制礼，本谓制礼以教民，故祀天禋地，飨宗庙，祭山川，一则报其礼之所来之功，二则教民报上之义。"达于丧、祭、射、御、冠、昏、朝、聘"者，民既知严上之义，晓达

---

① （汉）郑玄注，（唐）孔颖达正义，吕友仁整理：《礼记正义》，上海古籍出版社2008年版，第960页。
② （汉）郑玄注，（唐）孔颖达正义，吕友仁整理：《礼记正义》，上海古籍出版社2008年版，第1495页。

丧礼。丧有君亲，既知严上，则哀笃君亲，是晓达丧礼也。祭是享祀君亲，既知严上则达于祭也。射、御是防卫供御尊者。人知严上，则达于射御。冠有著代之义，昏有代亲之感，人知严上，则达冠昏矣。朝是君之敬上，聘是臣之事君，民知严上则达于朝聘，在下既晓于此八者之礼，无教不从。（第882—883页）

此论古圣王制礼，必须本之天地、效法鬼神，然后以之教化天下。孔疏曰"祀天禋地，飨宗庙，祭山川，一则报其礼之所来之功，二则教民报上之义"，简要地揭示了制礼作乐的意义所在。另外，圣王必须依据人情以制礼。《礼记正义序》论人性弱点曰："夫人上资六气，下乘四序，赋清浊以醇醨，感阴阳而迁变。故曰：人生而静，天之性也；感物而动，性之欲也。喜怒哀乐之志，于是乎生；动静爱恶之心，于是乎在。精粹者虽复凝然不动，浮躁者实亦无所不为。"古圣人有鉴于人性之弱点，取法于天地而制礼，故其制礼具有明确的目的性："是以古先圣王鉴其若此，欲保之以正直，纳之于德义。犹襄陵之浸，修堤防以制之；骎驾之马，设衔策以驱之。故乃上法圆象，下参方载，道之以德，齐之以礼。"① 其说由《乐记》而来："夫民有血气心知之性，而无哀乐喜怒之常，应感起物而动，然后心术形焉。……流辟邪散，狄成涤滥之音作，而民淫乱。是故先王本之情性，稽之度数，制之礼义，合生气之和，道五常之行，使之阳而不散，阴而不密，刚气不怒，柔气不慑，四畅交于中而发作于外，皆安其位而不相夺也。"

　　孔疏："本之情性"者，言自然所感谓之性，因物念虑谓之情。言先王制乐，本人情性。"稽之度数"者，稽之言考也，既得人情，考之使合度数。"制之礼义"者，谓裁制人情以礼义。"合生气之和，道五常之行"者，言圣人裁制人情，使合生气之和，道达人情以五常之行，谓依金木水火土之性也。"使之阳而不散"者，阳主发动，失在流散，先王教之，感阳气者不使放散也。"阴而不密"者，密，闭也。阴主幽静，失在闭塞，先王节民情，感阴气者不有闭塞也。"刚气不怒，柔气不慑"者，言先王节之，使刚气者不至暴怒，感柔气者不至恐惧也。"四畅交于中，而发作于外"者，四畅，谓阴阳刚柔也。四者通畅，交在身中，而发见动作于身外也。"皆安其位，而不相夺也"者，言阴阳

---

① （汉）郑玄注，（唐）孔颖达正义，吕友仁整理：《礼记正义》，上海古籍出版社2008年版，第1页。

刚柔各得其所，是"安其位"也。不相侵犯，是"不相夺"也。（第1502—1503页）

总之，圣王本之天地、效法鬼神以制礼，而制礼又必须反过来祭祀天地，报答天地、鬼神之功，教化民众报上之义；同时，圣王又必须依据人情需要制礼作乐，而制礼又反过来教化、约束、规范人心之不足，"道之以德，齐之以礼"（《为政》）①，从而达到天人和谐、君臣和睦、尊亲敬长、亲疏有序、天下大治的理想政治目的。圣王制礼作乐的全部意义就在于此。

（三）圣王顺应时代发展制礼作乐

孔疏解经疏注，还很好地继承了《礼记》中与时俱进的历史发展观念。礼与时的关系，最重要的是以时改制，即圣王顺应时代发展制礼作乐。《礼器》："礼，时为大，顺次之，体次之，宜次之，称次之。尧授舜，舜授禹，汤放桀，武王伐纣，时也。"郑注曰"言圣人制礼所先后也""言受命改制度"。孔疏："'礼，时为大'者，揖让干戈之时，于礼中最大，故云'时为大'也。……尧、舜所以相授者，尧、舜知子不贤，自能逊退而授人，此时使之然也。桀、纣凶虐，不能传立与人，汤、武救民之灾，不可不伐，亦时使之然也。"②所谓"揖让干戈"之时，即通过禅让或武力两种途径改制，此为"礼中最大"者。改朝换代，礼乐制定亦须随之变化，这就是"时"。《乐记》曰"故事与时并，名与功偕"，又曰："王者功成作乐，治定制礼。……五帝殊时，不相袭乐。三王异世，不相袭礼。"

> 孔疏："王者功成作乐，治定制礼"者，功成，谓天子功业既成。治定，谓民得王教，尊卑位定也。然功成、治定，俱是一时，但所断义，各有异也，故分言耳。"功成作乐"者，王者先王（"先王"疑衍文）之功，由民所乐，故功成命（"命"疑衍文）而作乐，以应民所乐之心。犹如民乐周有干戈而业成，故周王成功，制干戈之乐也。"治定制礼"者，礼以体别为义，今治人得体，故制礼应之。如周王太平乃制礼也。……若用质教民治定者，则制礼省略也。若用文教民而治定者，则制礼繁多也。其法虽殊，若大判而论，则五帝以上尚乐，三王之世贵礼。故乐兴五帝，礼盛三王。所以尔者，五帝之时尚德，故义取于同

---

① （清）阮元校刻：《十三经注疏·论语注疏》（附校勘记），中华书局1980年版，第2461页下栏。

② （汉）郑玄注，（唐）孔颖达正义，吕友仁整理：《礼记正义》，上海古籍出版社2008年版，第960—961页。

和;三王之代尚礼,故义取于仪别。是以乐随王者之功,礼随治世之教也。……"五帝殊时,不相袭乐"者……五帝既先后殊时,不相共同用一乐也。"三王异世,不相袭礼"者,三王前后异世,不相共袭因一礼也。若论礼乐之情,则圣王同用也。故前文云"礼乐之情同,故明王以相沿"是也。此论礼乐之迹,损益有殊,随时而改,故云"不相袭"也。(第1480—1481页)

《礼器》"礼,时为大",《乐记》"五帝殊时,不相袭乐。三王异世,不相袭礼",皆体现了礼与时俱进的一面,这正是《礼记》学术地位越来越高并备受统治者重视的原因所在。朱熹曰:"'礼,时为大。'有圣人者作,必将因今之礼而裁酌其中,取其简易易晓而可行,必不至复取古人繁缛之礼而施之于今也。古礼如此零碎繁冗,今岂可行!亦且得随时裁损尔。孔子从先进,恐已有此意。"[1]焦循曰:"《周官》《仪礼》,一代之书也。《礼记》,万世之书也。《记》之言曰:礼以时为大。此一言也,以蔽千万世制礼之法可矣。"(《叙》)[2]孔疏的疏解与阐释,为唐王朝取代隋朝并伴随政治局面安定而制礼作乐提供了理论基础,也迎合了初唐的政治需要。

三 论礼的具体践行

孔疏集中讨论了重大政治活动和日常生活中礼仪践行的问题。所谓"礼者,体也,履也",强调自天子至庶民等不同阶级,身体力行地践行礼,这是儒学的一贯主张。归纳起来,孔疏论礼的践行,主要强调心存敬畏、去繁就简与恪守法度三方面。

(一)"毋不敬":心存敬畏

孔疏论礼之践行,首先强调的是必须"毋不敬",尤其要求君主践行礼仪之举手投足,内心必须充满敬意。《曲礼上》引原《曲礼》十二字开篇:"毋不敬,俨若思,安定辞。安民哉!"孔氏以六百二十七言详尽疏通其大义,摘录其要点如下:

> 《曲礼上》:"《曲礼》曰:'毋不敬,俨若思,安定辞。'"郑注:"礼主于敬。"

---

[1] (宋)朱熹撰,朱杰人等主编:《朱子语类》,《朱子全书》第17册,上海古籍出版社2002年版,第2877—2878页。

[2] (清)焦循撰:《礼记补疏》,(清)阮元编:《清经解》第6册,上海书店出版社1988年版,第652页。

孔疏：此一节明人君立治之本，先当肃心、谨身、慎口之事。……"毋不敬"者，人君行礼无有不敬，行五礼皆须敬也。"俨若思"者，……今明人君矜庄之貌，如人之思也。"安定辞"者，……人君出言，必当虑之于心，然后宣之于口，是详审于言语也。"安民哉"者，但人君发举，不离口与身心，既心能肃敬，身乃矜庄，口复审慎，三者依于德义，则政教可以安民也。注"礼主于敬"，《孝经》云"礼者，敬而已矣"是也。又案郑《目录》云"《曲礼》之中，体含五礼"，今云"《曲礼》曰：毋不敬"，则五礼皆须敬，故郑云："礼主于敬。"然五礼皆以拜为敬礼，则"祭极敬"、主人拜尸之类，是吉礼须敬也。"拜而后稽颡"之类，是凶礼须敬也。"主人拜迎宾"之类，是宾礼须敬也。军中之拜、肃拜之类，是军礼须敬也。冠、昏、饮酒，皆有宾主拜答之类，是嘉礼须敬也。"兵车不式""乘玉路不式"，郑云"大事不崇曲敬"者，谓敬天神及军之大事，故不崇曲小之敬。熊氏以为唯此不敬者，恐义不然也。（第6—7页）

孔疏将"敬"视作"人君立治之本"，标榜之意不可谓不高。孔疏又将"敬"分为"肃心、谨身、慎口"三事，可与《论语·颜渊》"非礼勿视，非礼勿听，非礼勿言，非礼勿动"[1]之"四非"互相发明。然后，孔疏结合《孝经》与郑氏《礼记目录》，从"五礼皆以拜为敬礼"的角度，阐释吉礼、凶礼、宾礼、军礼、嘉礼等皆须"敬"。强调礼主敬的思想，是儒学的传统。《左传》僖公十一年："礼，国之干也；敬，礼之舆也。不敬，则礼不行；礼不行，则上下昏，何以长世？"[2]"毋不敬"作为《礼记》开篇第一句话，也是全书具有纲领性的一句话。《朱子语类》卷八七："《曲礼》首三句是从源头说来，此三句固是一篇纲领。要之，'俨若思，安定辞'，又以'毋不敬'为本。"[3]陈澧曰："'毋不敬'四句，冠四十九篇之首，此微言大义，非但制度而已。'敖不可长，欲不可从，志不可满，乐不可极'四句，亦然。故郑注云：'四者，漫游之道，桀纣所以自祸。'痛切言之以警人也。"[4]揭示了孔疏对经、注详尽阐释之因，此例也可视作《礼记正义》的纲领。

---

[1] （清）阮元校刻：《十三经注疏·论语注疏》（附校勘记），中华书局1980年版，第2502页下栏。

[2] 杨伯峻：《春秋左传注》，中华书局2018年版，第288页。

[3] （宋）朱熹撰，朱杰人等主编：《朱子语类》，《朱子全书》第17册，上海古籍出版社2002年版，第2943页。

[4] （清）陈澧撰，杨志刚编校：《东塾读书记》（外一种），中西书局2012年版，第126页。

(二)"烦则不敬":去繁就简

强调践行礼仪内心充满敬意,必然反对把礼仅仅视作各种繁文缛节的外在形式。这种思想处处体现在《礼记》之中,孔疏又加以发挥之。举例言之:

> 《檀弓上》:"丧礼,与其哀不足而礼有余也,不若礼不足而哀有余也。祭礼,与其敬不足而礼有余也,不若礼不足而敬有余也。"
> 孔疏:"礼有余",明器衣衾之属也;言居丧及其哀少而礼物多也。"不若礼不足而哀有余也"者,若物多而哀少,则不如物少而哀多也。……"而礼有余",谓俎豆牲牢之属多也,言敬少而牢多也。"不若礼不足而敬有余也"者,若牲器多而敬少,则不如牲器少而敬多也。(第289—290页)

又《礼器》:"季氏祭,逮暗而祭,日不足,继之以烛。虽有强力之容、肃敬之心,皆倦怠矣。有司跛倚以临祭,其为不敬大矣。他日祭,子路与,室事交乎户,堂事交乎阶,质明而始行事,晏朝而退。孔子闻之,曰:'谁谓由也而不能知礼乎!'"孔疏曰:"'质明而始行事,晏朝而退'者,……谓正明之时,而始行事,朝正向晚,礼毕而退。言敬而能速也。'孔子闻之,曰:"谁谓由也而不知礼乎!"'者,子路好勇,时人多不尚其所为,故孔子以此明之。……言其知礼也。以其礼从宜,宁可礼略而敬,不可礼烦而怠也。"[1] 与之相似,《论语·八佾》:"林放问礼之本。子曰:'大哉问!礼,与其奢也,宁俭;丧,与其易也,宁戚。'"[2]

礼繁不仅导致倦怠,还因繁而近伪。《乐记》:"穷本知变,乐之情也。著诚去伪,礼之经也。……乐者,非谓黄钟、大吕、弦歌、干扬也,乐之末节也,故童者舞之。铺筵席,陈尊俎,列笾豆,以升降为礼者,礼之末节也,故有司掌之。"孔疏曰:"'黄钟、大吕、弦歌、干扬也,乐之末节也'者,此等之物,唯是乐器,播扬乐声,非乐之本,故云'乐之末节'。其本在于人君之德,'穷本知变'是也,故云'乐之末节也,故童者舞之'。'铺筵席,陈尊俎,列笾豆,以升降为礼者,礼之末节也'者,此等物所以饰礼,故云'礼之末节'。其本在于人君'著诚去伪',恭敬节俭。以末节非

---

[1] (汉)郑玄注,(唐)孔颖达正义,吕友仁整理:《礼记正义》,上海古籍出版社2008年版,第1019页。

[2] (清)阮元校刻:《十三经注疏·论语注疏》(附校勘记),中华书局1980年版,第2466页上栏。

贵，'故有司掌之'。"① 皆道出礼之践行，须去繁就简，也揭示出《仪礼》的繁文缛节之弊。

反对繁文缛节，是为了简化礼节易于操作，既是礼自身践行的要求，也是社会现实的需要。《祭义》："祭不欲数，数则烦，烦则不敬。祭不欲疏，疏则怠，怠则忘。是故君子合诸天道，春禘秋尝。"礼数烦与疏，即过犹不及，皆不合天道。如果内心有敬，礼节可以简化，甚至可以不足。相反，礼节过烦，则为不敬。这就为简化礼节提供了理论上的可能性。故汉文帝以日易月、简化礼节的做法，得到初唐统治者的认可。唐太宗遗诏："其服纪轻重，宜依汉制，以日易月。园陵制度，务从俭约。昔者霸陵不掘，则朕意焉。"② 唐后世诸帝，丧葬礼仪基本上遵循了太宗遗诏，崇尚节俭，也是对《礼记》思想的践行。

（三）"礼不逾节"：恪守礼制

礼的践行，还要做到有节即合乎法度。《曲礼上》明确提出"礼不逾节"的观点，孔疏释"节"就是"节度""法度"，换言之，礼之践行有法度，方谓之"节"。

（1）《曲礼上》："礼不逾节，不侵侮，不好狎。"

孔疏：礼者所以辨尊卑，别等级，使上不逼下，下不僭上，故云礼不逾越节度也。（第14页）

（2）《曲礼上》："是以君子恭敬、撙节、退让以明礼。"

孔疏：撙者，趋也。节，法度也。言恒趋于法度。……应进而迁曰退，应受而推曰让。……故君子之身行恭敬、趋法度及退让之事，以明礼也。（第21页）

"礼不逾节"，是对礼之践行的另一重要要求。孔疏发挥此说，以之疏解经义并以之指导礼之践行。首先，"节"是先王、先圣制礼的目的。《礼记正义序》："洎乎姬旦，负扆临朝，述《曲礼》以节威仪，制《周礼》而经邦国。"又《王制》"司徒修六礼以节民性"，孔疏曰："性，禀性自然，刚柔、轻重、迟速之属。恐其失中，故以六礼而节其性也。"③《礼器》："是故

---

① （汉）郑玄注，（唐）孔颖达正义，吕友仁整理：《礼记正义》，上海古籍出版社2008年版，第1519—1520页。

② （宋）宋敏求编，洪丕谟等点校：《唐大诏令》，学林出版社1992年版，第61页。

③ （汉）郑玄注，（唐）孔颖达正义，吕友仁整理：《礼记正义》，上海古籍出版社2008年版，第547页。

先王之制礼也以节事，修乐以道志。故观其礼乐，而治乱可知也。"孔疏曰："以礼为反本，故用礼以节万事，动皆反本。以初生王业，用此礼以得民心，故用民心之义以节事宜。……若能以礼节事，以乐道志，则国治也。若不以礼节事，不以乐道志，则国乱也，故云'治乱可知也'。"① 以上诸例，孔疏紧扣"节"字阐发经义。

其次，"节"也是人君以"六经"实施政教的要求。《经解》曰"故《诗》之失愚，《书》之失诬，《乐》之失奢，《易》之失贼，《礼》之失烦，《春秋》之失乱"，郑注曰："失，谓不能节其教者也。"孔疏曰："'故《诗》之失愚'者，《诗》主敦厚，若不节之，则失在于愚。'《书》之失诬'者，《书》广知久远，若不节制，则失在于诬。'《乐》之失奢'者，《乐》主广博和易，若不节制，则失在于奢。'《易》之失贼'者，《易》主洁静严正，远近相取，爱恶相攻，若不节制，则失在于贼害。'《礼》之失烦'者，《礼》主文物，恭俭庄敬，若不能节制，则失在于烦苛。'《春秋》之失乱'者，《春秋》习战争之事，若不能节制，失在于乱。此皆谓人君用之教下，不能可否相济、节制合宜，所以致失也。"② 人君以"六经"施教，皆应有所节度而避免过犹不及，"六经"是一个完整的体系，不可偏废其一或厚此薄彼。

再次，"节"是礼在等级制度方面的具体表现，以之防备民心之乱，也以之防备贵族叛离。《坊记》："小人贫斯约，富斯骄。约斯盗，骄斯乱。礼者，因人之情而为之节文，以为民坊者也。故圣人之制富贵也，使民富不足以骄，贫不至于约，贵不慊于上，故乱益亡。"郑注："此'节文'者，谓农有田里之差，士有爵命之级。"

> 孔疏：此一节明小人贫富皆失于道，故圣人制礼而为之节文，使富不至骄，贫不至约。"故圣人之制富贵也"者，既其置坊，故圣人制为富贵贫贱之法也。不云"贫贱"，略其文也。"使民富不足以骄"者，此为富者制法也。制富者居室、丈尺、俎豆、衣服之事须有法度，不足至骄也。"贫不至于约"者，此为贫者制法也。制农田百亩，桑麻自赡，比间相赒，不令至于约也。"贵不慊于上"者，此为贵者制法也。……圣君制其禄秩，随功爵而施，则贵臣无复恨君禄爵以薄于己者也。"故

---

① （汉）郑玄注，（唐）孔颖达正义，吕友仁整理：《礼记正义》，上海古籍出版社 2008 年版，第 1008 页。
② （汉）郑玄注，（唐）孔颖达正义，吕友仁整理：《礼记正义》，上海古籍出版社 2008 年版，第 1904—1905 页。

乱益亡"者，……使富而不骄，贫而不盗，贵又不恨，故为乱之道渐无也。（第 1954—1955 页）

此例详释圣人针对富贵贫贱制礼以节文：对于富者，要求其在"居室、丈尺、俎豆、衣服之事须有法度"，以礼制定具体规则；对于贫者，则以礼制定"制农田百亩，桑麻自赡，比闾相赒"等具体措施；对于贵者，则以礼"制其禄秩"。如此，使得富贵贫贱者的所有社会活动，皆符合礼的法度。《坊记》又曰"故制国不过千乘，都城不过百雉家，富不过百乘"，孔疏曰："以天下为恶者多，故为限节制，诸侯之国不得过千乘之赋，卿大夫都城不得过越百雉，卿大夫之富，采地不得过越百乘。"① 揭明不得逾越礼制的具体要求。

复次，礼之践行要有节制，也是社会财富等物质条件限度的要求，即为礼之费用不可不及，但尤其不可过度。

《礼器》："故必举其定国之数，以为礼之大经。礼之大伦，以地广狭。礼之薄厚，与年之上下。是故年虽大杀，众不匡惧，则上之制礼也节矣。"郑注："言用之有节也。"

孔疏："举其定国之数，以为礼之大经"，礼物必乡之所有，故有国者必书其国内所生物多少定数，以为国之大法也。……"礼之大伦，以地广狭"者，……制礼之大例，又宜随地广狭为法，谓贡赋之常差也。"礼之薄厚，与年之上下"者，此广顺天时。上犹丰也，下犹荒也。虽以地广狭为制，而又皆须随于天时也。多少随年丰荒也。"是故年虽大杀，众不匡惧"者，此言得时之美也。大杀谓五谷不孰也。匡，犹恐也。虽大凶杀之年，则人主随而省敛狭用，故天下之众不恐惧也。"则上之制礼也节矣"，合结地财天时也。广狭随地而赋，丰凶逐时而敛，众之不恐，并由君上制礼有节故也。（第 959 页）

此例孔疏强调人君行礼在物质上的节制。君主当据其国力，主要包括物产状况、国土大小、年之丰荒等具体实况制定礼之大伦。据孔疏所释，人君行礼必须结合天时、地利而制礼有节，达到"众人不恐"即人心安定、社会稳定的局面。相对而言，在生产力落后、物质条件简陋的时代，礼（物）有

---

① （汉）郑玄注，（唐）孔颖达正义，吕友仁整理：《礼记正义》，上海古籍出版社 2008 年版，第 1956 页。

不及或可谅解,对于穷苦者尤其如此。《檀弓上》:"子游问丧具。夫子曰:'称家之有亡。……有,毋过礼。苟亡矣,敛首足形,还葬,县棺而封,人岂有非之者哉!'"孔疏曰:"毋,犹不也。礼有节限,设若家富,有正礼可依,而不得过礼。……亡,无也。家无财也,但使衣衾敛于首足形体,不令露见而已。……礼虽众多,葬日有数。若贫者,敛竟便葬,不须停殡待其月数足也。还之言便也,言已敛即葬,不待三月也。"[1] 认为举办丧礼,富家虽有财力但不可逾越节制,而贫家只要量力而行,虽不备礼亦无可厚非。此论对社会提倡节俭、反对奢靡无疑具有积极作用。

又次,"节"也是个人身体和情感承受能力的要求。《曲礼上》"不胜丧,乃比于不慈不孝",孔疏曰:"不胜丧,谓疾不食酒肉,创痍不沐浴,毁而灭性者也。不留身继世,是不慈也。灭性,又是违亲生时之意,故云不孝。"[2] 孔疏对于《礼记》关于感情的喜怒哀乐也应有所节制进行了详细阐释。《檀弓下》:"丧礼,哀戚之至也。节哀,顺变也,君子念始之者也。"郑注曰:"念父母生己,不欲伤其性。"孔疏曰:"'丧礼,哀戚之至也'者,言人或有祸灾,虽或悲哀,未是哀之至极。唯居父母丧礼,是哀戚之至极也。既为至极,若无节文,恐其伤性,故辟踊有节筭,裁节其哀也。故下文'辟踊,哀之至,有筭为之节文也'。所以节哀者,欲顺孝子悲哀,使之渐变也。故下文云'愠,哀之变也'。所以必此顺变者,君子思念父母之生己,恐其伤性,故顺变也。"[3] 居父母之丧,是人生哀戚之至,而居丧哀戚有节,可以避免伤身,也是对父母尽孝的表现。

最后,礼之践行强调节制,恰恰是其能够长久延续之必要条件。《檀弓下》"品节斯,斯之谓礼",孔疏曰:"此之谓于哀乐也。若喜而不节,自陶至舞,俄倾而愠生。若怒而不节,从戚至踊,踊极则笑。故夷狄无礼,朝殒夕歌,童儿任情,倏啼欻笑。今若品节此二途,使踊舞有数,有数则久长,故云此之谓礼。"[4] 礼不逾节,合乎法度,使礼之践行,符合政治、经济以及个人的需求,是礼长久发展的必要条件。

---

[1] (汉)郑玄注,(唐)孔颖达正义,吕友仁整理:《礼记正义》,上海古籍出版社2008年版,第322页。

[2] (汉)郑玄注,(唐)孔颖达正义,吕友仁整理:《礼记正义》,上海古籍出版社2008年版,第98页。

[3] (汉)郑玄注,(唐)孔颖达正义,吕友仁整理:《礼记正义》,上海古籍出版社2008年版,第361、364页。

[4] (汉)郑玄注,(唐)孔颖达正义,吕友仁整理:《礼记正义》,上海古籍出版社2008年版,第387页。

四 论礼学著述

孔氏等初唐经师对经学著述也提出了系列观点。由《礼记正义》的相关论述，可洞见孔氏关于礼学著述的理念与思考：针对"儒学多门"，孔氏明确提出"礼是郑学"的主张，是其礼学著述思想的集中表述；关于礼学的核心体系"三礼"，孔氏继承郑玄"《周礼》为体、《仪礼》为履"说，提出"《周礼》为本、《仪礼》为末"论；针对前贤说礼的"章句繁杂"，孔颖达等主张训诂去繁就简，强调严谨的名物考据与精深的义理阐发并重。去繁就简的解经主张与"《周礼》为本、《仪礼》为末"的论调，皆是对郑氏礼学思想的继承。

（一）"礼是郑学"论

"三礼"学自汉末以降，除魏晋之际几乎为王学所夺外，历代皆宗郑氏学，孔疏所谓"礼是郑学"。皮锡瑞曰："《诗》《礼》《周礼》，皆主郑氏，义本详实；名物度数，疏解亦明；故于诸经《正义》为最优。"[1]"郑学"一词见于《礼记正义》凡10次，"礼是郑学"之论则出现3次，胪列如下：

(1)《月令》解题：但礼是郑学，故具言之耳，贤者裁焉。（第594页）

(2)《明堂位》疏：礼既是郑学，故具详焉。（第1263页）

(3)《杂记上》疏：礼是郑学，今申郑义。（第1584页）

再举相近的论述二例：

(1)《月令》解题：今《礼记》是郑氏所注，当用郑义，以浑天为说。（第592页）

(2)《三年问》疏：郑之此释，恐未尽经意，但既祖郑学，今因而释之。（第2189页）

孔颖达"礼是郑学"论，引起了后世学者的较多关注。陈澧阐释"礼是郑学"曰："孔冲远云：'礼是郑学。'考两《汉书·儒林传》，以《易》《书》《诗》《春秋》名家者多，而礼家独少。《释文·序录》：'汉儒自郑君外，注《周礼》及《仪礼·丧服》者，惟马融；注《礼记》者，惟卢植。'

---

[1] （清）皮锡瑞著，周予同注释：《经学历史》，中华书局1959年版，第203页。

郑君尽注'三礼',发挥旁通,遂使'三礼'之书,合为一家之学,故直断之曰'礼是郑学'也。卢子干云:'修礼者,应征有道之人,若郑玄之徒。'然则郑君礼学,非但注解,且可为朝廷定制也。袁彦伯云:'郑玄造次颠沛,非礼不动。'然则郑君礼学,非但注解,实能履而行之也。孔子告颜子'非礼勿动',颜子请事斯语。郑君亦非礼不动,故范武子以为'仲尼之门,不能过'也。"① 认为"礼是郑学"内涵主要有三:郑君遍注"三礼",成一家之学;郑君礼学,可为朝廷定制;郑君一生践行其(礼)学,可谓知行合一。杨天宇曰:"究其原因,一因郑玄礼学著作甚多,特专精于礼学;二因自郑玄兼注'三礼',始有所谓'三礼'之学;三因郑玄能将其礼学付诸实际运用,为朝廷制礼;四因郑玄能以礼律己,'非礼不动'。然最主要的原因,还在于自郑玄兼注'三礼'之后,后世之治礼学者皆以郑学为宗,而不可舍其书,自魏晋至隋唐皆然,故孔氏有'礼是郑学'之称。"并强调"'礼是郑学'最根本的意思是:后世之礼学皆宗郑学,或后世治礼学者,皆不可舍郑学"②。二家论述"礼是郑学"内涵甚明,今则具体讨论孔氏"礼是郑学"论对《礼记正义》修撰的深刻影响。

孔氏《礼记正义》具有鲜明的尊郑特色,其"礼是郑学"论的具体体现就是常以郑义作为裁断依据。其于唐前《礼记》学几乎皆有所征引,然诸说凡有不同于郑注而又无明文可据者,以郑注为解经标准而不取异说,或以郑义批驳诸说为非,甚而以郑义批驳经之非,若发现郑义失当或自相矛盾则极力弥缝等。另外,孔疏虽以尊崇郑注为主,但质疑甚至指正郑误之说亦时时有之。《五经正义》于礼学宗郑学,是缘于政治与学术两方面的因素。唐太宗"诏国子祭酒孔颖达与诸儒撰定《五经义疏》"③,统一经学,是修撰《五经正义》的政治要求。郑玄礼学的显著特点是通过整合今古文重建儒学,以避免两汉经学发展中今古文的聚讼不清,与初唐统一经学相合。而且,《礼记正义》取宗郑学,是由于郑玄的学术地位及"三礼"之学皆宗郑学的学术传统。皮锡瑞曰:"'三礼'本是实学,非可空言;故南北学分,而'三礼'皆从郑注;皇、熊说异,而皆在郑注范围之中。"④ 陈澧推崇郑学尤甚:"盖自汉季而后,篡弑相仍,攻战日作,夷狄乱中国,佛老蚀圣教,然而经学不衰,议礼尤重,其源皆出于郑学。即江左颇遵王肃,然王肃亦因读

---

① (清)陈澧撰,杨志刚编校:《东塾读书记》(外一种),中西书局2012年版,第212页。
② 杨天宇:《略论"礼是郑学"》,《齐鲁学刊》2002年第3期。杨天宇:《郑玄三礼注研究》第四章"略论'礼是郑学'",中国社会科学出版社2008年版,第48—54页。
③ (后晋)刘昫等撰:《旧唐书》,中华书局1975年版,第4941页。
④ (清)皮锡瑞著,周予同注释:《经学历史》,中华书局1959年版,第256—257页。

郑君书，乃起而角胜耳。然则自魏晋至隋数百年，斯文未丧者，赖有郑君也。"① 孔疏尊郑之际，不惜弥缝郑失，或曲解经义也未为不可。皮锡瑞曰："案著书之例，注不驳经，疏不驳注；不取异义，专宗一家；曲徇注文，未足为病。"② 孔疏亦非一味墨守郑学，其对郑学之失时有指正之举，大有功于郑氏礼学。

（二）"《周礼》为本、《仪礼》为末"论

孔氏继承郑君礼有"体履"说，又据"《周礼》为体、《仪礼》为履"而提出"《周礼》为本、《仪礼》为末"论。《礼记正义》卷首解题：

> 郑作序云："礼者，体也，履也。"统之于心曰体，践而行之曰履。郑知然者，《礼器》云："礼者，体也。"《祭义》云："礼者，履此者也。"《礼记》既有此释，故郑依而用之。礼虽合训体、履，则《周官》为体，《仪礼》为履。故郑序又云："然则三百三千，虽混同为礼，至于并立俱陈，则曰此经礼也，此曲礼也。或云此经文也，此威仪也。"是《周礼》《仪礼》有体、履之别也。所以《周礼》为体者，《周礼》是立治之本，统之心体，以齐正于物，故为体。……其《仪礼》但明体之所行，践履之事。物虽万体，皆同一履，履无两义也。……《周礼》为本，则圣人体之；《仪礼》为末，贤人履之。故郑序云"体之谓圣，履之为贤"是也。既《周礼》为本，则重者在前，故宗伯序五礼，以吉礼为上；《仪礼》为末，故轻者在前，故《仪礼》先冠、昏，后丧、祭。故郑序云："二者或施而上，或循而下。"（第3—4页）

郑玄以《周礼》为体、《仪礼》为履，显然失当。杨天宇曰："郑注'三礼'的最大错误，就在于笃信《周礼》为周公所作，从而笃信《周礼》为周制，而以他经如《礼记·王制》等不与《周礼》同者，为殷制或夏制。实际上，这是党于古文家立场之毫无根据的臆说。"又曰："更有甚者，郑玄因确认《周礼》为周制，反把他经中确为周制之遗迹者，指为殷制或夏制。"③ 郑玄以《周礼》为体，是为了尊崇之。远不止郑玄，其实东汉学者重视《周礼》甚众，认为："其名《周礼》，为《尚书》'周官'者，周天子之官也""斯道也，文物所以纲纪周国，君临天下，周公定之，致隆平龙

---

① （清）陈澧撰，杨志刚编校：《东塾读书记》（外一种），中西书局2012年版，第221页。
② （清）皮锡瑞著，周予同注释：《经学历史》，中华书局1959年版，第201页。
③ 杨天宇：《郑玄三礼注研究》，中国社会科学出版社2008年版，第173—174页。

凤之瑞""乃周公致太平之迹"（贾公彦《序周礼废兴》）①。《周礼》一书，实乃战国后期学者所设计的统一天下的理想蓝图，推崇该书正反映了身处乱世的郑玄等的政治期望。

郑、孔提出礼之"体履论"，强调了礼重在践行的特点。礼实则既是体，又是履，不可分割。如《仲尼燕居》："子曰：'师，尔以为必铺几筵，升降、酌献、酬酢，然后谓之礼乎？……言而履之，礼也。'"孔疏曰："言为礼之体，不在于几筵、升降、酬酢乃谓之礼，但在乎出言履践行之谓之礼也。"② 此处孔疏即以"礼之履"训释"礼之体"。先秦以来，学界皆强调礼的践行意义。除《仲尼燕居》外，另如《庄子·天下》："《诗》以道志，《书》以道事，《礼》以道行，《乐》以道和，《易》以道阴阳，《春秋》以道名分。"③《荀子·儒效》曰："《诗》言是，其志也；《书》言是，其事也；《礼》言是，其行也；《乐》言是，其和也；《春秋》言是，其微也。"④ 刘熙《释名·释言语》："礼，体也，得事体也。"⑤《说文》："礼，履也。所以事神、致福也。"⑥ 无不强调礼的践行意义。

不过，孔氏虽然提出"《周礼》为本、《仪礼》为末"论，但是选疏与《周礼》颇有抵牾的《礼记》（如《杂记》载子、男执圭，与《周礼·典瑞》不同；《礼器》载天子、诸侯席数，与《周礼·司几筵》不同；尤其是《王制》与《周礼》的相悖等），抛弃《周礼》《仪礼》。显然有悖于以"《周礼》为本"的郑氏"三礼"学体系。作为《礼记正义》主要参撰及修定者之一，贾公彦其后补撰《仪礼》《周礼》二疏，集两汉以降《周礼》学、《仪礼》学之大成，与《礼记正义》代表了唐代"三礼"学之成就。其《仪礼注疏》解题曰："至于《周礼》《仪礼》，发源是一，理有始终，分为二部，并是周公摄政大平之多。《周礼》为末，《仪礼》为本。本则难明，末便易晓。"⑦ 可见初唐经师在"三礼"学根本性问题上的认识与郑玄并不一致。虽谓"礼是郑学""疏不破注"，但是，"在这最根本的问题上却与郑玄大相径庭了。在唐朝的科举考试中，《礼记》被列为'大经'，《周礼》

---

① （清）阮元校刻：《十三经注疏·周礼注疏》，中华书局1980年版，第636页。
② （汉）郑玄注，（唐）孔颖达正义，吕友仁整理：《礼记正义》，上海古籍出版社2008年版，第1938页。
③ （清）王先谦撰，沈啸寰点校：《庄子集解》，中华书局1987年版，第288页。
④ （清）王先谦撰，沈啸寰等点校：《荀子集解》，中华书局1988年版，第133页。
⑤ （汉）刘熙：《释名》，中华书局1985年版，第52页。
⑥ （汉）许慎撰，（清）段玉裁注：《说文解字注》，上海古籍出版社1988年版，第2页下栏。
⑦ （清）阮元校刻：《十三经注疏·仪礼注疏》，中华书局1980年版，第945页上栏。

《仪礼》属'中经'。所谓'礼是郑学'在根本上已经难以成立了"①。这实在是一个有趣且值得关注的问题。

第三节 《礼记正义》的政治思想

曹元弼尝将大、小《戴记》的主要内容概括为礼、学、政三类，并论三者密切关系曰："二戴《记》之说礼，大类有三，曰礼、曰学、曰政。……夫礼者，先王正人伦以达天下爱敬之心。圣人先得人心之所同然，先知觉后知，先觉觉后觉，使天下相与讲明其义，而身体之，心存之，是之谓学。由是以不忍人之心，行不忍人之政，同天下之爱敬，合天下之智力，以养欲给求、御灾捍患，而仁覆天下，利济万世。故学所以明礼也，政所以行礼也。冠、昏、丧、祭、聘、觐、射、乡，人伦所由定，克己复礼，为国以礼，皆不外此。……三代之学，皆所以明人伦；圣人之道，一礼而已。"②曹氏从礼学角度出发，将《礼记》论学、论政内容皆归之于礼，其说可从。而若从政治学角度看，将其中礼类、学类主要内容归之于政类，亦无可厚非。

一 《礼记》与政治的密切关联

《礼记》之学、礼二类内容皆与政治关系密切。首先，《礼记》所谓"教学"，一般指政教、教化，本质上即政治活动。《学记》："君子如欲化民成俗，其必由学乎！"孔疏曰："谓天子诸侯及卿大夫，欲教化其民，成其美俗，非学不可，故云'其必由学乎'。学则博识多闻，知古知今，既身有善行，示民轨仪，故可以化民成俗也。"③孔疏以"教化其民，成其美俗"八字揭示此"教学"内涵。又《大学》："大学之道，在明明德，在亲民，在止于至善。知止而后有定，定而后能静，静而后能安，安而后能虑，虑而后能得。物有本末，事有终始，知所先后，则近道矣。古之欲明明德于天下者，先治其国；欲治其国者，先齐其家；欲齐其家者，先修其身；欲修其身者，先正其心；欲正其心者，先诚其意；欲诚其意者，先致其知，致知在格物。物格而后知至，知至而后意诚，意诚而后心正，心正而后身修，身修而后家齐，家齐而后国治，国治而后天下平。"亦是论政教。杜明通论《礼记》中的教育制度曰："今若以教育之眼光论其制度，则固炫人耳目，但若

---

① 史应勇：《郑玄通学及郑王之争研究》，巴蜀书社2007年版，第53页。
② （清）曹元弼著，周洪校点：《礼经学》，北京大学出版社2012年版，第242页。
③ （汉）郑玄注，（唐）孔颖达正义，吕友仁整理：《礼记正义》，上海古籍出版社2008年版，第1424页。

以政治眼光视之，即觉其必然之手段：故其科目'礼乐'，教材之实也，而治法之用焉；'国老、庶老'，教师之实也，而化民之用也；上庠下庠、东序西序、左学右学，学校之实也，而选拔网络之用焉。……故古人之学制，乃施政之工具。"① 揭示了先秦教育的本质所在。

其次，《礼记》的礼类部分与政治关系更加紧密，言"礼"往往就是言"政"。具体论之：其一，《经解》曰"安上治民，莫善于礼"，礼是治理天下、国家的途径或工具。又《曲礼上》："道德仁义，非礼不成，教训正俗，非礼不备。分争辨讼，非礼不决。君臣上下父子兄弟，非礼不定。宦学事师，非礼不亲。班朝治军，莅官行法，非礼威严不行。祷祠祭祀，供给鬼神，非礼不诚不庄。是以君子恭敬撙节退让以明礼。"孔疏曰："道者通物之名，德者得理之称，仁是施恩及物，义是裁断合宜，言人欲行四事，不用礼无由得成，故云'非礼不成'也。道德为万事之本，仁义为群行之大，故举此四者为用礼之主，则余行须礼可知也。"② 换言之，"人伦日用，事生送死，国家政治，天下存亡，'礼'贯穿始终，缺则不成"③。《礼运》："故圣人以礼示之，故天下国家可得而正也。"礼是为政之工具，《礼运》又曰："故，礼者君之大柄也，所以别嫌明微，傧鬼神，考制度，别仁义，所以治政安君也。"又曰："治国不以礼，犹无耜而耕也。"其二，礼不只是政治途径或工具，还是为政之本。《哀公问》："为政先礼，礼其政之本与！"孔疏："言欲为国家之政，先行于礼。礼，谓夫妇之道，内则治宗庙、配天地，外则施政教、立上下，故为政教之本与！"④ 其三，礼也是"政教之本"。《乡饮酒义》曰："乡饮酒之义：立宾以象天，立主以象地，设介僎以象日月，立三宾以象三光。古之制礼也，经之以天地，纪之以日月，参之以三光，政教之本也。"《经解》孔疏引皇氏说曰："六经其教虽异，总以礼为本，故记者录入于礼。"⑤ 此说为后学所承，皮锡瑞《三礼通论》"论六经之义礼为尤重其所关系为尤切要"条曰："六经之文，皆有礼在其中。六经之义，亦以

---

① 杜明通：《学记考释》，国立四川大学教育研究会1941年版，第41页。

② （汉）郑玄注，（唐）孔颖达正义，吕友仁整理：《礼记正义》，上海古籍出版社2008年版，第20页。

③ 梁宗华：《论贾谊的儒学观——兼论儒学取代黄老的内在契机》，《理论学刊》1997年第2期。

④ （汉）郑玄注，（唐）孔颖达正义，吕友仁整理：《礼记正义》，上海古籍出版社2008年版，第1919页。

⑤ （汉）郑玄注，（唐）孔颖达正义，吕友仁整理：《礼记正义》，上海古籍出版社2008年版，第1904页。

礼为尤重。"① 曹元弼曰："六经同归，其指在礼。《易》之象，《书》之政，皆礼也。《诗》之美刺，《春秋》之褒贬，于礼得失之迹也。《周官》，礼之纲领，而《礼记》则其义疏也。《孝经》，礼之始，而《论语》则其微言大义也。"（《会通》）②

总之，如《哀公问》曰："民之所由生，礼为大。非礼无以节事天地之神也，非礼无以辨君臣上下长幼之位也，非礼无以别男女父子兄弟之亲、昏姻疏数之交也。"孔氏《礼记正义序》："顺之则宗祐固，社稷宁，君臣序，朝廷正；逆之则纪纲废政，政教烦，阴阳错于上，人神怨于下。"一言以蔽之，儒学的理想政治实质就是礼治。

另外，在儒家看来，具体的政治活动，其形式与内容皆是礼的体现。其一，"礼，时为大"，所谓"时"，就是改朝换代的重大政治事件。《礼器》："礼，时为大，顺次之，体次之，宜次之，称次之。尧授舜，舜授禹，汤放桀，武王伐纣，时也。"郑注曰："言圣人制礼所先后也。言受命改制度。"孔疏曰："揖让、干戈之时，于礼中最大，故云'时为大'也。……尧、舜所以相授者，尧、舜知子不贤，自能逊退而授人，此时使之然也。桀、纣凶虐，不能传位与人，汤、武救民之灾，不可不伐，亦时使之然也。"③ 所谓"揖让、干戈"之时，即通过禅让和武力两种途径改朝换代，此为"礼中最大"者。其二，政治活动的关键在于体现礼之义。《郊特牲》："礼之所尊，尊其义也。……知其义而敬守之，天子之所以治天下也。"郑注曰："言礼所以尊，尊其有义也。言政之要尽于礼之义。"孔疏曰："言礼之所以可尊重者，尊其有义理也。……言圣人能知其义理而恭敬守之，是天子所以治天下也。"④ 经学家所言的政治，其实质等同于礼治。孔氏等深谙《礼记》与政治关系密切，因此，《礼记正义》蕴含着丰富的政治思想，具有鲜明的政论特色。

二 《礼记正义》对"大一统"思想的宣扬

孔疏解经疏注，贯注了鲜明的"大一统"思想。对"大一统"思想的大力宣扬，是《礼记正义》政治思想的首要内容。《春秋公羊传》首先明确

---

① （清）皮锡瑞：《经学通论·三礼》，中华书局1954年版，第80—81页。
② （清）曹元弼著，周洪校点：《礼经学》，北京大学出版社2012年版，第234页。
③ （汉）郑玄注，（唐）孔颖达正义，吕友仁整理：《礼记正义》，上海古籍出版社2008年版，第960—961页。
④ （汉）郑玄注，（唐）孔颖达正义，吕友仁整理：《礼记正义》，上海古籍出版社2008年版，第1087、1091页。

宣扬"大一统"说，其隐公元年曰："元年者何？君之始年也。春者何？岁之始也。王者孰谓？谓文王也。曷为先言王而后言正月？王正月也。何言乎王正月，大一统也。"① 董仲舒发挥其说曰："《春秋》大一统者，天地之常经，古今之通谊也。"颜师古注曰："一统者，万物之统皆归于一也。……此言诸侯皆系统天子，不得自专也。"② 杨向奎曰："此所谓大一统亦天人合一之大一统。……万物归于一统，是真正的大一统！"③《五经正义》统一经学之举，是政治大一统在思想文化层面上的具体体现，《礼记正义》从多个层面宣扬"大一统"。

（一）论述"王"的内涵

孔疏关于"大一统"的宣扬，首先体现于《王制》疏对"王"的含义及其唯一性的阐释上。

> 《王制》："王者之制禄爵：公、侯、伯、子、男，凡五等。诸侯之上大夫卿、下大夫、上士、中士、下士，凡五等。"
>
> 孔疏：凡王者之制度，禄爵为重。其食禄受爵之人，有公、侯、伯、子、男，并南面之君，凡五等也。其诸侯之下，北面之臣，有上大夫卿，有下大夫，有上士，有中士，有下士，凡五等也。南面之君五等，法五行之刚日。北面之臣五者，法五行之柔日。不以王朝之臣，而以诸侯臣者，王朝之臣本是事王，今王制统天下，故不自在其数，谓制统天下之君及天下之臣，取君臣自相对，故不取王臣也。此作《记》者虽记"虞氏皇而祭"之文，大都总记三王制度，故言王者之制，不云帝皇制也。不云天子制者，《白虎通》云，王是天子爵号。《穀梁传》曰，王者仁义归往曰王。以其身有仁义，众所归往，谓之王。王者制统海内，故云"王制"，不云天子制也。凡王者不得称官，故《学记》云"大德不官"，而得称职。故《诗》云"衮职有阙"，《考工记》云"国有六职，坐而论道，谓之王公"是也。此并互文以见义。既天子不官，亦当不主一职。若以主天下为职，亦得管天下为官矣。（第449—450页）

孔疏以阴阳五行思想解说"王者之制禄爵"，其实质就是君权神授，赋予"王者"实施"大一统"的合法性。孔疏所谓"王制统天下""制统天下

---

① （清）阮元校刻：《十三经注疏·春秋公羊传注疏》，中华书局1980年版，第2196页。
② （汉）班固撰，（唐）颜师古注：《汉书》，中华书局1962年版，第2523页。
③ 杨向奎：《大一统与儒家思想》，北京出版社2011年版，第105页。

之君及天下之臣"，正是"大一统"思想的重要阐释，又据《白虎通》《穀梁传》阐释"王"之内涵："王是天子爵号""以其身有仁义，众所归往，谓之王"，强调"王"的道德内涵。作为制统天下的王又是唯一的。《曾子问》："曾子问曰：'丧有二孤，庙有二主，礼与？'孔子曰：'天无二日，土无二王。尝、禘、郊、社，尊无二上，未知其为礼也。'"孔疏曰"天有二日，则草木枯萎；土有二王，则征伐不息。《老子》云'天得一以清，地得一以宁'是也"①，孔疏本有排斥老庄的一面，但是为了维护大一统思想，则直接借助《老子》立论，以之作为儒学政统学说的理论依据。

（二）论王的职责与特权

王位至尊，故具有特定的职责与无上的特权。梳理孔疏所论，概言之主要有三：制礼作乐；分封、制爵与巡视四方；为诸侯国制定税赋贡职与祭祀等制度。

1. 制礼作乐

孔疏"唯有圣王制礼作乐"的主张就是"大一统"思想的体现，观其论述"制礼作乐"，要义主要由相辅相成的三个方面组成：唯有圣王制礼作乐，圣王取法天地、依据人性制礼作乐；圣王顺应时代发展制礼作乐。

（1）《乐记》："论伦无患，乐之情也；欣喜欢爱，乐之官也。中正无邪，礼之质也；庄敬恭顺，礼之制也。"郑注："先王所专也。"

孔疏：前经论乐之情，乐之官，礼之质，礼之制，是先王所专有也，言先王独能专此四事。（第1479页）

（2）《中庸》："非天子不议礼，不制度，不考文。"郑注："此天下所共行，天子乃能一之也。"

孔疏："非天子不议礼"者，此论礼由天子所行，既非天子，不得论议礼之是非。"不制度"，谓不敢制造法度及国家宫室大小高下及车舆也。"不考文"，亦不得考成文章书籍之名也。（第2039页）

以上所引《乐记》《中庸》二例，分别从正、反两面论制礼作乐是天子的特权，事实上则是对"礼坏乐崩"的时代进行批判与否定。前者郑注、孔疏皆强调制礼作乐系王者"独专"之事，后者郑注以"天子乃能一之"，即以"大一统"释之，孔疏则详释"不议礼，不制度，不考文"之具体内容，

---

① （汉）郑玄注，（唐）孔颖达正义，吕友仁整理：《礼记正义》，上海古籍出版社2008年版，第775页。

与下文"车同轨,书同文,行同伦"呼应。其说也可与《论语》《孟子》互参:《论语·季氏》云:"孔子曰:'天下有道,则礼乐征伐自天子出;天下无道,则礼乐征伐自诸侯出。'"① 《孟子·滕文公下》亦曰:"《春秋》,天子之事也,是故孔子曰:'知我者,其惟《春秋》!罪我者,其惟《春秋》乎!'"②

2. 分封制爵与巡视四方

《周礼》开篇曰:"惟王建国,辨方正位,体国经野,设官分职,以为民极。乃立天官冢宰,使帅其属而掌邦治,以佐王均邦国。"③ 与《周礼》此论相似者有《礼记·王制》《月令》等篇。由孔疏的相关阐释,亦可见对"大一统"思想的宣扬,试举《王制》疏文二例:

(1)《王制》:"王者之制禄爵,公侯伯子男,凡五等。诸侯之上大夫卿,下大夫,上士、中士、下士,凡五等。"

孔疏:凡王者之制度,禄爵为重。其食禄受爵之人,有公、侯、伯、子、男,并南面之君,凡五等也。其诸侯之下,北面之臣,有上大夫卿,有下大夫,有上士,有中士,有下士,凡五等也。南面之君五等,法五行之刚日。北面之臣五者,法五行之柔日。不以王朝之臣,而以诸侯臣者,王朝之臣本是事王,今王制统天下,故不自在其数,谓制统天下之君及天下之臣,取君臣自相对,故不取王臣也。(第449页)

此经大意言南面之君有公、侯、伯、子、男,凡五等,北面之臣有上大夫卿,有下大夫,有上士,有中士,有下士,凡五等,皆系王制定。孔疏训释大意,且"今王制统天下""制统天下之君及天下之臣"云云,正是"大一统"思想的重要体现。

(2)《王制》:"岁二月,东巡守,至于岱宗。柴而望祀山川,觐诸侯,问百年者就见之。命大师陈诗以观民风,命市纳贾以观民之所好恶、志淫好辟。命典礼考时、月,定日,同、律、礼、乐、制度、衣服,正之。山川神祇有不举者为不敬,不敬者君削以地。宗庙有不顺者

---

① (清)阮元校刻:《十三经注疏·论语注疏》(附校勘记),中华书局1980年版,第2521页中栏。

② (清)阮元校刻:《十三经注疏·孟子注疏》(附校勘记),中华书局1980年版,第2461页下栏。

③ (清)阮元校刻:《十三经注疏·周礼注疏》(附校勘记),中华书局1980年版,第639页。

为不孝,不孝者君绌以爵。变礼易乐者为不从,不从者君流。革制度衣服者为畔,畔者君讨。有功德于民者,加地进律。"郑注:"岱宗,东岳。柴,祭天告至也。"

孔疏:"'命大师陈诗以观民风',此谓王巡守见诸侯毕,乃命其方诸侯大师,是掌乐之官,各陈其国风之诗,以观其政令之善恶。若政善,诗辞亦善;政恶,则诗辞亦恶。观其诗,则知君政善恶。……'命市'至'好辟',命典市之官进纳物贾之书,以观民之所有爱好,所有嫌恶。若民志淫邪,则爱好邪辟之物,民志所以淫邪,由在上教之不正。此陈诗纳贾,所以观民风俗,是欲知君上善恶也。'命典'至'正之',典礼之官,于周则大史也。考校四时及十二月之大小,时有节气早晚,月有弦望晦朔,考之使各当其节。又正定甲乙之日、阴管之同、阳管之律、玉帛之礼、钟鼓之乐及制度、衣服,各有等差,当正之使正。……'山川'至'以爵'。山川是外神,故云'不举'。不举,不敬也。山川在其国竟,故削以地。宗庙是内神,故云'不顺'。不顺,不孝也。宗庙可以表明爵等,故绌以爵。……'变礼'至'君讨',礼乐虽为大事,非是切急所须,故以为不从,君惟流放。制度衣服,便是政治之急,故以为畔,君须诛讨。此四罪先轻后重。(第492—495页)

《王制》记天子一年东、南、西、北四巡,由于以东巡为首,故详记其事,另外三巡则以"如东巡守之礼"而略言之。今摘录孔疏训释"东巡守"部分内容为例,可知其中地位蕴含着丰富的"大一统"思想。孔疏训释,既突出王之至尊地位,又宣扬王权的强化。王不仅制定诸侯国诸多重大制度,还对诸侯施政情况进行全方位考核,而诸侯仅仅是制度的执行者与王权的拥护者而已。天子"命大师陈诗以观民风",目的在于"观其诗,则知君政善恶";"命市纳贾以观民之所好恶、志淫好辟",目的在于考察诸侯国君教化民众是否中正得当;并"考校四时及十二月之大小,时有节气早晚,月有弦望晦朔,考之使各当其节。又正定甲乙之日、阴管之同、阳管之律、玉帛之礼、钟鼓之乐及制度、衣服,各有等差,当正之使正"。然后依据诸侯政绩的是非得失,予以奖惩,或"削以地",或"绌以爵",或流,或讨,或"加地进律"。

3. 为诸侯制定税赋、贡职与祭祀等制度

(1)《月令》:"合诸侯制,百县为来岁受朔日,与诸侯所税于民轻重之法、贡职之数，以远近土地所宜为度，以给郊庙之事，无有所私。"郑注："合诸侯制者，定其国家、宫室、车旗、衣服、礼仪也。诸侯言'合制'，百县言'受朔日'，互文也。贡职，谓所入天子。"

孔疏："合诸侯制"者，秦十月为岁首，此月岁之终也，当入新岁，故合此诸侯之法制。又命百县，为来岁受朔日之政令，并授诸侯所税于民轻重之法、贡职之数。天子有朔日政令，诸侯所税民轻重之法、贡职之数，皆天子制之。百县此来受处分，故云"受朔与诸侯所税于民，轻重之法，贡职之数"，皆天子之制。言"与"者，兼事之辞。"以远近土地所宜为度"者，言定税轻重，入贡多少，皆以去京远近之差，土地所宜之物为节度。"无有所私"者，言既给郊庙重事，事百县等物，无得有所偏私，不如法制也。（第706—707页）

据郑注、孔疏所言，各诸侯国所有制度皆天子制定。所谓"百县"，《月令》"乃命百县雩祀百辟、卿士有益于民者，以祈谷实"，孔疏曰："谓天子既雩之后，百县，谓诸侯也，命此诸侯以雩祀古之百辟及卿士等生存之日能立功有益于人者。"①《月令》又曰："是月也，命四监大合百县之秩刍，以养牺牲，令民无不咸出其力。"郑注："百县，乡、遂之属，地有山、林、川、泽者也。"孔疏曰："仲夏云'乃命百县雩祀百辟卿士'者，兼外内诸侯也。此云'乡遂之属'者，不兼公卿大夫之采邑。"② 此例，"百县"则与诸侯互文。总之，"天子有朔日政令，诸侯所税民轻重之法、贡职之数，皆天子制之。百县此来受处分，故云'受朔与诸侯所税于民，轻重之法，贡职之数'，皆天子之制"。孔疏一再强调天子的权威。

（2）《月令》："乃命太史次诸侯之列，赋之牺牲，以共皇天、上帝、社稷之飨。"

孔疏：诸侯同王南面，专王之土，故命之出牲，以与王共事天地也。既漫言"诸侯"，则异姓同姓俱然也。……"社稷"者，王之社稷也。诸侯乃自有社稷，而始封亦割王社土与之，故赋牲共王社稷也。（第741页）

---

① （汉）郑玄注，（唐）孔颖达正义，吕友仁整理：《礼记正义》，上海古籍出版社2008年版，第667页。
② （汉）郑玄注，（唐）孔颖达正义，吕友仁整理：《礼记正义》，上海古籍出版社2008年版，第679页。

《左传》成公十三年曰"国之大事，在祀与戎"①，《礼记》中的《祭统》《中庸》《仲尼燕居》《经解》等篇，反复阐释祭祀之重要意义。《祭统》："凡治人之道，莫急于礼，礼有五经，莫重于祭。"郑注："礼有五经，谓吉礼、凶礼、宾礼、军礼、嘉礼也。莫重于祭，谓以吉礼为首也。"孔疏："凡祭为礼之本，礼为人之本，将明礼本，故先说治人，言治人之道，于礼最急。"② 又曰："夫祭之为物大矣，其兴物备矣。顺以备者也，其教之本与？是故，君子之教也，外则教之以尊其君长，内则教之以孝于其亲。是故，明君在上，则诸臣服从；崇事宗庙社稷，则子孙顺孝。……夫祭有十伦焉：见事鬼神之道焉，见君臣之义焉，见父子之伦焉，见贵贱之等焉，见亲疏之杀焉，见爵赏之施焉，见夫妇之别焉，见政事之均焉，见长幼之序焉，见上下之际焉。"《中庸》："郊社之礼，所以事上帝也；宗庙之礼，所以祀乎其先也。明乎郊社之礼、禘尝之义，治国其如示诸掌乎！"(《仲尼燕居》亦曰："明乎郊社之义、禘尝之礼，治国其如指诸掌而已！")故《经解》曰："丧祭之礼，所以明臣子之恩也。……丧祭之礼废，则臣子之恩薄，而倍死忘生者众矣。"历史地看，祭礼一向是礼制中最核心、影响最深远的内容。总之，天子通过为诸侯制定赋税、贡职、祭祀以及宫室、车旗、衣服、礼仪法度等手段加强对其管控，实现"大一统"局面。

（三）天子无"亲迎"

孔疏宣扬"大一统"思想，还体现在对天子婚姻"亲迎"与否的讨论上。《曲礼上》："纳女于天子曰'备百姓'，于国君曰'备酒浆'，于大夫曰'备扫洒'。"郑注曰："纳女，犹致女也。婿不亲迎，则女之家遣人致之，此其辞也。"孔疏曰："天子亦有亲迎以否者，《异义》云：'《礼》戴说，天子亲迎。《左氏》说，天子不亲迎，使上卿迎之。诸侯亦不亲迎，使上大夫迎。'郑《驳异义》云：'文王迎大姒，亲迎于渭。'又引孔子答哀公：'合二姓之好，以继先圣之后，以为天地、宗庙、社稷之主，冕而亲迎，君何谓已重乎？'此天子、诸侯有亲迎也。若不亲迎，则宜致女云'备百姓也'。"③此例经曰"纳女"，郑注曰"犹致女也""婿不亲迎"，孔疏则罗列许慎"不亲迎"与郑玄"亲迎"两说，实未加裁断"亲迎"。然而，在《哀公问》篇疏文因强调"大一统"思想而直言"郑驳未定"。

---

① 杨伯峻：《春秋左传注》，中华书局 2018 年版，第 737 页。
② （汉）郑玄注，（唐）孔颖达正义，吕友仁整理：《礼记正义》，上海古籍出版社 2008 年版，第 1865 页。
③ （汉）郑玄注，（唐）孔颖达正义，吕友仁整理：《礼记正义》，上海古籍出版社 2008 年版，第 218 页。

（1）《哀公问》："孔子对曰：'古之为政，爱人为大。所以治爱人，礼为大。所以治礼，敬为大。敬之至矣，大昏为大。大昏至矣！大昏既至，冕而亲迎，亲之也。亲之也者，亲之也。是故君子兴敬为亲，舍敬是遗亲也。弗爱不亲，弗敬不正，爱与敬，其政之本与！'"

孔疏：昏礼迎妇，二《传》不同。《春秋公羊》说自天子至庶人皆亲迎；《左氏》说天子至尊无敌，故无亲迎之礼。诸侯有故，若疾病，则使上卿逆，上公临之。许氏谨案："高祖时，皇太子纳妃，叔孙通制礼，以为天子无亲迎，从《左氏》义。"玄驳之云："大姒之家，'在渭之涘，文王亲迎于渭'，即天子亲迎明文也。"引《礼记》："'冕而亲迎''继先圣之后，以为天地、宗庙、社稷之主'，非天子则谁乎？"如郑此言，从《公羊》义也。又《诗说》云："文王亲迎于渭，纣尚南面，文王犹为西伯耳。"以《左氏》义为长，郑驳未定。（第1918页）

孔疏明言"以《左氏》义为长，郑驳未定"，实主张许氏之说。天子亲迎与否，后世仍争论不休，"从表面上看，天子是否亲迎似乎仅是一个礼制问题，然其背后却关涉着儒家（尤其是今文学家）关于天道与君权的深刻思考。天子的权威是否可以超于普遍的礼的秩序，是否可以超越以亲亲为基础的切己的血缘伦理，君权是否可以超越天道，这才是天子亲迎与否的要害所在"①，所论甚是。天子"无亲迎"，更符合"大一统"思想。与天子"无亲迎"相应的是，天子之后与诸侯之夫人"无出"制度。

（2）《内则》："子甚宜其妻，父母不悦，出。"

孔疏：按《周易·同人·六二》郑注云："天子诸侯后、夫人，无子不出。"则犹有六出也。其天子之后，虽失礼亦不出。故《鼎卦·初六》郑注云："嫁于天子，虽失礼，无出道，废远而已。若其无子，不废，远之。后尊，如其犯六出，则废之。"（第1128页）

此例孔疏结合郑注《周易》二例，讨论天子诸侯之后及夫人废黜礼制，其大意有二：其一，天子之后无出，若其无子则疏远而不废除，若失礼则废远。其二，诸侯之夫人，卑于天子之后，若其无子亦疏远而不废，若失礼则

---

① 王康：《天子必亲迎——今文经学视域下的亲迎礼研究》，上海师范大学2020年硕士学位论文，第47页。

有出之可能。

（四）对诸侯僭越的批评与防范

孔颖达《礼记正义序》论《礼记》成书曰："博物通人，知今温古，考前代之宪章，参当时之得失，俱以所见，各记旧闻。错总鸠聚，以类相附，《礼记》之目，于是乎在。"①《正义》卷首解题曰："或录旧礼之义，或录变礼所由，或兼记体履，或杂序得失，故编而录之，以为《记》也。"②王锷认为，《礼记》诸篇主要作于春秋末至战国晚期这一时代③，也正是被儒家视为"礼坏乐崩"的时代。故《礼记》中有大量内容记载了对天子之礼僭越现象的批评，孔疏对此亦多有发挥，试举例明之：

(1)《檀弓上》："布幕，卫也。缟幕，鲁也。"郑注："卫，诸侯礼。鲁，天子礼。两言之者，僭已久矣。"

孔疏：以布为幕者，卫是诸侯之礼；以缟为幕者，鲁是天子之制。……周公一人得用天子礼，而后代僭用之，故曾申举卫与鲁俱是诸侯，则后代不宜异。谓鲁之诸公不宜与卫异也。崔灵恩云："当时诸侯僭效天子也，恐鲁穆公不能辨，故两言以明显鲁与诸侯之别也。"今案崔言虽异，而是曾申为穆公说则同也。（第242页）

孔疏不仅对继承郑注对诸多僭越礼制的现象进行批评，还在疏解经文之际，反复强调要防范诸侯专权、僭越礼制：

(2)《曲礼下》："九州之长，入天子之国曰'牧'。天子同姓，谓之'叔父'，异姓谓之'叔舅'，于外曰'侯'，于其国曰'君'。"郑注："牧，尊于大国之君，而谓之叔父，辟二伯也。亦以此为尊。礼或损之而益，谓此类也。……二王之后不为牧。"

孔疏：知不为牧者，以二王之后，其爵称公，今此经云"九州岛之长曰牧，于外曰侯"，不言于外曰公，故知二王之后不为牧。牧用侯以下。二王之后所以不为牧者，以其先祖尝为天子，统领海内，若更遣为牧，恐有专权之心故也。（第179页）

---

① （汉）郑玄注，（唐）孔颖达正义，吕友仁整理：《礼记正义》，上海古籍出版社2008年版，第2页。

② （汉）郑玄注，（唐）孔颖达正义，吕友仁整理：《礼记正义》，上海古籍出版社2008年版，第4页。

③ 王锷：《〈礼记〉成书考》，中华书局2007年版，第19页。

此论述是对僭越的防范。经文曰"九州之长"曰"牧",郑注曰"牧,尊于大国之君",足见"牧"地位之高。郑注曰"二王之后不为牧",以之补经。孔疏则详释其要义在于"恐有专权之心故也",揭示郑注用意所在。防范"二王之后",实出于"大一统"之政治考量。又,"牧","天子同姓,谓之'叔父',异姓谓之'叔舅'",郑注曰"礼或损之而益,谓此类也"。反之,"二王之后,其爵称公",则系"益之而损",亦是一种政治策略。

另外,《曲礼下》:"问国君之富,数地以对,山泽之所出。"孔疏曰:"谓问诸侯之臣,求知其君封内土地所出也。云富者,非问其多金帛,正是问最所优饶者也。不问天子者,率土之物,莫非王有,天下共见,故不须问。而诸侯止一国,故致问也。"① 其中"不问天子者"云云,系孔疏补经之语,其中"率土之物,莫非王有",即宣扬"大一统"也。又如,《曲礼下》:"天子祭天地,祭四方,祭山川,祭五祀,岁徧。"孔疏曰:"'天子祭天地'者,天地有覆载大功,天子王有四海,故得总祭天地,以报其功。"②《月令》:"孟春之月,日在营室,昏参中,旦尾中。"郑注:"凡记昏明中星者,为人君南面而听天下,视时以授民事。"孔疏曰:"按《书纬·考灵耀》云:'主春者鸟星,昏中可以种稷。主夏者心星,昏中可以种黍。主秋者虚星,昏中可以种麦。主冬者昴星,昏中则入山,可以斩伐、具器械。王者南面而坐,视四星之中者而知民之缓急,急则不赋力役,故敬授民时。'是观时候、授民事也。"③ 此引纬书阐发王权、大一统思想。

杨向奎积极评价"大一统"思想在中国历史上的重要意义曰:"大一统的思想,三千年来浸润着我国人民的思想感情,这是一种凝聚力。这种力量的渊泉,不是狭隘的民族观念,而是内容丰富,包括有政治经济文化各种要素在内的实体。而文化的要素更占有重要地位。'华夏文明'照耀在天地间,使我国人民具有自豪感与自信心,因而是无比的精神力量。它要求人们统一于华夏,统一于'中国';这'华夏'与'中国'不能理解为大民族主义或者是一种强大的征服力量。它是一种理想,一种自民族国家实体升华了的境界,这种境界具有发达的经济,理想的政治,崇高的文化水平,而没有种族

---

① (汉)郑玄注,(唐)孔颖达正义,吕友仁整理:《礼记正义》,上海古籍出版社2008年版,第203页。
② (汉)郑玄注,(唐)孔颖达正义,吕友仁整理:《礼记正义》,上海古籍出版社2008年版,第205页。
③ (汉)郑玄注,(唐)孔颖达正义,吕友仁整理:《礼记正义》,上海古籍出版社2008年版,第598页。

歧视及阶级差别，是谓'大同'。"① 放置于初唐的历史背景中，《礼记正义》对"大一统"的宣扬是值得肯定的。

三 《礼记正义》对仁政思想的推崇

孔疏又具体讨论了君主施政问题。《曲礼上》："《曲礼》曰：'毋不敬，俨若思，安定辞。'安民哉！"孔疏："此一节明人君立治之本，先当肃心、谨身、慎口之事。……'安民哉'者，但人君发举，不离口与身心，既心能肃敬，身乃矜庄，口复审慎，三者依于德义，则政教可以安民也。"② 陈澧曰："'毋不敬'四句，冠四十九篇之首，此微言大义，非但制度而已。'敖不可长，欲不可从，志不可满，乐不可极'四句，亦然。故郑注云：'四者，漫游之道，桀纣所以自祸。'痛切言之以警人也。"③ 孔疏对此经、注的阐释，可视作《礼记正义》的纲领。孔疏论君主施政，主要强调应以德治国、以礼行政，即施行仁政。

（一）"从民所欲"和与民同乐

> （1）《大学》："《诗》云：'乐只君子，民之父母。'民之所好好之，民之所恶恶之，此之谓民之父母。"郑注："言治民之道无他，取于己而已。"
>
> 孔疏："《诗》云：乐只君子，民之父母"，此记者引之，又申明絜矩之道。若能以己化从民所欲，则可谓民之父母。此《小雅·南山有台》之篇，美成王之诗也。……言能以己化民，从民所欲，则可为民父母矣。"民之所好好之"者，谓善政恩惠，是民之愿好，己亦好之，以施于民，若"发仓廪、赐贫穷、赈乏绝"是也。"民之所恶恶之"者，谓苛政重赋，是人之所恶，己亦恶之而不行也。（第2260页）

此例孔疏训释，将仁政具体化，曰："'民之所好好之'者，谓善政恩惠，是民之愿好，己亦好之，以施于民，若'发仓廪、赐贫穷、赈乏绝'是也。'民之所恶恶之'者，谓苛政重赋，是人之所恶，己亦恶之而不行也。"从民所欲，具体言之，即与民同乐、与民同忧，做到同甘共苦以赢得民心。先看孔疏论与民同乐：

---

① 杨向奎：《大一统与儒家思想》，北京出版社2011年版，第264页。
② （汉）郑玄注，（唐）孔颖达正义，吕友仁整理：《礼记正义》，上海古籍出版社2008年版，第6—7页。
③ （清）陈澧撰，杨志刚编校：《东塾读书记》（外一种），中西书局2012年版，第126页。

(2)《杂记下》:"子贡观于蜡。孔子曰:'赐也乐乎?'对曰:'一国之人皆若狂。赐未知其乐也。'子曰:'百日之蜡,一日之泽,非尔所知也。'"郑注:"大饮烝,劳农以休息之。言民皆勤稼穑,有百日之劳,喻久也。今一日使之饮酒燕乐,是君之恩泽。非女所知,言其义大。"

孔疏:孔子解蜡是乐之义也。言此蜡而饮,是报民一年劳苦,故云"百日之蜡"也。言百日者,举其全数,喻久矣,实一年之劳苦也。今一日欢休,故恣其醉如狂,此是由于君之恩泽,故云"一日之泽"也。……云"大饮烝劳农以休息之"者,谓于时天子、诸侯有群臣大饮于学。……于此之时,慰劳农人,使令休息。(第1676页)

郑注、孔疏所释"蜡"围绕"乐"字展开,曰"蜡是乐之义"。郑、孔宣扬君主应与民同乐,亦上承《孟子·梁惠王下》:"此无他,与民同乐也。今王与百姓同乐,则王矣。"[1] 太平之年,与民同乐;灾荒之年,尤重民生疾苦,与民同忧。

(3)《曲礼下》:"岁凶,年谷不登。君膳不祭肺,马不食谷,驰道不除,祭事不县。大夫不食粱,士饮酒不乐。"郑注:"皆自为贬损忧民也。"

孔疏:此下明凶荒,人君忧民自贬退礼也。"岁凶"者,谓水旱灾害也。"年谷不登"者,岁既凶荒而年中谷稼不登。……"君膳不祭肺"者,膳,美食名。《礼》,天子食,日少牢,朔月太牢。诸侯食,日特牲,朔月少牢。夫盛食必祭,周人重肺,故食先祭肺。岁既凶饥,故不祭肺,则不杀牲也。"马不食谷"者,年丰则马食谷,今凶年,故不食也。"驰道不除"者,……除,治也。不治谓不除于草莱也。所以不除者,凶年人各应采蔬食,今若使人治路,则废取蔬食,故不除也。"祭事不县"者,……凶年,虽祭而不作乐也。自贬损,故先言膳,后言祭。……"大夫不食粱"者,大夫食黍稷,以粱为加,故凶年去之也。"士饮酒不乐"者,士平常饮酒奏乐,今凶年,犹许饮酒,但不奏乐也。"君膳不祭肺"以下,及"士饮酒不乐",各举一边而言,其实

---

[1] (清)阮元校刻:《十三经注疏·孟子注疏》(附校勘记),中华书局1980年版,第2674页上栏。

互而相通，但君尊，故举不杀牲及不县之等大者而言，大夫士卑，直举饮酒之小者言耳。（第160页）

孔疏训释突出灾荒之年，君主与民同忧的举措：由生活中的膳食、御马的食料、驰道的不治至祭祀不设乐四个方面的自贬退礼。由孔疏所解可知，经文采用互文手法，故君主自贬当涉及衣、食、住、行等全部生活。总之，如《孟子·梁惠王下》曰："乐民之乐者，民亦乐其乐；忧民之忧者，民亦忧其忧。乐以天下，忧以天下，然而不王者，未之有也。"[1] 君王实施仁政，就是做到忧乐天下而实现王天下的政治。

（二）宣扬好生之德

《周易·系辞下》："天地之大德曰生。"[2] 儒家一向主张天地好生之德，爱人故珍视生命。《论语·乡党》记孔子的仁爱之举曰："厩焚。子退朝，曰：'伤人乎？'不问马。"[3] 故儒家一向反对滥杀无辜以及残酷的殉葬制度，孔子曾对殉葬进行了严厉的批评："始作俑者，其无后乎！为其象人而用之也。"（《梁惠王上》）[4]《礼运》论人之可贵曰："人者，其天地之德，阴阳之交，鬼神之会，五行之秀气也。"孔氏《正义》亦宣扬此思想，具体包括反对殉葬和严刑峻法。

1. 反对殉葬

《檀弓下》："孔子谓：'为明器者知丧道矣，备物而不可用也。哀哉！死者而用生者之器也，不殆于用殉乎哉！其曰明器，神明之也。涂车、刍灵，自古有之，明器之道也。'孔子谓'为刍灵者善'，谓'为俑者不仁，殆于用人乎哉！'"郑注："俑，偶人也。有面目，机发，有似于生人。孔子善古而非周。"

孔疏：此一节皆记者录孔子之言，善古非殷、周之事，故云孔子谓夏家为明器者，知死丧之道焉。以孝子之事亲不可阙，故备其器物，若似生存。以鬼神异于人，故物不可用。孔子既论夏家之事是，

---

[1] （清）阮元校刻：《十三经注疏·孟子注疏》（附校勘记），中华书局1980年版，第2667页中栏。

[2] （清）阮元校刻：《十三经注疏·周易正义》，中华书局1980年版，第86页中栏。

[3] （清）阮元校刻：《十三经注疏·论语注疏》（附校勘记），中华书局1980年版，第2495页下栏。

[4] （清）阮元校刻：《十三经注疏·孟子注疏》（附校勘记），中华书局1980年版，第2674页上栏。

又言殷代之非。故云可哀哉！殷之送死者而用生者之祭器，不殆于用生人为殉乎哉！近也，谓近于用乎生人为殉。……记者记录孔子之言，又说孔子臧否古今得失。……谓古之为刍灵者善，谓周家为俑者不仁，不近于用生人乎哉！言近于用生人。所以近者，谓刻木为人而自发动，与生人无异，但无性灵智识，故云近。此云"用人"，前言"用殉"，殉是已死之人，形貌不动，与器物相似，故言"用殉"。此云"用人"者，谓用生人入圹，今俑者形貌发动，有类生人，故云"用人"。（第 378 页）

此与《孟子·梁惠王上》大义同，皆借孔子之言，斥周代统治者用偶为不仁，不仅如此，还反对殷朝统治者用生人之器做明器。其实质是斥责、控诉现实中统治者用生人做殉葬的罪恶，体现了作《记》者对人的尊重。又如《檀弓下》："陈子车死于卫，其妻与其家大夫谋以殉葬，……子亢曰：'以殉葬，非礼也。虽然，则彼疾当养者，孰若妻与宰？得已，则吾欲已。不得已，则吾欲以二子者之为之也。'"孔疏曰："子亢既见兄家谋殉葬非礼之事，自度不能止，故云'殉葬，非礼也'。又云：虽非礼，彼疾当养者，彼死者疾病当须养侍于下者，以外人疏，谁若妻之与宰？言妻、宰最亲，当须侍养。若得休已，不须侍养，吾意欲休已。若其不止，必须为殉葬，则吾欲以妻之与宰二子为之。"① 此例孔疏误以"二子"指子车"其妻与其家大夫"之二子，失当，但反对殉葬态度鲜明。据郑注知，子亢乃孔子弟子，其仁爱之心可见。

先秦时，此野蛮现象颇普遍，秦汉后虽有所收敛，然史书记载仍不绝其事。以上二例，孔疏不仅训释经义，而且具有鲜明的现实针对性。《旧唐书·舆服志》记唐太极元年（712），左司郎中唐绍上疏曰："臣闻王公已下，送终明器等物，具标甲令，品秩高下，各有节文。孔子曰，明器者，备物而不可用，以刍灵者善，为俑者不仁。传曰，俑者，谓有面目机发，似于生人也。以此而葬，殆将于殉，故曰不仁。近者王公百官，竞为厚葬，偶人像马，雕饰如生，徒以眩耀路人，本不因心致礼。更相扇慕，破产倾资，风俗流行，遂下兼士庶。若无禁制，奢侈日增。望诸王公已下，送葬明器，皆依令式，并陈于墓所，不得衢路行。"② 足见陋习之烈。

---

① （汉）郑玄注，（唐）孔颖达正义，吕友仁整理：《礼记正义》，上海古籍出版社 2008 年版，第 397 页。

② （后晋）刘昫等撰：《旧唐书》，中华书局 1975 年版，第 1958 页。

2. 反对严刑峻法

《王制》:"凡制五刑,必即天论,邮罚丽于事。"郑注:"必即天论,言与天意合。过人、罚人,当各附于其事,不可假他以喜怒。"

孔疏:此一条论造制五刑,须合天意,轻重施于刑罚,必附本情。"必即天论"者,……言制五刑之时,必就上天之意论议轻重。天意好生,又有时以生,有时以杀,言论议刑时,亦当好生,又就天道使生杀得中。论或为伦,伦,理也,谓就天之伦理,即是好生及好杀得中之理,故郑云"言与天意合"。"邮罚丽于事"者,……言断其罪过及责罚其身,皆依附于所犯之事,不可离其本事,假他别事而为喜怒也。(第557—558页)

孔疏训释"必即天论",显然强调"天意好生"的一面:"言论议刑时,亦当好生,又就天道使生杀得中",或"谓就天之伦理,即是好生及好杀得中之理"。又如《月令》:"命有司,省囹圄,去桎梏,毋肆掠,止狱讼。"孔疏曰:"然春阳既动,理无杀人,何得更有死尸而禁其陈肆者?盖是大逆不孝罪甚之徒,容得春时杀之,杀则埋之,故禁其陈肆。"《月令》此句大意:命令官吏减少囚徒,解除其镣铐,不得肆意鞭打,停止诉讼。孔疏"春阳既动,理无杀人,何得更有死尸而禁其陈肆者"本系误解,但亦体现了仁爱思想。

四 《礼记正义》对古圣王的美化

孔疏借助疏通经文,贯注了对古代圣王的赞美,例如,《杂记》疏宣扬文武治民理政重"一张一弛"之道。《杂记下》:"子曰:'张而不弛,文武弗能也。弛而不张,文武弗为也。一张一弛,文武之道也。'"郑注:"张、弛,以弓弩喻人也。弓弩久张之则绝其力,久弛之则失其体。"

孔疏:此孔子以弓喻于民也。张,谓张弦,弛,谓落弦。若弓久张而不落弦,则绝其弓力,喻民久劳而不息,则亦损民之力也。"文武弗能也"者,言若使民如此,纵令文武之治,不能使人之得所。以言其苦,故称其不能。"弛而不张,文武弗为也"者,言弓久落弦而不张设,则失其弓之往来之体,喻民久休息而不劳苦,则民有骄逸之志。民若如此,文武不能为治也。而事之逸乐,故称"不为"也。"一张一弛,文武之道也"者,言弓一时须张,一时须弛,喻民一时须劳,一时须逸,劳逸相参。若调之以道，化之以理，张弛以时，劳逸以意，则文、武得其中道也，使可以治。文、武为政之道，治民如此，故云文武之道也。（第1676页）

此例孔疏详释文武之道，即"文、武为政之道"，在于治民"调之以道，化之以理，张弛以时，劳逸以意"。经文"孔子以弓喻于民也"，生动形象，并非深奥难懂，孔疏反复阐释，用意在于讽谏当时之帝王。孔疏为了美化圣王，甚而不顾史实而曲解之。

其一，宣扬武王举用三恪二代之后的政治策略。

《乐记》："武王克殷反商，未及下车而封黄帝之后于蓟，封帝尧之后于祝，封帝舜之后于陈；下车而封夏后氏之后于杞，投殷之后于宋，封王子比干之墓，释箕子之囚，使之行商容而复其位。"

孔疏："'未及下车'者，言速封诸侯，未遑暇及下车，即封黄帝、尧、舜之后也。下车而封夏、殷之后者，以二王之后，以其礼大，故待下车而封之。按《周本纪》云：'武王以与战伐，纣兵皆崩畔。武王入，至纣死之所。周公把大钺，毕公把小钺，以夹武王。武王既入，立社南。召公奭赞采，师尚父牵牲。尹逸祝曰："殷之末孙季纣，殄废先王明德。"'又云：'乃封纣子禄父，使其弟管叔、蔡叔相禄父。命召公释箕子之囚。命毕公释百姓之囚，表商容之闾。命南宫适散鹿台之财，发钜桥之粟。命闳夭封比干之墓。武王追思先圣，乃褒封神农之后于焦，及封黄帝之后于蓟，封帝尧之后于祝，封帝舜之后于陈，大禹与此同。'然如武王追思先圣乃封之，与此未及下车义反，当以《礼记》为正。此不云封神农者，举三恪二代也。"（第1548页）

此疏以《史记·周本纪》比勘并疏解《礼记·乐记》，且认为"当以《礼记》为正"。因为《礼记》所言武王"未及下车"，即施行一系列重大仁政以赢得人心。所谓"三恪二代"，三恪，指"封黄帝之后于蓟，封帝尧之后于祝，封帝舜之后于陈"，二代，指"封夏、殷之后"。然而，孔疏本身即前后矛盾，如曰："'未及下车'者，言速封诸侯，未遑暇及下车，即封黄帝、尧、舜之后也"，又曰："'下车而封夏、殷之后'者，以二王之后，以其礼大，故待下车而封之"。礼夏、殷二王之后，岂能大过位列"五帝"的黄帝、尧、舜之后礼？经文所谓"未及下车"，又曰"下车"，实为强调武王封黄帝、尧、舜之后以及夏、殷二王之后之迅速，非言其礼之大小之别。

比较《礼记》《史记》二说，实以《史记》更为合理，只是前者更加寄托了儒家的理想价值。

其二，反对尧、舜杀鲧之说。

> 《祭法》："尧能赏均刑法以义终，舜勤众事而野死，鲧鄣鸿水而殛死，禹能修鲧之功。"郑注："殛死，谓不能成其功也。"
>
> 孔疏：鲧塞水而无功，而被尧殛死于羽山，亦是有微功于人，故得祀之。若无微功，焉能治水九载？又《世本》云"作城郭"，是有功也。郑答赵商云："鲧非诛死，鲧放居东裔，至死不得反于朝。禹乃其子也，以有圣功，故尧兴之。若以为杀人父、用其子，而舜、禹何以忍乎？而《尚书》云'鲧则殛死，禹乃嗣兴'者，箕子见武王诛纣，今与己言，惧其意有惭德，为说父不肖则罪，子贤则举之，以满武王意也。"（第1804页）

《尚书·舜典》："殛鲧于羽山：四罪而天下咸服。"《史记·五帝本纪》："殛鲧于羽山，以变东夷：四罪而天下咸服。"① 孔疏引《郑志》郑答赵商之论为据，曰"鲧非诛死"，理由为"若以为杀人父、用其子，而舜、禹何以忍乎"，并认为《尚书·洪范》"鲧则殛死，禹乃嗣兴"系箕子杜撰以讽谏武王之词。郑、孔不仅认为鲧"有微功于人"，且以此否定尧、舜杀鲧之说，虽然经不起推敲，但是美化了尧舜之德。此二例，孔疏皆因美化圣王而有意忽略历史记载的倾向，显然是因为"在经学家那里，价值判断要高于事实判断"，而"历史真实并不一定构成价值，而价值却要主导真实的历史"。这就是所谓经学的根本立场："并不是追询历史的真实，而是追询价值的真实、意义的真实。"② 当然，孔疏极力美化古圣王，也为当世帝王树立了楷模。

五 《礼记正义》对忠君思想的阐释

《礼记正义》还于解经疏注中论述了臣子以礼事君的思想，并由此发挥经义，从正、反两方面阐述了强烈的忠君思想：不但宣扬事君不显君恶、以死效忠之举，而且批判强臣胁君甚至弑君的叛逆行为，同时还对是否参与内乱进行具体阐释。

---

① （汉）司马迁撰，（宋）裴骃集解，（唐）司马贞索隐，张守节正义：《史记》，中华书局1959年版，第28页。

② 姜广辉：《经学思想研究的新方向及其相关问题》，《义理与考据——思想史研究中的价值关怀与实证方法》，中华书局2010年版，第141页。

(一) 宣扬以礼事君

其一，论"不显君恶"。《曲礼下》："为人臣之礼，不显谏。三谏而不听，则逃之。"郑注："为夺美也。显，明也。谓明言其君恶，不几微。"

> 孔疏：案庄二十四年，曹羁出奔陈。《公羊传》云："戎将侵曹，曹羁谏曰：'戎众以无义，君请勿自敌也。'曹伯曰：'不可。'三谏不从，遂去之。"何休云"谏有五，一曰讽谏"者，案定十二年《公羊传》云，孔子以季氏之强谓季孙曰："家不藏甲，邑无百雉之城。"季孙闻之，堕费邑。是讽谏也。何休又云："二曰顺谏，曹羁是也。"即上谏曹君，无以戎敌，三谏不从，遂出奔陈。所谓"以道事君，不可则止"，此是顺谏也。何休又云："三曰直谏，子家驹是也。"案昭二十五年《公羊传》云，昭公将弑季氏，子家驹谏曰："诸侯僭于天子，大夫僭于诸侯久矣。"是不辟君僭而言之，是直谏也。何休又云："四曰争谏，子反请归是也。"案宣十五年《公羊》云，楚庄王围宋，子反、华元乘堙相对语。华元谓子反云："易子而食之，析骸而炊之。"子反谓华元："吾军有七日之粮。"子反劝楚王赦宋而归，楚王不可。子反频谏不听，乃引师去，楚王亦归。是争谏也。何休又云："五曰赣谏，百里子、蹇叔子是也。"案僖三十三年《公羊》云，秦穆公将袭郑，百里子、与蹇叔子谏。穆公不从，百里子、蹇叔子从其子而哭之。是赣谏也。凡谏，讽谏为上，赣谏为下。事君虽主谏争，亦当依微纳进善言耳，不得显然明言君恶以夺君之美也。（第199页）

此例孔疏引何休《春秋公羊解诂》所论"五谏"及其释例为说，以训释"显谏"之义。孔疏比勘五者，认为"讽谏为上，赣谏为下"，其曰"事君虽主谏争，亦当依微纳进善言耳，不得显然明言君恶以夺君之美也"，显然强调事君以礼，即使君主有恶，臣子谏言之际，也必须尽力维护君主的尊严。

其二，论"以死效忠"，试举二例：

> (1)《曲礼上》："临难毋苟免。"
>
> 孔疏：难，谓有寇仇谋害君父，为人臣子，当致身授命以救之。故记人戒之云，若君父有难，臣子若苟且免身而不斗，则陷君父于危亡，故云"毋苟免"。"见义不为，无勇也"，故郑云"为伤义也"。（第10页）
>
> (2)《礼运》："故百姓则君以自治也，养君以自安也，事君以自显

也。故礼达而分定，故人皆爱其死而患其生。"

孔疏："故礼达而分定"者，达，谓晓达。分，谓尊卑之分。以下之事上，于礼当然，人皆知之，是礼之晓达。尊者居上，卑者处下，是上下分定也。"故人皆爱其死而患其生"者，爱，谓贪爱。患，谓耻患。人皆知礼，上下分定，君有危难，皆欲救之，故人皆贪爱其以义而死，竞欲致死救之，耻患其不义而生，不欲苟且生也。（第912—913页）

例（1），孔疏将"难"具体训释为君主蒙难，以强调臣子"当致身授命以救"君父。例（2），经文主要论百姓以效法君主而自治，以奉养君主而自安，以事奉君主而显名。社会上下礼仪晓达，尊卑名分确定，因此人们追求为义而死、厌恶不义而生。孔疏曰"君有危难，皆欲救之，故人皆贪爱其以义而死，竞欲致死救之，耻患其不义而生，不欲苟且生也"，则将人们舍生取义之举具体阐释为事君能够以死尽忠。

（二）批判强臣胁君

其一，论"大夫强而君杀之"。《郊特牲》："大夫而飨君，非礼也。大夫强而君杀之，义也，由三桓始也。"郑注："其飨君，由强且富也。三桓，鲁桓公之子，庄公之弟公子庆父、公子牙、公子友。庆父与牙通于夫人以胁公，季友以君命鸩牙。后庆父弑二君，又死也。"

孔曰：大夫富强，专制于君，召君而飨之，非礼也。"大夫强而君杀之，义也"者，大夫强盛则干国乱纪，而君能杀之，是销绝恶源，得其义也。"由三桓始也"者，从三桓以后，有能诛杀强臣，由三桓而来，故云"由三桓始也"。……熊氏云："据鲁而言，……三桓之后，若襄仲、季孙意如，虽强，君不能杀。据时有能杀者言之。"（第1041—1042页）

孔疏承袭郑注"季友以君命鸩牙"，曰"大夫强盛则干国乱纪，而君能杀之，是销绝恶源，得其义也"。郑注、孔疏以及熊疏皆以"杀戮"训释此"大夫强而君杀之"之"杀"，值得商榷。颜师古《匡谬正俗》卷三曰："按：'杀'读为降杀之'杀'，谓衰弱也。此言大夫不当飨君，自三桓以来，大夫强而君弱，是以有就飨于大夫者耳。此一段《礼》文相承蹑，总论飨觐之事，故其下总云：'天子微，诸侯僭。大夫强，诸侯胁。相贵以等，相觌以货，相赂以利。而天下之礼乱矣。'不言诛戮之事，安取其鸩牙、杀庆父哉!"① 今以颜说为当。而郑、孔以"杀戮"训诂此经之"杀",实则体现了对强臣的评判之意。

其二,论事君"可生可杀"。《表记》:"子曰:'事君可贵可贱,可富可贫,可生可杀,而不可使为乱。'"郑注:"乱,谓违废事君之礼。"

> 孔疏:"子曰事君可贵可贱"者,言事君可使之贵,可使之贱,可使之富,可使之贫,可使之生,可使之死,但不可使为乱也。乱,谓废事君之礼也。熊氏以为"可杀"者,谓臣可杀君,引《春秋》"杀君称君,君无道"。此非辞也。(第2089页)

此例经文论臣子事君,不可废弃事君其礼,孔疏所释,大体符合经义。孙希旦《集解》引吕大临说:"臣之事君,富贵、贫贱、生死,惟君所命,其不可夺者,吾之理义而已。凡违乎理义者,皆乱也。"② 朱彬《训纂》亦引吕氏说为训③。不过,孔疏特引出熊疏,驳斥其"臣可弑君"之说。比勘以上二例,上例涉及君杀强臣,此例则涉及强臣弑君,由此可见孔疏对类似问题的敏感与态度,即君杀强臣,义也;若"君无道"而臣杀之,则"非辞也"。

(三)论"内乱不与"

《曲礼上》"四郊多垒,此卿大夫之辱也",孔疏曰:"言卿大夫尊高,任当军帅,若有威德,则无敢见侵。若尸禄素餐,则寇戎充斥,数战郊坰,故多军垒。罪各有所归,故为卿大夫之耻辱也。"言国家面临外敌侵凌,罪在上层贵族"尸禄素餐"。《杂记下》曰"内乱不与焉,外患弗辟也",论上层贵族面临国家内乱或外患之际的政治立场。郑注曰:"谓卿大夫也。同僚将为乱,己力不能讨,不与而已。至于邻国为寇,则当死之也。《春秋》鲁公子友如陈葬原仲,《传》曰:'君子辟内难而不辟外难。'"

> 孔疏:"内乱不与焉"者,谓国内有同僚为乱,则身自畏辟,不干与焉。以其力弱,不能讨也。虽不与而已,若力能讨,则当讨之。"外患弗辟也"者,外,谓在外邻国为其寇患,虽力不能讨,不得辟之,当尽死于难也。注"《春秋》"至"外难",引《春秋》者,庄二十七年

---

① (唐)颜师古撰,严旭疏证:《匡谬正俗疏证》,中华书局2019年版,第103页。
② (清)孙希旦撰,沈啸寰等点校:《礼记集解》,中华书局1989年版,第1315页。
③ (清)朱彬撰,饶钦农点校:《礼记训纂》,中华书局1996年版,第797页。

《公羊传》文。按彼云:"公子友如陈葬原仲。大夫不书葬,此何以书?通乎季子之私行也。"又云:"君子辟内难而不辟外难。内难者何?公子庆父、公子牙通乎夫人以胁公,季子起而治之,则不得与于国政;坐而视之,则亲亲。"何休云:"不忍见其如此,故请至于陈而葬原仲。"时季友不讨庆父,为不与国政,力不能讨。至庄三十二年,季子与国政,故逐庆父而酖叔牙也。此注云"力不能讨",亦谓不与国政。若与国政,力能讨之而不讨,则责之。故宣二年晋史董狐书赵盾以弑君,云"子亡不越竟"是也。(第1681—1682页)

经文"内乱不与焉,外患弗辟",郑注、孔疏解说经义,于"外患弗辟"无甚异义,而阐释"内乱不与焉"实有较大不同。孔疏训释既有补经之功,也有迎合时局之意。郑注征引《公羊传》鲁公子季友为例证"同僚将为乱,己力不能讨,不与而已",孔疏则重点阐释"若力能讨,则当讨之",先后以"庄三十二年,季子与国政,故逐庆父而酖叔牙"与"宣二年晋史董狐书赵盾以弑君"为例明之。须知,唐太宗为定性"玄武门之变"颇费心机。贞观十四年(640),房玄龄等删略国史为编年体,撰高祖、唐太宗实录各二十卷。唐太宗见六月四日事"语多微文",曰:"昔周公诛管蔡而周室安,季友鸩叔牙而鲁国宁,朕之所为,义同此类,盖所以安社稷,利万人耳。史官执笔,何烦有隐?宜即改削浮词,直书其事。"① 此例孔疏以"庄三十二年,季子与国政,故逐庆父而酖叔牙"与"宣二年晋史董狐书赵盾以弑君"为例,从正、反两方面论证"与国政"者对内乱"力能讨之"则应讨之的必要性。孔疏解经,巧妙地为唐武德九年"玄武门之变"提供了理论依据。

当然,《礼记》及其郑注、孔疏皆充斥着一些非理性的甚而荒谬的思想,郑、孔还以谶纬解经而备受学界诟病②,此不赘言。而难能可贵的是,孔颖达《礼记正义》时有体现朴素唯物论思想的一面,主要见于《檀弓上》《月令》《文王世子》《礼运》等疏中。如《月令》疏关于宇宙、日、月、星辰与天地运动的思想、四季轮回的解说,颇符合客观规律,尤其是考释四季变化、南北极、赤道、冬夏二至之日道等,对大自然的科学认知已达到相当高的程度。孔疏以运动、变化的观念解说宇宙世界,而且认为宇宙的运动是有规律的。其《月令》解题揭示该篇要义,曰"《月令》者,包天地阴阳之

---

① (唐)吴兢撰,谢保成集校:《贞观政要集校》,中华书局2003年版,第391页。
② (清)皮锡瑞著,周予同注释:《经学历史》,中华书局1959年版,第201页。

事,然天地有上下之形,阴阳有生成之理,日月有运行之度,星辰有次舍之常"①,简要揭示出宇宙万物是运动的,而且是有规律地运动的深刻思想。《月令》孔疏还合理地解说了一些物候现象,也体现出朴素的唯物论思想。例如对"鹰化为鸠""鸠化为鹰"的质疑。《月令》"仲春之月,……始雨水,桃始华,仓庚鸣,鹰化为鸠",郑注曰:"皆记时候也。"孔疏曰:"言'皆记时候'者,谓经中四事,言之先后,逐气之早晚。故《周书·时训》:'惊蛰之日,桃始华。又五日,仓庚鸣。又五日,鹰化为鸠。'至秋,则鸠化为鹰。故《王制》云:'鸠化为鹰,然后设罻罗。'《司裘》注:'中秋鸠化为鹰。'《夏小正》云:'正月鹰化为鸠,五月鸠化为鹰。'郑无所言,则不信用也。"②孔疏虽罗列"鹰化为鸠""鸠化为鹰"相关文献,实亦遵循郑注。其据郑君不注"鹰化为鸠",认为郑君以之"不信用也",即质疑《月令》《王制》等说之荒谬。还有关于虹的解说,认为其"日照雨滴"而成。《月令》季春之月,"桐始华,田鼠化为鴽,虹始见,萍始生",孔疏曰:"郭氏云:'雄者曰虹,雌者曰蜺。'雄谓明盛者,雌谓暗微者。虹是阴阳交会之气,纯阴纯阳,则虹不见。若云薄漏日,日照雨滴则虹生。"③孔疏由郭璞《尔雅注》生发,认为虹之雌雄,即"明盛"与"暗微"之别,此言双虹现象。曰"虹是阴阳交会之气",虽仍束缚于传统阴阳理论,但又曰"若云薄漏日,日照雨滴则虹生",指出虹系阳光照射雨滴折射、反射而成,较科学地揭示了虹产生的奥秘。此外,《文王世子》疏论人的寿命长短曰"年寿之数,赋命自然"④,以及《檀弓上》《礼运》疏中对符命、祥瑞的质疑等,均体现出难能可贵的唯物论思想。

---

① (汉)郑玄注,(唐)孔颖达正义,吕友仁整理:《礼记正义》,上海古籍出版社2008年版,第591页。

② (汉)郑玄注,(唐)孔颖达正义,吕友仁整理:《礼记正义》,上海古籍出版社2008年版,第630页。

③ (汉)郑玄注,(唐)孔颖达正义,吕友仁整理:《礼记正义》,上海古籍出版社2008年版,第646页。

④ (汉)郑玄注,(唐)孔颖达正义,吕友仁整理:《礼记正义》,上海古籍出版社2008年版,第829页。

结　　语

贞观十四年（640），孔颖达等将《五经正义》初稿进呈御览，唐太宗褒奖诸经师曰："卿等博综古今，义理该洽，考前儒之异说。符圣人之幽旨，实为不朽。"① 又因初稿存在讹误而诏令孔氏等覆审。贞观十六年（642）覆核完成，孔颖达亲撰五篇序文，梳理《五经》学术源流，论述《正义》学术取舍。永徽二年（651），唐高宗诏令长孙无忌领衔修订，历经二载于四年（653）定稿并得以刊行："颁孔颖达《五经正义》于天下，每年明经令依此考试。"② 皮锡瑞："自《正义》《定本》颁之国胄，用以取士，天下奉为圭臬。唐至宋初数百年，士子皆谨守官书，莫敢异议矣。故论经学，为统一最久时代。"③《五经正义》作为官方学术、人才培养以及官员选拔之依据，对于学术的影响更为深远。

一　《礼记正义》的学术意义

唐以来，学界对孔颖达《礼记正义》虽偶有贬低之词，然而赞誉之声也不绝于耳。前文已有征引，此不赘言。孔疏的成就主要集中于五个方面：对《礼记》及其郑注的精心校勘，对《礼记》及其郑注的详赡训诂，对《礼记》文本成书的考释与具体篇章要义的归纳，对《礼记》名物和礼制的详尽考据，以及在解经疏注中关于礼学思想、政治思想的深刻阐发。

1. 对《礼记》及其郑注的精心校勘

孔疏对《礼记》及其郑注，以及相关文献作了大量校勘，成果丰富。其校勘文献特点有五：一是广集众本，采集《礼记》版本22种，郑注版本12种。其以郑注本之善者为底本，以汉以来的"古旧本""定本"以及著名学

---

① （后晋）刘昫等：《旧唐书》，中华书局1975年版，第2603页。
② （后晋）刘昫等：《旧唐书》，中华书局1975年版，第71页。
③ （清）皮锡瑞著，周予同注释：《经学历史》，中华书局1959年版，第207页。

者的注或义疏为重要参校本，同时以"俗本""或本""而本""诸本""他本"等为一般参校本。二是学有所宗，又择善而从。虽以郑本为底本，但不盲从郑本；尊崇南学，而不排斥北学；重视定本，而不抛弃俗本。三是在保障精校的基础上，大量存异、存疑，有保存文献之功。四是采取灵活多样的校勘方法，如对校、本校、他校、理校以及数校等法。五是校勘之中贯通诸经。孔疏重点校勘《礼记》及其郑注中的讹误、脱文、衍文、倒文、异文、句读等问题，同时还对相关35种文献进行了校勘，奠定了《礼记正义》学术价值的基础。

2. 对《礼记》及其郑注的详赡训诂

孔颖达等在前贤丰富的训诂实践上，对训诂学进行富有见地的理论探讨，完整揭示了"训诂"一词的内涵，即"通古今之异辞，辨物之形貌，则解释之义尽归于此"[1]，概括多种注解体例的义旨与特点，系统地论述了注解经典的基本原则与具体主张。孔疏的训诂成就，具体体现于释词、释句、释段和释篇四个层面，尤以释词为重。其释词主要运用义训、声训、形训三种方法，以义训为主，声训、形训为辅，方法灵活，体式多样，而且能从侧面、反面力补经、注阙遗。

3. 对《礼记》文本的考释

孔疏多承袭汉末以降郑玄等经师之论而有所发展，对部分前贤的观点也有所批驳。孔疏文本考释主要包括三方面内容：讨论《礼记》成书问题，认为其思想"出自孔氏"，其文由"七十二子之徒共撰所闻""或录旧礼之义，或录变礼所由，或兼记体履，或杂序得失"成篇，其书由汉儒戴圣编纂。孔疏重点论述或归纳《礼记》的性质、主要内容及具体各篇的题旨、要义，虽基本继承郑玄《目录》，具有鲜明的尊郑倾向，亦补充或弥缝其失。孔疏的文本解读，整体上值得肯定。

4. 对名物与礼制的详尽考据

古礼渺远且文献残缺，诸多问题聚讼不清。孔疏对礼之起源、"三礼"成书、相关名物制度、历史或传说人物等，皆有所考证发明。孔疏考据名物，大体包括天文、地理、人事三类，而以人事为重。考据人事名物主要有服饰、宫室、生产、送丧、祭祀等器物等。考据礼制尤其详尽，大体可以"五礼"概括。以吉礼考据为例，天神方面主要考据祭祀天地、圜丘，日、月，四季郊祭、雩祭等礼仪；地祇方面主要考据祭祀社稷、祭祀五岳、祭祀山林川泽、祭祀路神（軷祭）以及藉田等礼仪；人鬼方面主要考据天子七

---

[1] （清）阮元校刻：《十三经注疏·毛诗正义》，中华书局1980年版，第269页上栏。

庙、袷、禘等宗庙礼与明堂礼等制度。又考据相关礼仪与政治、经济制度，如卜筮、职官、货币、刑法、田赋、车制、服制等，极具学术价值。

5. 对礼学思想和政治思想的深刻阐发

《礼记》优于《周礼》《仪礼》，即在于对礼义的探讨与诠释。孔疏发挥其长，尤重义理阐发，其《乐记》《中庸》《大学》《礼运》等疏，经义阐发尤为精深。即使对一般礼制的训释，也注重义理阐发。孔疏在师承汉儒的基础上，对唐前《礼记》学进行删削、整合，纯化儒学，其以义疏体的解经疏注形式与"攘斥佛老""援道入儒"的学术取舍，对儒家政治哲学努力进行探索与建构。围绕以礼治国理念，孔疏深入讨论礼的起源、制作、意义，重点论述礼的践行、礼学著述、礼与政治的关系，并大力宣扬"大一统"思想，积极迎合新政权的政治需要。

孔氏《礼记正义》广泛吸取两汉以降《礼记》学以及当世《经典释文》《五经定本》成果，体现出海纳百川的襟怀，集《礼记》学之大成。孔疏之校勘精确、训诂详赡、考据详尽、义理精深，为后学仰视。蒙文通曰："唐一区宇，孔颖达、贾公彦等制作《正义》，南北二学，遂合而为一，守学之伦，笃信奉之，莫敢同异。"① 《礼记正义》的成就是站在巨人的肩膀上的，夏传才曰："唐初撰写《正义》的时代，汉学系在汉、魏以来四个多世纪中已经积累了各家各派的丰富成果，整个学术领域在语言学、考古学、历史学等方面都有很大进步，……所以《正义》的疏解，较过去的笺注有所充实和提高，它体现了汉学系经学在新历史条件下的总结和发展。"② 葛兆光以"经典是知识与思想的渊薮"评价《五经正义》："经典之研读，对于文化人来说，已经不仅是一种抽象意义上的思想洗礼，而且还是一种实用意义上的知识学习，……特别是当这些经典的注释和解说层出不穷地给这些经典增加了更多的内容之后，它就成了知识与思想的渊薮。"③ 所论有助于理解《礼记正义》在礼学史上的重要意义。

二 《礼记正义》的著述之优

孔疏将《礼记》学推向盛极难继的境界，清代学术昌盛，清儒重撰《十三经注疏》，而《礼记》无新疏面世。较之其他《礼记》学著作，孔氏

---

① 蒙文通：《经学抉原》，上海人民出版社2006年版，第80页。
② 夏传才：《十三经概论》，天津人民出版社1998年版，第39页。
③ 葛兆光：《中国思想史》（第一卷），复旦大学出版社2000年版，第460页。

《正义》著述之优有六。

1. 贯通"三礼"及诸经

陈澧曰"孔冲远于'三礼',惟疏《礼记》,实贯串'三礼'及诸经"[①],可谓卓识。孔氏之意,盖欲后学由"一记"而通"三礼",再借"一经"而通诸经。研读孔疏,实为研治"三礼"与诸经之门户。试举其校勘二例明之:

(1)《王制》:"制:三公一命卷,若有加则赐也,不过九命。"郑注:"卷,俗读也,其通则曰'衮'。"

孔疏:云"其通则曰衮"者,谓以通理正法言之,则曰"衮"。故《周礼·司服》及《觐礼》皆作衮,是礼之正经也,故云"其通则曰衮"。(第479页)

此以《周礼》《仪礼》校勘《礼记》,郑注、孔疏以《周礼》《仪礼》为"礼之正经",正读《王制》"卷"当为"衮",甚是。此系贯通"三礼"。

(2)《曲礼下》:"君使士射,不能则辞以疾。言曰:'某有负薪之忧。'"

孔疏:《白虎通》云:"天子病曰不豫,言不复豫政也。诸侯曰负子,子,民也,言忧民不复子之也。"桓十六年,卫侯朔出奔齐,《公羊》云有疾曰"负兹"。诸侯之疾,所以名不同者,盖"子""兹"声相近,其字相乱,未知孰是。《音义隐》云:"天子曰不豫,诸侯曰不兹,大夫曰犬马,士曰负薪。"(第140页)

此由士病曰"负薪之忧",引出诸侯疾病的委婉说法,并将《白虎通》《公羊传》《音义隐》三者互校,指出诸侯有疾委婉之说有"负子""负兹""不兹"三种。实以疏解《礼记》而贯通《白虎通》等三种文献。

2. 考释详赡

孔疏博引群书,训释详尽,"有因《记》一二语,而作疏至数千言者,如《王制》'制三公一命卷'云云,疏四千余字,'比年一小聘,三年一大聘,五年一朝',疏二千余字。《月令》《郊特牲》篇题,疏皆三千余字。若此者颇多,其一千余字者尤多。元元本本,殚见洽闻,非后儒所能及

---

① (清)陈澧撰,杨志刚编校:《东塾读书记》(外一种),中西书局2012年版,第142页。

矣。……既于此一经下详说此事，以后此事再见，则不复说，然则其繁也，正其所以为不繁也"①。孔疏考释详赡处，俯拾可见。如《曲礼上》疏解"猩猩能言，不离禽兽"八字，征引《尔雅》、郭璞《山海经注》、《周易》《周礼》、郑玄《周礼注》、《白虎通》凡六种文献②，可谓广博。

3. 力补经、注阙遗

孔疏力补经、注阙遗。顾炎武曰："嫂叔虽不制服，然而曰：'无服而为位者惟嫂叔。''子思之哭嫂也为位。'何也？曰是制之所抑，而情之所不可阙也。然而郑氏曰：'正言嫂叔，尊嫂也，若兄公与弟妻则不能也。'《正义》曰：'兄公与弟妻不为位者，卑远；弟妻于兄公不为位者，尊绝之。'此又足以补《礼记》之不及。"③ 陈澧以《奔丧》《间传》《昏义》为例，推崇孔疏于经"补之而无疑者也"④。孔疏一般从侧面、反面补充经、注，使之论述严密，以顺应时代发展。

（1）《曲礼上》："为人子者，父母存，冠衣不纯素。"

孔疏：不言"凡"者，若仕者或遇凶荒，虽亲存亦须素服，非要在亲没，故不言凡。（第37页）

（2）《曲礼上》："尊客之前不叱狗。"

孔疏：若有尊客至，而主人叱骂于狗，则似厌倦其客，欲去之也。卑客亦当然，举尊为甚。（第60页）

例（1），孔疏补充出仕者在国家遭遇凶荒之灾须素服。《周礼·地官司徒·司市》："国凶荒札丧，则市无征，而作布。"贾公彦疏："凶荒，谓年谷不熟。"⑤ 孔疏的补经，适应了现实所需。例（2），孔疏补充"卑客"之前，亦"不叱狗"，孔疏之补使经意更加全面。孔疏虽主一家之学，"疏不破注"只是训释经文所遵循的一般原则，实则对郑玄注并非皆人云亦云，反而有大量的补充、修正，甚至批驳。

（3）《曲礼上》："凡为长者粪之礼，必加帚于箕上。……以箕自乡

---

① （清）陈澧撰，杨志刚编校：《东塾读书记》（外一种），中西书局2012年版，第142页。
② （汉）郑玄注，（唐）孔颖达正义，吕友仁整理：《礼记正义》，上海古籍出版社2008年版，第21—22页。
③ （清）顾炎武著，陈垣校注：《日知录校注》，安徽大学出版社2007年版，第305页。
④ （清）陈澧撰，杨志刚编校：《东塾读书记》（外一种），中西书局2012年版，第142页。
⑤ （清）阮元校刻：《十三经注疏·周礼注疏》（附校勘记），中华书局1980年版，第735页上栏。

而扱之。"郑注:"扱读曰吸,谓收粪时也。"

孔疏:扱,敛取也。……注"扱读曰吸",必读扱为吸者,以其秽物少,吸然则尽,不得为一扱再扱,故读从吸也。(第 54 页)

(4)《曲礼上》:"毋啮骨。"郑注:"为有声响,不敬。"

孔疏:"毋啮骨"者,一则有声;二则嫌主人食不足,以骨致饱,故庾云"为无肉之嫌";三则啮之口唇可憎,故不啮也。(第 77 页)

例(3),孔疏以"敛取"训释"扱"字,较郑注简明。接着详释郑注,疏解明明白白。例(4),郑注以"有声响"释"不敬",孔疏另补两条"不敬",详尽揭示经文内涵。

(5)《曲礼上》:"入竟而问禁,入国而问俗,入门而问讳。"郑注:"禁,谓政教。"

孔疏:禁,谓国中政教所忌。凡至竟界,当先访问主国何所禁也。(第 117 页)

(6)《坊记》:"《易》曰:'不耕获,不菑畲,凶。'"郑注:"田一岁曰'菑',二岁曰'畲',三岁曰'新田'。"

孔疏:案《尔雅·释地》云"田一岁曰菑",孙炎云:"始菑杀其草木。""二岁曰新田",孙炎云:"新成柔田也。""三岁曰畲",孙炎云:"畲,舒缓。"《周颂·传》亦云"三岁曰畲"。此云"三岁曰新田"者,误也。(第 1976—1977 页)

(7)《中庸》:"今夫天,斯昭昭之多,及其无穷也,日月星辰系焉,万物覆焉。"郑注:"昭昭,犹耿耿,小明也。"

孔疏:昭昭,狭小之貌。言天初时唯有此昭昭之多小貌尔,故云"昭昭之多"。(第 2031 页)

此三例孔疏皆有修正郑注之举。例(5),孔疏训释"禁",在郑注"政教"后增加"所忌"二字,较郑注精确。例(6),孔疏以《尔雅》及其孙注与《毛诗传》等为据驳斥郑注之失,甚是。例(7),郑注以"耿耿,小明"训"昭昭",《尔雅》"昭,光也"[①],《说文》"昭,日明也"[②],三者甚合。孔疏释为"狭小之貌",据《中庸》上下文而解,"昭昭"又与"无穷"

[①] (清)阮元校刻:《十三经注疏·尔雅注疏》,中华书局 1980 年版,第 2573 页下栏。
[②] (汉)许慎撰,(清)段玉裁注:《说文解字注》,上海古籍出版社 1988 年版,第 303 页上栏。

相对，就文义而言，孔疏为上。吕友仁考稽《五经正义》文本，批驳"疏不破注"成说，并枚举孔疏"直言破注"6例、"微言破注"51例以及"不露声色破注"6例①，足以启发后学。

4. 善于阐发精深义理

陈澧曰："孔疏非但详于考典制，其说性理亦甚精。……冲远非但深于礼学，其于理学亦不浅也。"②孔疏不仅于《中庸》《乐记》《大学》《礼运》等疏中以大量篇幅阐发义理，其他篇疏义理发挥亦时时可见。

（1）《曲礼上》："敖不可长。"

孔疏：敖者，矜慢在心之名，长者，行敖著迹之称。夫矜我慢物，中人不免。若有心而无迹，则于物无伤；若迹著而行用，则侵虐为甚。倾国亡家，必由乎此，故戒不可长。（第8页）

（2）《曲礼上》："临难毋苟免。"

孔疏：难，谓有寇仇谋害君父，为人臣子，当致身授命以救之。故记人戒之云，若君父有难，臣子若苟且免身而不斗，则陷君父于危亡，故云"毋苟免"。（第10页）

例（1），孔疏由"敖不可长"四字，生发出"矜我慢物"的严重后果，即"倾国亡家"，忧患意识何其深沉！例（2），孔疏将"难"限定为"寇仇谋害君父"，并认为此是指记人告诫臣子：若君父有难，臣子不可苟且免身而不斗，不可陷君父于危亡。前者警诫人君，后者告诫人臣。"古人未尝离事而言理，六经皆先王之政典也"③，孔疏解经紧扣"政治教化"展开。

5. 谨慎的著述态度

孔疏解经疏注强调言之有据，虽号称《正义》，实则包容异说。若认为两说皆可，即有存异之举，此涉及经文时有多义现象。如《曲礼上》"礼闻取于人，不闻取人"，孔疏曰："熊氏以为此谓人君在上，招贤之礼，当用贤人德行，不得虚致其身。'礼闻取于人'者，谓礼之所闻，既招致有贤之人，当于身上取于德行，用为政教。不闻直取贤人授之以位，制服而已。故郑云'谓君人者'。皇氏以为人君取师受学之法，'取于人'，谓自到师门取其道艺。"④孔

---

① 吕友仁：《孔颖达〈五经正义〉义例研究》，上海古籍出版社2019年版，第301—326页。
② （清）陈澧撰，杨志刚编校：《东塾读书记》（外一种），中西书局2012年版，第142—143页。
③ （清）章学诚著，叶瑛校注：《文史通义校注》，中华书局1985年版，第1页。
④ （汉）郑玄注，（唐）孔颖达正义，吕友仁整理：《礼记正义》，上海古籍出版社2008年版，第14页。

疏不愿轻易裁断而存疑，常以"义或然也""恐非也"等语言之。大量存异、存疑，既体现出谨慎的著述态度，也有保存文献之功。

6. 典赡且晓畅的训诂文字

李调元曰："盖说《礼记》者，汉唐莫善于郑孔，而郑注简奥，孔疏典赡。"① 黄侃以"词富理博"论孔疏语言②。孔疏语言平易晓畅，以素朴为主，亦时有生动形象、富含哲理之妙：

> 《礼器》："其在人也，如竹箭之有筠也，如松柏之有心也。二者居天下之大端矣，故贯四时而不改柯易叶。"
>
> 孔疏："其在人也，如竹箭之有筠也"，礼道既深，此为设譬也。竹，大竹也。箭，筱也。言人情备德，由于有礼，譬如竹箭，四时葱翠，由于外有筠也。筠是竹外青皮。……"如松柏之有心也"者，又设譬也。人经夷险，不变其德，由礼使然。譬如松柏，陵寒而郁茂，由其内心贞和故也。"二者居天下之大端矣"者，二者，竹、松也。端，犹本也。松、竹居于天下，比于众物，最得气之本也，……既得气之本，故经四时，柯叶无凋改也。（第956页）

《礼器》"如竹箭之有筠也，如松柏之有心也"，比喻礼之于人的意义，生动形象。孔疏曰"言人情备德，由于有礼，譬如竹箭，四时葱翠，由于外有筠也""人经夷险，不变其德，由礼使然。譬如松柏，陵寒而郁茂，由其内心贞和故也"，深刻地揭示经文内涵，其中"譬如竹箭，四时葱翠，由于外有筠也""譬如松柏，陵寒而郁茂，由其内心贞和故也"等语，义理与文采兼具。又《丧服小记》"苴杖，竹也。削杖，桐也"，孔疏曰："杖有苴、削异者，苴者，黯也。夫至痛内结，必形色外章，心如斩斫，故貌必苍苴，所以衰裳绖杖俱备苴色也。必用竹者，以其体圆性贞，履四时不改，明子为父，礼中痛极，自然圆足，有终身之痛故也。故断而用之，无所厌杀也。'削杖'者，削，杀也，削夺其貌，不使苴也。必用桐者，桐者，同也，明其外虽被削，而心本同也。且桐随时凋落。此谓母丧，示外被削杀，服从时除，而终身之心，当与父同也。"③ 深刻而生动地揭示父丧苴杖、母丧削杖分

---

① （清）李调元：《礼记补注·序》，《续修四库全书》第103册，上海古籍出版社2002年版，第739页。
② 黄侃：《礼学略说》，《黄侃论学杂著》，中华书局上海编辑所1964年版，第450页。
③ （汉）郑玄注，（唐）孔颖达正义，吕友仁整理：《礼记正义》，上海古籍出版社2008年版，第1294页。

别用竹、桐制作之寓意，字里行间饱含深情。

《礼记正义》的经学成就与著述之优，既与其承担的历史使命，即作为天下传习的经学读本相关，"《五经正义》的读者对象主要是'童蒙'，是'幼蒙'"①，故孔疏训释经义，力求详尽而通透，又是贞观君臣伟大的政治理想在学术上的体现，即"廓千载之疑议，为百王之懿范"。魏徵《明堂议》明确提出："自我而作，不必师古。图像备陈，决之圣虑。廓千载之疑议，为百王之懿范。不使泰山之下，惟闻黄帝之法；汶水之上，独称汉武之图。"②"自我而作，不必师古""廓千载之疑议，为百王之懿范"，这是魏徵为唐太宗树立的终极政治目标。《五经正义》是"贞观之治"在学术文化上取得的重大成就之一。

三 《礼记正义》的政治实践

汉末郑注，唐初孔疏，二者经世致用的理念本为一致。《五经正义》在政治上的实践，对李唐王朝"大一统"政局的形成与稳定具有积极的意义。唐代国子监、太学、四门学，学科大体如下表③。

《周易》	郑玄、王弼注	小经	学制二年
《尚书》	孔安国、郑玄注	小经	学制一年半
《周礼》	郑玄注	中经	学制二年
《仪礼》	郑玄注	中经	学制一年
《礼记》	郑玄注	大经	学制三年
《毛诗》	郑玄注	中经	学制二年
《春秋左氏传》	服虔、杜预注	大经	学制三年
《春秋公羊传》	何休注	小经	学制一年半
《春秋穀梁传》	范宁注	小经	学制一年半
《论语》	郑玄、何晏注	附	学制一年
《孝经》	孔安国、郑玄注	附	学制一年
《老子》	河上公注	附	学制一年

---

① 吕友仁：《孔颖达〈五经正义〉义例研究》，上海古籍出版社2019年版，第106页。
② （清）董诰等编：《全唐文》，中华书局1983年版，第1427页。
③ ［日］本田成之：《中国经学史》，孙俍工译，上海书店出版社2001年版，第209页。

然而，统一经学以实施科举，鲜明的功利色彩给经学发展也带来极大的负面影响。《正义》行世半个世纪，其弊逐渐明显。有识之士忧心忡忡，皮锡瑞摘录唐人之言曰："开元八年，国子司业李元瓘上言：'"三礼""三传"及《毛诗》《尚书》《周易》等，并圣贤微旨，生人教业。……今明经所习，务在出身。咸以《礼记》文少，人皆竞读。《周礼》经邦之轨则，《仪礼》庄敬之楷模；《公羊》《穀梁》，历代宗习。今两监及州县，以独学无友，四经殆绝。事资训诱，不可因循。'开元十六年，杨玚为国子祭酒，奏言：'今明经习《左氏》者十无二三。……又《周礼》《仪礼》《公羊》《穀梁》殆将绝废，……'据此二说，则唐之盛时，诸经已多束阁。盖大经，《左氏》文多于《礼记》，故多习《礼记》，不习《左氏》。中、小经，《周礼》《仪礼》《公羊》《穀梁》难于《易》《书》《诗》，故多习《易》《书》《诗》，不习《周礼》《仪礼》《公羊》《穀梁》。此所以四经殆绝也。唐帖经课试之法，以其所习经掩其两端，中间惟开一行，裁纸为帖，凡帖三字，随时增损，可否不一，或得四，或得五，或得六，为通。专考记诵，而不求其义，故明经不为世重，而偏重进士。"① 至于《礼记》，荣升大经，士子竞读，自然有利于传播。但是，李唐选拔制度与科考方法，士子熟读成诵或死记硬背即可敷衍，于学术研习相去甚远。《礼记》之优在于阐发礼义，如此科考显然有悖于此。

本田成之曰："唐太宗毅然出于此举，这是一大英断，恰如汉武废儒教以外的学，以阻碍学艺的发达同样，使经学完全固定，其结果进步也就因此终止。"② 汉唐经学沦为选拔官吏的工具、学者仕进的敲门砖，不再是形而上的学术研究。魏了翁曰："自《正义》既出，先儒全书泯不复见；自列于科目，博士诸生亦不过习其句读，以为利禄计。"③ 皮锡瑞曰："唐、宋明经取士，犹是汉人之遗；而唐不及汉，宋又不及唐者，何也？汉以经术造士，上自公卿，下逮掾吏，莫不通经。其进用，或由孝廉茂才，或由贤良对策。若射策中科，止补文学掌故、博士弟子员，非高选也。唐之帖经，犹汉之射策；其学既浅，而视之又不重。所重视者，诗赋之辞，时务之策，皆非经术。"④ 皆道出依据《五经正义》取士之弊。梁启超比较中西学术与政治之关系曰："泰西之政治，常随学术思想为转移；中国之学术思想，常随政治

---

① （清）皮锡瑞著，周予同注释：《经学历史》，中华书局1959年版，第210—211页。
② ［日］本田成之：《中国经学史》，孙俍工译，上海书店出版社2001年版，第210页。
③ （宋）卫湜撰：《礼记集说·序》，文渊阁《四库全书》第117册，台湾商务印书馆2008年版。
④ （清）皮锡瑞著，周予同注释：《经学历史》，中华书局1959年版，第274页。

为转移,此不可谓非学界之一缺点也。……故儒学统一者,非中国学界之幸,而实中国学界之大不幸也。"① 论汉代学术,亦适用于唐。范文澜曰:"按《正义》行而汉魏以下经说,亡佚略尽,实儒学之一大厄运。"② 虽言之过激,但不得不说是历史的遗憾。

---

① 梁启超:《论中国学术思想变迁之大势》,上海古籍出版社2001年版,第51—52页。
② 范文澜:《群经概论》,《范文澜全集》(第一卷),河北教育出版社2002年版,第4页。

参考文献

经典文献

郑玄注，孔颖达疏，吕友仁整理：《礼记正义》，上海古籍出版社2008年版。
郑玄注，孔颖达疏：影印南宋越刊八行本《礼记正义》，北京大学出版社2014年版。
阮元校刻：《十三经注疏》（附校勘记），中华书局1980年版。
郑玄注，贾公彦疏：《仪礼注疏》，上海古籍出版社2008年版。
郑玄注，贾公彦疏：《周礼注疏》，上海古籍出版社2010年版。
马国翰辑：《玉函山房辑佚书》，上海古籍出版社1990年版。
许慎撰，段玉裁注：《说文解字注》，上海古籍出版社1988年版。
刘熙：《释名》，中华书局1985年版。
陆德明撰，黄焯断句：《经典释文》，中华书局1983年版。
朱熹：《四书章句集注》，中华书局1983年版。
朱熹：《仪礼经传通解》，上海古籍出版社2002年版。
陈澔：《礼记集说》，上海古籍出版社1987年版。
王夫之：《礼记章句》，岳麓书社2010年版。
朱彝尊撰，林庆彰等主编：《经义考新校》，上海古籍出版社2010年版。
阮元编：《清经解》，上海书店出版社1988年版。
王先谦编：《清经解续编》，上海书店出版社1988年版。
陈澧：《东塾读书记》，中西书局2012年版。
孙诒让撰，雪克辑校：《十三经注疏校记》，中华书局2009年版。
王念孙：《读书杂志》，上海古籍出版社2017年版。
王引之：《经义述闻》，上海古籍出版社2018年版。
王引之：《经传释词》，上海古籍出版社2016年版。
黄以周：《礼书通故》，中华书局2007年版。

孙希旦:《礼记集解》,中华书局1989年版。
朱彬:《礼记训纂》,中华书局1996年版。
王聘珍:《大戴礼记解诂》,中华书局1983年版。
皮锡瑞著,周予同注释:《经学历史》,中华书局1959年版。
皮锡瑞:《经学通论》,中华书局1954年版。
江藩撰,周春健校注:《经解入门》,华东师范大学出版社2010年版。
司马迁:《史记》,中华书局1959年版。
班固撰,颜师古注:《汉书》,中华书局1962年版。
陈寿撰,裴松之注:《三国志》,中华书局1959年版。
范晔撰,李贤等注:《后汉书》,中华书局1965年版。
房玄龄等:《晋书》,中华书局1974年版。
魏徵等:《隋书》,中华书局1973年版。
吴兢撰,谢保成集校:《贞观政要》,中华书局2003年版。
杜佑:《通典》,中华书局1988年版。
刘昫等:《旧唐书》,中华书局1975年版。
欧阳修等:《新唐书》,中华书局1975年版。
司马光编著,胡三省音注:《资治通鉴》,中华书局1956年版。
王溥:《唐会要》,中华书局1955年版。
宋敏求编:《唐大诏令集》,中华书局2008年版。
郑樵:《通志》,中华书局影印本1987年版。
王钦若等:《册府元龟》,中华书局1960年版。
王应麟:《玉海》,江苏古籍出版社1987年版。
马端临:《文献通考》,中华书局影印本1986年版。
永瑢等:《四库全书总目》,中华书局1965年版。
王肃注:《孔子家语》,上海古籍出版社1990年版。
李世民著,吴云校注:《唐太宗全集》,天津古籍出版社2004年版。
董诰等编:《全唐文》,中华书局1983年版。
朱熹撰,朱杰人主编:《朱子全书》,上海古籍出版社2002年版。
顾炎武著,陈垣校注:《日知录校注》,安徽大学出版社2007年版。
戴震:《戴震集》,上海古籍出版社1980年版。
阮元:《揅经室集》,中华书局1993年版。

中文专著

章太炎:《章太炎全集》,上海人民出版社1984年版。

王国维：《观堂集林》，河北教育出版社 2001 年版。
梁启超：《中国近三百年学术史》，东方出版社 2004 年版。
梁启超：《梁启超国学讲录二种》，中国社会科学出版社 1997 年版。
吕思勉：《经子解题》，华东师范大学出版社 1995 年版。
胡朴安：《校雠学》，商务印书馆 1952 年版。
黄侃：《黄侃论学杂著》，中华书局上海编辑所 1964 年版。
马宗霍：《中国经学史》，上海书店出版社 1984 年版。
钱玄：《三礼通论》，南京师范大学出版社 1996 年版。
周予同：《周予同经学史论著选集》，上海人民出版社 1996 年版。
杨树达：《词诠》，中华书局 1978 年版。
傅增湘：《藏园群书经眼录》，中华书局 1983 年版。
傅增湘：《藏园群书题记》，上海古籍出版社 1989 年版。
陈垣：《校勘学释例》，中华书局 1959 年版。
屈万里：《书佣论学集》，联经出版社 2020 年版。
任铭善：《礼记目录后案》，齐鲁书社 1982 年版。
朱维铮：《中国经学史十讲》，复旦大学出版社 2002 年版。
沈文倬：《菿闇文存》，商务印书馆 2006 年版。
杨向奎：《宗周社会与礼乐文明》，人民出版社 1992 年版。
杨向奎：《大一统与儒家思想》，北京出版社 2011 年版。
杨宽：《杨宽古史论文选集》，上海人民出版社 2003 年版。
张舜徽：《郑学丛著》，齐鲁书社 1984 年版。
李学勤：《失落的文明》，上海文艺出版社 1997 年版。
李学勤：《重写学术史》，河北教育出版社 2002 年版。
王梦鸥：《礼记今注今译》，台湾商务印书馆 1979 年版。
李曰刚等：《三礼研究论集》，台湾黎明文化事业股份有限公司 1981 年版。
高明：《礼学新探》，台湾学生书局 1984 年版。
杨天宇：《经学探研录》，上海古籍出版社 2004 年版。
杨天宇：《郑玄三礼注研究》，中国社会科学出版社 2008 年版。
吕友仁：《〈礼记〉研究四题》，中华书局 2014 年版。
吕友仁：《礼记讲读》，华东师范大学出版社 2009 年版。
吕友仁：《孔颖达〈五经正义〉义例研究》，上海古籍出版社 2019 年版。
严绍璗：《汉籍在日本的流布研究》，江苏古籍出版社 1992 年版。
严绍璗：《日本藏汉籍珍本追踪纪实：严绍璗海外访书志》，上海古籍出版社 2005 年版。

陈其泰等编：《二十世纪中国礼学研究论集》，学苑出版社 1998 年版。

陈戍国：《礼记校注》，岳麓书社 2004 年版。

冯浩菲：《中国训诂学》，山东大学出版社 1995 年版。

姜广辉主编：《中国经学思想史》，中国社会科学出版社 2003 年版。

姜广辉主编：《义理与考据——思想史研究中的价值关怀与实证方法》，中华书局 2010 年版。

张一兵：《名堂制度研究》，中华书局 2005 年版。

申屠炉明：《孔颖达 颜师古评传》，南京大学出版社 2006 年版。

邹昌林：《中国礼文化》，社会科学文献出版社 2000 年版。

张丽娟：《宋代经书注疏刊刻研究》，北京大学出版社 2013 年版。

叶程义：《〈礼记正义〉引书考》，台湾义声出版社 1981 年版。

李云光：《郑氏三礼学发凡》，台湾学生书局 1967 年版。

王锷：《三礼研究论著提要》，甘肃教育出版社 2001 年版。

王锷：《〈礼记〉成书考》，中华书局 2007 年版。

王锷：《礼记版本研究》，中华书局 2018 年版。

刘兴均等：《"三礼"名物词研究》，商务印书馆 2016 年版。

华喆：《礼是郑学：汉唐间经典诠释变迁史论稿》，生活·读书·新知三联书店 2018 年版。

安敏：《孔颖达〈春秋左传正义〉研究》，岳麓书社 2009 年版。

［日］本田成之，《中国经学史》，孙俍工译，上海书店出版社 2001 年版。

［日］乔秀岩：《义疏学衰亡史论》，万卷楼图书公司 2013 年版。

［日］乔秀岩、叶纯芳：《文献学读书记》，生活·读书·新知三联书店 2018 年版。

［日］乔秀岩、叶纯芳：《学术史读书记》，生活·读书·新知三联书店 2019 年版。

中文期刊

汪绍楹：《阮氏重刻宋本〈十三经注疏〉考》，中华书局编辑部编：《文史》（第 3 辑），中华书局 1963 年版。

潘重规：《五经正义探源》，《华冈学报》1965 年第 1 期。

杨天宇：《论郑玄〈三礼注〉》，中华书局编辑部编：《文史》（第 21 辑），中华书局 1983 年版。

杨光荣：《训诂学的现代观念》，《山西大学学报》（哲学社会科学版）1995 年第 2 期。

杨天宇：《论〈礼记〉四十九篇的初本确为戴圣所编纂》，《孔子研究》1996年第4期。

李学勤：《郭店楚简与礼记》，《中国哲学史》1998年第4期。

王锷：《八行本〈礼记正义〉传本考》，《古籍整理研究学刊》2001年第6期。

杨天宇：《略论"礼是郑学"》，《齐鲁学刊》2002年第3期。

陈冠明：《孔颖达年谱》，周延良主编《中国古典文献学丛刊》（第5卷），香港国际炎黄文化出版社2006年版。

赵逵夫：《〈礼记〉的当代价值与文献学研究——兼序王锷〈礼记成书考〉》，《南京师范大学文学院学报》2006年第4期。

王锷：《字大如钱，墨光似漆——八行本〈礼记正义〉的刊刻、流传与价值》，《图书与情报》2006年第5期。

李致忠：《十三经注疏版刻略考》，《文献》2008年第4期。

吕友仁：《点校本〈礼记正义〉诸多失误的自我批评》，北京大学《儒藏》编纂与研究中心编：《儒家典籍与思想研究》（第6辑），北京大学出版社2014年版。

曹鹏程：《唐太宗夺嫡与〈五经正义〉之关系发微》，《四川大学学报》（哲学社会科学版）2015年第2期。

王锷：《李元阳本〈十三经注疏〉考略：以〈礼记注疏〉〈仪礼注疏〉为例》，《中国典籍与文化》2018年第4期。

彭林：《孔颖达、贾公彦门阈制度异说辨正》，彭林主编：《中国经学》（第26辑），2018年版。

[日] 乔秀岩、叶纯芳：《影印南宋越刊八行本〈礼记正义〉编后记》，沈乃文主编《版本目录学研究》，北京大学出版社2015年版。

[日] 乔秀岩：《〈礼记〉版本杂识》，《北京大学学报》（哲学社会科学版）2006年第5期。

后　记

时光总是悄无声息而又决绝无情地流逝。回顾这半生旅程，依稀记得一些坎坷。但梦想不曾将我抛弃，默默伴我一路辗转，似乎越发美丽与真切了。

1976年春，我出生于河南固始一个小村庄。庄外是大小不等的农田，乡亲们一年四季都在田间忙碌，有着干不完的农活。雨过天晴，村庄东头可以远望隐隐的南山；村庄西头有条自南向北流淌的小河。人到中年，只有小河偶尔会在我午夜的梦中呜咽。

小时候，我是那种迟迟不开窍的孩子。1984年秋，家里终于允许我去读小学，所幸未沦为失学儿童。1992年夏，我考入一所中等师范学校，得以继续学业。回乡当教员期间，以自修获得专、本科学历，自以为圆了大学梦。倏忽间蹉跎十载，我有了新的梦想——读研。屡败屡战的我坚信：梦碎了，是可以拼起来的。2005年夏，我调剂至沈阳师范大学攻读硕士并有幸师从王祥教授，王师温文尔雅，治学谨严，于中国文学造诣深厚。在王师的引领下，我步入了学术殿堂并体验到治学之乐。2010年春，我报考了扬州大学博士研究生，承蒙田汉云教授不弃，得以忝列门墙。田师是经学名家，兼擅中国文学、中国历史学。"仰之弥高，钻之弥坚"，三年问学留下了温暖的记忆。在田师的鼓励下，我步入经学领域，真切感受到中国学术之博大精深。田师命我研读《礼记》。陈澧有言："《礼记》似易读而实难读。"《礼记》庞杂，郑注简奥，而孔疏浩繁，治《礼记正义》可谓难上加难。2013年5月，我完成了30万字的学位论文《孔颖达〈礼记正义〉研究》的写作，得到了答辩专家的肯定。而我深知论文存在诸多不足。

2016年，我以"孔颖达《礼记正义》文献考察与研究"为题申报国家社科基金项目并成功立项。历经五载，于2021年秋结项。在拙著即将付梓之际，我感谢导师田汉云先生，论文的写作浸润着老师的心血和关爱；感谢吕友仁先生，吕老以耄耋之年审阅全稿并欣然赐序；感谢资深编审刘艳老师的悉心帮助。"善歌者使人继其声，善教者使人继其志"，师友的关爱和期许是我前进的动力。在此，谨向那些曾经关爱、帮助过我的众多善良的人们，致以真挚的感谢！

我愿意醒着做我的梦。

陶广学
2022 年 10 月于信阳